제3판

부동산등기법

구연모

박영사

제 3 판 머리말

새로운 시각에서 종래와는 다른 관점의 부동산등기법학을 시도하기 위하여 이 책을 발간하였다. 책의 발간 이후 가장 많이 듣는 말은 '쉽다'와 '재미있다'의 두 가지이다. 어렵게만 느껴지던 부동산등기법을 쉽고 재미있게 이해할 수 있도록 해주어서 고맙다는 말을 많이 들었다. 그리고 일본어로도 번역 출판되었다. 부동산등기법을 처음 공부하던 시절 일본의 문헌을 많이 참고하였던 저자로서는 감회가 남다르다.

그 사이 부동산등기법이 개정되어 2025. 1. 31.부터 시행되고 있다. 관할의 특례를 비롯하여 여러 규정이 개정되었다. 이번 제3판에서 그 내용을 반영하였다. 아울러 저자가 법무법인에서 등기 자문업무를 담당하면서 경험한 내용도 담았다. 그리고 이 책은 본래 대학교 교과서로 발간하였는데, 실무자들로부터도 조금 자세한 내용을 다루어달라는 요청도 있었다. 그 결과 제2판보다 약 40면 넘게 분량이 늘었다. 부동산등기법을 처음 공부하시는 분들은 다소 어려울 수 있어 본문 위주로 읽기를 권해드린다. 실무에 종사하시는 분들은 각주까지 참고하되 관련 규정이 수시로 바뀌므로 규정을 확인하기를 권유드린다.

저자가 부동산등기업무를 하면서 주위 분들의 도움을 많이 받았다. 법원에 근무하시는 김범일 국장님, 박성배 국장님, 김태수 과장님과 제용환 과장님, 윤선명 계장님은 저자의 귀찮은 질문에도 싫은 내색 없이 성심껏 답변해 주셔서 저자에게 큰 도움이 되었다. 그리고 권순탁 법무사님으로부터는 실무적인 사항을 많이 배웠다. 모두에게 깊이 감사드린다.

이번에 책의 표지를 바꾸었다. 종래에는 구름 한 점 없는 파란 하늘의 사진을 찍어 표지로 삼았다. 맑은 하늘처럼 순수한 마음으로 살고 싶고, 힘들 때 가끔은 하늘 한번 쳐다보고 싶은 마음의 표현이었다. 이번에는 보라색으로 바꾸었다. 저자의 처가 좋아하는 색이다. 살면서 인연의 소중함을 많이 느낀다. 인연 중에서 가장 큰 인연은 배우자와의 인연이라 생각한다. 평생을 곁에 함께 있어 준 처가 고맙다. 내가 아껴줄 수 있는 사람이 있다는 것만으로도 행복하다. 표지를 바꾼 건 처에 대한 고마운 마음의 표현이다.

이 책이 독자들에게 소중한 인연이 되기를 바란다.

2025년 12월

구 연 모

제 2 판 머리말

새로운 시각에서 종래와는 다른 관점의 부동산등기법학을 시도하기 위하여 2년 전 이 교과서를 발간하였다. 저자 나름의 시각에서 종래의 통설인 형식적 심사주의에서 벗어난 새로운 모습의 교과서를 서술해 보았다. 형식적 심사주의를 극복하고 부동산등기법을 실체법상의 법률관계를 정확하고 신속하게 공시하기 위한 입증절차와 그 방법에 관한 법으로 이해하여야 한다는 관점에서 새롭게 서술하였다.

초판을 발간하고 나서 출판사에서는 꾸준히 수요가 있어 개정판을 내야 한다고 하였다. 그동안 곽윤직 교수님의 부동산등기법 교과서 이후 오랜 기간 교과서가 없었기 때문이라 보여진다. 그리고 뜻밖에도 일본에서 일본어판 번역출판 제의를 받아 출판 작업중이다. 어려운 여건 아래에서 교과서를 집필한 저자로서는 감사한 일이다.

이번 제2판의 수정 내용은 다음과 같다. 초판 원고집필 이후인 2020. 2. 4. 개정된 부동산등기법과 부동산등기규칙의 내용을 반영하였다. 판례도 새로 추가하고, 등기예규도 반영하였다. 내용도 일부 보완하고 몇 군데 오류도 수정하였다.

급격한 사회변화 속에서 부동산등기의 역할이 점점 더 중요해지고 있다. 부동산거래 관련 기본법으로서의 역할에 충실한 부동산등기법 교과서가 되도록 보완해 나가고자 한다.

2022년 5월
구 연 모

머 리 말

부동산등기는 우리 생활과 밀접하게 관련되어 있다. 부동산은 생활의 필수 요소인 의식주의 하나를 제공해주는 가장 중요한 재산이다. 살아가면서 누구나 부동산을 이용하여야 한다. 재산권으로서 부동산에 관한 권리의 공시문제는 사유재산제도가 생겨난 이래 관심의 대상이 되어 왔다. 국가로서도 부동산은 국가를 유지하기 위한 필수적인 요소이다. 최근에는 급격한 사회변화 속에서 부동산등기도 많은 변화를 겪고 있다. 그리고 그 역할이 중요해지고 있다. 현재의 등기제도가 생긴 이래 가장 큰 변화는 등기업무의 전산화라 할 수 있다. 저자는 그 현장에서 변화의 흐름을 지켜보았다. 그러면서 많은 생각을 하게 되었다. 이러한 변화의 모습을 반영한 교과서가 없다는 점이 늘 마음에 걸렸다. 그래서 사회의 변화 속에서 살아있는 부동산등기의 모습을 담아보고 싶었다. 이런 생각에 따라 이 책을 발간하게 되었다.

이 책은 다음과 같은 관점에서 서술하였다.

첫째, “실체법과 절차법의 유기적 연계”이다. 실체법의 법리를 어떻게 등기절차에 구현하여야 하는지를 고민해보았다. 부동산등기법은 실체법상의 물권변동이론을 구현하는 절차법이다. 그럼에도 종래 부동산등기법 교과서는 소위 형식적 심사주의라는 이론의 영향으로 실체법과의 연계가 부족한 아쉬움이 있었다. 이제는 형식적 심사주의이론을 극복하고, 부동산등기법을 실체법상의 법률관계를 정확히 공시하기 위한 입증절차와 방법에 관한 법으로 이해하여야 한다. 이것이 부동산등기의 진정성 보장의 기초이자 출발점이다. 이러한 입장에서 이 책을 썼다. 세부항목에서도 등기원인의 증명이라는 항목을 만들어 실체법적인 요건과의 연계를 꾀하였다. 종래와는 다른 새로운 관점의 부동산등기법학을 시도하였다.

둘째, “우리 생활 속에 살아있는 부동산등기”를 그려보려 하였다. 부동산등기의 역할에 중점을 두어 우리 생활에서 부동산등기가 가지는 의미를 밝히려고 하였다. 사람 살아가는 이야기를 담아내려 하였다.

셋째, "교과서로서의 이론적 체계"를 갖추려 하였다. 부동산등기에 관한 기본적인 문제들을 생각해보도록 하였다. 단순히 첨부서류와 절차 설명에 머무르지 않았다. 전체적인 목차도 체계적으로 배치하였다. 기술적인 내용이 많아 설명만으로는 이해가 어려울 수 있어 기록례를 많이 소개하였다. 기록례 소개는 등기기록을 보고 해석하는 능력을 기르기 위한 목적도 있다.

이 책에는 부동산등기에 대한 저자의 애정이 그대로 담겨 있다. 한 문장 한 문장에 저자의 삶과 경험과 고민이 담겨 있다. 그러나 그동안의 학문적 연구성과를 담아내기에는 부족함이 많다. 저자는 생계를 위한 바쁜 업무 중에 틈틈이 집필하다 보니 연구할 형편이 되지 못하였다. 알고 있는 내용을 정리하는 정도에 머무른 아쉬움이 있다. 부동산등기법에 관하여 그 동안의 연구성과를 정리해야 하고 앞으로 연구해야 할 주제도 너무 많은데 안타까운 마음이다.

이 책은 교과서로 쓰여졌다. 교과서의 성격상 실무적인 사항을 자세히 언급하지는 않았다. 실무적인 사항은 등기예규에 잘 정리되어 있다. 해당 부분에서 등기예규 등 관련 자료를 소개하여 필요한 경우 찾아볼 수 있도록 하였다.

저자가 부동산등기업무를 담당한 지 20년이 넘었다. 그동안 다양한 경험을 하였다. 그런데도 아는 내용보다 모르는 내용이 더 많고 미지의 영역이 더 크게 보인다. 부족한 저자가 그러면서도 책을 쓸 수 있었던 것은 훌륭하신 분들 덕분이다. 무엇보다도 저자를 단순한 실무자에서 학문의 길로 이끌어주신 김재형 대법관님의 권유와 격려 덕분이다. 대법관님께서는 서울대학교 교수로 계실 때 최근 우리나라 부동산등기법 교과서가 발간되지 않은 점을 걱정하시며 저자에게 교과서를 쓰도록 권유하셨다. 대법관님의 격려와 배려에 감사드린다. 저자가 실무에 종사할 때 상사이셨던 안태근 국장님으로부터는 등기업무에 대한 애정을 배웠다. 법원에서 발간한 부동산등기실무 전 3권은 국장님의 작품이라고 볼 수 있다. 그 발간작업에 저자도 함께 관여하여 영광이었다. 저자가 일본 법무성 법무총합연구소의 초청을 받아 일본을 방문했을 때 일본 부동산등기법 연구의 최고 권위자인 와세다대학교 山野目章夫 교수님과의 만남도 잊을 수 없다. 교수님의 부동산등기법 교과서를 읽고 큰 감명을 받았다. 실무를 떠난 지 오래된 저자에게 최근의 부동산등기실무에 관하여 많은 도움을 준 최철 사무관에게도 감사의 뜻을 전한다. 작년 8월에 원고를 완성하였는데 해를 넘겨 책이 나오게 되었다. 발간업무를 담당하신 박영사 편집부의 이승현 과장님께 감사드린다. 바쁜 시기에 고생이 많으셨다.

책을 쓰면서 가족의 소중함과 고마움을 많이 느꼈다. 인생은 기쁨도 슬픔도 모두 안고 가야 하는 기나긴 여정이라 했다. 그 여정에서 가족은 힘이 되는 존재이다. 자식을 위해 헌신하신 어머니, 사랑하는 처 서만혜와 듬직한 두 아들 형준과 성현을 생각하며 힘을 얻는다. 모두 밝고 건강하고 올바르게 살아가기를 바란다. 음악으로 삶이 더 행복해질 수 있음을 가르쳐 주신 바리톤 서정학 교수님께도 감사드린다. 덕분에 삶의 어려운 시기를 음악으로 견디어 올 수 있었다. 음악과 같이 아름다운 삶을 소망해 본다.

저자에게 부동산등기에 관심을 갖게 해주신 아버지의 영전에 이 책을 바친다.

2020년 3월

구 연 모

차 례

제 1 장 총 설

제 1 절 우리 생활과 부동산등기 1

Ⅰ. 왜 부동산등기법을 공부하는가? ··· 1

1. 우리 삶과 부동산 / 1
2. 부동산등기의 역할 / 2
3. 이 책의 구성 / 4

Ⅱ. 부동산등기법의 법원 ··· 5

1. 부동산등기법과 부동산등기규칙 / 5
2. 부동산등기 관련 법령 / 8

제 2 절 부동산등기의 의의와 종류 9

Ⅰ. 부동산등기의 의의 ··· 9

Ⅱ. 등기의 종류 ··· 10

제 3 절 등기할 수 있는 사항 11

Ⅰ. 등기사항 법정주의 ··· 11

Ⅱ. 등기할 수 있는 물건 ··· 12

1. 부 동 산 / 12
2. 토 지 / 13
3. 건 물 / 14

Ⅲ. 등기할 수 있는 권리와 그 변동 ··· 16

1. 등기할 수 있는 권리 / 16
2. 등기할 수 있는 권리변동 / 17

Ⅳ. 그 밖의 등기할 사항 ··· 17

1. 부동산의 표시 / 17
2. 법률에서 규정하는 그 밖의 등기사항 / 18

제 2 장　등기업무의 인적·물적 기초

제 1 절　등기소와 등기관　21

Ⅰ. 등기소의 의의 ······ 21
Ⅱ. 등기소의 관할 ······ 21
1. 관할 등기소 / 21　　2. 관할에 관한 특례 / 22
3. 관할의 지정 / 24　　4. 관할의 위임과 변경 등 / 24
Ⅲ. 인터넷등기소 ······ 25
1. 인터넷등기소의 개설 / 25　　2. 인터넷등기소에 의한 등기사무 처리 / 26
3. 인터넷등기소에서 제공하는 그 밖의 서비스 / 27
Ⅳ. 등 기 관 ······ 27
1. 등기관의 지정 / 27　　2. 등기관의 권한과 책임 / 28

제 2 절　등기부 및 등기기록　29

Ⅰ. 개　　관 ······ 29
1. 의의와 종류 / 29　　2. 편　　성 / 30
3. 등기부의 부속서류 / 32
Ⅱ. 등기부의 전산화 ······ 32
1. 종이등기부의 전산화: 거대한 변화의 시작 / 32
2. 등기부 전산화의 영향 / 33
Ⅲ. 중복등기기록의 정리 ······ 34
1. 의　　의 / 34　　2. 중복등기의 효력 / 35
3. 부동산등기법에 의한 중복등기 정리와 판례이론 / 36
4. 중복등기기록의 정리절차 / 37
Ⅳ. 등기기록의 폐쇄 ······ 41
Ⅴ. 기　　타 ······ 43

제 3 장　등기사항의 공시

제 1 절　부동산에 관한 공시제도　45

Ⅰ. 공시제도로서의 부동산등기 ········· 45
Ⅱ. 부동산에 관한 여러 공시제도 ········· 45

제 2 절　등기사항의 증명과 열람　48

Ⅰ. 등기사항증명서의 발급 ········· 48
　1. 개　　설 / 48　　2. 등기사항증명서의 종류 / 49
　3. 등기사항증명서의 작성 / 50　　4. 발급방법 / 51
　5. 등기사항증명서의 이해 / 53
Ⅱ. 등기기록, 부속서류의 열람 ········· 54

제 3 절　등기사항의 공시 제한　57

　1. 의　　의 / 57　　2. 공시 제한의 대상과 범위 / 57
　3. 공시 제한의 방법 / 58

제 4 절　등기정보자료의 제공　58

제 4 장　등기절차

제 1 절　등기절차 총론　60

제 1 관　등기절차의 기초이론 ········· 60
　Ⅰ. 서　　설 ········· 60
　Ⅱ. 부동산등기의 진정성 보장의 기초 ········· 61
　Ⅲ. 등기청구권 ········· 64

1. 의 의 / 64　　2. 등기절차와 등기청구권 / 64
3. 발생원인과 성질 / 68　　4. 등기청구권의 행사 등 / 70
Ⅳ. 공동신청주의 ···· 71
1. 신청주의 / 71
2. 공동신청주의 원칙: 등기권리자와 등기의무자의 공동신청 / 72
3. 단독신청의 예외 / 73
제2관 등기의 신청 ···· 75
Ⅰ. 신 청 인 ···· 75
1. 당 사 자 / 75　　2. 당사자가 아닌 신청인 / 76
3. 등기의 촉탁 / 82　　4. 관련문제 / 84
Ⅱ. 신청의 방법 ···· 86
1. 서 설 / 86　　2. 방문신청 / 87
3. 전자신청 / 88
Ⅲ. 신청정보 및 첨부정보의 제공 ···· 91
1. 신청정보 및 첨부정보의 의미 / 91
2. 신청정보 / 92　　3. 첨부정보 / 97
4. 참고사항 / 117
Ⅳ. 등기신청과 관련하여 부과된 의무 ···· 121
1. 부동산 거래에 따르는 비용 / 121
2. 취득세 또는 등록면허세 / 122
3. 국민주택채권 / 124　　4. 등기신청수수료 / 125
5. 기 타 / 126
Ⅴ. 등기신청의 취하 ···· 126
Ⅵ. 관련문제 ···· 127
1. 등기신청의무가 있는 경우 / 127
2. 실권리자명의 등기의무 / 129
제3관 등기신청사건의 처리 ···· 131
Ⅰ. 등기신청의 접수 ···· 131
Ⅱ. 등기신청에 대한 심사 ···· 133
1. 심사업무 일반론 / 133　　2. 심사의 구체적 내용 / 137
3. 등기관의 주의의무 / 143　　4. 보 정 / 145
Ⅲ. 등기의 실행 ···· 146
1. 등기사무 처리의 방법 / 146　　2. 기록 방법 / 147

3. 기록사항(등기사항) / 149
Ⅳ. 등기신청의 각하 …… 150
1. 각하사유 / 150 2. 각하절차 / 153
Ⅴ. 등기 완료 후의 절차 …… 154
1. 등기필정보의 통지 / 154 2. 등기완료사실의 통지 / 157
3. 관련기관에의 통지 / 157 4. 등기원인증서의 반환 / 158
5. 신청정보와 첨부정보의 보존 / 158
제4관 등기의 변경과 경정 …… 159
Ⅰ. 등기의 변경 …… 159
1. 서 설 / 159 2. 권리의 변경 / 160
3. 등기명의인표시의 변경 / 161
Ⅱ. 등기의 경정 …… 163
1. 의 의 / 163 2. 경정의 요건 / 164
3. 경정의 절차 / 169 4. 경정의 특수한 경우 / 171
5. 관련문제 / 173
제5관 등기의 말소와 회복 …… 175
Ⅰ. 등기의 말소 …… 175
1. 의 의 / 175 2. 요 건 / 175
3. 절 차 / 182 4. 직권에 의한 등기의 말소 / 185
5. 관련문제 / 187
Ⅱ. 등기의 회복 …… 188
1. 의 의 / 188 2. 요 건 / 189
3. 절 차 / 192 4. 관련문제: 멸실된 등기의 회복 / 195

제2절 표시에 관한 등기 196

제1관 서 설 …… 196
제2관 부동산등기와 대장 …… 199
Ⅰ. 부동산에 관한 각종 대장제도 …… 199
1. 지적공부 / 199 2. 건축물대장 / 200
Ⅱ. 등기부와 대장의 관계 …… 201
1. 기본관계 / 201 2. 등기부와 대장을 일치시키기 위한 제도 / 201

3. 등기부와 대장의 일원화문제 / 203
제3관 표시에 관한 등기절차 ······ 203
Ⅰ. 표시에 관한 등기의 기초 ······ 203
1. 표제부의 등기사항 / 203 2. 등기의 방식 / 206
Ⅱ. 부동산표시의 변경등기 ······ 206
Ⅲ. 토지의 분필과 합필의 등기 ······ 207
1. 분필의 등기 / 207 2. 합필의 등기 / 212
3. 토지개발사업에 따른 등기 / 217
Ⅳ. 건물의 분할과 합병의 등기 ······ 218
Ⅴ. 멸실의 등기 ······ 220

제3절 소유권에 관한 등기 221

제1관 소유권보존등기 ······ 221
Ⅰ. 서 설 ······ 221
Ⅱ. 요 건 ······ 222
1. 등기할 수 있는 부동산 / 223 2. 소 유 자 / 224
Ⅲ. 절 차 ······ 229
1. 등기의 신청 / 229 2. 등기의 실행 / 230
Ⅳ. 관련문제 ······ 230
1. 미등기 부동산에 대한 처분제한의 등기와 직권보존등기 / 230
2. 집합건물의 소유권보존등기 / 232
3. 소유권보존등기의 특수한 경우 / 232
제2관 소유권이전등기 ······ 233
Ⅰ. 서 설 ······ 233
Ⅱ. 법률행위를 원인으로 하는 소유권이전등기 ······ 234
1. 서 설 / 234 2. 요건: 법률행위의 증명 / 234
3. 등기절차 / 235 4. 관련문제 / 237
Ⅲ. 법률행위 외의 원인에 의한 소유권이전등기 ······ 240
1. 서 설 / 240 2. 상속을 원인으로 하는 소유권이전등기 / 241
3. 수용을 원인으로 하는 소유권이전등기 / 248
4. 판결에 의한 소유권이전과 등기 / 249

5. 그밖의 경우 / 250
Ⅳ. 관련문제 ······ 252
1. 부동산의 특정 일부에 대한 소유권이전등기 / 252
2. 부동산거래시 관련 비용 / 252
3. 부동산소유권 이전등기 등에 관한 특별조치법에 의한 등기 / 253
제 3 관 공동소유에 관한 등기 ······ 253
Ⅰ. 서 설 ······ 253
Ⅱ. 공유등기 ······ 254
1. 공유지분등기 / 254 2. 공유와 등기의 신청 / 257
3. 공유물분할에 따른 등기 / 259
Ⅲ. 합유등기 ······ 262
Ⅳ. 총유등기 ······ 263

제 4 절 용익권에 관한 등기 264

제 1 관 지상권등기 ······ 264
Ⅰ. 의 의 ······ 264
Ⅱ. 지상권설정등기 ······ 264
Ⅲ. 구분지상권등기 ······ 266
1. 구분지상권설정등기 / 266 2. 도시철도법 등에 의한 구분지상권등기 / 267
제 2 관 지역권등기 ······ 268
Ⅰ. 의 의 ······ 268
Ⅱ. 지역권의 등기절차와 등기사항 ······ 269
제 3 관 전세권등기 ······ 271
Ⅰ. 의 의 ······ 271
Ⅱ. 전세권설정등기 ······ 272
Ⅲ. 전세권의 이전과 변경, 말소의 등기 ······ 273
1. 전세권 이전의 등기 / 273 2. 전세권 변경의 등기 / 274
3. 전세권 말소의 등기 / 275
Ⅳ. 관련문제 ······ 275
1. 전세금반환채권과 전세권등기 / 275
2. 존속기간의 만료와 다른 등기의 신청 / 276

3. 부동산의 일부에 대한 전세권과 경매 / 278
제4관 임차권에 관한 등기 ········ 279
Ⅰ. 서 설 ········ 279
Ⅱ. 임차권설정등기 ········ 280
1. 민법 제621조에 의한 임차권설정등기 / 280
2. 주택임대차보호법에 의한 임차권설정등기 / 282
3. 상가건물 임대차보호법에 의한 임차권설정등기 / 283
Ⅲ. 임차권등기명령에 의한 임차권등기 ········ 284
Ⅳ. 임차권의 이전 또는 임차물 전대의 등기 ········ 286
Ⅴ. 기 타 ········ 286
1. 임대차보호법상 임차권의 보호 / 286
2. 소위 전세사기의 문제 / 287

제5절 담보권에 관한 등기 288

제1관 저당권 및 근저당권등기 ········ 288
Ⅰ. 서 설 ········ 288
Ⅱ. 근저당권설정등기 ········ 290
1. 요건: 근저당권설정계약 / 290 2. 등기절차 / 292
Ⅲ. 근저당권의 변경, 이전, 말소등기 ········ 295
1. 변경등기 / 295 2. 이전등기 / 298
3. 말소등기 / 300
Ⅳ. 공동저당 ········ 302
1. 의의와 성질 / 302 2. 공동저당의 등기 / 303
3. 공동저당의 효력과 대위등기 / 307
제2관 권리질권 및 채권담보권등기 ········ 309

제6절 신탁에 관한 등기 310

Ⅰ. 신탁 일반론 ········ 310
1. 신탁의 의의 / 310 2. 부동산신탁의 종류 / 312
3. 신탁의 설정과 신탁관계인 / 313

4. 신탁의 법률관계의 공시 / 314
Ⅱ. 신탁에 관한 여러 등기절차 ………… 315
1. 신탁등기의 의의 / 315
2. 신탁등기의 신청과 등기절차 / 316
3. 신탁등기의 변경 / 325
4. 신탁등기의 말소 / 329
Ⅲ. 신탁등기와 다른 등기의 관계 ………… 330
1. 서 설 / 330
2. 신탁목적에 반하는 등기의 신청 / 330
3. 처분제한의 등기 / 330
4. 합필등기와 분필등기 / 331

제 7 절 가 등 기 332

Ⅰ. 서 설 ………… 332
Ⅱ. 가등기의 절차 ………… 333
1. 가등기의 요건 / 333
2. 가등기의 신청과 등기 / 334
3. 가등기된 권리의 처분과 등기 / 336
4. 가등기의 말소 / 339
Ⅲ. 가등기에 의한 본등기 ………… 340
1. 가등기의 효력과 등기절차 / 340
2. 가등기에 의한 본등기절차 / 342
3. 가등기에 의하여 보전되는 권리를 침해하는 등기의 직권말소 / 345
Ⅳ. 담보가등기 ………… 350

제 8 절 처분의 제한에 관한 등기 354

제 1 관 서 설 ………… 354
제 2 관 가압류 및 가처분에 관한 등기 ………… 355
Ⅰ. 개 관 ………… 355
Ⅱ. 등기의 절차 ………… 356
1. 가압류 · 가처분 등기의 허용 여부 / 356
2. 등기의 촉탁과 실행 / 357
3. 가압류 · 가처분 등기의 말소 / 359
Ⅲ. 가압류 · 가처분의 효력과 그에 저촉되는 등기의 처리 ………… 359
1. 가압류 · 가처분의 상대적 효력 / 359
2. 가압류의 본집행으로의 이전 / 360
3. 가처분의 피보전권리의 실현과 그에 저촉되는 처분행위의 처리 / 361

제3관 경매에 관한 등기 ········· 368
Ⅰ. 개 설 ········· 368
Ⅱ. 경매개시결정의 등기 ········· 369
Ⅲ. 매각에 따른 등기 ········· 371
1. 대금의 납부와 소유권의 취득 / 371
2. 등기의 촉탁 / 372
3. 등기 완료 후의 조치 / 377
제4관 체납처분에 관한 등기 ········· 378
Ⅰ. 체납처분에 의한 압류등기 ········· 378
Ⅱ. 공매에 따른 등기 ········· 379
1. 공매공고 등기 / 379 2. 공매절차에서 매각된 경우의 등기 / 380

제9절 집합건물등기 380

Ⅰ. 집합건물의 기초이론 ········· 380
1. 집합건물과 우리 생활 / 380 2. 집합건물법의 제정 / 381
3. 집합건물에 관한 기본개념 / 382
4. 집합건물 구분소유의 성립요건 / 384
Ⅱ. 집합건물등기 개관 ········· 388
1. 집합건물 등기의 특성 / 388 2. 집합건물 등기기록 / 389
Ⅲ. 대지사용권과 대지권등기 ········· 392
1. 대지사용권과 전유부분의 분리처분금지 / 392
2. 분리처분금지와 대지권등기 / 394
3. 대지권등기의 내용 / 395
4. 대지권의 변경 또는 소멸의 등기 / 401
5. 대지권등기의 효과 / 402 6. 관련문제 / 403
Ⅳ. 집합건물에 관한 각종의 등기절차 ········· 405
1. 소유권보존등기 / 405 2. 소유권이전등기 / 407
3. 근저당권설정등기 / 408 4. 전세권설정등기 / 409
5. 표시에 관한 등기 / 410 6. 기타의 등기 / 411

제 5 장 등기관의 처분에 대한 이의

Ⅰ. 서 설 412
Ⅱ. 이의신청의 요건 413
1. 이의신청의 대상 / 413 2. 이의신청을 할 수 있는 자 / 413
3. 이의사유 / 414
Ⅲ. 이의신청사건의 절차 415
1. 이의신청 / 415 2. 등기관의 조치 / 415
Ⅳ. 법원의 재판과 그에 따른 등기 416
1. 처분 전의 가등기 및 부기등기의 명령 / 416
2. 이의에 대한 결정 / 417 3. 법원의 명령에 따른 등기 / 417
Ⅴ. 법원의 재판에 대한 불복 419

제 6 장 등기의 효력

제 1 관 등기절차와 등기의 효력 421
제 2 관 등기의 유효요건 422
1. 실체적 유효요건 / 422 2. 절차적 유효요건 / 425
제 3 관 등기의 효력 426
Ⅰ. 등기의 효력 일반 426
1. 물권변동의 효력 / 426 2. 대항적 효력 / 426
3. 추 정 력 / 427 4. 순위확정적 효력 / 431
Ⅱ. 부동산등기의 공신력 문제: 정적 안전인가 동적 안전인가? 432
Ⅲ. 등기의 효력과 관련하여 몇 가지 생각할 점 434

제 7 장 사회변화와 부동산등기제도

제 1 관 사회변화와 부동산등기의 역할 439
제 2 관 부동산 등기제도 발전의 역사 440

제 3 관 국가의 부동산정책과 부동산등기 ········ 444
Ⅰ. 서 설 ········ 444
Ⅱ. 부동산 거래의 관리와 부동산등기 ········ 445
1. 부동산 투기와 세금의 탈루 방지 / 445
2. 부동산 거래신고제와 거래가액 등기제도 / 445
3. 분양권 전매 제한 및 수분양자의 보호 / 447
4. 온라인에 의한 부동산거래 관리시스템 구축과 부동산등기 / 448
Ⅲ. 토지의 이용·개발과 부동산등기 ········ 449
제 4 관 부동산등기의 과제와 미래 ········ 451
Ⅰ. 부동산등기의 과제 ········ 451
Ⅱ. 부동산등기의 미래 ········ 453

부 록 ········ 455
판례색인 ········ 475
사항색인 ········ 492

일러두기

이 책에서 법조문을 인용할 때 부동산등기법은 "법"으로, 부동산등기규칙은 "규칙"으로 인용한다. 그 밖에 몇 가지 법률은 다음과 같이 약어를 사용한다.

가등기담보법 ······ 가등기담보 등에 관한 법률
공간정보법 ······ 공간정보의 구축 및 관리 등에 관한 법률
부동산실명법 ······ 부동산 실권리자명의 등기에 관한 법률
집합건물법 ······ 집합건물의 소유 및 관리에 관한 법률

판례에서 대법원 2015.5.21. 2012다952 판결(전)은 전원합의체 판결을 의미한다.

등기예규는 법원 종합법률정보에서 쉽게 검색할 수 있도록 예규번호를 같이 기재하였다. 예규는 수시로 개정되므로 종합법률정보에서 그 개정 내용을 확인할 필요가 있다.

등기선례의 인용은 검색의 편의를 위하여 그 선례가 실려 있는 선례집과 그 선례의 항목으로 인용한다. 예를 들어, 7－123은 등기선례요지집 제7권 제123항의 선례를 의미한다. 공식적인 등기선례의 번호는 아니지만 법원 종합법률정보에서 검색하려면 7－123으로 검색하여야 하기 때문이다.

기록례는 법원행정처, 부동산등기기록례집, 2013년판에 있는 내용을 참고하였으며 필요한 경우 저자가 수정하여 만들었다. 기록례와 견본에 있는 주소나 지명은 편의상 저자가 임의로 만들었고 실재하지 않는다. 오해가 없기를 바란다.

참고문헌 중 아래 단행본은 저자와 서명 또는 서명으로 인용한다.

곽윤직·김재형, 물권법[민법강의Ⅱ], 박영사, 2024.

송덕수, 신민법강의, 박영사, 2016.

구연모, 부동산등기의 진정성 보장 연구, 서울대학교 법학연구소 법학연구총서 53, 2014.

법원행정처, 집합건물의 등기에 관한 해설, 1985.

법원행정처, 개정 부동산등기법 및 부동산등기규칙 해설, 2011.

법원행정처, 부동산등기실무[Ⅰ][Ⅱ][Ⅲ], 2015.

사법연수원, 부동산등기법, 2017.

사법연수원, 법원실무제요 민사집행[Ⅳ], 2020.

제 1 장 총 설

제 1 절 우리 생활과 부동산등기

Ⅰ. 왜 부동산등기법을 공부하는가?

1. 우리 삶과 부동산

우리가 세상을 살아가기 위하여 꼭 필요한 여러 요소가 있다. 그중의 하나가 부동산이다. 부동산은 우리 삶에 없어서는 안 되는 요소이다. 생활의 필수요소인 의식주의 하나로서 주거생활에 꼭 필요하다. 주거의 안정은 행복한 생활을 위한 기반이 된다. 또한, 부동산은 자본, 노동, 토지라는 생산의 3요소의 하나로서 경제활동에도 꼭 필요하다. 그래서 경제발전의 기초가 된다. 그것은 등기제도가 저당제도의 발전과 함께한 역사를 통해서도 알 수 있다. 인류 역사를 통하여 보더라도 땅은 고대에는 국가가 유지되기 위한 구성요소로서의 의미를 가졌으나 근대에 이르러 개인의 사유재산권으로 인정되게 되었다.

부동산의 중요성은 여러 통계자료를 통하여도 알 수 있다. 통계청 조사자료에 의하면 2018년 3월 말 현재 우리나라 가구당 평균 보유자산은 4억 1,573만 원이고, 이 중 부동산은 2억 9,177만 원으로 70.2%를 차지한다.[1] 부동산은 소유하고 있는 사람만의 문제가 아니다. 부동산을 소유하고 있지 않은 사람도 다른 사람으로부터 빌려서 이용하여야 한다. 그러므로 부동산에 관한 권리관계를 확인할 필요가 있다. 법원 등기정보광장 자료에 의하면 2024년 한 해 부동산등기에 관한 등기기록의 열람 통수는 96,457,273통이고, 등기사항증명서 발급 통수는 18,190,994통으로, 합계 114,648,267통이다.[2] 열람과 발급의 통수가 연간 1억 통

1) 통계청 홈페이지 보도자료 중 "2018년 가계금융·복지조사 결과" 참고.
2) 이 중 인터넷등기소를 통한 열람 및 발급이 108,913,478통, 유인발급창구를 통한 열람 및 발급이 2,844,064통, 무인발급기에 의한 발급이 2,890,725통이다.

이 넘을 정도로 대단히 많다. 부동산이 우리 생활에서 차지하는 중요성을 알 수 있다.

2. 부동산등기의 역할

그러면 부동산등기는 우리 삶에 꼭 필요한 부동산에 관하여 어떠한 역할을 하는가?

우리는 살아가면서 부동산을 소유하거나 처분하거나 이용하게 된다. 부동산에 관하여 전문적인 지식은 아니라 하더라도 누구든지 기본적 지식은 갖출 필요가 있다. 부동산등기도 그중의 하나다.

가. 재산권으로서의 부동산물권의 공시

부동산등기의 가장 중요한 역할은 부동산에 관한 물권의 공시이다. 그 소재와 내용을 공시한다. 부동산을 이용하거나 그에 관하여 거래하고자 하는 개인은 그 권리자와 권리의 내용을 확인할 필요가 있다. 이를 위하여 실체법상의 권리관계를 정확하고 신속하게 공시할 필요가 있다. 바로 그 역할을 부동산등기가 한다. 이것을 우리 민법 제186조에서는 "부동산물권변동의 효력"이라는 제목으로 "부동산에 관한 법률행위로 인한 물권의 득실변경은 등기하여야 그 효력이 생긴다"라고 표현하고 있다. 이와 같이 부동산등기는 눈에 보이지 않는 추상적 개념인 권리의 내용과 그 변동을 우리가 눈으로 확인할 수 있도록 한다. 그럼으로써 부동산에 관하여 권리를 가지는 사람이나 거래하려고 하는 사람 등 이해관계 있는 사람이 등기를 믿고 생활을 영위할 수 있게 한다.[3)] 즉, 권리자와 이해관계인을 보호한다. 이것이 가지는 의미는 무엇일까? 부동산등기는 부동산에 관한 거래비용(transaction costs)을 줄이고 권리자와 제3자의 안전을 향상시킴으로써 부의 창출에도 이바지하게 된다.[4)] 이렇게 하여 헌법이 규정하는 재산권 보장을 지탱하는 한 축이 된다.

우리가 사회생활을 하는 데 있어서 법률관계를 공시하는 제도로는 부동산등

3) 이 점에서 "부동산법은 부동산에 관한 사람들 사이의 관계의 표현이다(Land law is an expression of the relationships between people with respect to their land)"는 표현은 의미가 크다. Elizabeth Cooke, The New Law of Land Registration, 1(2003).

4) Pamela O'Connor, *Information, Automation and the Conclusive Land Register*, Torrens in the Twenty-first Century, 251.

기 외에도 여러 가지가 있다. 권리의 주체를 공시하는 제도로서 자연인에 대하여는 가족관계등록제도(종전에는 호적제도였다)와 주민등록제도, 법인에 대하여는 법인등기제도가 있다. 권리의 객체를 공시하는 제도로서 부동산등기를 비롯하여 토지의 현황을 공시하는 지적제도, 동산에 관한 각종 등록제도가 있다. 부동산등기는 이들 다른 법률관계 공시제도와 별개의 제도가 아니다. 서로 연관성이 있다.

그뿐 만이 아니다. 부동산의 이용과 처분에 관하여는 각종의 법적 규제가 있다. 나아가 부동산은 중요한 재산이다 보니 금융과 세무도 중요한 문제이다. 사회현상의 하나로서 부동산등기제도를 올바르게 이해하기 위하여는 부동산등기를 둘러싼 이러한 다른 제도에 대하여도 알아야 한다. 최근에는 부동산등기의 역할이 점점 더 중요해지고 있다. 이러한 때에 부동산을 둘러싼 사람과 사람 사이의 관계를 다루는 부동산등기법은[5] 부동산거래에 관한 기본법으로 기능하여야 한다. 그러기 위하여는 부동산거래의 흐름 속에서 부동산등기를 이해하여야 한다.

그럼에도 종래 부동산등기에 관한 문헌들은 등기신청서의 첨부서면과 기재방법 및 처리절차에 대한 설명에 머무른 느낌이 든다. 단순히 첨부서류로 무엇을 제출하고 기재를 어떻게 해야 하는지에 머물러서는 안 된다. 우리 삶에서 부동산등기가 가지는 의미를 제대로 이해하지 못하고 단순히 첨부서류와 기재방법 공부에 머문다면 부동산등기법은 얼마나 지루할까? 우리 삶에서 부동산등기가 가지는 의미와 역할을 생각하는 공부가 진정한 부동산등기법 공부이다. 부동산등기가 그런 역할을 수행하여야 한다. 부동산등기법 교과서는 부동산에 관하여 사람들의 삶을 담아내야 한다.

나. 절차법으로서의 부동산등기법

부동산등기법은 부동산 물권변동에 관한 절차법이다. 부동산등기제도는 부동산에 관한 물권의 현황과 변동을 공시하기 위한 절차를 포함한다. 절차법으로서의 부동산등기법이 수행하여야 하는 역할은 무엇인가? 절차법의 존재의의는 절차를 통하여 실체를 구현하는 것이다. 단순히 부동산에 관한 물권을 공시하는 역할에서 더 나아가 실체적 법률관계를 정확하고 신속하게 구현할 수 있도록 등기절차를 정비함으로써 부진정한 공시를 어느 정도 걸러줄 수 있다면 분쟁을 줄일 수 있다. 사후적으로 법률관계 내지 권리의 유무효를 따지는 일 못지 않게 사

5) 따라서 등기부에는 부동산을 매개로 한 사람들 사이의 관계가 담겨 있다.

전에 실체관계를 정확히 반영할 수 있는 절차를 정비하는 일도 중요하다.[6] 그것이 절차법의 역할이다.

그렇다면 부동산 등기절차는 단순히 실체법상의 법률관계를 충실히 공시하는 보조적 역할에만 머무를까? 여기서 실체법과 절차법의 관계를 잠시 생각해 보자. 절차와 실체는 서로 연계되어 있어 서로 영향을 미친다. 실체는 절차를 통하여 구현된다. 실체법을 공부할 때 절차법에도 관심을 가질 필요가 있다. 그럼에도 부동산 물권변동에 관하여는 실체법인 민법공부에서 절차적인 측면에 대한 관심이 부족하지 않나 생각된다. 지금까지 우리나라에서는 절차법인 부동산등기법은 실체법에 종속적인 부수적이고 종된 제도로 보는 경향이 강하였다. 등기제도가 정비되기 이전에는 이런 견해가 설득력이 있을 수 있다. 그러나 이제는 등기제도도 어느 정도 정비되어 있어 공시를 수반하지 않는 물권변동을 제한하고 공시와 물권변동이 서로 밀접하게 연계되도록 해석하고 제도를 설계할 필요가 있다. 현대의 복잡한 법률관계에서 공시제도가 수행하는 역할이 무엇인지 생각해 보아야 한다. 등기는 실체법상의 법률관계에 대한 포장이 아니라 디자인이라고 할 수 있다. 실체관계의 한 요소로서 실체법상의 법률관계에 새로운 의미를 부여한다. 이러한 관점에서 등기라는 공시제도를 바라보아야 한다. 장기적으로 보면 절차법에 의하여 실체법이 영향을 받을 수 있음은 부동산등기제도의 역사를 통하여 알 수 있다.[7] 사회변화와 부동산등기의 역할에 관하여는 제7장에서 다룬다.

3. 이 책의 구성

이 책은 전부 7장으로 구성하였다. 부동산등기의 체계적인 이해라는 관점에서 장을 나누었다. 제1장에서 부동산등기에 관한 일반적인 내용을 살펴본다. 제2장에서는 등기업무의 인적·물적 기초로서 등기소와 등기관, 등기기록에 관하여

---

6) 집합건물 평면매장을 예로 들어보자. 구분소유권의 요건을 갖추지 않은 건물 부분이 구분건물로 등기되지 않도록 절차를 정비하는 일이, 구분건물로 등기된 후 그 유무효를 따지는 일보다 더 중요하다.

7) 토렌스시스템 국가에서 부동산등기는 "권원의 등기제도가 아니라 등기에 의한 권원제도(not a system of registration of title but a system of title by registration)"라는 유명한 표현이 있다. 이 말은 Breskvar v. Wall 사건에서 오스트레일리아의 당시 대법원장이었던 Garfield Barwick가 한 표현이다. (1971) 126 CLR 376, 385. 영국에서도 "부동산등기는 부동산소유권의 본질을 점진적으로 변화시켜 왔다(land registration has gradually changed the nature of ownership of land)"고 하는 견해도 있다. Elizabeth Cooke(주 3), 1.

설명한다. 제3장에서는 등기제도의 목적이라고 할 수 있는 부동산등기의 공시에 관하여 살펴본다. 제4장 등기절차 부분에서는 등기의 신청과 그에 대한 처리절차를 살펴본다. 여기에서는 각종의 등기에 공통되는 절차를 등기절차 총론으로 설명하고, 각종의 등기절차에 관하여는 항목을 나누어서 설명한다. 등기의 신청과 처리만이 아니라 등기의 변경과 경정, 말소와 회복도 등기절차 총론에서 설명한다. 각종의 등기에 공통되는 절차이기 때문이다. 책에 따라서는 변경과 경정, 말소와 회복을 각종의 등기의 하나로 설명하기도 하는데, 그렇게 하여서는 등기절차의 체계적인 이해를 어렵게 한다. 그래서 이 부분들을 총론으로 편성하였다. 제5장에서는 등기관의 처분에 대한 이의를 살펴본다. 이의는 실무상 대부분 등기신청사건의 처리와 관련하여 이루어지나 등기신청절차만이 아니라 등기의 공시에 관한 절차와도 관계가 있다. 그래서 별도의 항목으로 구성하였다.

그 외에 이 책에서는 등기의 효력을 별도의 장으로 구성하여 제6장으로 하였고, 제7장에서 사회변화와 부동산등기제도를 생각해 보도록 하였다. 부동산등기를 이해하기 위하여는 첨부서면과 등기방법에만 머물러서는 안 된다. 보다 넓은 시각에서 이해하고 생각할 필요가 있다. 그것이 교과서의 역할이다.

Ⅱ. 부동산등기법의 법원

1. 부동산등기법과 부동산등기규칙

(1) 부동산등기법을 공부하려면 어떤 법을 보아야 하는가? 부동산등기에 관한 기본법령은 민법과 부동산등기법 및 부동산등기규칙이다. 민법은 부동산등기에 관한 실체적 법률관계를 정하고 있고, 부동산등기법과 부동산등기규칙에서 절차적 사항을 정하고 있다. 현행 민법은 1958. 2. 22. 공포되어 1960. 1. 1.부터 시행되고 있다. 민법 중 제2편 물권편이 부동산등기와 특히 밀접하게 관련되어 있다.

현행 부동산등기법은 1960. 1. 1. 법률 제536호로 공포되어 같은 날부터 시행되었다. 부동산등기법은 제정 이후 현재까지 모두 42차례 개정되었다. 전산화된 업무환경을 반영하여 2011. 4. 12. 법률 제10580호로 처음으로 전부개정되었고 그 6개월 후인 2011. 10. 13.부터 시행되고 있다. 그 후 대법원에서 추진하고 있는 미래등기시스템사업의 내용을 반영하여 2024. 9. 20. 개정되어 2025. 1. 31.부터 시행되고 있다.

전부개정된 부동산등기법과 부동산등기규칙의 특징은 2가지로 요약될 수 있다.[8] 첫째는, 전산화된 업무환경을 반영하였다는 점이다. 전국의 모든 등기부가 전산화되어 전산정보처리조직에 의하여 등기사무가 처리되고 있는데, 이러한 부동산등기 업무환경의 변화에 맞추어 종래 종이등기부에 의한 등기업무처리시대에 만들어진 법을 전체적으로 개정하였다.[9] 그리하여 종이등기부를 전제로 한 규정이나 용어가 모두 사라지고 전산에 의한 업무처리에 따른 내용으로 모두 바뀌게 되었다. 둘째는, 법조문의 체계를 정비하였다는 점이다. 신청서 기재사항과 첨부서면 등 구체적인 등기신청절차나 등기실행방법은 대법원규칙으로 위임하고 법에서는 등기사항 위주로 규정하였다.

부동산등기법에서 위임한 사항과 그 시행에 필요한 사항을 규정하기 위하여 대법원 규칙으로 부동산등기규칙이 제정되어 있다.[10] 부동산등기절차에 관한 내용 중 국민에게 중대한 영향을 미칠 수 있는 사항, 예를 들어 등기할 수 있는 권리, 등기의 종류, 등기할 수 있는 내용, 등기신청방법이나 권한 등은 법에서 규정하고, 규칙에서는 신청정보의 내용, 첨부정보 또는 등기기록례 등 세부적인 등기절차를 규정하고 있다.

(2) 등기업무 전산화에 따른 법령의 전부개정으로 부동산등기 관련 용어가 많이 달라졌다. 그 용어의 사용에 다소 혼란이 있을 수 있다. 여기서 몇 가지 기

---

8) 개정의 주요내용은 다음과 같다. 전산화에 따른 업무환경의 변화를 반영하여 ① 종이등기부를 전제로 한 종전 규정을 전산정보처리조직에 의한 등기사무처리에 따른 절차와 용어로 새로이 정비하였고, ② 등기의 효력발생시기를 명확하게 하기 위하여 등기관이 등기를 마치면 그 등기의 효력은 접수한 때부터 효력을 발생하는 것으로 하였으며(제6조 제2항), ③ 종래 법률에서 정하고 있던 구체적인 등기신청절차나 등기실행방법을 대법원규칙으로 위임하고 법률에서는 등기사항 위주로 규정함으로써 전산환경에 따른 변화나 국민의 수요에 따른 신속하고 탄력적인 등기절차 운용을 가능하게 하였다(법원행정처, 개정 부동산등기법 및 부동산등기규칙 해설, 3면 이하 참조).

9) 저자가 부동산등기 담당 주무과장인 법원행정처 부동산등기과장으로 2003년 7월 부임하였을 때 내부적으로 부동산등기법 개정 초안이 마련되어 있었다. 전부개정이 아니라 종래처럼 부분개정하되 그 개정의 범위가 거의 대부분의 조문에 걸치는 안이었다. 저자는 부분개정이 아닌 전부개정을 주장하였고, 그에 따라 전부개정을 검토하게 되었다. 그때 마침 일본 부동산등기법 개정 주요골자와 개정안이 발표되었고 2004년에 전부개정되었다. 그래서 자연스럽게 일본의 개정법률을 참고하게 되었다.

10) 처음에는 "부동산등기법시행규칙"이라고 하였으나, 2006. 5. 30. 대법원규칙 제2025호로 개정되면서 제명을 "부동산등기규칙"으로 개정하였다.

본 개념을 정리해보고자 한다.

전산화된 업무환경에서도 종이등기부 시대에 사용하던 "등기부"라는 용어는 그대로 사용하고 있다. 등기부라는 용어가 매우 오랫동안 사용되어 국민들에게 친숙하기 때문이다. 그러나 개념이 달라졌다. 등기부는 등기정보자료 전체를 의미하고(전산정보처리조직에 의하여 입력·처리된 등기정보자료를 대법원규칙으로 정하는 바에 따라 편성한 것을 말한다. 법 제2조 제1호), 1필의 토지 또는 1개의 건물에 관한 등기정보자료는 "등기기록"이라고 한다(법 제2조 제3호). 그에 따라 '등기부등본'이라는 용어 대신에 "등기사항증명서"라는 용어를 사용하고 있다(법 제19조). '신청서의 기재사항'은 "신청정보" 또는 "신청정보의 내용"(법 제24조, 제25조, 규칙 제43조)으로, '등기원인을 증명하는 서면'은 "등기원인을 증명하는 정보"(법 제29조, 규칙 제46조 제1항 제1호)로, '첨부서면'은 "첨부정보"(규칙 제46조)로 바뀌게 되었다. 그리고 '등기필증'에 갈음하여 "등기필정보"제도가 생겨났다(법 제2조 제4호, 제50조).

이러한 용어의 변화에 따라 "신청정보의 내용으로 등기소에 제공하여야 한다"(규칙 제43조)든가, "첨부정보로서 등기소에 제공하여야 한다"(규칙 제121조)는 표현은 일상생활에서 쓰는 표현이 아니어서 이해가 쉽지 않을 수 있다. 이해하기 쉽게 표현하자면 "신청서에 기재하여야 한다"든가 "첨부하여야 한다"라고 할 수 있다. 이 책에서는 이해의 편의를 위하여 법령상의 표현과 일상적인 표현 양쪽 중에서 그때그때 선택해서 사용하기로 한다.

(3) 그밖에도 법령은 아니나 부동산등기를 이해하는 데 참고하여야 하는 자료들이 있다.[11] 부동산 등기업무의 관장기관인 대법원에서 부동산등기 업무처리의 지침으로 제정하여 시행하고 있는 대법원 등기예규가 있다. 실무적인 사항들에 대하여는 등기예규에서 잘 정리되어 있다.[12]

아울러 법원행정처에서 부동산 등기업무에 관한 민원인의 질의에 대하여 회신하는 업무를 하고 있는데, 그 질의회신 내용 중 주요한 내용을 추려서 부동산등기선례요지집이라는 책자로 발간해오고 있다. 현재까지 모두 9권이 나왔다.[13]

11) "법의 생명은 논리가 아니라 경험(The life of the law has not been logic; it has been experience)"이라는 말이 있다. Oliver Wendell Holmes 대법관의 표현이다. 이 말이 시사하듯이 부동산등기법을 제대로 이해하기 위하여는 여기서 소개하는 자료들도 참고할 필요가 있다.

12) 등기예규와 등기선례는 사법정보공개포털의 종합법률정보에서 검색할 수 있다.

13) 2001년에 발간된 제6집까지는 등기선례요지집이라는 이름으로 부동산등기만이 아니라 상업등

참고로, 부동산등기업무 주무부서에서 부동산등기업무 관련 실무서를 발간해오고 있다. 주요한 실무서로는 대법원 예규집(부동산·기타등기편), 부동산등기기록례집 등의 자료집과 부동산등기법 개정 법률의 해설집, 부동산등기업무에 관한 종합적인 실무해설서인 부동산등기실무[Ⅰ][Ⅱ][Ⅲ] 등을 들 수 있다.[14)]

2. 부동산등기 관련 법령

부동산에 관하여 규율하는 법령은 기본법령 외에도 무수히 많다. 부동산등기를 이해하기 위하여는 이들 법령도 함께 알아야 한다. 주요한 몇 가지를 들면 다음과 같다.

우선, 부동산등기법의 부수법령이 있다. 등기소의 설치와 관할구역에 관한 규칙, 등기사항증명서 등 수수료규칙, 법인 및 재외국민의 부동산등기용등록번호 부여에 관한 규칙, 법인 아닌 사단·재단 및 외국인의 부동산등기용 등록번호 부여절차에 관한 규정, 도시철도법 등에 의한 구분지상권 등기규칙, 토지개발 등기규칙이 있다.

다음으로 부동산등기에 관한 특별조치법이 있다. 부동산등기 특별조치법, 축사의 부동산등기에 관한 특례법, 공유토지분할에 관한 특례법, 부동산등기에 관한 한시법으로 각종 특별조치법이 있다.[15)]

부동산의 권리관계, 이용 및 거래, 개발, 금융, 세무에 관에 관한 각종의 법령도 알아둘 필요가 있다. 집합건물의 소유 및 관리에 관한 법률, 부동산 실권리자명의 등기에 관한 법률, 가등기담보 등에 관한 법률, 민사집행법, 주택법, 건축법, 건축물대장의 기재 및 관리 등에 관한 규칙, 부동산 가격공시에 관한 법률, 부동산 거래신고 등에 관한 법률, 도시 및 주거환경정비법, 공간정보의 구축 및 관리 등에 관한 법률, 국토의 계획 및 이용에 관한 법률, 주택도시기금법, 공익사

기와 법인등기에 관한 선례도 실었으나, 2004년에 발간한 부동산등기선례요지집 제7권부터는 부동산등기선례만을 따로 모아 발간하고 있다.

14) 실무해설서인 부동산등기실무는 3권으로 되어 있다. 2007년에 초판이 발간되었는데, 저자도 집필위원으로 관여하였다. 2015년에 개정판이 나왔다.

15) 분배농지소유권이전등기에관한특별조치법, 일반농지의소유권이전등기등에관한특별조치법, 임야소유권이전등기등에관한특별조치법, 부동산등기에관한특별조치법, 부동산소유권이전등기등에관한특별조치법, 수복지역내소유자미복구토지의복구등록과보존등기등에관한특별조치법 등이 있다. 이렇게 많은 특별조치법이 한시법으로 생긴 배경에 대해서도 생각해 볼 필요가 있다.

업을 위한 토지 등의 취득 및 보상에 관한 법률, 신탁법, 공익신탁법, 지방세법, 본인서명사실 확인 등에 관한 법률, 동산·채권 등의 담보에 관한 법률, 재외동포의 출입국과 법적 지위에 관한 법률, 공무원범죄에 관한 몰수 특례법, 자산유동화에 관한 법률, 채무자 회생 및 파산에 관한 법률 등이 있다.

권리주체에 관하여 등록하는 법으로 가족관계의 등록 등에 관한 법률, 주민등록법, 상업등기법 등도 관련 있다.

해당 법률은 관련되는 곳에서 소개하도록 한다.

제 2 절 부동산등기의 의의와 종류

Ⅰ. 부동산등기의 의의

부동산은 중요한 재산으로 우리 생활의 기반이자 생산수단이므로 그 권리의 귀속과 변동에 관하여 공적 장부에 기록할 필요성이 크다. 부동산에 관한 일정한 권리관계를 등기관이라는 국가기관이 등기부라는 공적 장부에 법령에 정하여진 절차에 따라 기록하는 제도 또는 그러한 기록 자체를 부동산등기라 한다.

부동산등기는 "부동산"에 관한 제도이다. 그러나 모든 부동산이 전부 등기의 대상이 되지는 않는다. 등기의 대상이 되는 부동산에 관하여는 다음 항에서 살펴본다.

부동산등기는 부동산에 관한 "일정한 권리관계"를 공시하는 제도이다. 부동산에 관한 모든 권리를 공시하지는 않는다. 또한 단순히 권리의 귀속만을 공시하지도 않는다. 어떤 권리관계를 공시하는지에 관하여도 다음 항에서 살펴본다. 또한 권리를 공시하기 위하여는 그 전제로 부동산을 특정할 필요가 있으므로 부동산의 표시에 관한 사항도 필수적으로 다루게 된다. 표시에 관하여는 제4장 제2절에서 살펴본다.

부동산등기는 "공시"하기 위한 제도이다. 단순히 권리관계를 기록하는 제도가 아니라 이를 공시함으로써 거래의 안전과 원활에 이바지하기 위한 제도이다. 일반적으로 부동산등기의 개념을 설명하면서 이 부분을 간과하는 경우가 많으나 부동산등기제도의 궁극적인 목적은 공시이다. 공시에 관하여는 제3장에서 살펴본다.

부동산등기는 "등기관"이라는 국가기관이 담당한다. 등기사무를 담당하는 국가기관은 등기소이며, 등기소에 소속된 국가공무원인 등기관이 자기의 권한과 책임하에 자기 명의로 처리한다. 어떠한 사람이 등기관의 자격을 갖추는지에 관하여는 제2장 제1절에서 살펴본다.

부동산등기는 "등기부라는 공적 장부"에 기록하는 제도 또는 그러한 기록이다. 등기를 기록하는 등기부와 등기기록에 관하여는 제2장 제2절에서 살펴본다. 기록되지 않으면 등기가 있다고 할 수 없다.

부동산등기는 "법령에 정하여진 절차"에 따라 이루어진다. 부동산등기는 실체법인 민법에 대하여 절차법이다. 그 절차에 관하여는 제4장에서 살펴본다.

Ⅱ. 등기의 종류

부동산등기는 일반적으로 몇 가지로 분류된다. 부동산등기를 이해하기 위하여 필요한 범위에서 간략히 살펴본다.

(1) 등기의 내용에 따라 기입등기, 경정등기, 변경등기, 말소등기, 회복등기로 분류된다. 기입등기는 어떤 등기사항을 등기기록에 새로이 기록하는 등기이다. 보통의 등기가 여기에 해당한다. 이에 반하여 이미 존재하는 등기에 대하여 등기와 실체관계가 불일치하는 경우에 등기사항의 일부를 고쳐서 바로잡는 등기가 변경등기와 경정등기이다. 변경등기는 그 불일치가 후발적으로 생긴 경우에 하고, 경정등기는 그 불일치가 원시적으로 생긴 경우에 한다는 차이가 있다. 말소등기는 등기에 대응하는 실체관계가 없는 경우에 그 등기를 법적으로 소멸시킬 목적으로 하는 등기이다. 이때에는 이미 존재하는 등기의 전부를 말소한다. 회복등기는 기존에 존재하는 등기가 부당하게 소멸된 경우에 이를 원상으로 회복하는 등기이다. 구체적인 내용은 해당 등기에 관한 부분에서 살펴본다.

(2) 등기의 방법 내지 형식에 따라 주등기와 부기등기로 분류한다. 표제부의 표시번호란 또는 갑구나 을구의 순위번호란에 기존의 등기의 표시번호나 순위번호에 이어지는 독립한 번호를 붙여서 하는 등기를 주등기라고 하고, 기존등기에

이어지는 독립한 번호를 사용하지 않고 이미 존재하는 어떤 특정등기의 번호를 그대로 사용하면서 이 번호에 가지번호를 붙여서 하는 등기를 부기등기라고 한다. 기존등기는 주등기인 경우가 보통이나 부기등기가 될 수도 있다. 자세한 내용은 부기등기 부분에서 살펴본다.

(3) 등기의 기능에 따라 권리의 등기와 사실의 등기로 분류한다. 부동산에 관한 권리관계를 기록하는 등기를 권리의 등기라고 하며, 부동산의 표시나 등기명의인의 표시와 같이 권리관계가 아닌 사실에 관한 등기를 사실의 등기라고 한다.

(4) 등기의 효력에 따라 종국등기와 예비등기로 분류한다. 등기의 본래의 효력인 물권변동의 효력(임차권 등 일정한 경우에는 대항력)을 발생시키는 등기를 종국등기라고 하며, 이러한 등기의 본래적 효력과는 직접 관계 없이 간접적으로 이에 대비하여 종국등기를 하기 전에 미리 하는 등기를 예비등기라고 한다. 가등기가 예비등기에 해당하며, 가등기에 대하여 종국등기를 본등기라고도 한다. 종전에는 예비등기의 하나로 예고등기가 있었으나 전부개정된 부동산등기법에서 폐지되었다.

제 3 절 등기할 수 있는 사항

Ⅰ. 등기사항 법정주의

부동산등기는 부동산에 관한 일정한 권리관계를 공시하는 제도이다. 그렇다면 구체적으로 어떤 사항을 등기할 수 있는가? 법률에서 등기할 수 있는 사항으로 규정된 사항만을 등기할 수 있다. 이를 등기사항 법정주의라 한다. 가능한 한 부동산에 관한 물권의 내용인 물건의 이용과 처분에 관한 모든 사항을 공시한다면 가장 이상적이다. 그러나 모든 사항을 등기할 수는 없으므로 등기사항으로 법률에 규정된 사항만을 등기하도록 하고 있다. 물권은 배타적 지배권이어서 제3자에게 미치는 영향이 크다. 따라서 그 존재와 내용을 외부에서 명확하게 인식할 수 있게 하여야 한다. 여기서 물권법정주의 원칙(The Numerus Clausus Principle)이 생겨났고 절차적으로도 공시를 명확히 할 필요가 있다. 이 점에서 당사자 사이의 법률관계를 다루는 계약법에서의 계약자유의 원칙과 대비된다.

등기할 수 있는 사항을 강학상 등기사항이라고도 한다.[16] 강학상으로 등기사항은 실체법에서 정하고 있는 실체법상 등기사항과 절차법에서 정하고 있는 절차법상 등기사항으로 구분한다.[17] 실체법상 등기사항은 등기하지 않으면 사법상의 일정한 효력이 생기지 않는 사항이다. 무엇이 여기에 해당하는지는 민법 제186조와 제187조에 의하여 정해진다. 절차법상 등기사항은 당사자가 등기를 신청할 수 있고 그에 따라 등기관이 등기를 할 수 있는 사항이다. 무엇이 여기에 해당하는지는 부동산등기법에서 정하고 있다. 절차법상 등기사항에 속할 때 등기능력이 있다고도 한다.

실체법상 등기사항에 관하여는 물권법 교과서에서 자세히 다루고 있다. 여기서는 절차법상 등기사항에 대하여 살펴보고자 한다. 부동산등기법과 각종 법률에서 등기할 수 있는 사항을 정하고 있다. 등기할 수 있는 사항에 관한 일반규정으로는 법 제3조가 있다. 그 밖에 개별적인 등기의 기록사항에 관하여는 각 권리에 관한 개별조문에서 등기사항이라는 제목으로 규정하고 있다.[18] 구체적으로 어떤 사항을 등기할 수 있는지에 관하여는 등기할 수 있는 물건, 등기할 수 있는 권리, 등기할 수 있는 권리변동으로 나누어 살펴보자.

Ⅱ. 등기할 수 있는 물건

1. 부 동 산

부동산등기의 대상인 물건은 부동산이다. 민법상 부동산은 토지 및 그 정착물이지만(민법 제99조), 부동산등기법상 등기의 대상이 되는 부동산은 토지와 건물

---

16) 전부개정된 부동산등기법은 등기기록에의 기록사항을 "등기사항"으로 표현하고 있다(제34조, 제40조, 제48조, 제64조, 제69조, 제70조, 제71조, 제74조, 제75조, 제81조 등). 구 부동산등기법이 "등기의 기재사항"이라는 표현을 사용하였음에 반하여(구법 제57조), 개정 법에서는 기록사항이라고 하지 않고 등기사항이라고 하여 강학상의 등기사항과 혼동하기 쉽다. 혼란을 피하기 위하여 여기서는 "등기할 수 있는 사항"이라고 표현하였다. 법 제3조 참조.

17) 곽윤직·김재형, 물권법, 79면.

18) 실무상 등기사항과 기록사항의 구분이 명확하지 아니하다. 등기기록에의 기록사항을 등기사항이라고 하여 법에서 규정하고 있으나, 실무에서는 실무상 필요에 의하여 법에서 등기사항으로 규정하고 있지 않은 사항도 등기기록에 기록하는 경우가 있다. 예를 들면, 실무에서는 저당권설정등기에서 금융기관의 지점을 기록하도록 하고 있는데, 법에서 등기사항으로 규정되어 있지 않다. 가압류등기에서 청구금액도 마찬가지이다.

이다. 이를 직접 밝히고 있는 규정은 없으나, 부동산등기법이 등기부의 종류를 토지등기부와 건물등기부로 구분하고 있는 점에서 알 수 있다(법 제14조 제1항). 건물 외의 토지의 정착물은 「입목에 관한 법률」에 의한 입목 등과 같이 특별법에 의하여 인정되는 경우를 제외하고는 독립하여 등기의 대상이 되지 아니한다.

토지와 건물이라 하더라도 사권(私權)의 대상이 되는 것이어야 등기할 수 있다. 부동산등기는 부동산에 관한 일정한 권리를 공시하여 거래의 안전에 이바지하는 제도이므로 거래의 대상이 될 수 있는 부동산이어야 하기 때문이다. 따라서 공유수면 아래의 토지는 등기의 대상이 되지 못한다.[19] 그러나 사권의 목적이 되는 부동산은 공용의 제한을 받고 있더라도 등기의 대상이 된다. 예를 들어, 도로법상의 도로부지나 하천법상의 하천은 사권행사에 제한이 있지만 소유권이전과 저당권을 설정할 수 있다(도로법 제4조, 하천법 제4조).[20]

일물일권주의 원칙상 부동산의 일부만을 등기할 수는 없다. 따라서 토지의 특정 부분에 존속할 수 없는 권리의 등기가 있는 토지에 관하여는 합필등기를 할 수 없다. 다만, 용익물권인 지상권, 지역권, 전세권과 임차권은 1필의 토지의 일부 위에 설정될 수 있고, 전세권과 임차권은 1동의 건물의 일부에 설정될 수 있다. 이 경우에는 그 부분을 도면으로 표시하고 도면번호를 함께 기록한다.

부동산의 동일성과 관련하여서는 표시에 관한 등기, 소유권보존등기, 등기의 변경과 경정, 중복등기에서 여러 가지 생각할 문제가 있다.

2. 토 지

토지는 이어져 있어서 물리적으로 구분할 수 없으므로 인위적으로 경계선을 그어서 구획하여 1개의 토지로 삼는다. 이렇게 구획된 토지의 단위를 필지라고

---

19) 부동산 등기제도는 부동산, 즉 토지 또는 건물에 대한 일정한 권리의 득실변경을 공시하는 제도이므로, 부동산이 아닌 공유수면을 구획지어 이에 대한 소유권(지분권)이전등기를 구하는 것은 부동산등기법상 허용될 수 없고, 미리 그 등기청구권을 보전하기 위하여 가처분을 하여도 이를 등기부에 공시할 방법도 없으므로 그 가처분신청을 받아들일 수 없다(대법원 1991.7.23. 91다14574 판결).

20) 종래 하천에 관하여는 국유제를 채택하여 하천은 원칙적으로 소유권보존등기의 대상이 되지 아니하였다. 그러나 2007. 4. 6. 법률 제8338호로 전부개정된 하천법은 하천의 국유제를 폐지하되 하천을 구성하는 토지와 그밖의 하천시설에 대하여는 사권을 행사할 수 없도록 하였다. 다만, 소유권 이전 및 저당권 설정 등에 대하여는 그러하지 아니한다(하천법 제4조 제2항). "하천법 제4조 제2항에 따른 등기할 사항의 범위 등에 관한 업무처리지침"(등기예규 제1387호) 참조.

하는데, 「공간정보의 구축 및 관리 등에 관한 법률」[21)]은 모든 토지에 관하여 필지별로 소재·지번·지목·면적·경계 또는 좌표 등을 조사·측량하여 지적공부에 등록하도록 하고 있다(제2조 제21호, 제64조 제1항). 토지는 이렇게 지적공부에 등록됨으로써 비로소 1개의 부동산으로 다루어지게 된다. 따라서 토지에 관하여 등기기록을 만들기 위하여는 반드시 먼저 지적공부에 1필지의 토지로 등록되어 있어야 한다. 그리고 그 소유권의 범위는 특별한 사정이 없는 한 지적공부상의 경계에 의하여 확정된다.[22)]

우리나라 영토 내의 육지부분은 모두 등기능력이 있는 토지이나, 실무상 대한민국의 행정력이 미치지 않는 군사분계선 이북지역의 토지에 대하여는 각종 등기를 직권말소하고 등기부를 폐쇄하도록 하고 있다.[23)]

3. 건 물

가. 건물로서의 등기능력

독립한 부동산으로서의 건물이 되기 위하여는 최소한 기둥과 지붕, 그리고 주벽이 이루어져야 한다.[24)] 여기서 일반적으로 등기할 수 있는 건물이 되기 위하여는 지붕과 주벽 또는 이와 유사한 설비를 갖추고 토지에 정착한 건조물로서 그 목적하는 용도에 제공될 수 있어야 한다고 보고 있다. 등기실무에서는 건축법상 건축물[25)]에 관하여 건물로서 소유권보존등기신청이 있는 경우 그 건축물이 토지

---

21) 지적에 관하여는 종래 「지적법」에서 규정하였으나, 측량법, 지적법, 수로업무법이 2009. 6. 9. 법률 제9774호로 「측량·수로조사 및 지적에 관한 법률」로 통합되었다가 2014. 6. 3. 법률 제12738호로 「공간정보의 구축 및 관리 등에 관한 법률」로 그 명칭이 변경되었다.

22) "어떤 토지가 지적공부에 1필지의 토지로 등록되면 토지의 소재, 지번, 지목, 지적 및 경계는 특별한 사정이 없는 한 등록으로써 특정되고 소유권의 범위는 현실의 경계와 관계없이 공부상의 경계에 따라 확정되는 것이 원칙이다. 다만 지적도를 작성할 때 기점을 잘못 선택하는 등 기술적인 착오로 지적도상의 경계선이 진실한 경계선과 다르게 작성되었다거나 당사자들이 사실상의 경계대로 토지를 매매할 의사를 가지고 거래를 한 경우 등과 같은 특별한 사정이 있는 경우에 한하여 토지의 경계는 실제의 경계에 의하여야 한다"(대법원 2016.6.28. 2016다1793 판결). 같은 취지의 판결로는 대법원 1982.6.8. 81다611 판결; 대법원 1995.6.16. 94다4615 판결; 대법원 2001.11.9. 2001다37699 판결; 대법원 2016.5.24. 2012다87898 판결 참조. 소유권의 범위에 관하여 자세한 내용은 제4장 제2절 제1관 참조.

23) "미수복지구 등기부의 처리에 관한 예규"(등기예규 제1116호).

24) 대법원 2001.1.16. 2000다51872 판결; 대법원 2002.2.26. 2000다16350 판결; 대법원 2003.5.30. 2002다21592,21608 판결.

25) 건축법상 건축물이란 토지에 정착하는 공작물 중 지붕과 기둥 또는 벽이 있는 것과 이에 딸린

에 견고하게 정착되어 있는지(정착성), 지붕 및 주벽 또는 그에 유사한 설비를 갖추고 있는지(외기분단성), 일정한 용도로 계속 사용할 수 있는지(용도성) 여부를 당사자가 신청서에 첨부한 건축물대장등본 등에 의하여 종합적으로 심사하여 건물로서의 등기능력 여부를 판단하도록 하고 있다.[26] 건물로서의 등기능력 여부에 관하여는 일률적으로 말하기 어렵고 이와 같은 기준에 의하여 사회 일반의 거래관념에 따라 판단하여야 한다.[27]

나. 건물의 개수

이와 같이 건물은 그 자체가 다른 건물과 물리적으로 구분되기는 하나 건물의 개수를 판단함에 있어서는 물리적 구조, 거래 또는 이용의 상태 등의 객관적인 사정과 건축자 또는 소유자의 의사 등 주관적 사정도 고려하여야 한다.[28] 건축자의 의사는 건축물대장 등재신청에서 나타난다고 볼 수 있다. 예를 들어, 주된 건물의 사용에 제공되는 부속건물은 주된 건물의 건축물대장에 부속건물로 등재하여 1개의 건물로 소유권보존등기를 함이 원칙이나, 소유자가 주된 건물과 분리하여 별도의 독립건물로 소유권보존등기를 신청할 수도 있다. 이때에는 주된 건물과 부속건물의 건축물대장이 각각 별도로 작성되어 있어야 한다.[29]

다. 구분건물

물리적으로 1개의 건물임에도 법률적으로 여러 개의 건물로 다루어지는 경우가 있다. 구분건물이 그러하다. 1동의 건물 중 구조상 구분된 여러 개의 부분이

시설물, 지하나 고가의 공작물에 설치하는 사무소·공연장·점포·차고·창고, 그 밖에 대통령령으로 정하는 것을 말한다(건축법 제2조 제1항 제1호). 건축법상 건축물은 부동산등기법상 건물보다 넓은 개념이다. 건축물과 그 대지의 현황에 관하여는 건축물대장에 등록하여 관리한다(건축법 제38조).

26) "등기능력 있는 물건 여부의 판단에 관한 업무처리지침"(등기예규 제1086호).

27) 등기실무에서는 유류저장탱크, 사일로(silo), 농업용 고정식 온실 등은 건물로서 소유권보존등기를 할 수 있으나, 농지개량시설의 공작물, 방조제 부대시설, 건물의 부대설비, 컨테이너, 비닐하우스, 주유소 캐노피, 일시사용을 위한 가설건축물, 옥외 풀장 등은 건물로서 소유권보존등기를 할 수 없다고 한다. 위 등기예규 제1086호. 다만, 가설건축물에 관하여는 등기선례 3-8, 4-315, 9-4, 9-6 및 2021.11.23. 부동산등기과-3048 질의회답 참조.

28) 대법원 1961.11.23. 4293민상623,624 판결; 대법원 1997.7.8. 96다36517 판결. 따라서 건물의 경계는 공적으로 설정 인증된 것이 아니고 단순히 사적관계에 있어서의 소유권의 한계선에 불과함을 알 수 있고, 따라서 사적자치의 영역에 속하는 건물 소유권의 범위를 확정하기 위하여는 소유권확인소송에 의하여야 할 것이고, 공법상 경계를 확정하는 경계확정소송에 의할 수는 없다(위 96다 36517 판결).

29) "부속건물 또는 증축건물의 소유권보존등기시 첨부하는 건축물대장에 관한 예규"(등기예규 제902호).

독립한 건물로서 사용될 수 있는 경우에는 그 각 부분을 각각 소유권의 목적으로 할 수 있다(집합건물법 제1조). 따라서 1동의 건물이 구조상 이용상 독립성을 가지면 소유자의 의사에 따라서 전체를 1개의 건물로 다룰 수도 있고, 각 부분을 독립한 건물로 다룰 수도 있다. 이것을 구분행위라 한다. 현실에서는 구조상의 독립성을 갖추지 못한 부분에 대하여도 소유권의 목적으로 하려는 경향이 있어 집합건물법에서도 상가건물에 대하여 일정한 조건 아래 구조상의 독립성이 없더라도 이용상 독립성을 갖춘 건물 부분을 독립한 건물로 다룰 수 있도록 하기에 이르렀다(집합건물법 제1조의2). 자세한 내용은 제4장 제9절에서 살펴본다.

라. 기 타

이상의 일반이론에 의하면 건물로서의 등기능력이 없음에도 특별법에서 건물로 등기할 수 있도록 하고 있는 예가 있다. 개방형 축사이다. 「축사의 부동산등기에 관한 특례법」에 의하면 소의 질병을 예방하고 통기성을 확보할 수 있도록 둘레에 벽을 갖추지 아니하고 소를 사육하는 용도로 사용할 수 있는 건축물을 개방형 축사라고 한다. 개방형 축사는 둘레에 벽을 갖추지 아니하여 건물로 등기할 수 없으나, 위 특례법에서는 축산농가의 재산권을 보장하고 민생안정에 기여하기 위하여 일정한 요건을 갖춘 개방형 축사에 대하여는 건물등기부에 등기할 수 있도록 하고 있다. 이 법에 따라 등기를 한 경우 등기기록 중 표제부에 위 특례법에 따른 등기임을 기록하여야 한다(축사의 부동산등기에 관한 특례규칙 제2조 제2항).

Ⅲ. 등기할 수 있는 권리와 그 변동

1. 등기할 수 있는 권리

등기할 수 있는 권리는 원칙적으로 부동산물권이다. 부동산에 관한 법률행위로 인한 물권의 득실변경은 등기하여야 그 효력이 생기고(민법 제186조), 법률의 규정에 의한 부동산에 관한 물권의 취득은 등기를 요하지 아니하나 등기를 하지 아니하면 처분하지 못하기 때문이다(민법 제187조). 그러나 부동산물권을 모두 등기할 수 있지는 않다. 실체법상 인정되는 부동산물권이라도 등기사항 법정주의에 따라 법률에 등기할 수 있다는 규정이 없으면 등기할 수 없다. 등기할 수 있는 권리에 관한 일반규정으로 부동산등기법 제3조가 있다. 제3조는 등기할 수 있는 부동산물권으로 소유권, 지상권, 지역권, 전세권, 저당권을 규정하고 있고, 부동산물권은 아니지만 권리질권, 채권담보권과 임차권도 규정하고 있다. 권리질권은 부동산물권은 아니지만 저당권에 의하여 담보된 채권을 목적으로 하는 경우에는 그 질권의 효력이 저당권에도 미친다는 점을 공시하기 위하여, 임차권과 환매권은 대항력을 공시하기 위하여 등기능력을 인정한다. 부동산물권 중 점유권, 유치권, 분묘기지권, 특수지역권(민법 제302조) 등은 등기할 수 있는 근거규정이 없으므로 등기할 수 없다.

2. 등기할 수 있는 권리변동

부동산등기는 법 제3조에서 규정하는 권리의 보존, 이전, 설정, 변경, 처분의 제한 또는 소멸에 대하여 한다. 권리의 보존이란 미등기부동산에 관하여 처음으로 등기기록을 만드는 절차이다. 보존등기는 소유권에 관하여만 이루어진다. 권리의 이전이란 어떤 사람에게 속하는 권리가 다른 사람에게 옮겨지는 권리의 주체의 변경을 말한다. 권리의 설정이란 기존의 권리 위에 새로운 권리를 창설하는 절차이다. 권리의 변경은 기존의 권리에 관하여 주체에 변동이 없는 상태에서 그 내용을 바꾸는 절차이다. 처분의 제한은 권리자의 처분권능의 제한을 의미한다. 여기에는 공유물분할의 금지, 가압류와 가처분, 경매개시결정 등이 있다. 신탁의 등기도 신탁의 목적범위에서 당해 부동산의 권리를 처분할 수 있으므로 일종의 처분제한에 해당한다. 소멸이란 등기된 권리가 소멸되는 현상이다.

Ⅳ. 그 밖의 등기할 사항

1. 부동산의 표시

법 제3조는 "부동산의 표시"도 독립하여 등기할 수 있는 사항의 하나로 나열하고 있다. 전부개정 전 부동산등기법에서는 부동산의 표시에 관한 등기는 소유권보존등기의 한 부분이고 독립하여 등기할 수 없다고 보았다. 다만, 구분건물의 경우 소유권에 관한 등기와 독립하여 표시에 관한 등기를 할 수 있도록 하였다(구 부동산등기법 제2조). 전부개정된 부동산등기법은 이미 등기되어 있는 부동산의 표시에 관한 사항을 변경하는 것도 부동산의 표시에 관한 등기에 해당한다고 보

아 부동산의 표시를 독립된 등기사항으로 규정하였다.[30)]

그러나 등기할 사항에 관한 일반규정인 제3조에서 부동산의 표시를 규정하는 것이 옳은지는 생각해볼 필요가 있다. 제3조에서 규정하는 사항은 일반규정으로서 강학상 독립된 등기사항이지 등기의 기재사항이 아니다. 부동산의 표시는 구분건물에서는 몰라도 일반적으로는 독립된 등기사항이 아니다. 소유권등기를 하기 위한 전제로서 부수적으로 기록하는 사항이지 소유권등기와 독립하여 등기할 수 있는 사항이 아니다. 대장과 등기부가 일원화되어 부동산의 표시에 관한 사항도 등기부에 의하여 공시하는 표제부 등기제도가 있는 일본에서는 일반규정으로 둘 필요가 있다. 그러나 우리나라에서는 개별규정에서 정하는 것은 몰라도 일반규정에서 정하기에는 더 검토가 필요해 보인다.[31)]

2. 법률에서 규정하는 그 밖의 등기사항

가. 의 의

법 제3조에서 정하고 있는 일반적인 등기사항 외에도 부동산등기법의 개별규정 또는 각종 특별법에서 특약사항이나 일정한 제한사항을 등기할 수 있도록 규정하는 경우가 많다. 이러한 사항은 권리에 대한 일종의 처분제한에 해당한다고 볼 수 있다. 이러한 특약사항이나 제한사항을 등기할 수 있도록 하는 규정은 자꾸만 늘어가는 경향이다. 그것은 오늘날 등기의 역할이 그만큼 커지고 있다는 의미이기도 하다. 그러한 금지사항이나 특약사항은 그 사항을 등기할 수 있다는 법령상의 근거가 있어야만 등기할 수 있다. 마찬가지로 당사자 사이에 어떠한 특약이나 제한의 약정을 하더라도 이를 등기할 수 있다는 법령상 근거가 없다면 등기할 수 없다.[32)]

나. 부동산등기법상 특약사항 등

부동산등기법상 개별규정에서 등기할 사항으로 규정하고 있는 경우로는 매매계약과 동시에 환매할 권리를 유보한 경우 환매특약의 등기(법 제53조), 등기원인에 권리의 소멸에 관한 약정이 있는 경우 그 약정에 관한 등기(법 제54조), 민법

---

30) 법원행정처, 개정 부동산등기법 및 부동산등기규칙 해설, 13면.

31) 개정법의 논리대로라면 부동산의 표시만이 아니라 등기명의인의 표시도 등기할 사항으로 제3조에서 규정해야 한다.

32) 아파트 분양약관에 일정기간 전매를 금지하는 조항이 있다 하더라도 법률에 그러한 사항을 등기하도록 하는 규정이 없는 한 그러한 약정은 등기할 수 없다. 등기선례 2-173.

제268조 제1항 단서에 의한 공유물 분할금지의 약정 등기(법 제67조 제1항)가 있다. 권리의 소멸에 관한 약정이란 등기원인인 법률행위에 해제조건 또는 종기를 붙인 경우를 말한다.

그 밖에도 독립한 등기사항은 아니나 지상권, 지역권, 전세권, 저당권의 등기를 하는 때에 등기원인에 일정한 약정이 있는 경우 그 약정을 등기할 수 있는 경우가 있다. 구분지상권에서 지상권 행사를 위하여 토지의 사용을 제한하는 약정이 있는 경우(법 제69조 제5호), 지역권에 관한 여러 약정(법 제70조 제4호), 설정행위로 전세권의 양도나 담보제공, 전전세 또는 임대를 금지한 경우 그에 관한 사항(법 제72조 제1항 제5호), 저당권의 효력이 부합물이나 종물에 미치지 않는다는 특약(법 제75조 제1항 제7호) 등이 있다.

[기록례: 근저당권의 소멸에 관한 약정이 있는 경우]

【 을 구 】	(소유권 이외의 권리에 관한 사항)			
순위번호	등기목적	접 수	등기원인	권 리 자 및 기 타 사 항
1	근저당권설정	2012년3월5일 제3005호	2012년3월4일 설정계약	채권최고액 금10,000,000원 채무자 김태수 대전광역시 서구 도안로88(도안동) 근저당권자 구연모 641012-1012345 서울특별시 은평구 진관3로 15(진관동)
1-1	1번근저당권 소멸약정			근저당권자가 사망할 때에는 근저당권은 소멸한다. 2012년3월5일 부기

다. 특별법상 금지사항 등

(1) 특별법상 금지사항 등기의 대표적인 예가 주택법 제61조 제3항에 따른 금지사항 부기등기이다. 이 규정에 의하면 주택법에 의한 사업주체는 위 법에 의한 사업계획승인을 얻어 시행하는 주택건설사업에 의하여 건설된 주택 및 대지에 대하여 입주예정자의 동의 없이는 양도하거나 제한물권을 설정하거나 압류·가압류·가처분 등의 목적물이 될 수 없는 재산임을 소유권등기에 부기등기하도록 하고 있다.[33] 이 규정은 건물이 지어지기도 전에 앞으로 지어질 건물을 다수인에게 매도

33) 이 등기에 관하여 자세한 내용은 "주택법 제61조 제3항에 따른 금지사항의 부기등기에 관한 업무처리지침"(등기예규 제1616호)에 잘 정리되어 있다.

하는 선분양관행이 일반화된 우리나라에서 건물을 분양받은 사람들을 보호하기 위한 정책적 필요에 의하여 생겨난 제도이다. 실무에서 많이 이루어지고 있다.[34)]

주택법에 의한 금지사항 부기등기의 예를 따라 다른 법률에서도 이와 유사한 규정을 두는 경우가 늘어가고 있다.[35)] 예를 들어, 국유재산법에 의한 국유재산 양여 등에 따른 특약등기(국유재산법 제49조), 매립지에 대한 소유권보존등기시 소유권 행사 제한의 부기등기(공유수면 관리 및 매립에 관한 법률 제46조 제1항), 주택법 제64조 제4항에 따른 금지사항 부기등기, 한국주택금융공사법 제43조의7 제2항에 따른 금지사항 부기등기, 한강수계 상수원수질개선 및 주민지원 등에 관한 법률 등에 따른 금지사항 부기등기, 주차장법 제19조의20에 따른 부기등기 등이 있다.[36)]

[기록례: 주택법 제61조 제3항에 따른 금지사항 부기등기]

【 갑 구 】	(소유권에 관한 사항)			
순위번호	등기목적	접 수	등기원인	권리자 및 기타사항
3	소유권이전	2012년2월5일 제1005호	2012년1월4일 매매	소유자 대한건설주식회사 110111-0123458 서울특별시 강남구 테헤란로 430(대치동) 거래가액 금110,000,000원
3-1	금지사항등기	2012년4월5일 제4005호	2012년3월4일 입주자모집공고승인신청	이 도지는 주택법에 따라 입수자를 모집한 토지(주택조합의 경우에는 주택건설사업계획승인이 신청된 토지를 말한다)로서 입주예정자의 동의를 얻지 아니하고는 당해 토지에 대하여 양도 또는 제한물권을 설정하거나 압류·가압류·가처분 등 소유권에 제한을 가하는 일체의 행위를 할 수 없음

(2) 특별법에 의한 특약사항 등의 등기가 되어 있는 부동산에 대하여는 그 내용에 따라 관련기관 등의 동의·허가 또는 승인 없이는 양도, 담보제공 등의 특약사항에 위배되는 처분을 할 수 없다.

34) 금지사항 부기등기의 건수는 2014년 18,334건, 2015년 25,083건, 2016년 28,038건이다.

35) 이러한 금지사항 등의 부기등기를 등기법적 관점에서 어떻게 이해하고 어떻게 받아들여야 하는지에 대하여도 고민이 필요해 보인다.

36) 이에 관하여는 "특별법에 의한 특약사항 등의 등기에 관한 예규"(등기예규 제1617호) 참조.

제 2 장　등기업무의 인적·물적 기초

제 1 절　등기소와 등기관

Ⅰ. 등기소의 의의

등기사무는 등기소에서 담당하며(법 제7조 제1항), 관할 등기소의 등기관이 처리한다(법 제11조 제1항). 등기사무를 담당하는 국가기관을 등기소라 한다. 부동산등기법상의 등기소는 등기사무를 담당하는 국가기관의 의미로 사용되고 있어 등기소라는 명칭을 가진 기관만을 의미하지는 않으므로 조직법상 의미에서의 등기소와는 차이가 있다. 조직법상으로는 등기에 관한 사무는 법원이 관장하고, 지방법원과 지원의 등기과, 등기계 및 지방법원과 지원 소속 등기소에서 담당한다(법원조직법 제2조 제3항, 제3조 제2항, 제29조 제3항, 제31조 제4항, 제36조). 따라서 이들이 모두 부동산등기법상 등기소가 된다.

참고로, 등기소에서는 등기업무 외에 확정일자 부여업무도 담당하고 있다(민법 부칙 제3조, 주택임대차보호법 제3조의6, 주택임대차계약증서의 확정일자 부여 및 정보제공에 관한 규칙 참조).[1)]

Ⅱ. 등기소의 관할

1. 관할 등기소

등기사무는 부동산의 소재지를 관할하는 지방법원, 그 지원 또는 등기소에서 담당한다(법 제7조 제1항). 구체적인 등기소의 관할구역은 대법원규칙인 「등기소의 설치와 관할구역에 관한 규칙」에서 정하고 있다. 2017. 12. 31. 현재 전국의

1) 등기소에서의 확정일자 부여에 관하여는 관할이 없다. 임대차계약서에 대하여도 부동산 소재지 등기소가 아니더라도 전국 어느 등기소에서나 확정일자를 받을 수 있다.

등기소는 180개이다(지방법원 및 지원의 등기국·등기과·등기계 포함).[2] 관할등기소는 인터넷등기소에서 검색이 가능하다.

등기소의 관할은 행정구역인 시·군·구를 기준으로 정하여져 있다. 종래에는 등기소의 설치와 관할구역에 관하여 1행정구역 1등기소의 원칙을 유지하였다. 민원인의 편의를 고려한 조치였다. 그러나 등기업무의 전산화에 의하여 관할 외 등기소에서나 인터넷에 의하여 등기사항의 열람이나 증명서의 발급이 가능하고 전자신청제도가 시행됨에 따라 교통이 발달한 대도시 지역에서는 소규모로 분산된 등기소를 통합하는 등기소 광역화 사업을 추진하여 오고 있다.[3]

2. 관할에 관한 특례

2024. 9. 20. 개정된 부동산등기법은 관련사건과 상속·유증사건의 관할에 관한 특례 규정을 신설하였다. 등기의 선진화를 위한 미래등기시스템 구축사업의 하나로 등기신청인의 부담을 완화하기 위한 조치이다.

관련사건의 관할에 관한 특례는 다음과 같다. 관할 등기소가 다른 여러 개의 부동산과 관련하여 등기목적과 등기원인이 동일하거나[4] 그 밖에 대법원규칙으로 정하는 등기신청[5]이 있는 경우에는 그중 하나의 관할 등기소에서 해당 신청에 따른 등기사무를 담당할 수 있다(법 제7조의2 제1항).[6] 규칙에서는 이를 관련 신청

2) 법원행정처, 2018 사법연감, 29면.

3) 최초의 광역등기소로 종래의 광주지방법원 관내 4개 등기소를 통합하여 광주지방법원 등기국을 2005. 12. 5. 설치하였다. 2011. 9. 26.에는 서울중앙지방법원 관내 6개 등기소를 통합하여 서울중앙지방법원 등기국을 설치하였다.

4) 규칙 제163조 제1항은 "등기목적과 등기원인이 동일한 등기신청"을 다음 각 호의 신청으로 규정하고 있다.

1. 동일한 채권에 관하여 여러 개의 부동산에 관한 권리를 목적으로 하는 저당권설정("공동저당")등기의 신청
2. 여러 개의 부동산에 관한 전세권설정 또는 전전세 등기의 신청
3. 제1호 및 제2호의 등기에 대한 이전·변경·말소등기의 신청
4. 그 밖에 동일한 등기원인을 증명하는 정보에 따라 등기목적과 등기원인이 동일한 등기의 신청

5) 이에 관하여 규칙 제163조 제2항은 다음 각 호의 등기신청으로 정하고 있다.

1. 소유자가 다른 여러 부동산에 대한 제1항 제1호 및 제2호 등기의 신청
2. 제1호의 등기에 대한 이전·변경·말소등기의 신청
3. 공동저당 목적으로 새로 추가되는 부동산이 종전에 등기한 부동산과 다른 등기소의 관할에 속하는 경우에는 종전의 등기소에 추가되는 부동산에 대한 저당권설정등기의 신청

6) 관련 신청사건의 신청정보 제공 방법, 관련 사건의 보정 및 취하, 관련 사건에 대한 등기의 경정 등에 관하여도 규칙 제163조의2 이하에서 규정하고 있다.

사건이라고 한다(규칙 제163조). 또한, 등기관이 당사자의 신청 또는 직권에 의한 등기를 한 후 부동산등기법 또는 대법원규칙에 따라 다른 부동산에 대하여 등기를 하여야 하는 경우 그 부동산의 관할 등기소가 다른 때에도 해당 등기를 할 수 있도록 하고 있다(법 제7조의2 제2항).[7] 규칙에서는 이를 관련 처리사건이라고 한다(규칙 제163조의3).[8]

상속 또는 유증으로 인한 등기신청의 경우에는 부동산의 관할 등기소가 아닌 등기소도 그 신청에 따른 등기사무를 담당할 수 있도록 하였다(법 제7조의3 제1항). **상속·유증 사건의 관할에 관한 특례**이다. 이에 따라 상속 또는 유증 사건에 대하여는 전국의 어느 등기소에서나 등기를 신청할 수 있다. 이 규정에 따라 부동산의 관할 등기소가 아닌 등기소에도 그 등기를 신청할 수 있는 등기신청의 유형에 관하여는 규칙에서 정하고 있다.[9][10]

---

7) 규칙 제163조의3은 법 제7조의2 제2항에 따라 등기관이 다른 부동산에 대하여 처리하여야 하는 등기 사건을 다음 각 호로 정하고 있다.
   1. 법 제71조 제1항 및 제4항에 따른 승역지와 다른 등기소의 관할에 속하는 요역지에 대한 등기
   2. 법 제78조 제4항(법 제72조 제2항에서 준용하는 경우를 포함한다)에 따라 다른 등기소의 관할에 속하는 종전 부동산에 대한 등기
   3. 멸실한 토지와 다른 등기소의 관할에 속하는 부동산이 함께 소유권 외의 권리의 목적인 경우로서 제84조 제2항 또는 제3항에 따른 등기
   4. 대지권의 목적인 토지가 다른 등기소의 관할에 속하는 경우로서 제89조 및 제93조에 따른 등기
   5. 공동담보의 일부 소멸 또는 변경의 등기를 하는 부동산과 다른 등기소의 관할에 속하는 종전 부동산에 대한 제136조 제1항에 따른 등기
   6. 그 밖에 제1호부터 제5호까지와 유사한 경우로서 신청 또는 직권에 의한 등기를 하고 다른 등기소의 관할에 속하는 부동산에 대해서도 하여야 하는 등기

8) 실무적인 사항에 관하여는 "관련 사건의 신청 및 처리에 관한 업무처리지침"(등기예규 제1834호) 참조.

9) 규칙 제164조는 이 규정에 따라 부동산의 관할 등기소가 아닌 등기소에도 그 등기를 신청할 수 있는 경우를 다음 각 호로 정하고 있다. 다만, 관공서가 법 제96조 및 제99조 제2항에 따른 등기를 촉탁하는 경우에는 상속·유증 사건의 관할에 관한 특례 규정을 적용하지 아니한다.
   1. 상속 또는 유증으로 인한 소유권이전등기를 신청하는 경우
   2. 상속으로 인한 소유권이전등기가 마쳐진 후 다음 각 목에 해당하는 사유가 있는 경우 그 사유를 원인으로 해당 등기를 신청하는 경우
      가. 법정상속분에 따라 상속등기를 마친 후에 상속재산 협의분할(조정분할·심판분할을 포함한다)등이 있는 경우
      나. 상속재산 협의분할에 따라 상속등기를 마친 후에 그 협의를 해제(다시 새로운 협의분할을 한 경우를 포함한다)한 경우
      다. 상속포기신고를 수리하는 심판 또는 상속재산 협의분할계약을 취소하는 재판 등이 있는 경우

3. 관할의 지정

부동산이 여러 등기소의 관할구역에 걸쳐 있을 때에는 대법원규칙으로 정하는 바에 따라 각 등기소를 관할하는 상급법원의 장이 관할 등기소를 지정한다(법 제7조 제2항). 여러 지번 위에 1개의 건물이 존재하는 경우에 관할의 경합이 발생할 수 있다. 부동산등기규칙은 단지를 구성하는 여러 동의 건물 중 일부 건물의 대지가 다른 등기소의 관할에 속하는 경우에도 관할의 지정에 관한 규정을 준용하도록 하고 있다(규칙 제5조 제7항).

관할등기소의 지정은 그 부동산에 관한 최초의 등기신청을 하고자 하는 자가 각 등기소를 관할하는 상급법원의 장에게 신청한다.[11] 이 신청은 해당 부동산의 소재지를 관할하는 등기소 중 어느 한 등기소에 신청서를 제출하는 방법으로 한다(규칙 제5조 제1항, 제2항). 이때의 관할은 건축물대장 소관청 소재지 등기소로 하는 등 업무처리의 편의를 고려하여 정할 수 있다. 신청인이 지정된 관할등기소에 등기신청을 할 때에는 관할등기소의 지정이 있었음을 증명하는 정보를 첨부정보로 등기소에 제공하여야 한다(규칙 제5조 제4항).

4. 관할의 위임과 변경 등

대법원장은 어느 등기소의 관할에 속하는 사무를 다른 등기소에 위임하게 할 수 있다(법 제8조). 천재지변이나 등기사무 처리의 편의를 고려하여 다른 등기소에서 등기사무를 처리할 수 있게 한 규정이다.

어느 부동산의 소재지가 다른 등기소의 관할로 바뀌었을 때에는 종전의 관할등기소는 전산정보처리조직을 이용하여 그 부동산에 관한 등기기록과 신탁원부, 공동담보(전세)목록, 도면 및 매매목록의 처리권한을 다른 등기소로 넘겨주는 조치를 하여야 한다. 이때 처리권한을 넘겨받은 등기소는 해당 등기기록의 표제

---

10) 그 구체적인 절차에 관하여는 "상속·유증 사건의 신청 및 처리에 관한 업무처리지침"(등기예규 제1795호) 참조.

11) 여기서 상급법원은 각 등기소가 같은 지방법원 관내에 있으면 지방법원을 말하고, 지방법원을 달리하나 같은 고등법원 관내이면 고등법원을 말하며, 고등법원을 달리하는 경우에는 대법원을 말한다. 그러나 법 규정상 "상급법원"이라는 표현은 그 의미가 명확하지 아니하여 오해의 소지가 있다. 예를 들어, 대전지방법원 관내 두 등기소 사이에 관할이 경합하는 경우 상급법원은 법문대로라면 대전지방법원이 아니라 대전고등법원이 되어야 하기 때문이다.

부에 관할이 변경된 뜻을 기록하여야 한다(법 제9조, 규칙 제6조). 관할의 변경은 행정구역이 변경되거나 새로운 등기소가 신설될 때 주로 발생한다. 종래에는 관할의 전속이라고 표현하였는데 개정법에서 이해하기 쉽도록 용어를 바꾸었다. 또한 구법에서는 등기용지와 함께 부속서류도 이송하도록 하였으나 상당히 번거로운 일이어서 실무에서는 잘 지켜지지 않았다. 개정법은 이러한 실무를 반영하여 부속서류는 이송하지 않도록 하였다. 따라서 관할이 변경된 부동산에 관하여 변경 전의 신청서를 열람하고자 하는 경우에는 종전 등기소를 방문하여 열람하여야 한다.

대법원장은 일정한 사유로 등기소에서 정상적인 등기사무의 처리가 어려운 경우에는 기간을 정하여 등기사무의 정지를 명령하거나 대법원규칙으로 정하는 바에 따라 등기사무의 처리를 위하여 필요한 처분을 명령할 수 있다(법 제10조). 등기소에 재난이 발생하거나 정보통신망의 장애가 발생하는 등의 사유로 등기사무를 처리할 수 없는 상황에 대비하여 둔 규정이다.

Ⅲ. 인터넷등기소

1. 인터넷등기소의 개설

종이등기부의 전산화가 완료되자 '전산화된 등기정보자료를 어떻게 활용할까?'라는 문제가 제기되었다. 그 답으로 추진하게 된 사업이 "온라인에 의한 등기업무처리"이었다. 그 내용은 온라인에 의한 등기기록의 열람과 등기사항증명서의 발급, 온라인에 의한 등기신청이다. 이를 위하여 인터넷등기소(www.iros.go.kr)를 개설하게 되었다.[12] 인터넷등기소란 등기사항의 증명과 열람, 전자문서를 이용한 등기신청 등을 할 수 있도록 전산정보처리조직에 의하여 구축된 인터넷 활용공간을 말한다(규칙 제1조의2 제2호). 인터넷등기소 첫 화면은 다음과 같다.[13]

---

12) 인터넷등기소의 인터넷주소(www.iros.go.kr)는 Internet Registry Office System의 약자이다.

13) 대법원에서 추진하고 있는 미래등기시스템 사업의 하나로 2025. 1. 31.자로 인터넷등기소를 새롭게 개편하였다.

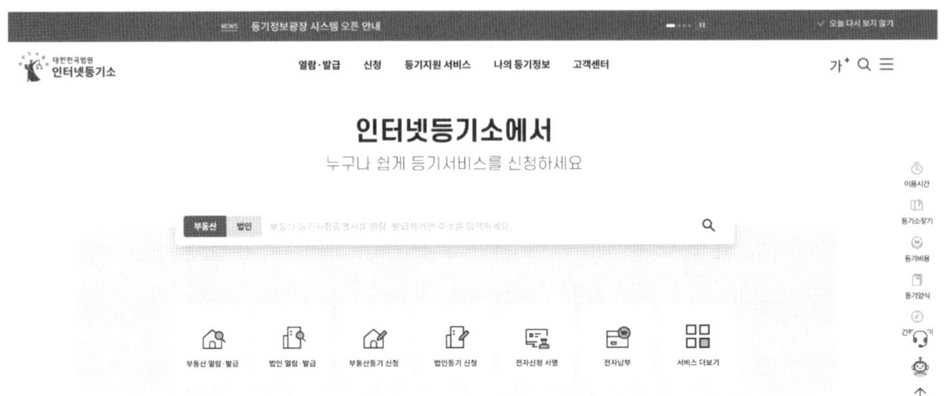

2. 인터넷등기소에 의한 등기사무 처리

부동산등기에 관하여 인터넷등기소를 통하여 2002년 1월부터 등기정보 열람서비스를, 2004년 3월부터 등기사항증명서 발급서비스를 실시하여 오고 있다. 이제는 등기정보의 열람이나 발급은 대부분이 인터넷등기소를 통하여 이루어지고 있다.[14] 2012년 12월부터는 스마트폰으로도 부동산등기정보를 열람할 수 있는 서비스를 제공하고 있다.

등기신청에 관하여는 2006년 6월부터 서울중앙지방법원 등기과를 전자신청등기소로 지정하여 전자신청 서비스를 실시한 이래 전국등기소로 확대하여 시행하고 있다. 등기신청에서 전자신청의 비율은 여건의 미비로 아직은 높지 않다.[15] 그러나 인터넷등기소를 통한 업무처리의 활성화 노력을 기울여, 방문신청의 경우에도 인터넷등기소를 통하여 신청정보를 입력하고 그 입력한 신청정보를 서면으

14) 2016년 열람 및 발급의 통수는 다음과 같다.

구 분		등기소 내		등기소 외 무인발급	인 터 넷 발급열람	합 계
		유 인	무 인			
부동산	통 수	4,164,428	1,496,854	2,435,957	116,129,349	124,226,588
	비 율	3.4%	1.2%	2.0%	93.5%	100.0%
법 인	통 수	4,219,534	19,304,997	616,560	17,087,348	41,228,439
	비 율	10.2%	46.8%	1.5%	41.4%	100.0%

15) 부동산등기 전자신청의 비율은 2014년 11.4%, 2015년 17.8%, 2016년 10.9%이다.

로 출력하여 등기소에 제출할 수 있도록 하는 전자표준양식에 의한 신청(e-Form 신청)제도를 도입하고, 도면이나 신탁원부 작성을 위한 사항을 첨부정보로 등기소에 제공할 때에는 전자문서로 작성하여 인터넷등기소를 통하여 등기소에 제공하도록 하는 등 등기신청에서 부분적으로라도 인터넷등기소를 통하여 업무처리가 이루어지도록 노력하고 있다. 이로 인하여 등기신청과 관련하여 인터넷등기소를 통하여 전자적으로 처리되는 비율이 상당히 증가하였다.[16)]

3. 인터넷등기소에서 제공하는 그 밖의 서비스

인터넷등기소에서는 등기정보의 열람 및 등기사항증명서의 발급, 등기신청에 관한 사무 외에도 다양한 서비스를 제공하고 있다.

하나는 전자확정일자 업무이다. 등기소의 업무 중의 하나인 확정일자 부여업무를 온라인으로 제공하는 서비스이다. 등기소에 가지 않고서도 인터넷등기소를 통하여 온라인으로 확정일자를 부여받을 수 있다. 확정일자를 받고자 하는 문서를 스캔하여 확정일자를 받을 수 있고, 부여받은 확정일자에 대한 열람서비스도 있다.

또한, 부동산등기 신청관련 각종 자료 제공 업무도 한다. 인터넷등기소의 자료센터에서는 각종 등기신청 양식, 첨부서면의 작성 예시 등을 제공하고, 등기예규나 선례를 검색할 수 있다. 그 밖에 등기관련 통계자료도 제공한다.

Ⅳ. 등 기 관

1. 등기관의 지정

등기사무를 처리하는 국가공무원을 등기관이라 한다.[17)] 등기관은 등기소에 근무하는 법원서기관·등기사무관·등기주사 또는 등기주사보 중에서 지방법원장

16) 전자표준양식에 의한 신청과 전자촉탁을 포함하여 인터넷등기소를 통하여 전자적으로 처리되는 비율은 2006년 31.4%, 2007년 46.4%, 2008년 57.6%, 2009년 68.8%, 2010년 75.7%, 2011년 79.2%, 2012년 82.2%, 2013년 83.0%, 2014년 84.6%, 2015년 87.6%, 2016년 86.3%로 점점 늘어서 대부분을 차지하고 있다.

17) 종래에는 그 직명을 "등기공무원"이라고 하였으나, 등기소에 근무하는 일반공무원과 구별되지 않는 문제점이 있어 1998. 12. 28. 부동산등기법 개정시 "등기관"으로 변경하였다.

(등기소의 사무를 지원장이 관장하는 경우에는 지원장)이 지정하는 자가 된다(법 제11조 제1항).[18] 실무상 등기신청사건 1일 평균 70~80건마다 1인의 등기관을 지정하도록 하고 있다.[19]

2. 등기관의 권한과 책임

등기관은 구체적인 등기사무 처리에서 자기의 판단과 책임으로 업무를 처리한다. 따라서 독립적인 직무권한을 갖는 공무원이다. 다만, 구체적인 등기사건 처리가 아닌 업무에 대하여는 등기소장의 행정지시에 따라야 한다.

등기관은 자기, 배우자 또는 4촌 이내의 친족이 등기신청인인 때에는 그 등기소에서 소유권등기를 한 성년자로서 등기관의 배우자 등이 아닌 자 2명 이상의 참여가 없으면 등기를 할 수 없다. 배우자 등의 관계가 끝난 후에도 같다. 이 경우에 등기관은 조서를 작성하여 참여인과 같이 기명날인 또는 서명을 하여야 한다(법 제12조). 등기관의 공정한 업무처리를 담보하기 위한 조치이다.

등기관이 등기사무처리에서 고의 또는 과실로 타인에게 손해를 입힌 경우 국가는 등기관의 사용자로서 손해배상책임을 지고, 등기관에게 고의 또는 중대한 과실이 있는 경우에는 국가가 그 등기관에게 구상할 수 있다(국가배상법 제2조). 국가배상책임 외에 등기관에게 고의 또는 중과실이 있는 경우에는 등기관 자신도 직접 불법행위로 인한 손해배상책임을 진다.

법원행정처장은 등기관의 재정보정에 관한 사항을 정하여 운용할 수 있다(법 제13조). 수많은 등기사건을 신속히 처리하여야 하는 등기관의 업무특성을 고려하여 업무처리과정에서 발생할 수 있는 과오로 인한 손해배상책임에 대한 두려움을 덜어주고 업무처리의 효율성을 높이기 위한 조치이다. 2019년 현재 등기관 한

---

18) 다만, 법원사무관·법원주사 또는 법원주사보 중 2001년 12월 31일 이전에 시행한 채용시험에 합격하여 임용된 사람 중에서도 지정할 수 있다. 종래에는 법원사무직렬 일반직 공무원 중에서 등기관을 지정하였으나, 국민들에게 보다 전문화된 사법서비스를 제공하기 위하여 2000. 8. 10. 법원공무원규칙을 개정하여 2002. 1. 1.부터 등기사무직렬을 신설함에 따라 직렬 신설 이전에 채용된 법원사무직렬 공무원 중에서도 등기관을 지정할 수 있도록 하였다. 2017년 사법연감에 의하면 2017년 말 기준 전국의 등기관은 712명이다. 법원행정처, 2018 사법연감, 1068면.

등기관의 직급은 종래의 소위 형식적 심사주의의 영향을 받은 것으로 보여진다. 역사적 연혁이나 외국의 예, 그리고 형식적 심사주의에 대한 비판에 비추어 볼 때 그 직급에 대하여는 다시 생각해 볼 점이 있다.

19) "등기관 지정요령"(등기예규 제1364호).

사람당 보험금 10억 원의 보험에 가입되어 있다.

제 2 절 등기부 및 등기기록

Ⅰ. 개 관

1. 의의와 종류

등기부란 전산정보처리조직에 의하여 입력·처리된 등기정보자료를 대법원 규칙으로 정하는 바에 따라 편성한 것을 말한다(법 제2조 제1호). 그리고 1필의 토지 또는 1개의 건물에 관한 등기정보자료를 등기기록이라 한다(법 제2조 제3호). 이와 같이 부동산등기법은 등기정보자료 전체를 의미하는 개념으로 등기부라는 용어를, 개별 부동산에 관한 등기정보자료는 등기기록이라는 용어로 사용하고 있다. 등기부라는 용어는 종이등기부를 전제로 하는 용어이어서 전산화된 현재에는 어울리지 않을 수 있으나 "등기부"라는 용어가 오랫동안 사용되어 국민들에게 친숙하기 때문에 그대로 사용하고 있다.

오늘날의 등기제도가 도입된 이래 등기부의 형태는 장부식(부책식) 등기부(1912년부터 1987년)를 시작으로 카드식(바인더식) 등기부(1973년부터 2002년)를 거쳐 전산등기부(1998년 이후)로 바뀌어 왔다.[20] 초기의 부책식 등기부는 미리 일정분량의 등기용지를 묶은 등기부책에 순차적으로 등기를 하였다. 등기용지의 편철순서는 등기순이었다. 부책식 등기부는 1970년까지 세로기재식이었다가, 1970년 이후 가로기재식을 사용하게 되었다. 이 등기부는 지번순으로 편철하지 않았기 때문에 등기용지를 찾기 위하여 색출장이라는 별도의 보조장부를 두었다.

그러다가 카드식(바인더식) 등기부가 도입되면서 개개의 등기용지를 바인더에 편철하여 등기부를 만들게 되었다. 개개의 등기용지를 분리할 수 있어 지번순으로 등기용지를 편철하게 되었고, 타자기를 이용하여 등기업무처리의 기계화가 가능해졌다.

이어서 오늘날 사용되는 전산등기부가 도입되었다. 전산등기부는 종이등기

20) 등기부의 모습에 관하여는 부록 참조.

부의 내용을 전산화하여 데이터베이스 형태로 처리할 수 있게 되었다. 그러나 종래의 종이등기부에서 등기 내용에 오류가 있어 전산화과정에서 데이터베이스화할 수 없어 워드프로세서 형태로 전산화된 등기부가 있다.[21] 전산화하면서 폐쇄한 종래의 종이등기부는 이미지형태로 전산화하여 이미지폐쇄등기부로도 존재한다.

등기부의 종류는 토지등기부와 건물등기부로 구분한다(법 제14조 제1항). 등기부의 종류를 이 두 가지로 구분하여 규정한 의미는 등기의 대상을 정하는데 있다고 볼 수 있다. 부동산은 토지 및 그 정착물이지만 부동산등기법에 의하여 등기할 수 있는 부동산은 토지와 건물이라는 의미이다. 건물 외의 토지의 정착물은 특별법에 의하여 인정되는 경우를 제외하고는 독립하여 등기의 대상이 되지 아니한다. 특별법에 의하여 인정되는 경우로는 「입목에 관한 법률」에 의한 입목, 「공장 및 광업재단 저당법」에 의한 공장재단·광업재단을 들 수 있다.

2. 편 성

가. 1부동산 1등기기록주의

등기부를 편성할 때에는 1필의 토지 또는 1개의 건물에 대하여 1개의 등기기록을 둔다(법 제15조 제1항 본문). 즉, 등기부는 1개의 부동산을 단위로 작성한다. 등기부 편성의 기준으로 물적 편성주의를 취하고 있고, 그 방법으로 1부동산 1등기기록주의를 채택하고 있다.

다만, 예외적으로 1동의 건물을 구분한 건물에 있어서는 1동의 건물에 속하는 전부에 대하여 1개의 등기기록을 사용한다(법 제15조 제1항 단서). 이 말은 무슨 뜻일까? 집합건물은 1동의 건물이 있고 그 1동 건물 안에 구분소유권의 객체가 되는 구분건물(전유부분)과 구분소유권의 객체가 되지 않는 공용부분이 있다. 그리하여 1동의 건물은 각 전유부분과 공용부분으로 이루어진다. 여기서 등기기록도 1동의 건물 전체에 대하여 표제부를 두고 그 아래에 구분소유권의 객체가 되는 전유부분인 구분건물마다 표제부·갑구·을구를 둔다. 이렇게 하는 이유는 1동의 건물과 그에 속한 각 구분건물의 관계를 등기기록상 명확히 할 필요가 있기 때문이다. 이렇게 되면 관념적으로 1동의 건물 전부에 대하여 1개의 등기기록을

21) 실무에서는 데이터베이스 형태로 전산화된 등기부를 AROS(Automated Registry Office Systems) 등기부, 워드프로세서 형태로 전산화된 등기부를 AROS Text 등기부라 부른다.

두는 형식이 된다. 법 제15조 제1항 단서에서 1동의 건물 전부에 대하여 1개의 등기기록을 사용한다고 하는 것은 이러한 의미이다.

등기기록을 개설할 때에는 1필의 토지 또는 1개의 건물마다 부동산고유번호를 부여하고 이를 등기기록에 기록하여야 한다. 구분건물에 대하여는 전유부분마다 부동산고유번호를 부여한다(규칙 제12조). 이 고유번호는 등기사항증명서 앞부분 오른쪽 위에 표시된다.

나. 등기기록의 구성

등기기록에는 부동산의 표시에 관한 사항을 기록하는 표제부와 소유권에 관한 사항을 기록하는 갑구(甲區) 및 소유권 외의 권리에 관한 사항을 기록하는 을구(乙區)를 둔다(법 제15조 제2항).

토지 등기기록의 표제부에는 표시번호란, 접수란, 소재지번란, 지목란, 면적란, 등기원인 및 기타사항란을 두고, 건물 등기기록의 표제부에는 표시번호란, 접수란, 소재지번 및 건물번호란, 건물내역란, 등기원인 및 기타사항란을 둔다(규칙 제13조 제1항). 갑구와 을구에는 순위번호란, 등기목적란, 접수란, 등기원인란, 권리자 및 기타사항란을 둔다(규칙 제13조 제2항).

구분건물 등기기록에는 1동의 건물에 대한 표제부를 두고 전유부분마다 표제부, 갑구, 을구를 둔다. 1동의 건물의 표제부에는 표시번호란, 접수란, 소재지번·건물명칭 및 번호란, 건물내역란, 등기원인 및 기타사항란을 두고, 전유부분의 표제부에는 표시번호란, 접수란, 건물번호란, 건물내역란, 등기원인 및 기타사항란을 둔다. 다만, 구분한 각 건물 중 대지권이 있는 건물이 있는 경우에는 1동 건물의 표제부에는 대지권의 목적인 토지의 표시를 위한 표시번호란, 소재지번란, 지목란, 면적란, 등기원인 및 기타사항란을 두고, 전유부분의 표제부에는 대지권의 표시를 위한 표시번호란, 대지권종류란, 대지권비율란, 등기원인 및 기타사항란을 둔다(규칙 제14조).

그 구성내용이 상당히 복잡하게 보이나 등기기록의 양식을 보면 이해가 쉽다. 양식은 규칙의 별지로 정하고 있는데, 등기사항증명서에 그 내용이 나타난다. 이 책 부록에 등기사항증명서 견본을 실었다. 등기사항증명서에 관하여는 제3장에서 살펴본다.

다. 등기기록의 일부로 보는 기록

그 밖에 등기기록과는 별도의 기록으로 작성하되 등기기록의 일부로 보는 기록이 있다. 신탁원부, 공동담보(전세)목록, 매매목록 및 도면이 그것이다. 예를 들어, 등기관이 신탁등기를 할 때에는 일정한 사항을 기록한 신탁원부를 작성하고 등기기록에는 그 신탁원부의 번호를 기록하여야 한다(법 제81조). 이 신탁원부는 등기기록의 일부로 본다(법 제81조 제3항). 공동담보목록(법 제78조)과 공동전세목록(법 제72조 제2항)도 마찬가지이다. 매매목록(규칙 제125조 제2호), 도면(법 제40조 제1항 제6호, 제69조 제6호, 제72조 제1항 제6호, 제74조 제6호, 규칙 제121조 제3항·제4항, 제126조 제2항, 제128조 제2항, 제130조 제2항)에 관하여는 등기기록의 일부로 본다는 규정은 없으나 마찬가지로 보아야 한다.

3. 등기부의 부속서류

부동산등기법에서 "등기부의 부속서류" 또는 "등기기록의 부속서류"라는 표현을 사용하는 경우가 있다(법 제14조 제4항, 제18조 제1항, 제19조 제1항 단서). 그것이 무엇인지에 관하여는 규정하고 있지 않으나, 신청서나 그 밖의 첨부서류를 의미하는 것으로 보인다(법 제14조 제4항, 규칙 제11조 참조). 구체적으로는 신청서, 촉탁서, 통지서, 허가서, 참여조서, 확인조서, 취하서 등을 들 수 있다(규칙 제23조 참조).

Ⅱ. 등기부의 전산화

1. 종이등기부의 전산화: 거대한 변화의 시작

현재의 부동산등기제도가 생긴 이래 가장 큰 변화는 등기부의 전산화이다. 등기부의 전산화는 단순히 등기기록매체가 바뀌고 업무가 바뀐다는 의미를 넘어 등기업무를 전혀 다른 모습으로 변화시키고 있다.

등기부의 전산화사업은 등기업무의 효율성과 국민에 대한 서비스의 수준을 높이며 유관기관과의 연계기반을 마련하기 위한 목적에서 추진되었다. 1990년 부동산등기업무 전산화종합계획을 수립하기 시작하여 1994년 1월에 부동산등기업무 전산화 종합계획서를 작성하였다. 등기업무의 전산화사업을 위하여는 막대한 비용이 필요하였다. 그리하여 1993. 6. 11. 법률 제4549호로 등기특별회계법이 제정되어 등기업무 전산화사업을 위한 특별회계를 설치하였다.[22] 그리고 부동산등기시스템(AROS: Automated Registry Office Systems)을 개발하였다. 이러한 준비작업을 마친 후에 종전의 종이등기부를 전산화하기 시작하여 1998. 10. 7. 서울중앙지방법원 등기과를 비롯한 7개 시범등기소에서 대민서비스를 개시한 이래 2002. 9. 전국의 모든 등기소(212개)에 대하여 약 4,500만개의 종이등기부를 전산등기부로 전환하였다. 이렇게 종이등기부를 전산화한 과정을 제1차 전산화라고 부른다.[23]

모든 등기소에 대하여 등기부를 전산화하여 전산에 의한 등기업무처리를 하게 되었으나 일부 등기부에 대하여는 등기의 오류 등으로 전산화하지 못한 채 여전히 종이등기부로 남아 있었다. 그 분량이 전체 등기부의 약 0.7%인 34,247개이었다. 이들 등기부의 전산이기방안에 대한 검토를 마치고 2004. 6.에는 전국의 모든 등기부에 대하여 전산화를 완료하였다. 이어서 폐쇄등기부를 이미지방식으로 전자화하는 사업을 2007년에 완료하였고, 도면, 신탁원부, 공장저당목록 등도 2010년까지 모두 이미지로 전자화하였다.

2. 등기부 전산화의 영향

등기부의 전산화는 종이매체를 전자화한다는 의미를 넘어 업무환경에 영향을 미치고 등기절차에도 변화를 가져오게 되었다. 등기사항의 열람과 증명서의 발급 방식이 바뀌었을 뿐만 아니라 관할에 관계없이 이들 서비스가 가능하여졌다. 나아가 전산화된 업무환경을 어떻게 활용할까 고심한 결과 온라인에 의한 등기업무처리를 추진하게 되었다. 온라인에 의한 등기업무처리 추진을 실무에서는 제2차 전산화사업이라 한다. 그 구체적 내용은 온라인에 의한 등기사항의 열람과 각종 증명서의 발급, 그리고 온라인에 의한 등기신청이다.[24] 2002. 1. 부동산등기

22) 등기특별회계가 설치되어 등기부등초본 발급 수수료 등 등기관련 수입을 일반회계로부터 분리하여 등기업무 전산화, 등기소 신축 및 노후등기소 개축 등에 지출하였다. 이 법은 1994년 1월부터 2003년 12월까지 효력을 갖는 한시법으로 제정되었다. 그러나 그 이후 2010년까지, 2017년까지, 2027년도까지 계속 연장되어 왔다.

23) 등기업무의 전산화에 관하여는 법원행정처, 등기업무 전산화 백서(1994~2004), 2004 참조.

24) 전산정보처리조직에 의한 등기사무처리의 지원, 등기부의 보관·관리 및 등기정보의 효율적인 활용을 위하여 법원행정처에 등기정보중앙관리소를 두고, 여기에 전산정보처리조직을 종합적으로 관리·운영하기 위하여 전산운영책임관을 두고 있다(규칙 제9조). 온라인에 의한 등기사항의 열람과 증명서의 발급은 이 전산운영책임관의 명의로 이루어진다.

인터넷 열람서비스를, 2004. 3. 부동산등기의 각종 증명서에 대하여 인터넷 발급서비스를 개시하게 되었고, 2006. 6. 1. 서울중앙지방법원 등기과를 전자신청 지정등기소로 지정하여 전자신청제도를 시행한 이래 전국의 모든 등기소로 점진적으로 확대하였다.

전산화의 영향으로 대도시지역에서는 등기소의 광역화사업도 추진하게 되었다. 등기부 전산화의 경제적 효과는 어마어마하다.[25]

이러한 변화의 결과 부동산등기법이 제정 이후 처음으로 전부개정되기에 이르렀다. 그 변화는 현재도 진행중이며, 앞으로 어디까지 이어질지 모른다. 앞으로의 변화의 방향을 예측하고 준비하는 일이 최근의 부동산등기제도의 큰 과제의 하나이다.

Ⅲ. 중복등기기록의 정리

1. 의 의

동일한 부동산에 관하여 2개 이상의 등기기록이 편성되어 있는 경우를 중복등기라고 하고, 그 등기기록을 중복등기기록이라 한다. 1부동산 1등기기록주의에 따라 하나의 부동산에는 하나의 등기기록만을 두어야 한다. 그럼에도 실무상 여러 이유로 중복등기가 발생하여 왔다. 예를 들어, 이미 소유권보존등기가 되어 있는데 같은 부동산에 다시 보존등기가 이루어지는 경우, 분필등기를 하여야 하는데 분필된 토지에 대하여 소유권보존등기가 이루어지는 경우, 미등기부동산에 대하여 법원의 처분제한등기의 촉탁으로 직권소유권보존등기가 이루어진 후에 다시 그 소유자의 신청에 의하여 소유권보존등기가 이루어지는 경우 등이 있다.

동일 부동산 여부에 관하여 토지의 경우는 지번, 지목, 지적을 종합하여 판단하여야 하고, 건물의 경우는 지번, 종류, 구조, 면적과 도면에 나타난 건물의 길이, 위치 등을 종합하여 판단하여야 한다.[26] 그러므로 중복등기 여부는 지번만으

---

25) 대법원 자료에 의하면, 1994년부터 2002년까지 등기업무 제1차 전산화에 투자된 총비용은 361,964,000,000원이고, 그 사회경제적 효과와 예산절감 효과는 연간 488,075,170,272원이라고 한다. 법원행정처, 등기업무 전산화 백서(1994~2004), 242면 이하 참조.

26) "중복등기의 정리에 관한 사무처리지침"(등기예규 제1431호) 및 "건물 중복등기 정리절차에 관한 업무처리지침"(등기예규 제1374호).

로 판단하여서는 아니된다. 지번이 달라도 중복등기가 될 수 있고 소재지번이 동일하여도 중복등기가 아닐 수 있다. 예를 들어, 이미 등기된 토지의 일부가 토지대장상 분할되었는데 분할된 토지에 대하여 소유권보존등기가 이루어진 경우는 지번이 달라도 그 일부 토지에 관하여는 중복등기로 보아야 한다. 외관상 중복등기, 예를 들어 등기기재의 착오, 환지등기과정에서의 착오 등으로 외관상 지번이 동일한 등기기록이 존재하게 되더라도 중복등기는 아니다.

2. 중복등기의 효력

여러 개의 중복등기기록이 있는 경우 그 등기의 효력은 어떻게 되는가? 학설은 나뉜다. 절차법설은 어느 부동산에 관하여 보존등기가 되어 있는 이상 나중에 이루어진 보존등기는 1부동산 1등기기록주의에 위배되므로 실체관계를 가릴 필요 없이 후등기는 언제나 무효라고 본다. 실체법설은 등기신청절차에서는 후등기신청이 각하되어야 하지만 일단 등기가 이루어진 이상 실체관계를 따져서 그에 부합하는 등기를 유효로, 그렇지 아니한 등기를 무효로 처리하자는 견해이다. 그 밖에 양자를 절충한 절충설이 있다.

판례는 절충설의 입장을 취하고 있다. ① 소유권보존등기 명의인이 동일한 경우에는 실체적 권리관계를 고려할 필요 없이 언제나 후등기가 무효라고 한다.[27] ② 등기명의인을 달리하여 중복된 소유권보존등기가 이루어진 경우에는 먼저 된 소유권보존등기가 원인무효가 되지 아니하는 한 나중 된 소유권보존등기는 1부동산 1등기기록주의를 채택하고 있는 현행 부동산등기법 아래에서는 무효라고 한다.[28]

또한, 동일 부동산에 관하여 등기명의인을 달리하여 멸실회복에 의한 각 소유권이전등기가 중복하여 이루어진 경우 그 효력에 관하여 다음과 같이 판시하

27) 대법원 1981.8.25. 80다3259 판결; 대법원 1981.10.24. 80다3265 판결; 대법원 1982.6.8. 81다611 판결; 대법원 1983.12.13. 83다카743 판결.

28) 대법원 1990.11.27. 87다카2961,87다453 판결(전); 대법원 1998.7.14. 97다34693 판결; 대법원 1999.9.21. 99다29084 판결; 대법원 2002.7.12. 2001다16913 판결; 대법원 2011.7.14. 2010다107064 판결. 이 경우 뒤에 된 소유권보존등기나 이에 터잡은 소유권이전등기를 근거로 하여서는 등기부취득시효의 완성을 주장할 수 없다고 한다. 대법원 1996.10.17. 96다12511(전). 또한 후행 보존등기에 기하여 점유취득시효가 완성되어도 후행 보존등기나 그에 기하여 이루어진 소유권이전등기가 실체관계에 부합한다는 이유로 유효로 될 수 없다고 한다(위 2010다107064 판결).

고 있다.[29] 동일 부동산에 관하여 중복된 소유권보존등기에 터잡아 등기명의인을 달리하는 각 소유권이전등기가 이루어진 경우에 등기의 효력은 소유권이전등기의 선후가 아니라 각 소유권이전등기의 바탕이 된 소유권보존등기의 선후를 기준으로 판단하여야 한다(그 이전등기가 멸실회복으로 인한 이전등기라 하여 다르지 않다). 동일 부동산에 관하여 등기명의인을 달리하여 멸실회복에 의한 각 소유권이전등기가 중복등재되고 그 바탕이 된 소유권보존등기가 동일등기인지 중복등기인지, 중복등기라면 각 소유권보존등기가 언제 이루어졌는지가 불명인 경우 회복등기 상호간에는 각 회복등기일자의 선후를 기준으로 우열을 가려야 한다.

3. 부동산등기법에 의한 중복등기 정리와 판례이론

부동산등기법은 중복등기기록의 정리에 관한 규정을 두고 있다. 등기관이 같은 토지에 관하여 중복하여 마쳐진 등기기록을 발견한 경우에는 대법원규칙으로 정하는 바에 따라 중복등기기록 중 어느 하나의 등기기록을 폐쇄하도록 하고 있다(제21조 제1항). 이에 따라 부동산등기규칙은 제3장 제4절에서 중복등기기록의 정리에 관한 절차를 규정하고 있다. 이 규정에 의하여 많은 중복등기가 정리되었다.

중복등기의 정리에 관하여는 1993. 3. 3. 구 부동산등기법시행규칙에 제4장을 신설하여 처음으로 규정을 두게 되었다.[30] 그러나 법률에 근거 없이 시행되는 문제가 있었는데, 2006. 5. 10. 개정된 구 부동산등기법 제15조의2에 중복등기의 정리에 관한 근거규정을 두게 되었다.

부동산등기법에서 정하는 중복등기 정리절차의 특징은 다음과 같다.[31] ① 토지등기기록에만 적용되고 건물등기기록에는 적용되지 않는다. ② 등기관이 직권으로 정리하도록 하고 있다. 물론 당사자의 신청이 있으면 그에 따라 정리한다. ③ 실체관계에 부합할 가능성을 유형화하여 가능성이 큰 등기기록을 존치시키고 그렇지 않은 것을 폐쇄하도록 하고 있다. ④ 따라서 그에 따른 중복등기의 정리는 잠정적 조치로서 실체관계에 영향을 미치지 않는다. ⑤ 마찬가지 이유로 등기를 말소하지 않고 등기기록을 폐쇄하는 방법으로 정리한다.

---

29) 대법원 2001.2.15. 99다66915 판결(전).
30) 이 규정은 독일의 부동산등기규칙의 영향을 받았다. 독일 부동산등기규칙(Grundbuchverfügung) 제38조 참조.
31) 부동산등기실무[I], 107~108면; 사법연수원, 부동산등기법, 163면.

이 규정에 의한 중복등기정리와 판례이론은 그 방법에서 등기명의인이 같은 경우와 다른 경우로 구별하여 처리하는 점은 같다. 그런데 판례는 그 부동산의 소유권보존등기의 명의인을 기준으로 삼아 판단하고 있고, 이 규정에서는 최종 소유권의 등기명의인을 기준으로 처리하고 있는 점에 큰 차이가 있다.

그렇다면 이 규정과 판례이론은 어떤 관계가 있을까? 중복등기의 효력에 관한 판례이론은 중복하여 이루어진 등기 중 어느 것을 존치시키고 어느 것을 말소시켜야 하는지에 관한 이론이다. 부동산의 권리관계에 관한 문제가 아니다. 물론 그 과정에서 부동산의 권리관계에 관한 판단을 할 수도 있겠으나 결국은 중복된 등기기록의 효력에 관한 문제이다. 여기서 부동산등기법에서 정하는 중복등기정리절차와 중복되는 면이 있다. 그렇다면 중복등기의 정리에 관하여는 판례이론보다는 부동산등기법에 의한 정리가 우선되어야 하고 그에 의하여 해결될 수 없는 부분에 관하여 판례이론에 의하여야 하지 않을까? 더 깊은 연구가 필요해 보인다.

4. 중복등기기록의 정리절차

가. 토지 중복등기기록의 정리

(1) 개 관

토지중복등기기록의 정리에 관한 구체적인 절차는 규칙 제33조부터 제41조에서 정하고 있다.[32] 여기서 규정하는 중복등기의 정리는 실체와 관계없이 등기절차의 문제이므로 실체관계에 영향을 미치지 아니한다(규칙 제33조 제2항). 따라서 이 절차에 의하여 폐쇄된 등기기록의 소유권의 등기명의인 또는 등기상 이해관계인은 폐쇄되지 아니한 등기기록의 최종 소유권의 등기명의인과 등기상 이해관계인을 상대로 그 토지가 폐쇄된 등기기록의 소유권의 등기명의인의 소유임을 확정하는 판결(판결과 동일한 효력이 있는 조서를 포함)이 있음을 증명하는 정보를 등기소에 제공하여 폐쇄된 등기기록의 부활을 신청할 수 있다(법 제21조 제2항, 규칙 제41조).

(2) 등기관의 직권에 의한 정리방법

중복등기기록의 최종 소유권의 등기명의인이 같은 경우에는 나중에 개설된

---

32) 실무적인 사항은 "중복등기의 정리에 관한 사무처리지침"(등기예규 제1431호)에 잘 정리되어 있다.

등기기록(후등기기록)을 폐쇄한다. 다만, 후등기기록에 소유권 외의 권리에 관한 등기가 있고 먼저 개설된 등기기록(선등기기록)에는 그와 같은 등기가 없는 경우에는 선등기기록을 폐쇄한다(규칙 제34조).

사례 1	선등기기록	① A, 또는 ② B → A, 또는 ③ C → A	존치
	후등기기록	① A, 또는 ② B → A, 또는 ③ C → A	폐쇄
사례 2	선등기기록	B + 소유권 외의 권리 등기 → A	존치
	후등기기록	C + 소유권 외의 권리 등기 → A	폐쇄
사례 3	선등기기록	A	폐쇄
	후등기기록	A + 소유권 외의 권리 등기	존치

소유권의 등기명의인이 다른 경우에는 몇 가지로 나누어 규정하고 있다.

① 중복등기기록 중 어느 한 등기기록의 최종 소유권의 등기명의인이 다른 등기기록의 최종 소유권의 등기명의인으로부터 직접 또는 전전하여 소유권을 이전받은 경우로서, 다른 등기기록이 후등기기록이거나 소유권 외의 권리에 관한 등기가 없는 선등기기록일 때에는 그 다른 등기기록을 폐쇄한다(규칙 제35조).

사례 4	선등기기록	① A → B, 또는 ② A → B → C	존치
	후등기기록	① A, 또는 ② A + 소유권 외의 권리 등기	폐쇄
사례 5	선등기기록	A	폐쇄
	후등기기록	A → B	존치

② 중복등기기록의 최종 소유권의 등기명의인이 다른 경우로서 어느 한 등기기록에만 원시취득사유 또는 분배농지의 상환완료를 등기원인으로 한 소유권이전등기가 있을 때에는 그 등기기록을 제외한 나머지 등기기록을 폐쇄한다. 어느 등기기록의 소유권보존등기가 원시취득사유 또는 분배농지의 상환완료에 따른 것임을 당사자가 소명하는 경우에도 마찬가지이어서 그 등기기록을 존치하고 나머지 등기기록을 폐쇄한다. 이때에는 직권에 의한 등기의 말소절차(법 제58조)를 준용하여 사전에 폐쇄될 등기기록의 최종 소유권의 등기명의인과 등기상 이

해관계인에게 폐쇄의 뜻을 통지하여야 한다(규칙 제36조).

③ 중복등기기록의 최종 소유권의 등기명의인이 다른 경우로서 위 두 경우에 해당하지 아니할 때에는 각 등기기록의 최종 소유권의 등기명의인과 등기상 이해관계인에게 1개월 이상의 기간을 정하여 그 기간 내에 이의를 진술하지 아니하면 그 등기기록을 폐쇄할 수 있다는 뜻을 통지하여야 하고, 이 통지를 받고 어느 등기기록의 최종 소유권의 등기명의인과 등기상 이해관계인이 이의를 진술하지 아니하였을 때에는 그 등기기록을 폐쇄한다. 다만, 모든 중복등기기록의 최종 소유권의 등기명의인과 등기상 이해관계인이 이의를 진술하지 아니하였을 때에는 그러하지 아니하다. 이 규정에 따라 등기기록을 정리할 수 있는 경우 외에는 대장과 일치하지 않는 등기기록을 폐쇄한다. 이 규정에 따라 정리를 한 경우 등기관은 그 뜻을 폐쇄된 등기기록의 최종 소유권의 등기명의인과 등기상 이해관계인에게 통지하여야 한다(규칙 제37조).

등기관이 규칙 제36조와 제37조에 따라 중복등기기록을 정리하려고 하는 경우에는 지방법원장의 허가를 받아야 한다(규칙 제38조).

(3) 당사자의 신청에 의한 정리

중복등기기록 중 어느 한 등기기록의 최종 소유권의 등기명의인은 자기 명의의 등기기록을 폐쇄하여 중복등기기록을 정리하도록 신청할 수 있다. 다만, 등기상 이해관계인이 있을 때에는 그 승낙이 있음을 증명하는 정보를 첨부정보로 등기소에 제공하여야 한다. 이 신청이 있는 경우에는 그 신청에 따라 등기기록을 폐쇄하여야 한다(규칙 제39조).

이 외에도 당사자는 중복등기기록 정리의 직권발동을 촉구하는 의미의 신청을 할 수 있다.

(4) 관련사항

규칙에 의하여 중복등기를 정리한 경우 등기관은 그 취지를 존치하는 등기기록과 폐쇄되는 등기기록의 표제부에 표시하여야 한다.

중복등기가 된 토지의 등기기록에는 중복등기라는 취지를 부전하고, 그 토지에 관한 등기사항증명서의 교부신청이 있는 때에는 중복등기기록 전부를 출력하여 보존등기 순서대로 합철한 후 그 말미에 인증문을 부기하여 교부한다.

중복등기 중 어느 일방의 등기를 기초로 하는 새로운 등기신청이 있는 경우 그 중복등기가 규칙 제34조와 제35조에 의하여 정리되어야 할 등기인 경우에는 규칙에 따라 정리한 다음 등기신청의 수리 여부를 결정하여야 하고, 규칙 제36조와 제37조에 의하여 정리되어야 할 등기인 경우에는 새로운 등기신청도 수리하여 기록하여야 한다.

나. 건물 중복등기기록의 정리

건물 중복등기에 관하여는 법령에 규정이 없다. 따라서 중복등기에 관한 판례이론에 따라 처리하여야 한다. 그 처리방법에 관하여는 등기예규에서 잘 정리되어 있으므로 간략히 소개한다.[33]

건물의 보존등기 명의인이 동일한 경우에 ① 후행 보존등기를 기초로 한 새로운 등기가 없는 경우 등기관은 법 제58조의 절차에 의하여 후행 보존등기를 직권으로 말소한다. ② 선행 보존등기를 기초로 한 새로운 등기는 없으나 후행 보존등기를 기초로 한 새로운 등기가 있는 경우 등기관은 법 제58조의 절차에 따라 후행 등기기록에 등기된 일체의 등기를 직권말소하여 등기기록을 폐쇄함과 동시에 그 등기기록에 기재된 소유권보존등기 외의 다른 등기를 선행 등기기록에 이기(미처리된 등기의 실행방법의 의미로서)하여야 한다. 다만, 일반건물과 구분건물로서 그 종류를 달리하는 경우에는 등기관은 이러한 절차에 의하여 직권으로 정리할 수 없다. ③ 선행 보존등기 및 후행 보존등기를 기초로 한 새로운 등기가 모두 있는 경우에는 등기관이 직권으로 정리할 수 없다.

건물의 보존등기 명의인이 서로 다른 경우에는 등기관이 직권으로 정리할 수 없다. 이 경우 어느 한 쪽의 등기명의인이 스스로 그 소유권보존등기의 말소등기를 신청할 수 있고, 자신의 보존등기가 유효함을 이유로 다른 일방의 보존등기 명의인을 상대로 그 소유권보존등기의 말소등기절차이행을 구하는 소를 제기하여 그 승소확정판결에 의하여 다른 일방의 보존등기의 말소등기를 신청할 수 있다. 어느 경우나 등기상 이해관계 있는 제3자가 있는 경우에는 신청서에 그 승낙서 또는 이에 대항할 수 있는 재판의 등본을 첨부하여야 한다.

33) "건물 중복등기 정리절차에 관한 업무처리지침"(등기예규 제1374호).

Ⅳ. 등기기록의 폐쇄

(1) 등기기록의 폐쇄란 등기기록이 부동산에 관한 현재의 유효한 권리관계를 공시할 필요가 없게 되거나 공시할 수 없게 된 때에 더 이상 등기를 할 수 없도록 등기기록으로서의 효력을 상실시키는 조치이다.

(2) 등기기록을 폐쇄하는 경우는 다음과 같다.

① 등기기록에 등기된 사항을 새로운 등기기록에 기록한 때(법 제20조 제1항)

등기기록에 기록된 사항이 많아 취급하기에 불편하게 되는 등 합리적 사유로 등기기록을 옮겨 기록할 필요가 있는 경우에는 등기관은 현재 효력이 있는 등기만을 새로운 등기기록에 옮겨 기록할 수 있다(법 제33조).

② 중복등기기록의 정리에 의한 폐쇄(법 제21조)

③ 토지 또는 건물의 멸실등기를 하는 때(규칙 제84조 제1항, 제103조 제1항)

④ 소유권보존등기를 말소하는 경우

⑤ 합필, 건물합병 등의 경우(규칙 제79조, 제100조)

⑥ 환지나 재개발에 따른 등기 등의 경우

(3) 등기기록을 폐쇄할 때에는 표제부의 등기를 말소하는 표시를 하고, 등기원인 및 기타사항란에 폐쇄의 뜻과 그 연월일을 기록하여야 한다(규칙 제55조 제2항). 기록사항 과다, 합필 등의 경우에는 현재 효력이 있는 등기를 새로운 등기기록에 옮겨 기록하고 그 등기의 끝부분에 등기를 옮겨 기록한 뜻과 그 연월일을 기록하여야 한다(규칙 제55조 제1항).

(4) 폐쇄된 등기기록에 기록된 등기는 어떤 효력을 가지는가? 폐쇄된 등기기록은 표제부의 등기를 말소하는 표시를 함으로써 그 부동산에 관한 등기가 없는 것과 같이 되므로 갑구나 을구에 기록된 등기사항은 모두 효력을 잃는다. 따라서 그 등기사항에 대한 경정, 변경 또는 말소의 등기를 할 수 없다. 다만, 새로운 등기기록으로 이기된 소유권에 관한 등기가 말소되는 경우 부활하게 되는 전등기가 폐쇄등기기록에 있다면 이를 폐쇄등기기록으로부터 이기하여야 한다.

판례는 새로운 등기기록에 기록되지 못한 채 폐쇄된 등기기록에만 남게 되는 등기는[34] 현재의 등기로서의 효력이 없으므로 폐쇄등기 자체를 대상으로 하

34) 판례는 이를 '폐쇄등기'라고 표현한다. 그런데 이 표현은 등기기록을 폐쇄하는 등기와 혼동될 수

여 말소등기절차 또는 말소회복등기절차의 이행을 구할 소의 이익은 없으나, 등기가 부적법하게 말소된 상태에서 현재 효력이 있다고 보이는 등기만을 새로운 등기기록에 옮겨 기록한 후 종전 등기기록을 폐쇄함으로써 진정한 권리자의 말소된 등기가 폐쇄등기로 남게 되는 경우와 같이, 폐쇄등기 자체를 대상으로 하는 것이 아니라 부적법하게 말소되지 아니하였더라면 현재의 등기기록에 옮겨 기록되었을 말소된 권리자의 등기 및 그 등기를 회복하는 데에 필요하여 함께 옮겨 기록되어야 하는 등기를 대상으로 말소회복등기절차 등의 이행을 구하는 소는 소의 이익을 인정할 수 있고,[35] 마찬가지로 새로운 등기기록에 옮겨 기록되지는 못하였지만 진정한 권리자의 권리실현을 위해서 말소등기를 마쳐야 할 필요가 있는 때에는 폐쇄등기에 대하여 말소등기절차의 이행을 구하는 소의 이익을 인정할 수 있다고 한다.[36]

(5) 폐쇄한 등기기록은 영구히 보존하여야 한다(법 제20조 제2항).[37] 폐쇄한 등기기록에 대하여도 그 등기사항의 전부 또는 일부의 열람과 등기사항증명서의 발급이 가능하다(법 제20조 제3항).

(6) 폐쇄사유가 없음에도 잘못 폐쇄된 경우 그 등기록을 부활할 수 있다. 등기기록의 폐쇄가 등기관의 착오에 의한 경우에는 직권으로, 그 외의 경우에는 소명자료를 첨부한 폐쇄등기록상의 소유권의 등기명의인의 신청에 의하여 부활한다.[38]

판례는 등기기록이 폐쇄된 경우 설사 그 폐쇄가 위법하게 이루어졌다고 하더라도 소송의 방법으로 그 회복절차의 이행을 청구할 수 없다고 한다.[39]

있다.

35) 대법원 2016.1.28. 2011다41239 판결.

36) 대법원 2017.9.12. 2015다242849 판결.

37) 1960년 제정된 부동산등기법은 폐쇄등기부를 폐쇄일부터 30년간 보존하도록 하고 있었으나, 1983. 12. 31. 개정에 의하여 영구히 보존하도록 하였다(구법 제26조 제2항).

38) "멸실 등으로 인하여 폐쇄된 등기기록의 부활에 관한 업무처리지침"(등기예규 제1207호).

39) 대법원 1980.12.9. 80다1389 판결; 대법원 1987.12.22. 87다카1097 판결; 대법원 1988.9.6. 87다카1777 판결; 대법원 1994.12.23. 93다37441 판결.

[기록례: 폐쇄등기기록에서 전 순위 등기를 이기한 사례]

【 갑 구 】	(소유권에 관한 사항)			
순위번호	등기목적	접 수	등기원인	권 리 자 및 기 타 사 항
1 (전4)	~~소유권 이전~~	1987년5월6일 제5850호	1987년5월4일 매매	~~소유자 홍길동 500104－1056429 서울시 종로구 원서동 2~~
				부동산등기법 제177조의6 제1항의 규정에 의하여 2001년7월12일 전산이기
1－1	1번소유권 경정	2017년3월27일 제1251호	2017년3월5일 서울지방법원의 소유권일부말소 확정판결	목적 소유권일부이전 공유자 지분 3분의 2 홍길동 500104－1056429 서울시 종로구 원서동 2
3 (전3)	소유권 이전	1985년5월6일 제5000호	1985년3월9일 매매	소유자 김영남 600103－1012345 서울시 종로구 청운동 2
				1번 소유권경정등기를 위하여 서울특별시 종로구 청운동 2에서 순위 제3번 등기를 이기 2017년3월27일 등기

V. 기 타

(1) 등기부와 그 부속서류의 관리 . 보존

등기부는 대법원규칙으로 정하는 장소에 보관·관리하여야 하며, 전쟁·천재지변이나 그 밖에 이에 준하는 사태를 피하기 위한 경우 외에는 그 장소 밖으로 옮기지 못한다(법 제14조 제3항). 전산정보처리조직에 의한 등기부의 보관·관리를 위하여 법원행정처에 등기정보중앙관리소를 두고 있다(규칙 제9조 제1항, 제10조 제1항).

등기관이 등기를 마쳤을 때에는 등기부부본자료를 작성하여야 하며(법 제16조, 규칙 제15조), 등기부의 전부 또는 일부가 손상된 경우에 등기정보중앙관리소의 전산운영책임관은 부본자료에 의하여 그 등기부를 복구하여야 한다(규칙 제17조 제2항).

등기부의 부속서류는 전쟁·천재지변이나 그 밖에 이에 준하는 사태를 피하기 위한 경우 외에는 등기소 밖으로 옮기지 못한다. 다만, 신청서나 그 밖의 부속서류에 대해서는 법원의 명령 또는 촉탁이 있거나 법관이 발부한 영장에 의하여 압수하는 경우에는 그러하지 아니하다(법 제14조 제4항). 등기관이 법원으로부터 신청서나 그 밖의 부속서류의 송부명령 또는 촉탁을 받았을 때에는 그 명령 또는 촉탁과 관계가 있는 부분만 법원에 송부하여야 하며, 그 문서가 전자문서로 작성된 경우에는 해당 문서를 출력한 후 인증하여 송부하거나 전자문서로 송부한다(규칙 제11조 제2항, 제3항).

등기부 및 폐쇄한 등기기록, 신탁원부, 공동담보(전세)목록, 도면, 매매목록은 영구히 보존하여야 한다(법 제14조 제2항, 제20조 제2항, 규칙 제20조 제1항).

신탁원부, 공동담보(전세)목록, 도면 및 매매목록은 보조기억장치(자기디스크, 자기테이프 그 밖에 이와 유사한 방법으로 일정한 등기사항을 기록·보관할 수 있는 전자적 정보저장매체를 말한다)에 저장하여 보존하여야 한다. 다만, 서면으로 작성되어 등기소에 제출된 도면은 이를 전자적 이미지정보로 변환하여 그 이미지정보를 보조기억장치에 저장하여 보존하여야 한다(규칙 제18조).

신청서와 부속서류에 대하여는 서면신청의 경우에는 그 서면을 보존하면 되나, 전자신청으로 제출된 경우 그 신청정보와 첨부정보, 그 취하된 경우의 취하정보는 보조기억장치에 저장하여 보존하여야 한다(규칙 제19조).

신청정보 및 첨부정보와 취하정보는 해당 연도의 다음해부터 기산하여 5년간 보존하여야 하며,[40] 그 보존기간이 만료된 정보는 법원행정처장의 인가를 받아 보존기간이 만료되는 해의 다음해 3월 말까지 삭제한다(규칙 제20조 제2항, 제3항).

(2) 등기에 관한 장부

등기소는 등기사무 처리에 필요한 여러 장부를 갖추고 있어야 한다. 이러한 장부에 관하여는 규칙 제3장 제2절에서 정하고 있다. 등기소에 비치하여야 하는 장부의 종류에 관하여는 규칙 제23조 제1항에서, 그 보존기간에 관하여는 규칙 제25조에서 정하고 있다. 이들 장부 중 전자적으로 관리가 되는 자료에 대하여는 별도로 종이장부를 갖출 필요가 없다(규칙 제21조 제3항).

주요한 것으로는 접수연월일과 접수번호 등을 기재하는 접수장(규칙 제22조), 신청서, 촉탁서, 허가서, 취하서 그 밖의 부속서류를 접수번호의 순서에 따라 편철하는 신청서 기타 부속서류 편철장(규칙 제23조)을 들 수 있다.

40) 신청서와 첨부자료는 등기신청에 관한 분쟁이 있을 때 중요한 증거자료가 된다. 부동산등기법 제정 당시에는 이들 자료의 보존기간이 10년이었으나, 1997. 11. 11. 구 부동산등기법시행규칙의 개정에 의하여 5년으로 줄었다(구 규칙 제44조 제2항). 등기소의 보존공간 부족 때문으로 보인다. 그 이후 전산화된 현재에도 계속 5년으로 유지되고 있다.

제 3 장 등기사항의 공시

제 1 절 부동산에 관한 공시제도

Ⅰ. 공시제도로서의 부동산등기

부동산등기는 공시제도이다. 부동산에 관한 권리관계인 등기기록의 내용을 공시하여 권리자를 보호하고 거래의 안전에 이바지하기 위한 제도이다. 그것이 등기제도의 목적이다. 이에 따라 부동산등기법은 누구든지 수수료를 내고 대법원 규칙으로 정하는 바에 따라 등기기록에 기록되어 있는 사항의 전부 또는 일부의 열람과 이를 증명하는 등기사항증명서의 발급을 청구할 수 있도록 하고 있다(제19조 제1항). 등기기록 공시의 방법으로 부동산등기법은 등기기록의 열람과 등기사항증명서의 발급 및 등기기록의 부속서류 열람을 규정하고 있다. 다만, 등기기록의 부속서류에 대하여는 이해관계 있는 부분만 열람을 청구할 수 있도록 하고 있다(법 제19조 제1항 단서).

사법연감 통계에 의하면 등기기록의 열람 건수는 2015년 114,748,055건, 2016년 108,603,810건, 2017년 109,392,483건이고, 등기사항증명서 발급 통수는 2015년 40,125,675통, 2016년 38,746,349통, 2017년 37,456,692통이다.[1] 열람과 발급의 개수 또는 통수가 합하여 연간 1억 건이 넘을 정도로 대단히 많다. 부동산등기가 공시제도로서 가지는 역할의 중요성을 알 수 있다.

Ⅱ. 부동산에 관한 여러 공시제도

부동산에 관한 공시제도로는 권리관계를 공시하는 부동산등기 외에도 여러

1) 사법연감에서 열람과 발급 통계는 부동산등기와 법인등기를 구별하지 않고 모두 합한 통계만 실려 있으나, 제2장 제1절에서 살펴본 통계에 의하면 부동산등기가 대부분을 차지함을 알 수 있다.

가지가 있다. 부동산이 우리 생활에서 차지하는 중요성만큼 그 공시제도도 다양하다. 부동산등기를 이해하기 위하여는 이러한 제도에 대하여도 알아 둘 필요가 있다.

우선, 부동산의 물리적 현황을 공시하는 제도로는 대장이 있다. 대장에는 토지대장, 임야대장, 건축물대장이 있다. 이들 대장에 관하여는 제4장 제2절 표시에 관한 등기에서 살펴본다.

부동산등기가 부동산의 이용과 처분에 관한 사법적 권리관계에 대한 공시인 반면 그에 관한 공법적 규제를 공시하는 제도도 있다. 다만, 부동산의 이용과 처분에 관한 공법적 규제에 관하여 전반적으로 공시하는 제도는 없고, 토지이용계획확인서를 통하여 토지이용의 공법적 규제에 관한 기본적인 내용을 확인할 수 있다.[2)]

부동산의 가격에 관하여 공시하는 제도도 있다. 부동산의 가격은 여러 요인에 의하여 수시로 변동된다. 「부동산 가격공시에 관한 법률」은 부동산의 적정한 가격형성과 각종 조세·부담금 등의 형평성을 도모하기 위하여 부동산의 가격을 공시하는 제도를 규정하고 있다.

이 법에 의한 부동산의 가격공시제도는 다음과 같다. 토지에 관하여는 국토교통부장관은 토지 중에서 선정한 표준지에 대하여 매년 단위면적당 적정가격(표준지공시지가)을 조사·평가하여 공시하고(제3조), 시장·군수 또는 구청장은 표준지의 공시지가를 기준으로 매년 관할구역 안의 개별토지의 단위면적당 가격(개별공시지가)을 결정·고시하여야 한다(제10조). 주택에 관하여는 국토교통부장관은 단독주택 중에서 선정한 표준주택에 대하여 매년 적정가격(표준주택가격)을 조사·산정하고 공시하여야 하며(제16조), 시장·군수 또는 구청장은 표준주택가격을 기준으로 관할구역 안의 개별주택의 가격(개별주택가격)을 결정·공시하여야 한다(제17조). 공동주택에 관하여는 국토교통부장관은 매년 공시기준일 현재의 적정가격(공

2) 토지이용규제 기본법 제10조에 의하면 시장·군수 또는 구청장은 토지의 이용 및 보전에 관한 제한을 하는 지역·지구 등의 지정 내용, 지역·지구 등에서의 행위 제한 내용을 확인하는 서류로서 토지이용계획확인서를 발급하도록 하고 있다. 경제사회적인 발전과 더불어 개별 법령에서 수많은 토지이용규제제도가 다양한 목적으로 도입됨에 따라 지역·지구 등이 복잡다기화되고, 국민이 토지이용규제의 내용을 쉽게 알 수가 없어 국민경제생활에 적지 않은 불편이 초래되고 있다. 그리하여 토지이용규제의 투명성을 확보하고 국민의 토지이용의 편의를 도모하려는 목적으로 토지이용규제 기본법이 2005년 제정되었다.

동주택가격)을 조사·산정하여 공시하여야 한다(제18조). 비주거용 부동산 가격에 관하여는 비주거용 일반 부동산 중에서 선정한 비주거용 표준부동산에 대하여 국토교통부장관은 매년 적정가격(비주거용 표준부동산가격)을 조사·산정하여 공시할 수 있고(제20조), 시장·군수 또는 구청장은 비주거용 표준부동산가격을 기준으로 관할구역 안의 비주거용 개별부동산의 가격(비주거용 개별부동산가격)을 결정·공시할 수 있다(제21조). 비주거용 집합부동산에 대하여는 국토교통부장관은 매년 적정가격(비주거용 집합부동산가격)을 조사·산정하여 공시할 수 있다(제22조). 이러한 부동산가격은 국가·지방자치단체 등이 과세 등의 업무와 관련하여 부동산의 가격을 산정하는 경우 그 기준으로 활용될 수 있다.

「부동산 거래신고 등에 관한 법률」은 부동산 거래 등의 신고의무를 부과하면서 위의 공시된 토지 및 주택의 가액과 부동산 가격정보를 활용하여 부동산거래가격 검증체계를 구축·운영하도록 하고(제5조), 적절한 부동산정책의 수립 및 시행을 위하여 국토교통부장관 또는 시장·군수·구청장은 부동산 거래상황, 부동산 가격 동향 등의 정보를 종합적으로 관리할 수 있도록 하고 있다(제24조 제1항).

최근에는 부동산종합공부도 생겨났다. 「공간정보의 구축 및 관리 등에 관한 법률」은 부동산의 효율적 이용과 부동산과 관련된 정보의 종합적 관리·운영을 위하여 지적소관청으로 하여금 부동산종합공부를 관리·운영하도록 하고 있다(제76조의2). 부동산종합공부에는 토지 및 건축물의 표시와 소유자에 관한 사항, 토지의 이용 및 규제에 관한 사항, 부동산의 가격에 관한 사항, 그 밖에 부동산의 효율적 이용과 부동산 정보의 종합적 관리를 위하여 필요한 사항을 등록하도록 하고 있다(제76조의3). 부동산종합공부를 열람하거나 부동산종합증명서를 발급받으려면 지적소관청이나 읍·면·동의 장에게 신청할 수 있다(제76조의4).

부동산에 관한 여러 공시제도는 이렇게 다양하다. 중복되는 부분도 있다. 그만큼 부동산이 우리 사회에서 차지하는 중요성이 크다는 의미이다. 이들 공시제도는 부동산등기와 서로 별개의 제도일까? 그렇지는 않다. 부동산등기와도 연관되어 있다. 그 연관내용을 여기서 자세히 언급하기에는 내용이 복잡하다. 해당 부분과 제7장을 참고하기 바란다.

부동산등기정보는 정보공개에 관한 법률이나 개인정보 보호법과 어떤 관계에 있을까? 등기정보의 공개에 관하여는 부동산등기법에서 따로 규정을 두고 있으므로 「공공기관의 정보공개에 관한 법률」상 "다른 법률에 특별한 규정이 있는 경우"(제4조 제1항)에 해당하여 위 법률에 의한 정보공개 청구의 대상이 되지 아니한다. 그리고 등기기록의 부속서류는 이해관계 있는 부분에 한하여 열람을 청구할 수 있으므로 다른 법률에 따라 비공개사항으로 규정된 정보(위 법률 제9조 제1항 제1호)에 해당하여 비공개대상 정보이어서 정보공개의 대상이 아니다. 또한, 개인정보의 수집 및 이용과 관련하여 「개인정보 보호법」상 법률에 특별한 규정이 있는 경우에 해당하여(제6조, 제15조 제1항 제2호, 제17조 제1항 제2호, 제18조 제2항 제2호 등) 위 법률이 아니라 부동산등기법에 따라 처리할 수 있다.

제 2 절 등기사항의 증명과 열람

Ⅰ. 등기사항증명서의 발급

1. 개 설

등기사항증명서는 등기기록에 기록되어 있는 사항의 전부 또는 일부를 증명하는 서면이다(법 제19조 제1항, 규칙 제26조 제1항). 등기업무가 전산화되기 이전에는 등기부에 기재되어 있는 사항의 전부 또는 일부를 필사하거나 복사하는 방법으로 등기사항에 대한 증명서를 제공하였다. 그 전부를 필사하거나 복사한 증명서를 등기부등본이라 하였고, 그 일부를 필사하거나 복사한 증명서를 등기부초본이라 하였다. 등기부의 전산화에 의하여 그 기록사항에 대한 증명서의 제공방법도 다양해졌다. 그리고 구법에서의 등기부등초본이라는 용어 대신 전부개정된 부동산등기법에서는 등기사항증명서라는 용어를 사용하고 있다. 다만, 폐쇄된 종이등기부에 대하여는 이미지형태로 전산화하여 등기사항증명서를 발급하고 있지만 종이등기부 자체의 전부 또는 일부를 등사하는 방법으로 등기부등본이나 초본을 작성하여 발급할 수 있으므로 등기부등본이나 초본이라는 용어가 완전히 사라지지는 않았다.

등기신청이 접수된 부동산에 관하여는 등기관이 그 등기를 마칠 때까지 등기사항증명서를 발급하지 못한다. 다만, 그 부동산에 등기신청사건이 접수되어 처리중에 있다는 뜻을 등기사항증명서에 표시하여 발급할 수 있다(규칙 제30조 제4항). 등기신청이 접수되어 등기를 마치기 전에 등기사항증명서가 발급되면 그 신청된 등기의 내용이 기록되지 않은 채 발급되기 때문에 이를 발급하지 못하도록 하고 있다. 그렇지만 신청인이 등기사항증명서를 발급받을 필요가 있는 경우에는 등기신청사건이 접수되어 처리중임을 표시하여 발급할 수 있도록 2011년 규칙 개정에서 예외규정을 두게 되었다.

2. 등기사항증명서의 종류

등기업무의 전산화에 따라 증명서의 제공방법도 다양해졌다. 규칙은 등기사항증명서의 종류를 6가지로 규정하고 있다. 5가지 증명서를 규칙에서 직접 규정하고 실무상 필요한 유형의 증명서를 발급할 수 있도록 그 밖에 대법원예규로 정하는 증명서를 추가하였다. 발급 가능한 증명서는 등기기록의 종류에 따라 다르다. 구체적으로 살펴보면 다음과 같다.[3)]

(1) 전산등기기록에 대하여는 다음과 같은 증명서를 발급할 수 있다. 다만, 폐쇄된 등기부 등 몇 가지 예외적인 경우에는 등기사항전부증명서(말소사항 포함)만 발급할 수 있다.

① **등기사항전부증명서(말소사항 포함)**: 말소된 등기사항을 포함하여 등기기록에 기록된 사항의 전부를 증명하는 증명서이다.

② **등기사항전부증명서(현재 유효사항)**: 현재 효력이 있는 등기사항 및 그와 관련된 사항을 증명하는 증명서이다.

③ **등기사항일부증명서(특정인 지분)**: 여러 공유자 중 특정인의 지분을 표시하고 해당 지분과 관련된 사항을 발췌하여 증명하는 증명서이다.

④ **등기사항일부증명서(현재 소유현황)**: 해당 부동산의 현재 소유자(또는 공유자)만을 밝히고, 공유의 경우에는 공유지분을 증명하는 증명서이다.

⑤ **등기사항일부증명서(지분취득 이력)**: 특정 공유지분이 어떻게 현재의 공유자에게로 이전되어 왔는지를 쉽게 확인할 수 있도록 해당 지분의 취득경위와 관련한 등기사항만을 발췌하여 증명하는 증명서이다.

등기기록의 내용이 복잡하고 분량이 많은 경우에 이러한 다양한 종류 중 필

---

3) 부동산등기사항증명서 발급처리지침(등기예규 제1815호).

요한 증명서를 이용하면 등기기록의 내용을 이해하기에 편리하다.

(2) 종래의 종이등기부를 촬영하여 이미지형태로 전산화한 등기기록에 대하여는 등기사항전부증명서(말소사항 포함)만 발급이 가능하다. 다만, 전산이기 전에 이미 폐쇄된 종이등기부를 촬영하여 이미지 형태로 전산화한 등기부에 대하여는 등기부에 기재된 사항 중 신청인이 청구한 일부 면을 증명하는 증명서인 등기사항일부증명서(일부사항)를 발급할 수 있다.

(3) 폐쇄된 종이등기부에 대하여는 전산화 전과 같이 다음의 2종류의 등기부 등초본을 발급할 수 있다.

① **말소사항포함 등기부등본:** 말소된 등기사항을 포함하여 폐쇄된 종이등기부에 기재된 사항의 전부를 증명하는 등본이다.

② **일부사항증명 등기부초본:** 폐쇄된 종이등기부에 기재된 사항 중 신청인이 청구한 일부 면을 증명하는 초본이다.

등기기록의 종류별로 실무에서 제공하고 있는 등기사항증명서의 종류는 다음 표와 같다.

<table>
<tr><th colspan="2">등기부의 종류</th><th>발급가능한 등기사항증명서의 종류</th><th>비 고</th></tr>
<tr><td colspan="2">전산등기부</td><td>등기사항전부증명서(말소사항 포함)
등기사항전부증명서(현재 유효사항)
등기사항일부증명서(특정인 지분)
등기사항일부증명서(현재 소유현황)
등기사항일부증명서(지분취득 이력)</td><td>전산등기부 중 AROS TEXT·전산과부하·원시오류코드가 부여된 등기부·전산화 이후 오류코드가 부여된 등기부 및 폐쇄등기부에 대하여는 등기사항전부증명서(말소사항 포함)만 발급 가능하다.</td></tr>
<tr><td rowspan="2">이미지화된
폐쇄
등기부</td><td>전산
이기 전</td><td>등기사항전부증명서(말소사항 포함)
등기사항일부증명서(일부사항)</td><td>전산이기 전에 이미 폐쇄된 종이등기부를 촬영하여 이미지형태로 전산화한 등기부를 말한다.</td></tr>
<tr><td>전산
이기당시</td><td>등기사항전부증명서(말소사항 포함)</td><td>등기부의 전산화에 따라 폐쇄된 종이등기부를 촬영하여 이미지형태로 전산화한 등기부를 말한다.</td></tr>
<tr><td colspan="2">폐쇄된 종이등기부</td><td>말소사항포함 등기부등본
일부사항증명 등기부초본</td><td>폐쇄된 종이등기부를 말한다.</td></tr>
</table>

3. 등기사항증명서의 작성

등기사항증명서를 발급할 때에는 등기사항증명서의 종류를 명시하고, 등기기록의 내용과 다름이 없음을 증명하는 내용의 증명문을 기록하며, 발급연월일과 등기정보중앙관리소 전산운영책임관의 직명을 적은 후 전자이미지관인을 기록하여야 한다. 등기사항증명서가 여러 장으로 이루어진 경우에는 연속성을 확인할 수 있는 조치를 하여 발급하고, 그 등기기록 중 갑구 또는 을구의 기록이 없을 때에는 증명문에 그 뜻을 기록하여야 한다(규칙 제30조 제1항).

등기사항증명서는 가로 210mm, 세로 297mm인 크기의 복사방지처리를 한 특수용지를 사용하여 작성한다.[4] 등기사항증명서는 그 진위 여부를 확인할 수 있도록 발급확인번호 12자리를 부여하며, 매장마다 등기정보를 암호화하여 저장한 2차원 바코드가 인쇄되도록 하고 이를 스캐너 등으로 복원할 수 있도록 하여야 한다.

폐쇄된 종래의 종이등기부(실무에서는 수작업폐쇄등기부라고 표현한다)에 대하여도 등기부등초본 또는 등기사항증명서의 발급이 가능하다. 이 경우 종이등기부를 복사하는 방법으로 등기부등초본을 작성하여 교부하거나 또는 종이등기부를 촬영하여 전산화한 이미지를 출력하여 등기사항증명서를 발급하는 방법으로 한다.

신탁원부, 공동담보(전세)목록, 도면 또는 매매목록은 그 사항의 증명도 함께 신청하는 뜻의 표시가 있는 경우에만 등기사항증명서에 이를 포함하여 발급한다(규칙 제30조 제2항). 이 경우 신탁원부 등과 등기사항증명서를 합철하여 1통의 등기사항증명서로 발급한다.

4. 발급방법

가. 3가지 발급방법

등기사항증명서의 발급방법은 3가지가 있다.[5] 첫째는, 창구발급이다. 등기소를 방문하여 발급창구에서 발급받는 방법이다. 실무에서는 유인발급이라고 한다. 등기소를 방문하여 등기사항의 전부 또는 일부에 대한 증명서를 발급받고자 하는 사람은 신청서를 제출하여야 한다(규칙 제26조 제1항). 발급청구는 관할등기소가 아닌 등기소에 대하여도 할 수 있다(법 제19조 제2항).

---

4) 종래에는 가로양식으로 작성하였으나 등기예규(제1645호)의 개정으로 2018. 7. 6.부터 세로양식으로 변경되었다.

5) 등기사항증명서 발급의 대부분은 인터넷을 통하여 이루어진다. 제2장 제1절에서 보았듯이 2016년 자료로 보면 발급과 열람을 합하여 93.5%가 인터넷을 통하여 이루어지고 있다.

둘째는 무인발급기에 의한 발급이다. 법원행정처장은 신청인이 발급에 필요한 정보를 스스로 입력하여 등기사항증명서를 발급받을 수 있게 하는 장치(무인발급기)를 이용하여 등기사항증명서의 발급업무를 처리하게 할 수 있다. 무인발급기는 등기소 이외의 장소에도 설치할 수 있고, 법원행정처장의 지정을 받은 국가기관이나 지방자치단체 그 밖의 자는 그가 관리하는 장소에 무인발급기를 설치하여 등기사항증명서를 발급할 수 있다(규칙 제27조). 무인발급기를 이용하여 발급받을 수 있는 증명서는 등기사항전부증명서(말소사항 포함)에 한한다.

셋째는 인터넷에 의한 발급이다. 등기사항증명서의 발급업무는 인터넷을 이용하여 처리할 수 있다. 이 업무는 등기정보중앙관리소에서 처리하며, 전산운영책임관이 담당한다(규칙 제28조).

등기기록의 분량과 내용에 비추어 무인발급기나 인터넷에 의한 발급이 적합하지 않다고 인정되는 때에는 이를 제한할 수 있다(규칙 제32조 제2항). 이에 따라 증명서의 매수가 16장 이상인 경우에는 무인발급기에 의한 발급이 제한되고, 등기기록상 갑구 및 을구의 명의인이 500명 이상인 경우에는 인터넷에 의한 발급이 제한되고 있다.

나. 수수료의 납부

등기사항증명서의 발급을 청구하는 경우에는 수수료를 납부하여야 한다(법 제19조 제1항). 이 수수료는 등기특별회계의 수입금이 된다.

등기사항증명서 교부수수료는 1통에 대하여 20장까지는 1,200원이고, 1통이 20장을 초과하는 때에는 초과 1장마다 50원이 추가된다. 다만, 수수료 중 100원 미만의 단수가 있을 때에는 그 단수는 계산하지 아니한다. 무인발급기나 인터넷에 의한 등기사항증명서의 교부수수료는 1통에 대하여 1,000원으로 한다(등기사항증명서 등 수수료규칙 제2조).

다른 법률에 수수료를 면제하는 규정이 있거나, 「국유재산법」상의 분임재산관리관 이상의 공무원이 「징발법」, 「징발재산정리에 관한 특별조치법」 시행의 필요에 의하여 청구하는 때에는 수수료를 면제한다. 위 면제사유에 해당하는 경우에도 무인발급기 또는 인터넷에 의한 등기사항증명서의 발급에 따른 수수료는 면제하지 아니한다(위 수수료규칙 제7조 제1항, 제6항).

수수료는 현금으로 납부하여야 하며, 등기관은 등기사항증명서 또는 증명서

인증문 여백에 소정 수수료의 영수필증을 첨부하여 소인하거나 기기에 의하여 그 영수필의 취지를 표시하여야 한다. 다만, 무인발급기를 이용하여 등기사항증명서를 교부받는 경우에는 현금으로 수수료를 납부하거나 고주파송수신칩이 내장된 매체 또는 이동통신단말장치에서 사용되는 애플리케이션을 통한 신용카드, 전자화폐 등으로 수수료를 납부할 수 있고, 인터넷을 이용하여 등기사항증명서를 발급받는 경우에는 신용카드, 금융기관계좌이체, 전자화폐 등으로 수수료를 납부하여야 한다(위 수수료규칙 제6조 제1항).

5. 등기사항증명서의 이해

이상에서 항목별로 설명하였는데, 실제 등기사항증명서를 보고 이해할 수 있도록 필요한 내용을 설명하고자 한다. 등기사항증명서의 견본은 부록을 참조하면 된다.

첫 부분을 보자. 등기사항증명서의 종류와 부동산의 종류가 기재되어 있다. 예를 들면, "등기사항전부증명서(말소사항 포함) – 집합건물"과 같은 내용이다. 그 아래 오른쪽에는 부동산의 고유번호가 있고, 바코드가 표시되어 있다. 그 다음 줄에 부동산 소재지가 기재되어 있다. 다음으로 아주 드문 예이지만 부전지 내용이 기재되는 경우도 있다. 이것은 해당 등기기록에 관한 일종의 메모이다.

이어서 표제부가 나타난다. 표제부는 부동산의 표시에 관하여 기재하는 부분이다. 모든 등기사항증명서에는 표제부가 있다. 물적편성주의를 취하는 우리 부동산등기법제상 표제부가 없는 등기기록은 없다. 표제부에는 부동산의 소재지번과 내역이 기재된다. 표제부의 등기원인 및 기타사항란에는 그 등기기록이 편성된 내역이 기록되어 있다. 예를 들어, "부동산등기법 제177조의6 제1항의 규정에 의하여 2001년 4월 4일 전산이기"와 같은 내용이다. 앞 장의 아랫부분에는 바코드와 발급확인번호가 있다. 이 바코드를 스캔하거나 인터넷등기소에서 발급확인번호를 입력하여 위변조 여부를 확인할 수 있다. 그리고 발행번호와 발행일자가 있다. 제일 아래에는 "1/3"과 같이 전체 면수와 그 해당 면수가 표시되는데, 이것은 여러 장으로 이루어진 경우 연속성을 확인할 수 있는 조치이다.

이어서 갑구가 나타난다. 소유권에 관한 사항을 알려주는 부분이다. 원칙적으로 등기기록에는 갑구가 있다. 갑구의 소유권에 관한 등기를 말소하면 해당 등기기록을 폐쇄하기 때문에 등기기록이 존재할 수 없다. 그러나 아주 예외적으로 갑구가 없는 등기기록이 있다(이때에는 '기록사항 없음'으로 표시된다). 집합건물 등기기록에서 표시등기만 있는 경우이거나 공용부분등기에서 갑구나 을구를 말소한 경우이다. 갑구는 소유권에 관한 사항과 가압류나 가처분 등 소유권에 대한 제한사항을 공시한다.

마지막으로 을구가 있다. 소유권 이외의 권리에 관한 사항을 공시하는 부분이다. 을구는 근저당권 등 소유권 이외의 권리에 관한 사항이 없는 경우에는 두지 않을 수도 있다. 그 경우에는 을구에 '기록사항 없음'이라고 기재된다. 기록사항이 없는 구는 두지 않을 수 있도록 되어 있어 종래에는 기록사항이 없는 을구는 등기사항증명서에 표시하지 않았다. 그러다 보니 을구가 없는지 아니면 있는데 누락되었는지 혼란스러울 수 있어 현재는 등기사항증명서에 을구란을 두되 기록사항이 없다는 취지를 기재하여 발급하고 있다.

통상의 등기기록은 여기까지이다. 그 외에 신탁원부와 공동담보목록, 도면, 매매목록의 발급을 청구한 경우 신탁원부 등도 표시된다.

등기사항증명서의 끝부분에는 "이하여백"이라는 기재를 하고, 관할등기소와 발행등기소가 기재된다. 그리고 수수료로 얼마를 받았다는 취지, 등기기록의 내용과 틀림없음을 증명한다는 증명문구, 발행일자가 기재된다. 마지막으로 발행명의인인 법원행정처 등기정보중앙관리소 전산운영책임관과 그 직인이 표시되어 있다. 종래에는 전산운영책임관의 실명을 기록하였으나 현재는 직명만 기재하고 있다.

공식적인 등기사항증명서는 아니나 신청인이 신청하는 경우에는 참고로 등기사항증명서의 내용을 요약한 서비스를 별도로 제공하기도 한다.

Ⅱ. 등기기록, 부속서류의 열람

누구든지 수수료를 내고 대법원규칙으로 정하는 바에 따라 등기기록에 기록되어 있는 사항의 전부 또는 일부의 열람을 청구할 수 있고, 등기기록의 부속서류에 대하여는 이해관계 있는 부분만 열람을 청구할 수 있다(법 제19조 제1항).

(1) 등기소를 방문하여 등기기록을 열람하고자 하는 사람은 신청서를 제출하

여야 하며, 그 열람 청구는 관할 등기소가 아닌 등기소에 대하여도 할 수 있다(법 제19조 제2항). **등기기록의 열람**은 등기기록에 기록된 등기사항을 전자적 방법으로 그 내용을 보게 하거나 그 내용을 기록한 서면을 교부하는 방법으로 한다(규칙 제31조 제1항).[6)]

등기기록의 열람업무는 법원행정처장이 정하는 바에 따라 인터넷을 이용하여 처리할 수 있다(규칙 제28조 제1항). 인터넷열람업무는 등기정보중앙관리소에서 처리하고 전산운영책임관이 담당한다(규칙 제28조 제2항). 이에 관하여 필요한 사항은 대법원예규로 정한다(규칙 제28조 제3항).[7)] 등기기록의 열람은 대부분 인터넷을 통하여 이루어지므로 여기서는 인터넷 열람을 중심으로 설명한다.

대법원예규에 의하면 인터넷 열람서비스는 365일 24시간 제공을 원칙으로 하되 전산시스템의 점검 및 변경 작업시에는 필요한 범위에서 서비스를 제공하지 아니할 수 있다.

열람은 등기기록에 기록되어 있는 모든 내용을 볼 수 있는 등기사항전부증명서비스와 특정인 지분·현재소유 현황·지분취득 이력 등 특정부분의 내용만을 볼 수 있는 등기사항일부증명서 형태로 나누어 제공한다. 이미지폐쇄등기부도 인터넷등기소를 통하여 열람할 수 있으나 일부증명서 형태의 열람은 제공하지 아니한다. 신탁원부, 공동담보(전세)목록, 도면, 매매목록 또는 공장저당목록은 등기기록을 열람할 때 그에 관하여 같이 신청을 한 경우에 한하여 열람할 수 있다.

인터넷에 의한 등기기록의 열람은 인터넷등기소(www.iros.go.kr)에서 제공한다. 법원행정처장은 등기기록의 분량과 내용에 비추어 인터넷에 의한 열람 또는 발급이 적합하지 않다고 인정되는 때에는 이를 제한할 수 있다(규칙 제32조 제2항). 이에 따라 등기기록상 갑구 및 을구의 명의인이 500인 이상인 경우에는 열람을 제한하고 있다.

인터넷등기소를 이용하여 등기기록을 열람할 경우 이해관계인에 대하여 확

---

6) 대법원 2021.2.25. 2018도19043 판결은 피고인이 인터넷을 통하여 열람·출력한 등기사항전부증명서 하단의 열람 일시 부분을 수정 테이프로 지우고 복사해 두었다가 이를 타인에게 교부하여 공문서변조 및 변조공문서행사로 기소된 사안이다. 이 사건에서 대법원은 피고인이 등기기록의 열람 일시를 삭제하여 복사한 행위는 등기기록이 나타내는 권리·사실관계와 다른 새로운 증명력을 가진 문서를 만든 것에 해당하고 그로 인하여 공공적 신용을 해할 위험성도 발생하였다는 이유로, 이 부분을 무죄로 판단한 원심을 파기하였다.

7) 인터넷에 의한 등기기록의 열람 등에 관한 업무처리지침(등기예규 제1806호).

정일자 부여현황 서비스를 제공하고 있기도 하다.

(2) **신청서나 그 밖의 부속서류의 열람**은 이해관계 있는 부분만 할 수 있다. 신청서나 그 밖의 부속서류의 열람 업무는 인터넷을 이용하여 처리할 수 있으나, 인터넷 열람을 신청할 수 있는 자는 해당 등기신청의 당사자 및 그 당사자로부터 열람을 위임받은 자격자대리인으로 제한된다(규칙 제28조의2). 이해관계 소명이 인터넷으로는 어렵기 때문이다. 전자문서로 작성된 신청서나 그 밖의 부속서류의 열람 신청은 관할 등기소가 아닌 다른 등기소에서도 할 수 있다(규칙 제26조 제3항). 열람은 등기관 또는 그가 지정하는 직원이 보는 앞에서 하되 인터넷 열람의 경우 또는 전자문서를 열람하는 경우에는 전자적 방법으로 그 내용을 보게 하거나 그 내용을 기록한 서면을 교부하는 방법으로 한다(규칙 제31조 제2항). 등기예규에서는 등기관의 인증 없는 단순한 사본을 교부하거나 사진촬영을 하게 하는 방법도 제시하고 있다.

신청정보 및 첨부정보의 열람에 관하여는 등기예규에서 자세히 정하고 있다.[8] 몇 가지만 간략히 설명하면 다음과 같다. 단순히 부동산을 매수하고자 하는 자나 소유권등기의 명의인에 대하여 금전채권을 가지고 있음에 불과한 자는 그 소유권등기의 신청정보 및 첨부정보를 열람할 수 없다. 등기신청이 접수된 후 등기가 완료되기 전의 신청정보 및 첨부정보에 대하여는 열람을 신청할 수 없다. 보존기간이 만료된 신청정보 및 첨부정보에 대하여도 삭제인가 또는 폐기인가를 받기 전까지는 열람을 신청할 수 있다.

등기기록의 부속서류는 이해관계 있는 부분에 한하여 열람을 청구할 수 있으므로 「공공기관의 정보공개에 관한 법률」 제9조 제1항 제1호의 '다른 법률에 의하여 비공개사항으로 규정된 정보'에 해당하여 정보공개의 대상이 아니다.[9]

(3) 등기기록이나 신청서 기타 부속서류의 **열람에 대한 수수료**는 1등기기록 또는 1사건에 관한 서류에 대하여 1,200원으로 하되, 열람 후 등기사항을 출력한 서면 또는 신청서 기타 부속서류의 복사물을 교부하는 경우에 20장을 초과하는 때에는 초과 1장마다 50원의 수수료를 납부하여야 한다. 인터넷을 통한 등기기록의 열람에 대한 수수료는 1등기기록에 관하여 700원으로 한다(등기사항증명서 등

8) 부동산등기 신청정보 및 첨부정보의 열람에 관한 업무처리지침(등기예규 제1798호).
9) 등기선례 8-107.

수수료규칙 제3조).

제 3 절 등기사항의 공시 제한

1. 의 의

등기사항증명서를 발급하거나 등기기록 또는 신청서나 그 밖의 부속서류를 열람하게 할 때에는 등기명의인의 표시에 관한 사항 중 주민등록번호 또는 부동산등기용등록번호의 일부를 공시하지 아니할 수 있으며, 그 범위와 방법 및 절차는 대법원예규로 정한다(규칙 제32조 제1항). 개인정보보호를 위하여 둔 규정이다.

법원행정처장은 등기기록의 분량과 내용에 비추어 무인발급기나 인터넷에 의한 열람 또는 발급이 적합하지 않다고 인정되는 때에는 이를 제한할 수 있다. 신청서나 그 밖의 부속서류의 인터넷에 의한 열람의 경우에도 같다(규칙 제32조 제2항). 이에 따라 현재 등기사항증명서의 매수가 16장 이상인 경우에는 무인발급기를 이용한 증명서의 발급을 제한하며, 갑구 및 을구의 명의인이 500인 이상인 경우에는 인터넷에 의한 발급 또는 열람이 제한된다. 분량 과다로 인한 현실적인 이유 때문이다. 내용에 의한 제한으로는 국가기관 등에서 국가주요시설에 관한 등기기록의 열람제한을 요청할 경우 제한할 수 있도록 근거규정을 두었다.[10)]

여기서는 주민등록번호 또는 부동산등기용등록번호의 공시제한에 대하여 대법원예규를 중심으로 살펴본다.[11)]

2. 공시 제한의 대상과 범위

(1) 등기명의인의 주민등록번호 등이 기록되는 모든 등기 중 그 등기명의인이 개인(내국인, 재외국민, 외국인)인 경우 및 등기명의인이 법인 아닌 사단·재단인 경우에 한하여 그 개인 및 대표자의 주민등록번호 등의 일부의 공시를 제한한다. 따라서 법인, 법인 아닌 사단이나 재단, 국가, 지방자치단체 등 단체의 등록번호는 공시를 제한하지 아니한다.

---

10) 법원행정처, 개정 부동산등기법 및 부동산등기규칙 해설, 229면.
11) 부동산등기기록의 주민등록번호 등 공시제한에 따른 업무처리지침(등기예규 제1672호).

(2) 공시 제한의 범위는 등기명의인의 표시에 관한 사항 중 주민등록번호 등의 뒷부분 7자리 숫자이다.

3. 공시 제한의 방법

(1) 원 칙

등기명의인의 표시에 관한 사항 중 주민등록번호 등의 뒷부분 7자리 숫자를 가리고(예: 801211 －*******) 등기사항증명서를 발급하거나 등기기록을 열람에 제공한다.

(2) 예 외

다음에 해당하는 경우에는 대상 등기명의인의 주민등록번호 등은 공시를 제한하지 아니한다.

① 대상 등기명의인(말소사항 포함)의 주민등록번호 등을 입력하고, 등기기록에 그와 일치하는 주민등록번호 등이 존재하는 경우

② 공용목적(수용, 토지대장 정리 등)으로 국가, 지방자치단체, 공익사업을 위한 토지 등 취득 및 보상에 관한 법률 제8조에 의한 사업시행자 등이 그 신청과 이해관계가 있음을 소명한 경우

③ 재판상 목적으로 신청인이 그 신청목적과 이해관계가 있음을 소명한 경우

④ 수사기관이 범죄의 수사에 필요함을 소명한 경우

(3) 폐쇄된 종이등기부 및 이미지폐쇄등기부의 특례

폐쇄된 종이등기부 및 이미지폐쇄등기부에 대하여도 마찬가지로 처리하나, 신청사건 수·발급면수·등기명의인 수 등이 과다하거나 등기부의 상태상 등기명의인의 주민등록번호 등의 식별이 용이하지 않아 주민등록번호 등의 공시를 제한하기 어려운 사정이 있는 경우에는 주민등록번호 등의 전부 또는 일부의 공시를 제한하지 아니할 수 있다.

제 4 절 등기정보자료의 제공

(1) 법원행정처장은 전자정부법 제2조에 따른 행정기관 및 공공기관(이하 “행

정기관 등"이라 한다)의 장에게 등기사무처리에 필요한 전산정보자료의 제공을 요청할 수 있다(법 제109조). 이 규정에 따라 대법원에서는 각종 행정정보시스템과 등기시스템의 연계사업을 추진하였다. 그 결과 등기소에 제공하여야 하는 첨부정보 중 법원행정처장이 지정하는 첨부정보는 전자정부법 제36조 제1항에 따른 행정정보 공동이용을 통하여 등기관이 확인하고 신청인에게는 그 제공을 면제한다. 다만, 그 첨부정보가 개인정보를 포함하고 있는 경우에는 그 정보주체의 동의가 있음을 증명하는 정보를 등기소에 제공한 경우에만 그 제공을 면제한다(규칙 제46조 제6항).

(2) 행정기관 등의 장은 소관 업무의 처리를 위하여 필요한 경우에 관계 중앙행정기관의 장의 심사를 거치고 법원행정처장의 승인을 받아 등기정보자료의 제공을 요청할 수 있다. 다만, 중앙행정기관의 장은 법원행정처장과 협의를 하여 협의가 성립되는 때에 등기정보자료의 제공을 요청할 수 있다(법 제109조의2 제1항).

행정기관 등의 장이 아닌 자는 대법원규칙으로 정하는 바에 따라 등기정보자료를 제공받을 수 있다. 다만, 등기명의인별로 작성되어 있거나 그 밖에 등기명의인을 알아볼 수 있는 사항을 담고 있는 등기정보자료는 다른 법률에 특별한 규정이 있는 경우를 제외하고는 해당 등기명의인이나 그 포괄승계인만이 제공받을 수 있다(법 제109조의2 제2항).

등기정보자료의 제공에 관한 구체적인 사항은 「등기정보자료의 제공에 관한 규칙」과 등기예규에서 정하고 있다.[12)]

법원에서는 다양한 등기정보자료의 제공업무를 효율적으로 처리하기 위하여 등기정보광장 시스템을 구축하여 운영하고 있다.[13)] 등기정보광장에서 제공하는 등기정보자료는 특정의 개인이나 법인 또는 단체 등을 식별할 수 있는 내용을 포함하고 있지 아니한 등기정보자료(비식별 등기정보자료)로 한정한다(위 규칙 제7조 제1항). 등기정보광장에 공개되지 아니한 비식별 등기정보자료를 이용하고자 하는 자는 대법원예규로 정하는 절차에 따라 그 제공을 신청할 수 있다(위 규칙 제7조 제3항). 그리고 등기명의인 또는 그 포괄승계인이 제공받을 수 있는 명의인별 등기정보자료는 등기명의인의 부동산 소유현황에 관한 사항으로 한정되어 있다.[14)]

---

12) "등기정보자료의 제공에 관한 업무처리지침"(등기예규 제1719호) 참조.

13) 등기정보광장의 인터넷주소는 https://data.iros.go.kr이고, 인터넷등기소를 통하여도 접속이 가능하다.

14) 위 등기예규 제1719호 제3항.

제 4 장 등기절차

제 1 절 등기절차 총론

제 1 관 등기절차의 기초이론

Ⅰ. 서 설

부동산에 관한 거래가 이루어지는 과정을 살펴보면 먼저 당사자 사이에서 매매계약을 체결하고 잔금을 수령한 다음 소유권을 이전하기로 합의하거나 돈을 빌리고 저당권을 설정하기로 합의하는 등 실체법에 따른 법률행위가 이루어진다. 그리고 이어서 그에 따라 당사자가 등기소에 등기를 신청함으로써 등기절차가 시작되고, 등기소에서 등기신청사건을 처리하는 절차로 이어진다. 경우에 따라서는 등기가 이루어진 다음에 변경되거나 경정되기도 하고, 말소되거나 말소된 등기가 회복될 수도 있다. 이것이 일반적인 등기절차의 흐름이다.

여기서는 이 흐름에 따라 등기절차의 신청부터 등기신청사건의 처리절차를 살펴보기로 한다. 당사자의 실체법상의 법률행위는 민법 일반의 문제이므로 여기에서는 따로 항목을 나누어 설명하지 않고 관련되는 부분에서 간략히 언급하기로 한다. 각종의 등기에 공통되는 설명은 제1절 등기절차 총론에서 살펴보고, 각 개별적인 등기절차에 관하여는 제2절 이하에서 별도로 항목을 나누어 살펴본다.

등기절차를 설명하기에 앞서 부동산등기절차에 관한 기초적인 원리 몇 가지를 먼저 생각해 보기로 한다.

Ⅱ. 부동산등기의 진정성 보장의 기초

(1) 부동산등기의 진정성 보장에 관한 일반적 논의

등기제도의 이상은 실체적 권리관계의 신속·정확한 공시이다. 이 이상이 실현되면 등기에 공신력을 인정할 수 있게 되어 등기를 믿고 부동산물권을 취득한 사람은 보호된다. 이 이상을 위한 전제는 부동산등기의 진정성 보장이다. 일반적으로 부동산등기의 진정성 보장과 관련하여 가장 많이 논의되는 내용은 등기원인증서의 공증문제이다. 그 요지는 다음과 같다. ① 등기관의 심사업무에 관한 입법주의는 형식적 심사주의와 실질적 심사주의로 구분할 수 있고, 우리나라는 형식적 심사주의를 취한다. ② 형식적 심사주의를 취하는 결과 부실등기가 발생할 위험이 매우 크고 그에 따라 부실등기가 양산되고 있다. ③ 따라서 실체관계에 부합하는 등기를 구현하기 위하여는 등기원인을 증명하는 서면의 공증이 필요하고, 등기원인서면의 공증은 공신력 인정의 전제조건의 하나이다. 부동산등기에 관한 대부분의 문헌에서 언급하고 있어 너무도 당연하게 받아들여지고 있는 내용이다.

(2) 물권변동이론과 등기절차의 괴리

그런데 과연 그러한가?[1] 과연 등기관의 심사에 관한 입법주의를 이렇게 구분할 수 있고, 등기관의 심사의 한계로 부실등기가 양산되고 있으며, 등기원인서면의 공증만 되면 실체관계에 부합하는 등기가 구현되고 공신력을 인정할 수 있는가?

아니다. 오히려 등기의 진정성 보장에 있어서 가장 기본적인 문제점은 등기절차에 대한 형식적인 이해가 아닐까 싶다. 등기제도가 실체법상의 권리관계를 신속하고 정확하게 구현하여야 하는 제도임에도 지금까지 부동산등기절차와 관련하여서는 실체법상의 물권변동이론과 등기절차가 괴리되어 있다고 할 수 있다. 부동산등기는 실체법상의 권리관계를 공시하는 제도이다. 그러자면 부동산물권변동이론과 등기절차는 밀접하게 유기적으로 연계되어야 한다. 여러 나라의 제도를 살펴보면 물권변동이론과 등기절차가 밀접하게 연계되어 있다.[2] 그러나 우리

1) 이 문제를 다룬 논문이 저자의 박사학위논문이다. 구연모, "부동산등기의 진정성 보장에 관한 연구 — 형식적 심사주의에 대한 비판을 중심으로 —", 서울대학교 법학박사학위논문, 2013.

2) 이에 관하여 자세한 내용은 구연모, 부동산등기의 진정성 보장 연구, 제2장 참조.

나라와 일본에서는 두 가지가 서로 유리되어 있다. 부동산물권변동이론에서 법률행위에 의한 부동산물권변동의 요건은 물권행위와 등기 두 가지를 들고 있고, 등기의 실체적 유효요건으로 물권행위 내지 물권적 합의와 등기가 그 내용에서 서로 부합하여야 한다고 설명한다. 물권행위 내지 물권적 합의가 물권변동의 핵심적 요소이고 따라서 그 내용에서 등기와 부합하는 것이 등기의 유효요건이라면 물권변동이론을 구현하는 등기절차에서도 당연히 이를 중요하게 다루어야 한다. 그런데 지금까지의 부동산등기법학에서는 등기절차에 물권적 합의 내지 물권행위를 반영하는 문제에 대하여 전혀 논의를 하고 있지 않다. 오히려, 채권행위를 등기원인으로 보고 있다. 등기원인은 등기를 하게 되는 근거이자 등기의 기초이다. 등기원인은 실체와 절차를 연결짓는 고리, 즉 실체법상의 물권변동이론과 등기절차를 연결짓는 개념이라고 할 수 있다. 그럼에도 이 등기원인에 관한 논의가 물권변동이론과 부합하지 않는다. 더구나 등기원인이 등기절차에서 가지는 중요성에도 불구하고 지금까지 등기절차에서 등기원인에 대한 고려는 미약하였고 상당히 경시되어 오기까지 했다.[3] 예를 들어, 등기절차에서 "등기원인을 증명하는 서면"을 제출하게 함으로써 등기원인에 대한 심사를 통하여 등기의 진정성 보장을 의도하였으나, 신청서 부본으로 갈음할 수 있게 함으로써 이를 제출하지 않을 수도 있게 하였을 뿐만 아니라 등기원인증서의 기능도 진정성 보장보다는 등기필증 작성에 비중을 두어왔다.

2011년에 전부개정된 부동산등기법은 종래와 달리 등기절차에서의 등기원인에 대하여 이런 문제점을 개선하였다. 이제는 등기원인의 진실성을 확보하여 등기의 진정성을 향상시킬 수 있도록 개정 규정을 해석하고 운영하여 나갈 필요가 있다.

(3) 등기관의 심사업무에 관한 소위 형식적 심사주의

또한 등기절차에서 실체법과 절차법의 괴리 현상의 대표적인 예가 등기관의 심사업무에 관한 소위 형식적 심사주의이론이다. 다른 나라에서는 물권변동이론과 등기절차가 밀접하게 연계되어 있으나, 우리나라에서는 물권변동이론과 등기절차가 서로 괴리되어 있어 형식적인 관계에 있다. 그런데 물권변동이론의 등기절차에의 구현 모습이 대단히 형식적임에도 그것을 마치 등기관의 심사업무에

3) 이에 관하여는 구연모, 부동산등기의 진정성 보장 연구, 64면, 251면 이하 참조.

관한 입법주의로 잘못 이해한 결과 등기관의 심사업무에 관한 소위 형식적 심사주의이론이 우리나라와 일본에서 등기절차를 지배하게 되었다.[4] 지금까지 형식적 심사주의가 등기절차의 대원칙으로 자리잡아 왔음에도 불구하고 자세히 살펴보면 그 내용조차 명확하지 아니하다. 판례에서도 일반론으로 형식적 심사주의라는 표현를 사용하고 있어도 구체적으로는 일반론과는 무관하게 판단하고 있으며, 등기실무는 형식적 심사주의와는 다르게 운영되고 있다. 무엇보다도 부실등기의 현황을 분석해보아도 등기관의 심사업무로 인하여 부실등기의 문제가 심각한 것도 아니다. 형식적 심사주의라는 표현을 사용하고 있어도 실제로 등기관의 심사업무에 관하여 형식적 심사주의가 존재하지 않는다. 존재하지도 않는 개념을 우리는 너무 당연하게 받아들이고 있다.

(4) 부동산등기절차에 대한 올바른 이해의 필요성

우리 부동산등기법이 결코 등기의 진정성 보장에 미흡한 구조가 아니다. 뒤의 등기업무에 대한 심사부분에서 자세히 살펴보겠지만 등기절차에서 나름대로 진정성 확보를 위한 방안을 강구하고 있다. 오히려 등기필정보(종래의 등기필증)제도라는 등기절차 고유의 본인확인 수단까지 고안해 두고 있다. 미흡한 부분이 있다면 그 법에 대한 해석과 운영에 대한 우리의 태도이다. 이제는 실체법상의 물권변동이론과 등기절차를 서로 유기적으로 밀접하게 연계하여 이해할 필요가 있다. 등기의 진정성은 단순히 위조된 서면에 의한 등기를 방지한다는 소극적 차원을 넘어 실체법상의 권리관계를 정확히 반영하는 공시제도를 구현한다는 적극적 차원으로 나아가야 한다. 그리하여 실체법상의 법률관계[5]와 등기절차를 유기적으로 연계하여 해석하고 제도를 설계하고 운영하여야 한다. 이러한 관점에서 부동산등기절차에서 큰 원칙으로 자리잡고 있는 종래의 소위 형식적 심사주의이론을 극복하고 부동산등기법을 실체법상의 권리관계를 정확히 공시하기 위한 입증절차와 방법에 관한 법으로 이해하여야 한다. 이것이 부동산등기의 진정성 보장의 기초이다.[6]

4) 물권변동이론의 등기절차에의 구현 모습에 있어서 우리나라의 제도가(정확히 말하면 그 제도에 대한 지금까지의 설명이) 형식적이라는 점은 이해가 가고 그것이 이 책의 주장이다. 그러나 등기관의 심사업무가 형식적으로 이루어져야 한다는 의미는 아니다.

5) 저자는 실체법상의 법률관계와 실체관계는 구별하여야 한다고 생각한다. 등기를 대항요건으로 하는 일본과는 달리 우리나라는 등기가 실체관계 형성의 한 요소이다. 등기가 되지 않으면 아직 실체관계라고 할 수 없다.

6) 이상의 논의에 관하여는 구연모, 부동산등기의 진정성 보장 연구 참고.

부동산등기법은 실체법의 법리가 어떻게 공시제도에 구현되어야 하는지를 연구하는 법이어야 한다. 절차법으로서의 부동산등기법의 역할, 부동산등기제도의 역할은 무엇일까? 분쟁이 생긴 이후 그 효력 여부를 논의하는 일도 필요하지만 실체법상의 법률관계를 정확히 공시하여 분쟁이 생기지 않도록 하는 일도 중요하다. 이것이 부동산등기제도의 역할이다. 부동산등기법학은 실체법상의 권리관계를 등기절차에서 어떻게 입증하게 하여 공시하도록 하는지를 연구하는 학문이 되어야 한다. 그러므로 부동산등기법 교과서도 물권법이론과 등기절차를 연계하여 서술하는 방식이어야 한다. 단순히 첨부서면을 나열하는 방식이어서는 안 된다. 100년이 넘는 부동산등기제도 역사에서 이제는 그동안 우리 등기제도의 근간을 이루어 온 형식적 심사주의를 극복하고 부동산등기절차에 대하여 올바로 이해할 때가 되었다. 이러한 관점에서 이 책을 서술하였다.

Ⅲ. 등기청구권

1. 의 의

실체적 권리관계에 따른 등기를 구현하기 위하여 등기절차에서 다른 사람의 협력이 필요한 경우가 있다. 그 경우 다른 사람이 임의로 협력을 하지 않을 때 등기를 원하는 당사자가 그 사람에 대하여 협력을 청구할 수 있는 권리가 있어야 한다. 이 권리를 등기청구권이라 한다. 예를 들어, 부동산을 매매하였는데 매도인이 소유권이전등기절차에 협력하지 않는다면 매수인은 혼자서 등기를 신청할 수 없다. 이때 매도인에 대하여 등기신청에 협력을 청구할 수 있는 권리가 등기청구권이다.

이 등기청구권은 등기신청에 다른 사람이 협력이 필요한 경우에 그 사람에 대하여 등기신청에 대한 협력을 청구하는 사법상의 권리이자 실체법상의 권리이다. 이 점에서 등기를 원하는 당사자가 국가기관인 등기관에게 등기해 줄 것을 신청하는 공법상의 권리인 등기신청권과 구별된다.

2. 등기절차와 등기청구권

등기청구권에 관하여 실체법인 민법에서는 주로 그 발생원인과 성질에 관하여 논의가 있다. 그렇다면 등기절차에서 등기청구권은 어떤 논의가 가능할까? 여

기서는 등기절차적인 측면에서 등기청구권의 문제를 몇 가지 살펴보고자 한다.[7)]

(1) 먼저, 공동신청과 등기청구권의 문제를 생각해 보자.

등기는 공동신청이 원칙이므로 공동신청하는 등기에서 한 쪽 당사자가 등기를 신청하려고 하여도 다른 당사자가 협력하지 않는다면 혼자서는 등기를 신청할 수 없다. 여기서 등기청구권은 공동신청하는 등기에서 일반적으로 문제가 된다. 나아가 단독신청의 경우에는 등기청구권은 문제가 되지 않는다거나 필요하지 않다고 설명하기도 한다. 그러나 공동신청이 일반적인 등기신청의 모습이어서 공동신청하는 등기에 그 사례가 많을 뿐이지 공동신청을 논리적 전제로 하지는 않는다. 공동신청의 관계에 있는 당사자 사이에서도 등기청구권이 부정되기도 하고 공동신청하여야 하는 등기에서 공동신청의 당사자가 아닌 자에 대하여 등기청구권이 발생하기도 한다. 또한, 단독신청하는 등기에서도 등기청구권이 발생한다. 나아가 등기청구권의 개념을 위에서 설명한 것처럼 이해한다면 등기신청의 당사자가 아닌 등기상 이해관계 있는 제3자에 대하여 협력을 청구하는 권리도 등기청구권으로 이해할 수 있다.

예를 들어 살펴보자. 먼저, 공동신청하는 등기와 관련하여 무효등기가 연속된 경우를 생각해 보자. A 소유의 부동산에 대하여 원인 없이 B에게로의 소유권이전등기와 C에게로의 소유권이전등기가 순차적으로 이루어졌다고 하자. 이때 B로부터 C로의 소유권이전등기 말소등기의 당사자는 B와 C이고 두 사람이 공동신청하여야 한다.[8)] 그렇다면 공동신청의 당사자인 B가 C에게 그 등기의 말소를 청구할 수 있는가? B는 진정한 권리자가 아니어서 소유권에 기한 방해배제청구권으로서의 물권적 청구권을 행사하여 C 명의의 등기의 말소를 청구할 수 없다.[9)] 오히려 공동신청의 당사자가 아닌 A가 C에 대하여 그 등기의 말소를 청구할 수 있다.

또 다른 예를 들어보자. 채무자 B로부터 수익자 C에게 매매를 원인으로 소유권이전등기가 마쳐졌으나 채권자 A가 위 매매가 사해행위라는 이유로 소유권

---

7) 실체법과 절차법의 교착이라는 관점에서 등기청구권의 문제를 다룬 명저로는 幾代通, 登記請求權, 有斐閣, 1979를 들 수 있다. 한번 읽어보기를 권한다.

8) 현실적으로는 B가 자발적으로 등기를 신청하지 않을 것이므로 A가 B를 대위하여 등기를 신청하게 된다.

9) 대법원 1990.5.8. 90다카1097 판결; 대법원 1992.10.27. 92다16522 판결; 대법원 2005.9.28. 2004다50044 판결.

이전등기의 말소를 명하는 판결을 받은 경우를 생각해 보자. 이때 소유권이전등기의 말소청구에 있어서는 A가 등기청구권자이고 C는 그 등기청구권의 상대방이 되나, 소유권이전등기의 말소등기절차에 있어서는 B가 등기권리자, C가 등기의무자이고 A가 B를 대위하여 B의 등기신청권을 대위행사하여 그 말소등기를 신청하게 된다.[10)]

단독신청하는 등기의 경우로는 소유권보존등기의 말소를 들 수 있다. A 소유의 부동산에 대하여 B 명의의 소유권보존등기가 되어 있는 경우, 그 소유권보존등기가 무효임은 물론이다. 그런데 이 경우 소유권보존등기의 말소는 소유명의인인 B가 신청하여야 한다. A는 진정한 소유자이기는 하나 자신의 명의로 그 말소등기를 신청할 수는 없다. 그러나 A는 물권적 청구권으로서의 방해배제청구권을 행사하여 B를 상대로 위 등기의 말소등기를 청구할 수 있다. 그 밖에도 판례는 관공서의 일방적인 촉탁에 의하여 이루어지는 체납처분에 의한 압류등기의 말소청구를 인정하고 있다.[11)] 개정 전 부동산등기법에 관한 사례이기는 하나 분양자가 단독으로 신청할 수 있는 대지권표시등기에 대하여도 등기청구를 인정하였다.[12)] 입법례를 보아도 단독신청주의를 취하는 독일법에서 등기의무자의 등기승낙을 청구할 수 있는 권리를 등기청구권으로 보고 있다.[13)] 이와 같은 여러 경우를 볼 때 등기청구권은 공동신청과 논리필연적으로 관련되지는 않는다. 등기청구권이 공동신청등기에서만 문제된다는 설명은 올바르지 않다.[14)]

(2) 이와 관련하여 혼란을 초래하는 또 하나의 문제는 등기권리자·등기의무자의 용어 문제이다.

공동신청과 등기청구권이 서로 연관되어 있다고 보는 견해에서는 그 당사자도 서로 연관지어 설명하려고 한다. 그래서 등기청구권을 가지는 자를 실체법상의 등기권리자, 등기청구권에 응할 의무를 부담하는 자를 실체법상의 등기의무자

10) 부동산등기실무[I], 391면; 신신호, "사해행위취소 및 원상회복으로 소유권이전등기의 말소를 명한 판결의 소송당사자가 아닌 다른 채권자가 위 판결에 기하여 채무자를 대위하여 마친 소유권이전등기 말소등기의 효력", 대법원판례해설 제105호(2015년 하), 법원도서관, 123면.

11) 대법원 1976.6.27. 77다2138 판결; 대법원 1985.11.12. 85다81,85다카325 판결; 대법원 1991.3.27. 90다8657 판결.

12) 대법원 2004.7.8. 2002다40210 판결.

13) 김황식, "등기청구권에 관한 연구(I)", 사법논집 제11집, 181면.

14) 이에 관하여 자세한 내용은 구연모, "등기청구권에 관한 연구", 동국대학교 석사학위논문 참고.

라고 하고, 신청된 등기가 행하여짐으로써 권리의 취득 기타의 이익을 받는 자로 등기기록상 표시되는 자를 절차법상의 등기권리자, 그 반대로 불이익을 받는 자로 등기기록상 표시되는 자를 절차법상 등기의무자라고 하기도 한다.

그러나 등기청구권의 당사자와 등기신청의 당사자 문제는 존재의 기초를 달리하는 문제이다. 등기권리자·등기의무자라는 개념은 등기신청의 당사자 문제로서, 부동산등기법상 등기절차는 종전의 등기기록상의 명의인을 출발점으로 하여 연속되어야 한다는 등기연속의 원칙과 공동신청주의라는 순수하게 절차법적 필요에 의하여 생겨난 절차법상의 개념이다.[15] 이에 반하여 등기청구권의 당사자는 실체법상의 문제이다. 양자가 일치하는 경우가 대부분이나 서로 논리필연적으로 연관되는 개념은 아니다. 등기청구권의 당사자인 등기청구권자와 그 상대방을 실체법상의 등기권리자·등기의무자로 부르는 것은 바람직한 용어사용은 아니라고 생각된다.

이렇게 보면 등기수취청구권의 성격을 이해하는 데도 도움이 된다. 등기청구권은 반드시 등기권리자가 등기의무자를 상대로 하는 개념은 아니므로 등기의무자가 등기권리자를 상대로 하여 등기를 청구하는 것도 논리적으로 전혀 문제가 없기 때문이다.

(3) 등기청구권은 절차법적 필요에 의하여 생겨난 권리이지만 그 본질은 어디까지나 다른 사람에 대하여 등기신청에 필요한 협력을 청구하는 실체법적인 권리로서 어떠한 당사자 사이에서 어떤 경우에 인정되느냐 하는 문제는 실체법적인 측면에서 해결하여야 한다. 그러나 또 한편 등기를 하고자 하는 때에는 부동산등기법이라는 등기절차법이 정한 원칙과 절차를 따라서 하여야 한다. 여기서 등기청구권은 실체법상의 권리관계와 등기절차법이 접촉함에 따라 발생하는 문제로서 실체법적 문제이지만 등기절차법의 내용과 구조를 전제로 하여 해결되어야 한다. 따라서 등기청구권은 실체법과 절차법을 연결짓는 매개개념, 즉 실체법에 의한 법률관계를 절차법에 반영하는 매개가 되는 개념이다.[16]

---

15) 김황식, 앞의 논문, 186~187면.
16) 幾代通, 登記請求權, 1979, 3면 이하 참조.

3. 발생원인과 성질

등기청구권은 실체법상 권리이므로 그 인정 여부는 실체법에서 다루어진다. 어떤 경우에 등기청구권이 인정되느냐에 관하여는 일반적으로 물권법 교과서에서 다음과 같이 나누어 설명하고 있다.[17)]

(1) 법률행위에 의한 물권변동의 경우

법률행위에 의한 물권변동은 법률행위와 등기에 의하여 일어나므로 이 경우에는 언제나 등기청구권이 문제된다. 이때 등기청구권의 발생원인과 성질에 관하여는 크게 원인행위인 채권행위에서 발생하고 그 성질은 채권적 청구권이라는 견해와 물권적 합의 내지 물권적 기대권에서 발생하고 그 성질은 물권적 청구권이라고 보는 견해로 나눌 수 있다. 판례는 이때 등기청구권은 채권행위에서 발생하고 그 성질은 채권적 청구권이라고 한다.[18)]

이와 관련하여 등기인수청구권의 개념을 살펴볼 필요가 있다. 견해에 따라서는 등기청구권을 등기권리자에게 인정되는 권리라고 보고 등기의무자에게 인정되는 등기청구권을 등기인수청구권이라고 부르기도 한다. 이것은 등기의무자에게도 등기청구권이 인정되느냐는 점에서 문제가 된 개념이다. 예를 들어, 매수인이 소유권이전등기를 하지 않는 경우에 매도인이 매수인에게 그 등기를 하자고 청구할 수 있느냐의 문제이다. 그러나 이 책에서처럼 등기청구권의 개념을 이해하고 등기청구권의 당사자와 등기신청의 당사자의 개념을 구분한다면 이 경우도 등기청구권의 개념에 포함시키는데 별다른 어려움이 없고 등기인수청구권을 별도로 논의할 실익은 없다. 승소한 등기의무자가 단독으로 등기를 신청할 수 있다는 법 제23조 제4항을 등기인수청구권의 근거로 들기도 하나 이 규정은 등기신청의 당사자에 관한 규정이지 등기청구권에 관한 규정은 아니다.

(2) 실체관계와 등기가 일치하지 않는 경우

등기와 실체관계가 일치하지 않는 경우에 그 불일치를 제거하기 위하여 등기청구권이 발생하며 이때의 등기청구권은 물권의 효력으로서 발생하는 물권적

---

17) 곽윤직 · 김재형, 물권법, 139면 이하.

18) 대법원 1965.2.16. 64다1630 판결; 대법원 1976.11.6. 76다148 판결(전); 대법원 1976.11.23. 76다342 판결.

청구권의 성질을 가진다는 점에 견해가 일치하고 있다. 등기가 실체관계와 일치하지 아니하는 경우에 진정한 물권자는 물권내용의 완전한 실현이 방해받고 있으므로 등기와 물권내용의 불일치라는 방해의 제거를 방해자인 등기명의인에게 요구할 수 있다.

여기서 부동산에 관한 무효의 소유권이전등기를 바로잡는 방법으로 그 등기의 말소를 청구하는 방법 외에 소유권이전등기를 청구할 수는 없는가? 이것은 등기는 현재의 권리관계만이 아니라 물권변동의 과정이나 모습도 그대로 반영하여야 하는가 하는 문제이기도 하다. 판례는 처음에는 이를 부정하였으나,[19] 판례를 변경하여 진정명의회복을 위한 소유권이전등기청구를 허용하였다. 그리하여 이미 자기 앞으로 소유권을 표상하는 등기가 되어 있었거나 법률에 의하여 소유권을 취득한 자가 진정한 등기명의를 회복하기 위한 방법으로 현재의 등기명의인을 상대로 그 등기의 말소를 구하는 외에 진정한 등기명의의 회복을 원인으로 한 소유권이전등기절차의 이행을 직접 구하는 것도 허용된다고 한다.[20] 이 경우 말소등기에 갈음하여 허용되는 진정명의회복을 원인으로 한 소유권이전등기청구권과 무효등기의 말소청구권은, 진정한 소유자의 등기명의를 회복하기 위한 것으로서 실질적으로 그 목적이 동일하고 소유권에 기한 방해배제청구권으로서 그 법적 근거와 성질이 동일하므로 그 소송물은 실질상 동일하다고 보아야 하며, 따라서 소유권이전등기말소청구소송에서 패소확정판결을 받았다면 그 기판력은 그 후 제기된 진정명의회복을 원인으로 한 소유권이전등기청구소송에도 미친다고 한다.[21]

(3) 점유취득시효의 경우

민법은 부동산을 일정기간 점유하면 취득시효가 완성되어 물권을 취득하게 하는 점유취득시효제도를 두고 있다. 시효취득은 법률의 규정에 의한 물권변동이지만 민법은 제187조의 원칙에 대한 예외를 두어 등기하여야 물권을 취득하도록

19) 대법원 1981.1.13. 78다1916 판결.

20) 대법원 1990.11.27. 89다카12398 판결(전). 그러나 자기 앞으로 소유권의 등기가 되어 있지 않았고 법률에 의하여 소유권을 취득하지도 않은 사람이 소유권자를 대위하여 현재의 등기명의인을 상대로 그 등기의 말소를 청구할 수 있을 뿐인 경우에는 진정한 등기명의의 회복을 위한 소유권이전등기청구를 할 수 없다고 한다(대법원 2003.5.13. 2002다64148 판결).

21) 대법원 2001.9.20. 99다37894 판결(전).

규정하고 있다(제245조 제1항). 점유취득시효가 완성된 자의 등기청구권에 관하여 위 민법의 규정에 의하여 채권적인 등기청구권을 취득한다는 견해와 취득시효기간이 만료함으로써 물권적 기대권을 취득하고 등기청구권은 이 물권적 기대권의 효력으로 발생한다고 보는 견해가 있으나, 판례는 이 경우의 등기청구권은 채권적 청구권이라고 한다.[22)]

(4) 그밖의 경우

민법 제621조 제1항은 당사자간에 반대약정이 없으면 부동산임차인은 임대인에 대하여 임대차등기절차에 협력을 청구할 수 있다고 한다. 이 규정에 의하여 임차인의 등기청구권이 발생하며 그 성질은 채권적 청구권으로 보아야 한다.

또한 민법 제592조는 매매의 목적물이 부동산인 경우에 매매등기와 동시에 환매권의 보류를 등기한 때에는 제3자에 대하여 그 효력이 있다고 규정한다. 여기서의 환매등기에 대한 등기청구권은 당사자 사이의 계약에 의하여 발생하고 그 성질은 채권적 청구권이라고 보아야 한다.

4. 등기청구권의 행사 등

가. 행사방법

등기청구권은 실체법상의 청구권이므로 그 행사방법도 일반 청구권과 마찬가지로 등기청구권자가 그 등기청구권의 상대방에 대하여 재판 외에서나 재판상 청구함으로써 행사한다. 그 청구의 내용은 등기신청에 필요한 협력이다. 구체적으로는 상대방과 공동으로 등기를 신청하여야 하는 경우에는 등기신청의 의사표시를 하라는 것이고, 상대방이 단독으로 등기를 신청하여야 하는 경우라면 상대방에 대하여 등기신청의 의사표시를 구하는 것이며, 등기신청에 필요한 승낙의 의사표시를 하여야 하는 경우라면 승낙의 의사표시를 구하는 것이 된다.

상대방이 청구에 응하여 등기신청절차에 협력하면 등기청구권은 실현되나, 임의로 협력하지 아니하는 경우 등기청구권자는 상대방의 "의사표시에 갈음할 재판"을 법원에 청구할 수 있고(민법 제389조 제2항),[23)] 등기에 관한 의사의 진술을

---

22) 대법원 1996.3.8. 95다34866 판결.

23) 이때 기본적인 청구취지는 "피고는 원고에게 별지 목록 기재 부동산에 관하여 2019. 1. 11. 매매를 원인으로 한 소유권이전등기절차를 이행하라"가 된다. 승낙의 의사표시를 구하는 경우 그 청구취지는 "피고는 원고에게 ○○지방법원 ○○등기소 2018. 1. 12. 접수 제1234호로 마친 소유권

명하는 판결이 확정되면 그 의사의 진술이 있는 것으로 본다(민사집행법 제263조 제1항). 이 판결이 상대방의 등기신청행위에 갈음하게 되고, 등기청구권자는 이 판결에 의하여 단독으로 등기를 신청할 수 있다(법 제23조 제4항).

나. 소멸시효

등기가 실체관계와 일치하지 않는 경우에 발생하는 등기청구권은 물권적 청구권이므로 물권적 청구권의 소멸시효에 따르면 되고 등기청구권과 관련한 특유한 문제는 없다. 그런데 법률행위에 의한 물권변동의 경우에 발생하는 등기청구권은 채권적 청구권이므로 원칙적으로 10년의 소멸시효에 걸린다고 보아야 한다. 다만, 판례는 부동산 매수인이 그 목적물을 인도받아 사용수익하고 있는 경우에는 그 매수인의 등기청구권은 다른 채권과 달리 소멸시효에 걸리지 않는다고 한다.[24)]

다. 부동산 매수인의 등기청구권의 양도 제한

판례는 부동산의 매매로 인한 소유권이전등기청구권은 특별한 사정이 없는 이상 그 권리의 성질상 양도가 제한되고 그 양도에 채무자인 매도인의 승낙이나 동의를 요한다고 한다.[25)]

Ⅳ. 공동신청주의

1. 신청주의

우리 부동산등기법은 등기절차 개시에 관하여 신청주의를 채택하고 있다. 그리하여 등기는 법률에 다른 규정이 있는 경우를 제외하고는 당사자의 신청 또는 관공서의 촉탁에 의하여야 한다(법 제22조 제1항). 관공서의 촉탁도 신청의 한 모습이다. 등기는 사법상의 권리관계를 공시하는 역할을 한다. 사법상의 권리관계에 대하여는 사적 자치의 원칙이 지배한다는 점과 당사자 사이의 권리관계에 관하여는 당사자가 가장 잘 알고 있으므로 등기의 신청을 당사자에게 맡기게 되면 등기의 진정을 가장 효율적으로 확보할 수 있다는 점이 신청주의의 근거이다. 다만, 등기를 하지 않으면 물권변동의 효력이 발생하지 않게 함으로써 간접적으

이전등기의 말소등기에 대하여 승낙의 의사표시를 하라"가 된다.

24) 대법원 1976.11.6. 76다148 판결(전); 대법원 1987.10.13. 87다카1093 판결; 대법원 1990.12.7. 90다카25208 판결; 대법원 1999.3.18. 98다32175 판결(전).

25) 대법원 2001.10.9. 2000다51216 판결; 대법원 2005.3.10. 2004다67653,67660 판결.

로 등기의 신청을 강제하고 있고, 부동산 투기나 탈세의 방지 등을 위하여 일정한 경우에는 등기신청의무를 부과하기도 한다.

당사자의 신청 없이 등기를 하기 위하여는 법률에 규정이 있어야 한다. 신청주의의 예외로서 법률이 규정하는 경우는 다음과 같다. 첫 번째로는 등기관이 직권으로 등기를 하는 경우이다. 부동산등기법에 규정된 경우로는 직권에 의한 등기의 경정(제32조 제2항), 직권에 의한 토지표시변경등기(제36조 제1항), 대지권이라는 뜻의 등기(제40조 제4항), 등기상 이해관계 있는 등기의 말소(제57조 제2항), 직권에 의한 등기의 말소(제58조), 가등기에 의하여 보전되는 권리를 침해하는 등기의 직권말소(제92조 제1항) 등이 있다. 두 번째로는 법원의 명령에 의하여 등기를 하는 경우이다. 등기관의 처분에 대한 이의가 이유 있다고 인정하는 때에 관할 지방법원이 등기관에게 신청한 등기를 하도록 명령하거나(법 제105조 제1항), 처분 전에 가등기 및 부기등기를 명령하는 경우이다(법 제106조).

2. 공동신청주의 원칙: 등기권리자와 등기의무자의 공동신청

우리 부동산등기법은 원칙적으로 권리를 상실하는 자와 권리를 취득하는 자가 공동으로 등기를 신청하도록 하고 있다. 그리하여 등기는 법률에 다른 규정이 없는 경우에는 등기권리자와 등기의무자가 공동으로 신청한다(법 제23조 제1항). 이와 같이 우리 부동산등기법은 등기의 기초가 되는 등기원인증명정보에 대한 공증의 방법을 통하여가 아니라 서로 이해가 상반되는 당사자가 공동으로 등기를 신청하게 함으로써 등기의 진정을 확보하는 구조를 취하고 있다.

여기서 등기권리자란 신청된 등기가 행하여짐으로써 권리의 취득이나 그 밖의 이익을 받는 자라고 등기기록상 표시되는 자이고, 등기의무자란 신청된 등기가 행하여짐으로써 권리의 상실이나 그 밖의 불이익을 받는 자라고 등기기록상 표시되는 자를 의미한다.

우리 부동산등기법은 등기절차는 종전의 등기기록상의 명의인을 출발점으로 하여 연속되어야 한다는 등기연속의 원칙을 전제로 하고 있다. 등기권리자와 등기의무자는 이 원칙에 의하여 어떠한 자의 등기신청이 있을 때 이를 수리하여 등기를 실행할 것인가를 정하기 위하여 생겨난 개념으로서, 실체적 권리관계와는 다른 측면에서 등기기록상 나타나는 명의인을 중심으로 파악해야 할 개념이다.

따라서 이 개념은 절차법적인 필요에 의하여 생겨난 절차적이고 기술적인 개념이다.[26] 등기신청의 당사자를 일컫는 개념이므로, 등기청구권의 당사자와 혼동하여서는 안 된다. 견해에 따라서는 등기청구권을 가지는 자가 실체법상의 등기권리자이고 등기청구권에 응할 의무를 부담하는 자가 실체법상의 등기의무자라고 하여 실체법상의 개념으로 사용하기도 한다. 그러나 이러한 개념은 등기권리자와 등기의무자의 본질에 어긋나고, 앞의 등기청구권 부분에서 언급하였듯이 별다른 실익도 없으면서 등기청구권의 당사자와 공동신청의 당사자에 관하여 이해의 혼란만을 불러일으킬 수 있어 바람직한 용어사용은 아니다.

이러한 이유로 등기권리자와 등기의무자 여부는 등기기록상으로 판단하여야 하고, 실체법상의 권리 유무를 고려하여서는 안 된다. 앞의 등기청구권 항목에서 예로 든 사례를 가지고 살펴보면 다음과 같다. A 소유의 부동산에 대하여 A에서 B, 그리고 C로 순차 소유권이전등기가 이루어졌는데, 순차 이루어진 소유권이전등기가 무효인 사례를 보자. 이 사례에서 B에서 C로의 소유권이전등기의 말소등기를 청구할 수 있는 등기청구권자는 A이고 그 상대방은 C이다. 그러나 그 말소등기의 등기권리자는 B이고 등기의무자는 C이다. 따라서 이 말소등기는 B를 등기권리자로, C를 등기의무자로 하여 신청하여야 하고(실제는 A가 C를 상대로 그 등기의 말소를 명하는 판결을 얻어 B를 대위하여 신청하게 될 것이다), A와 C가 공동으로 신청할 수는 없다. 사해행위취소 사례에서도 마찬가지임을 설명하였다.

구체적인 사안에서 누가 등기권리자이고 누가 등기의무자인기 판단하기 쉽지 않은 경우도 있다. 해당 부분에서 설명한다.

3. 단독신청의 예외

단독으로 등기신청을 하더라도 등기의 진정을 해할 염려가 없거나 성질상 등기의무자를 생각할 수 없는 등기에 대하여는 예외적으로 단독으로 등기를 신청하게 한다.

① 소유권보존등기 또는 소유권보존등기의 말소등기

소유권보존등기 또는 소유권보존등기의 말소등기는 등기명의인으로 될 자 또는 등기명의인이 단독으로 신청한다(법 제23조 제2항). 소유권보존등기에서는 등

26) 김황식, "등기청구권에 관한 연구(Ⅰ)", 사법논집 제11집, 1980, 182면 이하 참조.

기의무자가 있을 수 없으므로 등기명의인이 될 자가 단독으로 신청하도록 하고 있다. 소유권보존등기의 말소에서는 그 말소등기로 인하여 등기기록이 폐쇄되므로 등기권리자가 있을 수 없어 단독으로 말소등기를 신청하도록 하고 있다.

② 상속, 합병, 그 밖의 포괄승계에 따른 등기

상속, 법인의 합병, 그 밖에 대법원규칙으로 정하는 포괄승계에 따른 등기는 등기권리자가 단독으로 신청한다(법 제23조 제3항). 그 밖의 경우로 부동산등기규칙은 법인의 분할로 인하여 분할 전 법인이 소멸하는 경우와 법령에 따라 법인이나 단체의 권리·의무를 포괄승계하는 경우를 들고 있다(제42조). 상속이나 합병에서는 사망한 피상속인이나 합병으로 소멸한 법인은 등기를 신청할 수 없을 뿐만 아니라 가족관계증명서나 법인의 등기사항증명서에 의하여 그 사실을 명확하게 입증할 수 있으므로 단독신청하게 하고 있다.

③ 판결에 의한 등기

판결에 의한 등기는 승소한 등기권리자 또는 등기의무자가 단독으로 신청한다(법 제23조 제4항). 판결에 의하여 등기신청에 관한 당사자의 의사표시가 확인된 경우에는 등기신청의 진정이 보장되기 때문이다.

④ 표시의 변경이나 경정의 등기

부동산표시의 변경이나 경정의 등기는 소유권의 등기명의인이 단독으로 신청하고, 등기명의인표시의 변경이나 경정의 등기는 해당 권리의 등기명의인이 단독으로 신청한다(법 제23조 제5항, 제6항). 이 등기에서는 등기권리자나 등기의무자의 관념이 있을 수 없기 때문이다.

⑤ 신탁등기

신탁재산에 속하는 부동산의 신탁등기는 수탁자가 단독으로 신청한다(법 제23조 제7항, 제8항). 신탁등기는 권리변동의 효력이 있는 등기가 아니고 어떠한 부동산이 신탁재산에 속한다는 사실을 공시하는 등기이므로 수탁자의 단독신청에 의하여도 진정성이 담보될 수 있기 때문이다.

⑥ 그 밖의 경우

그 밖에 단독신청에 관한 개별규정을 두고 있는 경우가 있다. 사망 등으로 인한 권리의 소멸에 따른 말소등기(법 제55조), 등기의무자의 소재불명에 따른 말소등기(법 제56조), 일정한 경우의 가등기나 가등기의 말소등기(법 제89조, 제93조),

관공서의 촉탁에 따른 등기(법 제98조), 수용으로 인한 소유권이전등기(법 제99조 제1항) 등에서 단독신청할 수 있도록 규정하고 있다.

제 2 관 등기의 신청

Ⅰ. 신 청 인

1. 당 사 자

등기는 당사자의 신청 또는 관공서의 촉탁에 의하여 한다(법 제22조 제1항). 여기서 당사자는 누구를 의미하는가? 부동산등기법은 당사자의 개념에 관하여 규정하고 있지 않다. 신청주의 원칙을 밝힌 제22조는 신청인을 "당사자"라고만 표현하고 있으나, 신청인에 관한 규정인 제23조는 신청인에 관하여 구체적으로 등기권리자, 등기의무자 그리고 등기명의인을 들고 있다. 이 규정들을 통하여 보면 당사자는 현재의 등기명의인이거나 등기명의인으로 될 자를 의미한다고 할 수 있다.

당사자가 등기를 신청하기 위하여는 몇 가지 요건을 갖추어야 한다.

(1) 등기당사자능력

등기명의인이 될 수 있는 일반적인 능력을 말하며, 당사자는 사법상 권리의무의 귀속주체가 될 수 있는 자이어야 한다. 민법상의 권리능력에 해당하지만, 부동산등기법은 법인 아닌 사단이나 재단도 그 명의로 등기를 할 수 있도록 하고 있어(법 제26조)[27] 민법상의 권리능력보다는 범위가 넓다.

태아의 권리능력에 관하여 판례는 정지조건설을 취하므로 상속등기를 하는 경우에 태아는 상속인이 될 수 없고, 태아가 살아서 출생한 때에 법정대리인이 이미 이루어진 상속등기를 경정하는 등기를 신청하여야 한다. 민법상의 조합은 그 구성원과 독립된 단체로서의 실질을 갖지 않으므로 민법상의 조합재산에 관하여는 조합 자체의 명의로는 등기할 수 없고 조합원 전원의 합유로 등기를 하게 된다. 학교는 하나의 시설물에 불과하므로 학교 명의로 등기를 할 수는 없고, 그 설립자(학교법인이나 국가 또는 지방자치단체)의 명의로 등기를 신청하여야 한다.

---

27) 판례는 법인 아닌 사단이나 재단이 권리능력의 주체는 될 수 없어도 민사소송상의 당사자능력이나 등기능력은 있다고 한다(대법원 1970.2.10. 69다2013 판결).

(2) 등기신청능력

등기신청행위는 국가기관인 등기소에 대하여 일정한 내용의 등기를 하여달라고 요구하는 공법상의 행위로서 절차법상의 의사표시이므로 등기의 신청인에게 의사능력이 있어야 한다. 의사능력 외에 민법상 행위능력도 요구되는가? 등기신청행위가 공법상의 행위이기는 하나 그 목적이 사법상의 재산권의 변동이라는 효과의 발생에 있으므로 민법상의 행위능력에 관한 규정이 준용된다고 보는 것이 일반적이다.

(3) 등기당사자적격

특정한 등기신청에 있어서 정당한 등기신청인이 될 수 있는 자격을 의미한다. 구체적인 등기신청사건에 있어서 누구에게 등기신청권이 있느냐의 문제로서, 공동신청등기에서는 등기권리자와 등기의무자가 누구인지의 문제이고, 단독신청등기에서는 누가 등기신청인이 되는지의 문제이다.

2. 당사자가 아닌 신청인

가. 대리인에 의한 신청

(1) 등기신청은 대리인에 의하여도 할 수 있다.[28] 대리인에는 본인의 의사에 의하여 대리권이 주어지는 임의대리인과 본인의 의사에 의하지 아니하고 법률의 규정에 의하여 대리권이 부여된 법정대리인이 있다. 그 구체적인 내용은 민법에 따른다. 부동산등기규칙은 변호사나 법무사(법무법인 또는 법무사법인 등을 포함)를 자격자대리인이라고 지칭한다. 실제로 대부분의 등기신청은 대리인에 의하여 행하여지고 있다.[29]

---

28) 우리 법령에서는 '신청인 또는 그 대리인이 등기소에 출석하여' 신청한다고 표현하고 있는데(법 제24조 제1항 제1호, 규칙 제56조 등), 이 표현이 옳은지는 의문이다. 법문의 표현대로라면 신청인이 등기소에 출석하지 않고 신청인의 대리인으로 하여금 출석하게 할 수 있다는 의미가 된다. 이것은 출석주의에 어긋난다. 당사자가 아닌 대리인에 의한 신청에서는 대리인이 신청인이 된다. 아마도 전부개정 전의 부동산등기법 제28조가 '등기권리자와 등기의무자 또는 대리인이 등기소에 출석하여 신청'한다고 한 규정을 잘못 옮겨오지 않았나 싶다. 굳이 대리인이라는 표현을 사용하려면 "당사자 또는 그 대리인"이라는 표현이 적절해 보인다.

29) 등기정보광장 자료에 의하면 그 비율은 다음과 같다. 2020년 전체 부동산등기 신청사건에서 촉탁사건을 제외한 일반 신청사건은 8,791,316건이다. 이 중 당사자 신청이 43,067건, 일반인 대리인 및 기타 신청이 312,031건, 변호사 대리인 신청이 1,331,757건, 법무사 대리인 신청이 7,104,461건이다. 변호사와 법무사 대리인에 의한 신청사건이 8,436,218건으로 전체 일반 신청사건의 95.9%를 차지한다.

임의대리인에 대하여 보면 등기신청을 대리하기 위한 대리인의 자격에는 제한이 없다. 다만, 변호사가 아니면서 금품 또는 그 밖의 이익을 받거나 받을 것을 약속하고 소송사건이나 비송사건에 관하여 대리행위를 한 자에 대하여는 7년 이하의 징역 또는 5천만원 이하의 벌금이라는 형사처벌 규정이 있고(변호사법 제109조 제1호), 법무사가 아닌 자는 등기신청에 필요한 서류의 작성이나 등기신청의 대리를 업으로 하지 못한다(법무사법 제3조 제1항, 제2조 제1항).[30] 그리고 전자신청에서는 자격자대리인만이 당사자를 대리하여 신청할 수 있도록 하고 있다(규칙 제67조 제1항). 법정대리인에 관하여는 해당 법률의 규정에 따른다.

(2) 민법 제124조는 법률행위의 대리에 관하여 자기계약이나 쌍방대리를 제한하고 있다. 그러나 등기의 신청행위는 민법 제124조 단서의 '채무의 이행'에 준한다고 보아 자기계약이나 쌍방대리가 허용된다. 실제 대부분의 등기신청은 변호사나 법무사가 당사자 쌍방을 대리하여 신청하고 있다.

대리인의 대리권은 등기신청시에 있으면 되고 등기 완료시까지 존속하여야 하는 것은 아니다.[31]

(3) 대리인에 의하여 등기를 신청하는 경우에는 대리인의 성명과 주소를 신청정보의 내용으로 등기소에 제공하여야 하고(규칙 제43조 제1항 제4호), 그 권한을 증명하는 정보를 첨부정보로서 등기소에 제공하여야 한다(규칙 제46조 제1항 제5호). 대리인의 권한을 증명하는 정보로서 임의대리에서는 당사자로부터 위임을 받았음을 증명하는 자료로 위임장을 제출하고, 법정대리에서는 친권자 또는 후견인이나 특별대리인임을 증명하는 자료로서 가족관계등록사항별증명서 또는 후견등기사항증명서, 특별대리인 선임심판서 등을 제출한다.

대리인이 변호사나 법무사인 경우에는 대법원규칙으로 정하는 사무원을 등기

30) 이 규정을 위반하면 3년 이하의 징역 또는 5백만원 이하의 벌금이라는 형사처벌을 받을 수 있다(법무사법 제74조 제1항). 헌법재판소는 이 규정이 헌법에 위반되지 않는다고 한다(헌법재판소 2003.9.25. 2001헌마156).

31) 판례는 등기신청을 등기관이 접수한 후 등기를 완료하기 전에 본인이나 그 대리인이 사망한 경우 등과 같이 그 등기의 신청이 적법한 이상 등기가 이루어질 당시 등기명의인이 사망하였다는 이유만으로는 그 등기를 무효라고 할 수 없다고 한다(대법원 1989.10.27. 88다카29986 판결). 또한, 당사자 쌍방으로부터 등기신청의 위임을 받은 법무사는 당사자 일방으로부터 등기신청을 보류해달라는 요청을 받았다 하더라도 그 위임계약의 성질상 상대방 당사자의 동의가 있는 등 특별한 사정이 없다면 그 요청을 거부해야 할 위임계약상의 의무가 있다고 한다(대법원 1987.6.23. 85다카2239 판결).

소에 출석하게 하여 신청서를 제출할 수 있도록 하고 있다(법 제24조 제1항 제1호).

나. 대위에 의한 신청

(1) 대위신청이 인정되는 경우

채권자는 자기의 채권을 보전하기 위하여 채무자의 권리를 행사할 수 있다(민법 제404조). 이를 채권자대위라고 한다. 여기서 채무자의 권리에는 공법상의 권리인 등기신청권도 포함된다. 부동산등기법은 채권자는 민법 제404조에 따라 채무자를 대위하여 등기를 신청할 수 있다고 규정하고 있다(법 제28조 제1항).

채권자대위에 있어서는 채권자대위권의 행사에 의하여 보전하려는 채권자의 채권(피보전채권)과 채권자의 대위권 행사의 객체가 되는 채무자의 권리가 있다. 판례는 채권자대위권의 행사에 의하여 보전하려는 채권이 특정의 채권인 때에는 채무자의 무자력은 요건이 아니라고 한다. 따라서 채권자가 특정채권인 자신의 등기청구권을 보전하기 위하여 채무자의 등기신청권을 대위행사하는 경우에는 문제가 없다. 그렇다면 채권자가 자신의 금전채권을 보전하기 위하여도 채무자의 등기신청권을 대위행사할 수 있는가? 종래의 등기실무는 채권자대위권 행사의 요건인 채무자의 무자력을 등기관이 심사할 수 없다는 이유로 금전채권자의 대위등기신청이 허용되지 않는다고 보았다.[32] 그러나 이것은 소위 형식적 심사주의에 대한 오해에서 비롯된 실무처리이다. 등기절차에서 무자력을 심사할 수 없다면 심사하지 않고 등기신청사건을 처리해야 한다. 현재 등기실무는 금전채권자도 채무자의 무자력에 관한 증명을 하지 아니하고 대위에 의하여 등기를 신청할 수 있도록 하고 있다.[33]

채권자대위에 의한 경우 외에도 적정한 공시제도의 구현이라는 목적을 위하여 부동산등기법이나 특별법에서 대위에 의한 등기신청을 인정하는 경우가 있다. 이때에는 채권자대위권의 요건을 갖추지 아니하였더라도 대위에 의하여 등기를 신청할 수 있다. 구분건물의 소유자가 1동의 건물에 속하는 다른 구분건물의 소유자를 대위하여 그 건물의 표시에 관한 등기를 신청할 수 있고(법 제46조 제2항), 건물 소유권의 등기명의인이 1개월 내에 건물의 멸실등기를 신청하지 아니하면

32) 일반채권자는 채무자의 제3자에 대한 확정판결에 의한 등기신청을 막바로 대위할 수 없다고 보았다. 등기선례 3-315 및 5-169 참조.

33) "채권자대위에 의한 등기절차에 관한 사무처리지침"(대법원 등기예규 제1432호) 참조.

그 건물대지의 소유자가 건물 소유권의 등기명의인을 대위하여 그 등기를 신청할 수 있으며(법 제43조 제2항), 수익자나 위탁자는 수탁자를 대위하여 신탁등기를 신청할 수 있다(법 제82조 제2항). 그 밖에 도시개발법이나 농어촌정비법, 도시 및 주거환경정비법 등에서 사업시행자가 부동산 표시의 변경 등 일정한 등기를 신청권자를 대위하여 촉탁할 수 있도록 규정을 두고 있다.

(2) 신청방법

대위에 의하여 등기를 신청하는 경우 채권자는 채무자가 가지는 등기신청권을 채무자의 대리인으로서가 아니라 자기의 이름으로 행사한다. 따라서 채권자가 등기신청인이 되어 채무자 명의의 등기를 신청할 수 있다.

이 경우에는 ① 피대위자의 성명, 주소 및 주민등록번호(또는 부동산등기용등록번호) ② 신청인이 대위자라는 뜻 ③ 대위자의 성명과 주소 ④ 대위원인을 신청정보의 내용으로 등기소에 제공하여야 한다(규칙 제50조). 대위원인으로 대위권의 발생원인, 즉 보전하여야 하는 채권이 발생된 법률관계를 간략히 기재한다. 예를 들어, 매매인 경우에는 "○년 ○월 ○일 매매에 의한 소유권이전등기청구권", 대여금채권인 경우에는 "○년 ○월 ○일 소비대차의 대여금반환청구권" 등과 같이 기재한다. 그리고 대위원인을 증명하는 정보를 첨부정보로서 등기소에 제공하여야 한다. 대위의 기초인 권리가 특정채권인 때에는 당해 권리의 발생원인인 법률관계의 존재를 증명하는 서면(예: 매매계약서 등)을, 금전채권인 때에는 당해 금전채권증서(예: 금전소비대차계약서 등)를 첨부하여야 한다. 이때의 매매계약서 등은 공정증서가 아닌 사서증서라도 무방하다.[34] 그밖에 법령에 의하여 대위등기가 인정되는 경우에는 해당 규정에서 요구하는 대위원인을 증명하는 정보를 첨부하여야 한다.

(3) 등기방법

등기관이 대위신청에 의하여 등기를 할 때에는 대위자의 성명 또는 명칭, 주소 또는 사무소 소재지 및 대위원인을 기록하여야 한다(법 제28조 제2항).

34) "채권자대위에 의한 등기절차에 관한 사무처리지침"(등기예규 제1432호).

[기록례]

【 갑 구 】	(소유권에 관한 사항)			
순위번호	등기목적	접 수	등기원인	권리자 및 기타사항
1	소유권보존	2017년3월 21일 제3456호		소유자 김수연 800321－2012345 서울특별시 은평구 진관1로 12(진관동)
				대위자 구연모 서울특별시 은평구 진관3로 15(진관동) 대위원인 2017년1월23일 매매에 의한 소유권 이전등기청구권

다. 법인 아닌 사단 또는 재단의 등기신청

종중, 문중, 그 밖에 대표자나 관리인이 있는 법인 아닌 사단이나 재단에 속하는 부동산의 등기는 그 사단이나 재단을 등기권리자 또는 등기의무자로 하고, 그 사단이나 재단의 명의로 그 대표자나 관리인이 신청한다(법 제26조).[35] 부동산등기법 제26조는 법인 아닌 사단이나 재단도 그 명의로 등기할 수 있도록 한 등기당사자에 관한 규정이면서, 당사자가 아닌 그 대표자나 관리인이 등기를 신청할 수 있도록 한 신청인에 관한 규정이기도 하다.[36]

법인 아닌 사단은 일정한 목적을 가진 다수인의 결합체로서 대표자와 업무집행기관 등의 조식이 있고 조직의 운영에 관하여 정관 등의 규약이 정하여져 있어 사단으로서의 실체를 갖추고 있으나 법인등기를 하지 않은 단체를 말한다. 법인 아닌 재단은 비영리목적을 위하여 출연된 재산과 그 관리조직을 갖추어 재단의 실체는 있으나 법인등기를 하지 않은 재단을 말한다. 등기당사자능력이 인정되는 법인 아닌 사단이나 재단은 그 명칭이 아니라 단체로서의 실질을 갖추었는지 여부에 의하여 판단하여야 한다. 이를 입증하기 위하여 법인 아닌 사단이나 재단이 등기를 신청하는 경우에는 ① 정관이나 그 밖의 규약 ② 대표자나 관리인임을 증명하는 정보(등기되어 있는 대표자나 관리인이 신청하는 경우에는 그러하지

35) 공식적인 통계는 없으나 실무 자료에 의하면 2017년 4월부터 6월까지 3개월간 소유권보존등기와 소유권이전등기 등 소유권취득에 관한 등기건수 825,894건 중 법인 아닌 사단이나 재단 명의로 등기가 이루어진 건수는 4,665건이다. 같은 기간 재외국민 명의의 등기는 413건, 외국인 명의 등기는 4,790건 이루어졌다.

36) 규칙 제43조 제2항은 "법인 아닌 사단이나 재단이 신청인인 경우"라고 표현하고 있는데, 이 표현이 옳은지 생각해 볼 필요가 있다. 법인 아닌 사단이나 재단은 당사자이고 신청인은 그 대표자나 관리인이기 때문이다.

아니하다.) ③ 민법 제276조 제1항의 결의가 있음을 증명하는 정보(법인 아닌 사단이 등기의무자인 경우) ④ 대표자나 관리인의 주소 및 주민등록번호를 증명하는 정보를 첨부정보로서 등기소에 제공하도록 하고 있다(규칙 제48조).[37] 그러나 실무경험상 이러한 자료만에 의하여 등기의 진정성을 확보하기에는 미흡한 점이 있어 보인다.

법인 아닌 사단이나 재단 명의의 등기를 할 때에는 그 대표자나 관리인의 성명, 주소 및 주민등록번호를 권리자에 관한 사항에 함께 기록하여야 한다(법 제48조 제3항).

[기록례]

【 갑 구 】 (소유권에 관한 사항)				
순위번호	등기목적	접 수	등기원인	권리자 및 기타사항
1	소유권보존	2012년9월7일 제8005호		소유자 경주김씨종중 111101-1234567 서울특별시 종로구 인사동6길 8(인사동) 대표자 김태수 700123-1234567 대전광역시 서구 도안로88(도안동)

라. 법인의 등기신청

법인의 등기신청에 관하여 부동산등기에 특유한 문제는 없고 법인 일반이론에 따르면 된다. 법인은 그 대표기관을 통하여 행위를 하므로 법인이 당사자가 되는 등기는 법인의 대표자가 등기를 신청하게 된다.[38]

회사의 등기된 지배인은 영업주에 갈음하여 그 영업에 관한 재판상 또는 재판 외의 모든 행위를 할 수 있으므로 영업에 관한 것이면 지배인도 부동산등기신청을 할 수 있다. 특수법인의 대리인도 법인의 업무에 관하여 등기신청을 대리할 수 있는 경우가 있다.

법인이 존립기간의 만료나 기타 사유로 해산된 후 청산절차가 진행중이거나 청산종결등기가 되었더라도 청산사무가 아직 종결되지 아니한 경우에 부동산등

37) "법인 아닌 사단의 등기신청에 관한 업무처리지침"(등기예규 제1621호) 참조.

38) 이렇게 본다면 규칙에서 사용하는 "신청인이 법인인 경우"라는 표현(규칙 제43조 제1항 제3호, 제46조 제1항 제4호)이 옳은지도 생각해 볼 필요가 있다. 법인은 당사자이고 신청인은 법인의 대표자이기 때문이다.

기절차에 관하여는 등기예규에서 실무적인 사항을 자세히 규정하고 있다.[39)]

마. 기타 법률에 특별한 규정이 있는 경우

때로는 법률에서 규정을 두어 당사자가 아닌 자가 등기를 신청하도록 하는 경우가 있다. 예를 들어, 주택재건축사업이 완료된 경우 등기명의인이 될 자는 조합원 개개인이지만, 「도시 및 주거환경정비법」 제56조 제1항은 개별조합원은 등기를 신청할 수 없고 사업시행자만 등기를 신청할 수 있도록 하고 있다. 등기업무처리의 효율성을 고려한 규정이다.

3. 등기의 촉탁

(1) 등기는 당사자의 신청 외에 관공서의 촉탁에 의하여서도 할 수 있다. 관공서의 촉탁도 당사자의 신청과 그 본질에서 다른 점이 없으므로 촉탁에 따른 등기절차는 법률에 다른 규정이 없는 경우에는 신청에 따른 등기에 관한 규정을 준용한다(법 제22조 제2항). 다만, 관공서가 촉탁하는 경우에는 허위의 등기가 이루어질 가능성이 없고 행정의 편의와 신속성을 고려할 필요성이 있어 일반의 등기절차보다 간이하게 등기할 수 있도록 하고 있다. 그리하여 국가 또는 지방자치단체가 등기권리자이거나 등기의무자인 경우에는 해당 등기를 등기소에 촉탁하도록 함으로써 공동신청의 예외로서 관공서가 단독으로 등기를 신청할 수 있고(법 제98조), 관공서가 등기촉탁을 하는 경우에는 출석주의의 예외를 인정하여 우편으로 그 촉탁서를 제출할 수 있으며(규칙 제155조 제1항), 관공서에는 인감증명의 제출에 관한 규정을 적용하지 아니한다(규칙 제60조 제2항). 등기실무에서는 관공서가 등기권리자나 등기의무자로서 등기를 촉탁하는 경우에는 등기의무자의 권리에 관한 등기필정보를 제공할 필요가 없다고 한다.[40)]

(2) 관공서로서 등기촉탁을 할 수 있는 기관은 국가 또는 지방자치단체를 말하며, 공사 등은 등기촉탁에 관한 특별규정이 있는 경우에 한하여 등기촉탁을 할

---

39) "청산법인의 부동산등기 신청절차에 관한 업무처리지침"(등기예규 제1087호).

40) 촉탁에 의한 등기절차에 관하여는 "관공서의 촉탁등기에 관한 예규"(등기예규 제1625호) 참조. 또한, 이 등기예규에 의하면 법 제29조 제11호의 규정에도 불구하고 관공서가 등기의 촉탁을 하는 경우에는 등기기록과 대장상의 부동산 표시가 부합하지 아니하더라도 그 촉탁을 수리하도록 하고 있다. 법 제29조 제11호의 각하사유는 등기명의인이 등기신청을 하는 경우에 관한 규정이라는 이유에서이다.

수 있다. 관공서가 등기촉탁을 하는 경우는 두 가지로 나눌 수 있다. 하나는 관공서가 권리관계의 당사자로서 촉탁하는 경우이고, 다른 하나는 공권력 행사의 주체로서 등기를 촉탁하는 경우이다.

권리관계의 당사자로서의 등기촉탁에 관하여 부동산등기법은 국가 또는 지방자치단체가 등기권리자인 경우에는 국가 또는 지방자치단체는 등기의무자의 승낙을 받아 해당 등기를 지체 없이 등기소에 촉탁하여야 하고,[41] 등기의무자인 경우에는 등기권리자의 청구에 따라 지체 없이 해당 등기를 등기소에 촉탁하도록 하고 있다(제98조). 등기가 필요한 국유재산의 경우 그 권리자 명의는 국으로 하되 소관 중앙관서의 명칭을 함께 적어야 한다(국유재산법 제14조 제2항).[42] 부동산이나 그 밖의 권리에 해당하는 공유재산으로서 등기가 필요한 공유재산의 권리자 명의는 해당 지방자치단체로 하되 「지방교육자치에 관한 법률」에 따른 교육비특별회계 소관의 공유재산은 그 소관청의 명칭인 "교육감"을 덧붙여 적어야 한다(공유재산 및 물품관리법 제9조 제2항).[43]

공권력 행사의 주체로서의 등기의 촉탁에 관하여는 부동산등기법을 비롯하여 민사집행법 등 여러 법률에서 규정하고 있다. 국가 또는 지방자치단체가 등기권리자인 경우의 수용의 등기(법 제99조 제3항), 강제경매 및 임의경매에 관한 등기(민사집행법 제94조, 제141조, 제268조), 가압류 및 가처분에 관한 등기(민사집행법 제293조, 제305조), 체납처분의 등기(국세징수법 제293조, 지방세기본법 제98조), 환지처분의 등기(도시개발법 제43조, 농어촌정비법 제42조), 이전고시에 따른 등기(도시 및 주거환경정비법 제88조) 등을 들 수 있다.

---

41) 판례는 부동산에 관하여 소유권이전등기가 마쳐져 있는 경우 그 등기명의자는 제3자에 대하여서뿐만 아니라 그 전 소유자에 대하여서도 적법한 절차와 원인에 의하여 소유권을 취득한 것으로 추정되나 등기절차가 적법하게 진행되지 아니한 것으로 볼 만한 의심스러운 사정이 있음이 입증되는 경우에는 그 추정력은 깨어진다고 하면서, 국가가 매수토지에 관한 소유권이전등기를 촉탁하면서 그 등기촉탁서에 등기의무자의 부동산 매도용 인감증명서만 첨부하고 그의 승낙서를 첨부하지 않은 경우, 그 소유권이전등기는 그 등기절차가 적법하게 진행되지 않은 것으로 볼 만한 의심스러운 사정이 있고, 위 등기의무자의 인감증명서를 부동산등기법 제98조 제1항의 승낙서와 동일한 것으로 취급하여야 할 아무런 근거도 없으므로 그 추정력이 깨어졌다고 한다. 대법원 2010.7.22. 2010다21702 판결.

42) "국유재산의 관리청 명칭 첨기등기에 관한 예규"(등기예규 제1577호) 참조.

43) "국가 및 지방자치단체 등의 등기명의인 표시에 관한 사무처리지침"(등기예규 제1655호) 참조.

[기록례]

【 갑 구 】 (소유권에 관한 사항)				
순위번호	등기목적	접 수	등기원인	권리자 및 기타사항
1	소유권보존	2011년9월5일 제9500호		소유자 국 관리청 국토교통부

4. 관련문제

가. 포괄승계인에 의한 등기신청

등기원인이 발생한 후에 등기권리자 또는 등기의무자에 대하여 상속이나 그 밖의 포괄승계가 있는 경우에는 상속인이나 그 밖의 포괄승계인이 그 등기를 신청할 수 있다(법 제27조). 등기원인이 이미 존재하고 있으나 아직 등기신청을 하지 않고 있는 동안에 당사자에 대하여 상속 등 포괄승계가 있는 경우 상속인 등 포괄승계인이 등기 신청을 할 수 있다는 규정이다. 따라서 상속 그 밖의 포괄승계 자체가 등기원인인 법 제23조 제3항의 등기와는 구별된다.

예를 들어, A 소유의 부동산에 관하여 A와 B가 매매계약을 체결한 후 아직 등기신청을 하지 않고 있는 동안에 A 또는 B가 사망하였다면 그 매매에 따른 소유권이전등기를 A의 상속인 또는 B의 상속인이 신청할 수 있다. 이에 반하여 피상속인의 사망 등 포괄승계 후에 등기원인이 발생한 경우에는 포괄승계에 따른 등기(법 제23조 제3항의 등기)를 먼저 한 후 그 등기원인에 따른 등기를 하여야 한다. 위 사례에서 A가 사망한 후 그 상속인인 A1이 B에게 매도한 경우에는 상속인이 먼저 상속등기를 한 후 B에게로의 소유권이전등기를 하여야 한다.

이 점은 소유권이전만이 아니라 근저당권 등 다른 권리에 관하여도 마찬가지이며, 실무상 근저당권등기의 말소에 있어서 종종 문제된다. 예를 들어, 법인이 합병 등으로 소멸된 후 신설법인 또는 존속법인이 소멸된 법인 명의의 근저당권등기를 말소하는 경우에 설정계약의 해지 등 말소의 원인이 합병 전에 발생하였으면 합병에 따른 근저당권이전등기를 하지 아니하고 말소등기를 신청할 수 있으나, 그 원인이 합병 후에 발생하였다면 합병으로 인한 근저당권이전등기를 한 후 말소등기를 신청하여야 한다.[44]

44) 등기선례 2-385(회사합병), 5-424(합병과 전세권등기의 말소), 8-213(회사분할). 다만, 수차

또한, 판례에 의하면 이러한 법리는 상속인과 등기권리자의 공동신청에 의한 경우뿐만 아니라 피상속인과의 원인행위에 의한 권리의 이전, 설정의 등기청구권을 보전하기 위한 처분금지가처분신청의 인용에 따른 법원의 직권에 의한 가처분기입등기의 촉탁에서도 그대로 적용된다고 한다.[45]

물권변동에 관하여 성립요건주의를 취하는 우리 법제상 등기하여야 물권을 취득하므로 사망한 사람의 명의로는 등기를 할 수 없다. 여기서 상속인 등 포괄승계인이 신청하는 등기는 사망한 자의 명의가 아니라 자기 명의로의 등기이다. 따라서 일종의 중간생략등기가 이루어진다. 상속 등 포괄승계에 따른 등기를 거침이 없이 바로 상속인 등 포괄승계인에게로의 등기가 이루어지기 때문이다.

부동산등기법의 위 규정에 관하여는 몇 가지 의문이 든다. 법문의 표현은 등기권리자 또는 등기의무자의 상속인이나 포괄승계인이 등기를 신청할 수 있다고 한다. 그렇다면 사망한 자가 등기권리자나 등기의무자가 되고 상속인은 그 등기의 신청인이라는 의미가 된다. 사망한 자가 등기권리자나 등기의무자가 될 수 있는가? 의문이다. 또 하나, 여기서의 상속인 등 포괄승계인의 지위는 어떻게 되는가? 등기권리자와 등기의무자의 개념은 신청인이 아니라 등기의 당사자를 일컫는 개념이다. 그렇다면 상속인이나 포괄승계인은 단순한 신청인이 아니라 그 자신이 등기권리자나 등기의무자가 되어 등기를 신청한다고 보아야 하지 않을까? 그 논리 구성에 관하여 이론적으로 연구가 필요해 보인다.[46]

상속인 그 밖의 포괄승계인이 등기를 신청하는 경우에는 가족관계등록에 관한 정보 또는 법인등기사항에 관한 정보 등 상속 그 밖의 포괄승계가 있었다는

례의 법률 개정으로 특수법인의 변경이 있었을 때 해당 법률에서 종전 법인의 재산에 관하여 등기부 등에 표시된 종전 법인의 명의는 이를 새로운 법인의 명의로 본다고 규정하였다면 새로운 법인은 이러한 사실을 소명하여 자신의 명의로의 등기절차를 거치지 아니하고 종전 법인 명의로 등기되어 있는 부동산에 대하여 제3자 명의로 이전등기하거나 근저당권의 말소등기를 신청할 수 있다. 등기선례 6－400, 6－375, 9－310, 9－317, 9－320.

45) 대법원 1995.2.28. 94다23999 판결.

46) 이 법문의 표현이나 그 바탕에 깔려 있는 논리는 사망한 자를 등기권리자로 하여 등기하는 일본법에서는 문제가 없다. 일본법은 등기를 대항요건으로 보기 때문에 사망한 자의 명의로 등기를 할 수 있고, 상속인이 신청하는 등기는 사망한 자를 등기권리자로 하는 등기이다(일본 부동산등기법 제62조). 일본법의 규정을 깊은 연구 없이 그대로 참조하지 않았나 싶다. 더 연구가 필요하겠지만 규정 취지에 따른다면 우리 법에서는 "등기원인이 발생한 후에 그 당사자에 대하여 포괄승계가 있는 때에는 포괄승계인이 등기권리자 또는 등기의무자로서 그 등기를 신청할 수 있다."고 표현하는 것은 어떤가 싶다.

사실을 증명하는 정보를 첨부정보로서 등기소에 제공하여야 한다(규칙 제49조).

나. 북한주민의 남한 내 부동산에 관한 등기신청

남한주민과 북한주민 사이의 가족관계와 상속·유증 및 이와 관련된 사항을 규정하고, 북한주민이 상속이나 유증 등으로 소유하게 된 남한 내 재산의 효율적인 관리를 위하여 「남북 주민 사이의 가족관계와 상속 등에 관한 특례법」이 제정되어 있다.

이 법에 의하면 북한주민이 상속·유증 또는 상속재산반환청구권의 행사로 남한 내 부동산에 관한 권리를 취득한 경우에는 그 권리의 취득이 확정된 날부터 1개월 이내에 법원에 그 재산을 관리할 재산관리인의 선임을 청구하여야 한다(제13조 제1항). 재산관리인을 통하지 아니하고 상속재산 등에 관하여 한 법률행위는 법무부장관의 허가를 받은 경우를 제외하고는 무효로 한다(제15조). 법무부장관은 상속재산 등을 취득한 북한주민에 관한 인적사항과 그 취득에 관한 사항을 등록·관리하기 위하여 북한주민등록대장을 작성·보존하여야 하고, 그 대장에 등록된 북한주민에 대하여는 개인별로 고유한 북한주민등록번호를 부여하여야 한다. 북한주민이 남한 내 부동산을 등기하는 경우에 북한주민등록번호는 부동산등기법에 따라 부여된 부동산등기용등록번호로 본다(제21조).

이 법에 따른 북한주민의 상속재산 등에 관한 등기는 법원이 선임한 재산관리인이 북한주민을 대리하여 신청한다.[47]

Ⅱ. 신청의 방법

1. 서 설

등기신청의 방법이란 신청정보와 첨부정보를 등기소에 어떻게 제공하느냐의 문제이다. 종래에는 출석주의 원칙에 의하여 신청인이 등기소에 출석하여 신청서를 제출하는 방법으로 신청하여야 하였다. 그러다가 등기업무의 전산화가 진행됨에 따라 전자신청제도가 시행되면서 등기소에 출석하지 않고 전자적으로도 신청할 수 있게 되었다. 법령에서도 처음에는 서면신청을 원칙으로 하면서 서면신청

47) 이 법에 따른 부동산등기절차에 관하여는 "남북 주민 사이의 가족관계와 상속 등에 관한 특례법 시행에 따른 업무처리지침"(등기예규 제1457호) 참조.

의 특례로 법원행정처장이 지정·고시한 등기소 또는 등기유형에 한하여 전자신청할 수 있도록 하였다가 2011년 전부개정된 부동산등기법에서 등기신청의 방법으로 방문신청과 전자신청을 나란히 규정하게 되었다(법 제24조 제1항).[48]

신청의 방법에 있어서 가장 중요한 문제는 본인확인이다. 등기의 진정성 담보의 기초가 되기 때문이다. 우리 부동산등기법상 등기의 진정성 확보를 위한 중요한 수단의 하나가 본인확인이다. 그리하여 방문신청에서는 반드시 당사자 본인 또는 대리인이 등기소에 출석하여 등기를 신청하도록 하고 있고, 전자신청에서도 공인인증서 정보에 의하여 본인을 확인하는 외에도 전자신청을 하기 위하여는 사용자등록제도를 두어 등기를 신청할 사람이 사전에 한번은 등기소를 직접 방문하여 사용자등록을 하도록 하고 있다.

2. 방문신청

(1) 출석주의

등기는 신청인이[49] 등기소에 출석하여 신청정보 및 첨부정보를 적은 서면을 제출하는 방법에 의하여 신청할 수 있다(법 제24조 제1항 제1호). 이를 규칙에서는 방문신청이라 한다.[50] 방문신청을 하는 경우에는 신청인이 등기소에 직접 출석하여야 하므로 우편에 의한 신청은 인정되지 아니한다. 출석주의를 취하는 이유는 당사자 또는 그 대리인이 직접 등기소에 출석하여 등기를 신청하도록 함으로써 등기신청의 진정을 담보하기 위함이다. 대리인이 변호사나 법무사인 경우에는 대법원규칙으로 정하는 사무원을 등기소에 출석하게 하여 신청서를 제출할 수 있다(법 제24조 제1항 제1호 단서, 규칙 제58조).

(2) 신청서와 첨부서면의 제출방법

방문신청을 하는 경우에는 등기신청서에 법령에 따라 신청정보의 내용으로 등기소에 제공하여야 하는 정보를 적고 신청인이 기명날인하거나 서명하여야 하며, 신청서가 여러 장일 때에는 간인을 하여야 한다. 신청서에는 법령에 따라 첨

48) 방문신청과 전자신청의 통계 건수에 대하여는 제2장 제1절 Ⅲ. 인터넷등기소 참조.

49) 우리 법령에서는 '신청인 또는 그 대리인이 등기소에 출석'하고, 신청서에 '신청인 또는 그 대리인이 기명날인'하여야 한다고 표현하고 있다(법 제24조 제1항 제1호, 규칙 제56조 등). 이 표현이 문제가 있음은 앞의 신청인 부분에서 언급하였다.

50) 규칙 제4장 제2관 및 제56조.

부정보로서 등기소에 제공하여야 하는 정보를 담고 있는 서면을 첨부하여야 한다(규칙 제56조). 인감증명을 첨부하여야 하는 경우(규칙 제60조)를 제외하고는 신청서에 반드시 날인할 필요는 없고 서명을 할 수도 있다. 등기신청서 작성의 편의와 등기사무처리의 효율화를 위하여 각종 등기신청서의 양식을 대법원 등기예규로 정하고 있다.[51)]

방문신청을 하고자 하는 신청인은 신청서를 등기소에 제출하기 전에 전산정보처리조직에 신청정보를 입력하고, 그 입력한 신청정보를 서면으로 출력하여 등기소에 제출하는 방법으로 할 수 있다(규칙 제64조). 실무에서는 이를 전자표준양식에 의한 신청(e－Form신청)이라고 한다. 인터넷등기소(www.iros.go.kr)에 접속하여 신청정보를 입력함으로써 등기소에서는 그 입력된 정보를 활용할 수 있고 신청인은 신청서를 간편하게 작성할 수 있는 이점이 있어 실무상 많이 활용되고 있다.

방문신청을 하는 경우라도 도면이나 신탁원부 작성을 위한 사항을 등기소에 제공할 때에는 전자문서로 작성하여야 하며, 그 제공은 전산정보처리조직을 이용하여 등기소에 송신하는 방법으로 한다.[52)] 다만, 이와 같은 작성방식을 강제하는 것이 적절하지 아니한 경우(자연인 또는 법인 아닌 사단이나 재단이 직접 등기신청을 하거나 자격자대리인이 아닌 사람에게 위임하여 등기신청하는 경우)에는 종전과 같이 서면으로 작성하여 등기소에 제출할 수 있도록 하고 있다(규칙 제63조, 제139조 제4항).

3. 전자신청

등기는 대법원규칙으로 정하는 바에 따라 전산정보처리조직을 이용(이동통신단말장치에서 사용되는 애플리케이션을 통하여 이용하는 경우를 포함)하여 신청정보 및 첨부정보를 보내는 방법으로 신청할 수 있다(법 제24조 제1항 제2호). 전자신청의 구체적인 내용은 대법원규칙에 위임하고 있다. 정보화의 발전에 신속하게 대응하기 위하여서이다. 간략히 설명하면 다음과 같다.

---

51) "부동산 등기신청서의 양식에 관한 예규"(등기예규 제1611호).

52) 구체적인 절차에 관하여는 "전산정보처리조직에 의하여 영구보존문서에 관한 등기사무를 처리하는 경우의 업무처리지침"(등기예규 제1723호) 참조. 이 예규에서는 도면, 신탁원부, 공동담보목록(공동전세목록), 공장 및 광업재단 저당법 제6조에 따른 목록, 공장(광업)재단목록을 영구보존문서라고 표현한다.

가. 전자신청이 가능한 등기유형 및 전자신청을 할 수 있는 자

전자신청은 일정한 등기유형[53] 중 첨부정보를 전자문서로 제공할 수 있는 경우에 가능하다(규칙 제67조의2). 전자신청은 당사자가 직접 하거나 자격자대리인이 당사자를 대리하여 한다. 다만, 법인 아닌 사단이나 재단은 전자신청을 할 수 없으며, 외국인은 외국인등록을 하였거나 국내거소신고를 한 경우에 할 수 있다(규칙 제67조 제1항). 법인 아닌 사단이나 재단은 그 단체의 전자증명서를 발급받을 수 있는 방법이 없어 전자신청을 허용하지 않고, 외국인은 본인확인에 어려움이 있어 제한적으로 허용하고 있다. 대리인에 의하여 신청하는 경우는 자격자대리인만 당사자를 대리하여 전자신청을 할 수 있고, 자격자대리인이 아닌 사람은 다른 사람을 대리하여 전자신청을 할 수 없다.

나. 사용자등록

전자신청을 하기 위하여는 그 등기신청을 하는 당사자 또는 자격자대리인이 최초의 등기신청 전에 사용자등록을 하여야 한다(규칙 제68조 제1항).[54] 사용자등록의 신청은 반드시 등기소에 출석하여 신청서를 제출하는 방법으로 한다(규칙 제68조 제2항). 사용자등록을 위하여 반드시 한번은 등기소에 직접 출석하게 하여 본인확인을 함으로써 부실등기의 발생 가능성을 줄이기 위한 취지이다. 사용자등록신청서에는 인감증명법에 따라 신고한 인감을 날인하고, 인감증명과 함께 주소를 증명하는 서면을 첨부하여야 한다(규칙 제68조 제3항, 제4항). 사용자등록 신청을 한 후 인터넷등기소에 접속하여 공인인증서를 등록하는 등의 방법으로 사용자등록을 완료하게 된다. 사용자등록의 유효기간은 3년이며, 연장을 신청할 수 있다(규칙 제69조).

다. 전자신청의 절차[55]

① 대법원 인터넷등기소 접속

전자신청을 하고자 하는 당사자 또는 자격자대리인은 인터넷등기소(http://www.iros.go.kr)에 접속하여 "등기신청"을 선택하여 등기를 신청할 수 있다.

---

53) 그 등기유형에 관하여는 "부동산등기 전자신청 절차 등에 관한 업무처리지침"(등기예규 제1836호)에서 정하고 있다.

54) "사용자등록절차에 관한 업무처리지침"(등기예규 제1601-3호) 참조.

55) 여기서는 아주 간략히 설명한다. 자세한 내용은 "부동산등기 전자신청 절차 등에 관한 업무처리지침"(등기예규 제1836호) 참조.

② **사용자 인증**

공인인증서정보 및 사용자등록번호 등을 입력하여 사용자 인증을 받아야 한다.

③ **신청정보의 입력**

안내하는 순서에 따라 신청정보를 입력한다. 신청정보의 내용으로 등기소에 제공하여야 하는 정보는 전자문서로 등기소에 송신하여야 한다(규칙 제67조 제2항).

④ **첨부정보의 첨부**

첨부정보로 등기소에 제공하여야 하는 정보는 전자문서로 등기소에 송신하거나 대법원예규로 정하는 바에 따라 등기소에 제공하여야 한다(규칙 제67조 제3항). 작성명의인이 있는 전자문서를 첨부할 경우 그 전자문서는 PDF 파일 형식의 전자문서이어야 하며, 공인인증서정보나 전자증명서정보, 행정전자서명정보를 함께 첨부하여야 한다. 다만, 신청인이 자격자대리인인 경우에는 등기예규에서 정한 일정한 서면은 스캔하여 등기소에 송신할 수 있다. 전자신청을 활성화하기 위하여 일정한 첨부서면을 스캔하여 제출할 수 있도록 하되, 진정성을 담보하기 위하여 자격자대리인에 한하여 스캔방식을 허용하고 있다.

첨부하여야 할 정보 중 법인등기부정보 및 부동산등기부정보와 같이 등기소에서 직접 확인할 수 있는 정보는 그 표시만 하고 첨부를 생략하며, 주민등록정보, 토지대장정보 등 행정정보 공동이용의 대상이 되는 정보는 행정정보 공동이용센터에 연계요청을 하여 수신한 정보를 첨부한다.

소유권이전등기, 근저당권설정등기 등 일정한 등기유형에 해당하는 사건을 등기권리자와 등기의무자가 공동으로 전자신청을 하기 위해서는 등기예규에서 정하고 있는 필수정보를 반드시 전자적으로 첨부하여야 한다.

⑤ **승 인**

공동신청하는 경우 어느 일방이 신청정보와 첨부정보를 입력한 후 승인대상자를 지정하고, 승인대상자로 지정된 자는 공인인증서정보를 첨부하여 승인하여야 한다. 대리인에 의한 신청의 경우에는 대리인이 위임에 관한 정보를 입력하고 당사자가 공인인증서정보를 첨부하여 승인하여야 한다. 단독신청 사건에서 대리인을 통하지 않고 스스로 전자신청을 하는 경우에는 승인절차를 거치지 아니한다.

⑥ **등기신청수수료의 납부**

신청정보를 모두 입력하고 승인을 받은 경우에는 신청수수료를 전자적인 방법으로 납부한다.

⑦ 송 신

등기신청수수료를 납부한 당사자 또는 대리인은 납부 후 14일 이내에 신청정보를 등기소에 송신하여야 한다.

Ⅲ. 신청정보 및 첨부정보의 제공

1. 신청정보 및 첨부정보의 의미

부동산물권변동에 관한 실체법상의 권리관계를 공시하기 위하여는 그 법률관계가 유효하게 이루어졌음을 등기절차에서 입증하여야 한다. 그 입증하기 위한 방법이 바로 신청정보와 첨부정보의 제공이다. 신청정보는 신청의 내용, 즉 어떠한 등기를 신청하는지를 기재하는 부분이다. 민사소송에서 소장에 해당한다. 첨부정보는 신청하는 등기의 내용을 증명하는 자료이다. 첨부정보에 관한 규정은 등기절차에서의 증거방법에 관한 규정이다. 이것은 부동산등기법의 규정에서도 알 수 있다. 부동산등기법은 여러 곳에서 등기신청과 관련하여 "증명"이라는 표현을 사용하고 있다(제55조, 제56조, 제65조, 제73조). 또한 부동산등기법 제102조는 '새로운 사실이나 새로운 증거방법을 근거로 이의신청을 할 수 없다'고 하여 "증거방법"이라는 표현을 사용하고 있다.

부동산등기의 진정성을 보장하기 위하여는 그 입증이 엄격하게 이루어져야 하겠으나, 부동산등기절차의 또 다른 요청인 신속한 공시의 요청과도 조화를 이룰 필요가 있다. 실체법상의 법률관계의 입증방법인 신청정보와 첨부정보의 제공에 관하여는 부동산등기절차의 두 가지 요청인 정확과 신속의 요청이 조화를 이루는 선에서 규정을 두고 있다. 이 점을 염두에 둘 필요가 있다.

등기의 진정성 보장을 위한 입증방법으로 가장 중요한 것은 신청정보로서 등기필정보(종래의 등기필증), 첨부정보로서 등기원인을 증명하는 정보, 인감증명이라고 할 수 있다. 이것이 신청절차에서의 엄격한 본인확인과 더불어 우리 부동산등기의 진정성 보장의 구조를 이루고 있다고 할 수 있다.

2011년 전부개정되기 전의 부동산등기법은 신청서에 기재할 사항과 첨부서면에 관하여 법에서 직접 규정하고 있었다. 그러나 현행 부동산등기법은 신속하고 탄력적인 제도운영을 위하여 법에서는 등기사항 위주로 규정하고 구체적인 등기신청절차나 등기실행방법은 규칙으로 위임하도록 조문체계를 정비하였다. 그리하여 신청정보와 첨부정보는 대법원규칙으로 정하도록 하고 있다(법 제24조 제2항).

신청정보와 첨부정보의 일반적인 내용에 관하여는 규칙 제43조와 제46조에서 정하고 있다. 규칙 제43조와 제46조에서 규정하는 신청정보와 첨부정보는 등기소에 제공하여야 하는 일반적이고 공통적인 정보이다. 그 밖에도 각종의 등기관련 규정에서 별도의 규정을 두고 있다. 여기서는 일반적인 신청정보와 첨부정보에 관하여 살펴보고자 한다.[56]

2. 신청정보

가. 신청정보의 내용

(1) 일반적인 사항

등기를 신청하는 경우에 등기소에 제공하여야 하는 신청정보의 내용에 관하여는 규칙 제43조에서 정하고 있다. 여기서 규정하는 내용은 일반적이고 공통적인 사항들이며, 그 밖에 각종의 등기에 관하여는 별도로 요구되는 사항이 있다. 종래 '신청서의 기재사항'이라는 표현에 대신하여 현행법에서는 등기소에 제공하여야 하는 "신청정보의 내용"이라는 표현을 사용하고 있다.

① 부동산의 표시에 관한 사항

부동산의 종류(토지, 건물, 구분건물)별로 소재와 지번, 지목, 면적 등 규칙에서 규정한 사항을 제공하여야 한다.

② 신청인에 관한 사항[57]

신청인의 성명, 주소 및 주민등록번호(또는 부동산등기용등록번호)를 제공하여

---

56) 여기서는 일반적인 신청정보와 첨부정보에 관하여 간략히 소개한다. 아주 간략히 소개하였음에도 신청정보와 첨부정보를 보면 과연 소위 형식적 심사주의이론에서 주장하듯이 등기절차에서 필요한 서면의 제출 여부와 형식적 진정 여부만 심사하면 되는지 의문이 들지 않을 수 없다.

57) 실무상은 당사자에 관한 사항을 필수적으로 기재하고 있다. 그런데 규칙에서는 신청인에 관한 사항을 적도록 하고 있고 당사자에 관하여는 신청정보의 내용으로 규정하고 있지 않다. 아마도 등기절차에서는 아직 당사자와 신청인의 개념 정립이 명확히 되어 있지 않고, 당사자가 신청인이 되어야 한다는 원론적 사고가 바탕에 있기 때문이 아닌가 생각된다. 그러나 현실적으로 거의 대부분의 등기신청이 대리인에 의하여 이루어지는데 당사자에 관한 사항은 신청서에 적지 않고 신청인인 대리인만 적도록 하고 있는 규칙의 규정은 현실과도 맞지 않고 이론적으로도 검토가 필요해 보인다. 참고로, 소장에는 당사자를 기재하도록 하고 있다(민사소송법 제249조 제1항). 여기서는 이런 문제점만 지적하고 규칙의 규정에 따라서 설명한다.

야 한다. 법인인 경우에는 그 대표자의 성명과 주소, 대리인에 의하여 신청하는 경우에는 그 대리인의 성명과 주소, 법인 아닌 사단이나 재단인 경우에는 그 대표자나 관리인의 성명, 주소 및 주민등록번호를 제공하여야 한다.

③ 등기원인과 그 연월일

④ 등기의 목적

소유권이전등기, 근저당권설정등기 등과 같이 신청하는 등기의 내용을 말한다. 등기의 목적이라는 표현만 보아서는 등기를 신청하는 이유로 오해할 수 있는데, 등기를 신청하는 이유가 아니라 등기의 내용을 말한다.

⑤ 등기필정보. 다만, 공동신청 또는 승소한 등기의무자의 단독신청에 의하여 권리에 관한 등기를 신청하는 경우에 한한다. 규칙에서는 등기필정보를 신청정보의 내용으로 열거하고 있으나 등기필정보가 신청정보인지는 의문이다. 여기서는 규칙의 규정에 따라 설명한다.

⑥ 등기소의 표시

⑦ 신청연월일

(2) 등기필정보

여기서는 위 신청정보 중 등기필정보에 관하여 좀더 자세히 살펴보고자 한다.[58] 등기필정보란 등기부에 새로운 권리자가 기록되는 경우에 그 권리자를 확인하기 위하여 등기관이 작성한 정보를 말한다(법 제2조 제4호). 등기필정보는 신청인이 등기의무자 본인인지 여부를 확인하기 위하여 창안된 등기절차 고유의 본인확인수단이다.[59] 현재의 등기명의인이 권리취득의 등기를 하였을 때 등기소로부터 부여받은 고유의 번호로서, 나중에 그 등기명의인이 등기의무자로서 다른 등기를 신청할 때 그 번호를 제공하게 함으로써 등기의무자의 진정한 의사에 의

58) 등기필정보의 작성에 관하여는 제3관 Ⅴ. 참조.

59) 판례에 의하면, 부동산의 실질적인 소유자가 어떤 사람인지를 확정함에 있어서는 그 부동산에 관한 등기필증을 누가 소지하고 있는지가 상당히 중요한 판단자료가 된다고 한다(대법원 1990.1.12. 89다카14363 판결). 또한, 소유명의만을 다른 사람에게 신탁하는 경우에는 등기필증과 같은 권리관계를 증명하는 서류는 실질적인 소유자인 명의신탁자가 소지하는 것이 상례이므로(대법원 1991.6.28. 91다12615,12622 판결; 대법원 2000.4.25. 2000다6858 판결; 대법원 2008.4.24. 2007다90883 판결), 명의신탁자라고 주장하는 자가 목적물에 대한 등기필증을 소지하지 아니하고 오히려 명의수탁자로 지칭되는 자가 목적물에 대한 등기필증을 소지하고 있다면 그 소지 경위 등에 관한 납득할 만한 설명이 없는 한 명의신탁관계를 인정하여서는 아니 된다고 한다(대법원 2000.1.28. 99다41985 판결; 대법원 2001.3.9. 2001다1478 판결).

하여 등기가 이루어짐을 확인할 수 있도록 하는 제도이다.

종래에는 등기 완료 후 등기원인증서 또는 신청서의 부본에 등기필인을 찍어 등기필증을 교부하였다(구 부동산등기법 제67조). 이것을 등기필증이라고 하였다. 실무에서는 소위 권리증이라고도 불렀다. 이 등기필증을 나중에 다른 등기를 신청할 때 첨부하게 함으로써 권리자 본인의 의사에 의하여 등기가 신청되었음을 확인하는 수단으로 기능하였다.[60] 그런데 전자신청제도가 도입되면서 종래의 종이로 된 등기필증에 갈음하는 본인확인제도로서 도입되었다.

등기필정보는 일련번호와 비밀번호의 두 부분으로 구성된다(규칙 제106조). 일련번호는 영문 또는 아라비아숫자 12개를 조합하여 구성하고, 비밀번호는 50개로 이루어져 있다.[61]

등기필정보를 등기소에 제공하여야 하는 경우는 등기권리자와 등기의무자가 공동으로 권리에 관한 등기를 신청하는 경우와 승소한 등기의무자가 단독으로 권리에 관한 등기를 신청하는 경우이다(법 제50조 제2항, 규칙 제43조 제1항 제7호). 등기필정보의 제공은 12자리의 일련번호와 50개의 비밀번호 중 임의로 선택한 1개를 신청서에 기재하거나 화면에 입력하는 방법으로 한다. 다만, 종전의 규정에 따라 등기필증을 받은 자는 등기필정보의 제공에 갈음하여 등기필증을 첨부할 수 있다(법 부칙 제2조).

등기필정보를 분실하였거나 그 밖의 사유로 등기의무자가 등기필정보를 가지고 있지 않아 제공할 수 없는 경우가 있다.[62] 등기필정보는 다시 작성하여 통지하지 아니하므로 이때에는 다음의 3가지 방법 중 어느 하나에 의하여야 한다(법 제51조).[63][64]

---

60) 판례는 등기의무자로 하여금 등기필증을 제출하게 하는 취지는 등기로 인하여 기존의 권리를 잃게 되는 신청인이 진정한 등기의무자인지 여부를 등기관이 확인할 수 있게 함으로써 허위의 등기를 예방하고 등기의 진정을 확보하는 데 있다고 한다. 대법원 2012.9.13. 2012다47098 판결.

61) "등기필정보의 작성 및 통지 등에 관한 업무처리지침"(등기예규 제1716호). 등기필정보의 견본은 부록을 참조하기 바란다.

62) 구법하에서의 판례이기는 하나 판례는 등기필증이 다른 사람의 수중에 있기 때문에 사실상 그것을 돌려받기가 어려운 경우까지를 포함하는 것은 아니라고 한다. 대법원 1987.5.26. 86도2293 판결.

63) 법 제정 당시에는 등기필증 멸실의 경우에 그 등기소에서 소유권등기를 한 성년자 2인 이상이 등기의무자가 본인임을 보증하는 서면 2통을 신청서에 첨부하도록 하였다(구법 제49조). 이 보증서제도는 등기의 진정 확보라는 본래의 기능을 수행하지 못하고 부작용이 있어 1991. 12. 14.

① 등기의무자 또는 그 법정대리인이 등기소에 출석하여 등기관으로부터 등기의무자 등임을 확인받는 방법

이 경우 등기관은 주민등록증, 외국인등록증, 국내거소신고증, 여권 또는 운전면허증에 의하여 본인 여부를 확인하고 조서를 작성하여 기명날인하여야 하며, 주민등록증 등의 사본을 조서에 첨부하여야 한다(규칙 제111조 제1항).

② 해당 등기신청인의 대리인인 변호사나 법무사가 등기의무자 또는 그 법정대리인으로부터 위임받았음을 확인하는 방법

이때에도 등기관의 경우와 마찬가지로 주민등록증 등에 의하여 본인 여부를 확인하여야 한다. 그리고 그 확인한 사실을 증명하는 정보(확인정보)를 첨부정보로 등기소에 제공하여야 한다(규칙 제111조 제2항).[65] 판례는 이 경우 변호사와 법무사가 하는 본인확인은 원칙적으로 등기관이 수행하여야 할 확인업무를 등기관에 갈음하여 행하는 준공증적 성격의 업무라고 한다.[66]

③ 신청서(위임에 의한 대리인이 신청하는 경우에는 그 권한을 증명하는 서면) 중 등기의무자의 작성부분에 관하여 공증을 받는 방법

여기서 '공증'이란 등기의무자가 그 부동산의 등기명의인임을 확인하는 서면에 대한 공증이 아니고 신청서 또는 위임장에 표시된 등기의무자의 작성 부분(기명날인 등)이 등기의무자 본인이 작성한 것임을 공증하는 것을 의미하며, 등기의무자의 위임을 받은 대리인이 출석하여 공증을 받을 수는 없다.[67]

나. 1건1신청주의와 일괄신청

등기의 신청은 1건당 1개의 부동산에 관한 신청정보를 제공하는 방법으로 하여야 한다(법 제25조 본문). 다만, 다음의 경우에는 여러 개의 부동산에 관한 신

법 개정에 의하여 폐지되고 현행 제도로 개선되었다.

64) 이에 관하여 자세한 사항은 "등기필정보가 없는 경우 확인조서 등에 관한 예규"(등기예규 제1842호) 참조.

65) 확인서면의 양식은 부록을 참조하기 바란다.

66) 확인 과정에서 의심할 만한 정황이 있는 경우에는 가능한 여러 방법을 통하여 본인 여부를 한층 자세히 확인할 의무가 있고, 확인서면 양식에의 기재사항 기입과 같은 사실행위의 대행을 넘어 본인 여부를 확인하는 판단작용 자체를 사무원에게 대행하게 하는 것은 그것이 비록 사전지휘 내지 사후감독에 의한 것이라도 허용되지 않는다고 한다. 대법원 2007.6.14. 2007다4295 판결; 대법원 2010.5.27. 2009다12603 판결.

67) 따라서 이 경우 등기관은 등기의무자 본인이 출석하여 공증을 받은 것인지를 확인하여 등기업무를 처리하여야 할 직무상 의무가 있고, 위와 같은 요건을 갖추지 못한 때에는 필요한 서면의 보정을 명하거나 등기신청을 각하하여야 한다(대법원 2012.9.13. 2012다47098 판결).

청정보를 일괄하여 제공하는 방법으로 할 수 있다(법 제25조 단서, 규칙 제47조).

① 등기목적과 등기원인이 동일한 경우

② 같은 채권의 담보를 위하여 소유자가 다른 여러 개의 부동산에 대한 저당권설정등기를 신청하는 경우

③ 법 제97조의 등기(공매처분으로 인한 등기)를 촉탁하는 경우

④ 민사집행법 제144조 제1항 각호의 등기(매각대금 지급에 따른 등기)를 촉탁하는 경우

그 외에도 개별규정에서 일괄신청을 요구하는 경우도 있다. 신탁으로 인한 권리의 이전 또는 보존이나 설정등기의 신청과 함께 신탁등기의 신청을 1건의 신청정보로 일괄하여 신청하도록 한 경우가 그 예이다(규칙 제139조 제1항).

일괄신청과 구별할 개념은 동시신청이다. 일괄신청이란 여러 개의 등기를 1건의 신청정보, 즉 1건의 신청서로 신청하는 것을 말한다. 이에 반하여 동시신청은 여러 건의 등기신청을 동시에 하는 것을 말한다. 같은 등기소에 동시에 여러 건의 등기신청을 하는 경우에 첨부정보의 내용이 같은 것이 있을 때에는 먼저 접수되는 신청에만 그 첨부정보를 제공하고, 다른 신청에는 먼저 접수된 신청에 그 첨부정보를 제공하였다는 뜻을 신청정보의 내용으로 등기소에 제공하는 것으로 그 첨부정보의 제공에 갈음할 수 있다(규칙 제47조 제2항).

다. 등기신청서의 양식

등기신청서 작성의 편의와 등기사무처리의 효율화를 위하여 각종 등기신청서의 양식을 대법원 등기예규로 정하고 있다.[68] 이 양식에 따라 작성된 실제 등기신청서의 예는 부록을 참조하기 바란다. 실무상 거의 대부분의 등기신청에서 이 양식을 사용하고 있다. 인터넷등기소에서도 그 양식과 작성방법, 작성례를 제공하고 있다.

신청서에 인감증명을 제출하여야 하는 경우(규칙 제60조)를 제외하고는 인감도장인 아닌 도장을 날인을 하거나 서명할 수 있다(규칙 제56조 제1항). 신청서가 여러 장일 때에는 간인을 하여야 하고, 등기권리자 또는 등기의무자가 여러 명일 때에는 그중 1명이 간인하는 방법으로 한다(규칙 제56조 제2항 본문).

---

68) 부동산 등기신청서의 양식에 관한 예규(등기예규 제1838호).

3. 첨부정보

가. 등기원인을 증명하는 정보[69)]

(1) 등기원인증명정보의 중요성과 관련규정

실체법상의 법률관계를 신속하고 정확하게 반영하는 것이 등기절차의 이상이고 이를 위하여 가장 중요한 자료의 하나가 등기원인을 증명하는 정보이다.[70)] 등기원인을 증명하는 정보는 실체법상의 법률행위가 있음을 등기절차에서 입증하는 방법이므로 실체법상의 법률관계와 등기절차를 연결짓는 개념이다. 그런 의미에서 등기의 진정성 보장을 위하여 중요한 자료가 된다.

이런 중요성을 가지는 등기원인에 관하여는 법령에서 여러 규정을 두고 있다. "등기원인" 또는 "등기원인 및 그 연월일"은 등기사항의 하나이다(법 제34조 제6호, 제40조 제1항 제5호, 제48조 제1항 제4호). 따라서 등기를 신청하는 경우에는 등기원인과 그 연월일을 신청정보의 내용으로 등기소에 제공하여야 하고(규칙 제43조 제1항 제5호), 등기원인을 증명하는 정보를 첨부정보로 등기소에 제공하여야 한다(규칙 제46조 제1항 제1호). 등기원인을 증명하는 정보를 제출하지 아니하거나 신청정보와 등기원인을 증명하는 정보가 일치하지 아니한 경우에는 등기신청을 각하하여야 한다(법 제29조 제8호, 제9호). 지상권, 지역권, 전세권, 임차권, 저당권의 등기를 할 때 등기원인에 존속기간, 지료와 지급시기, 민법이 규정하는 약정 등이 있는 경우에는 이를 기록하도록 하고 있다(법 제69조 단서, 제70조 단서, 제72조 단서, 제74조 단서, 제75조 제1항 단서). 신청서에 첨부된 등기원인을 증명하는 정보를 담고 있는 서면이 법률행위의 성립을 증명하는 서면이거나 그 밖에 대법원예규로 정하는 서면일 때에는 등기관이 등기를 마친 후 이를 신청인에게 돌려주어야 한다(규칙 제66조 제1항).[71)]

---

69) 구연모, 부동산등기의 진정성 보장 연구, 239면 이하 "제3절 등기원인에 대한 심사" 참조.

70) 2011년 개정 전 부동산등기법은 "등기원인을 증명하는 서면"이라는 용어를 사용하고 있었다(제40조 제1항 제2호). 전자신청제도가 도입되면서 방문신청과 전자신청에 공통적으로 사용할 수 있는 용어로 "등기원인을 증명하는 정보"라는 용어를 사용하게 되었다. 그러나 방문신청의 경우에는 서면을 제출하기 때문에 방문신청에 대하여 종래처럼 "등기원인을 증명하는 서면" 또는 약칭하여 "등기원인증명서면"이나 "등기원인증서"라는 용어를 사용하여도 틀린 표현은 아니다.

71) "등기원인증서의 반환에 관한 업무처리지침"(등기예규 제1514호).

이 밖에도 「부동산등기 특별조치법」에 의하면 부동산의 소유권이전을 내용으로 하는 계약을 체결한 자가 그에 따른 등기를 신청함에 있어서 등기신청서에 등기원인을 허위로 기재하여 신청하거나 소유권이전등기 외의 등기를 신청하여서는 아니되며(제6조), 이에 위반한 때에는 3년 이하의 징역이나 1억원 이하의 벌금에 처한다(제8조 제2호).

등기절차에서 등기원인의 중요성이 이러하고 그에 따라 법령에서 여러 규정을 두고 있음에도 불구하고 등기절차에서 등기원인증서는 경시되어 왔다. 2011년 전부개정 전의 부동산등기법은 등기를 신청할 때 등기원인을 증명하는 서면을 제출하도록 하되(제40조 제1항 제2호), 등기원인증서가 처음부터 없거나 이를 제출할 수 없는 경우에는 신청서 부본으로 갈음할 수 있게 하였으며(제45조), 등기를 마쳤을 때에는 등기원인을 증명하는 서면 또는 신청서의 부본을 이용하여 등기필증을 작성하여 등기권리자에게 교부하도록 하고 있었다(제67조). 여기서 등기원인증서는 등기의 진정성 보장기능이라는 본래의 기능보다는 등기필증 작성기능이 중요시되게 되었다. 오래 전의 등기실무에서는 부동산 매매에 있어서 등기원인을 증명하는 서면으로 매매계약서 대신에 '매도증서'를 작성하여 제출하는 관행이 있었다. 그러다가 1990년 부동산등기 특별조치법이 제정되어 시행되면서 계약서에 검인을 받아 등기신청시에 제출하게 함으로써 매도증서의 관행은 없어졌으나, 당사자 사이에 실제 작성된 계약서가 아니라 등기신청용으로 작성된 계약서를 등기신청시 제출하는 관행이 생겨나게 되었다. 소위 이중계약서 작성 관행이다.[72] 그러다가 부동산거래신고제와 거래가액 등기제도의 시행에 따라 이제는 등기신청시에도 당사자 사이에 체결된 실제 계약서를 제출하고 있다.

(2) 등기원인과 물권변동이론

등기원인의 의미에 관하여는 일반적으로 "신청하는 등기를 법률상 정당하게 하는 법률상의 원인"이라고 설명하고 있다.[73] 판례는 "소유권이전등기에 있어 등기원인이라고 함은 등기를 하는 것 자체에 관한 합의가 아니라 등기하는 것을 정당하게 하는 실체법상의 원인을 뜻하는 것으로서, 등기를 함으로써 일어나게 될

72) 이 관행은 세금을 줄여보려는 의도에서 비롯되었는데, 고위공직자 인사청문회에서 단골로 지적되곤 했다.

73) 곽윤직, 부동산등기법, 신정수정판, 박영사, 1998, 190면; 송덕수, 물권법, 박영사, 2012, 97면.

권리변동의 원인행위나 그의 무효, 취소, 해제 등을 가리킨다"고 한다.[74)]

이러한 설명방식은 다소 추상적이어서 구체적으로 그 의미가 금방 떠오르지 않는다. 쉽게 이해하기 위하여는 실체법상의 법률관계와 등기절차의 유기적 연계라는 관점에서 등기원인을 생각해 볼 필요가 있다. 등기는 실체법상의 법률관계를 공시하는 제도이므로 등기가 유효하기 위하여는 실체법상의 법률관계가 존재하여야 한다. 실체법상의 법률관계 없이 등기만 존재할 수는 없다.[75)] 그것은 법률행위일 수도 있고 그 밖의 것일 수도 있다. 이와 같이 "등기를 하게 되는 근거가 되는 실체법상의 법률관계"가 등기원인이라고 정의할 수 있다. 구체적으로는 등기하여야 할 권리변동의 원인인 법률행위 또는 그 밖의 법률사실이다. 그것은 매매와 같은 법률행위일 수도 있고, 상속이나 경매 등과 같은 권리변동의 원인이 되는 법률사실일 수도 있으며, 권리변동과 관계 없이 표시변경의 원인이 되는 토지의 분할이나 주소의 이전과 같은 법률사실일 수도 있다. 이와 같이 등기원인은 실체법상의 법률관계와 등기절차를 연결짓는 중요한 수단의 하나가 되며, 등기원인에 대한 절차법상의 취급도 이에 상응하여 비중있게 고려하여야 한다.

여기서 등기를 하게 되는 근거인 등기원인에 대하여 물권변동이론과 관련하여 생각해보자. 민법 제186조는 "부동산에 관한 법률행위로 인한 물권의 득실변경은 등기하여야 그 효력이 생긴다"고 규정하는데, 여기서 "법률행위"는 등기원인과 같은가 다른가? 또한, 우리 민법상 물권변동의 요건으로 물권행위 내지 물권적 합의와 등기가 필요하다고 일반적으로 설명하는데, 등기원인은 물권변동의 요건으로서의 물권행위 내지 물권적 합의와는 어떤 관계가 있을까?

---

74) 대법원 1999.2.26. 98다50999 판결.

75) 판례에 의하면, 부동산 매수인이 매도인과 사이에 부동산의 소유권이전에 관한 물권적 합의가 없는 상태에서 소유권이전등기신청에 관한 대리권이 없이 단지 소유권이전등기에 필요한 서류를 보관하고 있을 뿐인 법무사를 기망하여 매수인 명의의 소유권이전등기를 신청하게 한 경우, 이는 단지 소유권이전등기신청절차에 하자가 있는 것에 불과한 것이 아니어서 위 소유권이전등기는 원인무효의 등기라고 한다. 이 경우 허위의 사실을 신고한 것이어서 공정증서원본불실기재죄가 성립한다고 한다(대법원 2006.3.10. 2005도9402 판결). 이에 반하여, 피고인과 매도인 사이에 매매계약이 이루어졌고 매도인이 법무사에게 소유권이전등기에 필요한 서류 일체를 맡기면서 나중에 잔금지급이 되면 그 등기신청을 하도록 위임하였는데, 피고인이 법무사를 기망하여 법무사가 잔금이 모두 지급되었다고 잘못 알고 등기신청을 하여 등기가 마쳐진 사안에서는 이 소유권이전등기의 원인이 되는 법률관계인 매매 내지는 물권적 합의가 존재하므로 위 신청이 무효라고 할 수 없고 공정증서원본불실기재죄가 성립하지 않는다고 한다(대법원 1996. 6.11. 96도233 판결).

우리 민법학에서 다수 견해는 민법 제186조의 "법률행위"는 물권적 의사표시 내지 물권행위를 의미한다고 본다.[76] 그에 따라 등기원인은 물권행위이고, 물권변동의 요건은 물권행위와 등기 두 가지이며, 물권행위와 등기가 내용적으로 부합하여야 하는 것이 등기의 실체적 유효요건이라고 한다. 이것은 등기절차와 어떤 관계가 있을까? 물권행위가 물권변동의 핵심적 요소이고 그것이 등기와 부합하여야 하는 것이 등기의 유효요건이라면 물권변동이론을 구현하는 등기절차에서 당연히 이를 중요하게 다루어야 한다. 그런데 지금까지 등기절차에서 물권행위를 반영하는 문제에 대하여는 전혀 논의가 되고 있지 않다. 물권행위에 관한 자료를 제출하도록 하거나 물권행위를 심사하도록 하고 있지 않다. 오히려 등기절차에서는 채권행위를 등기원인으로 보고 채권행위에 관한 자료를 제출하도록 하며 채권행위를 심사하고 있다.

이것은 아마도 물권행위가 무엇인지, 언제 이루어지는지에 대하여 오랫동안 논의가 되어왔으나 아직 어떤 결론에 이르지 못하고 혼란스러운 상황과도 관련이 있어 보인다. 무엇인지도 모르고 언제 이루어지는지도 모르는 것을 등기절차에서 제출하게 할 수도 없고 심사할 수도 없기 때문이다. 여기서 물권행위 개념을 부정하는 견해[77]도 있으나, 물권행위 개념은 필요하되 반드시 핵심적인 개념이라고 하기는 어려우며 물권변동의 과정을 설명하는 하나의 기술적인 개념에 불과하다는 견해[78]가 설득력 있다. 물권행위론에 관한 논의는 민법학에 맡기고 여기서는 등기절차와 관련한 내용만 간략히 정리해보고자 한다.[79] 등기의 진정성 보장이란 면에서 물권변동이론과 등기절차를 연계하여 생각하면, 등기원인을 증명하는 정보에 의하여 채권행위를 입증하게 하고, 공동신청주의와 출석주의, 그리고 인감증명서와 등기필정보 등에 의하여 물권행위 내지 물권적 의사표시를 입증하게 하고 심사하는 구조를 우리 부동산등기법은 취하고 있다고 해석할 수

76) 곽윤직·김재형, 물권법, 98면; 송덕수, 신민법강의, 501면.

77) 명순구·김제완·김기창·박경신, 아듀, 물권행위, 고려대학교출판부, 2006.

78) 윤진수, "물권행위 개념에 대한 새로운 접근", 민법논고Ⅱ, 박영사, 2008, 362면. 과거 물권행위 개념이 중시되고 이에 관하여 치열한 논쟁이 벌어진 것은 우리 민법이 제정되면서 일본 민법과 달리 성립요건주의를 취하게 되자 마찬가지로 성립요건주의를 취하고 있는 독일 민법에서 물권행위이론을 직수입하여 우리 민법상의 물권변동이론을 정립하려고 하였던 때문이라고 한다.

79) 구연모, 부동산등기의 진정성 보장 연구, 60면 이하 및 247면 이하 참조.

있다. 우리 법이 다른 나라에 비하여 등기의 진정성 보장에 미흡한 구조는 아니라고 생각된다.

(3) 등기원인증명정보의 요건

현행 부동산등기법은 등기원인증서에 갈음하여 신청서 부본을 제출할 수 있도록 한 규정과 등기원인증서를 이용하여 등기필증을 작성하도록 한 규정을 삭제하였다. 전자신청제도의 도입에 따른 제도개선이지만, 등기의 진정성 강화라는 관점에서도 중요한 의미가 있다. 이제는 등기원인의 진실성을 확보하여 등기의 진정성을 향상시키는 방향으로 등기원인증명정보에 관한 규정을 해석하고 운영해 나아갈 필요가 있다. 이 책에서는 이러한 관점에서 등기원인증명정보의 요건에 관하여 새롭게 접근해 보고자 한다. 소위 형식적 심사주의이론에서 주장하듯 등기원인증명서면을 첨부하기만 하면 되는 것이 아니다. 등기원인이 되는 법률행위 또는 법률사실이 적법하게 성립하고 유효하게 존재하는지를 입증할 수 있는 자료이어야 한다. 그러자면 그 요건에 관하여 자세히 살펴볼 필요가 있다. 저자 나름대로 다음과 같이 정리해보았다.

우선 내용상의 요건을 살펴보자.

① 등기원인의 증명

등기원인증명정보는 등기원인을 증명하는 내용이어야 한다. 등기원인은 앞에서 설명하였듯이 등기의 근거로 되는 실체법상의 법률관계라고 할 수 있으므로 등기원인증명정보는 등기의 근거로 되는 실체법상의 법률관계를 증명하는 자료이다. 구체적으로는 신청하는 해당 등기의 원인이 되는 법률행위 또는 법률사실을 증명하는 정보이다. 법률행위에 의한 물권변동의 경우에는 매매계약서, 근저당권설정계약서 등과 같이 채권행위인 원인행위의 성립을 증명하는 서면이 이에 해당된다. 다만, 물권의 포기와 같이 원인행위가 없이 바로 물권행위만 존재하는 경우에는 물권행위가 된다. 법률행위에 의하지 않은 물권변동의 경우에는 그 요건사실이 등기원인증명정보의 내용이 된다. 그 밖에 물권변동과 관계없는 사실에 관하여는 그러한 사실을 담고 있는 서면이나 자료가 등기원인증명정보가 된다. 예를 들어, 등기명의인 표시변경이나 부동산 표시변경에서는 주민등록정보나 토지대장정보가 등기원인증명정보가 된다.

등기원인증명정보를 제출하게 하는 이유는 등기관으로 하여금 해당 법률행위 또는 법률사실의 요건을 심사하여 적법한 요건을 갖추었는지를 확인하라는 것이다. 그러기 위하여는 실체법상의 요건을 갖추었는지를 심사할 수 있는 자료를 등기소에 제공하여야 한다. 어떤 서면이 그러한 요건을 구비한 자료인지는 등기관이 판단하여야 한다.

② 증 명

등기원인을 '증명'한다는 것은 등기관에 대하여 등기원인의 존재를 합리적으로 설명하는 신청인의 활동이다.[80] 이 경우 등기원인, 즉 등기의 요건에 대한 입증의 정도는 어떠한가? 소송절차에서는 당사자 사이에 분쟁이 있는 것을 전제로 하므로 사실에 관한 엄격한 증명이 필요하다. 그러나 등기는 법률에 다른 규정이 없으면 이해가 대립하는 두 당사자가 공동으로 신청하여야 한다(법 제23조 제1항). 이렇게 공동신청하는 등기의 경우 당사자 사이의 법률행위에 관하여 엄격한 증명까지 요구할 필요는 없다. 일응 확실할 것이라는 추측을 생기게 하는 상태인 소명만으로도 충분하다. 이에 반하여 단독신청하는 등기에 대하여는 증명의 엄격성을 필요로 한다. 이때는 등기원인에 대한 소명만으로는 부족하고 증명이 필요하다.

다음으로 형식상의 요건을 살펴보자.

① 작성자와 서명 등

등기원인증명정보의 작성명의인은 법률행위에 의한 물권변동의 경우 대상부동산에 대한 처분권한이 있는 자이어야 한다. 그리고 당사자의 의사를 확인하게 하기 위하여 서명날인, 기명날인 또는 서명 등을 하여야 한다. 등기원인증서가 여러 장인 경우에는 작성명의인이 간인을 하여야 한다.[81] 공증인 등 전문가에 의한 인증을 받도록 하고 있지는 않다. 첨부정보가 외국어로 작성된 경우에는 그 번역문을 첨부하여야 하나(규칙 제46조 제8항), 그 번역에 대하여 공증을 필요로 하지는 않는다.

② 단일의 자료 여부

종래의 등기원인증서는 그것을 이용하여 등기필증을 작성하여야 하였으므로 그 서면으로 등기원인이 증명되는 단일 서면이어야 하였다. 그러나 등기필증제도

---

80) 山野目章夫, 不動産登記法, 2009, 297면.

81) 작성명의인이 여러 명인 경우에는 그 전원이 간인을 하여야 한다(등기선례 9-83, 9-237). 등기신청서에의 간인과 다른 점이다.

가 폐지된 현재에는 종래의 등기원인증명서면과는 달리 등기원인증명정보는 하나의 서면이어야 할 필요는 없고, 등기사항의 일부를 증명하는 자료라도 다수의 서면이나 자료를 합하여 전체로서 등기원인을 증명하는 것이면 모두 등기원인증명정보가 된다. 예를 들어, 협의분할 또는 법정상속에 의한 등기신청시 가족관계등록에 관한 증명서, 협의분할서 등은 종래에는 등기원인증서가 되지 못하였으나 현행법에서는 이들 여러 서면이 모두 합하여져 등기원인증명정보가 된다.

③ 계약서 등의 검인

계약을 원인으로 소유권이전등기를 신청할 때에는 당사자, 목적 부동산, 대금 및 그 지급일자 등 일정한 사항이 기재된 계약서에 부동산의 소재지를 관할하는 시장(구가 설치되어 있는 시에서는 구청장), 군수 또는 그 권한의 위임을 받은 자의 검인을 받아 관할등기소에 제출하여야 한다. 이 경우 등기원인을 증명하는 서면이 집행력 있는 판결서 또는 판결과 같은 효력을 갖는 조서인 때에는 판결서 등에 검인을 받아야 한다. 시장 등이 검인을 한 때에는 그 계약서 또는 판결서 등의 사본 2통을 작성하여 1통은 보관하고 1통은 부동산의 소재지를 관할하는 세무서장에게 송부하여야 한다(부동산등기 특별조치법 제3조).

다만, 부동산 거래의 신고를 하고 그 신고필증을 교부받은 경우나 토지거래허가구역 안의 토지에 대하여 토지거래계약허가증을 교부받은 경우 등에는 검인을 받은 것으로 본다(부동산 거래신고 등에 관한 법률 제3조 제5항, 제20조 제2항). 또한 실무상 계약의 일방 당사자가 국가 또는 지방자치단체인 경우에는 검인을 받을 필요가 없다고 보고 있다.[82]

검인신청을 받은 시장 등은 계약서 또는 판결서 등의 형식적 요건의 구비 여부만을 확인하고 그 기재에 흠결이 없다고 인정한 때에는 지체없이 검인을 하여 검인신청인에게 교부하여야 한다(부동산등기특별조치법에 따른 대법원규칙 제1조 제3항).

(4) 기 타

중간생략등기, 진정한 등기명의 회복, 시효취득 등에 따른 등기나 중간생략등기에서 등기원인증명정보와 관련하여 살펴볼 사항들이 있다. 그리고 등기 완료

82) "부동산등기특별조치법 및 동법에 따른 대법원규칙의 시행에 관한 등기사무처리지침"(등기예규 제1419호).

후에는 등기원인증서 중 일정한 서면은 신청인에게 돌려주도록 하고 있다(규칙 제66조 제1항). 각각 해당되는 곳에서 설명하기로 한다.

나. 등기원인에 대한 제3자의 허가 등을 증명하는 정보

등기원인에 대하여 제3자의 허가, 동의 또는 승낙이 필요한 경우에는 이를 증명하는 정보를 첨부정보로 등기소에 제공하여야 한다(규칙 제46조 제1항 제2호). 제3자의 허가, 동의가 있어야 법률행위가 유효한 경우 등기신청시에 허가 등의 구비를 증명하게 함으로써 무효등기를 방지하고자 하는 취지이다. 다만, 등기원인을 증명하는 정보가 집행력 있는 판결인 경우에는 제3자의 허가 등을 증명하는 정보를 제공할 필요가 없다. 그러나 등기원인에 대하여 행정관청의 허가, 동의 또는 승낙을 받을 것이 요구되는 때에는 그러하지 아니하다(규칙 제46조 제3항).

여기서 어떠한 경우가 제3자의 허가 등이 필요한 경우인가에 관하여는 명확한 기준이 보이지 않으나, 그것이 없으면 등기원인이 무효가 되거나 취소할 수 있게 되는 경우라고 할 수 있다. 그러나 등기원인의 효력과는 관계없는 신고 등과는 구별하여야 한다.[83] 소위 형식적 심사주의이론에서 말하듯이 형식적으로 허가에 관한 첨부서면이 제출되어 있는지만 심사하면 되는 문제가 아니고 관련 법령에 대한 검토가 필요한 경우가 많다. 여기서 모든 경우를 나열하기는 어려우므로 몇 가지 대표적인 경우만을 살펴보고자 한다.

(1) 토지거래 허가구역 내의 토지에 대한 토지거래계약허가

국토교통부장관 또는 시·도지사는 토지의 투기적인 거래가 성행하거나 지가가 급격히 상승하는 지역과 그러한 우려가 있는 지역에 대하여 5년 이내의 기간을 정하여 토지거래 허가구역으로 지정할 수 있다. 이때 일정한 사항을 공고하고 그 공고내용을 시장·군수 또는 구청장에게 통지하여야 하며, 통지를 받은 시장 등은 허가구역을 관할하는 등기소의 장에게 통지하여야 한다(부동산 거래신고 등에 관한 법률 제10조). 토지거래계약 허가구역 안에 있는 토지에 관한 소유권·지상권(소유권·지상권의 취득을 목적으로 하는 권리를 포함한다)을 대가를 받고[84] 이전

---

83) 다만, 신고의 경우라도 개별법령에서 신고한 사실을 증명하는 서면을 등기신청시에 제출하도록 하고 있는 경우는 이 규정과는 관계없이 개별 규정에 의하여 첨부하여야 한다. 예를 들어, 「부동산등기 특별조치법」은 등기원인에 대하여 행정관청에 신고할 것이 요구되는 때에는 소유권이전등기를 신청할 때에 신고를 증명하는 서면을 제출하도록 하고 있다(제5조 제2항).

84) 허가의 대상이 되는 계약은 유상계약이므로 명의신탁해지, 재산분할, 지료의 지급이 없는 지상

또는 설정하는 계약(예약을 포함한다)을 체결하고자 하는 당사자는 공동으로 시장·군수 또는 구청장의 허가를 받아야 한다. 허가받은 사항을 변경하려는 경우에도 같다(같은 법률 제11조 제1항). 다만, 대통령령으로 정하는 용도별 면적 이하의 토지에 대한 토지거래계약에 관하여는 허가가 필요하지 아니하다(같은 조 제2항). 이 허가를 받지 않고 체결한 토지거래계약은 그 효력이 발생하지 아니한다(같은 조 제6항).

허가 구역 지정 이후에 등기를 신청하더라도 계약의 체결일자가 허가구역 지정 이전이면 허가서를 첨부할 필요가 없다. 판례는 허가구역 지정기간 중에 허가를 받지 아니하고 토지거래계약을 체결한 후 허가구역 지정이 해제된 때에는 그 계약이 지정 해제 전에 확정적으로 무효로 된 경우를 제외하고는 토지거래허가를 받을 필요가 없다고 한다.[85]

규정이 다소 복잡하므로 토지거래허가 대상인지를 알기 위하여는 해당 토지가 허가구역 안에 있고 허가구역 지정기간 중인지, 허가 대상 거래인지, 허가 대상 면적인지를 따져 보아야 한다.

이 규정에 따른 허가 또는 변경허가를 받지 아니하고 토지거래계약을 체결하거나, 속임수나 그 밖의 부정한 방법으로 토지거래계약 허가를 받은 자는 2년 이하의 징역 또는 계약 체결 당시의 개별공시지가에 따른 해당 토지가격의 100분의 30에 해당하는 금액 이하의 벌금에 처한다(같은 법 제26조 제2항).

(2) 민법상 법인, 공익법인 및 학교법인의 기본재산 처분에 대한 주무관청의 허가

민법상 사단법인 또는 재단법인이 부동산취득에 따른 소유권이전등기를 신청하는 경우에는 주무관청의 허가증명서면을 첨부할 필요가 없다. 그러나 재단법인의 기본재산 처분의 경우는 다르다. 판례는 재단법인의 기본재산에 관한 사항은 정관의 기재사항이고 기본재산의 처분은 정관의 변경을 초래하므로 주무관청의 허가가 있어야 효력이 발생한다고 한다.[86] 따라서 재단법인 소유 명의의 부동산에 관하여 처분행위를 원인으로 한 소유권이전등기를 신청하는 경우에는 주무관청의 허가를 증명하는 서면을 첨부하여야 한다. 그러나 당해 부동산이 재단법

권설정계약 등은 포함되지 않는다.

85) 대법원 1999.6.17. 98다40459 판결(전).

86) 대법원 1965.5.18. 65다114 판결; 대법원 1974.6.11. 73다1975 판결.

인의 기본재산이 아님을 소명하는 경우에는 그러하지 아니하다.[87)]

재단법인이나 사단법인으로서 사회 일반의 이익에 이바지하기 위하여 학자금·장학금 또는 연구비의 보조나 지급, 학술, 자선에 관한 사업을 목적으로 하는 법인을 공익법인이라 한다(공익법인의 설립·운영에 관한 법률 제2조). 공익법인이 기본재산에 관하여 매도·증여·임대·교환 또는 담보로 제공하려는 경우에는 주무관청의 허가를 받아야 한다(같은 법 제11조 제3항). 허가를 받지 않은 기본재산 처분행위는 무효이다.[88)] 따라서 공익법인이 이러한 처분행위를 원인으로 하는 등기를 신청할 때에는 주무관청의 허가를 증명하는 서면을 첨부하여야 한다. 다만, 당해 부동산이 공익법인의 기본재산이 아님을 소명하는 경우에는 그러하지 아니하다.

학교법인의 재산에 대한 처분행위는 두 가지로 나누어 보아야 한다. 하나는, 학교법인이 그 기본재산[89)]을 매도·증여·교환 또는 용도변경하거나 담보에 제공하고자 할 때에는 관할청의 허가를 받아야 한다는 점(다만, 대통령령이 정하는 경미한 사항은 이를 관할청에 신고하여야 한다)이고(사립학교법 제28조 제1항), 다른 하나는, 학교교육에 직접 사용되는 학교법인의 재산 중 대통령령이 정하는 것은 허가 여부와 관계 없이 이를 매도하거나 담보에 제공할 수 없다는 점이다(같은 법 제28조 제2항). 학교교육에 직접 사용되는 재산에 관한 사립학교법 제28조 제2항의 규정은 사립학교 경영자에게도 준용된다(사립학교법 제51조). 여기서 학교법인 소유의 부동산에 관한 처분에 따른 등기신청에는 관할청의 허가를 증명하는 서면을 첨부하여야 하고, 학교교육에 직접 사용되는 재산은 그것이 학교법인의 소유이거나 사립학교 경영자의 소유인 경우에는 그 처분에 따른 등기를 할 수 없다. 따라서 토지대장 또는 건축물대장에 의하여 당해 부동산이 학교교육에 직접 사용되는 부동산임을 알 수 있는 경우에는 이 점을 유의하여야 한다.[90)]

---

87) "민법상 법인의 부동산 취득과 처분 등에 따른 등기예규"(등기예규 제886호). 재단법인 소유 명의의 부동산에 관하여 시효취득, 매각, 진정명의 회복을 원인으로 한 소유권이전등기 신청이나 촉탁의 경우에는 주무관청의 허가를 증명하는 서면을 첨부할 필요가 없다.

88) 대법원 1984.12.1. 84마591 결정; 대법원 1998.12.11. 97다9970 판결; 대법원 2005.9.28. 2004다50044 판결.

89) 학교법인의 재산 중 부동산은 당연히 기본재산이 된다. 사립학교법 시행령 제5조 제1항 제1호. 대법원 1994.12.22. 94다12005 판결.

90) 판례에 의하면, 사립학교 경영자가 사립학교의 교지, 교사로 사용하기 위하여 출연·편입시킨 토지나 건물이 등기기록상 사립학교 경영자 개인 명의로 있는 경우에도 그 토지나 건물에 관하여

(3) 외국인 등의 토지취득에 대한 시장 등의 허가

외국인 등[91]이 취득하려는 토지가 군사기지 및 군사시설 보호구역, 그 밖에 국방 목적을 위하여 외국인 등의 토지취득을 특별히 제한할 필요가 있는 지역으로서 대통령령으로 정하는 지역, 지정문화재와 이를 위한 보호물 또는 보호구역, 천연기념물 등과 이를 위한 보호물 또는 보호구역, 생태·경관보전지역, 야생생물 특별보호구역에 있으면 토지를 취득하는 계약을 체결하기 전에 시장·군수 또는 구청장으로부터 토지취득의 허가를 받아야 한다. 다만, 토지거래계약에 관한 허가를 받은 경우에는 그러하지 아니하다. 이에 위반하여 체결한 토지취득계약은 그 효력이 발생하지 아니한다(부동산 거래신고 등에 관한 법률 제9조 제1항, 제3항). 허가를 받지 아니하고 토지취득계약을 체결하거나 부정한 방법으로 허가를 받아 토지취득계약을 체결한 외국인 등은 형사처벌(2년 이하의 징역 또는 2천만 원 이하의 벌금)의 제재도 받는다(같은 법 제26조 제2항).

위 규정에 따라 등기실무에서는[92] 외국인 등이 위의 어느 하나에 해당하는 구역·지역에 있는 토지(대지권 포함)를 취득하는 계약을 체결하고 그에 따른 소유

마쳐진 근저당권설정등기는 사립학교법의 규정에 위배되어 무효라고 한다. 따라서, 등기기록 표제부 건물내역란에 건물용도가 '유치원'으로 기재되어 있고 소유자가 그곳에서 유치원을 설치·경영하고 있는 부동산에 관하여 근저당권설정등기신청 업무를 위임받은 법무사는 관련 법령과 등기기록 기재 내역, 부동산 소유자가 유치원을 경영하고 있는 점 등을 충분히 검토하여 부동산이 담보로 제공될 수 있는지에 관하여 의뢰인에게 설명하고 조언할 주의의무가 있고, 등기관은 건축물대장 등 공부상 건물용도가 '유치원'으로 등재되어 있는 부동산에 관하여 근저당권설정등기신청이 있는 경우 부동산이 공부상 기재와는 달리 실제로 유치원 교육에 사용되지 않고 있거나 소유자가 유치원 경영자가 아닌 사실이 소명되는 경우에 한하여 그 등기신청을 수리하여야 할 직무상 주의의무가 있다고 한다(대법원 2011.9.29. 2010다5892 판결). 이 사안을 소위 형식적 심사주의이론으로 설명할 수 있을까?

91) "외국인 등"이란 다음의 어느 하나에 해당하는 개인·법인 또는 단체를 말한다(부동산 거래신고 등에 관한 법률 제2조 제4호).
① 대한민국의 국적을 보유하고 있지 아니한 개인
② 외국의 법령에 따라 설립된 법인 또는 단체
③ 사원 또는 구성원의 2분의 1 이상이 ①에 해당하는 자인 법인 또는 단체
④ 업무를 집행하는 사원이나 이사 등 임원의 2분의 1 이상이 ①에 해당하는 자인 법인 또는 단체
⑤ ①에 해당하는 사람이나 ②에 해당하는 법인 또는 단체가 자본금의 2분의 1 이상이나 의결권의 2분의 1 이상을 가지고 있는 법인 또는 단체
⑥ 외국 정부
⑦ 대통령령으로 정하는 국제기구

92) 재외국민 및 외국인의 부동산등기신청절차에 관한 예규(등기예규 제1778호) 제15조, 제17조 참조. 이러한 실무가 소위 형식적 심사주의이론으로 설명이 가능한지 의문이다.

권이전등기를 신청하는 경우에는 외국인 토지취득허가증을 첨부정보로 제공하거나(다만, 국내거소신고를 한 외국국적동포의 경우에는 「재외동포의 출입국과 법적 지위에 관한 법률」 제11조 제1항에 따라 군사기지 및 군사시설 보호구역, 그 밖에 국방 목적을 위하여 외국인 등의 토지취득을 특별히 제한할 필요가 있는 지역으로서 대통령령으로 정하는 지역에 있는 토지를 취득하는 경우로 한정한다), 취득하려는 토지가 토지취득허가의 대상이 아닌 경우에는 이를 소명하기 위하여 토지이용계획확인서를 첨부정보로 제공하도록 하고 있다. 또한, 국내법에 의하여 설립된 법인 또는 단체라 하더라도 위의 어느 하나에 해당하는 구역·지역에 있는 토지(대지권 포함)에 대한 소유권취득등기를 신청하는 경우 그 법인이나 단체가 외국인 등에 해당하는지 여부가 의심스러울 때에는 등기관은 소정의 진술서를 제출케 한 후 등기하도록 하고 있다.

참고로, 외국인 등이 대한민국 안의 부동산 등을 취득하는 계약(부동산 거래신고의 대상이 되는 계약은 제외)을 체결하거나 상속·경매 등 계약 외의 원인으로 부동산 등을 취득하거나 대한민국 안의 부동산을 가지고 있는 대한민국 국민이나 대한민국의 법령에 따라 설립된 법인 또는 단체가 외국인 등으로 변경된 경우에 취득·보유의 신고를 하여야 한다(같은 법 제8조). 이 규정에 위반한 때에 과태료의 제재가 있으나(같은 법 제28조 제4항, 제5항), 그 신고사항은 등기신청서의 첨부서면은 아니다.

(4) 기 타

그 밖에 각 법률행위와 관련하여 개별법령에서 정하고 있는 허가 등의 요건을 갖추어야 한다. 각 개별법령에서 정하고 있는 모든 경우를 여기서 나열하기는 어렵다.[93] 여기서는 대표적인 몇 가지만 간략히 살펴보았다. 실무서에서는 농지취득자격증명도 이 경우에 해당한다고 설명하고 있으나, 이는 등기원인에 대한 허가가 아니고 법률에 의하여 요구되는 별개의 첨부서면이라고 보아야 하므로 뒤에서 따로 설명한다. 그리고 구체적인 사안에서 해당 등기신청의 대상인 거래가 이러한 규정에 해당하는지 여부를 판단하기도 어렵다.[94] 등기절차는 단순히

93) 행정관청의 허가 등이 필요한 경우에 관하여는 "등기원인에 대하여 행정관청의 허가 등을 요하는 경우의 업무처리 예규"(등기예규 제1638호)에 잘 정리되어 있다.

94) 예를 하나 들어본다. 회사의 이사, 주요주주나 그 배우자 및 직계존비속 등이 자기 또는 제3자의 계산으로 회사와 거래를 하기 위하여는 이사회의 승인을 받아야 한다(상법 제398조). 과거의 등기실무는 이 경우 이사회의 승인을 제3자의 허가 등이 필요한 경우로 보았으나, 현재는 여기에

형식적으로 첨부서면이 첨부되어 있는지만을 확인하는 절차가 아니다.

다. 주소 및 주민등록번호(또는 부동산등기용등록번호)를 증명하는 정보

(1) 등기를 신청하는 경우에는 등기권리자(새로 등기명의인이 되는 경우로 한정한다)의 주소(또는 사무소 소재지) 및 주민등록번호(또는 부동산등기용등록번호)를 증명하는 정보를 등기소에 제공하여야 한다. 다만, 소유권이전등기를 신청하는 경우 또는 규칙 제52조의2 제1항에 따라 등기의무자의 동일성 확인이 필요한 경우에는 등기의무자의 주소(또는 사무소 소재지)를 증명하는 정보도 제공하여야 한다(규칙 제46조 제1항 제6호).

이 정보를 제공하게 하는 취지는 허무인 명의의 등기를 막고, 잘못된 주소나 주민등록번호가 등기되지 않도록 하기 위함이다.[95] 주소와 주민등록번호는 동일성을 확인하는 자료가 되기 때문이다. 특히 주소는 또한 각종 재판절차에서의 송달을 위하여도 필요하기 때문에 정확히 등기할 필요가 있다. 아울러 소유권이전등기를 신청하는 경우에는 등기의무자가 등기기록상 등기명의인과 동일인인지 여부를 확인하기 위하여 등기의무자의 주소증명정보를 제공하게 하고 있다. 또한 신청정보의 등기의무자 표시 중 주민등록번호(또는 부동산등기용등록번호)는 등기기록과 일치하고 주소(또는 사무소 소재지)가 일치하지 아니하는 경우에도 주소를 증명하는 정보에 의하여 등기의무자의 동일성이 인정되는 경우에는 신청을 각하하지 아니하도록 함에 따라 이와 같은 경우에는 그 동일성 확인에 필요하므로 주소를 증명하는 정보를 제공하도록 하고 있다.[96]

(2) 주소를 증명하는 정보가 무엇인가에 관하여는 규정이 없으나 등기절차에서는 일반적으로 내국인은 주민등록법상의 주민등록정보를,[97] 법인은 법인등기사항증명정보를, 법인 아닌 사단이나 재단은 정관 기타의 규약이나 결의서를 제출하고 있다. 외국인에 관하여는 등기예규에서 자세히 설명하고 있다.[98] 공동상

해당하지 않는다고 보고 있다. "상법 제398조의 적용이 있는 경우의 등기업무처리지침"(등기예규 제1444호).

95) 주민등록번호는 1978. 12. 6. 부동산등기법 개정에서 처음으로 소유권의 보존과 이전에 관하여 신청서의 기재사항으로 규정되었고, 1983. 12. 31. 개정에서 등기권리자에 대하여 등기의 기재사항으로 되었다. 그리고 1986. 12. 23. 개정에서 부동산등기용등록번호제도가 신설되었다. 주민등록번호와 부동산등기용등록번호는 등기업무 전산화에 큰 도움이 되고 있다.

96) 자세한 사항은 뒤의 각하사유에서 설명한다.

97) 판례는 주민등록은 거주사실을 증명하는 유일한 증거는 아니나 유력한 증거가 될 수 있다고 한다. 대법원 2008.9.11. 2008다38035 판결; 대법원 2014.8.20. 2014다206044 판결.

속인 중 일부가 행방불명되어 주민등록이 말소된 경우에는 주민등록표등본을 첨부하여 그 최후 주소를 주소지로 하고, 그 주민등록표등본을 제출할 수 없는 경우에는 이를 소명하여 가족관계등록사항증명서 중 기본증명서상 등록기준지를 그 주소지로 하여 상속등기를 신청할 수 있도록 하고 있다.[99]

(3) 주민등록번호 또는 부동산등기용등록번호를 증명하는 정보로서 자연인은 주민등록정보를, 법인은 법인등기사항증명서를 제공하고, 법인 아닌 사단이나 재단 또는 외국인이나 주민등록번호가 없는 재외국민은 부동산등기용등록번호를 증명하는 정보를 제공하여야 한다. 부동산등기용등록번호의 부여절차에 관하여는 법 제49조에서 규정하고 있다.[100]

---

98) "재외국민 및 외국인의 부동산등기신청절차에 관한 예규"(등기예규 제1686호) 제13조(외국인의 주소증명정보)

① 외국인은 주소를 증명하는 정보로서 다음 각 호의 어느 하나에 해당하는 정보를 제공할 수 있다.

1. 「출입국관리법」에 따라 외국인등록을 한 경우에는 외국인등록 사실증명
2. 「재외동포의 출입국과 법적 지위에 관한 법률」에 따라 국내거소신고를 한 외국국적동포의 경우에는 국내거소신고 사실증명
3. 본국에 주소증명제도가 있는 외국인(예: 일본, 독일, 프랑스, 대만, 스페인)은 본국 관공서에서 발행한 주소증명정보
4. 본국에 주소증명제도가 없는 외국인(예: 미국, 영국)은 본국 공증인이 주소를 공증한 서면. 다만, 다음 각 목의 어느 하나에 해당하는 방법으로써 이를 갈음할 수 있다.
   가. 주소가 기재되어 있는 신분증의 원본과 원본과 동일하다는 뜻을 기재한 사본을 함께 등기소에 제출하여 사본이 원본과 동일함을 확인받고 원본을 환부받는 방법. 이 경우 등기관은 사본에 원본 환부의 뜻을 적고 기명날인하여야 한다.
   나. 주소가 기재되어 있는 신분증의 사본에 원본과 동일함을 확인하였다는 본국 또는 대한민국 공증이나 본국 관공서의 증명을 받고 이를 제출하는 방법
   다. 본국의 공공기관 등에서 발행한 증명서 기타 신뢰할 만한 자료를 제출하는 방법(예: 주한미군에서 발행한 거주사실증명서, 러시아의 주택협동조합에서 발행한 주소증명서)

② 외국인이 본국을 떠나 대한민국이 아닌 제3국에 체류하는 경우에 체류국에 주소증명제도가 있다면 체류국 관공서에서 발행한 주소증명정보를 제공할 수 있고(예: 스페인에 체류하는 독일인이 스페인 법령에 따라 주민등록을 하였다면 스페인 정부가 발행하는 주민등록정보를 제공), 체류국에 주소증명제도가 없다면 체류국의 공증인이 주소를 공증한 서면을 제공할 수 있다. 다만, 주소를 공증한 서면을 제공하는 경우에는 해당 국가에서의 체류자격을 증명하는 정보(예: 영주권확인증명, 장기체류 비자증명)를 함께 제공하여야 한다.

99) "공동상속인 중 일부의 주소증명 첨부불능시 처리"(등기예규 제1218호). 등기선례 9−221, 9−234도 참고.

100) 부동산등기용등록번호는 다음의 방법에 따라 부여한다(법 제49조 제1항).

1. 국가·지방자치단체·국제기관 및 외국정부의 등록번호는 국토교통부장관이 지정·고시한다.
2. 주민등록번호가 없는 재외국민의 등록번호는 대법원 소재지 관할 등기소의 등기관이 부여하고, 법인의 등록번호는 주된 사무소(회사의 경우에는 본점, 외국법인의 경우에는 국내에 최초로 설치 등기를 한 영업소나 사무소를 말한다) 소재지 관할 등기소의 등기관이 부여한다.

라. 인감증명

부동산등기규칙은 방문신청을 하는 경우로서 일정한 경우에는 신청서나 첨부서면에 인감을 날인하고[101] 그 인감증명을 제출하도록 하고 있다(제60조).[102] 거래에서 인감증명은 본인의사 확인의 중요한 수단으로 기능하고 있다. 여기서 부동산등기절차에서도 신청인이나 첨부서면에 날인한 사람의 진정한 의사를 확인함으로써 부실등기를 방지하고자 하는 취지에서 두게 된 규정이다. 인감증명을 제출하여야 하는 몇 가지 경우로는, 소유권의 등기명의인이 등기의무자로서 등기를 신청하는 경우 등기의무자의 인감증명,[103] 협의분할에 의한 상속등기를 신청하는 경우 상속인 전원의 인감증명, 등기신청서에 제3자의 동의 또는 승낙을 증명하는 서면을 첨부하는 경우 그 제3자의 인감증명 등을 들 수 있다. 규칙 제60조는 인감증명을 제출하여야 하는 경우를 8가지 열거하고 있으나, 그 밖에 실무에서는 당사자의 진정한 의사확인이 필요한 때에는 여기에 열거되어 있지 않아도 인감증명을 제출하도록 하는 경우가 있다.[104]

인감증명을 제출하여야 하는 자가 다른 사람에게 권리의 처분권한을 수여한

---

3. 법인 아닌 사단이나 재단 및 국내에 영업소나 사무소의 설치 등기를 하지 아니한 외국법인의 등록번호는 시장, 군수 또는 구청장이 부여한다.
4. 외국인의 등록번호는 체류지(국내에 체류지가 없는 경우에는 대법원 소재지에 체류지가 있는 것으로 본다)를 관할하는 지방출입국·외국인관서의 장이 부여한다.

재외국민의 등록번호 부여에 관하여는 대법원규칙인 「법인 및 재외국민의 부동산등기용등록번호 부여에 관한 규칙」에서 정하고 있고, 법인 아닌 사단·재단 및 외국인에 대하여는 대통령령인 「법인 아닌 사단·재단 및 외국인의 부동산등기용 등록번호 부여절차에 관한 규정」에서 정하고 있다(법 제49조 제2항). 외국인의 부동산등기용 등록번호 구성체계에 관하여는 출입국관리법 시행령상의 외국인등록번호의 체계에 따르도록 하고 있다(위 규정 제11조).

101) 실무에서 사용인감을 이용하는 경우가 있다. 법인의 대표자가 업무상 사용하는 인감이라는 취지를 기재하고 자신의 인감을 날인하여 거래에서 사용하는 도장이다. 그러나 이것은 당사자들이 업무편의를 위하여 사용하는 것이지 법령에 따라 등기소에 제출된 인감(상업등기법 제25조 제1항)이 아니어서 등기절차에서는 허용하지 않고 있다(등기선례 7-82).

102) 2024. 5. 7. 인감증명법 시행령의 개정에 따라 전자민원창구를 통하여 인감증명서(전자민원창구용)를 온라인으로 발급받을 수 있는 제도가 도입되었다. 그러나 송무, 등기, 공탁 또는 집행 등을 위해 법원에 제출하려는 경우에는 적용되지 않는다(인감증명법 시행령 제13조 제2항 제5호 가목).

103) 매매를 원인으로 한 소유권이전등기를 신청하는 경우에는 인감증명서 중 매수자란에 매수인의 인적 사항이 기재된 인감증명서를 제출하여야 한다. 이를 실무상 부동산 매도용 인감증명이라고 한다(인감증명법 시행령 제13조 제3항).

104) 실무상 규칙에 근거 없이 등기예규에서 인감증명을 제출하도록 규정하고 있다가 나중에 규칙에 규정을 두게 되는 경우가 있다.

경우에는 그 대리인의 인감증명을 함께 제출하여야 한다(규칙 제60조 제2항). 인감증명을 제출하여야 하는 자가 국가 또는 지방자치단체인 경우에는 인감증명을 제출할 필요가 없다(규칙 제60조 제3항). 해당하는 서면이 공정증서이거나 당사자가 서명 또는 날인하였다는 뜻의 공증인의 인증을 받은 서면인 경우에는 인감증명을 제출할 필요가 없다(규칙 제60조 제4항).

인감증명을 제출하여야 하는 자가 법인 또는 국내에 영업소나 사무소의 설치등기를 한 외국법인인 경우에는 등기소의 증명을 얻은 그 대표자의 인감증명을, 법인 아닌 사단이나 재단인 경우에는 그 대표자나 관리인의 인감증명을 제출하여야 한다. 법정대리인이 등기신청을 하거나 서류작성을 하는 경우에는 법정대리인의 인감증명을 제출하여야 한다. 인감증명을 제출하여야 하는 자가 재외국민인 경우에는 위임장이나 첨부서면에 본인이 서명 또는 날인하였다는 뜻의 재외공관 공증법에 따른 인증을 받음으로써 인감증명의 제출을 갈음할 수 있다. 인감증명을 제출하여야 하는 자가 외국인인 경우에는 인감증명법에 따른 인감증명 또는 본국의 관공서가 발행한 인감증명을 제출하여야 한다. 다만, 본국에 인감증명제도가 없고 또한 인감증명법에 따른 인감증명을 받을 수 없는 자는 신청서나 위임장 또는 첨부서면에 본인이 서명 또는 날인하였다는 뜻의 본국 관공서의 증명이나 본국 또는 대한민국 공증인의 인증(재외공관 공증법에 따른 인증을 포함)을 받음으로써 인감증명의 제출을 갈음할 수 있다(규칙 제61조).

법령에 의하여 인감을 날인하고 인감증명을 첨부하여야 하는 경우에 관련 서면에 서명을 하고 본인서명사실확인서 또는 전자본인서명사실확인서 발급증을 제출할 수 있다(본인서명사실 확인 등에 관한 법률 제13조 제2항).[105]

마. 기타 정보

(1) 등기상 이해관계 있는 제3자의 승낙에 관한 정보

등기상 이해관계 있는 제3자의 승낙이 필요한 경우에는 이를 증명하는 정보 또는 이에 대항할 수 있는 재판이 있음을 증명하는 정보를 등기소에 제공하여야 한다(규칙 제46조 제1항 제3호). 등기상 이해관계 있는 제3자의 승낙이 필요한 경우가 어떤 경우인지는 각 개별규정에서 정하고 있다. 권리의 변경이나 경정의 등기를 부기로 하는 경우(법 제52조 단서), 등기의 말소를 신청하는 경우(법 제57조), 말

105) “본인서명사실 확인 등에 관한 법률에 따른 등기사무처리지침”(등기예규 제1609호).

소된 등기의 회복을 신청하는 경우(법 제59조) 등이 있다. 구체적인 내용은 해당 부분에서 설명한다.

(2) 대표자의 자격 또는 대리인의 권한을 증명하는 정보

법인의 대표자로서 등기를 신청하는 경우에는 그 대표자의 자격을 증명하는 정보를 등기소에 제공하여야 한다(규칙 제46조 제1항 제4호, 제5호). 대표적인 예가 법인등기사항증명서이다. 다만, 법인의 등기사항증명정보는 그 등기를 관할하는 등기소와 부동산 소재지를 관할하는 등기소가 동일한 경우에는 그 제공을 생략할 수 있다(규칙 제46조 제5항).[106]

당사자의 대리인으로 등기를 신청하는 경우에는 그 권한을 증명하는 정보를 등기소에 제공하여야 한다(규칙 제46조 제1항 제5호). 임의대리의 경우에는 위임장을 제출하고 있다. 위임장에는 부동산의 표시, 등기원인과 그 연월일, 등기의 목적, 수임인의 성명과 주소, 위임의 취지, 위임인의 성명과 주소를 기재하고 위임인이 날인하거나 서명하여야 한다. 위임인이 인감증명을 제출하여야 하는 경우에는 인감증명법에 의하여 신고한 인감을 위임장에 날인하여야 한다(규칙 제60조 제1항). 실무에서는 대부분 등기예규로 정하여진 양식의 위임장을 사용하고 있다.[107] 법정대리인이 등기를 신청하는 경우에는 가족관계등록사항별증명서 또는 후견등기사항증명서를 제출하여야 한다.

공동으로 신청하는 권리에 관한 등기나 승소한 등기의무자가 단독으로 신청하는 권리에 관한 등기를 자격자대리인이 신청하는 경우에는 위임인이 등기의무자인지 여부를 확인하고 자필서명한 정보를 제공하도록 하고 있다(규칙 제46조 제1항 제8호).[108]

(3) 부동산의 표시를 증명하는 정보

소유권이전등기를 신청하는 경우에는 토지대장·임야대장·건축물대장 정보나 그 밖에 부동산의 표시를 증명하는 정보를 첨부정보로 등기소에 제공하여야

---

106) 이 규정은 종이등기부에 의하여 업무를 처리하던 시대의 유물이다. 법인등기와 부동산등기를 관할하는 등기소가 같은 경우에는 그 등기소에서 직접 법인등기를 열람하여 대표자의 자격을 확인할 수 있으므로 첨부를 면제시켰다. 지금은 모두 전산화되어 같은 등기소가 아니어도 전자적으로 열람이 가능하므로 등기소의 업무처리의 편의성 외에는 구별의 필요성이 없다.

107) "부동산 등기신청서의 양식에 관한 예규"(등기예규 제1639호)의 제20호 양식 참조.

108) 구체적인 사항은 "자격자대리인의 등기의무자 확인 및 자필서명 정보 제공에 관한 예규"(등기예규 제1802호) 참고.

한다(규칙 제46조 제1항 제7호). 부동산의 물리적 현황에 관하여 등기기록과 각종 대장의 표시를 일치시키기 위하여서이다. 이때 신청정보 또는 등기기록의 부동산 표시가 토지대장 등과 일치하지 아니하는 경우에는 등기신청을 각하하여야 한다(법 제29조 제11호).

(4) 개별법령에서 요구하는 정보

이상은 등기신청에서 일반적으로 요구되는 첨부정보이다. 그 밖에 개별법령에서 등기신청시의 첨부자료를 규정하고 있는 경우에는 그 자료를 첨부하여야 한다. 여기서는 그 예로 농지취득자격증명에 관하여 살펴보기로 한다.

농지의 취득에는 2단계의 제한이 있다. 하나가 **농지의 소유제한**이다. 농지법에 의하면, 농지는 그 소유가 제한되어 자기의 농업경영에 이용하거나 이용할 자가 아니면 소유하지 못한다(제6조 제1항. 다만, 주말·체험영농을 하려고 농업진흥지역 외의 농지를 소유하는 경우, 상속으로 농지를 취득한 경우, 농지전용허가를 받거나 농지전용신고를 한 자가 그 농지를 소유하는 경우, 농지전용협의를 마친 농지를 소유하는 경우 등 제6조 제2항에서 정하는 예외가 있다).[109] 다음으로 **농지취득자격증명제도**가 있다. 농지를 소유할 수 있는 경우라도 농지를 취득하려는 자는 시·구·읍·면의 장으로부터 농지취득자격증명을 받아야 하고(다만, 상속으로 농지를 취득하는 경우, 농지전용협의를 마친 농지를 소유하는 경우 등 농지법 제8조 제1항 단서의 예외가 있다), 그 소유권에 관한 등기[110]를 신청할 때에는 이를 첨부하여야 한다(제8조 제1항, 제6항). 농지취득자격증명에 관하여는 다소 규정이 복잡하다.[111] 거짓이나 부정한 방법으로 농지취득자격증명을 발급받은 경우에는 형사처벌의 제재(5년 이하의 징역 또는 해당 토지의 개별공시지가에 따른 토지가액에 해당하는 금액 이하의 벌금)가 있다(농지법 제57조).

농지의 정의는 농지법 제2조 제1호에서 규정하고 있다.[112] 농지에 대하여는

---

109) 농업경영이란 농업인이나 농업법인이 자기의 계산과 책임으로 농업을 영위하는 것을 말하므로 농업인이나 농업법인이 아니면 농지를 소유하지 못한다. 따라서 농지법 제6조 제2항에서 정한 예외에 해당하지 않는 한 농업법인 외의 법인이나 법인 아닌 사단 또는 재단은 농지를 취득할 수 없다. 등기선례 7－20, 7－405.

110) 여기서 소유권에 관한 등기는 소유권이전등기를 의미한다(부동산등기실무[Ⅰ], 295면). 따라서 농지에 대하여 증여계약을 해제하는 약정을 원인으로 하여 소유권이전등기의 말소등기를 신청하는 경우(등기선례 3－862), 농지에 대하여 소유권이전청구권가등기를 신청하는 경우(등기예규 제1632호 가등기에 관한 업무처리지침)에는 농지취득자격증명을 첨부할 필요가 없다.

111) 농지취득자격증명의 제출 여부에 관하여는 "농지의 소유권이전등기에 관한 사무처리지침"(등기예규 제1635호)에 잘 정리되어 있다.

현황주의를 취하여[113] 공부상 지목이 농지이더라도 실제의 토지 현상이 농지가 아니면 농지취득자격증명을 첨부할 필요가 없다. 이 경우 공부상 지목이 농지이지만 사실상 농지가 아니라는 사실을 등기절차에서 어떻게 증명할 것인지에 관하여 실무상 다소 혼란스러운 점이 있었다. 이에 관하여 실무에서는 농지취득자격증명신청서 반려통지서의 기재내용에 의하여 실제 농지가 아니라는 사실을 심사하도록 정리하였다.[114]

농지취득자격증명에 관하여는 등기원인에 대한 제3자의 허가 등이 필요한 경우로 일반적으로 설명하고 있으나, 농지취득자격증명은 농지를 취득하는 자가 그 소유권에 관한 등기를 신청할 때에 첨부하여야 할 서류로서 농지를 취득하는 자에게 농지취득의 자격이 있음을 증명할 뿐 농지취득의 원인이 되는 법률행위의 효력을 발생시키는 요건은 아니다.[115] 따라서 등기원인에 대한 제3자의 허가 등이 필요한 경우는 아니고 법률의 규정에 의하여 요구되는 첨부서면으로 보아야 한다.

바. 관련문제

(1) 행정정보 공동이용과 첨부정보 면제

첨부정보 중 법원행정처장이 지정하는 정보는 전자정부법 제36조 제1항에 따른 행정정보 공동이용을 통하여 등기관이 확인하고 신청인에게는 그 제공을

112) 1. "농지"란 다음 각 목의 어느 하나에 해당하는 토지를 말한다.
가. 전·답, 과수원, 그 밖에 법적 지목(地目)을 불문하고 실제로 농작물 경작지 또는 대통령령으로 정하는 다년생식물 재배지로 이용되는 토지. 다만, 「초지법」에 따라 조성된 초지 등 대통령령으로 정하는 토지는 제외한다.
나. 가목의 토지의 개량시설과 가목의 토지에 설치하는 농축산물 생산시설로서 대통령령으로 정하는 시설의 부지

113) 대법원 2007.5.31. 2006두8235 판결; 대법원 2009.4.16. 2007도6703 판결(전); 대법원 2015.3.12. 2013도10544 판결.

114) 실무에서는 법원의 판결서나 검증조서, 감정인의 감정평가서는 이에 해당하지 않는다고 보고 있다. 관할 관청이 발급한 농지취득자격증명신청 반려통지서의 반려사유에 의하여 증명하도록 하고 있으나, 그 기재가 관할 관청에 따라 달라 혼란이 있어 관할 부서와 협의하여 농림축산식품부 예규(농지취득자격증명 발급 심사요령)에 미발급 사유를 유형화하여 기재하도록 하였다. 자세한 내용은 부동산등기실무[Ⅰ], 301면 참조.

115) 대법원 1998.2.27. 97다49251 판결; 대법원 2006.1.27. 2005다59871 판결. 따라서 농지에 관한 소유권이전등기청구소송에서 비록 원고가 사실심 변론종결시까지 농지취득자격증명을 발급받지 못하였다고 하더라도 피고는 자신의 소유권이전등기의무가 이행불능임을 내세워 원고의 청구를 거부할 수 없다고 한다. 그러나 농지취득자격증명을 발급받지 못하였다면 농지에 관하여 소유권이전등기를 마쳤다고 하더라도 그 소유권을 취득하지 못한다. 대법원 2012.11.29. 2010다68060 판결.

면제한다. 다만, 그 첨부정보가 개인정보를 포함하고 있는 경우에는 그 정보주체의 동의가 있음을 증명하는 정보를 등기소에 제공한 경우에만 그 제공을 면제한다(규칙 제46조 제6항).

(2) 인감증명 등의 유효기간

등기신청서에 첨부하는 인감증명, 법인등기사항증명서, 주민등록표등본·초본, 가족관계등록사항별증명서 및 건축물대장·토지대장·임야대장 등본은 발행일부터 3개월 이내의 것이어야 한다(규칙 제62조).

(3) 첨부서면 원본 환부의 청구

방문신청에 의하여 첨부서면의 원본을 제출한 경우에 그 서류의 원본을 돌려받을 수 있다. 이를 첨부서면의 원본 환부라고 한다(규칙 제59조). 신청서에 첨부한 서류의 원본의 환부를 청구하는 경우에 신청인은 그 원본과 같다는 뜻을 적은 사본을 첨부하여야 하고, 등기관이 서류의 원본을 환부할 때에는 그 사본에 원본 환부의 뜻을 적고 기명날인하여야 한다. 다만, ① 등기신청위임장, 확인정보를 담고 있는 서면 등 해당 등기신청만을 위하여 작성한 서류와 ② 인감증명, 법인등기사항증명서, 주민등록표등본·초본, 가족관계등록사항별증명서 및 건축물대장·토지대장·임야대장 등 별도의 방법으로 다시 취득할 수 있는 서류에 대하여는 환부를 청구할 수 없다.

(4) 외국어 번역문 등

첨부정보가 외국어로 작성된 경우에는 그 번역문을 붙여야 한다(규칙 제46조 제8항). 그러나 번역에 대하여 공증을 받을 필요는 없다.[116)]

첨부정보가 외국 공문서이거나 외국 공증인이 공증한 문서인 경우에는 재외공관 공증법에 따라 공증담당영사로부터 문서의 확인을 받거나 외국공문서에 대한 인증의 요구를 폐지하는 협약에서 정하는 바에 따른 아포스티유(Apostille)를 붙여야 한다. 다만, 외국 공문서 등의 발행국이 대한민국과 수교하지 아니한 국가이면서 위 협약의 가입국이 아닌 경우와 같이 부득이한 사유로 문서의 확인을 받거나 아포스티유를 붙이는 것이 곤란한 경우에는 그러하지 아니하다(규칙 제46조 제9항).

---

116) 등기예규는 번역문에 번역인이 원문과 다름이 없다는 뜻과 번역인의 성명 및 주소를 기재하고 날인 또는 서명하여야 하며 번역인의 신분증 사본을 제공하도록 하고 있다. 다만, 번역문을 인증받아 제출하는 경우에는 그러하지 아니하다. "재외국민 및 외국인의 부동산등기신청절차에 관한 예규"(등기예규 제1686호) 제4조.

4. 참고사항

가. 판결 등 집행권원에 의한 등기의 신청

신청정보와 첨부정보는 등기신청의 핵심이 되는 자료이다. 여기서 우리 등기예규는 실무상 주요한 몇 가지 유형의 등기신청에 관하여 신청정보와 첨부정보를 중심으로 실무적인 내용을 잘 정리하여 규정하고 있다. 그 대표적인 유형의 하나가 판결 등 집행권원에 의한 등기의 신청이다. 법 제23조 제4항에 의하면 판결에 의한 등기는 승소한 등기권리자 또는 등기의무자가 단독으로 신청한다. 이에 관하여는 "판결 등 집행권원에 의한 등기의 신청에 관한 업무처리지침"(등기예규 제1786호)에 잘 정리되어 있다. 그 주요 내용은 판결의 요건, 신청인, 등기원인과 그 연월일, 첨부서면, 등기관의 심사범위이다. 그 내용을 간략히 소개하면 다음과 같다.

(1) 판결의 요건

여기서의 판결은 등기신청절차의 이행을 명하는 이행판결이어야 하며, 주문에 등기신청의사를 진술하는 내용이 있어야 한다.[117] 다만, 공유물분할판결의 경우에는 예외로 한다. 이 판결에는 등기권리자와 등기의무자가 나타나야 하며, 신청의 대상인 등기의 내용, 즉 등기의 종류, 등기원인과 그 연월일 등 신청서에 기재하여야 할 사항이 명시되어 있어야 한다.[118] 또한, 확정판결이어야 하므로 가

117) 집행권원에 반대급부와 상환으로 일정한 급부를 할 것을 표시한 경우 반대급부는 급부의무의 태양에 불과하여 집행력이 생기지 아니하므로, "피고는 원고로부터 △△부동산에 관한 소유권이전등기 절차를 이행 받음과 동시에 원고에게 ○○○원을 지급하라"는 취지의 판결이 확정된 경우, 피고는 위 판결문에 집행문을 부여 받아 단독으로 △△부동산에 관한 소유권이전등기를 신청할 수 없다. 등기선례 8-95.

118) 따라서 다음과 같은 경우에는 판결에 의하여 단독으로 등기를 신청할 수 없다.
① 등기신청절차의 이행을 명하는 판결이 아닌 경우
"○○재건축조합의 조합원 지위를 양도하라"와 같은 판결, "소유권지분 10분의 3을 양도한다"라고 한 화해조서, "소유권이전등기절차에 필요한 서류를 교부한다"라고 한 화해조서
② 이행판결이 아닌 경우
매매계약이 무효라는 확인판결에 의한 소유권이전등기의 말소등기신청, 통행권 확인판결에 의한 지역권설정등기의 신청, 재심의 소에 의하여 재심대상 판결이 취소된 경우 그 재심판결로 취소된 판결에 의하여 이루어진 소유권이전등기의 말소등기 신청, 피고의 주소를 허위로 기재하여 소송서류 및 판결정본을 그 곳으로 송달하게 한 사위판결에 의하여 소유권이전등기가 이루어진 후 상소심절차에서 그 사위판결이 취소·기각된 경우 그 취소·기각판결에 의한 소유권이전등기의 말소등기 신청
③ 신청서에 기재하여야 할 필수적 기재사항이 판결주문에 명시되지 아니한 경우

집행선고가 붙은 판결에 의하여는 단독으로 등기를 신청할 수 없다. 화해조서·인낙조서, 화해권고결정, 민사조정조서·조정에 갈음하는 결정, 가사조정조서·조정에 갈음하는 결정 등도 그 내용에 등기의무자의 등기신청에 관한 의사표시의 기재가 있는 경우에는 등기권리자가 단독으로 등기를 신청할 수 있다.[119]

(2) 신 청 인

승소한 등기권리자 또는 승소한 등기의무자는 단독으로 판결에 의한 등기신청을 할 수 있다. 패소한 등기의무자는 그 판결에 의하여 직접 등기권리자 명의의 등기신청을 하거나 승소한 등기권리자를 대위하여 등기신청을 할 수 없다.

승소한 등기권리자가 승소판결의 변론종결 후 사망하였다면, 상속인이 상속을 증명하는 서면을 첨부하여 직접 자기 명의로 등기를 신청할 수 있다.

공유물분할판결이 확정되면 그 소송 당사자는 원·피고인지 여부에 관계없이 그 확정판결을 첨부하여 등기권리자 또는 등기의무자 단독으로 공유물분할을 원인으로 한 지분이전등기를 신청할 수 있다.

채권자가 제3채무자를 상대로 채무자를 대위하여 등기절차의 이행을 명하는 판결을 얻은 경우 채권자는 법 제28조에 의하여 채무자의 대위 신청인으로서 그 판결에 의하여 단독으로 등기를 신청할 수 있다. 수익자를 상대로 사해행위취소판결을 받은 채권자는 채무자를 대위하여 단독으로 그 판결에 따른 등기를 신청할 수 있다.[120]

근저당권설정등기를 명하는 판결주문에 필수적 기재사항인 채권최고액이나 채무자가 명시되지 아니한 경우, 전세권설정등기를 명하는 판결주문에 필수적 기재사항인 전세금이나 전세권의 목적인 범위가 명시되지 아니한 경우

119) 중재판정에 의한 등기신청은 집행결정을, 외국판결에 의한 등기신청은 집행판결을 각 첨부하여야만 단독으로 등기를 신청할 수 있다. 공증인 작성의 공정증서는 설령 부동산에 관한 등기신청의무를 이행하기로 하는 조항이 기재되어 있더라도 등기권리자는 이 공정증서에 의하여 단독으로 등기를 신청할 수 없다. 가처분결정(판결)에 등기절차의 이행을 명하는 조항이 기재되어 있어도 등기권리자는 이 가처분결정 등에 의하여 단독으로 등기를 신청할 수 없다. 다만, 가등기권자는 법 제89조의 가등기가처분명령을 등기원인증서로 하여 단독으로 가등기를 신청할 수 있다.

120) 사해행위 취소로 인한 원상회복 판결의 효력은 소송의 당사자인 채권자와 수익자 또는 전득자에게만 미칠 뿐 채무자나 다른 채권자에게 미치지 아니하므로, 어느 채권자가 수익자를 상대로 사해행위 취소 및 원상회복으로 소유권이전등기의 말소를 명하는 판결을 받았으나 말소등기를 마치지 아니한 상태라면 소송의 당사자가 아닌 다른 채권자는 위 판결에 기하여 채무자를 대위하여 말소등기를 신청할 수 없다(대법원 2015.11.17. 2013다84995 판결).

(3) 등기원인과 그 연월일의 기재

등기절차의 이행을 명하는 판결에 의하여 등기를 신청하는 경우에는 그 판결주문에 명시된 등기원인과 그 연월일을 등기신청서에 기재한다. 등기절차의 이행을 명하는 판결주문에 등기원인과 그 연월일이 명시되어 있지 아니한 경우 등기신청서에는 등기원인은 “확정판결”로, 그 연월일은 판결선고일을 기재한다.

권리변경의 원인이 판결 자체, 즉 형성판결인 경우 등기신청서에는 등기원인은 판결에서 행한 형성처분을 기재하고, 그 연월일은 판결확정일을 기재한다. 예를 들어, 공유물분할판결의 경우 등기원인은 “공유물분할”로, 그 연월일은 판결확정일을 기재한다.

화해조서, 화해권고결정, 민사조정조서 등에 등기신청에 관한 의사표시의 기재가 있고 그 내용에 등기원인과 그 연월일의 기재가 있는 경우 등기신청서에는 그 등기원인과 그 연월일을 기재한다. 화해조서 등에 등기신청에 관한 의사표시의 기재가 있으나 그 내용에 등기원인과 그 연월일의 기재가 없는 경우 등기신청서에는 등기원인은 “화해”, “화해권고결정”, “조정” 등으로, 그 연월일은 조서기재일 또는 결정확정일을 기재한다.

(4) 첨부서면

판결에 의한 등기를 신청함에 있어 등기원인증서로서 판결정본과 그 판결이 확정되었음을 증명하는 확정증명서를 첨부하여야 한다. 조정조서, 화해조서 또는 인낙조서를 등기원인증서로서 첨부하는 경우에는 확정증명서를 첨부할 필요가 없다. 조정에 갈음하는 결정정본 또는 화해권고결정정본을 등기원인증서로서 첨부하는 경우에는 확정증명서를 첨부하여야 한다. 어느 경우나 송달증명서의 첨부는 요하지 않는다.

판결에 의한 등기를 신청하는 경우 원칙적으로 집행문의 첨부를 요하지 않는다. 그러나 등기절차의 이행을 명하는 판결이 선이행판결, 상환이행판결, 조건부 이행판결인 경우에는 집행문을 첨부하여야 한다. 다만, 등기절차의 이행과 반대급부의 이행이 각각 독립적으로 기재되어 있다면 그러하지 아니하다.[121] 또한, 당사

121) 예를 들어, “1. 원고는 피고에게 ○○까지 금○○원을 지급한다. 2. 피고는 원고에게 이 사건 부동산에 대한 소유권이전등기절차를 이행한다. 3. 소송비용은 각자 부담한다”라는 조정이 성립되었을 경우, 그 조정조서에 의하여 원고 명의로의 소유권이전등기를 신청할 때 집행문을 부여받지 않아도 된다. 등기선례 5-169.

자의 승계가 있는 경우 승계집행문을 부여받아 등기할 수 있는 경우도 있다.[122)]

판결에 의하여 소유권이전등기를 신청하는 경우 판결문상의 피고의 주소가 등기기록상 등기의무자의 주소와 다른 경우(등기기록상 주소가 판결에 병기된 경우 포함)에는 동일인임을 증명할 수 있는 자료로서 주소에 관한 서면을 제출하여야 한다(다만, 재판사무시스템상 또는 판결서상의 피고의 주민등록번호와 등기기록상 등기의무자의 주민등록번호가 동일하여 동일인임을 인정할 수 있는 경우에는 그러하지 아니하다).[123)]

(5) 등기관의 심사

판결에 의한 등기를 하는 경우 등기관은 원칙적으로 판결주문에 나타난 등기권리자와 등기의무자 및 이행의 대상인 등기의 내용이 등기신청서와 부합하는지를 심사하면 족하다. 그러나 예외적으로 등기관이 판결 이유를 고려하여 심사하여야 하는 경우도 있다. 예를 들어, 소유권이전등기가 가등기에 의한 본등기인지를 가리기 위하여 판결이유를 보는 경우, 명의신탁해지를 원인으로 소유권이전등기절차를 명한 판결의 경우 그 명의신탁이 「부동산 실권리자명의 등기에 관한 법률」에서 예외적으로 유효하다고 보는 상호명의신탁, 배우자 또는 종중에 의한 명의신탁인지 여부를 가리기 위한 경우 등을 들 수 있다.

나. 재외국민 및 외국인의 등기신청

세계가 글로벌화되면서 재외국민이나 외국인의 등기신청도 늘어나고 있다. 여기서 재외국민과 외국인의 등기신청에 관하여 "재외국민 및 외국인의 부동산

---

122) 판결에 의한 등기신청과 승계집행문에 관하여는 등기예규에서 자세히 정하고 있다. 다만, 이와 관련 최근에 나온 대법원 2017.12.28. 2017그100 결정을 참고할 필요가 있다. 그 요지는 다음과 같다. "민사집행법 제263조 제2항과 같이 반대의무의 이행 등과 같은 조건이 부가된 것이 아니라 단순하게 의사의 표시를 명하는 경우에 판결 확정시에 의사표시가 있는 것으로 간주된다. 의사표시 간주의 효과가 생긴 후에 등기권리자의 지위가 승계된 경우에는 부동산등기법의 규정에 따라 등기절차를 이행할 수 있을 뿐이고 원칙적으로 승계집행문이 부여될 수 없다."

123) 판례에 의하면, 판결에 기재된 피고의 주소가 등기기록에 기록된 등기의무자의 주소와 다르고 주민등록등·초본에 의하여 피고와 등기의무자가 동일인임을 증명할 수 없는 경우, 승소 확정판결을 받은 당사자가 피고의 주소가 등기기록상 주소로 기재된 판결을 받기 위하여 전소의 상대방이나 그 포괄승계인을 상대로 동일한 소유권이전등기청구의 소를 다시 제기하는 것은 권리보호의 이익이 없어 부적법하다고 한다. 이 경우 판결에 기재된 피고가 등기의무자와 동일인이라면 등기권리자는 등기절차에서 등기의무자의 주소에 관한 자료를 첨부정보로 제공하여 등기를 신청할 수 있고, 등기관이 등기신청을 각하하면 등기관의 처분에 대한 이의신청의 방법으로 불복할 수 있다. 등기신청에 대한 각하결정이나 이의신청에 대한 기각결정에는 기판력이 발생하지 않으므로 각하결정 등을 받더라도 추가 자료를 확보하여 다시 등기신청을 할 수 있다. 대법원 2017.12.22. 2015다73753 판결.

등기신청절차에 관한 예규"(등기예규 제1778호)에서 실무적인 사항이 잘 정리되어 있다. 주요한 내용은 인감증명서, 주소를 증명하는 정보, 부동산등기용등록번호 등과 총칙적인 사항으로 외국공문서에 대한 확인, 번역문, 처분권한의 위임에 따른 등기신청, 국적이 변경된 경우의 조치, 부동산양도신고확인서 제도 등이다.

다. 부동산거래관련 인허가제도

신청정보와 첨부정보는 등기신청의 원인이 되는 거래가 적법하고 유효하게 이루어졌음을 입증하는 자료들이다. 부동산거래를 위하여는 민법상의 법률행위의 성립요건 및 유효요건을 갖추어야 하겠지만, 그것만으로 충분하지 않다. 부동산이 우리 사회에서 가지는 중요성이 큰 만큼 부동산거래와 관련하여 각종 법령에서 인허가 등의 요건을 규정하고 있다. 그러한 규정은 점점 더 복잡해지고 있다. 부동산등기법을 올바로 이해하기 위하여는 부동산거래 관련 각종 법령의 규정에 대하여도 관심을 가질 필요가 있다.

Ⅳ. 등기신청과 관련하여 부과된 의무

1. 부동산 거래에 따르는 비용

법 제29조는 취득세, 등록면허세(등록에 대한 등록면허세만 해당한다) 또는 수수료를 내지 아니하거나 등기신청과 관련하여 다른 법률에 따라 부과된 의무를 이행하지 아니한 경우 등기관은 등기의 신청을 각하하도록 규정하고 있다. 여기서 "등기신청과 관련하여 다른 법률에 따라 부과된 의무"가 무엇인지는 명확하지 아니하다. 문언 그대로 해석하면 각종 법령의 준수가 모두 포함되게 되어 그 범위가 넓어질 수 있으나, 실무에서는 일반적으로 취득세, 등록면허세 등을 납부하지 아니한 경우와 나란히 규정된 점에 비추어 등기신청과 관련하여 납부하여야 하는 각종 금전적 납부의무를 이행하지 아니한 경우로 보고 있다.

여기서 부동산 거래에 따르는 비용이라는 관점에서 이 문제를 살펴보고자 한다. 부동산은 그 가액이 큰 만큼 거래에 따르는 비용도 고액이 든다. 단지 매매대금만을 생각하고 부동산거래를 하였다가는 많은 어려움이 생길 수 있다. 부동산 거래에서는 이들 여러 비용도 고려하여야 한다. 부동산 거래에 따르는 비용으로는 무엇이 있을까? 우선 세금이 있다. 세금에는 등기신청과 직접 관련된 세금과 직접 관련되지는 않으나 부동산 거래에 따르는 세금이 있다.[124] 세금 외에도 등기신청과 관련하여 들어가는 비용으로 국민주택채권 매입비용, 등기신청수수료, 변호사나 법무사 보수 등을 들 수 있다. 그 밖의 부동산 거래비용으로 중개수수료, 이사비용 등도 고려하여야 한다.

오늘날 부동산거래와 관련하여 부동산등기가 차지하는 역할이 커지다 보니 각종 행정 목적을 위한 금전적 납부의무의 부과를 부동산등기와 연계시키려는 경향이 강하다. 본래 조세부과 등 각종 행정 목적을 위하여 만들어진 공부는 대장제도이다. 부동산등기는 사인간의 거래에 따르는 권리관계를 공시하기 위한 제도이다. 그럼에도 부동산등기를 통하여 이러한 행정목적을 달성하려고 한다. 부동산등기의 역할이 그만큼 중요시되고 있다는 의미이기도 하다.

2. 취득세 또는 등록면허세

(1) 부동산등기신청과 관련된 주요한 세금으로는 취득세 또는 등록면허세, 그리고 그와 관련된 부가세가[125] 있다. 종래에는 취득세와 등록세가 별개의 세금이어서 등기를 하는 경우에는 등록세를 납부하고, 이와 별도로 부동산 취득에 대하여는 취득세를 납부하여야 하였으나, 지방세법의 개정에 의하여 2011. 1. 1.부터 취득세와 등록세가 통합되고 등록면허세가 신설되었다. 그리하여 권리의 취득 및 이전에 관하여는 취득세를, 권리의 설정, 변경 및 소멸에 관하여는 등록면허

124) 세금 문제는 상당히 복잡하다. 부동산과 세금에 관하여는 국세청 홈페이지(https://www.nts.go.kr) 중 「부동산과 세금」이라는 제목의 책자에 잘 정리되어 있다(국세정보-국세청 발간책자). 도표로 정리한 내용을 인용하면 다음과 같다.

구분	국세	지방세제	
		지방세	관련 부가세
취득시	인지세(계약서 작성시)	취득세	농어촌특별세(국세) 지방교육세
	상속세(상속받은 경우)		
	증여세(증여받은 경우)		
보유시	종합부동산세(일정기준 금액 초과시) 농어촌특별세(종합부동산세 관련 부가세)	재산세	지방교육세 지역자원시설세
처분시	양도소득세	지방소득세(소득분)	해당 없음

125) 취득세, 등록면허세를 신고하고 납부하는 때에는 그에 대한 지방교육세를 함께 신고하고 납부하여야 한다(지방세법 제152조). 지방교육세에 대한 납세명세는 취득세(등록면허세) 영수필확인서에 함께 표시된다. 또한 등록면허세의 감면을 받는 자 또는 취득세의 납세의무자는 농어촌특별세를 납부할 의무가 있다(농어촌특별세법 제3조).

세를 납부하도록 하고 있다.

취득세 과세물건을 취득한 자는 그 취득한 날부터 60일(상속으로 인한 경우는 상속개시일이 속하는 달의 말일부터 6개월) 이내에 취득세액을 신고하고 납부하여야 하며, 그 기한 이내에 재산권과 그 밖의 권리의 취득·이전에 관한 사항을 공부에 등기하거나 등록하려는 경우에는 등기 또는 등록 신청서를 등기·등록관서에 접수하는 날까지[126] 취득세를 신고·납부하여야 한다(지방세법 제20조 제1항, 제4항).

재산권과 그 밖의 권리의 설정·변경 또는 소멸에 관한 사항을 공부에 등기하거나 등록하는 것을 등록이라 하며, 등록을 하려는 자는 등록을 하기 전까지 부동산 소재지를 관할하는 지방자치단체의 장에게 등록면허세액을 신고하고 납부하여야 한다(지방세법 제23조, 제24조, 제30조 제1항). 여기서 등기 또는 등록을 하는 자는 단독신청에서는 등기신청인을, 공동신청에서는 등기권리자를 의미한다.

납세의무자는 과세표준에[127] 세율을[128] 적용하여 산출한 세액을 부동산 소

126) 2018. 12. 31. 법률 제16194호로 개정되기 전의 지방세법에는 "등기 또는 등록을 하기 전까지"로 되어 있었다(제20조 제4항). 그리고 시행령에서 여기서 등기 또는 등록을 하기 전까지는 등기 또는 등록의 신청서를 등기·등록관서에 접수하는 날까지로 규정하였다(구 지방세법 시행령 제35조, 제48조). 이 점에 관하여 실무상 종종 문제가 발생하는 경우가 있다. 실무상 등기신청서를 먼저 접수하고 취득세는 그 다음날 보완하는 경우가 있다. 그런데 이렇게 하다가는 거액의 가산세를 부담하게 될 수 있다. 서울중앙지방법원 2016.7.14. 2015가합563527 손해배상(기)사건이 그 한 예이다. 이 사건은 2015. 3. 4. 소유권이전등기신청서를 접수하고 취득세를 그 다음날인 2015. 3. 5. 납부하였다가 거액의 무신고가산세(신고불성실가산세 387,632,840원, 납부불성실가산세 1,162,890원)를 부과받은 사례이다. 이 사건에서 등기신청을 위임받은 법무사의 손해배상책임을 인정하였다.

대법원 2020.10.15. 2017두47403 판결에서는 위 지방세법 시행령이 모법인 지방세법의 규율범위를 벗어난 것으로 무효인지 여부가 문제되었다. 원심인 대전고등법원은 위 시행령 조항이 조세법률주의 원칙 및 법률유보 원칙에 위반되어 무효라고 판단하였으나, 대법원은 무효라고 볼 수 없다고 하였다. 이 사건에서 원고는 2015. 6. 3. 소유권이전등기 신청서를 제출하고 그 다음날인 2015. 6. 4. 취득세를 신고 납부하였다가 2016. 5. 25. 취득세 무신고가산세 등으로 8,400여 만 원을 부과 받았다.

등기절차적인 측면에서 본다면 지극히 정상적인 절차에 의하여 등기가 이루어졌음에도 거액의 가산세를 부과하는 것이 타당한가 하는 점에서 아쉬움이 많은 판결이다. 현재는 위 지방세법의 규정이 "등기 또는 등록 신청서를 등기·등록관서에 접수하는 날까지"로 개정되었다.

127) 취득세의 과세표준은 취득 당시의 가액으로, 등록면허세의 과세표준은 등기 당시의 가액으로 한다. 이 가액은 취득자 또는 등록자가 신고한 가액으로 하되, 신고 또는 신고가액의 표시가 없거나 그 신고가액이 시가표준액보다 적을 때에는 그 시가표준액으로 한다(지방세법 제10조, 제27조).

128) 취득세의 세율은 취득원인과 부동산의 종류에 따라 1천분의 10부터 1천분의 40까지로 정하여져 있고(지방세법 제11조), 등록면허세의 세율은 등기의 종류에 따라 건당 6천원의 정액부터 1천분의 20까지 정하여져 있다(지방세법 제28조).

재지를 관할하는 지방자치단체의 장에게 신고하고 납부하여야 한다(지방세법 제8조 제1항 제1호, 제20조, 제25조 제1항 제1호, 제30조).[129] 취득세나 등록면허세를 납부받은 기관은 납세자 보관용 영수필 통지서, 영수필 통지서(등기·등록관서의 시·군·구 통보용) 및 영수필 확인서 각 1부를 납세자에게 내주어야 한다(지방세법 시행령 제33조 제3항, 제48조 제5항).

(2) 등기를 신청하는 경우에는 취득세나 등록면허세 등 등기와 관련하여 납부하여야 할 세액 및 과세표준액을 신청정보의 내용으로 등기소에 제공하여야 하고(규칙 제44조 제1항),[130] 영수필확인서를 등기신청서에 첨부하여야 한다. 여러 개의 등기소의 관할에 걸쳐 있는 여러 개의 부동산에 관한 권리의 등기를 신청할 때에는 최초의 등기를 신청하면서 등록면허세의 전액을 납부하여야 하고, 이어서 다른 등기소에 등기를 신청하는 경우에는 최초의 등기를 신청하면서 등록면허세 등을 전액 납부한 사실을 신청정보의 내용으로 등기소에 제공하면 된다(규칙 제45조).

등기관이 등기신청서를 조사할 때에는, 취득세(등록면허세) 영수필확인서[시·군·구작성의 전산처리된 용지(OCR고지서)이어야 함. 다만, 지방세인터넷납부시스템(WETAX 또는 ETAX)을 이용하여 납부한 후 출력한 납부서 또는 대법원 인터넷등기소의 정액등록면허세납부서 작성기능을 이용해 작성한 정액등록면허세납부서에 의한 것도 가능]의 첨부 여부와 그 납세명세를 조사·확인하여야 한다.[131]

3. 국민주택채권

국가 또는 지방자치단체에 등기·등록을 신청하는 자 중 대통령령으로 정하는 자는 국민주택채권을 매입하여야 한다(주택도시기금법 제8조 제1항 제2호). 국민주택채권을 매입하여야 하는 자와 그 매입기준은 주택도시기금법 시행령(제8조 제2항 및 별표) 및 주택도시기금법 시행규칙(제6조 및 별표 1)에서 정하고 있다.

부동산등기에 있어 그 매입대상은 소유권의 보존(건축물의 경우를 제외한다) 또

---

129) 지방세 인터넷납부시스템을 이용하여 신고하고 납부할 수 있다. 서울에서는 ETAX시스템(https://etax.seoul.go.kr), 기타 지역은 WeTAX시스템(https://www.wetax.go.kr)에서 납부할 수 있다. 또한, 휴대전화앱을 통하여도 납부할 수 있다.

130) 몇 가지 등기유형에 관하여는 "등기신청시 납부할 취득세 및 등록면허세 등에 관한 예규"(등기예규 제1744호)에 잘 정리되어 있다.

131) 취득세(등록면허세) 등의 납부 확인 및 소인 등에 관한 예규(등기예규 제1566호).

는 이전, 저당권의 설정 및 이전(저당권의 설정금액이 2천만원 이상인 경우에만 해당한다. 신탁 또는 신탁종료에 따라 수탁자 또는 위탁자에게 저당권을 이전하는 경우는 제외한다)의 경우이다. 매입금액은 지역별·시가표준액별로 시가표준액의 1,000분의 8부터 1,000분의 50까지 또는 저당권설정금액의 1,000분의 10에 해당하는 금액이다.[132] 국민주택채권을 매입하여야 하는 자는, 소유권보존등기 또는 소유권이전등기에서는 그 등기명의자, 저당권의 설정에서는 저당권설정자, 저당권의 이전에서는 저당권을 이전받는 자이다(위 법 시행규칙 제7조 제2항).

국민주택채권은 증권을 발행하지 아니하고 한국예탁결제원에 등록하여 발행한다(위 법 시행령 제7조 제1항). 국민주택채권의 매출업무는 국토교통부장관이 지정하는 금융기관이 취급한다(위 법 시행령 제7조 제1항). 채권사무취급기관은 국민주택채권을 매출하는 때에는 매입금액, 매입자의 성명 등을 채권관리정보시스템에 입력하여 저장·관리하여야 한다(위 법 시행규칙 제3조 제1항). 이렇게 국민주택채권 발행으로 조성된 자금은 주택도시기금의 재원이 되어 국민주택의 건설, 국민주택규모 이하의 주택의 구입·임차 또는 개량 등에 이용된다(주택도시기금법 제5조, 제9조).

등기를 신청하는 경우에는 국민주택채권 매입금액 등을 신청정보의 내용으로 등기소에 제공하여야 하고(규칙 제44조 제2항), 등기소에서는 등기신청서를 접수하는 때에 국민주택채권의 매입내역을 채권관리정보시스템을 통하여 조회·확인하여야 한다(위 법 시행규칙 제8조 제1항). 매입금액의 심사를 위한 시가표준액은 등기신청시 첨부한 취득세(등록면허세) 영수필확인서에 기재된 시가표준액으로 계산한다.

4. 등기신청수수료

등기를 하려고 하는 자는 대법원규칙으로 정하는 바에 따라 수수료를 내야 한다(법 제22조 제3항). 등기신청수수료에 관하여는 「등기사항증명서 등 수수료규칙」에서 정하고 있다.

등기신청수수료는 등기신청인이 이를 납부하는데 등기권리자와 등기의무자의 공동신청에 의하는 경우에는 등기권리자가 이를 납부하여야 한다.[133]

132) 실무에서는 대부분 할인을 하므로 실제 소요되는 금액은 할인율 정도라고 할 수 있다.

수수료의 금액은 등기의 목적별로 매 부동산마다 15,000원과 3,000원의 두 종류가 있고(위 규칙 제5조의2), 수수료를 받지 아니하거나(위 규칙 제5조의2 제2항 단서), 면제되는 경우가 있다(위 규칙 제7조). 전자신청과 전자표준양식에 의한 신청에서는 수수료 금액이 할인된다(위 규칙 제5조의5).

납부방법은 인터넷등기소(http://www.iros.go.kr)를 이용하여 전자적인 방법(신용카드, 계좌이체, 선불형지급수단)으로 납부하고 출력한 영수필확인서를 첨부하거나, 법원행정처장이 지정하는 수납금융기관 또는 무인발급기에 현금으로 납부한 후 발급받은 영수필확인서를 첨부하여야 한다(위 규칙 제6조 제3항).

5. 기 타

국내에서 재산에 관한 권리 등의 창설·이전 또는 변경에 관한 계약서나 이를 증명하는 그 밖의 문서를 작성하는 자는 해당 문서를 작성할 때에 그 문서에 대한 인지세를 납부할 의무가 있다(인지세법 제1조 제1항). 인지세를 납부하여야 하는 문서 및 그 세액에 관하여는 인지세법 제3조 제1항에서 정하고 있다. 과세문서에는 「전자문서 및 전자거래 기본법」에 따른 전자문서를 포함한다.

인지세는 과세문서에 전자수입인지를 첨부하여 납부한다(인지세법 제8조 제1항). 실무에서는 등기관이 등기신청서를 조사할 때 전자수입인지의 첨부 여부 및 그 구매정보상의 수입인지금액의 정확 여부 등을 조사·확인하도록 하고 있다.[134]

Ⅴ. 등기신청의 취하

당사자 또는 그 대리인은 등기신청을 취하할 수 있다. 다만, 등기신청 대리인이 등기신청을 취하하는 경우에는 취하에 대한 특별수권이 있어야 한다. 등기신청이 등기권리자와 등기의무자의 공동신청에 의하거나 등기권리자 및 등기의무자 쌍방으로부터 위임받은 대리인에 의한 경우에는, 그 등기신청의 취하도 등기권리자와 등기의무자가 공동으로 하거나 등기권리자 및 등기의무자 쌍방으로

133) "등기신청수수료 징수에 관한 예규"(등기예규 제1629호).

134) "취득세(등록면허세) 등의 납부 확인 및 소인 등에 관한 예규"(등기예규 제1566호). 과연 등기관이 조사할 사항인지 의문이다.

부터 취하에 대한 특별수권을 받은 대리인이 할 수 있고, 등기권리자 또는 등기의무자 어느 일방만에 의하여 그 등기신청을 취하할 수는 없다.[135]

등기신청의 취하는 등기관이 등기를 마치기 전까지 할 수 있다(규칙 제51조 제1항). 수개의 부동산에 관한 등기신청을 일괄하여 동일한 신청서에 의하여 한 경우 그중 일부 부동산에 대하여만 등기신청을 취하할 수도 있다. 취하는 방문신청의 경우에는 취하서를 제출하는 방법으로, 전자신청의 경우에는 취하정보를 전자문서로 등기소에 송신하는 방법으로 한다(규칙 제51조 제2항). 취하한 경우 등기신청서와 그 부속서류는 신청인 또는 그 대리인에게 돌려준다.

Ⅵ. 관련문제

1. 등기신청의무가 있는 경우

원칙적으로 실체법상 부동산 물권변동을 목적으로 하는 법률행위가 있어도 그에 따른 등기신청 의무는 없다. 다만, 등기를 하지 않으면 물권변동의 효력이 생기지 않으므로 간접적으로 등기신청을 강제할 뿐이다. 그러나 일정한 경우에는 등기신청의무를 부담한다.

가. 부동산등기법상 등기신청의무

부동산의 표시에 변경이 있는 경우에 그 소유권의 등기명의인은 일정한 기간 내에 그 변경에 따른 등기를 신청하여야 한다. 부동산의 표시에 관한 등기부와 대장의 기재를 일치시키기 위하여서이다. 구체적으로 살펴보면 다음과 같다.

토지에 대하여는 토지의 분할, 합병이 있는 경우와 토지 등기기록 표제부의 등기사항에 변경이 있는 경우에 그 토지 소유권의 등기명의인은 그 사실이 있는 때부터 1개월 이내에 그 등기를 신청하여야 한다(법 제35조). 이 의무 위반에 대한 벌칙규정은 없다. 토지의 표시에 변동이 발생한 때에는 지적소관청이 등기촉탁의 의무가 있어 소유자에게 제재를 가하기는 부당하기 때문이다.

건물에 대하여는 건물의 분할, 구분, 합병이 있는 경우와 건물 등기기록 표제부의 등기사항에 변경이 있는 경우, 건물이 멸실된 경우에 그 건물 소유권의 등기명의인은 그 사실이 있는 때부터 1개월 이내에 그 등기를 신청하여야 한다

135) "서면에 의한 등기신청(e−form 신청 포함)의 취하에 관한 예규"(등기예규 제1643호).

(법 제41조 제1항, 제43조 제1항).[136] 구분건물로서 표시등기만 있는 경우에는 소유권보존등기를 신청할 수 있는 자가 그 등기를 신청하여야 한다(법 제41조 제2항). 소유권보존등기가 되어 있지 않아 소유권의 등기명의인이 없으므로 소유권보존등기를 신청할 수 있는 자가 신청하도록 하고 있다.

나. 부동산등기 특별조치법상 등기신청의무

부동산등기 특별조치법은 소유권이전을 내용으로 하는 계약을 체결한 자에게 등기신청의무를 부과하고 있다. 미등기전매를 통한 부동산거래에 따른 세금의 포탈과 부동산 투기 방지를 위한 조치이다. 중간생략등기를 금지하는 규정이다.

(1) 먼저, **소유권이전등기 신청의무**가 있는 경우이다. 부동산의 소유권이전을 내용으로 하는 계약을 체결한 자는 반대급부의 이행이 완료된 날[137](편무계약인 때에는 계약의 효력이 발생한 날)부터 60일 이내에 소유권이전등기를 신청하여야 한다(제2조 제1항).

부동산의 소유권을 이전받는 내용의 계약을 체결한 자가 반대급부의 이행이 완료된 날(편무계약인 때에는 계약의 효력이 발생한 날) 이후에 그 부동산에 대하여 다시 제3자와 소유권이전을 내용으로 하는 계약이나 제3자에게 계약당사자의 지위를 이전하는 계약을 체결하고자 할 때에는 그 제3자와 계약을 체결하기 전에 먼저 체결된 계약에 따라 소유권이전등기를 신청하여야 한다(제2조 제2항).

부동산의 소유권을 이전받는 내용의 계약을 체결한 자가 반대급부의 이행이 완료된 날(편무계약인 때에는 계약의 효력이 발생한 날) 전에 그 부동산에 대하여 다시 제3자와 소유권이전을 내용으로 하는 계약을 체결한 때에는 먼저 체결된 계약의 반대급부 이행이 완료되거나 계약의 효력이 발생한 때부터 60일 이내에 먼저 체결된 계약에 따라 소유권이전등기를 신청하여야 한다(제2조 제3항).

여기서 위 법 제2조 제2항과 제3항의 차이를 잘 이해할 필요가 있다. 제2항에 의하면 반대급부의 이행이 완료된 날 이후에 다시 제3자와 소유권이전을 내용으로 하는 계약이나 계약당사자의 지위를 이전하는 계약을 체결할 때에는 먼저

---

136) 이 의무 위반에 대하여 과태료(50만 원 이하) 부과규정이 있었으나(구법 제112조), 건축물대장의 기재 내용이 변경되는 경우 지방자치단체의 장이 관할 등기소에 건물의 표시변경등기를 촉탁하도록 건축법(제39조)이 개정됨에 따라 삭제되었다.

137) 여기서 이행이 완료된 날은 계약서에 기재된 반대급부 이행일이 아니라 실제로 반대급부가 이행된 날을 의미한다. 등기선례 3-932, 9-200.

체결된 계약에 따라 소유권이전등기를 신청하여야 한다. 반면, 제3항에 의하면 반대급부의 이행이 완료된 날 전에 제3자에게 소유권이전을 내용으로 하는 계약을 체결한 때에만 먼저 체결된 계약에 따라 소유권이전등기를 하도록 하고, 제3자에게 계약당사자의 지위를 이전하는 계약을 체결한 때에는 먼저 체결된 계약에 따른 소유권이전등기를 신청할 의무가 없다.[138)]

(2) 다음으로 **소유권보존등기 신청의무**가 있는 경우이다. 소유권보존등기가 되어 있지 아니한 부동산에 대하여 소유권이전을 내용으로 하는 계약을 체결한 자는 그 계약을 체결한 날(계약을 체결한 후에 소유권보존등기를 신청할 수 있게 된 경우에는 소유권보존등기를 신청할 수 있게 된 날)부터 60일 이내에 소유권보존등기를 신청하여야 한다(제2조 제5항).

(3) 등기권리자가 상당한 사유 없이 위 제2조 각항의 규정에 의한 등기신청을 게을리한 때에는 **과태료의 제재**를 받는다(위 법 제11조 제1항).[139)] 나아가 장기미등기자에 대하여는 과징금의 제재가 있다. 이에 관하여는 다음 항에서 살펴본다. 특히 조세부과를 면하려 하거나 다른 시점간의 가격변동에 따른 이득을 얻으려 하거나 소유권 등 권리변동을 규제하는 법령의 제한을 회피할 목적으로 위 제2조 제2항 또는 제3항의 규정에 위반한 때에는 3년 이하의 징역이나 1억 원 이하의 벌금에 처한다(위 법 제8조 제1호).

(4) 또한 **등기원인 허위 기재 등도 금지**된다. 위 규정에 의하여 소유권이전등기를 신청하여야 할 자는 그 등기를 신청함에 있어서 등기신청서에 등기원인을 허위로 기재하여 신청하거나 소유권이전등기 외의 등기를 신청하여서는 아니된다(위 법 제6조). 이 규정에 위반한 때에도 3년 이하의 징역이나 1억 원 이하의 벌금에 처한다(위 법 제8조 제2호).

2. 실권리자명의 등기의무

다른 사람 이름으로 등기하는 것을 명의신탁이라 하는데, 「부동산 실권리자

---

138) 여기서 분양권 전매에 따른 등기의 실무를 설명할 수 있다. 주택분양계약을 체결하여 분양권을 취득한 자가 당해 주택에 대한 계약당사자의 지위(수분양자로서의 지위)를 제3자에게 이전하는 계약을 체결한 경우, 그 지위 이전계약의 체결일이 잔금지급일 전인 때에는 먼저 체결된 계약의 매도인(주택분양자)으로부터 지위 이전계약의 양수인 앞으로 직접 소유권이전등기를 신청할 수 있게 된다. 등기선례 6－276, 7－36 참고.

139) 부동산등기 특별조치법에 따른 과태료 부과·징수규칙 참조.

명의 등기에 관한 법률」은 명의신탁을 금지하고 있다. 그 취지는 부동산에 관한 소유권과 그 밖의 물권을 실체적 권리관계와 일치하도록 실권리자 명의로 등기하게 함으로써 부동산등기제도를 악용한 투기·탈세·탈법행위 등 반사회적 행위를 방지하고 부동산 거래의 정상화와 부동산 가격의 안정을 이루기 위하여서이다(동법 제1조). 부동산실명법은 누구든지 부동산에 관한 물권을 명의신탁약정에 따라 명의수탁자의 명의로 등기하여서는 아니된다고 하여 실권리자명의 등기의무를 규정하고 있다(제3조 제1항).

이 법에 의하여 명의신탁약정은 무효로 하고,[140] 명의신탁약정에 따른 등기로 이루어진 부동산에 관한 물권변동도 무효로 한다(제4조). 다만, 종중이 보유한 부동산에 관한 물권을 종중 외의 자의 명의로 등기한 경우, 배우자 명의로 부동산에 관한 물권을 등기한 경우, 종교단체의 명의로 그 산하 조직이 보유한 부동산에 관한 물권을 등기한 경우로서, 조세포탈, 강제집행의 면탈 또는 법령상 제한의 회피를 목적으로 하지 아니한 경우에는 그러하지 아니하다(제8조).

실권리자명의 등기의무 위반에 대하여는 **과징금, 이행강제금, 형사처벌 등의 여러 제재**가 있다. 이에 위반한 명의신탁자에 대하여는 해당 부동산 가액의 100분의 30에 해당하는 금액의 범위에서 과징금을 부과한다(제5조 제1항 제1호). 과징금을 부과받은 자는 지체 없이 해당 부동산에 관한 물권을 자신의 명의로 등기하여야 하고, 과징금 부과일부터 1년이 지난 때에는 부동산평가액의 100분의 10에 해당하는 금액을, 다시 1년이 지난 때에는 100분의 20에 해당하는 금액을 이행강제금으로 부과한다(제6조). 그리고 형사처벌의 제재도 있다. 실명등기의무를 위반한 명의신탁자는 5년 이하의 징역 또는 2억원 이하의 벌금에, 명의수탁자는 3년

140) 명의신탁약정이 부동산실명법에 의하여 무효가 되는 경우 명의신탁자는 명의신탁 해지를 원인으로 하는 소유권이전등기를 청구할 수 없다(대법원 1999.1.26. 98다1027 판결; 대법원 2007.6.14. 2005다5140 판결). 또한, 그 경우 명의신탁해지를 원인으로 하는 소유권이전등기신청은 그 신청취지 자체에 의하여 법률상 허용될 수 없음이 명백한 경우로서 '사건이 등기할 것이 아닌 경우'에 해당하여 이를 각하하여야 한다(대법원 1997.5.1. 97마384 결정). 등기선례 6-486, 8-361 참고.

다만, 이 경우에도 판례는 명의신탁자에게 소유권이 귀속되는 것을 막는 취지의 규정은 아니므로 명의수탁자는 명의신탁자에게 자신이 취득한 당해 부동산을 부당이득으로 반환할 의무가 있다고 한다(대법원 2007.6.14. 2007다17284 판결; 대법원 2010.2.11. 2008다16899 판결; 대법원 2021.7.21. 2019다266751 판결).

물론 부동산실명법상 명의신탁이 허용되는 경우에는 그 해지를 원인으로 하는 소유권이전등기를 신청할 수 있다(등기선례 7-411, 9-348 참고).

이하의 징역 또는 1억원 이하의 벌금에 처한다(제7조).

그 외에도 「부동산등기 특별조치법」 제2조 제1항의 적용을 받는 자로서 반대급부의 이행이 사실상 완료된 날(편무계약인 경우 그 계약의 효력이 발생한 날)부터 3년 이내에 소유권이전등기를 신청하지 아니한 등기권리자(장기미등기자라 한다)에게는 부동산평가액의 100분의 30의 범위에서 과징금을 부과한다(제10조 제1항).[141]

제 3 관 등기신청사건의 처리

Ⅰ. 등기신청의 접수

(1) 접수절차

방문신청의 접수절차는 다음과 같다. 등기신청인 또는 허가받은 자격자대리인의 사무원이 등기소에 출석하여 등기신청서를 접수담당자에게 제출하면, 접수담당자는 등기신청인 본인 또는 허가받은 자격자대리인의 사무원의 출석 여부를 확인하여야 한다. 그 확인은 주민등록증 또는 운전면허증 기타 이에 준하는 신분증에 의하되, 자격자대리인의 사무원 본인 여부의 확인은 등기소 출입증 및 사무원증에 의한다.[142]

등기신청서를 받은 등기관은 전산정보처리조직에 접수연월일, 접수번호,[143] 등기의 목적, 신청인의 성명 또는 명칭, 부동산의 표시, 등기신청수수료, 취득세 또는 등록면허세, 국민주택채권매입금액 및 그 밖에 대법원예규로 정하는 사항을 입력한 후 신청서에 접수번호표를 붙여야 한다(규칙 제65조 제1항).[144] 같은 부동산에 관하여 동시에 여러 개의 등기신청이 있는 경우에는 같은 접수번호를 부여하여야 한다(규칙 제65조 제2항).

전자신청에서는 신청정보를 등기소에 전자적으로 송신함과 동시에 접수절차

---

141) 대법원 2002.2.26. 2000도2168 판결; 대법원 2020.8.20. 2019두63485 판결.

142) 등기신청서의 제출 및 접수 등에 관한 예규(등기예규 제1718호).

143) 종래에는 관할 등기소 단위로 접수번호를 부여하였으나 2025. 1. 31.부터 시행되고 있는 개정 규칙에서는 전국의 모든 등기소를 통합하여 부여하도록 하고 있다(규칙 제22조 제2항). 관할의 특례 신설에 따라 부동산 소재지 등기소가 아닌 다른 등기소에서도 등기가 이루어질 수 있어 전국의 모든 등기소를 통합하여 부여할 필요가 있기 때문이다. 접수번호는 매년 새로 부여한다.

144) 등기신청 접수에 관한 업무처리지침(등기예규 제1797호).

가 전산정보처리조직에 의하여 자동적으로 처리된다.

(2) 접수의 시기

등기의 접수가 등기절차에서 가지는 의미는 그것이 등기한 권리의 순위를 정하는 기준이 된다는 점이다. 등기한 권리의 순위는 법률에 다른 규정이 없으면 등기한 순서에 따르는데, 등기의 순서는 같은 구에서 한 등기 상호간에는 순위번호에 따르고, 다른 구에서 한 등기 상호간에는 접수번호 순서에 따르기 때문이다(법 제4조). 등기관은 접수번호의 순서에 따라 등기사무를 처리하여야 한다(규칙 제11조 제3항).

전자신청제도가 도입되기 전에는 등기소 직원이 신청인으로부터 등기신청서를 받았을 때를 접수로 보면 되고 별다른 문제는 없었다. 그런데 전자신청제도가 도입되면서 방문신청사건과의 접수시기 문제가 생기게 되었다. 전자신청사건은 신청정보가 등기소에 도착하는 즉시 접수번호가 부여되고 접수가 완료된다. 반면에 방문신청사건은 창구에서 신청서를 받은 후 접수정보가 전산에 입력되는데 시간이 걸린다. 그런데 그 사이에 전자신청으로 사건이 접수되면 그 사건의 접수정보가 바로 전산에 입력되어 접수절차가 완료된다. 여기서 방문신청사건의 접수시기를 종전처럼 등기소 직원이 신청인으로부터 등기신청서를 받았을 때로 보게 되면 먼저 접수된 방문신청사건보다 뒤에 접수된 전자신청사건의 접수순서가 우선하게 되는 문제가 있다. 이 문제를 해결하기 위하여 부동산등기법은 방문신청이든 전자신청이든 대법원규칙으로 정하는 등기신청정보가 전산정보처리조직에 저장된 때 접수된 것으로 보도록 규정을 두었다(법 제6조 제1항).

아울러, 현행 부동산등기법에서는 등기신청의 접수시기와 관련하여 등기의 효력발생시기에 관한 규정을 두고 있다. 이제는 등기업무의 전산화로 등기관이 등기를 완료한 시점이 전산에 저장된다. 여기서 등기의 효력발생시기를 종전처럼 등기를 완료한 시점으로 보게 되면 그 시점이 언제인지 전산으로 조회가 가능하여 등기의 효력발생시기 문제로 분쟁이 발생할 수 있다. 이러한 분쟁을 방지하기 위하여 등기관이 등기를 마친 경우 그 등기는 접수한 때부터 효력을 발생한다는 규정을 두게 되었다(법 제6조 제2항).

Ⅱ. 등기신청에 대한 심사

1. 심사업무 일반론

가. 등기관의 심사업무와 소위 형식적 심사주의이론

등기관이 신청서를 받은 때에는 지체 없이 신청에 관한 모든 사항을 조사하여야 한다. 조사 결과 신청에 따른 등기를 실행할지, 보정을 요구할지, 아니면 신청을 각하할지를 결정하여야 한다.

등기신청에 대한 심사가 가지는 의미는 당사자의 신청과 더불어 부동산물권에 관하여 실체법상으로 이루어진 법률행위를 공시하는 중요한 과정이라는 점이다. 당사자의 신청행위가 실체법상의 법률행위에 대한 입증행위라면 등기관의 심사업무는 그에 대한 확인이다. 민사소송으로 비유하자면 증거법에 해당하는 부분이다. 그러므로 등기의 신청과 더불어 등기절차에서 가장 중요한 부분이다.

등기관의 심사에 관하여 직접적으로 정하고 있는 법령의 규정은 없다. 다만, 신청의 각하에 관하여 규정한 법 제29조 각호의 각하사유를 통하여 이를 해석할 뿐이다. 등기관의 심사업무에 관하여 학설과 판례는 일반적으로 다음과 같이 설명하고 있다. 등기관의 심사업무에 관하여는 형식적 심사주의와 실질적 심사주의가 있으며, 형식적 심사주의는 등기신청에 대한 심사의 범위를 등기절차상의 적법성 여부에 한정하는 입장이고, 실질적 심사주의는 그 밖에 등기신청의 실질적 이유 내지 원인의 존재와 효력까지도 심사하게 하는 입장인데, 우리 부동산등기법은 형식적 심사주의를 취한다고 설명한다.

판례도 마찬가지 입장이어서 등기관의 심사업무에 관하여 다음과 같이 판시하고 있다. 즉, "등기관은 등기신청에 대하여 부동산등기법상 그 등기신청에 필요한 서면이 제출되었는지 여부 및 제출된 서면이 형식적으로 진정한 것인지 여부를 심사할 권한을 갖고 있으나 그 등기신청이 실체법상의 권리관계와 일치하는지 여부를 심사할 실질적 심사권한은 없으므로, 등기관으로서는 오직 제출된 서면 자체를 검토하거나 이를 등기부와 대조하는 등의 방법으로 등기신청의 적법 여부를 심사하여야"하며,[145] 등기관은 "등기신청에 대하여 실체법상의 권리관

145) 대법원 2005.2.25. 2003다13048 판결; 대법원 2007.6.14. 2007다4295 판결.

계와 일치하는지 여부를 심사할 실질적 심사권한은 없고 오직 신청서 및 그 첨부 서류와 등기부에 의하여 등기요건에 합당하는지 여부를 심사할 형식적 심사권한 밖에는"없으므로,[146] "그 밖에 필요에 응하여 다른 서면의 제출을 받거나 관계인의 진술을 구하여 이를 조사할 수는 없"다고 한다.[147]

이러한 견해의 근거는 등기원인을 증명하는 서면에 대하여 공증을 요하지 않고 사서증서를 제출하도록 하고 그나마 종래 신청서 부본으로 갈음할 수 있게 한 점, 부동산등기법상 등기신청의 각하사유를 보아도 실체법적 사항도 심사의 대상이 되나 심사방법이 소극적이어서 형식적 심사주의의 테두리를 벗어나지 못한다는 점으로 보인다.

나. 등기관의 심사업무에 관한 새로운 설명

(1) 등기관의 심사업무에 관한 통설과 판례의 설명은 등기업무에 대한 형식적인 이해이다.[148] 우선 등기관의 심사업무에 관하여 형식적·실질적 심사주의라는 입법례가 존재하는지 의문이다. 다른 나라의 입법례를 살펴볼 때 실체법상 물권변동이론의 등기절차에의 구현 모습이 다를 수 있어도 등기관의 심사업무에 관하여 그러한 입법례를 나눌 수는 없다. 물권변동이론의 등기절차에의 구현 모습에 있어서 우리나라의 제도가 대단히 형식적인데,[149] 마치 그것을 등기관의 심사업무에 관한 입법주의로 잘못 이해하여 등기관의 심사업무에 관한 소위 형식적 심사주의이론이 우리나라와 일본의 등기절차를 지배하게 되었다. 나아가 형식적 심사주의를 등기절차의 대원칙으로 보고 있음에도 불구하고 자세히 살펴보면 그 내용도 명확하게 정리되어 있지 않다. 그리고 판례에서는 일반론으로 형식적 심사주의라는 표현을 사용하고 있어도 구체적 사안에서는 일반론과는 무관하게 판단하고 있으며, 등기실무도 형식적 심사주의와는 다르게 운영되고 있다. 형식적 심사주의라는 표현을 사용하고 있어도 실제로 등기관의 심사업무에 관하여

146) 대법원 1966.7.25. 66마108 결정; 대법원 1987.9.22. 87다카1164 판결; 대법원 1989.3.28. 87다카2470 판결; 대법원 1995.1.20. 94마535 결정; 대법원 2008.3.27. 2006마920 결정; 대법원 2010.3.18. 2006마571 결정(전); 대법원 2011.6.2. 2011마224 결정.

147) 대법원 1990.10.29. 90마772 결정; 대법원 2008.12.15. 2007마1154 결정.

148) 소위 형식적 심사주의에 대한 비판에 관하여는 구연모, "부동산등기의 진정성 보장에 관한 연구 — 형식적 심사주의에 대한 비판을 중심으로 —", 서울대학교 대학원 법학박사학위논문, 2013 및 구연모, 부동산등기의 진정성 보장 연구, 서울대학교 법학연구소 법학연구총서, 2014 참조.

149) 정확하게 표현한다면 제도 자체보다는 제도에 대한 이해 내지 설명이 형식적이라고 할 수 있다.

형식적 심사주의가 존재하지 않는다. 존재하지도 않는 개념을 우리는 너무 당연하게 받아들이고 있다.[150]

부동산등기법의 해석론으로서도 통설과 판례처럼 해석하여야 하는지 의문이다. 등기원인을 증명하는 서면에 대하여 공증을 요구하지 않는 점은 형식적 심사의 근거가 될 수 없다. 등기는 이해관계가 대립되는 두 당사자인 등기권리자와 등기의무자가 공동으로 신청하는 구조이다. 불이익을 받는 당사자인 등기의무자가 인감증명과 등기필정보 등을 제공하면서 등기원인 사실을 모두 인정하고 있다. 민사소송에 비유하자면 자백에 해당하는 불요증사실이다. 증명이 필요 없는 사안이다. 증명이 필요 없는 사안임에도 공증을 요구하지 않는다고 형식적 심사라고 평가할 일이 아니다. 그리고 2011년 부동산등기법의 전부개정에 의하여 등기원인증서를 신청서 부본으로 갈음할 수 있도록 한 규정도 삭제되었다. 각하사유를 형식적 심사로 이해할 근거도 없다.[151] 그 밖에 등기제도의 이상이나 절차적 정의의 관점에서 굳이 형식적이라고 부를 만한 이유는 찾기 어렵다.

형식적 심사주의의 내용도 명확하지 않다. 그 내용에 대하여는 수많은 판례에서 언급하고 있다. 그런데 판례의 추상적 일반론은 그럴듯하게 보이나 자세히 들여다보면 무슨 말인지, 어떻게 하라는 뜻인지 이해가 되지 않는다.[152] 우선, 부동산등기법상 그 등기신청에 필요한 서면이 제출되었는지 여부 및 제출된 서면이 형식적으로 진정한 것인지 여부를 심사할 권한은 있으나 그 등기신청이 실체법상의 권리관계와 일치하는지 여부를 심사할 권한이 없다는 부분을 보자. 부동산등기는 실체법상의 권리관계를 공시하기 위한 제도이고 이를 위하여 실체법상의 권리관계인 등기원인을 "증명"하는 서면을 제출하도록 하고 있다. 등기신청에 필요한 서면으로서의 등기원인을 증명하는 서면이 제출되었는지 여부를 심사하려면 그 서면에 의하여 등기원인, 즉 실체법상의 권리관계가 인정되어야 한다. 그러려면 심사가 필연적이다. 그럼에도 등기신청에 필요한 서면이 제출되었는지 여부만 심사하고 그 등기신청이 실체법상의 권리관계와 일치하는지 여부를 심사하지 말라는 것은 무슨 말인가? 또한, 등기신청에 대하여 실체법상의 권리관계와

150) 이 점에 관하여는 제4장 제1절 제1관 등기절차의 기초이론에서 살펴보았다.

151) 이 점에 관하여는 뒤의 등기신청의 각하 부분에서 살펴본다.

152) 여기서는 아주 간략히 언급한다. 자세한 내용은 구연모, 부동산등기의 진정성 보장 연구, 제4장 참조.

일치하는지 여부를 심사할 권한은 없고 오직 신청서 및 그 첨부서류와 등기부에 의하여 등기요건에 합당하는지 여부를 심사할 권한밖에 없다는 부분을 보자. 등기요건이 무엇인가? 판례에서 말하는 등기요건이 무엇인지 명확하지 않으나 아마도 등기의 유효요건을 의미하는 것으로 생각된다. 일반적으로 민법 교과서에서는 등기의 유효요건으로 등기가 부동산등기법령이 정하는 절차에 따라 이루어져야 하고 실체법상의 권리관계와 일치하여야 한다고 설명한다. 등기신청이 실체법상의 권리관계와 일치하는지 여부를 심사하게 하기 위하여 등기원인을 증명하는 서면을 제출하도록 하고 있다(등기신청에 필요한 첨부서면에 관한 부동산등기규칙 제46조 제1항에서 첫 번째로 규정하고 있다). 여기서 알 수 있듯이 실체법상의 권리관계와의 부합이 가장 중요한 등기요건이다. 그럼에도 실체법상의 권리관계와 일치하는지 여부를 심사하지 말고 등기요건에 합당하는지 여부를 심사하라는 말은 도대체 무슨 말인가?

(2) 이 책의 주장은 이렇다. 등기관의 심사업무에 관하여 형식적 심사주의나 실질적 심사주의라는 입법주의는 없다. 그러한 입법주의 자체가 존재하지 않는다. 실체법상의 물권변동이론을 등기절차에 구현하는 모습에서 우리 법(정확하게는 그에 대한 이해 내지 설명)이 대단히 형식적인 점은 사실이고 그것이 이 책의 주장이다. 그러나 그것을 등기관의 심사업무와 혼동하여서는 안 된다. 절차의 성격에 맞는 심사업무의 내용을 구체적으로 발전시켜 나가야 한다. 지금까지는 형식적 심사주의라는 틀에 갇혀서 그런 노력 자체를 하지 않았다. 이제는 형식적 또는 실질적 심사주의라는 추상적 틀로서 등기절차를 억지로 성격지으려 하지 말고, 등기관의 심사업무의 내용을 구체적이고 체계적으로 정립하려는 노력을 기울여 나가야 한다. 그것이 등기의 진정성을 높이는 방안이다.

그렇다면 등기관의 심사업무를 어떻게 설명하여야 할까? 등기는 실체법상 이루어진 부동산 물권에 관한 법률관계를 공시하는 역할을 한다. 그러므로 등기관이 심사할 내용은 실체법상의 법률관계이다. 등기관은 등기신청에 대하여 신청정보와 첨부정보 그리고 등기기록에 의하여 등기신청이 실체법상의 법률관계에 부합하는지 여부를 심사하여야 한다.[153] 앞서 첨부정보의 제공 부분에서 언급하

153) 최근의 판결 중에는 등기관의 심사권한과 관련하여 형식적 심사주의라는 표현을 사용하지 않은 판결도 있다. 대법원 2020.1.7. 2017마6419 결정은 “등기관은 등기신청이 있는 경우 부동산

였듯이 우리 부동산등기법이 여러 곳에서 등기신청과 관련하여 "증명"이라는 표현을 사용하고 있는 것은 이와 같은 의미이다(제55조, 제56조, 제65조, 제73조). 심사의 원칙은 등기제도의 이상인 정확과 신속의 조화, 등기절차와 재판절차의 합리적 역할분담이라는 관점에서 이해하여야 한다.[154] 정확과 신속의 조화를 위하여 등기법령에서 정해진 방식으로 심사하여야 하고,[155] 그 외 등기관이 임의로 자료를 요구하지 말라는 의미로 이해하여야지 형식적으로 심사하라는 의미는 아니다.

이러한 입장에서 이 책에서는 저자 나름의 생각에 따라 심사의 내용을 아래와 같이 정리하여 보았다.[156] 항목을 나누어 살펴본다.

2. 심사의 구체적 내용

가. 심사의 대상

(1) 등기의 실체적 . 절차적 요건

등기는 실체법상의 법률관계를 공시하기 위한 제도이므로 등기신청의 내용이 실체법상의 법률관계와 부합하는지 여부를 심사하여야 한다. 그것이 등기의 실체적 요건이다.[157] 따라서 실체법상의 법률관계가 적법하게 성립하고 효력을 발생하기 위한 요건사실을 갖추었는지가 심사의 대상이다. 구체적으로 살펴보면 다음과 같다.

등기법에 정해진 내용과 절차에 따라 신청정보와 첨부정보 그리고 등기기록에 기초하여 등기신청이 적법한지 여부를 심사할 권한이 있다"고 한다. 긍정적이고 바람직한 변화로 보여진다. 또한 법인등기에 관한 판례이기는 하나 형식적 심사주의라는 표현을 사용하지 않고 등기관의 심사업무를 설명하고 있는 판결로는 대법원 2020.2.27. 2019도9293 판결 참고.

154) 강제집행절차에서도 권리의 확정절차와 집행절차가 분리되어 있는 구조이어서 집행절차에서 실체관계를 심사하지 않더라도 형식적 심사라고 설명하지는 않는다.

155) 山野目章夫, 不動産登記法, 2009, 136면에서는 이러한 점에서 등기관의 심사는 형식적이라기보다는 정형적이라고 표현한다. 상당히 공감이 되는 설명이다.

156) 구연모, 부동산등기의 진정성 보장 연구, 제4장 및 제5장 참조. 저자의 주장은 현행 등기실무를 바꾸자는 것은 아니다. 등기업무를 바라보는 시각과 설명방식이 바뀌어야 한다는 의미이다. 이미 등기실무는 저자의 주장대로 운영되고 있다. 그 실무와의 간격을 메우고 등기업무를 제대로 이해하여야 한다는 것이 저자의 주장이다. 다만, 새로운 시각에 의하면 형식적 심사주의를 기초로 운영되던 종래의 실무제도, 즉 등기관의 직급, 처리시간 제한, 등기관의 교육 등에 대하여도 다시 생각해 볼 필요가 있다.

157) 판례는 "등기신청에 대하여 실체법상의 권리관계와 일치하는지 여부를 심사할 실질적 심사권한은 없고 오직 신청서 및 그 첨부서류와 등기부에 의하여 등기요건에 합당하는지 여부를 심사할 형식적 심사권한밖에는 없다"고 하여 등기의 요건을 실체법상의 권리관계와 대비되는 개념으로 사용하고 있는 듯하다.

① 필요한 자료의 제출 여부 확인

우선, 등기신청에 필요한 서면 또는 정보가 제출되었는지 여부를 확인하여야 한다.

② 방식 및 적격성의 심사

제출된 서면 또는 첨부정보가 법령에 의하여 엄격한 방식이 정하여져 있는 경우는 물론, 방식이 정하여져 있지 않아도 당해 서면이 필요한 취지를 고려하여 일정한 내용을 구비할 것이 요구되는 경우 그 적격성 구비 여부를 심사하여야 한다.

③ 형식적 진정의 확인

제출된 서면 또는 정보가 그 작성명의인의 의사에 의하여 작성되었는지도 심사하여야 한다.[158)]

④ 실체법상·절차법상 허용 여부 심사

등기신청의 내용이 실체법상 또는 절차법상 허용되는지 여부도 심사하여야 한다. 예를 들어, 등기능력 있는 물건이나 권리가 아니거나 대지권의 분리처분금지에 위반한 등기신청은 절차법상 등기가 허용되지 않는다. 농지를 목적으로 하는 전세권설정등기신청이나, 공유부동산에 대하여 5년을 넘는 불분할약정의 등기, 이중용익물권의 설정등기 등은 실체법상 등기가 허용되지 않는다.

⑤ 채권행위와 물권행위의 심사

이것에 관하여는 항을 나누어 살펴본다.

등기의 또 다른 요건으로 절차법상 관련 법령에서 규정하는 요건을 구비하여야 한다. 이것이 등기의 절차적 요건이다. 이 절차적 요건도 등기관의 심사대상이다.

(2) 채권행위 및 물권행위 내지 물권적 합의

채권행위에 관하여는 먼저 ① 등기원인인 법률행위의 존재 여부 및 유효 여부를 심사하여야 한다. 등기를 신청하는 경우에는 등기원인을 증명하는 정보를 첨부정보로 등기소에 제공하여야 한다(규칙 제46조 제1항 제1호). 등기관은 이 등기

---

158) 위조된 서면에 의한 등기신청을 수리한 등기관의 과실 여부에 관하여 판례는 "등기업무를 담당하는 평균적 등기관이 보통 갖추어야 할 통상의 주의의무만 기울였어도 제출 서면이 위조되었다는 것을 쉽게 알 수 있었음에도 이를 간과한 채 적법한 것으로 심사하여 등기신청을 각하하지 못한 경우에 그 과실을 인정할 수 있다"고 한다. 대법원 2005.2.25. 2003다13048 판결; 대법원 2007.12.28. 2006다21675 판결 등.

원인증명정보에 의하여 법률행위 등 등기원인이 존재하는지 여부와 실체법상 유효한지 여부를 심사하여야 한다. 형식적 심사주의이론에서 말하듯이 '등기신청에 필요한 서면이 제출되었는지 여부'만 심사하여서는 안 된다. 예를 들어, 공유물분할에 따른 등기신청이 있는 경우 당사자 사이에 적법한 공유물분할이 있는지 여부 및 그 공유물분할의 방법이 실체법상 허용되는지 여부도 심사하여야 한다. 상속재산 협의분할에 따른 등기신청이 있는 경우 상속재산 분할협의가 있었는지 여부와 그 협의분할이 유효한지 여부도 심사하여야 한다. 법률의 규정에 의한 물권변동에서도 마찬가지이다. 상속에 의한 등기신청이 있는 경우 상속이 있는지 여부, 상속인 및 상속지분을 심사하여야 한다. ② 등기원인에 대한 제3자의 허가, 동의 또는 승낙 여부도 심사하여야 한다. 등기원인에 대하여 제3자의 허가 등이 법률행위의 유효요건인 경우 이를 증명하는 정보를 등기소에 제공하여야 하므로 그 허가 등이 필요한 경우인지 여부와 그 허가 등의 유무에 대하여도 심사하여야 한다.

물권행위 내지 물권적 합의에 대하여도 심사하여야 한다. 구체적으로 그 심사의 자료가 무엇인지에 관하여는 뒤의 심사의 자료 항목에서 살펴본다.

(3) 사실관계 및 법률관계의 심사

사실관계에 대하여도 심사하는 경우가 있다. 주로 당사자의 동일성 판단에서 그러한 경우가 많다. 상속으로 인한 소유권이전등기신청에서 등기명의인과 가족관계등록부상의 피상속인이 동일인인지 여부, 재외국민과 등기의무자의 동일성 여부, 보존등기신청인과 대장상 소유자의 동일성 여부 등이 불명확한 경우 등기관이 첨부자료에 의하여 동일성 여부를 심사하여야 한다.[159] 그 밖에 농지 취득에 따른 소유권이전등기신청에서 등기신청의 목적물인 토지가 농지인지 여부도 첨부자료에 의하여 심사하여야 한다. 첨부된 자료만으로 사실관계가 명확하지 않으면 추가적인 자료를 제출하도록 보정을 요구하거나 등기신청을 각하하게 된다. 이 모두가 사실관계의 심사이다.

법률관계에 대하여도 심사하여야 한다. 등기원인에 대한 심사 결과 원인행위가 존재하고 그것이 유효하다고 판단하였더라도 그것만으로 심사가 끝나지는 않는다. 그 외에 원인행위를 둘러싼 실체법상의 법률관계도 심사하여야 한다. 예

159) 제5장 등기관 처분에 대한 이의에서 살펴보겠지만 등기관 처분에 대한 이의사건 중 가장 많은 이의사유는 당사자의 동일성 문제이다.

를 들면, 가등기에 의한 본등기를 하는 경우 가등기 이후에 된 중간등기에 대하여 '가등기에 의하여 보전되는 권리를 침해하는 등기'인지 여부를 심사하여 그 말소 여부를 결정하여야 한다. 처분금지가처분등기 후 가처분채권자가 그 권리를 실현하는 등기를 신청하는 경우 가처분등기 이후에 된 등기에 대하여 가처분채권자의 권리를 침해하는 등기인지 여부를 심사하여야 한다.

나. 심사의 자료

(1) 등기의 요건에 대한 입증 자료

심사의 자료는 등기의 진정성을 보장하기 위한 기초가 된다. 그것은 소송법에 비유하자면 증거방법 내지 증거자료로 볼 수 있다. 부동산등기법령에서 등기의 요건을 입증하기 위한 자료로 각종 첨부서면 내지 첨부정보를 제출하도록 하고 있다. 등기의 절차적 요건은 물론, 등기의 실체적 요건인 실체법상의 법률관계에 관한 요건사실을 입증하는 자료를 등기원인증명정보로 제출하여야 한다.[160] 이 첨부정보는 신청하는 등기의 내용을 증명하는 증거방법이다. 법 제102조에서 말하는 '증거방법'은 이것을 의미한다.

여기서 주의할 점이 있다. 등기관의 심사의 본질은 당해 등기신청의 수리 여부 결정에 있다는 점이다. 해당 권리관계에 대한 최종적인 판단이 아니다. 그리고 등기기록과 신청정보 및 첨부정보의 범위에서 심사하면 된다. 그 범위에서 심사하면 되고 심사할 수 없는 것은 심사하지 않고 처리하여야 한다. 권리관계의 최종적인 판단이 이루어지지 않는다고 하여 등기절차를 형식적 절차로 이해하여서는 안 된다.

(2) 등기절차의 성질과 심사의 자료

부동산등기는 실체법상의 권리관계를 정확하고 신속하게 공시함으로써 진정한 권리자를 보호하고 거래의 안전에 이바지함으로써 제3자를 보호하는 기능을 가진다. 여기서 등기제도는 정확성과 신속성이라는 두 가지의 모순되는 이상을 가지고 있다. 실체법상의 권리관계를 그대로 정확하게 공시하되 부동산거래의 신속성을 해치지 않아야 한다. 등기관의 심사, 특히 심사자료와 관련하여 진정성과

---

160) 그것이 무엇인지를 명확히 규정하는 작업을 하여야 한다. 등기실무에서는 그런 노력을 하여 왔으나 소위 형식적 심사주의에 막혀 그런 노력을 이론적으로 뒷받침하려는 점이 부족하다는 것이 이 책의 주장이다.

효율성의 조화가 요구된다.

또한, 등기절차에서는 당사자의 변론이나 증인신문절차가 마련되어 있지 않다. 이것은 등기절차가 형식적인 절차이기 때문이 아니다. 소송절차는 당사자 사이의 분쟁을 전제로 하여 이를 해결하는 절차이다. 그러나 등기절차는 이해관계가 대립되는 두 당사자가 일치하여 공동으로 등기를 신청하는 절차이다. 이것은 마치 민사소송에서의 자백과 같다. 이러한 등기절차의 성질상 증거조사의 필요가 없으므로 변론이나 증인신문을 두지 않고 있다.

이러한 절차의 성격상 등기절차에서의 입증은 첨부자료에 의한 심사만으로 이루어지는 구조를 취하고 있다.[161)]

(3) 입증의 정도

등기의 요건에 대한 입증은 어느 정도이어야 하는가? 소송절차에서는 당사자 사이에 분쟁을 전제로 하므로 사실에 관한 엄격한 증명이 필요하다. 그러나 등기는 이해관계가 대립되는 두 당사자가 공동으로 신청하는 절차의 성질상 엄격한 증명을 요구할 필요가 없다. 여기서 공동신청하는 등기의 경우 당사자 사이의 법률행위에 대하여는 엄격한 증명을 요구할 필요가 없고 소명만으로도 충분하다. 그러나 단독신청하는 등기, 법률의 규정에 의한 물권변동, 공동신청의 경우라도 당사자 사이의 법률행위가 아닌 사항, 예를 들어 등기원인에 대한 제3자의 허가나 승낙 등에 대하여는 엄격한 증명을 필요로 한다.

심사결과 제출된 심사자료에 의하여 등기의 실체적 절차적 요건에 대한 입증이 되지 않은 경우 등기관은 등기의 신청을 각하하거나 또는 신청인에게 입증의 자료를 추가로 제출하도록 요구할 수 있고, 설명을 요구할 수 있다. 이것이 보정의 요구이다.

(4) 채권행위와 물권행위 내지 물권적 합의의 심사자료

등기의 실체적 요건인 채권행위와 물권행위 내지 물권적 합의는 어떤 자료에 의하여 심사하는가?

우선, 채권행위에 대하여는 등기원인을 증명하는 정보와 등기원인에 대한

161) 전부개정 전의 부동산등기법은 구분건물의 표시에 관한 사항에 대하여 등기관의 현장조사권을 규정하고 있었으나(제55조 제12호, 제56조의2), 현행법에서는 삭제되었다. 실무에서 거의 활용되지 않아 사실상 사문화되었고 지금은 건축물대장제도가 정비되었으므로 구분건물인지 여부는 대장 소관청에게 맡기는 것이 타당하기 때문이다.

제3자의 허가, 동의 또는 승낙을 증명하는 정보에 의하여 심사하여야 한다. 이 자료에 의하여 등기관은 법률행위의 대한 요건사실과 그 법률행위가 적법하고 유효하게 성립하였는지를 심사하여야 한다. 다양한 등기유형에 대하여 등기원인을 증명하는 정보가 무엇인지는 미리 법령에서 정하여 둘 수 없고, 등기관이 해당 등기신청에서 판단할 문제이다.

다음으로, 물권행위 내지 물권적 합의는 어떤 자료로 심사하는가? 물권행위 내지 물권적 합의가 무엇이며, 언제 행하여지느냐의 문제에 관하여 실체법에서 견해가 일치되어 있지 않다. 보통 채권행위에 포함되어 행하여진다는 견해, 등기서류 교부시에 행하여진다는 견해, 등기신청행위가 물권행위라는 견해, 법률행위 해석의 문제라는 견해 등이 있다. 그러나 어느 견해에 의하든 등기신청을 접수받은 등기관의 입장에서는 물권을 이전하려는 당사자의 의사를 확인하는 자료에 의하여 이를 심사할 수 있다.

그 자료로 가장 중요한 사항이 등기필정보(종래의 등기필증)와 인감증명 등 등기신청시의 첨부정보이다. 특히 등기필정보는 앞에서 설명하였듯이 등기절차 고유의 본인확인 수단이다. 이 자료를 제공하는 방법에 의하여 당사자 본인의 등기신청의사를 확인한다. 그런 만큼 이 등기필정보를 제공할 수 없는 경우에는 부동산등기법은 엄격한 방식에 의하여 등기신청의사를 확인하도록 규정하고 있다(제51조).[162] 인감증명의 제공도 거래에서 중요한 의미를 가진다. 이러한 첨부정보에 의하여 등기의무자의 물권행위 내지 물권적 의사를 확인한다. 등기신청시의 엄격한 본인확인도 물권적 의사표시 확인을 위하여라고 할 수 있다.

이상의 설명을 요약하면 다음과 같다. 우리 부동산등기절차에서 채권행위는 등기원인을 증명하는 정보와 등기원인에 대한 제3자의 허가, 동의 또는 승낙을 증명하는 정보에 의하여 직접적으로 심사하고, 물권행위 내지 물권적 합의는 당사자 본인의 확인, 등기필정보(종래의 등기필증), 인감증명 등 여러 자료에 의하여 간접적으로 심사하는 구조를 취하고 있다.

---

162) 그 자세한 내용은 해당 부분에서 설명하였다. 등기관 또는 자격자대리인은 법령에 정해진 신분증에 의하여 본인 여부를 확인하고 확인조서 또는 확인서면을 작성하게 하고 있으며, 여기에는 등기의무자의 필적을 기재하거나 우무인을 찍게 하고 있다. "등기필정보가 없는 경우 확인조서 등에 관한 예규"(등기예규 제1664호) 참조.

(5) 기타의 자료

그 밖에도 등기의 요건을 심사하기 위하여 필요한 자료를 제출하게 하고 있다. 등기의 신청에 필요한 첨부자료가 개별적으로 법정되어 있지 않으므로 그때그때 등기의 요건에 필요한 입증자료를 제출하여야 한다. 몇 가지 예를 들면 다음과 같다. 소유권보존등기신청에서 건축물대장등본 등에 의하여 해당 부동산이 건물로서의 요건을 갖추었는지 여부를 알 수 없는 경우 실무상 등기관은 신청인으로 하여금 소명자료로 당해 건축물에 대한 사진이나 도면을 제출하게 하도록 하고 있다. 법인 아닌 사단의 등기신청에서 대표자를 확인하거나 사원총회의 결의가 있다는 것을 확인하는데 상당하다고 인정되는 2인 이상의 성년자의 확인서와 인감증명을 제출하도록 하고 있다. 첨부서면이 위조되었으리라는 의심을 가질 수 있는 경우에는 그러한 의심을 합리적으로 해소함에 필요한 다른 보완자료의 제출을 요구하여야 하고, 관계기관에 조회하여 확인하도록 하고 있다. 당사자의 동일성 판단에서는 어떠한 자료에 의하여 심사할지 그 심사의 자료 자체를 개별적 사안에서 등기관이 판단하여야 하는 경우도 있다. 각각 해당 부분에서 설명한다.

다. 심사의 방법과 기준시점

등기관은 신청정보와 첨부정보, 그리고 등기기록이 서로 부합하는지 여부를 검토하는 방법으로 심사한다. 등기원인이 적법하고 유효하게 성립하고 효력을 발생하는지 여부를 위 3가지 자료를 서로 비교 대조하는 방법으로 심사하여야 한다.

심사의 기준시점은 신청서 제출시가 아니라 등기기록에 기록하는 때이다.[163)]

3. 등기관의 주의의무

등기관은 등기신청사건을 심사함에 있어 등기의 실체적·절차적 요건의 구비 여부를 신청인이 제공한 신청정보와 첨부정보에 의하여 세심한 주의와 노력을 기울여 조사하여 부실등기가 발생하지 않도록 하여야 할 직무상 주의의무가 있다. 이러한 심사과정에서 평균적 등기관이 갖추어야 할 통상의 주의의무를 위반한 경우에는 등기관의 과실이 인정될 수 있다.

등기관의 주의의무에 관하여 판례에 나타난 몇 가지 사례를 살펴보면 다음과 같다.[164)] 등기관의 주의의무에 관하여는 첨부서면 위조에 관한 판례가 많다.

---

163) 대법원 1989.5.29. 87마820 결정.

판례는 심사과정에서 평균적 등기관이 보통 갖추어야 할 통상의 주의의무만 기울였어도 제출서면이 위조되었음을 쉽게 알 수 있었음에도 이를 간과한 경우에 과실을 인정하고 있다.[165] 이와 같은 주의의무에 따라 등기관은 위조된 서면에 의한 등기신청이라고 인정될 경우 이를 각하하여야 할 직무상의 의무가 있지만, 다른 한편으로는 대량의 등기신청사건을 신속하고 적정하게 처리하도록 요구받기도 하므로 제출된 서면이 위조된 것임을 간과하고 등기신청을 수리한 모든 경우에 등기관의 과실이 있다고 할 수 없다고 한다. 따라서 등기관에게 과실이 있었는지를 판단함에 있어서는 위조되어 제출된 서류들 중 어떠한 부분이 어떻게 위조되었는지, 또 그 위조된 부분이 등기관으로서의 통상의 주의의무만 기울였어도 쉽게 발견할 수 있는 정도인지 여부 등 과실의 내용이 되는 사실이 구체적으로 밝혀져야 하고, 단순히 위조된 서류들에 의하여 등기가 이루어진 후 그 위조사실이 밝혀지면 곧바로 등기관에게 과실이 있는 것으로 되는 것은 아니라고 한다.[166] 판례에 나타난 사례로는 위조한 등기필증에 의한 등기신청,[167] 위조한 판결문에 의한 등기신청,[168] 부진정한 확인서면에 의한 등기신청[169] 등이 있다.

---

164) 위계에 의한 공무집행방해죄는 상대방의 오인, 착각, 부지를 일으키고 이를 이용하는 위계에 의하여 상대방으로 하여금 그릇된 행위나 처분을 하게 함으로써 공무원의 구체적이고 현실적인 직무집행을 방해하는 경우에 성립한다. 따라서 행정청에 대한 일방적 통고로 그 효과가 완성되는 '신고'의 경우에는 신고인이 신고서에 허위사실을 기재하거나 허위의 소명자료를 제출하였다고 하더라도, 그것만으로는 담당 공무원의 구체적이고 현실적인 직무집행이 방해받았다고 볼 수 없어 특별한 사정이 없는 한 그러한 허위 신고가 위계에 의한 공무집행방해죄를 구성한다고 볼 수 없다. 그런데 등기신청은 위와 같은 단순한 '신고'가 아니라 그 신청에 따른 등기관의 심사 및 처분을 예정하고 있으므로, 등기신청인이 제출한 허위의 소명자료 등에 대하여 등기관이 나름대로 충분히 심사를 하였음에도 이를 발견하지 못하여 그 등기가 마쳐지게 되었다면 위계에 의한 공무집행방해죄가 성립할 수 있다. 따라서 등기신청에 필요한 확인서면에 등기의무자의 무인 대신 피고인의 무인을 찍어 등기관에게 제출하였고, 이에 따라 등기가 마쳐지게 되었다면 위계에 의한 공무집행방해죄가 성립한다. 대법원 2016.1.28. 2015도17297 판결.

165) 대법원 2005.2.25. 2003다13048 판결.

166) 대법원 1994.1.14. 93다46469 판결.

167) 대법원 1989.3.28. 87다카2470 판결; 대법원 1994.1.14. 93다46469 판결.

168) 대법원 2005.2.25. 2003다13048 판결은, 판결서를 첨부 서면으로 한 등기신청을 접수한 등기관으로서는 등기신청에 필요한 서면이 모두 제출되었는지 여부, 그 서면 자체에 요구되는 형식적 사항이 구비되었는지 여부, 특히 확정된 판결서의 당사자 및 주문의 표시가 등기신청의 적법함을 뒷받침하고 있는지 여부 등을 제출된 서면과 등기부의 상호 대조 등의 방법으로 모두 심사한 이상 그 심사의무를 다하였다고 한다. 따라서 그 판결서에 법률이 정한 기재사항이 흠결되어 있거나 조잡하게 기재되어 있는 등 그 외형과 작성방법에 비추어 위조된 것이라고 쉽게 의심할 만한 객관적 상황도 존재하지 않는 경우, 등기관이 판결서의 기재사항 중 신청된 등기와 직접적으로 관련되어 있지도 않고, 그 기재방법의 차이로 인하여 판결의 효력에 어떠한

등기예규에서는 첨부서면을 위조한 등기신청이 있는 경우와 첨부서면을 위조하여 등기가 이루어진 경우에 등기관이 취하여야 할 조치를 규정하고 있다.[170)]

그 밖에도 중복보존등기 사례,[171)] 제3자의 허가 등 서면의 첨부에 관한 사례[172)] 등이 있다.[173)]

4. 보 정

심사결과 등기의 실체적 절차적 요건에 대한 입증이 되지 않은 경우 등기관은 등기의 신청을 각하하여야 하나, 신청의 잘못된 부분이 보정될 수 있는 경우로서 등기관이 보정을 명한 날의 다음 날까지 그 잘못된 부분을 신청인이 보정하였을 때에는 그러하지 아니하다(법 제29조 단서). 그 보정의 요구로 신청인에게 입증의 자료를 추가로 제출하도록 하거나 설명을 요구할 수 있다.

보정 요구의 방법은 전자우편, 구두, 전화나 모사전송에 의하여 신청인에게 통지하여야 한다.[174)] 보정 요구의 내용은 인터넷등기소의 '신청사건처리현황'에서 확인이 가능하다.

보정 기간은 등기관이 보정을 명한 날의 다음 날까지이다. 등기절차의 신속성의 요청이 반영된 기간이다. 이것은 등기관이 신청사건에 대한 조사를 마친 후 보정을 명하였을 때 신청인이 그 다음 날까지 보정하여야 한다는 의미이지 등기관이 신청서 접수 그 다음 날까지 보정을 명하여야 한다는 의미는 아니다.

영향도 주지 않는 기재사항까지 일일이 검토하여 그것이 재판서 양식에 관한 예규 및 일반적인 작성 관행 등에서 벗어난 것인지 여부를 파악한 다음 이를 토대로 그 위조 여부에 관하여 보다 자세한 확인을 하여야 할 주의의무는 없다고 한다. 대법원 2008.10.9. 2007다87979 판결도 같은 취지이다.

169) 대법원 2007.6.14. 2007다4295 판결.

170) "등기부위조관련 업무처리지침"(등기예규 제1377호).

171) 대법원 1995.5.12. 95다9471 판결.

172) 대법원 2011.9.29. 2010다5892 판결은, 등기기록 표제부 건물내역란에 건물용도가 '유치원'으로 기재되어 있는 부동산에 관하여 근저당권설정등기신청을 받은 등기관이 부동산 소유자인 등기의무자가 유치원 경영자가 아니거나 위 부동산이 실제로 유치원 교육에 사용되지 않고 있다는 소명자료를 요구하지 않은 채 등기신청을 수리하여 근저당권설정등기를 마친 사안에서, 등기관에게 직무집행상 과실이 있다고 한다.

173) 등기사건에서 실수하기 쉬운 다양한 실무사례를 정리한 자료로는 법원행정처, 부실등기사례집, 2001 및 김우종·정경국, 법률실무와 위험사례, 대한법무사협회, 2020 참조.

174) "전산정보처리조직에 의한 부동산등기신청에 관한 업무처리지침"(등기예규 제1624호) 및 "부동산등기신청사건 처리지침"(등기예규 제1515호).

Ⅲ. 등기의 실행

1. 등기사무 처리의 방법

등기관은 등기신청에 대한 심사 결과 등기의 실체적·절차적 요건이 갖추어졌다고 판단되면 등기를 실행한다. 등기관은 전산정보처리조직을 이용하여 등기부에 등기사항을 기록하는 방식으로 등기사무를 처리하여야 하며, 등기사무를 처리한 때에는 등기사무를 처리한 등기관이 누구인지 알 수 있는 조치를 하여야 한다(법 제11조 제2항, 제4항).[175] 등기관이 등기를 마친 경우 그 등기는 접수한 때부터 효력을 발생한다(법 제6조 제2항). 등기를 마친 경우란 등기사무를 처리한 등기관이 누구인지 알 수 있는 조치를 취하였을 때이다(규칙 제4조). 그 조치란 전자서명을 함을 말하는 데, 그 구체적 방법은 등기관이 지방법원장으로부터 발급받은 등기관 카드를 사용하여 등기관의 식별부호를 등기전산시스템에 기록하는 방법으로 하되, 식별부호는 지방법원장으로부터 부여받은 사용자번호로 한다(규칙 제7조).[176]

등기관은 접수번호의 순서에 따라 등기사무를 처리하여야 한다(법 제11조 제3항). 등기사무 처리의 순서는 등기의 순위와도 관련되어 있다. 같은 부동산에 관하여 등기한 권리의 순위는 법률에 다른 규정이 없으면 등기한 순서에 따르므로, 같은 부동산에 관하여 여러 건의 등기신청이 접수된 경우 반드시 접수번호의 순서에 따라 처리하여야 한다. 전산프로그램도 그렇게 구현되어 있다. 그러나 다른 부동산에 관하여는 집단사건이나 법률적 판단이 어려운 사건과 같이 접수순서대로 처리한다면 후순위로 접수된 다른 사건의 처리가 상당히 지연될 것으로 예상되는 경우에는 그 사유를 등록하고 나중에 접수된 사건을 먼저 처리할 수 있도록 하고 있다.[177]

실무에서는 등기사건의 처리시간을 엄격히 규정하고 있다. 그리하여 지연사

175) 실무에서는 이러한 조치를 "교합"이라는 용어로 표현하나(앞의 등기예규 제1515호), 적절한 용어인지 의문이다. 이 책에서는 "등기완료"라는 용어를 사용하기로 한다. 또한, 등기를 "경료하다"는 표현도 자주 사용되는데 적절한 용어인지 의문이다. 이 책에서는 등기를 "마치다" 또는 등기가 "이루어지다"로 표현한다.

176) "부동산등기신청사건 처리지침"(등기예규 제1515호).

177) "전산정보처리조직에 의한 부동산등기신청에 관한 업무처리지침"(등기예규 제1624호) 및 "부동산등기신청사건 처리지침"(등기예규 제1515호).

유가 있거나 보정사유가 있는 경우를 제외하고는 늦어도 오전에 제출된 사건에 대하여는 다음날 18시까지, 오후에 제출된 사건에 대하여는 다음다음날 12시까지 등기사건 처리를 완료하고 등기필정보를 작성하여 교부하도록 하고 있다.[178) 등기업무에 대한 신속성의 요청의 표현이라고 볼 수도 있으나, 과거의 고질적인 급행료 관행을 막기 위하여 생겨난 조치이기도 하다.

2. 기록 방법

가. 주등기와 부기등기

일반적으로 등기의 방법 또는 형식에 따라 주등기와 부기등기로 분류한다. 주등기는 기존의 표시번호(표제부)나 순위번호(갑구와 을구)와 독립된 번호를 붙여서 하는 등기이다. 부기등기는 기존의 등기의 번호를 그대로 사용하고 이 번호에 가지번호를 붙여서 하는 등기이다. 기존의 번호는 주로 주등기이지만 부기등기가 될 수도 있다.

등기의 순위번호가 가지는 의미는 등기한 권리의 순위를 결정하는 기준이 된다는 데 있다. 등기한 권리의 순위는 법률에 다른 규정이 없으면 등기한 순서에 따르고 등기의 순서는 같은 구에서 한 등기 상호간에는 순위번호에 따르기 때문이다(법 제4조). 따라서 등기는 원칙적으로 주등기의 형식으로 하나 어떤 등기에 대하여 기존 등기의 순위를 그대로 가지게 할 필요가 있는 경우에 부기등기의 형식으로 한다. 예를 들어, 기존의 등기와의 동일성을 표시하려고 할 때나, 기존 등기와 동일한 순위나 효력을 가짐을 명백히 하려고 할 때 부기로 한다. 부기등기의 순위는 주등기의 순위에 따른다. 다만, 같은 주등기에 관한 부기등기 상호간의 순위는 그 등기 순서에 따른다(법 제5조).

부기등기의 방식으로 하는 등기에 관하여는 법 제52조가 다음과 같이 규정하고 있다. ① 등기명의인표시의 변경이나 경정의 등기, ② 소유권 외의 권리의 이전등기, ③ 소유권 외의 권리를 목적으로 하는 권리에 관한 등기, ④ 소유권 외의 권리에 대한 처분제한의 등기, ⑤ 권리의 변경이나 경정의 등기(등기상 이해관계 있는 제3자의 승낙이 없는 경우에는 그러하지 아니하다), ⑥ 환매특약의 등기, ⑦ 권

178) "부동산등기신청사건 처리지침"(등기예규 제1515호). 예전에는 이보다 더 짧은 시간 내에 처리하도록 하였다. 지금은 다소 완화되었다.

리소멸약정의 등기, ⑧ 공유물 분할금지의 약정등기, ⑨ 그 밖에 대법원규칙으로 정하는 등기이다.

등기관이 부기등기를 할 때에는 그 부기등기가 어느 등기에 기초한 것인지 알 수 있도록 주등기 또는 부기등기의 순위번호에 가지번호를 붙여서 하여야 한다(규칙 제2조).[179]

[기록례]

【 을 구 】 (소유권 이외의 권리에 관한 사항)				
순위번호	등기목적	접 수	등기원인	권리자 및 기타사항
1	근저당권설정	2012년3월2일 제174호	2012년3월1일 설정계약	채권최고액 금30,000,000원 채무자 김미정 서울특별시 서초구 서초로 24(서초동) 근저당권자 김태수 700123-1234567 대전광역시 서구 도안로88(도안동)
1-1	1번근저당권부 질권	2012년5월2일 제11567호	2012년5월1일 설정계약	채권액 금20,000,000원 변제기 2013년4월30일 이 자 월2푼 채무자 김수연 서울특별시 은평구 진관1로 12(진관동) ~~채권자 구연모 641012-1012345~~ ~~서울특별시 은평구 진관3로15(진관동)~~
1-1-1	1-1번질권이전	2012년7월1일 제13000호	2012년7월9일 채권양도	채권자 김영남 600103-1012345 인천광역시 남구 경원대로88(주안동)

나. 그 밖의 기록방법

등기의 방법이나 형식이 주등기와 부기등기에 한정되지는 않는다. 그 밖에도 신탁등기처럼 주등기나 부기등기의 방식을 사용하지 않고 신탁으로 인한 소유권이전등기의 주등기에 횡선을 긋고 신탁의 취지를 기록하는 방법으로 등기하는 방식도 있다. 기록례는 신탁등기 부분을 참조하기 바란다.

권리자 및 기타사항란에 횡선을 긋고 일정한 사항을 기록하는 방법은 토지의 분할 등으로 등기기록을 새로이 편성하는 경우 그 편성의 사유를 기록할 때에도 사용된다.

---

179) 종전의 종이등기부에서는 주등기의 순위번호란에 "3 부1"과 같이 부기등기가 있다는 뜻을 기재하고 부기등기에는 "3 부기1"과 같이 주등기의 순위번호를 같이 기재하고 부기번호를 기재하였으나, 전산등기기록에는 주등기의 순위번호에는 아무런 표시를 하지 않고 주등기 바로 밑에 "3-1"과 같이 가지번호를 붙여 부기등기의 순위번호를 기록한다.

또한, 등기사항은 아니지만 해당 등기기록에 관한 참고사항을 기록하는 경우도 있다. 이때에는 부전지 기능 등의 방법으로 등기기록 맨 앞부분에 참고사항을 기록하기도 한다. 이것에 관하여는 제3장에서 설명하였다.

3. 기록사항(등기사항)

등기관은 전산정보처리조직을 이용하여 등기부에 등기사항을 기록하는 방식으로 등기사무를 처리하여야 한다(법 제11조 제2항). 일반적인 기록사항은 다음과 같다.[180)]

(1) 토지 등기기록의 표제부의 기록사항(법 제34조)

① 표시번호

② 접수연월일

③ 소재와 지번

④ 지목

⑤ 면적

⑥ 등기원인

(2) 건물 등기기록의 표제부의 기록사항(법 제40조)

① 표시번호

② 접수연월일

③ 소재, 지번, 건물명칭(건축물대장에 건물명칭이 기재되어 있는 경우만 해당) 및 번호. 다만, 같은 지번 위에 1개의 건물만 있는 경우에는 건물번호는 기록하지 아니한다.

④ 건물의 종류, 구조와 면적. 부속건물이 있는 경우에는 부속건물의 종류, 구조와 면적도 함께 기록한다.

⑤ 등기원인

⑥ 도면의 번호(같은 지번 위에 여러 개의 건물이 있는 경우와 구분건물인 경우)

(3) 갑구 또는 을구의 권리에 관한 등기의 기록사항(법 제48조)

① 순위번호

---

180) 등기기록에 기록하는 사항을 전부개정 전의 법에서는 "등기의 기재사항"이라고 표현하였으나(제57조), 전부개정된 현행법에서는 "등기사항"이라고 표현한다(제34조, 제40조, 제48조).

② 등기목적

③ 접수연월일 및 접수번호

④ 등기원인 및 그 연월일

⑤ 권리자[181]

등기기록에는 한글과 아라비아숫자로 기재하되, 문장부호나 특수문자를 사용할 수 있다. 금액의 표시는 아라비아숫자로 하되, 그 표시를 내국화폐로 하는 경우에는 '금10,000,000원'과 같이 기재하고, 외국화폐로 하는 경우에는 '미화 금 10,000,000달러'와 같이 그 외국화폐를 통칭하는 명칭을 함께 기재한다. 외국인의 성명을 기재할 때에는 국적을 함께 기재한다(예: 미합중국인 헨리키신저).[182]

Ⅳ. 등기신청의 각하

1. 각하사유

(1) 등기신청에 대하여 심사한 결과 등기의 실체적·절차적 요건이 구비되지 않은 경우에는 신청을 각하하여야 한다. 부동산등기법은 신청의 각하사유를 다음과 같이 규정하고 있다(제29조).

① 사건이 그 등기소의 관할이 아닌 경우

② 사건이 등기할 것이 아닌 경우

③ 신청할 권한이 없는 자가 신청한 경우

④ 방문신청에 의하여 등기를 신청할 때에(법 제24조 제1항 제1호) 당사자나 그 대리인이 출석하지 아니한 경우

⑤ 신청정보의 제공이 대법원규칙으로 정한 방식에 맞지 아니한 경우

⑥ 신청정보의 부동산 또는 등기의 목적인 권리의 표시가 등기기록과 일치

---

181) 등기실무에서는 법인이 근저당권자 또는 가압류, 가처분, 경매개시결정의 등기권리자인 경우와 공공기관이 체납처분에 의한 압류등기의 권리자인 경우 등기기록에 그 취급지점을 기록하도록 하고 있다. 등기예규 제1188호(법인이 저당권자 등인 경우의 취급지점 표시에 관한 업무처리지침). 부동산등기법상의 등기사항은 아니나 업무의 편의를 고려한 조치로 보인다. 다만, 전세권설정등기에는 취급지점을 기록할 수 없다고 한다(등기선례 2023.9.14. 부동산등기과-2675 질의회답).

182) 기재문자에 관하여 자세한 내용은 "등기부의 기재문자에 대한 사무처리지침"(등기예규 제1628호) 참조.

하지 아니한 경우

⑦ 신청정보의 등기의무자의 표시가 등기기록과 일치하지 아니한 경우. 다만, 법 제27조에 따라 포괄승계인이 등기신청을 하는 경우와 신청정보와 등기기록의 등기의무자가 동일인임을 대법원규칙으로 정하는 바에 따라 확인할 수 있는 경우는 제외한다.

⑧ 신청정보와 등기원인을 증명하는 정보가 일치하지 아니한 경우

⑨ 등기에 필요한 첨부정보를 제공하지 아니한 경우

⑩ 취득세(지방세법 제20조의2에 따라 분할납부하는 경우에는 등기하기 이전에 분할납부하여야 할 금액을 말한다), 등록면허세(등록에 대한 등록면허세만 해당한다) 또는 수수료를 내지 아니하거나 등기신청과 관련하여 다른 법률에 따라 부과된 의무를 이행하지 아니한 경우

⑪ 신청정보 또는 등기기록의 부동산의 표시가 토지대장·임야대장 또는 건축물대장과 일치하지 아니한 경우

(2) 위 개별적 각하사유에 대하여는 해당 항목에서 설명하고, 여기서는 몇 가지만 살펴보고자 한다.

먼저, 각하사유 중 "신청정보와 등기원인을 증명하는 정보가 일치하지 아니한 경우"와 "등기에 필요한 첨부정보를 제공하지 아니한 경우"를 생각해보자. 그 의미를 잘 이해할 필요가 있다.

신청정보란 신청의 내용이다. 그 신청내용을 입증하기 위하여 첨부정보, 그 중에서도 특히 등기원인을 증명하는 정보를 제출하도록 하고 있다. 그런데 신청내용을 입증하는 자료로서 제출된 등기원인증명정보와 신청의 내용인 신청정보가 일치하지 않다면 그 등기신청의 내용이 등기절차에서 입증되지 않았으므로 등기신청을 각하하라는 의미이다. 또한, 등기원인증명정보는 등기절차에서 그 신청하는 등기를 정당하게 하는 법률요건 또는 법률사실이 적법 유효하게 이루어졌음을 입증하는 자료이다. 그러한 첨부정보에 의하여 그 법률요건 또는 법률사실이 입증되지 않으면 등기에 필요한 첨부정보를 제공하지 아니한 경우에 해당하므로 각하하여야 한다는 의미이다. 이것이 이들 사유의 올바른 이해이다. 종래의 소위 형식적 심사주의이론이 주장하듯 첨부정보가 제출되어 있는지 여부와 양자가 형식적으로만 일치하는지를 확인하라는 의미가 아니다.

다음으로, "사건이 그 등기소의 관할이 아닌 경우"와 "사건이 등기할 것이 아닌 경우"를 살펴보자. 이 두 가지 사유에 위배된 등기는 등기절차에서 등기관이 직권말소할 수 있다는 점에서 다른 사유와는 다른 의미가 있다. 그런 만큼 의미가 명확해야 한다. 관할 위반은 그 의미가 명확하다. 그러나 "사건이 등기할 것이 아닌 경우"에 대하여는 그 자체로 의미가 명확하지 않다. 판례는 등기신청이 그 신청취지 자체에 의하여 법률상 허용될 수 없음이 명백한 경우라고 한다.[183] 여기에는 부동산등기법상 등기가 허용되지 않는 경우와 실체법상 등기가 허용되지 않는 경우로 나눌 수 있다. 규칙에서는 여기에 해당하는 사유를 다음과 같이 예시하고 있다(제52조).

① 등기능력 없는 물건 또는 권리에 대한 등기를 신청한 경우
② 법령에 근거가 없는 특약사항의 등기를 신청한 경우
③ 구분건물의 전유부분과 대지사용권의 분리처분 금지에 위반한 등기를 신청한 경우
④ 농지를 전세권설정의 목적으로 하는 등기를 신청한 경우
⑤ 저당권을 피담보채권과 분리하여 양도하거나, 피담보채권과 분리하여 다른 채권의 담보로 하는 등기를 신청한 경우
⑥ 일부지분에 대한 소유권보존등기를 신청한 경우
⑦ 공동상속인 중 일부가 자신의 상속지분만에 대한 상속등기를 신청한 경우
⑧ 관공서 또는 법원의 촉탁으로 실행되어야 할 등기를 신청한 경우
⑨ 이미 보존등기된 부동산에 대하여 다시 보존등기를 신청한 경우
⑩ 그 밖에 신청취지 자체에 의하여 법률상 허용될 수 없음이 명백한 등기를 신청한 경우

또한, 2024. 9. 20. 부동산등기법 개정으로 등기의무자의 동일성 판단과 관련된 각하사유에 변경이 있었다. 부동산등기에서 등기의무자의 동일성 확인은 중요한 문제이다. 그리하여 등기신청서의 등기의무자의 표시가 등기기록과 일치하지 아니하면 그 등기신청을 각하하여야 한다(법 제29조 제7호 본문). 그리고 종래에는 이에 대한 예외로 포괄승계인이 등기신청하는 경우만을 규정하였다. 그런데 개정

183) 대법원 1996.3.4. 95마1700 결정; 대법원 2000.9.29. 2000다29240 판결; 대법원 2012.2.9. 2011마1892 결정; 대법원 2012.5.10. 2012마180 결정.

된 부동산등기법에서는 신청정보와 등기기록의 등기의무자가 동일인임을 대법원 규칙으로 정하는 바에 따라 확인할 수 있는 경우에도 각하하지 아니하도록 하여(법 제29조 제7호 나목), 이에 대한 예외사유를 추가하였다.

개정의 취지는 다음과 같다. 종래 등기의무자의 동일성 판단은 성명과 주소를 기준으로 하였다. 그런데 이제는 주민등록번호(또는 부동산등기용 등록번호)도 등기기록에 기록하고 있고 이 번호가 동일성 확인 기능에서 중요한 역할을 하고 있다. 그리하여 개정된 부동산등기법에서는 주민등록번호가 가지는 이러한 역할을 반영하여 이에 대한 예외사유를 추가하였다. 규칙에서는 이에 관하여 신청정보의 등기의무자의 표시에 관한 사항 중 주민등록번호(또는 부동산등기용 등록번호)는 등기기록과 일치하나 주소(또는 사무소 소재지)가 일치하지 아니하는 경우에도 주소를 증명하는 정보에 의하여 등기의무자의 등기기록상 주소가 신청정보상의 주소로 변경된 사실이 확인되어 등기의무자의 동일성이 인정되는 때에는 각하하지 아니하도록 규정하고 있다(규칙 제52조의2 제1항).[184] 다만, 외국인, 국내에 영업소나 사무소의 설치 등기를 하지 아니한 외국법인, 법인 아닌 사단이나 재단은 부동산등기용 등록번호에 대한 신뢰도가 주민등록번호에 비하여 상대적으로 낮다고 보아 각하사유의 예외규정을 적용하지 아니하도록 하였다(규칙 제52조의2 제2항). 또한, 등기의무자의 등기기록상의 주소가 신청에 따른 등기가 마쳐질 당시에 잘못 기록되는 등으로 등기명의인의 표시에 경정사유가 존재하는 경우에도 부실등기 방지라는 차원에서 예외규정을 적용하지 아니하도록 하였다(규칙 제52조의2 제3항).

2. 각하절차

등기관은 위 각하 사유의 어느 하나에 해당하는 경우에만 이유를 적은 결정으로 등기신청을 각하하여야 한다. 다만, 신청의 잘못된 부분이 보정될 수 있는 경우로서 등기관이 보정을 명한 날의 다음 날까지 그 잘못된 부분을 신청인이 보정하였을 때에는 그러하지 아니하다(법 제29조).

등기신청을 각하한 경우에는 각하결정 등본을 작성하여 신청인에게 교부하

---

184) 이와 같은 경우에는 등기의무자의 동일성 확인이 필요하므로 그 주소(또는 사무소 소재지)를 증명하는 정보를 등기소에 제공하여야 한다(규칙 제46조 제1항 제6호 단서).

거나 특별우편송달 방법으로 송달한다. 이 경우 신청서 이외의 첨부서류도 함께 교부하거나 송달하여야 한다. 다만, 첨부서류 중 각하사유를 증명할 서류는 이를 복사하여 당해 등기신청서에 편철한다.[185)]

Ⅴ. 등기 완료 후의 절차

1. 등기필정보의 통지[186)]

가. 의 의

등기관이 새로운 권리에 관한 등기를 마쳤을 때에는 등기필정보를 작성하여 등기권리자에게 통지하여야 한다(법 제50조 제1항 본문). 등기필정보는 등기부에 새로운 권리자가 기록되는 경우에 그 권리자를 확인하기 위하여 등기관이 작성하는 정보이다(법 제2조 제4호). 현재의 권리자가 권리취득의 등기를 한 때에 등기소로부터 부여받은 정보로서 나중에 그 권리자가 다른 등기를 신청할 때 본인을 확인하기 위하여 고안된 제도로, 등기절차 고유의 본인확인 수단이다. 종래 등기관이 등기를 마쳤을 때 등기원인을 증명하는 서면에 등기 완료의 뜻을 적고 등기소인을 찍어 등기필증을 작성하여 등기권리자에게 교부하였다. 이 등기필증이 소위 권리증이라 불리면서 등기절차에서의 본인확인의 역할을 하였는데, 전자신청제도가 도입되면서 종이 문서인 등기필증에 갈음하여 도입된 제도이다.

나. 등기필정보를 통지하는 경우

등기관이 등기필정보를 작성하여 통지하는 경우는 “새로운 권리에 관한 등기를 마쳤을 때”이다.[187)] 다만, 다음의 경우에는 등기필정보를 통지하지 아니한

185) “등기신청의 각하절차에 대한 예규”(등기예규 제1417호).

186) 등기필정보에 관한 실무적인 내용은 “등기필정보의 작성 및 통지 등에 관한 업무처리지침”(등기예규 제1604호) 참조.

187) 구체적으로는, 등기관이 등기권리자의 신청에 의하여 다음 어느 하나의 등기를 하는 때이다. 그 이외의 등기를 하는 때에는 등기필정보를 작성하지 아니한다. “등기필정보의 작성 및 통지 등에 관한 업무처리지침”(등기예규 제1604호).
① 법 제3조 기타 법령에서 등기할 수 있는 권리로 규정하고 있는 권리를 보존, 설정, 이전하는 등기를 하는 경우
② 위 ①의 권리의 설정 또는 이전청구권 보전을 위한 가등기를 하는 경우
③ 권리자를 추가하는 경정 또는 변경등기(갑 단독소유를 갑, 을 공유로 경정하는 경우나 합유자가 추가되는 합유명의인표시변경 등기 등)를 하는 경우

다(법 제50조 제1항).

① 등기권리자가 등기필정보의 통지를 원하지 아니하는 경우

② 국가 또는 지방자치단체가 등기권리자인 경우

관공서가 나중에 등기의무자로 다른 등기를 촉탁하는 경우에는 등기필정보를 제공할 필요가 없기 때문이다.

③ 그 외에 대법원규칙으로 정하는 경우로서, 등기필정보를 통지받아야 할 자가 수신이 가능한 때부터 3개월 이내에 수신하지 않거나 등기필정보통지서를 수령할 자가 등기를 마친 때부터 3개월 이내에 수령하지 않은 경우, 승소한 등기의무자가 등기신청한 경우, 등기권리자를 대위하여 등기신청을 한 경우, 등기관이 직권으로 소유권보존등기를 한 경우, 공유자 중 일부가 공유물의 보존행위로서 공유자 전원을 등기권리자로 하여 권리에 관한 등기를 신청한 경우(등기권리자가 그 나머지 공유자인 경우로 한정함)[188] 등이다(규칙 제109조 제2항).

다. 등기필정보의 작성방법

등기필정보는 일련번호와 비밀번호로 구성한다(규칙 제106조 제1항). 일련번호는 영문 또는 아라비아 숫자를 조합한 12개로 구성하고, 비밀번호는 50개를 부여한다.[189]

등기필정보는 부동산 및 등기명의인이 된 신청인별로 작성하되, 등기신청서의 접수연월일 및 접수번호가 동일한 경우에는 부동산이 다르더라도 등기명의인별로 작성할 수 있다(규칙 제106조 제2항).

라. 등기필정보의 통지방법

등기관이 등기를 마치면 등기명의인이 된 신청인에게 등기필정보를 통지한다(규칙 제108조 제1항 본문).

방문신청의 경우에는 등기필정보를 적은 서면(등기필정보통지서)을 교부하는 방법으로 통지한다. 다만, 신청인이 등기신청서와 함께 등기필정보통지서 송부용 우편봉투를 제출한 경우에는 우편으로 송부한다(규칙 제107조 제1항 제1호). 등기필정보통지서는 1회에 한하여 교부한다.

---

188) 따라서 공동상속인 중 1인이 공유물의 보존행위로서 공동상속인 전원을 등기권리자로 하여 상속등기를 신청한 경우, 신청인이 아닌 다른 공동상속인은 등기필정보를 받을 수 없게 된다. 2024년 규칙 개정에 의하여 신설되었는데 바람직한 개정인지 의문이다.

189) 등기필정보의 양식은 부록 참조.

전자신청의 경우에는 전산정보처리조직을 이용하여 송신한다(규칙 제107조 제1항 제2호). 등기권리자는 인터넷등기소에 접속하여 공인인증서정보와 사용자등록번호를 입력하고 사용자인증을 받은 후 신청내역을 조회하여 등기필정보를 전송받는다. 등기필정보는 3회에 한하여 전송받을 수 있다.

등기필정보를 통지할 때에는 그 통지를 받아야 할 사람 외의 사람에게 등기필정보가 알려지지 않도록 하여야 한다(규칙 제107조 제3항). 실무에서는 등기필통지서의 기재사항 중 일련번호와 비밀번호가 기재된 부분에 1회용 스티커를 부착하고 있다. 다른 사람에게 노출되지 않도록 보안을 위한 조치이다.

이렇게 통지받은 등기필정보는 나중에 등기권리자가 등기의무자로 되어 다른 등기를 신청할 때 등기소에 제공하게 하여 본인의사를 확인하는 수단이 된다(법 제50조 제2항).[190]

마. 등기필정보의 안전확보

등기필정보는 부동산등기절차에서의 권리자 본인확인을 위한 고유한 수단이다. 그런 만큼 그 정보의 안전하고 철저한 관리는 부동산등기의 진정성에 중요한 역할을 한다. 여기서 등기필정보의 안전한 관리를 위한 각종 제도를 두고 있다.

우선, 등기관은 취급하는 등기필정보의 누설·멸실 또는 훼손의 방지와 그 밖에 등기필정보의 안전관리를 위하여 필요하고도 적절한 조치를 마련하도록 하고 있다(법 제110조 제1항). 1회용 스티커를 붙이는 조치도 그 한 예이다.

등기명의인 또는 그 상속인 그 밖의 포괄승계인은 등기필정보의 실효신청을 할 수 있다(규칙 제110조 제1항). 등기필정보의 분실이나 누설에 대비하여 둔 제도이다. 이 경우 해당 등기필정보는 효력을 상실한다.

등기관과 그 밖에 등기소에서 부동산등기사무에 종사하는 사람이나 그 직에 있었던 사람은 그 직무로 인하여 알게 된 등기필정보의 작성이나 관리에 관한 비밀을 누설해서는 아니되며, 누구든지 부실등기를 하도록 등기의 신청이나 촉탁에 제공할 목적으로 등기필정보를 취득하거나 그 사정을 알면서 등기필정보를 제공해서는 아니된다(법 제110조 제2항, 제3항). 이 규정에 위반하여 등기필정보의 작성이나 관리에 관한 비밀을 누설한 사람, 등기필정보를 취득한 사람 또는 그 사정을 알면서 등기필정보를 제공한 사람, 부정하게 취득한 등기필정보를 보관한 사

---

190) 이것에 관하여 자세한 내용은 제2관 등기의 신청 중 Ⅲ. 신청정보 및 첨부정보의 제공 부분 참조.

람은 2년 이하의 징역이나 1천만원 이하의 벌금에 처한다(법 제111조).

2. 등기완료사실의 통지

등기관이 등기를 마쳤을 때에는 대법원규칙으로 정하는 바에 따라 신청인 등에게 그 사실을 알려야 한다(법 제30조). 그러나 신청인에 대하여 자신이 신청한 등기가 완료되었다는 사실의 통지는 큰 의미가 없다. 실무상 대부분은 신청인이 등기사항증명서를 발급받거나 등기기록을 열람하기 때문이다. 그리하여 신청인에 대한 통지는 간이한 방법으로 하고 있다.

신청인 외의 사람으로서는, 승소한 등기의무자의 등기신청에서 등기권리자, 대위채권자의 등기신청에서 피대위자인 등기권리자, 등기의무자의 등기필정보를 제공하지 못하여 확인정보 등에 의하여 등기신청이 이루어진 경우 등기의무자, 직권에 의한 소유권보존등기에서 등기명의인, 공유자 중 일부가 공유물의 보존행위로서 공유자 전원을 등기권리자로 하여 권리에 관한 등기를 신청한 경우 그 나머지 공유자, 관공서가 촉탁하는 등기에서 관공서에 대하여 등기완료통지를 하도록 하고 있다(규칙 제53조 제1항). 등기가 이루어진 사실을 알릴 필요가 있기 때문이다.

3. 관련기관에의 통지

등기관이 소유권의 보존 또는 이전, 그 변경 또는 경정, 그 등기명의인표시의 변경 또는 경정, 말소 또는 말소회복의 등기를 하였을 때에는 지체 없이 그 사실을 토지의 경우에는 지적소관청에, 건물의 경우에는 건축물대장 소관청에 각각 알려야 한다(법 제62조). 등기기록과 대장의 소유자에 관한 사항을 일치시키기 위한 조치이다.

등기관이 소유권의 보존 또는 이전의 등기(가등기를 포함한다)를 하였을 때에는 대법원규칙으로 정하는 바에 따라 지체 없이 그 사실을 부동산 소재지 관할 세무서장에게 통지하여야 한다(법 제63조). 과세자료를 제공하기 위함이다.

등기관서는 등기를 마친 때에는 등기신청서에 첨부된 취득세·등록면허세 영수필통지서를 납세지를 관할하는 시·군의 세입징수관에게 송부하여야 한다(지방세법 시행령 제36조 제4항, 제5항, 제49조 제4항, 제5항). 지방세 납부 확인을 위하여서이다.

실무에서는 가압류등기, 가처분등기, 경매개시결정등기, 주택임차권등기 및 상가건물임차권등기가 집행법원의 말소촉탁 외의 사유로 말소된 경우 등기관은 지체 없이 그 뜻을 집행법원에 통지하도록 하고 있다.[191] 관련 사건 절차 진행에 참고하도록 하기 위한 조치이다.

4. 등기원인증서의 반환

등기원인증서에 대하여는 종래에는 그 위에 등기필인을 찍어 등기필증을 작성하여 신청인에게 돌려주었다. 그러나 현재는 등기필증제도가 폐지되어 등기원인증서를 신청인에게 돌려주지 않게 되므로 등기소에 보관하게 된다. 그런데 등기원인증서는 신청인이 대부분 돌려받기를 원하는 서면이다. 그렇다고 원본환부의 규정에 의하여 돌려받으려면 등기소의 업무가 대단히 번잡해진다. 여기서 부동산등기규칙은 등기원인을 증명하는 서면이 법률행위의 성립을 증명하는 서면이거나 그 밖에 대법원예규로 정하는 서면일 때에는 등기관이 등기를 마친 후 이를 신청인에게 돌려주도록 하고 있다(규칙 제66조 제1항).[192] 그러나 신청인이 그 반환의 필요성을 느끼지 못하는 서면도 있으므로 신청인이 등기를 마친 때부터 3개월 이내에 수령하지 아니할 경우에는 이를 폐기할 수 있도록 하고 있다(규칙 제66조 제2항).

등기원인증서 외의 첨부서면은 원본환부청구에 의하여 그 서류의 원본을 반환받을 수 있음은 첨부정보에서 설명하였다.

5. 신청정보와 첨부정보의 보존

신청서, 촉탁서, 통지서, 허가서, 취하서 등의 부속서류는 접수번호의 순서에 따라 신청서 기타 부속서류 편철장에 편철하여 보존하여야 한다(규칙 제23조). 전자신청사건의 경우 그 신청정보 및 첨부정보는 보조기억장치에 저장하여 보존하여야 한다(규칙 제19조). 신청서 기타 부속서류 편철장, 신청정보 및 첨부정보의 보존기간은 5년이다(규칙 제19조 제3항 및 제25조 제1항). 이 보존기간은 해당 연도의 다음 해부터 기산하고, 보존기간이 만료된 장부 또는 서류는 지방법원장의 인가를 받아 보존기간이 만료되는 해의 다음 해 3월 말까지 폐기하고(규칙 제25조 제3

191) "가압류등기 등이 말소된 경우의 집행법원에 통지"(등기예규 제1368호).

192) "등기원인증서의 반환에 관한 업무처리지침"(등기예규 제1514호)에서는 법률행위의 성립을 증명하는 서면과 법률사실의 성립을 증명하는 서면 등으로 규정하고 있다.

항), 보존기간이 만료된 정보는 법원행정처장의 인가를 받아 보존기간이 만료되는 해의 다음 해 3월 말까지 삭제한다(규칙 제19조 제4항).[193)]

제 4 관 등기의 변경과 경정

Ⅰ. 등기의 변경

1. 서 설

등기의 변경과 경정은 등기의 효력을 유지시킨 상태로 등기와 실체관계의 불일치를 바로잡는 절차이다. 등기의 변경은 그 불일치가 등기가 마쳐진 뒤 후발적으로 발생한 경우에 이를 바로잡는 절차이고, 등기의 경정은 그 불일치가 등기신청 당시부터 존재하는 경우에 이를 바로잡는 절차이다. 변경과 경정을 합하여 넓은 의미에서의 등기의 변경이라고도 한다.

등기의 변경이 허용되기 위한 요건으로는 두 가지를 들 수 있다. 첫째로, 등기와 실체관계의 불일치가 있어야 한다. 그 불일치는 등기사항의 일부에 관하여 발생하여야 하고, 등기가 마쳐진 후에 후발적으로 발생하여야 한다. 둘째로, 변경 전후의 등기의 동일성이 인정되어야 한다. 동일성이 인정되지 않음에도 변경등기를 허용한다면 전혀 다른 부동산이나 다른 등기로의 변경이 되어 변경등기의 한계를 벗어나기 때문이다.

등기의 변경에 관한 절차로는 그 변경을 증명하는 정보를 첨부정보로 등기소에 제공하여 변경의 등기를 신청하여야 한다.

등기의 변경은 그 대상에 따라서 부동산표시의 변경, 권리의 변경, 등기명의인표시의 변경으로 나누어지는데, 각 대상별로 그 내용이 다양하여 일괄적으로 설명하기보다는 개별적으로 살펴보고자 한다. 부동산표시의 변경에 관하여는 표시에 관한 등기에서 설명하므로 여기서는 나머지 둘에 관하여 살펴본다.

---

193) 다만, 전자신청에 따라 등기가 이루어진 경우 대법원예규로 정하는 바에 따라 보존기간이 만료된 정보의 삭제를 유예할 수 있도록 하고 있다(규칙 제19조 제5항). 삭제의 구체적인 절차와 방법에 관한 지침이 마련되지 않아 사실상 삭제가 어려운 상황이기 때문이라고 한다.

2. 권리의 변경

권리의 내용에 변경이 있는 때에 하는 등기이다. 변경되는 내용으로는 전세권등기에서 전세금의 증감이나 존속기간의 변경, 근저당권등기에서 채권최고액의 변경이나 채무자의 변경 등을 들 수 있고, 공유에서 합유로, 합유에서 공유로의 소유형태의 변경도 실무상 변경등기로 하고 있다.

권리의 변경에 따른 등기에 관하여 자세한 내용은 해당 부분에서 설명하고, 여기서는 간략히 살펴본다. 권리의 변경에 따른 등기는 일반원칙에 따라 등기권리자와 등기의무자의 공동신청에 의하여야 한다. 등기상 이해관계 있는 제3자의 승낙이 있는 경우에는 부기로 등기를 하나, 승낙이 없는 경우에는 주등기로 등기를 한다(법 제52조 제5호). 여기에 관하여는 다음 등기의 경정 항목에서 설명한다.

[기록례] 등기상 이해관계 있는 제3자의 승낙 유무에 따른 등기기록례

【 을 구 】		(소유권 이외의 권리에 관한 사항)		
순위번호	등기목적	접 수	등기원인	권리자 및 기타사항
2	전세권설정	2012년1월5일 제1234호	2012년1월4일 설정계약	~~전세금 금280,000,000원~~ 범 위 건물의 전부 존속기간 2012년1월4일부터 2013년1월3일까지 전세권자 김미정 770809－2012345 서울특별시 서초구 서초대로 24(서초동)
2－1	2번전세권 변경	2012년3월5일 제3005호	2012년3월4일 변경계약	전세금 금380,000,000원

【 을 구 】		(소유권 이외의 권리에 관한 사항)		
순위번호	등기목적	접 수	등기원인	권리자 및 기타사항
2	전세권설정	2012년1월5일 제1234호	2012년1월4일 설정계약	전세금 금270,000,000원 범 위 건물의 전부 존속기간 2012년1월4일부터 2013년1월3일까지 전세권자 김미정 770809－2012345 서울특별시 서초구 서초대로24(서초동)
3	저당권설정	(생략)	(생략)	(생략)
4	2번전세권 변경	2012년9월7일 제8421호	2012년9월3일 변경계약	전세금 금380,000,000원 존속기간 2012년9월7일부터 2013년9월6일까지

3. 등기명의인표시의 변경[194)]

가. 의 의

등기기록에 권리자로 기재된 자를 등기명의인이라 한다. 등기관이 갑구 또는 을구에 권리에 관한 등기를 할 때에는 권리자에 관한 사항을 기록하여야 하며, 권리자에 관한 사항을 기록할 때에는 권리자의 성명 또는 명칭, 주민등록번호 또는 부동산등기용등록번호, 주소 또는 사무소의 소재지를 기록하여야 한다(법 제48조). 권리자에 관한 등기사항에 변경이 생긴 경우에 하는 등기가 등기명의인표시의 변경등기이다.

등기명의인표시의 변경은 변경 전후의 명의인의 동일성이 인정되는 범위 내에서 허용된다. 동일성이 인정되지 않고 권리자의 변경이 있는 경우에는 이전등기를 하여야 한다.

여기서 한 가지 언급할 사항은 등기명의인의 주민등록번호 등을 추가하는 변경이다. — 등기명의인을 기록할 때 주민등록번호를 기재하게 된 것은 1984. 4. 10. 부동산등기법의 개정(1984. 7. 1. 시행)에 의하여서이다. 그 이전에 등기된 권리자에 대하여는 주민등록번호를 기재하지 않았다. 이런 이유로 실무에서는 그 이전에 등기된 권리자에 대하여는 주민등록번호를 추가하는 등기명의인표시의 변경등기를 할 수 없다고 보아왔다.[195)] 그러다가 등기업무의 전산화 이후 실무상의 불편을 개선하기 위하여 그 이전에 등기된 권리자에 대하여도 주민등록번호를 추가하는 등기명의인표시의 변경등기를 할 수 있도록 실무를 변경하였다.[196)]

나. 등기절차

해당 권리의 등기명의인이 단독으로 신청한다(법 제23조 제6항). 등기권리자나 등기의무자라는 관념이 있을 수 없기 때문이다.

첨부정보로는 등기원인을 증명하는 정보(규칙 제46조 제1항 제1호)로 그 표시의 변경을 증명하는 정보를 등기소에 제공하여야 한다. 주민등록표등초본이나 법인등기사항증명서 등이 그 예이다. 그런데 공적인 자료에 의하여 이러한 증명을 할

194) 조의연, "등기명의인 표시변경등기에 관한 실무상 몇 가지 문제점", 사법연수원 교수논문집 제7집 청연논총, 2010, 사법연수원 참고.

195) 등기선례 6-404.

196) 2002. 12. 27. 등기예규 제1066호로 제정된 "주민등록번호 등 공시제한에 따른 업무처리" 참조.

수 없는 경우에 실무에서는 그 사실을 확인하는데 상당하다고 인정되는 자의 보증서면과 인감증명 및 기타 보증인의 자격을 인정할 만한 자료를 첨부하여 등기명의인표시의 변경등기를 신청할 수 있도록 하고 있으나, 이러한 자료에 의하여 그 표시의 변경이 증명되었다고 보아 수리할지 여부는 등기관이 판단할 사항으로 보고 있다.[197]

등기명의인표시의 변경과 다른 등기의 신청과의 관계에서 생각할 점이 있다. 등기명의인의 표시에 변경이 있는 경우에는 다른 등기를 신청하기에 앞서 먼저 그 표시변경의 등기를 하여야 한다. 그렇지 않으면 그 다른 등기의 신청과 관련하여서는 신청정보의 등기의무자의 표시가 등기기록과 일치하지 않게 되어 등기신청이 각하되기 때문이다(법 제29조 제7호). 등기연속의 원칙의 표현이다.

여기에는 몇 가지 예외가 있다.

① 신청정보의 등기의무자의 표시에 관한 사항 중 주민등록번호(또는 부동산등기용 등록번호)는 등기기록과 일치하나 주소(또는 사무소 소재지)가 일치하지 아니하는 경우에도 주소를 증명하는 정보에 의하여 등기의무자의 등기기록상 주소가 신청정보상의 주소로 변경된 사실이 확인되어 등기의무자의 동일성이 인정되는 때에는 각하사유가 아니므로(규칙 제52조의2 제1항) 등기명의인 표시변경의 등기를 하지 않아도 된다. 2024년 부동산등기법 개정으로 신설된 내용이다. 다만, 이 규정은 등기의무자가 외국인, 국내에 영업소나 사무소 설치 등기를 하지 아니한 외국법인, 법인 아닌 사단이나 재단에 대하여는 적용하지 아니하고, 등기기록상의 주소가 신청에 따른 등기가 마쳐질 당시에 잘못 기록되는 등으로 등기명의인의 표시에 경정사유가 존재하는 경우에도 적용하지 아니한다(규칙 제52조의2 제2항, 제3항).[198]

② 소유권이전등기를 할 때 등기명의인의 주소변경으로 신청정보상의 등기의무자의 표시가 등기기록과 일치하지 아니하는 경우라도 첨부정보로 제공된 주소를 증명하는 정보에 등기의무자의 등기기록상의 주소가 신청정보상의 주소로 변경된 사실이 명백히 나타나면 등기관이 직권으로 등기명의인표시의 변경등기를 하도록 하고 있다(규칙 제122조 본문). 다만, 주민등록번호(또는 부동산등기용 등록

197) 등기선례 3−662, 3−672, 4−362, 4−536, 5−527, 7−339 등.
198) 자세한 내용은 각하사유 부분에서 설명하였다.

번호)에 의하여 등기의무자의 동일성이 확인되는 등 규칙 제52조의2 제1항에 해당하는 경우에는 그러하지 아니한다(규칙 제122조 단서).[199]

③ 행정구역 또는 그 명칭이 변경되었을 때에는 등기기록에 기록된 행정구역 또는 그 명칭에 대하여 변경등기가 있는 것으로 보므로(법 제31조) 등기명의인 표시변경등기를 하지 않고 다른 등기를 할 수 있다.

④ 가등기의 말소등기, 근저당권 등 소유권 이외의 권리에 관한 등기의 말소등기, 멸실등기를 신청하는 경우 실무에서는 등기명의인의 표시에 변경 또는 경정의 사유가 있더라도 신청서에 그 변경 또는 경정을 증명하는 서면을 첨부함으로써 등기명의인표시의 변경 또는 경정의 등기를 생략할 수 있도록 하고 있다.[200]

⑤ 상속등기를 신청하는 경우 피상속인의 등기기록상의 표시와 가족관계증명서 등의 표시가 서로 달라 등기명의인표시의 변경 또는 경정 사유가 있다 하더라도 서로 동일인임을 인정할 수 있는 시장 등의 서면 또는 그 밖의 증명서면을 첨부한 때에는 실무에서는 위 변경 또는 경정등기를 거치지 않고 바로 상속등기를 하도록 하고 있다.[201]

Ⅱ. 등기의 경정

1. 의 의

등기의 경정은 등기관이 등기를 마쳤으나 그 등기에 착오나 빠진 부분이 있어서 등기 당시부터 등기와 실체관계가 불일치한 경우에 이를 고쳐서 실체관계에 맞도록 바로잡는 절차이다(법 제32조). 이때 행하여지는 등기를 경정등기라고 한다. 등기와 실체관계의 불일치가 등기 당시부터 발생한 점에서 등기 이후에 발생한 등기의 변경과 구별되고, 등기사항의 일부에 불일치가 있다는 점에서 등기사항의 전부가 부적법하여 그 전부를 소멸시키는 등기의 말소와 구별된다.

등기의 경정은 잘못된 등기를 바로잡는 절차로서 등기의 진정성 보장을 위

199) 그 의미가 이해하기 어려울 수 있는데, 자세한 내용은 각하사유 부분을 참조하기 바란다.

200) "가등기에 관한 업무처리지침"(등기예규 제1632호); "근저당권말소등기와 근저당권자 표시변경등기 요부"(등기예규 제451호); "건물멸실등기와 등기명의인 표시변경등기 여부"(등기예규 제593호).

201) 등기선례 2-259, 4-362.

한 중요한 절차이다. 등기의 효력을 유지한 상태에서 바로잡는 절차이므로 효력이 없는 등기는 경정이 아니라 말소로 바로잡아야 한다. 등기의 경정이 허용되느냐의 문제는 등기의 효력과도 관련되는 문제이고 여러 가지 쟁점을 포함한 어려운 문제이다. 더 많은 연구가 필요한 부분이다.

2. 경정의 요건[202)]

등기의 경정을 신청하기 위하여는 신청인은 다음의 요건을 첨부정보로서 입증하여야 한다. 그 입증자료는 경정사유마다 다르므로 일률적으로 말하기는 어렵다.

가. 등기에 착오나 빠진 부분의 존재

등기의 경정이 허용되기 위하여는 이미 이루어진 등기사항의 일부에 등기 당시부터 착오나 빠진 부분이 있어야 한다.

(1) 등기사항의 일부

등기사항의 일부에 착오나 빠진 부분이 있어야 한다. 판례는 접수일자의 기재는 등기가 접수된 날을 나타내는 하나의 사실기재에 불과하고 권리에 관한 기재가 아니므로 그 접수일자의 변경을 구하는 소는 구체적 권리 또는 법률관계에 관한 쟁송이라고 할 수 없어 소의 이익이 없다고 한다.[203)] 등기원인의 경정도 허용된다.[204)]

등기사항의 일부에 착오나 빠진 부분이 있어야 하므로 그 전부가 잘못된 경우는 경정이 아니라 등기의 말소의 대상이 된다. 다만, 등기신청이 있었음에도 등기를 실행하지 않아 등기사항 전부가 누락된 경우 판례 및 실무는 경정의 방법에 의하여 등기를 할 수 있다고 한다.[205)]

경정은 현재 효력이 있는 등기사항에 관하여 할 수 있다. 따라서 폐쇄등기기록상의 등기명의인표시의 경정이나 소유권이 이전된 후의 종전 소유권의 등기명의인의 표시경정은 허용되지 않는다.[206)]

---

202) 등기의 경정에 관한 실무적인 사항은 “경정등기절차에 관한 업무처리지침”(대법원 등기예규 제1564호)에 잘 정리되어 있다.

203) 대법원 2003.10.24. 2003다13260 판결.

204) 대법원 2013.6.27. 2012다118549 판결.

205) 대법원 1980.10.14. 80다1385 판결; 앞의 등기예규 제1564호.

206) 등기선례 3-674, 7-348.

(2) 원시적 불일치

등기와 실체관계의 불일치는 등기 당시부터 있어야 한다. 이 점에서 등기 완료 후 실체관계의 변경을 원인으로 하는 변경등기와 구별된다.

이러한 이유로 등기실무에서는 등기원인을 증명하는 서면과 등기신청서의 기재내용이 일치하여 적법하게 등기가 완료되었으나 당사자가 등기원인증서를 작성하는 과정에서 동기의 착오 또는 표시상의 착오가 있었음을 이유로 경정등기를 신청할 수는 없다고 한다. 예를 들어, 근저당권설정계약서를 작성하면서 채권최고액을 착오로 기재하거나, 전세권설정계약서를 작성하면서 존속기간을 착오로 잘못 기재하였음을 이유로 경정등기를 신청하는 경우이다. 이때에는 경정등기를 할 수 없고 변경등기에 의하여야 한다고 보고 있다.[207]

(3) 착오나 빠진 부분

여기서 착오란 무엇일까? 널리 오류 또는 잘못의 의미로 이해하여야 한다. 등기사항에 오류나 잘못이 있어서 실체관계에 부합하는 적법한 등기가 되지 못한 경우를 의미한다. 착오 또는 빠진 부분이 생긴 원인은 당사자의 잘못이든 등기관의 잘못이든 묻지 아니한다.

구체적으로 어떤 경우에 착오가 있다고 할 것인가는 어려운 문제이다. 예를 들면, 등기원인증서와 같은 내용의 등기에 대한 경정 가능 여부의 문제를 살펴보자. 판례는 등기원인을 증명하는 서면과 같은 내용으로 등기신청을 하여 그와 같은 내용의 등기가 이루어졌다면 등기 당시부터 착오나 빠진 부분이 있을 수 없다고 한다.[208] 등기가 이루어지는 단계를 내심의 의사에 따라 등기원인증서를 작성하는 단계, 그 등기원인서면에 따라 등기를 신청하는 단계, 그 신청에 따라 등기가 이루어지는 단계로 나누어 볼 때, 판례와 등기실무는 내심의 의사에 따라 등기원인서면을 작성하는 과정에서 착오가 있는 경우는 경정이 허용되지 않고(이때에는 등기의 말소나 소송절차로 바로잡아야 한다), 등기원인증명서면에 따라 등기를 신

---

207) 부동산등기실무[Ⅱ], 36면; 앞의 등기예규 제1564호.

208) 대법원 2014.5.29. 2012다22167 판결. 대법원 2013.6.27. 2012다118549 판결은 '2010. 6. 24. 증여'를 등기원인으로 기재한 등기신청서에 같은 날짜의 증여계약서가 첨부되었고 그에 따라 등기가 이루어졌다면 이 소유권이전등기의 등기원인은 등기 당시부터 착오 또는 빠진 부분이 있다고 볼 수 없으므로, 등기원인을 '2010. 1. 20. 매매'로 경정하는 것은 경정등기의 요건을 갖추지 못하였다고 한다.

청하는 단계와 그에 따라 등기가 이루어지는 단계에서 착오가 있는 경우에 경정이 허용된다고 보고 있다고 할 수 있다.[209] 다만, 이러한 경우라도 예외적으로 경정등기를 할 수 있도록 하고 있다.[210]

나. 경정 전후의 등기의 동일성: 경정의 한계

등기의 경정이 허용되기 위하여는 경정 전후의 등기의 동일성이 있어야 한다. 동일성이 없는 경우에도 등기의 경정을 허용한다면 등기의 경정에 의하여 새로운 물권변동이 발생하거나 중복등기를 발생시키는 결과가 되기 때문이다. 동일성이 인정되지 않는 경우에는 그 등기를 말소하고 다시 등기를 신청하여야 한다. 등기의 동일성은 표시의 동일성을 의미하지는 않는다. 등기의 동일성 요건은 등기의 경정이 허용되는 한계의 문제이기도 하다.[211]

동일성 문제는 경정의 대상에 따라 달리 적용되고 있다.

(1) 부동산 표시의 경정

부동산 표시의 경정에서 동일성은 "등기 기재의 외관상의 근사성(近似性)"을 뜻한다고 보고 있다.[212]

그 동일성 내지 유사성 여부는 토지에 있어서는 지번과 지목, 지적에 의하여

---

209) 부동산등기실무[Ⅱ], 35면.

210) 등기예규에 의하면 다음과 같은 경우에는 경정등기를 할 수 있다고 한다(앞의 등기예규 제1564호).
① 소유권보존등기의 경정: 등기명의인의 인감증명이나 소유권확인판결서 등을 첨부하여 단독소유의 소유권보존등기를 공동소유로 경정하거나 공동소유를 단독소유로 경정하는 경우
② 상속으로 인한 소유권이전등기의 경정: 법정상속분대로 등기된 후 협의분할에 의하여 소유권경정등기를 신청하는 경우 또는 협의분할에 의한 상속등기 후 협의해제를 원인으로 법정상속분대로 소유권경정등기를 신청하는 경우
③ 가압류등기나 매각에 따른 소유권이전등기 등 법원의 촉탁에 의한 등기가 완료된 후 그 촉탁에 착오가 있음을 증명하는 서면을 첨부하여 권리의 경정을 촉탁한 경우
④ 등기원인증서의 실질적 내용이 매매임에도 증여로 기재되어 있거나 등기 당시 도래하지 않은 일자가 등기원인일자로 등기원인증서에 기재되어 있는 등 등기원인증서상의 기재의 착오가 외관상 명백한 경우
⑤ 기타 법정지상권이나 법정저당권의 취득 등 법률의 규정에 의한 권리의 취득을 원인으로 하여 등기가 완료된 후 등기의 착오를 증명하는 서면을 첨부하여 권리의 경정을 신청하는 경우 등

211) 다만, 등기실무에서 등기관의 잘못에 의한 경우는 신청인의 잘못에 의한 경우와 달리 동일성 요건을 완화하여 적용하고 있다. 뒤에서 설명한다.

212) 양승태, "등기명의인의 표시를 타인 이름으로 경정한 명의인표시경정등기의 효력", 민사판례연구[Ⅸ], 18면; 채영수, "변경·경정등기와 그 한계", 재판자료 제43집 등기에 관한 제문제[상], 법원행정처, 1988, 520면.

판단하여야 하고,[213] 건물에서는 건물의 소재지번, 구조, 면적 등에 의하여 판단한다. 이들 표시에 착오나 빠진 부분이 있을 때 이것을 그대로 두어도 그 부동산을 표상한다고 여겨질 정도로 경미하거나 극히 부분적일 때 한하여 바른 표시로의 경정이 허용되고,[214] 실제의 부동산과 동일성 또는 유사성을 인정할 수 없다면 그 등기는 공시의 기능을 발휘할 수 없는 무효의 등기로 경정이 허용되지 않는다. 다만, 판례는 부동산 표시의 동일성 기준을 다소 완화하여 이해하고 있다. 그리하여 동일성 또는 유사성을 인정할 수 없는 착오 또는 오류가 있다 하더라도 같은 부동산에 대하여 따로 보존등기가 존재하지 않거나 등기의 형식상으로 보아 예측할 수 없는 손해를 미칠 우려가 있는 이해관계인이 없는 경우에는 해당 오류 있는 등기의 경정을 허용하고 있다.[215]

(2) 등기명의인 표시의 경정[216]

등기명의인 표시의 경정은 등기기록에 기재되어 있는 등기명의인의 성명, 주소나 상호, 사무소 등에 착오 또는 빠진 부분이 있는 경우에 그 명의인으로 기재되어 있는 자의 동일성을 변함이 없이 이를 바로잡는 절차를 말하므로,[217] 여기서의 동일성은 등기명의인의 "인격의 동일성"을 의미한다.[218] 그러므로 법인 아닌 사단을 법인으로 경정하는 등기는 인격의 동일성을 해하므로 허용될 수 없다. 여기서 부동산표시의 경정에서와는 달리 등기명의인의 표시가 외관상 유사할

---

213) 대법원 2001.3.23. 2000다51285 판결.

214) 대법원 1989.1.31. 87다카2358 판결.

215) 대법원 1975.4.22. 74다2188 판결(전). 이 사건은 지번을 연지동 345번지로 하여 소유권보존등기를 마친 건물에 대하여 신청착오를 원인으로 그 지번을 연지동 394－1로 등기를 경정한 사안인데, 판례는 이 법리에 따라 등기의 경정이 허용되고 그 경정된 등기가 유효하다고 판단하였다.
또한, 판례는 분할 전 토지에 대한 등기기록의 지적이 분할 후 동일 지번을 가지는 일부 토지의 지적으로 경정된 경우, 원래 지적의 일부만을 표상하는 것으로의 지적경정은 경정등기 전후의 토지의 동일성이 인정되지 아니하여 허용될 수 없음이 원칙이나, 그러한 경우에도 같은 부동산에 대하여 따로 보존등기가 존재하지 아니하거나 등기의 형식으로 보아 예측할 수 없는 손해를 미칠 우려가 있는 이해관계인이 없는 경우에는 그 경정등기 후의 등기기록이 분할 후의 일부 토지에 대한 등기기록으로서의 효력을 가진다고 한다. 그리고 이 법리에 따라 유효한 것으로 인정되는 경정등기 후에 이루어진 소유권이전등기는 경정등기 전의 동일성이 없는 종전 토지에 대한 등기로서 효력을 갖지 않는다고 한다. 대법원 1997.2.25. 96다51561 판결; 대법원 2000.3.10. 99다40975 판결.

216) 조의연, "등기명의인 표시변경등기에 관한 실무상 몇 가지 문제점", 사법연수원 교수논문집 제7집 청연논총, 2010, 사법연수원 참고.

217) 대법원 1996.4.12. 95다33214 판결.

218) 양승태, 앞의 논문, 18면; 채영수, 앞의 논문, 540면.

필요는 없다.

판례는 그 표시변경(경정)이 등기명의인의 동일성이 유지되는 범위 내에서 행하여진 것에 불과한 경우에는 그것이 잘못되었더라도 다시 소정의 서면을 갖추어 경정등기를 하면 되므로 소로써 그 등기의 말소를 구하는 것은 소의 이익이 없어 허용되지 아니하나,[219] 등기명의인 표시변경(경정)의 등기가 등기명의인의 동일성을 해치는 방법으로 행하여져 등기가 타인을 표상하는 결과에 이르렀다면 원래의 등기명의인은 새로운 등기명의인을 상대로 변경(경정)등기의 말소를 구할 수 있다고 한다.[220]

판례는 부정한 방법으로 등기명의인 표시경정등기가 이루어진 경우 원래의 등기명의인이 단독으로 명의인 표시경정을 신청하여 바로잡을 수 있다고 한다.[221] 등기실무는 동일성을 해하는 등기명의인 표시경정등기의 신청임에도 등기관이 이를 간과하여 수리한 경우, 종전 등기명의인으로의 회복등기 신청은 현재의 등기명의인이 단독으로 하거나 종전 등기명의인과 공동으로 하여야 하고, 종전 등기명의인이 단독으로 한 등기신청은 수리할 수 없다고 한다.[222]

판례는 명의인의 동일성이 인정되지 않는 위법한 경정등기가 마쳐졌다 하더라도 그것이 경정 후의 명의인의 권리관계를 표상하는 결과에 이르러 그 등기가

---

219) 대법원 1999.6.11. 98다60903 판결에 의하면 "대한불교법화종 대흥사"에서 "대흥사"로의 등기명의인 표시변경이 적법한 절차에 의하지 않고 이루어졌다 하더라도 그 잘못은 경정등기의 방법으로 시정될 수 있으므로 그 표시변경등기의 말소등기절차의 이행을 구하는 소는 소의 이익이 없어 부적법하다고 한다.

220) 대법원 1992.11.13. 92다39167 판결; 대법원 2000.5.12. 99다69983 판결. 등기명의인의 표시변경 또는 경정의 부기등기가 등기명의인의 동일성을 해치는 방법으로 행하여져서 등기기록상의 표시가 실지 소유관계를 표상하고 있는 것이 아니라면 진실한 소유자는 그 소유권의 내용인 침해배제청구권의 정당한 행사로써 그 표시상의 소유명의자를 상대로 그 소유권에 장애가 되는 부기등기인 표시변경 또는 경정등기의 말소등기절차의 이행을 청구할 수 있으며, 이때에는 자신이 부동산의 원래의 등기명의인에 해당하는 자로서 진실한 소유자라는 사실을 증명하여야 한다. 대법원 2021.5.7. 2020다299214 판결. 이 판결은 '종단대순진리회 목포방면'이 그 명의로 소유권보존등기를 마친 후 원고가 그 명의인 '대미륵봉심회'로 등기명의인표시변경등기를 마쳤고 그 후 다시 피고 종단대순진리회 목포방면이 그 명의로 등기명의인표시변경등기를 마친 사안이다. 같은 취지의 판결로는 대법원 2008.12.11. 2008다1895 판결 참조.

221) 대법원 1996.9.19. 95마457 결정. 이 결정은 적법한 자료 없이 등기기록상 소유자의 표시를 '금강사'에서 '대한불교조계종 금강사'로 경정하였다면 원래의 등기명의인은 그 표시상의 착오를 이유로 단독으로 경정신청을 하여 원래의 명칭인 '금강사'라는 이름으로 표시를 고쳐놓을 수 있다고 한다.

222) 앞의 등기예규 제1564호.

실체관계에 부합한다면 그 등기는 유효하다고 한다.[223)]

(3) 권리의 경정

권리 자체를 경정(소유권이전등기를 저당권설정등기로 경정하거나 저당권설정등기를 전세권설정등기로 경정)하거나 권리자 전체를 경정(권리자를 갑에서 을로 경정)하는 등기는 할 수 없다.[224)] 등기원인증서와 같은 내용으로 등기가 이루어진 경우에는 원칙적으로 경정등기를 할 수 없고, 등기원인증서와 다른 내용으로 등기가 이루어진 경우에 경정등기를 할 수 있다는 점은 이미 설명하였다. 단독소유를 공유로 또는 공유를 단독소유로 하는 경정이 허용되는지에 관하여는 항을 바꾸어서 뒤에서 살펴본다.

3. 경정의 절차

가. 착오나 빠진 사실의 통지

등기관이 등기를 마친 후 그 등기에 착오나 빠진 부분이 있음을 발견하였을 때에는 지체 없이 그 사실을 등기권리자와 등기의무자에게 알려야 하고, 등기권리자와 등기의무자가 없는 경우에는 등기명의인에게 알려야 한다. 다만, 등기권리자, 등기의무자 또는 등기명의인이 각 2인 이상인 경우에는 그중 1인에게 통지하면 된다(법 제32조 제1항). 등기의 경정을 촉구하기 위한 조치이다. 채권자대위권에 의하여 등기가 마쳐진 때에는 그 통지를 채권자에게도 하여야 한다(법 제32조 제4항).

나. 등기의 신청

부동산표시의 경정의 등기는 소유권의 등기명의인이, 등기명의인표시의 경정의 등기는 해당 권리의 등기명의인이 단독으로 신청한다(법 제23조 제5항, 제6항). 권리의 경정등기는 일반원칙에 따라 공동신청에 의한다.

등기원인으로는 신청인이 잘못 신청하여 경정사유가 발생한 경우 실무상

223) 대법원 1996.4.12. 95다2135 판결; 대법원 2015.5.21. 2012다952 판결(전). 이 경우 경정등기의 효력은 소급하지 않고 경정 후 명의인의 권리취득을 공시할 뿐이므로, 경정 전의 등기 역시 원인무효의 등기가 아닌 이상 경정 전 당시의 등기명의인의 권리관계를 표상하는 등기로서 유효하고, 경정 전에 실제로 존재하였던 경정 전 등기명의인의 권리관계가 소급적으로 소멸하거나 존재하지 않았던 것으로 되지도 않는다고 한다.

224) 앞의 등기예규 제1564호, 등기선례 5-540.

"신청착오"로 기재한다. 경정의 등기 신청에는 그 경정의 요건을 입증하는 자료를 첨부정보로 제출하여야 한다. 그 입증자료가 무엇인지는 경정의 내용에 따라 다르므로 일률적으로 정리하기 어렵다.

다. 등기의 실행

부동산표시의 경정의 등기는 주등기로, 등기명의인 표시의 경정등기는 부기등기로 한다(법 제52조 제1호). 부동산의 표시에 관한 경정이나 등기명의인 표시의 경정은 그 부동산에 관한 권리에 어떤 변동을 가져오지 않으므로 그 경정등기에 있어서 등기상 이해관계 있는 제3자의 승낙 유무가 문제될 여지가 없다.[225)]

권리 경정의 등기는 부기로 하되, 등기상 이해관계 있는 제3자가 있는 경우 그 제3자의 승낙이 있으면 부기로 하고, 그 승낙이 없으면 주등기로 한다(법 제52조 제5호, 규칙 제112조 제1항). 부기등기는 주등기의 순위에 따르므로 부기등기에 의하여 변경된 권리의 내용도 제3자의 권리보다 우선하게 되나, 주등기로 권리변경등기가 실행된 경우 변경된 권리의 내용은 이해관계 있는 제3자의 권리보다 후순위로 된다. 여기서 등기상 이해관계 있는 제3자란 경정등기를 허용함으로써 손해를 입게 될 위험성이 있는 등기명의인을 의미하고,[226)] 손해를 입게 될 위험성은 등기기록상으로 판단하여야 하며 실질적으로 손해를 입을 염려가 있는지는 고려의 대상이 되지 아니한다.[227)] 법규정이 "등기상" 이해관계 있는 제3자라고 하고 있기 때문이다. 따라서 등기명의인이 아닌 사람은 권리변경등기나 경정등기에 관하여 등기상 이해관계 있는 제3자에 해당하지 않는다.[228)] 그 제3자에게 승낙의무가 있는지 여부는 실체법에 의하여 결정된다.[229)]

---

225) 대법원 1992.2.28. 91다34967 판결.

226) 경정될 등기와 등기부상 양립할 수 없는 등기가 된 경우에 등기내용은 단지 경정의 대상이 될 뿐이고, 등기명의자를 승낙청구의 상대방인 등기상 이해관계 있는 제3자로 보아 별도로 승낙까지 받아야 할 필요는 없다. 대법원 2017.1.25. 2016마5579 결정.

또한, 같은 구만이 아니라 다른 구의 등기도 살펴보아야 한다. 예를 들어, 갑구의 압류등기의 권리자는 을구의 근저당권변경등기에 대하여 등기상 이해관계 있는 제3자에 해당할 수 있다. 등기선례 9-312.

227) 대법원 1998.4.9. 98마40 결정; 대법원 2015.12.10. 2014다87878 판결.

228) 따라서 등기명의인이 아닌 사람을 상대로 권리변경등기나 경정등기에 대한 승낙의 의사표시를 청구하는 소는 당사자적격이 없는 사람을 상대로 한 부적법한 소이다. 대법원 2015.12.10. 2014다87878 판결.

229) 안철상, "등기상 이해관계 있는 제3자의 승낙을 구하는 소송", 민사재판의 제문제 제13권, 2004, 241면.

4. 경정의 특수한 경우

가. 직권에 의한 등기의 경정

등기의 착오나 빠진 부분이 등기관의 잘못으로 인한 것임을 발견한 경우에는 등기관은 지체 없이 그 등기를 직권으로 경정하여야 한다. 다만, 등기상 이해관계 있는 제3자가 있는 경우에는 제3자의 승낙이 있어야 한다(법 제32조 제2항). 개정되기 전의 법은 "등기상 이해관계 있는 제3자가 있는 경우에는 그러하지 아니하다"고 규정하여(제72조 제1항 단서) 이 경우에는 경정등기를 할 수 없었으나, 개정법은 이때에도 제3자의 승낙이 있으면 직권으로 경정등기를 할 수 있도록 하였다. 당사자도 등기관의 잘못으로 인한 등기의 오류를 발견한 경우 그 사실을 증명하는 자료를 첨부하여 등기의 경정을 신청할 수 있다. 실무상 이때 등기원인은 "착오발견"으로 기재한다. 등기관의 잘못으로 인한 경우의 대표적인 예가 전산이기 오류로 인한 경우이다.[230]

등기실무에서는 등기관의 잘못으로 인하여 등기의 착오나 빠진 부분이 발생한 경우에는 경정 전후 등기의 동일성 여부를 별도로 심사하지 않고 처리하도록 하고 있다.[231]

등기관이 직권으로 경정등기를 하였을 때에는 그 사실을 등기권리자, 등기의무자 또는 등기명의인에게 알려야 한다. 채권자대위에 의하여 등기가 마쳐진 때에는 그 채권자에게도 알려야 한다(법 제32조 제3항, 제4항).

나. 일부말소 의미의 경정

일반적으로 권리의 일부말소라는 표현을 사용하고 있으나 그 등기의 형식은 등기의 경정 방식을 취하는 경우가 있다. 이를 실무상 일부말소의 의미의 경정등기라고 한다. 여기에 해당하는 경우로는 단독소유를 공유로 또는 공유를 단독소유로 경정하는 경우, 전부이전을 일부이전으로 또는 일부이전을 전부이전으로 경정하는 경우, 공유지분만의 경정 등을 들 수 있다.[232] 이 등기방식은 등기의 경정

---

230) "부동산등기부의 전산이기 등에 관한 사무처리지침"(등기예규 제1630호) 참조.

231) 앞의 등기예규 제1564호.

232) 대법원 1995.5.9. 94다38403 판결은 소유권보존등기의 지분 일부만 원인무효일 경우 그 지분에 한하여만 말소를 명할 수 있고, 그 판결의 집행은 지분말소등기의 방법이 아니라 잔존지분권자와 말소를 명한 지분의 진정한 권리자와의 공유로 하는 경정등기를 신청하는 방법으로 이루

이라는 명칭을 사용하고 있으나 그 실질은 등기의 말소에 해당하므로 등기의 말소절차를 따라야 한다. 따라서 이러한 등기를 함에 있어 등기상 이해관계 있는 제3자가 있는 때에는(예를 들어, 처분제한 또는 제한물권의 등기가 있는 때) 신청서에 반드시 그 승낙서 또는 이에 대항할 수 있는 재판의 등본을 첨부하게 하여 부기의 방식으로 등기를 하여야 하고, 그 승낙서 등이 첨부되어 있지 않은 경우에는 그 등기신청을 수리하여서는 아니된다.[233]

[기록례]

【 갑 구 】	(소유권에 관한 사항)			
순위번호	등기목적	접 수	등기원인	권 리 자 및 기 타 사 항
1	소유권보존	2011년12월3일 제2062호		~~소유자 김미정 770809－2012345~~ ~~서울특별시 서초구 서초대로 24(서초동)~~
1－1	1번소유권 경정	2012년3월5일 제3005호	2012년2월1일 서울중앙지방 법원의 지분일부말소 의 확정판결	공유자 지분 4분의 3 김미정 770809－2012345 서울특별시 서초구 서초대로 24(서초동) 지분 4분의 1 김수연 800321－2012345 서울특별시 은평구 진관1로 12(진관동)

【 을 구 】	(소유권 이외의 권리에 관한 사항)			
순위번호	등 기 목 적	접 수	등기원인	권 리 자 및 기 타 사 항
1	~~근저당권설정~~	(생략)	(생략)	(생략)
1－1	1번근저당권경정			목적 갑구1번 김미정지분전부 근저당권설정 갑구1－1번등기로 인하여 2012년3월5일 부기
~~2~~	~~지상권설정~~	~~(생략)~~	~~(생략)~~	~~(생략)~~
3	2번지상권설정등기말소			갑구 1－1번 등기로 인하여 2012년3월5일 등기

어져야 한다고 한다.

233) 이 등기절차에 관하여는 "일부말소 의미의 경정등기에 관한 사무처리지침"(대법원 등기예규 제1366호)에 잘 정리되어 있다.

5. 관련문제

(1) 판례와 등기실무의 입장이 부합하지 아니한 경우

단독소유를 공유로 또는 공유를 단독소유로 경정할 수 있는가? 예를 들어, A 단독명의의 등기를 A와 B의 공유등기로 경정할 수 있는가? 이 문제에 관하여 판례와 등기실무의 입장이 서로 자연스럽게 부합하지 않는다.

판례는 A 단독명의로 소유권이전등기가 되어야 하는데 대리인의 착오로 A·B 공동명의로 잘못 등기되었음을 이유로 A 단독명의로 명의인 표시경정을 청구한 사안에서 이러한 신청을 받아들인다면 그에 의하여 소유자가 변경되는 결과로 되어 등기명의인의 동일성을 잃게 되므로 이러한 등기는 부동산등기법 제29조 제2호의 '사건이 등기할 것이 아닌 경우'에 해당하여 법률상 허용될 수 없다고 한다.[234)]

그러나 등기실무에서는 이러한 등기도 가능하다고 하여 허용하고 있다.[235)]

이 문제에 관하여 다룬 판례로는 대법원 2017.8.18. 2016다6309 판결을 들 수 있다. 이 판결에서는 실무와의 불일치에 관하여 다음과 같이 판시하고 있다. 실체관계상 공유인 부동산에 관하여 단독소유로 소유권보존등기가 마쳐졌거나 단독소유인 부동산에 관하여 공유로 소유권보존등기가 마쳐진 경우에 소유권보존등기 중 진정한 권리자의 소유부분에 해당하는 일부 지분에 관한 등기명의인의 소유권보존등기는 무효이므로 이를 말소하고 그 부분에 관한 진정한 권리자의 소유권보존등기를 하여야 한다. 이 경우 진정한 권리자는 소유권보존등기의 일부말소를 소로써 구하고 법원은 그 지분에 한하여만 말소를 명할 수 있으나, 등기기술상 소유권보존등기의 일부말소는 허용되지 않으므로, 그 판결의 집행은 단독소유를 공유로 또는 공유를 단독소유로 하는 경정등기의 방식으로 이루어진다. 이와 같이 일부말소 의미의 경정등기는 등기절차 내에서만 허용될 뿐 소송절차에서는 일부말소를 구하는 외에 경정등기를 소로써 구하는 것은 허용될 수 없다고 한다.

(2) 공부와 실제 점유부분이 다른 경우

경정등기와 관련하여 등기와 실제의 현황이 다른 경우의 법률관계가 판례상

---

234) 대법원 1981.11.16. 80마592 결정; 대법원 1996.4.12. 95다33214 판결.

235) 앞의 등기예규 제1366호.

종종 문제된다. 여기서는 몇 가지 사례만 간략히 언급한다.

건물에 관하여는 등기기록의 부동산표시 중 다세대주택의 '동' 표시 또는 전유부분 표시가 뒤바뀐 경우가 종종 문제된다. 판례는 연립주택 2동에 관한 등기를 함에 있어서 실제 건물표시상의 가동과 나동이 뒤바뀌어 등기기록상 부동산표시가 되었으나 그밖에 건물등기기록 표시란의 기재사항인 건물의 소재, 지번, 종류, 구조와 면적 등이 실제 건물의 현황과 일치한다면 단지 위 두 건물의 '동' 표시가 뒤바뀌었다는 이유만으로 그 등기의 표시와 실제 건물과의 사이에 동일성을 부정할 수는 없으므로 그 등기를 무효라고 할 수 없다고 한다.[236] 또한, 다세대주택 지하층 및 1, 2층에 관하여 소유권보존등기 당시 제출된 도면상에는 입구 오른쪽 세대가 각 층 01호로, 왼쪽 세대가 각 층 02호로 기재되었는데, 실제 현관문에는 각 층 입구 오른쪽 세대가 02호로, 왼쪽 세대가 01호로 각 표시되어 있는 사안에서, 등기기록상 지층에서 2층까지의 각 층 02호는 입구 왼편에 위치한 세대를, 각 층 01호는 오른편에 위치한 세대를 표상하고, 각 현관문에 등기부상 표시와 다르게 표시되어 있다는 사정만으로 각 층 02호에 대한 등기가 입구 오른편에 위치한 세대를 표상한다고 볼 수는 없다고 한다.[237]

토지에 대하여는 공부상의 경계와 현실의 경계가 다른 경우에 문제가 된다.[238] 판례에 의하면, 어떤 토지가 지적공부에 1필지의 토지로 등록되면 토지의 소재, 지번, 지목, 지적 및 경계는 다른 특별한 사정이 없는 한 이 등록으로써 특정되고 소유권의 범위는 현실의 경계와 관계없이 공부의 경계에 의하여 확정되는 것이 원칙이다. 다만, 지적도를 작성하면서 기점을 잘못 선택하는 등 기술적인 착오로 말미암아 지적도의 경계선이 진실한 경계선과 다르게 작성되었다는 등과 같은 특별한 사정이 있는 경우에는 토지의 경계는 실제의 경계에 의하여야 한다.[239]

---

236) 대법원 1989.11.28. 89다카2735 판결. 그리하여 소유권보존등기가 된 연립주택 "가"동 104호에 관한 등기기록의 표시란에 기재된 건물의 소재, 지번, 종류, 구조와 면적 등이 실제 건물의 그것과 서로 일치된다면, 연립주택 "가"동 104호에 관한 소유권보존등기가 왼쪽 연립주택 "나"동 104호(실제 건물표시)를 표상하는 등기로서 효력이 없다고 단정할 수는 없고, 실제로 왼쪽 연립주택 "나"동 104호의 소유권자로부터 권리를 취득하여 자신의 명의로 소유권보존등기를 하였는데 등기기록 표시란에 "가"동 104호로 기재되었다면, 그 등기에 의하여 왼쪽 연립주택 "나"동 104호(실제 건물표시)가 등기명의인의 소유로 추정될 수도 있다고 한다. 대법원 1990.3.9. 89다카3288 판결.

237) 대법원 2015.3.26. 2014다13082 판결.

238) 자세한 내용은 제4장 제2절 표시에 관한 등기 참조.

제 5 관 등기의 말소와 회복

Ⅰ. 등기의 말소

1. 의 의

등기의 말소는 어떤 등기의 등기사항이 원시적 또는 후발적으로 실체관계와 불일치하게 되거나 부적법하게 된 경우에 그 등기 전부를 소멸시키는 절차이다. 그러한 목적으로 행하여지는 등기를 말소등기라고 한다.

등기사항 전부의 효력을 소멸시키는 점에서 어떤 등기의 등기사항 일부를 소멸시키거나 그 내용을 변경시키는 등기의 변경 또는 경정과 구별되고, 어떤 등기의 효력을 법률적으로 소멸시키는 점에서 부동산이 물리적으로 멸실된 경우에 하는 멸실등기와 구별된다. 등기의 말소도 실체관계와 등기를 일치시키기 위한 절차의 하나이다.

등기의 말소 일반에 관하여 부동산등기법은 제57조에서 이해관계 있는 제3자가 있는 등기의 말소에 관하여만 규정을 두고, 제55조부터 제58조에서 특별한 경우의 말소에 관하여 규정하고 있다.

2. 요 건

가. 말소의 원인: 등기가 실체관계와 불일치하게 되거나 부적법하게 된 경우

등기의 말소는 등기사항 전부가 실체관계와 불일치하게 되거나 등기절차적으로 부적법하게 된 경우에 한다.

말소의 실체적 원인으로, 등기의 말소는 실체관계와 등기가 불일치하게 된 경우에 한다. 실체관계와 불일치하게 된 원인에는 무효·취소 등으로 법률행위에

---

239) 대법원 2016.5.24. 2012다87898 판결. 이러한 특별한 사정이 있는 경우에, 실제의 경계에 따른 토지 부분의 소유권이 자신에게 있어 지적공부에 등록된 경계에 잘못이 있음을 주장하는 사람은, 「공간정보의 구축 및 관리 등에 관한 법률」 제84조 제1항, 제3항에 따라 지적소관청에 인접 토지 소유자의 승낙서 또는 이에 대항할 수 있는 확정판결서 정본을 제출하여 지적공부의 경계에 대한 정정을 신청할 수 있다. 여기서 인접 토지 소유자에 대항할 수 있는 '확정판결'은 지적공부를 기준으로 하여 그 지번에 해당하는 토지를 특정하고 소유자로서 인접 토지 소유자를 상대로 그에 관한 소유권의 범위나 경계를 확정하는 내용이 담긴 판결을 말하며, 경계확정의 판결, 공유물분할의 판결, 지상물 철거 및 토지인도의 판결, 소유권확인의 판결 및 경계변경 정정신청에 대한 승낙 의사의 진술을 명하는 판결 등이 포함될 수 있다.

하자가 있어 부적법하게 된 경우만이 아니라 적법하게 이루어진 법률행위가 후발적으로 효력을 상실하게 되는 경우도 있다. 부동산등기법 교과서에서는 일반적으로 등기 말소의 요건으로 등기의 전부가 부적법한 경우라고 설명한다. 여기서 부적법의 의미가 무엇인지에 대하여는 명확히 설명하고 있지 않다. 그런데 부적법이라는 용어로 인하여 등기의 말소는 부적법한 원인에 의하여 이루어진 등기의 효력을 소멸시키는 절차로 오해하기 쉽다. 그러나 등기의 말소는 부적법한 원인에 의하여 이루어진 등기의 효력을 소멸시키는 절차만이 아니다. 적법하게 이루어진 등기가 적법한 원인에 의하여 말소되는 경우도 많다. 예를 들면, 적법하게 마쳐진 저당권등기가 채무변제로 인하여 소멸하게 되는 경우, 적법하게 이루어진 전세권등기가 존속기간의 만료로 말소되는 경우, 적법한 근저당권설정등기가 설정계약의 해지라는 적법한 원인에 의하여 말소되는 경우 등을 들 수 있다. 이런 의미에서 등기의 말소는 실체관계와 등기의 불일치를 해소하기 위하여 이루어지는 절차이다.

말소의 절차적 원인으로, 등기의 말소는 등기가 등기절차적으로 부적법하게 된 경우에도 한다. 예를 들어, 중복등기나 관할위반의 등기는 실체관계와 일치하는지 여부를 묻지 않고 등기절차적인 이유에서 말소하게 된다.

나. 말소의 대상: 현재의 등기로서 공시되고 있는 등기사항 전부

말소의 대상이 되는 등기는 등기기록상으로 현재의 등기로서 공시되고 있는 등기이어야 한다.[240] 과거의 등기사항에 대하여는 말소할 수 없다. 따라서 현 소유권이전등기 명의인의 등기를 남겨둔 채 전 등기명의인의 등기를 말소할 수는 없다.[241] 이때에는 현 소유권이전등기 명의인의 등기의 말소를 먼저 신청해야 한다. 마찬가지 이유로 폐쇄등기기록에 기록된 등기는 현 등기기록에 이기되지 않는 한 말소할 수 없다. 이에 따라 폐쇄등기를 대상으로 말소등기절차의 이행을 구할 소의 이익은 없다. 그러나 폐쇄등기 자체를 대상으로 하는 것이 아니라 새로운 등기기록에는 옮겨 기록되지는 못하였지만 진정한 권리자의 권리실현을 위하여 말소등기를 마쳐야 할 필요가 있는 때에는 폐쇄등기에 대하여 말소등기절

240) 대부분의 부동산등기법 관련 문헌에서는 '현재 효력 있는 등기'가 말소의 대상이라고 설명한다. 그러나 현재 효력 있는 등기는 다른 말로 하면 현재 유효한 등기이다. 현재 효력 있는 유효한 등기라면 말소하여서는 안 된다. 유효한 등기를 왜 말소하는가? 그런 표현은 오해의 소지가 있다.

241) 등기선례 1−454, 1−457.

차의 이행을 구하는 소의 이익을 인정할 수 있다.[242)]

부기등기는 주등기에 종속되어 주등기와 일체를 이루므로 주등기가 말소되면 함께 말소된다. 따라서 주등기에 부기등기가 있는 경우 주등기의 말소를 구하면 되고 부기등기의 말소를 따로 인정할 실익이 없다.[243)] 이 경우 부기등기의 말소를 구하는 청구는 소의 이익이 없어 부적법하다. 다만, 부기등기만에 대하여 말소의 원인이 있는 경우에는 부기등기만이 말소의 대상이 될 수 있다.[244)]

등기명의인 표시변경(경정)의 등기에 관하여 판례는 그 표시변경(경정)이 등기명의인의 동일성이 유지되는 범위 내에서 행하여진 것에 불과한 경우에는 그것이 잘못되었더라도 다시 소정의 서면을 갖추어 경정등기를 하면 되므로 등기의무자의 관념이 있을 수 없어 소로써 그 등기의 말소를 구하는 것은 소의 이익이 없어 허용되지 아니하나, 등기명의인 표시변경(경정)의 등기가 등기명의인의 동일성을 해치는 방법으로 행하여져 등기가 타인을 표상하는 결과에 이르렀다면 원래의 등기명의인은 새로운 등기명의인을 상대로 변경(경정)등기의 말소를 구할 수 있다고 한다.[245)]

말소등기를 다시 말소하기 위한 등기, 즉 말소등기의 말소등기는 허용되지 않으며 이 경우에는 말소회복등기를 하여야 한다.

---

242) 새로운 등기기록에 옮겨 기록되지는 못하였지만 진정한 권리자의 권리실현을 위해서 말소등기를 마쳐야 할 필요가 있는 때에는 등기가 폐쇄등기로 남아 있다는 이유로 말소등기절차의 이행을 구하는 소의 이익을 일률적으로 부정할 수 없다. 폐쇄등기 자체를 대상으로 하는 것이 아니라 원인 없이 이전된 진정한 권리자의 등기를 회복하는 데에 필요하여 '현재의 등기기록에 옮겨 기록되었을 위와 같은 이전등기'를 대상으로 말소등기절차의 이행을 구하는 소는 특별한 사정이 없는 한 허용되어야 한다. 이러한 사건에서 말소등기절차의 이행을 명하는 판결이 확정되고 현재의 등기기록에 이미 기록되어 있는 등기 중 진정한 권리자의 등기와 양립할 수 없는 등기가 모두 말소되면, 등기관은 직권으로 위 말소등기절차의 이행을 명하는 판결에서 말소등기청구의 대상이 된 위 등기를 현재의 등기기록에 옮겨 기록한 다음 그 등기에서 위 확정판결에 의한 말소등기를 실행할 수 있다. 대법원 2017.9.12. 2015다242849 판결. 제2장 제2절 등기기록의 폐쇄 부분 참조.

243) 다만, 이때에도 부기등기의 권리자가 등기상 이해관계 있는 제3자이면 주등기의 말소에 그 부기등기권리자의 승낙이 있어야 한다.

244) 근저당권이전의 부기등기가 기존의 주등기인 근저당권설정등기에 종속되어 주등기와 일체를 이룬 경우에는 부기등기만의 말소를 따로 인정할 아무런 실익이 없지만, 근저당권의 이전원인만이 무효로 되거나 취소 또는 해제된 경우, 즉 근저당권의 주등기 자체는 유효한 것을 전제로 이와는 별도로 근저당권이전의 부기등기에 한하여 무효사유가 있다는 이유로 부기등기만의 효력을 다투는 경우에는 그 부기등기의 말소를 소구할 필요가 있으므로 예외적으로 소의 이익이 있다. 대법원 2005.6.10. 2002다15412,15429 판결.

245) 대법원 1992.11.13. 92다39167 판결; 대법원 2000.5.12. 99다69983 판결.

판례는 표제부 면적란에 기재된 면적표시단위를 미터법으로 바꾸는 토지표시변경등기는 실체적 권리관계와 무관하므로 등기권리자와 등기의무자의 관념이 있을 수 없어 말소의 대상이 될 수 없고, 그 등기의 말소등기절차이행을 구하는 소는 소의 이익이 없어 부적법하다고 한다.[246)]

말소의 대상은 등기사항 전부이다. 이 점에서 등기의 변경 또는 경정과 구별됨은 이미 설명하였다.

다. 등기상 이해관계 있는 제3자의 승낙[247)]

등기의 말소를 신청하는 경우에 그 말소에 대하여 등기상 이해관계 있는 제3자가 있을 때에는 제3자의 승낙이 있어야 한다(법 제57조 제1항). 제3자가 불측의 손해를 입는 것을 방지하기 위한 조치이다.

(1) 등기상 이해관계 있는 제3자의 의미

여기서 등기상 이해관계 있는 제3자란 등기의 말소로 인하여 손해를 입을 우려가 있다고 등기기록상 인정되는 제3자이다.[248)]

이해관계가 있는지는 등기기록상으로 판단한다. 법문의 표현도 단순히 이해관계 있는 제3자가 아니라 "등기상" 이해관계 있는 제3자로 되어 있다. 따라서 실질적으로 손해를 입을 우려가 있어도 등기기록상 알 수 없는 경우에는 여기에 해당하지 아니하고, 등기기록상 손해를 입을 우려가 있다고 인정되면 실실석으로 손해를 입을 염려가 없어도 여기에 해당한다. 그러므로 등기되지 아니한 권리자는 이해관계인이 아니며,[249)] 변제 등으로 저당권이 사실상 소멸되었더라도 말소되지 않고 등기되어 있으면 이해관계인에 해당한다. 등기상 이해관계 있는 제3자의 예로는 소유권이전등기의 말소에 있어서 그 소유권을 목적으로 하는 근저당권자, 가압류채권자, 가처분채권자 등을 들 수 있다.

그런데 여기서 가처분과 관련하여 주의할 점이 있다. 등기의 말소가 가처분

---

246) 대법원 2002.4.26. 2000다38480 판결.

247) 안철상, "등기상 이해관계 있는 제3자의 승낙을 구하는 소송", 민사재판의 제문제 제13권, 2004 참조.

248) 판례는 "말소등기를 함으로써 손해를 입을 우려가 있는 등기상의 권리자로서 그 손해를 입을 우려가 있다는 것이 등기부 기재에 의하여 형식적으로 인정되는 자"라고 한다. 대법원 2007.4.27. 2005다45753 판결; 대법원 2008.7.24. 2008다25510 판결.

249) 판례는 채권담보를 위한 가등기 및 본등기 또는 소유권이전등기를 함에 있어서 타인에게 명의를 신탁하여 각 등기를 한 자는 등기에 관한 이해관계 있는 제3자라고 할 수 없다고 한다. 대법원 1992.7.28. 92다10173,10180 판결.

채권자의 피보전권리를 실현하는 결과가 된다고 하여 그 가처분채권자를 이해관계 있는 제3자가 아니라고 보아서는 안 된다. A로부터 B로 소유권이전등기가 이루어진 후 A의 채권자 C가 B 명의의 소유권이전등기에 대하여 사해행위로 인한 소유권이전등기 말소청구권을 피보전권리로 하는 처분금지가처분을 하였을 경우, B 명의의 소유권이전등기에 관하여 C 이외의 자가 말소 신청을 하는 때에는 C는 등기상 이해관계 있는 제3자이다.[250] "등기상" 이해관계 있는 제3자이므로 이해관계는 등기기록상으로 판단하여야 하기 때문이다. 판례도 원인 무효의 소유권보존등기가 되어 있는 부동산에 관하여 그 소유자의 등기말소청구권을 보전하기 위하여 소유자의 채권자의 대위신청에 따라 처분금지가처분등기가 이루어지고, 이어 다른 채권자의 대위신청에 따라 위 부동산에 관하여 또 다시 처분금지가처분등기가 마쳐진 후 선행 가처분 채권자가 그 본안소송에서 승소의 확정판결을 받은 경우에도, 후행 가처분채권자는 소유자를 대위하여 선행 가처분채권자를 상대로 소유권보존등기의 말소에 대한 승낙의 의사표시를 구할 수 있으며, 소유자의 채권자가 이미 채권자대위권을 행사하는 방법으로 권리취득명의자를 상대로 말소등기청구의 소를 제기하여 승소 확정판결을 받았다 하더라도, 소유자나 다른 채권자로서는 이미 승소 확정판결을 받은 채권자를 상대로 승낙의 의사표시를 청구할 수 있다고 한다.[251]

등기기록상 당해 등기의 말소로 인하여 손해를 받을 우려가 전혀 없다고 인정되는 자는 이해관계 있는 제3자에 해당되지 않는다. 예를 들면 1번 저당권의 말소에 대하여 2번 저당권자는 이해관계 있는 제3자가 아니다. 또한, 말소의 대상인 권리를 등기기록상 그대로 이전받은 자는 여기의 제3자가 아니라 해당 등기의 말소에 앞서 먼저 말소되어야 할 등기의 명의인일 뿐이다. 예를 들어, A로부터 B를 거쳐 C에게로 순차 소유권이전등기가 이루어진 경우, A로부터 B에게로의 소유권이전등기의 말소에 대하여 C는 등기상 이해관계 있는 제3자가 아니며, A로부터 B에게로의 등기의 말소에 앞서 먼저 말소되어야 하는 등기의 명의인일 뿐이다. 또한, 판결에 의하여 말소등기를 신청하는 경우 제3자가 변론종결 후의

250) 등기선례 6-57. 종래의 등기선례에서는 이 경우 이해관계 있는 제3자가 아니라고 하였다가 이 선례로 종래의 등기선례를 변경하였다. 등기선례 9-177도 같은 취지이다.

251) 대법원 2008.7.24. 2008다25510 판결.

승계인에 해당한다면 승계집행문을 부여받아 말소할 수 있으므로 그의 승낙을 필요로 하지 아니한다.

(2) 이해관계 있는 제3자의 승낙의무 유무

제3자가 승낙의무를 부담하는지 여부는 그 제3자가 말소등기권리자에 대한 관계에서 그 승낙을 하여야 할 실체법상의 의무가 있는지 여부에 의하여 결정된다.[252)]

말소의 대상인 등기가 실체법상 원인무효라는 이유로 말소되는 경우에는 등기에 공신력이 인정되지 않으므로 이해관계가 있는 제3자도 실체법상 무권리자가 되어 등기의 말소에 승낙할 의무를 부담한다.[253)] 그러나 말소의 대상인 등기에 무효나 취소의 원인이 있더라도 제3자 보호규정에 의하여 제3자가 보호되는 경우(민법 제107조 제2항, 제108조 제2항, 제109조 제2항, 제110조 제3항 등)에는 승낙의무가 없다.[254)]

(3) 등기절차에서의 승낙의 입증 방법

등기절차에서의 승낙의 입증 방법에 관하여 부동산등기규칙은 등기상 이해관계 있는 제3자의 승낙이 필요한 경우에는 이를 증명하는 정보 또는 이에 대항할 수 있는 재판이 있음을 증명하는 정보를 첨부정보로 등기소에 제공하도록 하고 있다(제46조 제1항 제3호).[255)] 종래의 표현대로 하자면 승낙을 증명하는 정보는 승낙서이고, 재판이 있음을 증명하는 정보는 재판의 등본이다.

승낙서에는 해당 등기를 표시하고 그 등기의 말소에 대하여 승낙한다는 뜻

---

252) 대법원 2007.4.27. 2005다43753 판결.

253) 통정한 허위표시에 의하여 외형상 형성된 법률관계로 생긴 채권을 가압류한 경우 그 가압류권자는 허위표시에 기초하여 새로운 법률상 이해관계를 가지게 되므로 민법 제108조 제2항의 제3자에 해당하고, 근저당권이 있는 채권이 가압류된 경우 근저당권의 피담보채권이 존재하지 않는다면 그 가압류명령은 무효이므로 근저당권을 말소하는 경우에 가압류권자는 등기상 이해관계 있는 제3자로서 근저당권의 말소에 대한 승낙의 의사표시를 하여야 할 의무가 있다. 대법원 2004.5.28. 2003다70041 판결.

254) 대법원 2007.4.27. 2005다43753 판결은 말소의 대상인 소유권이전등기가 어떤 원인으로 말소되기에 이르렀는지 및 그것이 피고에게 대항할 수 있는 성질인지 여부를 따져 보지도 아니한 채, 단순히 그 소유권이전등기의 말소를 명한 판결이 확정되기 전에 제3자 명의의 압류등기가 마쳐졌다는 사유만으로 제3자가 그 소유권이전등기의 말소에 관하여 승낙할 의무가 있는 제3자에 해당하지 아니한다고 판단한 원심을 위법하다고 한다.

255) 구 부동산등기법에서는 그 입증 방법에 관하여 법률에서 규정하고 있었다. 구법 제171조는 "등기의 말소를 신청하는 경우에 그 말소에 대하여 등기상 이해관계 있는 제3자가 있을 때에는 신청서에 그 승낙서 또는 이에 대항할 수 있는 재판의 등본을 첨부하여야 한다"고 규정하였다. 2011년 부동산등기법 전부개정에서 규정체계의 정비차원에서 첨부정보에 관한 사항은 부동산등기규칙에서 규정하게 되었다.

이 나타나야 한다. 그리고 승낙자의 진정한 의사를 확인하기 위하여 승낙서에 제3자의 인감을 날인하고 그 인감증명을 첨부하여야 한다(규칙 제60조 제1항 제7호). 승낙서가 공정증서인 경우에는 그러하지 아니한다(규칙 제60조 제2항).

제3자에 대항할 수 있는 재판은 제3자를 상대로 해당 등기의 말소에 대하여 승낙의 의사표시를 하라는 판결을 의미한다. 그와 동일한 효력이 있는 화해조서, 인낙조서, 조정조서 등도 포함된다. 그러나 실무에서는 그 제3자를 상대로 그 제3자 명의의 등기를 말소하라는 판결도 이에 해당된다고 보고 있다.[256][257]

제3자가 변론종결 후의 승계인에 해당하는 경우, 예를 들어 원인무효를 이유로 소유권이전등기의 말소를 명하는 판결의 변론종결 후에 말소의 대상인 등기를 전제로 한 제3자의 등기가 마쳐진 경우에, 그 제3자는 말소판결의 효력이 미치는 자이어서 승계집행문을 부여받아 바로 말소할 수 있으므로 그 제3자에 대하여는 승낙을 증명할 필요가 없다.

(4) 제3자의 승낙 없이 이루어진 말소등기의 효력

등기상 이해관계 있는 제3자의 승낙이 필요함에도 승낙서 등이 제출되지 않은 경우 그 등기신청을 각하하여야 한다(법 제29조 제9호). 그럼에도 등기의 말소가 이루어진 경우[258] 그 말소등기는 제3자에 대한 관계에 있어서는 무효이다. 다만, 제3자에게 그 등기의 말소에 관하여 실체법상의 승낙의무가 있는 때에는 그 말소등기는 실체적 법률관계에 부합되므로 제3자에 대한 관계에 있어서도 유효하다.[259]

---

256) 부동산등기실무[Ⅱ], 68면. 사법연수원, 부동산등기법(2017), 95면에서는 실무상 제3자 명의의 등기가 근저당권인 경우 승낙의 의사표시를 구하기보다는 그 말소를 구하는 경우가 일반적이어서 근저당권설정등기의 말소를 명하는 판결은 여기에 해당하나, 가압류 또는 가처분등기에 대하여는 승낙의 의사표시를 구하여야지 말소를 구하여서는 아니된다고 한다.

257) 대법원 1998.11.27. 97다41103 판결은, 원인무효인 소유권이전등기 명의인을 채무자로 한 가압류등기와 그에 터잡은 경매신청기입등기가 마쳐진 상태에서 소유자가 원인무효인 소유권이전등기의 말소와 함께 가압류등기 등의 말소를 구하는 경우, 그 청구의 취지는 소유권이전등기의 말소에 대한 승낙을 구하는 것으로 해석할 여지가 있다고 한다.

258) 실무에서 종종 이러한 경우가 발생한다. 대법원 2006.9.22. 2004다50235 판결, 등기선례 6－458 참조.

259) 대법원 1996.8.20. 94다58988 판결. 안철상, "처분금지가처분의 기초가 된 소유권이전등기가 가처분채권자의 승낙 없이 말소된 경우의 법률관계", 판례연구 제8집, 부산판례연구회, 1998 참조.

3. 절 차

가. 등기의 신청

(1) 등기신청의 일반원칙에 따라 등기권리자와 등기의무자가 공동으로 신청한다. 근저당권 등 제한물권이 이전된 경우 양도인이 아니라 현재의 등기명의인인 양수인이 등기의무자가 된다.[260] 근저당권 등 제한물권 설정등기 후 소유권이전등기가 이루어진 경우, 실무는 현재의 소유명의인인 제3취득자 뿐만 아니라 제한물권 설정 당시의 소유자도 등기권리자가 될 수 있다고 보고 있다.[261]

(2) 공동신청의 예외로 단독신청이 인정되는 점도 다른 등기와 마찬가지이다. 소유권보존등기의 말소는 성질상 등기명의인이 단독으로 신청하고, 판결에서 승소한 등기권리자가 단독으로 등기의 말소를 신청할 수 있다. 판례는 부동산에 대한 가압류등기가 무효인 경우에는 부동산 소유자가 가압류채권자를 상대로 그 가압류등기의 말소청구를 할 수 있으나,[262] 처분금지가처분등기는 집행법원의 가처분결정의 취소나 집행취소의 방법에 의하여만 말소될 수 있고 가처분등기의 말소를 소구할 수는 없다고 한다.[263]

그 밖에 부동산등기법은 등기의 말소에 관하여 단독신청의 특례를 인정하는 규정을 두고 있다. 하나는 사망 등으로 인한 권리의 소멸에 따른 등기의 말소이다. 등기명의인인 사람의 사망 또는 법인의 해산으로 권리가 소멸한다는 약정이 등기

---

260) 근저당권 양도의 부기등기는 기존의 근저당권설정등기에 의한 권리의 승계를 등기기록상 명시할 뿐이고 그 등기에 의하여 새로운 권리가 생기지 않으므로 근저당권설정등기의 말소등기청구는 양수인만을 상대로 하면 족하고 양도인은 그 말소등기청구에 있어서 피고 적격이 없으며, 근저당권의 이전이 전부명령 확정에 따라 이루어졌다고 하여도 다르지 않다. 대법원 2000.4.11. 2000다5640 판결.

261) 등기신청의 당사자에 관한 사안은 아니고 등기의 청구에 관한 사안이나 대법원 1994.1.25. 93다16338 판결(전) 참조. 이 판결에 의하면 근저당권이 설정된 후에 그 부동산의 소유권이 제3자에게 이전된 경우에는 현재의 소유자가 자신의 소유권에 기하여 피담보채무의 소멸을 원인으로 그 근저당권설정등기의 말소를 청구할 수 있음은 물론이지만, 근저당권설정자인 종전의 소유자도 근저당권설정계약의 당사자로서 근저당권소멸에 따른 원상회복으로 근저당권자에게 근저당권설정등기의 말소를 구할 수 있는 계약상 권리가 있으므로 이러한 계약상 권리에 터잡아 근저당권자에게 피담보채무의 소멸을 이유로 하여 그 근저당권설정등기의 말소를 청구할 수 있고, 목적물의 소유권을 상실하였다는 이유만으로 그러한 권리를 행사할 수 없다고 볼 것은 아니라고 한다. 윤진수, "소유권을 상실한 근저당권설정자의 저당권설정등기 말소청구의 가부 — 대법원 1994.1.25. 선고 93다16338 판결 —", 민법논고Ⅱ, 438면 참고.

262) 대법원 1988.10.11. 87다카2136 판결.

263) 대법원 1982.12.14. 80다1872,1873 판결.

되어 있는 경우에 사람의 사망 또는 법인의 해산으로 그 권리가 소멸하였을 때에는, 등기권리자는 그 사실을 증명하여 단독으로 해당 등기의 말소를 신청할 수 있다(법 제55조). 예를 들어, 지상권자가 생존하는 동안만 지상권이 존속한다는 뜻이 등기되어 있는 경우에 지상권자가 사망하였다면 소유자는 그 사실을 증명하여 지상권설정등기의 말소를 신청할 수 있다. 권리 소멸 여부를 등기기록을 통해 등기관이 확인할 수 있으므로 단독신청을 인정하여도 등기의 진정성이 담보되기 때문이다.

다른 하나는 **등기의무자의 소재불명의 경우 말소의 신청**이다. 등기권리자가 등기의무자의 소재불명으로 인하여 공동으로 등기의 말소를 신청할 수 없을 때에는 민사소송법에 따라 공시최고를 신청할 수 있고, 그에 대한 제권판결이 있으면 등기권리자가 그 사실을 증명하여 단독으로 등기의 말소를 신청할 수 있다(법 제56조). 이 경우는 절차상 등기의 진정이 확보되므로 등기권리자의 신속한 권리구제를 위하여 단독신청을 인정하고 있다.

그 밖에도 개별등기의 말소에 관하여 단독신청이 인정되는 경우가 있다. 가등기명의인, 가등기의무자 또는 가등기에 관하여 등기상 이해관계 있는 제3자에 의한 가등기의 말소(법 제93조), 가처분채권자의 권리를 침해하는 등기의 말소(법 제94조 제1항), 신탁등기의 말소(법 제87조 제3항, 제4항) 등을 들 수 있다. 각 해당 부분에서 살펴본다.

(3) 등기의 말소를 신청하는 경우에는 말소의 요건을 입증하는 자료를 첨부정보로 제공하여야 한다. 참고로, 방문신청으로 소유권등기의 말소를 신청하는 경우에는 등기의무자의 인감을 날인하고 인감증명서를 첨부하여야 하나, 소유권 외의 권리의 등기의 말소를 신청하는 경우에는 그러하지 아니하다(이때에는 법 제51조 단서에 따라 등기를 신청하는 경우에만 인감을 날인하고 인감증명을 첨부하여야 한다)(규칙 제60조 제1항 제1호, 제3호).[264]

나. 등기의 실행

등기를 말소할 때에는 말소의 등기를 한 후 해당 등기를 말소하는 표시를 하여야 한다(규칙 제116조 제1항). 말소의 등기는 독립등기로서 순위번호를 붙여서 하고, 말소하는 표시는 해당 등기사항 전부에 횡선을 긋는 방식으로 한다.

---

264) 그러므로 일반적으로 많이 이루어지는 근저당권등기의 말소를 신청하는 경우 그 근저당권의 등기필정보를 제공하는 때에는 근저당권자의 인감증명을 첨부할 필요가 없다.

[기록례]

【 을 구 】	(소유권 이외의 권리에 관한 사항)			
순위번호	등 기 목 적	접 수	등 기 원 인	권 리 자 및 기 타 사 항
~~1~~	~~근저당권설정~~	~~2018년2월20일 제3691호~~	~~2018년2월14일 설정계약~~	~~채권최고액 금60,000,000원 채무자 김미정 서울특별시 서초구 서초대로 24(서초동) 근저당권자 주식회사신한은행 110111-0303183 서울특별시 중구 세종대로 9길 20 (태평로2가) (법조타운지점)~~
2	1번근저당권설정등기말소	2019년3월4일 제3005호	2019년3월3일 해지	

등기의 말소에 대하여 등기상 이해관계 있는 제3자가 있고 그 승낙이 있을 때에는 그 제3자 명의의 등기는 등기관이 직권으로 말소한다(법 제57조 제2항). 이 경우 등기기록 중 해당 구에 그 제3자의 권리의 표시를 하고 어느 권리의 등기를 말소함으로 인하여 말소한다는 뜻을 기록하여야 한다(규칙 제116조 제2항).

[기록례]

【 을 구 】	(소유권 이외의 권리에 관한 사항)			
순위번호	등기목적	접 수	등기원인	권 리 자 및 기 타 사 항
~~1~~	~~지상권설정~~	~~(생략)~~	~~(생략)~~	~~(생략)~~
~~1-1~~	~~1번지상권근저당권설정~~	~~2012년3월5일 제300호~~	~~2012년3월4일 설정계약~~	~~채권최고액 금100,000,000원 채무자 김미정 서울특별시 서초구 서초대로 24(서초동) 근저당권자 주식회사신한은행 110111-0303183 서울특별시 중구 세종대로9길 20 (태평로2가) (법조타운지점)~~
2	1-1번근저당권설정등기말소			1번 지상권의 말소로 인하여 2012년3월5일 등기
3	1번지상권설정등기말소	2012년3월5일 제3005호	2012년3월4일 포기	

소유권보존등기를 말소하는 경우에는 그 등기기록을 폐쇄한다. 표시에 관한 표제부의 등기는 독립된 등기가 아니라 소유권보존등기의 일부이므로 소유권보존등기를 말소하는 경우에는 표제부의 등기를 말소하고 등기기록을 폐쇄하게 된다. 그러나 표시에 관한 등기가 인정되는 집합건물등기에서는 그러지 아니하다.

다른 등기기록으로부터 이기 또는 전사된 등기사항이 말소되는 경우에는 전 등기기록으로부터 종전 등기사항을 다시 이기 또는 전사하여야 하는 경우가 있다.

[기록례]

【 갑 구 】 (소유권에 관한 사항)				
순위번호	등기목적	접 수	등 기 원 인	권 리 자 및 기 타 사 항
~~1~~ ~~(전5)~~	~~소유권이전~~	~~1976년5월6일~~ ~~제5850호~~	~~1976년5월4일~~ ~~매매~~	~~소유자 홍길동~~ ~~서울시 종로구 원서동 2~~
				~~분할로 인하여 순위 제1번 등기를 서울특별시 종로구 청운동 2에서 이기접수 1987년7월8일 제7008호~~
4	1번소유권이전등기말소	2018년3월10일 제1251호	2018년2월1일 서울중앙지방법원의 확정판결	
5 (전3)	소유권이전	1975년5월6일 제5850호	1975년3월9일 매매	소유자 김갑동 서울시 종로구 청운동 2
				1번 소유권이전등기말소로 인하여 서울특별시 종로구 청운동 2에서 순위 제5번등기를 이기 2018년3월10일 등기

4. 직권에 의한 등기의 말소

가. 법 제58조의 경우 직권에 의한 등기의 말소

등기신청에 각하사유가 있음에도 수리되어 등기가 이루어졌거나 등기가 실체관계와 부합하지 아니하게 된 경우에 이를 어떻게 바로잡을까? 신청주의에 따라 이 경우에도 당사자의 신청에 의하여 이러한 등기를 말소하여야 함이 원칙이다. 그러나 부동산등기법은 예외적으로 직권에 의한 등기의 말소를 인정하고 있다. 직권에 의한 등기의 말소 규정은 법 제58조의 규정에 의한 경우와 그 밖에 개별규정에 따른 경우가 있다. 먼저 법 제58조부터 살펴본다.

등기관은 등기신청에 법 제29조 각호의 각하사유가 있는 경우에는 신청을 각하하여야 한다. 그럼에도 불구하고 이를 간과하여 이와 같은 등기가 이루어졌을 때 우리 법은 그 등기가 법 제29조의 각하사유 중 제1호(사건이 그 등기소의 관할이 아닌 경우)와 제2호(사건이 등기할 것이 아닌 경우)에 한하여 직권말소하도록 하고 있다(법 제58조).

그 절차는 다음과 같다. 등기관이 등기를 마친 후 그 등기가 법 제29조 제1호 또는 제2호에 해당된 것임을 발견하였을 때에는 등기권리자, 등기의무자와 등기상 이해관계 있는 제3자에게 1개월 이내의 기간을 정하여 그 기간 내에 이의를 진술하지 아니하면 등기를 말소한다는 뜻을 통지하여야 한다(법 제58조 제1항).[265] 통지를 하도록 한 취지는 당사자에게 알려 의견 진술과 불복의 기회를 주기 위함이다. 이 기간 내에 이의를 진술한 자가 없는 때에는 해당 등기를 말소한다. 이의를 진술한 자가 있으면 등기관은 그 이의에 대하여 결정을 하여야 하는데, 이의가 이유 있으면 말소를 할 수 없고, 이의가 이유 없으면 이의를 각하한 후 해당 등기를 직권으로 말소하여야 한다(법 제58조 제3항, 제4항). 여기서의 이의는 법 제100조에서 규정한 등기관의 결정 또는 처분에 대한 이의와는 다르다. 단순한 등기관에 대한 의견 진술이다. 등기관이 이 이의에 대하여 인용결정을 하거나 각하하고 직권말소할 경우에 그 결정 또는 처분에 대하여 법 제100조에 의한 이의를 할 수 있다.

이 규정과 관련하여 판례는 등기신청이 법 제29조 제1호 또는 제2호에 해당함에도 등기관이 이를 간과하여 등기가 행하여진 경우에는 등기관 처분에 대한 이의의 방법으로 그 등기의 시정을 구할 수 있으므로 민사소송의 방법으로 그 시정을 구할 수는 없다고 한다.[266] 반면에 법 제29조 제3호 이하의 사유에 해당함에도 등기가 이루어졌다면 소송으로 그 등기의 효력을 다투어야지 등기관 처분에 대한 이의의 방법으로는 그 말소를 구할 수 없다고 한다.[267]

---

265) 법문의 표현이 "그 기간 내에 이의를 진술하지 아니하면 등기를 말소한다는 뜻"을 통지하도록 하고 있으나, 오해의 소지가 있는 표현이다. 법문의 표현대로라면 이의를 진술하기만 하면 말소하지 아니한다는 의미가 된다. "그 기간 내에 이의를 진술할 수 있다는 뜻"을 통지하도록 하여야 적절한 표현이라 생각된다.

266) 대법원 1996.4.12. 95다33214 판결.

나. 그 밖의 경우 직권에 의한 등기의 말소

유효하게 이루어진 등기가 그 후 다른 등기가 실행됨으로써 더 이상 존속시킬 수 없게 되어 직권으로 말소하도록 하는 경우가 있다. 예를 들면, 가등기에 의한 본등기를 한 경우 가등기에 의하여 보전되는 권리를 침해하는 등기의 직권에 의한 말소(법 제92조), 가처분등기 이후의 등기를 말소하는 경우 당해 가처분등기의 직권에 의한 말소(법 제94조 제2항), 수용으로 인한 소유권이전등기를 하는 경우 다른 등기의 말소(법 제99조 제4항) 등을 들 수 있다.

또한 장기간 방치된 등기를 직권으로 말소할 수 있는 규정도 있다(1991. 12. 4. 법률 제4422호로 개정된 부동산등기법 부칙 제4조, 2006. 5. 10. 법률 제7954호로 개정된 부동산등기법 부칙 제2조).[268]

5. 관련문제

가. 일부말소의 의미에서의 변경(경정)등기

일반적으로 권리의 일부말소라는 표현을 사용하고 있으나 그 등기의 형식은 등기의 변경 또는 경정 방식을 취하는 경우가 있다. 이를 실무상 일부말소의 의미의 변경(경정)등기라고 한다. 이 등기방식은 등기의 변경 또는 경정이라는 명칭을 사용하고 있으나 그 실질은 등기의 말소에 해당하므로 등기의 말소의 절차를 따라야 한다. 이에 관하여는 등기의 경정 부분에서 설명하였다.

나. 부동산의 일부에 대한 등기의 말소

하나의 부동산의 일부에 말소원인이 있는 경우에는 그 부분을 특정하여 분할한 후 그 부분에 대한 말소절차를 실행하여야 한다. 예를 들어, 합병 전의 어느 토지에 대한 소유권이전등기가 원인무효임을 이유로 합병된 후의 토지에 관하여 말소를 하려는 경우에는 합병 전의 토지부분을 특정하여 그 부분에 관한 소유권이전등기의 말소를 명하는 판결을 받고 그 부분을 토지대장상 분할하여 분필등기의 신청과 소유권이전등기의 말소등기를 신청하여야 한다.[269]

---

267) 대법원 1996.3.4. 95마1700 결정.

268) 이에 관한 자세한 내용은 "부동산등기법 부칙에 따른 저당권 등 등기의 정리절차에 관한 사무처리지침"(등기예규 제1592호) 참조.

269) "합병 전의 토지에 대한 소유권이전등기가 원인무효임을 이유로 합병된 토지 중 그 부분을 특정하여 말소를 구하는 방법"(등기예규 제610호).

다. 허무인 명의 등기의 말소

진실한 소유자의 소유권에 방해가 되는 부실등기가 존재하는 경우에 그 등기명의인이 허무인 또는 실체가 없는 단체인 때에는 소유자는 그와 같은 허무인 또는 실체가 없는 단체 명의로 실제 등기행위를 한 사람에 대하여 소유권에 기한 방해배제로서 등기행위자를 표상하는 허무인 또는 실체가 없는 단체 명의 등기의 말소를 구할 수 있다.[270]

Ⅱ. 등기의 회복

1. 의 의

(1) 등기의 회복은 이미 존재하는 등기가 부당하게 소멸한 경우에 이를 회복하는 절차이다. 이때 이루어지는 등기를 회복등기라고 한다. 여기에는 말소된 등기의 회복과 멸실된 등기의 회복이 있다. 말소된 등기의 회복은 어느 등기의 전부 또는 일부가 부적법하게 말소된 경우에 그 말소된 등기를 회복하여 처음부터 그러한 말소가 없었던 것과 같은 효력을 보유하게 할 목적으로 행하여지는 절차이다. 멸실된 등기의 회복은 등기부의 전부 또는 일부가 물리적으로 멸실되어 소멸한 등기를 회복하는 절차이다.

2011년 전부 개정 전의 부동산등기법은 말소된 등기의 회복과 멸실된 등기의 회복에 관한 규정을 두고 있었다. 그러나 현재는 등기부가 전산화되어 멸실되더라도 부본에 의하여 복구할 수 있으므로(법 제17조) 종전과 같이 멸실된 등기의 회복절차를 둘 필요는 없다. 그리하여 현행법에서는 멸실회복에 관한 규정을 삭제하였다. 그러나 종전의 종이등기부가 멸실된 상태에서 회복되지 않고 있는 경우가 있을 수 있고, 그 경우에는 등기부의 회복에 관한 절차가 필요하다. 그리하여 규칙은 그 경우 종전의 멸실회복에 관한 규정에 따라 그 등기부를 회복하도록 규정을 두고 있다(규칙 부칙 제3조).[271] 그러나 그러한 경우는 아주 예외적이어서

---

270) 대법원 1990.5.8. 90다684,90다카3307 판결; 대법원 2008.7.11. 2008마615 결정; 대법원 2019. 5.30. 2015다47105 판결. 등기절차에 관하여는 "허무인 명의 등기의 말소에 관한 예규"(등기예규 제1380호) 참조.

271) 2011. 9. 28. 대법원규칙 제2356호로 전부개정된 부동산등기규칙 부칙 제3조(멸실된 등기부에 관한 경과조치) "종이형태로 작성된 등기부의 전부 또는 일부가 폐쇄되지 아니한 상태에서 멸실되었으나 이 규칙 시행 당시까지 종전의 규정에 따른 멸실회복등기절차가 이루어지지 아니

여기서는 말소된 등기의 회복절차를 중심으로 설명하고 멸실된 등기의 회복에 관하여는 관련문제로 간략히 언급하고자 한다.

(2) 말소된 등기의 회복을 인정하는 이론적 근거는 다음과 같다. 등기가 원인 없이 말소된 경우에도 그 물권의 효력에 아무런 영향이 없으므로 회복등기가 마쳐지기 전이라도 말소된 등기의 등기명의인은 적법한 권리자로 추정된다.[272] 따라서 여전히 물권자로서 그 등기의 회복을 위한 물권적 청구권을 가지므로 말소된 등기를 회복할 수 있다. 그러므로 등기의 회복도 실체법상의 권리관계와 등기가 일치하지 않는 경우 이를 바로잡는 절차이다.

2. 요 건

가. 등기의 전부 또는 일부가 부적법하게 말소된 경우

등기의 회복은 등기의 전부 또는 일부가 부적법하게 말소된 경우에 한다. 여기서 부적법이란 실체적 이유나 절차적 하자로 등기의 말소가 무효인 경우를 의미한다.[273] 즉, 등기의 말소가 실체적 법률관계와 부합하지 아니하게 된 경우를 말한다. 실체적 이유로는 말소의 등기원인이 된 법률행위의 부존재·무효·취소·해제 등을 들 수 있다.[274] 절차적 이유로는 말소사유가 없음에도 등기관이 착오로 말소한 경우를 말한다. 다만, 말소가 부적법하게 행하여졌더라도 그것이 실체관계에 부합하는 때에는 등기의 회복을 청구할 수 없다.

판례는 여기서 부적법이란 말소등기가 무효인 경우를 의미하기 때문에 어떤 이유이건 당사자가 자발적으로 말소등기를 한 경우에는 말소회복등기를 할 수 없다고 한다.[275] 따라서 당사자의 착오나 오판에 의하여 말소된 경우에도 당사자가 그 의사에 따라 임의, 자발적으로 말소등기를 한 이상 회복등기는 허용되지

한 경우의 그 회복에 관한 절차는 종전의 규정에 따른다."

272) 대법원 1982.9.13. 81다카923 판결; 대법원 1999.9.17. 98다63018 판결; 대법원 2002.10.22. 2000다59678 판결; 대법원 2010.2.11. 2009다68408 판결. 판례는 등기는 물권의 효력발생요건이지 존속요건은 아니라고 한다. 다만, 근저당권설정등기가 원인 없이 말소된 이후에 그 부동산에 관하여 경매절차가 진행되어 대금이 완납되었다면 원인 없이 말소된 근저당권은 소멸한다. 대법원 1998.10.2. 98다27197 판결.

273) 대법원 1993.3.9. 92다39877 판결; 대법원 2001.2.23. 2000다63974 판결.

274) 대법원 2013.3.14. 2012다112350 판결은 말소의 등기원인이 된 법률행위가 사기에 의한 의사표시로서 취소된 경우도 말소회복의 대상이 되는 부적법한 말소등기에 해당한다고 한다.

275) 대법원 1990.6.26. 89다카5673 판결; 대법원 2001.2.23. 2000다63974 판결.

아니한다고 한다.276) 그러나 상대방의 기망행위에 속아 해제를 원인으로 말소한 경우에 해제약정이 사기를 이유로 취소되었다면 회복이 허용된다고 한다.277) 여기서 판례의 취지는 당사자가 임의적이고 자발적으로 공동신청에 의하여 등기를 말소한 경우에는 그 등기의 회복을 소로써 구할 수 없다는 뜻이고, 다시 공동신청에 의하여 등기를 회복하는 것을 막겠다는 의미는 아니라고 보아야 한다.278)

판례는 폐쇄된 등기기록에만 남게 되는 등기는 현재의 등기로서의 효력이 없으므로 말소회복등기절차의 이행을 구할 소의 이익이 없다고 한다. 그러나 폐쇄등기 자체를 대상으로 하는 것이 아니라 부적법하게 말소되지 아니하였더라면 현재의 등기기록에 옮겨 기록되었을 말소된 권리자의 등기 및 그 등기를 회복하는 데에 필요하여 함께 옮겨 기록되어야 하는 등기를 대상으로 말소회복등기절차의 이행을 구하는 소는 소의 이익을 인정할 수 있다고 한다.279)

---

276) 대법원 1993.3.9. 92다39877 판결.

277) 대법원 2013.3.14. 2012다112350 판결은, 원고가 가등기를 말소해 주면 사업지를 조성하여 분배해 주겠다는 피고의 기망행위에 속아 피고에게 가등기말소를 위한 서류를 교부함으로써 가등기가 해제를 원인으로 말소된 경우 그 가등기 말소등기는 원고 스스로의 의사에 따라 자발적으로 이루어졌으므로 이에 대한 회복등기는 허용될 수 없다는 원심판결을 파기하면서, 원고와 피고의 가등기해제약정이 피고의 사기에 의한 의사표시를 이유로 적법하게 취소되었다면 그 가등기 말소등기는 등기원인이 무효로 되어 말소회복의 대상이 되는 부적법한 말소등기에 해당한다고 판시하였다.

278) 법원행정처, 부동산등기실무[Ⅱ], 2007, 90면; 사법연수원, 부동산등기법, 2017, 103면. 등기절차적으로도 임의적이고 자발적으로 말소하였는지 여부를 심사할 수 있는 구조는 아니다.

279) 대법원 2016.1.28. 2011다41239 판결. 이 판결의 요지는 다음과 같다. 폐쇄등기 자체를 대상으로 하여 말소회복등기절차의 이행을 구할 소의 이익은 없다. 그러나 법 제33조가 등기기록에 등기된 사항 중 현재 효력이 있는 등기만을 새로운 등기기록에 옮겨 기록할 수 있도록 한 것은 등기실무의 편의를 고려한 것이고, 이로 인하여 진정한 권리자의 권리구제가 곤란하게 되어서는 아니 되므로, 등기가 부적법하게 말소된 상태에서 현재 효력이 있다고 보이는 등기만을 새로운 등기기록에 옮겨 기록한 후 종전 등기기록을 폐쇄함으로써 진정한 권리자의 말소된 등기가 폐쇄등기로 남게 되는 경우와 같이, 새로운 등기기록에 옮겨 기록되지는 못하였지만 진정한 권리자의 권리실현을 위하여는 말소회복등기를 마쳐야 할 필요가 있는 때에도 등기가 폐쇄등기로 남아 있다는 이유로 말소회복등기절차의 이행을 구하는 소의 이익을 일률적으로 부정하는 것은 타당하지 않다.
따라서 이러한 경우에는 등기가 부적법하게 말소되지 아니하였더라면 현재의 등기기록에 옮겨 기록되었을 말소된 권리자의 등기 및 그 등기를 회복하는 데에 필요하여 함께 옮겨 기록되어야 하는 등기에 관하여 말소회복등기절차 등의 이행을 구하는 소를 제기하고, 그 사건에서 말소회복등기절차 등의 이행을 명하는 판결이 확정되는 한편 현재의 등기기록에 이미 기록되어 있는 등기 중 말소회복등기와 양립할 수 없는 등기가 모두 말소되면, 등기관은 새로운 등기기록에 등기사항을 처음 옮겨 기록할 당시 말소된 권리자의 등기 및 그 등기를 회복하는 데에 필요한 등기도 함께 옮겨 기록하였어야 함에도 이를 누락한 것으로 보아 법 제32조에 의하여 직권으로 이들 등기를 현재의 등기기록에 옮겨 기록한 다음 그 등기에서 위 확정판결에 기한 말등기절차에서 이 요건은 어떻게 입증하여야 하는가? 판결에 의하여 등기를 신청하는 경우에는 판결서에 의하여 그 요건을 입증할 수 있으나, 공동으로 등기의 회복을 신청하는 경우 우리 법은 입증방법에 관하여 아무런 규정을 두고 있지 않다. 이해관계가 대립하는 양당사자가 뒤에서 설명하는 등기원인증명정보를 첨부하여 공동으로 등기의 회복을 신청하였다면 등기관은 그 밖의 다른 방법으로 이 요건을 입증하게 할 필요는 없어 보인다.

나. 등기상 이해관계 있는 제3자의 승낙

말소된 등기의 회복을 신청하는 경우에 등기상 이해관계 있는 제3자가 있을 때에는 그 제3자의 승낙이 있어야 한다(법 제59조).

여기서 등기상 이해관계 있는 제3자란 회복의 등기를 함으로써 손해를 입을 우려가 있는 사람으로서 그 손해를 입을 우려가 있다는 점이 기존의 등기기록상으로 인정되는 자를 의미한다.[280] 그 의미는 등기의 경정이나 말소의 경우와 같고, 등기절차에서의 승낙의 입증방법도 동일하다.

손해를 입을 우려가 있는지 여부를 판단하는 기준시점은 회복등기 당시이다.[281] 제3자의 권리 취득 시점이나 등기의 말소 당시가 아니다. 그러므로 근저당권설정등기가 부적법하게 말소된 후 그 등기를 회복하는 경우 그 근저당권등기의 말소 후에 등기기록상 권리를 취득한 자는 물론 말소 전에 권리를 취득한 자도 등기상 이해관계 있는 제3자에 해당한다.[282]

회복될 등기와 등기기록상 양립할 수 없는 등기가 된 경우에는 이를 먼저 말소하지 않는 한 회복등기를 할 수 없으므로 이러한 등기는 회복등기에 앞서 말소의 대상이 될 뿐이고 그 등기명의인이 등기상 이해관계 있는 제3자에 해당하지는 않는다.[283] 따라서 그 자에 대한 승낙청구는 상대방 당사자의 적격이 없는 자에 대한 청구로서 부적법하다.[284] 예를 들어, A로부터 B에게의 소유권이전등기가 부

소회복등기 등을 실행할 수 있다. 이러한 법리는 토지분할 과정에서 분할 전 토지의 등기기록에는 남아 있으나 분할 후 새로운 등기기록을 사용하는 토지의 등기기록에는 옮겨 기록되지 못한 등기에 대하여도 마찬가지로 적용할 수 있다.

280) 대법원 1997.9.30. 95다39526 판결; 대법원 2013.7.11. 2013다18011 판결.

281) 대법원 1990.6.26. 89다카5673 판결.

282) 등기선례 4-599.

283) 대법원 1982.1.26. 81다2329,2330 판결; 대법원 2002.2.27. 2000마7937 결정.

284) 대법원 2013.7.11. 2013다18011 판결.

적법하게 말소된 후 A로부터 C에게로 소유권이전등기가 이루어진 경우에, C 명의의 등기는 B 명의의 등기의 회복에 앞서 먼저 말소되어야 하는 등기이고 C는 등기상 이해관계 있는 제3자가 아니다.

제3자가 승낙을 할 의무가 있는지 여부는 실체법상의 법률관계에 따라 결정된다. 따라서 어느 등기가 권리자의 의사에 의하지 아니하고 말소되어 그 말소등기가 원인 무효인 경우 등기상 이해관계 있는 제3자는 그의 선의, 악의를 묻지 아니하고 그 회복에 필요한 승낙을 할 의무가 있다.285) 반면에 제3자가 등기권리자에 대하여 승낙을 하여야 할 실체법상의 의무가 있는 경우가 아니라면 승낙요구에 응하여야 할 이유가 없다.286)

제3자의 승낙이 필요함에도 그 승낙 없이 이루어진 회복의 등기는 그 제3자에 대한 관계에서 무효이다.287) 그러나 제3자가 승낙을 하여야 할 실체법상의 의무가 있는 경우에는 승낙 없이 회복이 이루어졌다 하더라도 그 회복등기는 실체관계에 부합하여 유효하다.288)

3. 절 차

가. 신청 또는 직권에 의한 등기의 회복

등기의 말소가 공동신청에 의하여 이루어진 경우에는 그 회복도 공동신청에 의하여야 한다.289) 이때 말소된 등기의 회복 신청에서 등기권리자와 등기의무자는 등기의 말소에서와 반대라고 할 수 있다. 판례는 근저당권설정등기가 말소된 후 소유권이전등기가 이루어진 경우 현재의 소유명의인이 아니라 말소 당시의 소유명의인이 등기의무자가 되고,290) 가등기가 되어 있는 부동산에 관하여 제3취

---

285) 대법원 1997.9.30. 95다39526 판결은 가등기가 가등기권리자의 의사에 의하지 아니하고 부적법하게 말소된 후 가처분등기, 근저당권 설정등기, 소유권이전등기를 마친 제3자는 가등기의 회복등기절차에서 등기상 이해관계 있는 제3자로서 승낙의무가 있다고 한다.

286) 대법원 2004.2.27. 2003다35567 판결은 근저당권설정계약의 해지가 기망에 의하여 이루어진 것임을 알지 못한 선의의 제3자는 회복에 대하여 승낙할 의무가 없다고 한다.

287) 대법원 1980.7.22. 79다1575 판결; 대법원 1983.2.22. 82다529 판결; 대법원 1983.3.8. 82다카1168 판결; 대법원 2001.1.16. 2000다49473 판결.

288) 대법원 1987.5.26. 85다카2203 판결.

289) 대법원 1996.5.31. 94다27205 판결.

290) 현재 소유명의인이 소유권의 악의 취득자이거나 또는 그 근저당권 말소등기에 공모한 불법행위자라 할지라도 근저당권 말소등기 당시의 소유자가 아닌 이상 등기의무자가 아니어서 피고적격이 없다고 한다(대법원 1969.3.18. 68다1617 판결).

득자 앞으로 소유권이전등기가 이루어진 후 그 가등기가 말소된 경우, 그 말소된 가등기의 회복등기절차에서 회복등기의무자는 가등기가 말소될 당시의 소유자인 제3취득자이므로 그 가등기의 회복등기청구는 회복등기의무자인 제3취득자를 상대로 하여야 한다고 한다.[291)]

등기의 말소가 단독신청에 의하여 이루어진 경우 그 회복도 단독으로 신청할 수 있다. 예를 들어, 소유권보존등기가 그 등기명의인의 단독신청에 의하여 말소된 경우 그 회복의 등기도 그의 단독으로 신청할 수 있다.

등기의 말소가 촉탁에 의하여 이루어진 경우 그 등기의 회복도 해당 관서의 촉탁에 의하여야 한다. 부동산처분금지가처분의 기입등기는 채권자나 채무자가 직접 등기관에게 신청할 수는 없고 반드시 법원의 촉탁에 의하여야 하므로 처분금지가처분의 기입등기가 법원의 촉탁에 의하여 말소된 경우에는 그 등기의 회복도 법원의 촉탁에 의하여야 하며, 처분금지가처분 채권자가 말소된 가처분기입등기의 회복등기절차의 이행을 소구할 이익은 없다.[292)] 그러나, 가압류 또는 가처분 채권자는 등기상 이해관계 있는 제3자를 상대로 법원의 촉탁에 의한 그 가압류 또는 가처분 기입등기의 회복절차에 대한 승낙청구의 소를 제기할 수는 있다.[293)]

등기관이 직권으로 말소한 등기는 그 회복도 등기관이 직권으로 하여야 한다.[294)] 다만, 이 경우 당사자는 직권발동을 촉구하는 의미에서 회복등기의 신청을 할 수 있고, 등기관이 이에 응하지 아니하는 경우에는 법 제100조의 이의신청을 할 수 있다.[295)] 또한 등기관이 말소의 등기를 마친 후 그 등기가 법 제29조 제1호 또는 제2호에 해당된 것임을 발견하였을 때에는 법 제58조의 절차에 따라 직권으로 그 말소된 등기를 회복할 수 있다.

---

291) 대법원 2009.10.15. 2006다43903 판결.

292) 대법원 2000.3.24. 99다27149 판결. 가처분해제신청서가 위조되었다고 주장하는 가처분 채권자로서는 가처분의 집행법원에 집행이의를 통하여 말소회복을 구할 수 있고(만일 가처분기입등기의 회복에 있어서 등기상 이해관계가 있는 제3자가 있는 경우에는 그의 승낙서 또는 이에 대항할 수 있는 재판의 등본을 집행법원에 제출할 필요가 있다), 그 집행이의가 이유 있다면 집행법원은 가처분기입등기의 말소회복등기의 촉탁을 하여야 한다.

293) 대법원 1997.2.14. 95다13951 판결; 대법원 2002.4.12. 2001다84367 판결; 대법원 2019.5.16. 2015다253573 판결.

294) 가등기에 의하여 본등기를 하였을 때에는 가등기 이후에 된 등기로서 가등기에 의하여 보전되는 권리를 침해하는 등기를 직권으로 말소하는데, 그 이후 가등기에 의한 본등기를 말소하는 때에는 그 말소한 등기를 등기관이 직권으로 회복하여야 한다. 구체적인 내용은 가등기 부분 참고.

295) 대법원 1996.5.31. 94다27205 판결.

나. 신청정보 및 첨부정보

말소의 법률행위를 해제하였거나 취소한 경우에는 그 해제나 취소가 등기원인이 되나, 그러한 법률행위가 없는 경우에는 실무상 통상 등기원인을 "신청착오"로, 그 원인일자를 말소등기의 일자로 기재한다.[296)]

등기원인을 증명하는 정보로는 공동신청에 의하는 경우에는 회복의 합의서를, 판결에 의하는 경우에는 판결정본을, 등기명의인의 단독신청에 의하는 경우에는 그 명의인의 확인서를 첨부할 수 있다. 그 밖에도 일반원칙에 따라 등기의무자의 권리에 관한 등기필정보와 인감증명서를 제출하여야 하는 경우가 있다. 등기상 이해관계 있는 제3자가 있는 때에는 그 제3자의 승낙서 또는 그 제3자에 대항할 수 있는 재판의 등본을 첨부하여야 한다.

다. 등기의 실행

회복의 등기를 할 때에는 회복의 등기를 한 후 다시 말소된 등기와 같은 등기를 하여야 한다. 다만, 등기 전체가 아닌 일부 등기사항만 말소된 것을 회복할 때에는 말소된 등기사항만을 부기에 의하여 다시 등기한다(규칙 제118조).

[기록례: 소유권이전등기의 회복]

【 갑 구 】	(소유권에 관한 사항)			
순위번호	등 기 목 적	접 수	등 기 원 인	권 리 자 및 기 타 사 항
1	소유권보존	2011년11월8일 제15320호		소유자 김미정 770809-2012345 서울특별시 서초구 서초대로 24 (서초동)
~~2~~	~~소유권이전~~	~~2011년11월30일~~ ~~제23009호~~	~~2011년11월29일~~ ~~매매~~	~~소유자 김수연 800321-2012345~~ ~~서울특별시 은평구 진관1로 12~~ ~~(진관동)~~ ~~거래가액 금200,000,000원~~
3	2번소유권이전 등기말소	2012년2월1일 제2032호	2012년2월1일 서울중앙지방법 원의 확정판결	
4	2번소유권이전 등기회복	2012년10월5일 제14007호	2012년6월7일 서울중앙지방법 원의 확정판결	
2	소유권이전	2011년11월30일 제23009호	2011년11월29일 매매	소유자 김수연 800321-2012345 서울특별시 은평구 진관1로 12 (진관동) 거래가액 금200,000,000원 2012년10월5일 등기

296) 부동산등기실무[Ⅱ], 104면.

[기록례: 등기사항 일부의 회복]

【 을 구 】	(소유권 이외의 권리에 관한 사항)			
순위번호	등기목적	접 수	등기원인	권 리 자 및 기 타 사 항
1	저당권설정	2012년6월5일 제2062호	2012년6월2일 설정계약	채권액 금5,000,000원 ~~이 자 연 2할~~ 채무자 김미정 서울특별시 서초구 서초대로24 (서초동) 저당권자 구연모 641012-1012345 서울특별시 은평구 진관3로 15 (진관동)
~~1-1~~	~~1번저당권변경~~	~~2012년9월4일~~ ~~제8822호~~	~~2012년9월2일~~ ~~변경계약~~	~~이 자 약정의 폐지~~
1-2	2번등기로인하여 1번등기회복			이 자 연 2할 2012년10월6일
2	1-1번저당권변경 등기말소	2012년10월6일 제10500호	신청착오	

4. 관련문제: 멸실된 등기의 회복

등기부의 전부 또는 일부가 물리적으로 멸실된 경우 그로 인하여 소멸한 등기를 회복하는 절차가 멸실된 등기의 회복이다. 이때 이루어지는 등기를 멸실회복등기라고 한다. 현재 등기부가 전부 전산화되어 멸실된 등기의 회복에 관한 규정이 법에서는 삭제되었으나, 종전의 종이등기부가 멸실된 상태에서 회복되지 않고 있는 경우 그 회복절차는 종전의 규정에 따르도록 규칙에서 규정하고 있음은 앞에서 살펴보았다.

등기부의 전부 또는 일부가 멸실한 경우에는 대법원장은 3개월 이상의 기간을 정하여 그 기간 내에 등기의 회복을 신청하는 자는 그 등기부에 있어서의 종전의 순위를 보유한다는 취지의 고시를 하여야 한다(구법 제24조). 회복등기 기간 내에 회복등기를 하지 아니한 부동산은 미등기부동산으로 처리하고 이 경우에는 소유권보존등기절차에 의하여 새로운 등기를 신청하여야 한다.[297)]

회복등기의 신청은 등기부 멸실 전에 자기(또는 피상속인) 명의로 등기부상에 기재되어 있는 자가 단독으로 신청할 수 있다(구법 제79조). 등기권리자가 사망한 경우에는 피상속인의 이름으로 회복등기를 하여야 하나,[298)] 등기실무에서는 상

297) 대법원 1984.2.28. 83다카994 판결.
298) 대법원 1993.7.27. 92다50072 판결; 대법원 2003.12.12. 2003다44615,44622 판결.

속인이 상속을 증명하는 서면을 첨부하여 직접 상속인 명의로의 등기를 신청할 수 있도록 하고 있다.[299)]

이 회복등기신청에는 전등기의 등기필증을 첨부하여야 한다(구법 제80조). 그러나 이를 제출하기 불가능한 때에는 멸실 직전의 등기부등본이나 초본, 토지·가옥대장등본 기타 권리를 증명하는 공문서를 첨부할 수 있다.[300)]

제 2 절 표시에 관한 등기

제 1 관 서 설

등기기록에는 등기의 대상인 토지 또는 건물의 물리적 현황을 기록하는 표제부를 두고 있다(법 제15조 제2항). 이 표제부에는 부동산의 표시에 관한 사항(description of real estate)을 기록하므로 표제부에 하는 등기를 표시에 관한 등기라고 한다.

표시에 관한 등기는 기본적으로 부동산의 물리적 현황을 나타내는 역할을 한다. 그것이 가지는 의미는 부동산에 관한 물권, 특히 소유권의 범위를 명확히 한다는 점이다. 어떤 토지가 지적공부에 1필지의 토지로 등록되면 토지의 소재, 지번, 지목, 지적 및 경계는 특별한 사정이 없는 한 등록으로써 특정되고 소유권의 범위는 현실의 경계와 관계없이 공부상의 경계에 따라 확정되는 것이 원칙이다. 다만, 지적도를 작성할 때 기점을 잘못 선택하는 등 기술적인 착오로 지적도상의 경계선이 진실한 경계선과 다르게 작성되었다거나 당사자들이 사실상의 경계대로 토지를 매매할 의사를 가지고 거래를 한 경우 등과 같은 특별한 사정이 있는 경우에 한하여 토지의 경계는 실제의 경계에 의하여야 한다.[301)] 이 때 물권

299) "멸실회복등기의 사무처리지침"(등기예규 제1586호).

300) 위 등기예규 제1586호 참조.

301) 대법원 1986.10.14. 84다카490 판결; 대법원 1991.10.11. 91다1264 판결; 대법원 1995.4.14. 94다57879 판결; 대법원 1997.6.27. 97다3378 판결; 대법원 1998.6.26. 97다42823 판결; 대법원 2006.9.22. 2006다24971 판결; 대법원 2016.6.28. 2016다1793 판결. 이재홍, "지적도상의 경계와 외형상의 경계가 다른 경우의 매매목적물 범위의 특정", 민사판례연구[Ⅹ], 92면 이하 참조.

의 객체인 토지 1필지의 공간적 범위를 특정하는 것은 지적도나 임야도의 경계이지 등기기록의 표제부나 임야대장·토지대장에 등재된 면적이 아니므로, 부동산 등기기록의 표제부에 토지의 면적이 실제와 다르게 등재되어 있어도 이러한 등기는 해당 토지를 표상하는 등기로서 유효하다.[302] 건물에 관하여서도 특히 집합건물에서 전유부분과 관련하여 소유권의 목적이 되는 객체에 대한 물적 지배의 범위를 명확히 할 필요성이 크다.[303] 그런데 엄격하게 말하면 소유권의 범위와 토지의 경계는 다른 개념일 수 있다. 판례에 의하면, 토지의 경계는 공적으로 설정 인증된 것이고, 단순히 사적 관계에 있어서의 소유권의 한계선과는 그 본질을 달리한다고 한다.[304] 그러나 건물의 경계는 공적으로 설정 인증된 것이 아니고 단순히 사적 관계에 있어서의 소유권의 한계에 불과하다고 한다.[305]

이러한 점에서 표시에 관한 등기는 등기의 유효성과 관계된다. 부동산에 관한 등기의 소재지나 지번 등의 표시에 착오 또는 오류가 있고 그것이 중대하여 실질관계와의 동일성 또는 유사성을 인정할 수 없는 경우에 그 등기는 공시의 기능을 발휘할 수 없어 등기로서의 효력이 없게 된다.[306] 따라서 등기상의 표시와

---

302) 대법원 1991.3.22. 91다3185 판결; 대법원 1995.10.12. 95다11252 판결; 대법원 2005.12.23. 2004다1691 판결.

따라서 부동산 등기기록의 표시에 따라 지번과 지적을 표시하고 1필지의 토지를 양도하였으나 양도된 토지의 실측상 지적이 등기기록에 표시된 것보다 넓은 경우 등기기록상 지적을 넘는 토지 부분은 양도된 지번과 일체를 이루는 것으로서 양수인의 소유에 속한다. 대법원 2016.6.28. 2016다1793 판결.

또한, 어느 토지의 지번과 지적을 등기기록의 표제부에 등재된 대로 표시하여 경매하였으나 그 토지의 임야도나 지적도의 경계에 따라 측량한 실제 면적이 등기기록의 표제부에 등재된 것보다 넓더라도 등기기록상의 지적을 넘는 면적은 경매의 목적물인 토지의 일부이고, 매각 목적물인 토지와 등기된 토지 사이에 동일성이 없어 경매가 무효라거나, 매각 목적물의 등기기록상 표시 면적이 그 토지의 실제 면적에서 차지하는 비율 만큼의 지분만 경매되었다고 볼 수는 없다. 대법원 2005.12.23. 2004다1691 판결.

303) 예를 들어, 건물의 현황과 등기기록의 기재가 일치하지 아니한 경우에 그 등기기록이 공시하는 부동산이 무엇인지에 관하여 어려운 문제가 생긴다. 이와 관련 대법원 2019.10.17. 2017다286485 판결은 층마다 1호, 2호의 2개의 구분건물이 좌우로 위치하면서 면적과 구조가 동일한 세대로 되어 있는 집합건물에 대하여 구분소유권의 객체에 관하여 의미 있는 판시를 하고 있다.

304) 따라서 토지경계확정의 소는 인접하는 토지의 경계확정을 구하는 소이고 그 토지에 관한 소유권의 범위나 실체상 권리의 확인을 목적으로 하는 것이 아니다. 대법원 1991.4.9. 90다12649 판결; 대법원 1993.10.8. 92다44503 판결; 대법원 1993.11.23. 93다41792,41808 판결; 대법원 2021.8.19. 2018다207830 판결.

305) 대법원 1997.7.8. 96다36517 판결. 따라서 사적자치의 영역에 속하는 건물 소유권의 범위를 확정하기 위하여는 소유권확인소송에 의하여야 하고, 공법상 경계를 확정하는 경계확정소송에 의할 수는 없다.

실제 건물과의 사이에 동일성 또는 유사성을 인식할 수 없는 경우라면 그 등기는 무효이고 그 등기에 기초한 경매절차의 매수인은 실제 건물에 관한 소유권을 취득할 수 없다.[307] 그만큼 법률관계에 미치는 영향이 크다. 여기에 표시등기의 역할의 중요성이 있다.

표시에 관한 등기에 대하여 우리 부동산등기법은 제3조 및 제4장 제2절에서 규정을 두고 있다. 제3조에서 등기는 "부동산의 표시"와 소유권 등 권리의 보존, 이전, 설정, 변경, 처분의 제한 또는 소멸에 대하여 한다고 규정하여, 부동산의 표시를 소유권 등 부동산물권과 마찬가지로 독립한 등기사항의 하나로 규정하고 있다. 종래에는 구분건물에 대하여 예외적으로 표시에 관한 등기를 소유권등기와 독립하여 할 수 있으나 일반적으로는 부동산의 표시에 관한 등기는 소유권보존등기의 한 부분으로 독립하여 등기할 수 없다고 보고 있었고, 구법의 규정도 그러했다. 그러나 2011년 전부개정된 부동산등기법은 부동산의 표시에 관한 등기가 반드시 소유권등기와 독립적으로 이루어지는 등기만이 아니라 이미 등기되어 있는 부동산의 표시에 관한 사항을 변경하는 것도 부동산의 표시에 관한 등기에 해당한다고 보아 제3조에서 부동산의 표시를 독립한 등기사항으로 규정하고,[308] 제4장 제2절에서 소유권에 관한 등기와는 별도로 부동산의 표시에 관한 등기를 규정하고 있다.

표시에 관한 등기는 부동산에 관한 각종 대장을 기초로 하여 이루어지므로 표시에 관한 등기를 이해하기 위하여는 대장제도에 대한 이해가 필요하다. 따라서 여기서는 먼저 부동산에 관한 대장제도에 대하여 살펴본 후 표시에 관한 등기를 설명하고자 한다.

306) 대법원 1978.6.27. 78다544 판결; 대법원 1990.3.9. 89다카3288 판결; 대법원 1995.9.29. 95다22849,22856 판결; 대법원 2001.3.23. 2000다51285 판결; 대법원 2007.7.26. 2007다19006,19013 판결; 대법원 2022.9.16. 2022다237173 판결.

307) 대법원 1986.7.22. 85다카1222 판결.

308) 이 점에 대한 비판에 관하여는 제1장 참조.

제 2 관 부동산등기와 대장

Ⅰ. 부동산에 관한 각종 대장제도

1. 지적공부

표시에 관한 등기를 이해하기 위하여는 먼저 부동산의 물리적 현황을 기록하는 각종 공부를 살펴보아야 한다. 토지의 물리적 현황을 기록하는 공적 장부를 지적공부라고 한다. 국토교통부장관은 모든 토지에 대하여 필지별로 소재·지번·지목·면적·경계 또는 좌표 등을 조사·측량하여 지적공부에 등록하여야 한다(공간정보법[309] 제64조 제1항). 이와 같이 지적측량 등을 통하여 조사된 토지의 표시와 해당 토지의 소유자 등을 기록한 대장 및 도면을 지적공부라 하며, 여기에는 토지대장, 임야대장, 공유지연명부, 대지권등록부, 지적도, 임야도 및 경계점좌표등록부 등이 포함된다(공간정보법 제2조 제19호).

지적공부 중 부동산등기와 관련된 주된 장부는 토지대장과 임야대장이 있다. 토지에 대한 물리적 현황을 기록하는 공적 장부는 토지대장과 임야대장으로 나뉘어져 있고, 그에 따라 도면도 지적도와 임야도로 나뉜다. 물리적으로는 같은 땅이나 법적으로는 따로 관리되고 있는 셈이다.[310] 임야대장 및 임야도에 등록된 토지를 토지대장 및 지적도에 옮겨 등록하는 것을 등록전환이라 한다(공간정보법 제2조 제30호). 토지대장과 임야대장에는 토지의 소재, 지번, 지목, 면적, 소유자의 성명 또는 명칭, 주소 및 주민등록번호, 그 밖에 국토교통부령으로 정하는 사항을 등록하여야 하며(공간정보법 제71조 제1항), 지적도 및 임야도에는 토지의 소재, 지번, 지목, 경계, 그 밖에 국토교통부령으로 정하는 사항을 등록하여야 한다(공간정보법 제72조).

---

309) 처음에는 지적법에서 규정하였으나, 이후 지적법이 「측량·수로조사 및 지적에 관한 법률」에 통합되었다가 현재의 「공간정보의 구축 및 관리 등에 관한 법률」로 명칭이 바뀌었다.

310) 이와 같이 나뉘게 된 이유는 다음과 같은 역사적 배경 때문이다. 일본의 식민지 지배 아래 일본은 우리나라에 대하여 1910년부터 1918년까지 과세대상 토지에 대하여 토지조사사업을 실시하여 토지조사부를 작성하고 토지대장과 지적도에 등록하였다. 그 후 1916년부터 1924년까지 토지조사사업에서 제외된 임야 등 비과세대상 토지에 대하여 임야조사사업을 실시하여 임야조사부를 작성하고 임야대장과 임야도에 등록하였다. 류병찬, 최신 지적법, 2011, 63~86면; 류병찬, 한국인이 바라본 일본의 지적제도, 2016, 291~292면.

2. 건축물대장

건축물대장은 시장·군수·구청장이 건축물의 소유·이용 및 유지·관리 상태를 확인하거나 건축정책의 기초 자료로 활용하기 위하여 건축물과 그 대지의 현황 등에 관한 정보를 기재하여 보관하는 공적 장부이다(건축법 제38조 제1항). 그 명칭은 가옥대장, 건축물관리대장 등으로 변경되어 왔다. 건축물대장이 작성되는 시점은 원칙적으로 사용승인서를 내준 때이다(건축법 제38조 제1항 제1호). 건축물대장 작성의 주된 목적은 건축행정법상의 각종 책임을 확정하고, 건축감독을 원활하게 수행하기 위함이다.[311] 건축물대장에 관하여는 국토교통부령인 "건축물대장의 기재 및 관리 등에 관한 규칙"에서, 그리고 집합건축물대장에 관하여는 집합건물법에서 자세히 정하고 있다.

건축물대장은 건축물의 종류에 따라 일반건축물대장과 집합건축물대장으로 구분한다(건축물대장의 기재 및 관리 등에 관한 규칙 제4조). 건축물대장에는 건축물현황도가 포함된다. 건축물대장은 건축물 1동을 단위로 하여 각 건축물마다 작성하고, 부속건축물이 있는 경우 주된 건축물대장에 포함하여 작성하며, 하나의 대지에 2 이상의 건축물이 있는 경우에는 총괄표제부를 작성하여야 한다(건축물대장의 기재 및 관리 등에 관한 규칙 제5조).

311) 김종보, 건축행정법, 2005, 172면.

대법원 1998.2.24. 96누5612 판결은 건축물대장에 일정한 사항을 등재하거나 등재된 사항을 변경하는 행위는 행정사무집행의 편의와 사실증명의 자료로 삼기 위한 것일 뿐이고, 그 등재나 변경등재 행위로 인하여 그 건축물에 대한 실체상의 권리관계에 어떤 변동을 가져오는 것이 아니므로 소관청이 등재사항에 대한 변경신청을 거부하였다고 하여 이를 항고소송의 대상이 되는 행정처분에 해당한다고 할 수 없다고 한다. 반면, 대법원 2009.2.12. 2007두17359 판결은 건축물대장은 건축물에 대한 공법상의 규제, 지방세의 과세대상, 손실보상가액의 산정 등 건축행정의 기초자료로서 공법상의 법률관계에 영향을 미칠 뿐만 아니라 건축물에 관한 소유권보존등기 또는 소유권이전등기를 신청하려면 이를 등기소에 제출하여야 하는 점 등을 종합해 보면, 건축물대장의 작성은 건축물의 소유권을 제대로 행사하기 위한 전제요건으로서 건축물 소유자의 실체적 권리관계에 밀접하게 관련되어 있으므로 건축물대장 소관청의 작성신청 반려행위는 국민의 권리관계에 영향을 미치는 것으로서 항고소송의 대상이 되는 행정처분에 해당한다고 한다. 자세한 것은 김정중, "건축물대장 변경행위 등의 처분성", 재판자료 제120집 행정재판실무연구Ⅲ, 법원도서관, 2010 참조.

Ⅱ. 등기부와 대장의 관계

1. 기본관계

부동산은 개인에게 중요한 재산이지만, 국가로서도 중요한 구성요소가 된다. 여기서 부동산에 관한 공적 장부로는 개인의 재산권을 기록하고 관리하는 장부로서 등기부가 필요하고, 국가로서도 그 구성요소에 대한 각종 행정목적을 위한 장부로서 대장이 필요하다. 부동산에 관한 공적 장부의 이러한 목적상의 차이에서 등기부와 대장은 그 작성원칙이나 관리의 주체, 내용 및 절차를 달리하게 된다. 그러나 동일한 부동산을 대상으로 하므로 그 내용에 있어 서로 일치하여야 한다. 이를 위하여 우리 법은 여러 규정을 두고 있다. 그럼에도 불일치가 있는 경우 제도의 목적에 따라 권리관계에 관하여는 등기부의 기재가, 물리적 현황에 대하여는 대장의 기재가 우선하게 된다.[312)]

2. 등기부와 대장을 일치시키기 위한 제도

등기부와 대장의 내용을 일치시키기 위하여 다음과 같은 규정을 두고 있다. 제도적으로 상당히 완비되어 있다. 그렇다고 하더라도 종래 이미 작성된 등기부나 대장에 관하여 불일치가 있을 수 있고, 업무상의 착오로 불일치는 여전히 발생할 수 있다.

(1) 공적 장부의 작성 단계

토지대장, 임야대장 또는 건축물대장에 최초의 소유자로 등록되어 있는 자 또는 그 상속인, 그 밖의 포괄승계인이 소유권보존등기를 신청하도록 하고 있다(법 제65조 제1호).[313)] 부동산의 표시변경이나 멸실의 등기를 신청하는 경우에는

---

312) 판례에 의하면, 토지의 개수는 지적공부상 토지의 필수를 기준으로 결정되므로 1필지의 토지를 수필의 토지로 분할하여 등기하려면 지적법령이 정하는 바에 따라 분할의 절차를 밟아 지적공부에 각 필지마다 등록이 되어야 하고 지적공부상 분할절차를 거치지 아니한 채 등기부에만 분필의 등기가 실행되어도 분필의 효과가 발생할 수는 없으므로 분할 후의 토지들에 대하여 소유권이전등기가 마쳐졌다 하더라도 특별한 사정이 없는 한 1부동산 1용지주의 원칙에 위배되어 무효라고 한다. 대법원 1990.12.7. 90다카25208 판결; 대법원 1995.6.16. 94다4615 판결; 대법원 1997.9.9. 95다47664 판결.

313) 판례는 건축물대장에 관하여 위 규정의 취지는 건축물대장으로 등기의 진정성을 확보하는 한편 건축물대장을 매개로 건축법상 사용승인을 받은 건물에 대해서만 등기라는 공시제도의 이용과 보호를 받을 수 있도록 함으로써 불법 또는 부실 건물의 탄생을 가능한 억제하고자 하는

그 사실을 증명하는 대장정보를 첨부하여야 한다(규칙 제72조 제2항, 제83조, 제86조 제3항, 제102조). 그러나 대장을 근거로 하지 않고도 소유권보존등기가 이루어질 수 있어(법 제65조 제4호) 등기부와 대장의 불일치가 발생할 여지가 여전히 있다.

(2) 변동사항이 발생한 경우의 조치

등기부와 대장의 어느 하나에 변동이 발생한 경우에 서로 일치시키기 위한 조치를 마련하고 있다. 관공서는 다음과 같은 조치를 취하여야 한다. 지적공부나 건축물대장의 변경이 있는 경우 소관청은 관할 등기소에 그에 따른 등기를 촉탁하여야 한다(공간정보법 제89조, 건축법 제39조). 지적소관청은 필요하다고 인정하는 경우 등기부를 열람하여 지적공부와 등기부가 일치하는지 여부를 조사·확인하여야 하며, 일치하지 아니한 사항을 발견하면 지적공부를 직권으로 정리하거나 소유자나 이해관계인에게 필요한 신청을 하도록 요구할 수 있다(공간정보법 제88조 제4항). 또한, 등기관이 소유권의 보존 또는 이전 등의 등기를 하였을 때 그 사실을 대장소관청에 알려야 한다(법 제62조). 지적공부에 등록된 토지소유자의 변경사항은 등기관서에서 등기한 것을 증명하는 등기사항증명서 등이나 등기관서에서 제공한 등기전산정보자료에 따라 정리한다(공간정보법 제88조 제1항).

당사자도 의무를 부담한다. 토지의 분할, 합병 등 부동산의 표시에 관한 등기사항에 변경이 있는 경우 그 소유권의 등기명의인은 그 사실이 있는 때부터 1개월 이내에 그에 따른 등기를 신청하여야 한다(법 제35조, 제41조, 제43조).

(3) 기타 간접적 강제수단

신청정보 또는 등기기록의 부동산의 표시가 대장과 일치하지 아니한 경우 등기신청을 각하하고(법 제29조 제11호), 등기부에 기록된 토지의 표시가 지적공부와 일치하지 아니하면 지적공부에 등록된 토지소유자를 정리할 수 없다(공간정보법 제88조 제3항).

그 밖에도 부동산등기법과 공간정보법의 관련 규정들을 부합하게 정비하는 등 법령의 정비도 꾸준히 추진하고 있다. 토지합병의 제한사유에 관한 규정이 그 한 예이다.

것이라고 한다(대법원 2011.11.10. 2009다93428 판결).

3. 등기부와 대장의 일원화문제

오래전부터 등기부와 대장을 통합하여 일원화하자는 논의가 있다. 그 논의의 요점은 부동산에 관한 두 공적 장부가 분리되어 있어 불일치의 문제와 국민의 불편이 있으므로 공적 장부를 하나로 통합하자는 내용이다. 통합의 당부를 논하기에 앞서 논의의 현실을 살펴볼 필요가 있다. 그 실제적인 모습은 어느 기관에서 관장할 것이냐의 형태로 나타나고 있다. 그런 차원에서 원론적인 논의는 많다. 그러나 구체적인 사안에서 양자가 어떤 문제가 있고 어떻게 연관되는지에 대한 각론적인 연구가 얼마나 있는지는 의문이다. 제도의 존재목적이 서로 다른데[314)]두 공적 장부와 관장기관을 물리적으로만 통합하면 모든 문제가 해결되리라는 원론적인 논의만으로 충분한지 모르겠다. 물리적인 통합 전이라도 불일치를 해소하기 위한 제도를 정비하고, 모든 업무가 전산화되어 있으므로 전산상으로 연계함으로써 실질적인 통합을 이루는 방안을 고민할 필요도 있다고 생각된다.

제 3 관 표시에 관한 등기절차

Ⅰ. 표시에 관한 등기의 기초

1. 표제부의 등기사항

가. 토지 등기기록

토지 등기기록의 표제부에는 다음의 사항을 기록한다(법 제34조).

① 표시번호

② 접수연월일

③ 소재와 지번[315)]

④ 지목

---

314) 지적과 등기가 수행하는 목적과 기능을 명확히 구분할 수 있다는 점에서 현행과 같이 두 제도를 법령상으로 분리하여 운영하는 것이 바람직하다는 견해로는 배기철, 도시계획법과 지적, 서울대학교 법학연구소 법학연구총서, 2022, 229면.

315) 지번은 아라비아숫자로 표기하되, 임야대장 및 임야도에 등록하는 토지의 지번은 숫자 앞에 “산”자를 붙인다(공간정보법 시행령 제56조 제1항).

여기서 지목이란 토지의 주된 용도에 따라 토지의 종류를 구분하여 지적공부에 등록한 것을 말한다(공간정보법 제2조 제24호).[316] 지목은 하나의 필지마다 하나의 지목을 설정하는데, 현재는 전·답·대·임야·과수원 등 28개로 구분하고 있다(공간정보법 제67조, 공간정보법 시행령 제58조, 제59조).

토지는 그 토지의 용도(지목)에 적합하게 이용되어야 한다. 어떤 토지를 그 지목과 달리 이용하기 위해서는 개발행위(토지형질변경) 허가를 통해 먼저 해당 토지의 용도(법적으로 허용된 이용가능성)를 적법하게 변경한 다음 지목변경을 신청하여야 한다.[317]

⑤ 면적

면적의 단위는 제곱미터로 한다(공간정보법 제68조 제1항). 토지조사사업 당시에는 척관법(尺貫法)에 의한 평(坪)과 보(步)를 단위로 하여 등록을 하였다가, 지적법 제정 당시 토지대장의 등록지의 지적은 평을 단위로, 임야대장의 등록지의 지적은 무(畝)를 단위로 하도록 규정하였고, 1975년 지적법 개정에서 평방미터를 단위로 정하도록 하였다(1986년 지적법 개정에서 그 명칭을 제곱미터로 바꾸었다).[318]

등기기록상 면적의 표시가 부동산거래에서 가지는 의미를 생각해 보자.[319]

---

316) 지목은 토지에 대한 공법상의 규제, 개발부담금의 부과대상, 지방세의 과세대상, 공시지가의 산정, 손실보상가액의 산정 등 토지행정의 기초로서 공법상의 법률관계에 영향을 미치고, 토지소유자는 지목을 토대로 토지의 사용·수익·처분에 일정한 제한을 받게 되는 점 등을 고려하면, 지목은 토지소유권을 제대로 행사하기 위한 전제요건으로서 토지소유자의 실체적 권리관계에 밀접하게 관련되어 있으므로 지적공부 소관청의 지목변경신청 반려행위는 국민의 권리관계에 영향을 미치는 것으로서 항고소송의 대상이 되는 행정처분에 해당한다. 대법원 2004. 4.22. 2003두9015 판결(전).

317) 대법원 2020.7.23. 2019두31839 판결; 대법원 2023.9.21. 2022두31143 판결. 건축물의 건축은 건축주가 그 부지를 적법하게 확보한 경우에만 허용될 수 있다. 여기에서 '부지 확보'란 건축주가 건축물을 건축할 토지의 소유권이나 그 밖의 사용권원을 확보하여야 한다는 점 외에도 해당 토지가 관계 법령상 건축물의 건축이 허용되는 법적 성질을 지니고 있어야 한다는 점을 포함한다.

지적, 특히 지목의 도시계획적 기능을 강조한 문헌으로는 배기철, 앞의 논문 참조. 이 책에서는 불완전한 도시계획법제를 보완하기 위한 도시계획적 기능을 지적이 수행한다고 한다.

318) 류병찬, 최신 지적법, 375면 이하. 평과 보는 같은 면적이고 미터법으로 환산하면 3.3058㎡가 된다. 1무는 30보(30평, 99.174㎡), 1단은 300평(991.74㎡), 1정은 3,000평(9,917.4㎡)이다. 면적의 환산기준은 다음과 같다. 평(또는 보) × 400/121 = 제곱미터(㎡). 류병찬, 위의 책, 383면 이하.

319) 송덕수, "매매목적토지의 면적의 착오", 민사판례연구[XI], 1989, 17면 이하 참조. 판례는 지적공부상 면적의 표시가 잘못된 등록사항 정정 대상토지의 일부를 점유함으로써 점유취득시효가 완성된 점유자가 자신의 점유 부분에 관한 소유권이전등기를 위하여 선행절차로 토지분할을 하여야 하는 경우, 점유자는 소유권이전등기청구권을 실행하기 위하여 토지소유자를 상대로

일반적으로 특정토지에 관한 부동산거래에서 등기기록상의 면적을 표시하는 것은 토지를 특정하여 표시하기 위한 방법 또는 대상 토지를 특정하고 대금을 결정하기 위한 방편에 지나지 않고, 특별한 사정이 없는 한 민법 제574조의 "수량을 지정한 매매"라고 할 수 없다고 본다.[320] 다만, 당사자가 매매의 목적인 특정물이 일정한 수량을 가지고 있다는 데 주안을 두고 대금도 그 수량을 기준으로 하여 정한 경우는 수량을 지정한 매매라고 본다. 그리하여 매수인이 일정한 면적이 있는 것으로 믿고 매도인도 그 면적이 있는 것을 명시적 또는 묵시적으로 표시하며, 나아가 계약 당사자가 면적을 가격을 정하는 여러 요소 중 가장 중요한 요소로 파악하고, 그 객관적 수치를 기준으로 가격을 정하는 경우라면 수량을 지정한 매매에 해당한다고 한다.[321]

⑥ 등기원인

나. 건물 등기기록

건물 등기기록의 표제부에는 다음의 사항을 기록한다(법 제40조).

① 표시번호

② 접수연월일

③ 소재, 지번, 건물명칭(건축물대장에 건물명칭이 기재되어 있는 경우만 해당한다) 및 번호.[322] 다만, 같은 지번 위에 1개의 건물만 있는 경우에는 건물번호는 기록하지 아니한다.

등기할 건물이 구분건물인 경우에는 1동 건물의 등기기록의 표제부에 소재와 지번, 건물명칭 및 번호를 기록하고, 전유부분의 등기기록의 표제부에 건물번호를 기록한다. 대지사용권으로서 건물과 분리하여 처분할 수 없는 것(대지권)이 있는 경우에는 그 외에도 1동 건물의 등기기록의 표제부에 대지권의 목적인 토지의 표시에 관한 사항을 기록하고, 전유부분의 등기기록의 표제부에 대지권의 표시에 관한 사항을 기록한다(법 제40조 제2항, 제3항). 대지권등기에 관하여는 제9절

지적공부 등록사항 정정절차의 이행을 구할 수 있다고 한다(대법원 2023.6.15. 2022다303766 판결).

320) 대법원 1991.4.9. 90다15433 판결; 대법원 1993.6.25. 92다56674 판결; 대법원 1998.6.26. 98다13914 판결; 대법원 2003.1.24. 2002다65189 판결.

321) 대법원 1996.4.9. 95다48780 판결; 대법원 2001.4.10. 2001다12256 판결.

322) 여기서 건물의 번호는 건축물대장에 제101동과 같이 건물번호가 있는 경우에는 그 번호를 기재하지만, 그렇지 않다면 신청인이 다른 건물과 구별하기 위하여 붙이는 임의의 번호이다.

에서 살펴보기로 한다.

④ 건물의 종류, 구조와 면적. 부속건물이 있는 경우에는 부속건물의 종류, 구조와 면적도 함께 기록한다.

실무에서는 건물의 종류에 관하여 등기기록에는 건물 전체의 주된 용도만을 기재하고 세부용도나 각 층별 용도는 기재하지 않는다.[323)]

⑤ 등기원인

⑥ 도면의 번호(같은 지번 위에 여러 개의 건물이 있는 경우와 집합건물법상 구분소유권의 목적이 되는 건물인 경우로 한정한다)

2. 등기의 방식

가. 소유권등기의 일부

표시에 관한 등기는 부동산의 물리적 현황을 나타내는 부분으로 등기기록의 표제부에 하는 등기이다. 이 등기는 별도의 독립한 등기가 아니고 소유권등기의 일부로서 행해질 뿐이다. 따라서 소유권등기 없이 표시에 관한 등기만 있을 수는 없다. 다만, 여기에는 두 가지 예외가 있다. 하나는 구분건물의 표시에 관한 등기이고(법 제46조), 다른 하나는 규약상 공용부분의 등기이다(법 제47조, 규칙 제104조 제3항). 이 예외적인 경우에는 소유권등기가 없이 표시에 관한 표제부등기만 존재하게 된다. 1동 건물 전체와 각 전유부분의 관계를 공시하기 위한 집합건물 등기의 특성상 인정되는 예외이다.

나. 주 등 기

등기실무에서는 표제부의 등기는 주등기만으로 한다. 부기등기로 하지 않고 있다. 표시변경과 경정의 등기도 마찬가지이다.

Ⅱ. 부동산표시의 변경등기

부동산의 표시에 관한 등기사항에 변경이 있는 경우에 하는 등기이다. 그러나 행정구역 또는 그 명칭이 변경되었을 때에는 등기기록에 기록된 행정구역 또는 그 명칭에 대하여 변경등기가 있는 것으로 본다(법 제31조).

---

323) 부동산등기실무[Ⅱ], 135면. 등기선례 4−80.

부동산표시의 변경등기는 그 소유권의 등기명의인이 변경사실이 있는 때부터 1개월 이내에 신청하여야 한다(법 제35조, 제41조). 지적소관청은 지번이나 지목변경 등 일정한 사유로 토지의 표시변경에 관한 등기를 할 필요가 있는 경우에 관할 등기관서에 그 등기를 촉탁하여야 하고(공간정보법 제89조 제1항), 시장·군수·구청장은 건축물의 지번이 변경되거나 건축물을 철거한 경우 등 일정한 사유로 건축물대장의 기재내용이 변경되는 경우 관할 등기소에 그 등기를 촉탁하여야 한다(건축법 제39조 제1항).

등기기록상의 토지의 표시가 지적공부와 일치하지 아니한 경우 지적소관청은 그 사실을 관할 등기관서에 통지하여야 하고 통지를 받은 등기관은 등기명의인으로부터 일정한 기간 내에 등기신청이 없을 때 통지서의 기재내용에 따른 변경의 등기를 직권으로 하여야 한다(법 제36조). 이 등기를 하였을 때에는 등기관은 지체 없이 그 사실을 지적소관청과 소유권의 등기명의인에게 알려야 한다.

토지 또는 건물의 표시변경등기를 신청하는 경우에는 그 토지 또는 건물의 변경 전과 변경 후의 표시에 관한 정보를 신청정보의 내용으로 등기소에 제공하여야 하고, 그 변경을 증명하는 토지대장 정보나 임야대장 정보, 건축물대장 정보를 첨부정보로 등기소에 제공하여야 한다(규칙 제72조, 제86조).

행정구역 또는 그 명칭이 변경된 경우 등기기록에 기록된 행정구역이나 명칭은 변경등기가 있는 것으로 보도록 되어 있으나, 등기관은 직권으로 부동산의 표시변경등기 또는 등기명의인의 주소변경등기를 할 수 있다(규칙 제54조).

Ⅲ. 토지의 분필과 합필의 등기

1. 분필의 등기

가. 의 의

지적공부에 등록된 1필지를 2필지 이상으로 나누어 등록하는 것을 분할이라 한다(공간정보법 제2조 제31호). 토지의 분할이 있는 때에 분필의 등기를 하게 된다.[324)]

324) "토지에 관한 소유권이전등기절차의 이행을 구하는 소송 중 사실심 변론종결 전에 토지가 분할되었는데도 그 내용이 변론에 드러나지 않은 채 토지에 관한 원고 청구가 인용된 경우에 판

토지의 분할은 소유권이전, 매매 등을 위하여 필요한 경우, 토지이용상 불합리한 지상 경계를 시정하기 위한 경우에 할 수 있다(공간정보법 제79조, 공간정보법 시행령 제65조). 부동산등기법상 분할을 제한하는 규정은 없으나 건축법 등 관련 법령에 의하여 토지의 분할이 제한되는 경우가 있다.[325)]

나. 등기절차와 방법

토지의 분할이 있는 경우 그 토지 소유권의 등기명의인은 그 사실이 있는 때부터 1개월 이내에 그 등기를 신청하여야 한다(법 제35조 제1항). 또한 지적소관청은 토지의 분할로 표시변경에 관한 등기를 할 필요가 있는 경우에는 지체없이 관할등기소에 그 등기를 촉탁하여야 한다(공간정보법 제89조 제1항).

분필등기의 방법에 관하여는 규칙 제75조 내지 제77조에서 정하고 있다. 상당히 기술적인 내용이라 간략히 조문만 인용한다.

① 기본적인 등기방법

갑 토지를 분할하여 그 일부를 을 토지로 한 경우[326)] 을 토지에 관하여 등기기록을 개설하고 그 등기기록 중 표제부에 토지의 표시와 분할로 인하여 갑 토지의 등기기록에서 옮겨 기록한 뜻을 기록하여야 한다. 이어서 갑 토지의 등기기록 중 표제부에 남은 부분의 표시를 하고, 분할로 인하여 다른 부분을 을 토지의 등

결에 표시된 토지에 관한 표시를 분할된 토지에 관한 표시로 경정해 달라는 신청은 특별한 사정이 없는 한 받아들여야 한다." 대법원 2020.3.16. 2020그507 결정.

325) 건축물이 있는 대지는 건축법 제57조에 의하여 분할이 제한되는 경우가 있고, 그 밖의 토지의 분할은 국토의 계획 및 이용에 관한 법률 제56조에 의한 개발행위허가의 대상이 될 수 있다.
토지의 분할에 관한 판례의 입장을 간략히 정리하면 다음과 같다. 1필지의 토지 중 일부를 특정하여 매매계약이 체결되었으나 그 부분의 면적이 건축법 제57조 제1항, 건축법 시행령 제80조에 따라 분할이 제한되는 경우에 해당한다면, 매도인으로서는 그 부분을 분할하여 소유권이전등기절차를 이행할 수 없다. 따라서 매도인의 소유권이전등기의무는 이행이 불가능하다고 보아야 한다. 이는 교환계약에서도 마찬가지이다(대법원 2017.8.29. 2016다212524 판결; 대법원 2017.10.12. 2016다9643 판결). 또한, 확정판결에 기초한 토지분할신청 또는 지적측량성과도 검사신청이라고 하더라도 건축법령상 대지의 분할제한규정에 저촉될 경우 지적소관청은 이를 반려하여야 한다(대법원 2024.3.12. 2023두50349 판결). 이러한 처분이 공유물분할판결의 효력에 반하는 것은 아니다(대법원 2013.7.12. 2012두28582 판결). 그밖에 토지분할과 관련된 사례로는 대법원 2018.6.28. 2015두47737 판결 참조.
토지분할의 도시계획적 규율과 관련하여서는 배기철, 앞의 책(도시계획법과 지적), 174면 이하 참조.

326) 예를 들어, 서초동 123번지의 일부를 분할하여 서초동 123-1번으로 한 경우를 생각하면 이해가 쉽다. 분할의 경우 지번부여 방법은 분할 후의 필지 중 1필지의 지번은 분할 전의 지번으로 하고 나머지 필지의 지번은 본번의 최종 부번 다음 순번으로 부번을 부여한다(공간정보법 시행령 제56조 제3항 제3호).

기기록에 옮겨 기록한 뜻을 기록하며, 종전의 표시에 관한 등기를 말소하는 표시를 하여야 한다(규칙 제75조).

을 토지의 등기기록 중 해당 구에 갑 토지의 등기기록에서 소유권과 그 밖의 권리에 관한 등기를 전사하고, 분할로 인하여 갑 토지의 등기기록에서 전사한 뜻, 신청정보의 접수연월일과 접수번호를 기록하여야 한다. 이 경우 소유권 외의 권리에 관한 등기에는 갑 토지가 함께 그 권리의 목적이라는 뜻도 기록하여야 한다(규칙 제76조 제1항). 갑 토지의 등기기록에서 을 토지의 등기기록에 소유권 외의 권리에 관한 등기를 전사하였을 때에는 갑 토지의 등기기록 중 그 권리에 관한 등기에 을 토지가 함께 그 권리의 목적이라는 뜻을 기록하여야 한다(규칙 제76조 제2항).

② 소유권 외의 권리의 등기명의인이 권리의 소멸을 승낙한 경우

소유권 외의 권리의 등기명의인이 을 토지에 관하여 그 권리의 소멸을 승낙한 것을 증명하는 정보 또는 이에 대항할 수 있는 재판이 있음을 증명하는 정보를 첨부정보로서 등기소에 제공한 경우에는 갑 토지의 등기기록 중 그 권리에 관한 등기에 을 토지에 대하여 그 권리가 소멸한 뜻을 기록하여야 한다(규칙 제76조 제3항). 소유권 외의 권리의 등기명의인이 갑 토지에 관하여 그 권리의 소멸을 승낙한 것을 증명하는 정보 또는 이에 대항할 수 있는 재판이 있음을 증명하는 정보를 첨부정보로서 등기소에 제공한 경우에는 을 토지의 등기기록 중 해당 구에 그 권리에 관한 등기를 전사하고, 신청정보의 접수연월일과 접수번호를 기록하여야 한다. 이 경우 갑 토지의 등기기록 중 그 권리에 관한 등기에는 갑 토지에 대하여 그 권리가 소멸한 뜻을 기록하고 그 등기를 말소하는 표시를 하여야 한다(규칙 제76조 제4항).

이때 그 소유권 외의 권리를 목적으로 하는 제3자의 권리에 관한 등기가 있는 경우에는 그 자의 승낙이 있음을 증명하는 정보 또는 이에 대항할 수 있는 재판이 있음을 증명하는 정보를 첨부정보로서 등기소에 제공하여야 한다(규칙 제76조 제5항).

③ 1필의 토지의 일부에 용역권에 관한 등기가 있는 경우

1필의 토지의 일부에 지상권·전세권·임차권이나 승역지(편익제공지)의 일부에 관하여 하는 지역권의 등기가 있는 경우에 분필등기를 신청할 때에는 권리가 존속할 토지의 표시에 관한 정보를 신청정보의 내용으로 등기소에 제공하고, 이에 관한 권리자의 확인이 있음을 증명하는 정보를 첨부정보로서 등기소에 제공하여야 한다. 이 경우 그 권리가 토지의 일부에 존속할 때에는 그 토지부분에 관한 정보도 신청정보의 내용으로 등기소에 제공하고, 그 부분을 표시한 지적도를 첨부정보로서 등기소에 제공하여야 한다(규칙 제74조).

분필등기의 방법을 글로 표현하여 내용이 복잡하나 기록례를 보면 좀 더 이해가 쉽다.

[기록례]

(갑 토지)

【표 제 부】 (토지의 표시)					
표시번호	접 수	소 재 지 번	지목	면적	등기원인 및 기타사항
~~1~~	~~2012년1월12일~~	~~서울특별시 서초구 서초동 10~~	~~대~~	~~300㎡~~	
2	2012년9월20일	서울특별시 서초구 서초동 10	대	150㎡	분할로 인하여 대 150㎡를 서울특별시 서초구 서초동 10－1에 이기

(을 토지)

【표 제 부】 (토지의 표시)					
표시번호	접 수	소 재 지 번	지목	면적	등기원인 및 기타사항
1	2012년9월20일	서울특별시 서초구 서초동 10－1	대	150㎡	분할로 인하여 대 150㎡를 서울특별시 서초구 서초동 10에서 이기

【갑 구】 (소유권에 관한 사항)				
순위번호	등기목적	접 수	등 기 원 인	권 리 자 및 기 타 사 항
1 (전4)	소유권이전	2012년9월5일 제10611호	2012년9월4일 매매	소유자 김태수 700123－1234567 대전광역시 서구 도안로 88(도안동)
				분할로 인하여 순위 제1번 등기를 서울특별시 서초구 서초동 10에서 이기 접수 2012년9월20일 제10701호

[기록례: 소유권 외의 권리에 관한 등기의 기록례]

(갑 토지)

【 을 구 】	(소유권 이외의 권리에 관한 사항)			
순위번호	등기목적	접 수	등 기 원 인	권 리 자 및 기 타 사 항
1	근저당권설정	2012년9월10일 제10655호	2012년9월9일 설정계약	채권최고액 금60,000,000원 채무자 김태수 대전광역시 서구 도안로 88(도안동) 근저당권자 구연모 641012－1012345 서울특별시 은평구 진관3로 15(진관동)
1－1				공동담보 토지 서울특별시 서초구 서초동 10－1 분할로 인하여 2012년9월20일 부기

(을 토지)

【 을 구 】	(소유권 이외의 권리에 관한 사항)			
순위번호	등기목적	접 수	등 기 원 인	권 리 자 및 기 타 사 항
1 (전1)	근저당권설정	2012년9월10일 제10655호	2012년9월9일 설정계약	채권최고액 금60,000,000원 채무자 김태수 대전광역시 서구 도안로 88(도안동) 근저당권자 구연모 641012－1012345 서울특별시 은평구 진관3로 15(진관동)
				분할로 인하여 순위 제1번 등기를 서울특별시 서초구 서초동 10에서 이기 공동담보 토지 서울특별시 서초구 서초동 10 접수 2012년9월20일 제10701호

[기록례: 소유권 외의 권리에 관한 등기명의인이 권리의 소멸을 승낙한 경우]

【 을 구 】	(소유권 이외의 권리에 관한 사항)			
순위번호	등기목적	접 수	등 기 원 인	권 리 자 및 기 타 사 항
1	근저당권설정	2012년9월10일 제10655호	2012년9월9일 설정계약	채권최고액 금6,000,000원 채무자 김태수 대전광역시 서구 도안로 88(도안동) 근저당권자 구연모 641012－1012345 서울특별시 은평구 진관3로 15(진관동)
1－1				분할로 인하여 서울특별시 서초구 서초동 10－1에 이기한 토지에 관해서는 소멸승낙에 의하여 근저당권 소멸 2012년9월20일 부기

【 을 구 】 (소유권 이외의 권리에 관한 사항)				
순위번호	등기목적	접 수	등 기 원 인	권 리 자 및 기 타 사 항
~~1~~	~~근저당권설정~~	~~2012년9월10일~~ ~~제10655호~~	~~2012년9월9일~~	~~채권최고액 금6,000,000원~~ ~~채무자 김대수~~ ~~대전광역시 서구 도안로 88(도안동)~~ ~~근저당권자 구연모 641012－1012345~~ ~~서울특별시 은평구 진관3로 15(진관동)~~
1－1	1번근저당권 설정등기말소		소멸승낙	2012년9월20일 부기

다. 관련문제: 토지 일부에 대한 등기의 말소 등을 위한 분필

토지 중 일부에 대한 등기의 말소 또는 회복을 구하는 소송에서 승소한 경우 그 등기를 위하여는 그 일부를 분할한 후 말소 또는 회복의 등기를 하여야 한다.[327] 이를 위하여 분필의 등기를 할 때에는 그 등기의 말소 또는 회복에 필요한 범위에서 해당 부분에 대한 소유권과 그 밖의 권리에 관한 등기를 모두 전사하여야 한다(규칙 제115조 제1항). 이때에는 일반적인 분필등기와 다르므로 등기의 목적을 "등기의 말소(또는 회복)를 위한 분필"로 기록한다.

2. 합필의 등기

가. 등기절차와 방법

지적공부에 등록된 2필지 이상을 1필지로 합하여 등록하는 것을 합병이라 하며(공간정보법 제2조 제32호), 토지의 합병이 있는 때에 합필의 등기를 하게 된다.

토지의 합병이 있는 경우 그 토지 소유권의 등기명의인은 그 사실이 있는 때부터 1개월 이내에 그 등기를 신청하여야 한다(법 제35조 제1항). 또한 지적소관청은 토지의 합병으로 표시변경에 관한 등기를 할 필요가 있는 경우 지체없이 관할 등기소에 그 등기를 촉탁하여야 한다(공간정보법 제89조 제1항).

---

327) 1필지의 토지의 특정된 일부에 대한 소유권확인 또는 소유권보존(이전) 등기의 말소를 구할 수 있다는 판결로는 대법원 1987.10.13. 87다카1093 판결; 대법원 2011.11.10. 2010다75648 판결; 대법원 2017.2.21. 2016다225353 판결 등 참조.

이 경우 그 토지가 합병된 것이어서 구 지번 표시에 의하여 각 토지를 구별할 수 있다고 하여도 구 지번 표시로는 목적물이 특정되지 않는다고 한다. 대법원 1984.3.27. 83다카1135 판결; 대법원 1997.6.24. 97다2993 판결; 대법원 2002.9.24. 2001다20103 판결. 이임수, "합필 전 토지의 특정 — 토지에 관한 분필등기를 수반하는 소송에서 분할될 토지의 특정방법 —", 민사판례연구[Ⅶ].

합필등기의 방법에 관하여는 규칙 제79조 이하에서 정하고 있다. 갑 토지를 을 토지에 합병한 경우에 을 토지의 등기기록 중 표제부에 합병 후의 토지의 표시와 합병으로 인하여 갑 토지의 등기기록에서 옮겨 기록한 뜻을 기록하고 종전의 표시에 관한 등기를 말소하는 표시를 하여야 한다(규칙 제79조 제1항). 이어서 갑 토지의 등기기록 중 표제부에 합병으로 인하여 을 토지의 등기기록에 옮겨 기록한 뜻을 기록하고, 갑 토지의 등기기록 중 표제부의 등기를 말소하는 표시를 한 후 그 등기기록을 폐쇄하여야 한다(규칙 제79조 제2항).

이 경우 을 토지의 등기기록 중 갑구에 갑 토지의 등기기록에서 소유권의 등기를 옮겨 기록하고, 합병으로 인하여 갑 토지의 등기기록에서 옮겨 기록한 뜻, 신청정보의 접수연월일과 접수번호를 기록하여야 한다(규칙 제80조 제1항). 갑 토지의 등기기록에 지상권·지역권·전세권 또는 임차권의 등기가 있을 때에는 을 토지의 등기기록 중 을구에 그 권리의 등기를 옮겨 기록하고, 합병으로 인하여 갑 토지의 등기기록에서 옮겨 기록한 뜻, 갑 토지이었던 부분만이 그 권리의 목적이라는 뜻, 신청정보의 접수연월일과 접수번호를 기록하여야 한다(규칙 제80조 제2항).

소유권·지상권·지역권 또는 임차권의 등기를 전사하는 경우에 등기원인과 그 연월일, 등기목적과 접수번호가 같을 때에는 전사를 갈음하여 을 토지의 등기기록에 갑 토지에 대하여 같은 사항의 등기가 있다는 뜻을 기록하여야 한다. 이 경우에 모든 토지에 관하여 등기원인과 그 연월일, 등기목적과 접수번호가 같은 저당권이나 전세권의 등기가 있을 때에는 을 토지의 등기기록 중 그 등기에 해당 등기가 합병 후의 토지 전부에 관한 것이라는 뜻을 기록하여야 한다(규칙 제80조 제3항, 제78조 제4항 및 제5항).

[기록례]

(을 토지)

【표 제 부】 (토지의 표시)					
표시번호	접 수	소 재 지 번	지목	면적	등기원인 및 기타사항
~~1~~	~~2012년1월22일~~	~~서울특별시 서초구 서초동 6-1~~	~~대~~	~~60㎡~~	
2	2012년10월20일	서울특별시 서초구 서초동 6-1	대	100㎡	합병으로 인하여 대 40㎡를 서울특별시 서초구 서초동 6-3에서 이기

【 갑 구 】 (소유권에 관한 사항)				
순위번호	등기목적	접 수	등 기 원 인	권 리 자 및 기 타 사 항
2	소유권이전	2012년3월15일 제7890호	2012년3월13일 매매	소유자 김태수 700123－1234567 대전광역시 서구 도안로 88(도안동)
3 (전2)	합병한 대40㎡에 대한 이기 소유권이전	2012년7월6일 제12345호	2012년6월13일 매매	소유자 김태수 700123－1234567 대전광역시 서구 도안로 88(도안동)
				합병으로 인하여 순위 제3번 등기를 서울특별시 서초구 서초동 6－3에서 이기 접수 2012년10월20일 제16812호

【 을 구 】 (소유권 이외의 권리에 관한 사항)				
순위번호	등 기 목 적	접 수	등 기 원 인	권 리 자 및 기 타 사 항
2 (전1)	합병한 대40㎡에 대한 이기 지상권설정	2012년4월6일 제6588호	2012년4월5일 설정계약	목 적 목조건물의 소유 ~~범 위 토지의 전부~~ 존속기간 2012년4월5일부터 15년 지 료 월 금30,000원 지상권자 김영남 600103－1012345 인천광역시 남구 경원대로 88(주안동)
				합병으로 인하여 서울특별시 서초구 서초동 6－3에서 이기 단 합병한 토지 40㎡만이 지상권의 목적임 접수 2012년10월20일 제16812호

(갑 토지)

【 표 제 부 】 (토지의 표시)					
표시번호	접 수	소 재 지 번	지목	면적	등기원인 및 기타사항
~~1~~	~~2012년1월22일~~	~~서울특별시 서초구 서초동 6－3~~	~~대~~	~~40㎡~~	
2	2012년10월20일				합병으로 인하여 서울특별시 서초구 서초동 6－1에 이기
					2번 등기하였으므로 본 등기기록 폐쇄 2012년10월20일

[기록례: 갑구와 을구의 등기사항이 같은 경우 을 토지 등기]

【 갑 구 】 (소유권에 관한 사항)				
순위번호	등기목적	접 수	등 기 원 인	권 리 자 및 기 타 사 항
2	소유권이전	2012년3월15일 제5478호	2012년3월13일 매매	소유자 김미정 770809－2012345 서울특별시 서초구 서초대로 24(서초동)
3 (전2)				합병한 서울특별시 서초구 서초동 6－3 대40㎡에 대하여도 2번 등기와 동일사항의 등기임
				접수 2012년10월20일 제16812호

【 을 구 】 (소유권 이외의 권리에 관한 사항)				
순위번호	등기목적	접 수	등 기 원 인	권 리 자 및 기 타 사 항
1	근저당권설정	2012년3월 15일 제5479호	2012년3월 14일 설정계약	채권최고액 금20,000,000원 채무자 김미정 서울특별시 서초구 서초대로 24(서초동) 근저당권자 구연모 641012－1012345 서울특별시 은평구 진관3로 15(진관동) ~~공동담보 토지 서울특별시 서초구 서초동 6－3~~ 건물 서울특별시 서초구 서초동 6－1
1－1				1번 근저당권 등기는 합병 후의 토지 전부에 관한 것임 2012년10월20일 부기

나. 합필의 제한

합필에 대하여는 부동산등기법 및 공간정보법에서 제한사유를 규정하고 있다. 부동산등기법에 의하면 합필하려는 토지에 다음의 등기 외의 권리에 관한 등기가 있는 경우에는 합필의 등기를 할 수 없다(법 제37조 제1항).

① 소유권·지상권·전세권·임차권 및 승역지(편익제공지)에 하는 지역권의 등기

이러한 용익권은 1필의 토지 일부에 성립할 수 있기 때문에 허용된다. 이들을 제외한 다른 물권은 1필의 토지 일부에 성립할 수 없으므로 합필하려는 토지의 어느 하나에 그러한 등기가 있는 경우 합필을 하게 되면 합필 후의 토지의 일부에 그러한 물권이 성립하게 되어 1물1권주의에 어긋나고 공시의 혼란을 초래하기 때문에 허용되지 않는다.

② 합필하려는 모든 토지에 있는 등기원인 및 그 연월일과 접수번호가 동일

한 저당권에 관한 등기

이때에는 이 저당권의 등기가 합필 후 토지 전부를 목적으로 하는 저당권의 등기가 되어 공시상의 혼란을 초래할 염려가 없어 허용하고 있다.

③ 합필하려는 모든 토지에 있는 제81조 제1항(신탁등기) 각호의 등기사항이 동일한 신탁등기

여러 개의 부동산에 등기사항이 동일한 신탁등기가 각각 마쳐진 경우 해당 부동산을 합필하더라도 신탁의 목적에 반하거나 신탁관계인의 이익을 해할 염려가 없기 때문에 허용하고 있다.[328)]

공간정보법은 이 밖에도 합병하려는 토지의 지번부여지역, 지목 또는 소유자가 다른 경우, 합병하려는 토지의 지적도 및 임야도의 축척이 서로 다른 경우, 합병하려는 각 필지의 지반이 연속되지 아니한 경우, 합병하려는 토지가 등기된 토지와 등기되지 아니한 토지인 경우, 합병하려는 토지의 소유자별 공유지분이 다르거나 소유자의 주소가 서로 다른 경우, 합병하려는 토지가 구획정리, 경지정리 또는 축척변경을 시행하고 있는 지역의 토지와 그 지역 밖의 토지인 경우 등에는 합병신청을 할 수 없도록 하고 있다(공간정보법 제80조 제3항, 공간정보법 시행령 제66조 제3항).

다. 합필의 특례

대장상 토지가 합병된 후 그에 따른 합필등기를 하기 전에 각 토지에 관하여 소유권이전등기나 가압류등기 등의 합필제한사유에 해당하는 등기가 이루어지는 경우가 실무상 종종 있다. 이 경우 1물1권주의에 따라 합필제한규정을 원칙대로 적용하면 대장상 적법하게 합병을 하였더라도 그에 따른 합필등기를 할 수 없고 이들 등기를 말소하거나 합병된 토지를 다시 분할하여야 하는 불편함이 있다. 여기서 국민의 재산권 행사에 불편을 해소하고 1물1권주의 원칙을 유지하는 범위에서 합필제한을 완화하는 특례규정을 두게 되었다.

공간정보법에 따른 토지합병절차를 마친 후 합필등기를 하기 전에,[329)] 합병

---

328) 이 밖에도 법령의 규정은 없으나 실무상 예외적으로 합필등기를 허용하는 경우가 있다. 신탁등기가 되어 있는 토지에 내하여는 합필등기를 할 수 없으나, 주택법에 의하여 주택건설사업계획의 승인을 얻어서 공동주택을 건설하는 경우 등에는 신탁목적이 동일한 때에는 신탁토지 상호 간의 합필등기를 할 수 있도록 하고 있다. 사업의 추진을 위한 현실적인 이유 때문이다. "신탁등기사무처리에 관한 예규"(등기예규 제1618호).

된 토지 중 어느 토지에 관하여 소유권이전등기가 된 경우라 하더라도 이해관계인의 승낙이 있으면 해당 토지의 소유권의 등기명의인들은 합필 후의 토지를 공유로 하는 합필등기를 신청할 수 있고, 합병된 토지 중 어느 토지에 관하여 법 제37조 제1항에서 정한 합필등기의 제한 사유에 해당하는 권리에 관한 등기가 된 경우라 하더라도 이해관계인의 승낙이 있으면 해당 토지의 소유권의 등기명의인은 그 권리의 목적물을 합필 후의 토지에 관한 지분으로 하는 합필등기를 신청할 수 있다. 다만, 요역지(편익필요지)에 하는 지역권의 등기가 있는 경우에는 합필 후의 토지 전체를 위한 지역권으로 하는 합필등기를 신청하여야 한다(법 제38조).

이 규정은 합필제한사유가 없는 상태에서 대장상 합병이 이루어진 토지에 대한 합필등기의 특례이므로 합병제한사유가 있는 토지에 대하여 이 규정을 근거로 대장상 합병을 할 수는 없다.

이 특례에 따른 등기절차는 다음과 같다.[330] 이 규정에 따라 합필등기를 신청하는 경우에는 종전 토지의 소유권이 합병 후의 토지에서 차지하는 지분을 신청정보의 내용으로 등기소에 제공하고, 이에 관한 토지소유자들의 확인이 있음을 증명하는 정보를 첨부정보로서 등기소에 제공하여야 한다. 이 경우에 이해관계인이 있을 때에는 그 이해관계인의 승낙이 있음을 증명하는 정보를 첨부정보로서 등기소에 제공하여야 한다(규칙 제81조). 이 규정에 따라 합필의 등기를 할 때에는 합필에 따른 일반적인 등기를 마친 후 종전 토지의 소유권의 등기를 공유지분으로 변경하는 등기를 부기로 하여야 하고, 종전 등기의 권리자에 관한 사항을 말소하는 표시를 하여야 한다. 이 경우에 이해관계인이 있을 때에는 그 이해관계인 명의의 등기를 공유지분 위에 존속하는 것으로 변경하는 등기를 부기로 하여야 한다(규칙 제82조).

3. 토지개발사업에 따른 등기

「도시개발법」에 따른 도시개발사업, 「농어촌정비법」에 따른 농어촌정비사업, 「주택법」에 따른 주택건설사업 등 토지개발사업의 시행지역에서 환지를 수반

329) 판례는 합병절차를 마쳤더라도 합필등기를 하기 전에는 각 토지에 관한 기존의 등기가 유효하다고 한다. 대법원 2018.4.24. 2015다22113 판결.

330) 구체적인 등기절차는 "토지합필의 특례에 따른 등기사무처리지침"(등기예규 제1371호) 참조.

하지 아니하는 토지의 이동에 따라 공간정보법 제86조에 의하여 종전 지적공부를 전부 폐쇄하고 새로 조성된 토지에 대하여 지적공부를 작성하는 경우가 있다. 이러한 사업은 종전의 수 개의 필지를 정리하여 하나 또는 여러 필지로 구획정리하므로 그 실질은 합필이나 분필임에도 종전 지적공부를 폐쇄하고 새로 지적공부를 작성하는 방식으로 이루어져 합필등기나 분필등기를 할 수 없다. 또한 환지절차가 수반되지 않으므로 환지등기를 할 수도 없다. 여기서 이와 같은 대규모 토지개발사업에서의 지적공부 정리의 방식에 따른 등기절차를 마련할 필요에서 이에 관한 특례규정을 두게 되었다.[331)]

그 등기의 신청과 방법에 관하여는 「토지개발 등기규칙」에서 정하고 다.[332)] 토지개발사업의 완료에 따른 지적확정측량에 의하여 지적공부가 정리되고 이에 대한 확정시행 공고가 있는 경우 해당 토지의 소유명의인은 종전 토지에 관한 말소등기와 새로 조성된 토지에 관한 소유권보존등기를 동시에 신청하도록 하고 있다(토지개발 등기규칙 제3조 제1항).[333)]

Ⅳ. 건물의 분할과 합병의 등기

건물의 분할은 한 개의 건물을 두 개 이상으로 나누는 것을 말한다. 실제로는 하나의 건물을 물리적으로 나누는 행위가 아니라 부속건물을 독립한 건물로 하는 모습으로 행해진다. 부동산등기규칙은 이를 "갑 건물로부터 그 부속건물을 분할하여 이를 을 건물로 한 경우"라고 표현한다(규칙 제96조 제1항).

분할등기를 할 때에는 을 건물에 관하여 등기기록을 개설하고, 그 등기기록 중 표제부에 건물의 표시와 분할로 인하여 갑 건물의 등기기록에서 옮겨 기록한 뜻을 기록하여야 한다(규칙 제96조 제1항). 그리고 갑 건물의 등기기록 중 표제부에

331) 이 규칙의 제정배경이나 이론적 측면에 대하여는 검토할 사항들이 많아 보이나 이에 관하여 공간된 자료들을 찾을 수 없다. 이 규칙을 제정하게 된 현실적인 필요성에 대하여는 이해가 되나 환지처분이 없음에도 종전 토지가 새로운 토지로 변동되는 법적 근거가 명확하지 않다. 종전 토지의 토지대장을 폐쇄하고 새로운 토지대장을 작성하는 것에 대하여는 이론적으로 정리가 필요해 보인다.

332) 처음에는 등기예규(2007년 등기예규 제1191호 토지개발사업 등에 의한 토지이동에 따른 등기업무처리지침)로 규정하였다가, 후에 규칙 제85조에 근거규정을 두게 되었고, 2018. 12. 4. 별도의 규칙으로 제정하게 되었다.

333) 그 등기의 기록방법에 관하여는 "토지개발등기에 관한 업무처리지침"(등기예규 제1658호) 참조.

남은 부분의 표시를 하고, 분할로 인하여 다른 부분을 을 건물의 등기기록에 옮겨 기록한 뜻을 기록하며, 종전의 표시에 관한 등기를 말소하는 표시를 하여야 한다(규칙 제96조 제2항).

건물의 합병은 여러 개의 건물을 한 건물로 합치는 절차이다. 규칙은 건물의 합병에 관하여 "갑 건물을 을 건물 또는 그 부속건물에 합병하거나 을 건물의 부속건물로 한 경우"라고 표현한다(규칙 제100조 제1항). 건물에 관하여도 1물1권주의에 따라 합병이 제한된다. 그리하여 합병하려는 건물에 ① 소유권·전세권 및 임차권의 등기, ② 합병하려는 모든 건물에 있는 등기원인 및 그 연월일과 접수번호가 동일한 저당권에 관한 등기, ③ 합병하려는 모든 건물에 있는 등기사항이 동일한 신탁등기 등 3가지의 등기 외의 등기가 있는 경우에는 합병의 등기를 할 수 없다(법 제42조 제1항). 그 취지는 토지 합필의 제한 사유에서 설명한 내용과 같다. 등기관이 합병 제한 규정에 위반한 등기의 신청을 각하하면 지체 없이 그 사유를 건축물대장 소관청에 알려야 한다(법 제42조 제2항).

건물의 분할과 합병에 관한 등기절차는 토지의 분필과 합필에 관한 규정을 준용한다(규칙 제96조 제3항, 제100조). 구체적인 등기절차에 관하여는 실무적인 사항이라 규칙의 관련 규정을 참고하도록 하고 여기서는 설명을 생략한다.

건물의 분할과 유사한 행위로 건물의 구분이 있다. 건물의 구분에 관하여는 제9절 집합건물등기에서 다루도록 한다.

건물의 합병과 유사한 개념으로 건물의 합동과 합체가 있다. 독립한 2개 이상의 건물이 공사를 통하여 그 사이의 격벽 등을 제거함으로써 하나의 건물이 되는 것을 합동(合棟)이라 하고, 구분소유 건물인 2개 이상의 건물을 물리적으로 통합하여 하나로 만드는 것을 합체(合體)라고 하기도 한다.[334] 합동과 합체에 관하여 우리 민법과 부동산등기법은 아무런 규정을 두고 있지 않다. 판례는 경매대상 건물이 인접한 다른 건물과 합동됨으로 인하여 건물로서의 독립성을 상실하게 된 경우 경매대상 건물에 대한 근저당권은 합동으로 인하여 생겨난 새로운 건물 중에서 경매대상 건물이 차지하는 비율에 상응하는 공유지분 위에 존속하게 된다고 한다.[335]

---

334) 윤진수, "건물의 합동과 저당권의 운명", 민법논고Ⅱ, 451면.

335) 대법원 1993.11.10. 93마929 결정; 대법원 2010.1.14. 2009다66150 판결.

Ⅴ. 멸실의 등기

부동산의 멸실이란 부동산이 물리적으로 소멸하는 현상이다. 해안지역 토지의 함몰이나 포락,[336] 건물의 철거 등으로 소멸하는 경우를 들 수 있다. 멸실의 등기는 1개의 부동산이 전부 소멸하는 경우에 하며, 일부 소멸하는 경우는 부동산표시의 변경등기를 하여야 한다.

토지나 건물이 멸실된 경우에는 그 소유권의 등기명의인은 그 사실이 있는 때부터 1개월 이내에 그 등기를 신청하여야 한다(법 제39조, 제43조 제1항). 구분건물로서 소유권보존등기가 없이 표시등기만 있는 건물의 경우에는 그 건물의 소유권보존등기를 신청할 수 있는 자가 멸실등기를 신청하여야 한다(법 제43조 제1항, 제41조 제2항). 건물이 멸실된 경우에 그 소유권의 등기명의인이 1개월 이내에 멸실등기를 신청하지 아니하면 그 건물대지의 소유자가 건물 소유권의 등기명의인을 대위하여 그 등기를 신청할 수 있다(법 제43조 제2항). 멸실된 건물의 등기가 그대로 남아 있으면 대지 소유자의 권리행사에 방해가 될 수 있기 때문이다. 구분건물로서 그 건물이 속하는 1동 전부가 멸실된 경우에는 그 구분건물의 소유권의 등기명의인은 1동의 건물에 속하는 다른 구분건물의 소유권의 등기명의인을 대위하여 1동 전부에 대한 멸실등기를 신청할 수 있다(법 제43조 제3항).

멸실된 경우는 아니나 존재하지 아니한 건물에 대한 등기가 있을 때에는 그 소유권의 등기명의인은 지체 없이 그 건물의 멸실등기를 신청하여야 하고, 1개월 이내에 그 등기를 신청하지 아니하면 그 건물대지의 소유자가 건물 소유권의 등기명의인을 대위하여 그 등기를 신청할 수 있다(법 제44조).

토지 또는 건물의 멸실등기를 신청하는 경우에는 그 멸실을 증명하는 토지대장 정보나 임야대장 정보, 건축물대장 정보나 그 밖의 정보를 첨부정보로 등기소에 제공하여야 한다(규칙 제83조, 제103조).

소유권 외의 권리가 등기되어 있는 건물에 대한 멸실등기의 신청이 있는 경우, 건축물대장에 건물멸실의 뜻이 기록되어 있거나 소유권 외의 권리의 등기명의인이 멸실등기에 동의한 경우가 아니라면 등기관은 그 권리의 등기명의인에게 1개월 이내의 기간을 정하여 그 기간까지 이의를 진술하지 아니하면 멸실등기를

336) 포락은 논밭이 강물이나 냇물에 씻겨서 떨어져 나가는 현상을 말한다.

한다는 뜻을 알리도록 하고 있다(법 제45조).

등기관이 토지 또는 건물의 멸실등기를 할 때에는 표제부에 멸실의 뜻과 그 원인을 기록하고 표제부의 등기를 말소하는 표시를 한 후 그 등기기록을 폐쇄하여야 한다(규칙 제84조 제1항, 제103조 제1항). 다만, 멸실한 건물이 구분건물인 경우에는 그 등기기록을 폐쇄하지 아니한다. 대지권을 등기한 건물의 멸실등기로 그 등기기록을 폐쇄한 경우에는 대지권의 변경등기를 하여야 한다(규칙 제103조 제2항, 제93조). 멸실한 부동산이 다른 부동산과 함께 소유권 외의 권리의 목적일 때에는 그 다른 부동산의 등기기록 중 해당 구에 멸실등기한 토지의 표시를 하고, 그 토지가 멸실인 뜻을 기록하며, 그 토지와 함께 소유권 외의 권리의 목적이라는 뜻을 기록한 등기 중 멸실등기한 토지의 표시에 관한 사항을 말소하는 표시를 하여야 한다(규칙 제84조 제2항, 제103조 제3항). 그 다른 부동산의 소재지가 다른 등기소 관할일 때에는 등기관은 지체없이 그 등기소에 부동산 및 멸실등기한 부동산의 표시와 신청정보의 접수연월일을 통지하여야 하고, 통지를 받은 등기관이 이러한 절차를 마쳐야 한다(규칙 제84조 제4항·제5항, 제103조 제3항).

제 3 절 소유권에 관한 등기

제 1 관 소유권보존등기

Ⅰ. 서 설

소유권보존등기(first registration, initial registration)는 특정 부동산에 대하여 부동산의 표시와 소유권에 관한 사항을 처음으로 기록하여 등기기록을 개설하는 등기이다. 소유권보존등기에 의하여 어느 부동산에 관한 등기기록이 최초로 개설되고,[337] 해당 토지와 건물이 등기절차에서 독립한 부동산으로 다루어진다. 그리고 이후의 권리변동은 이 보존등기를 기초로 이루어진다.[338] 따라서 소유권보존등

337) 예외적으로 소유권보존등기 없이 부동산의 표시에 관한 등기만 기록하여 등기기록을 개설하는 구분건물의 표시에 관한 등기가 있다.

기의 진정성 확보는 중요한 의미를 가진다. 그러나 소유권보존등기에서 소유권의 취득은 당사자의 법률행위에 의하는 경우가 아니어서 다른 등기와는 달리 당사자가 작성한 자료를 기초로 이루어질 수는 없다. 여기서 우리 법은 소유권보존등기에서 그 요건의 입증방법에 관하여 규정을 두고 있다. 소유권보존등기의 이러한 특성으로 인하여 소유권 취득의 원인을 등기절차에서 직접 입증하기에는 적절하지 아니하여 간접적인 방법으로 입증하게 하는 점에 특징이 있다. 그 결과로 소유권보존등기에서는 등기원인을 기재하지 않는다. 소유권보존등기의 이러한 성질을 고려하여 판례는 소유권보존등기의 효력에 관하여 소유권이 진실하게 보존되어 있다는 사실에 관하여만 추정력이 있고, 소유권보존 이외의 권리변동이 진실하다는 점에 관하여는 추정력이 없다고 한다.[339]

실무상 소유권보존등기는 토지보다는 건물에 관하여 많이 이루어진다.[340] 건물이 신축된 경우에 주로 이루어진다. 토지에 관하여는 공유수면 매립 등으로 토지가 새로이 생겨날 때 이루어지기도 하나, 그러한 본래의 의미의 보존등기보다는 특별법에 의한 등기에서 소유권보존등기의 형식을 이용하여 이루어지는 경우가 많다. 예를 들면, 환지등기에서 창설환지, 체비지, 보류지의 등기라든가, 토지개발사업에 따른 등기, 재건축·재개발과 관련하여 이전고시에 따른 등기 등에서 토지에 대하여 소유권보존등기가 이루어진다.

Ⅱ. 요 건

소유권보존등기는 위와 같은 성질을 가지므로 소유권보존등기를 하기 위하여는 등기절차에서 두 가지를 입증할 필요가 있다.[341] 그 부동산이 독립하여 거

338) 이러한 이유로 판례는 소유권보존등기는 등기가 실체법상의 권리관계와 합치할 것을 보장하는 관문이라고 한다. 대법원 1987.5.26. 86다카2518 판결.

339) 대법원 1996.6.28. 96다16247 판결; 대법원 2007.10.25. 2007다46138 판결.

340) 소유권보존등기의 통계는 다음과 같다.

구분	토지		일반건물		집합건물	
	신청건수	부동산개수	신청건수	부동산개수	신청건수	부동산개수
2014년	17,334	63,872	132,356	144,970	25,328	493,251
2015년	17,935	44,201	137,079	149,343	28,870	512,595
2016년	21,924	52,422	138,087	151,221	34,911	612,112

341) 소유권보존등기를 위하여는 그 요건으로 이와 같이 두 가지를 입증하여야 하는데, 기존의 부동

래의 객체가 되는 등기할 수 있는 부동산이라는 점과 신청인이 소유자라는 점이다. 따라서 신청인은 신청정보와 첨부정보로써 그 두 가지를 증명하여야 한다.

1. 등기할 수 있는 부동산

소유권보존등기를 하기 위하여는 신청의 대상인 목적물이 등기할 수 있는 부동산이어야 한다. 무엇이 등기할 수 있는 부동산인지에 관하여는 제1장 총설에서 살펴보았다. 간략히 요약하면 다음과 같다. 토지는 지적공부에 등록됨으로써 비로소 1개의 부동산으로 다루어지게 된다. 따라서 토지에 관하여 소유권보존등기를 하기 위하여는 반드시 지적공부에 1필지의 토지로 등록되어 있어야 한다. 건물이 독립한 부동산이 되기 위하여는 최소한 기둥과 지붕, 그리고 주벽이 이루어져야 한다.

이러한 실체법상의 원칙에 따라 등기절차에서 신청인은 신청의 대상인 목적물이 등기할 수 있는 부동산임을 입증하여야 한다. 그 증명방법에 관하여 우리법은 아무런 규정을 두고 있지 않다. 토지는 토지대장에 한 필지로 등록되어 있음을 증명함으로써 충분하다. 건물에 대하여는 토지와는 달리 건축물대장에 등록됨으로써 건물로서의 요건을 갖추는 것도 아니고, 건축법상 건축물은 건물보다 넓은 개념이어서 건물만이 건축물대장에 등록되는 것도 아니다. 건물로서의 등기능력 여부는 일률적으로 말하기 어렵고 사회 일반의 거래관념에 따라 판단하여야 하는데, 실무에서는 당사자가 제출한 건축물대장등본 등의 자료에 의하여 종합적으로 심사하도록 하고 있다. 등기예규는 건축법상 건축물에 관하여 건물로서 소유권보존등기를 신청한 경우, 등기관은 그 건축물이 토지에 견고하게 정착되어 있는지(정착성), 지붕 및 주벽 또는 그에 유사한 설비를 갖추고 있는지(외기분단성), 일정한 용도로 계속 사용할 수 있는지(용도성) 여부를 당사자가 신청서에 첨부한 건축물대장등본 등에 의하여 종합적으로 심사하도록 하고 있다. 그런데 등기예규는 나아가 건축물대장등본에 의하여 건물로서의 요건을 갖추었는지 여부를 알 수 없는 경우 등기관은 신청인으로 하여금 소명자료로 당해 건축물에 대한 사진

산등기법 관련 문헌에서는 이런 점을 제대로 설명하지 못하고 막바로 신청인에 관한 설명부터 시작한다. 그렇게 하여서는 부동산등기를 제대로 이해할 수 없다. 대장과 부동산등기가 일원화된 일본에서는 그런 방법으로 설명할 수 있으나 우리나라에서는 그렇지 않다.

이나 도면을 제출하게 하여 등기능력이 없는 건축물이 건물로서 등기되지 않도록 주의를 기울이도록 하고 있다.[342)]

주된 건물의 사용에 제공되는 부속건물은 주된 건물의 건축물대장에 부속건물로 등재하여 1개의 건물로 소유권보존등기를 함이 원칙이나, 소유자가 주된 건물과 분리하여 별도의 독립건물로 소유권보존등기를 신청할 수도 있다. 다만 부속건물을 독립건물로 소유권보존등기를 신청하기 위해서는 주된 건물과 부속건물의 건축물대장이 각각 별도로 작성되어 있어야 한다.[343)]

2. 소 유 자

다음으로 신청인이 소유자임을 등기절차에서 증명하여야 한다. 그 증명방법에 관하여 부동산등기법은 다음 4가지로 규정하고 있다.[344)] 신청인은 자신이 소유자임을 다음의 방법의 하나에 의하여 증명하여야 한다(법 제65조).[345)] 법 제65조를 단순히 등기의 신청인에 관한 규정으로 이해하여서는 안 되고, 소유자임을 입증하는 방법에 관한 규정으로 이해하여야 한다.

(1) 토지대장, 임야대장 또는 건축물대장에 최초의 소유자로 등록되어 있는 자 또는 그 상속인, 그 밖의 포괄승계인(제1호)

신청인이 소유자임을 증명할 수 있는 대표적인 자료가 지적공부와 건축물대장이므로, 이들 자료에 의하여 소유자임을 증명할 수 있도록 하고 있다.[346)]

① 대장에 최초의 소유자로 등록된 자

대장등본에 의하여 소유권보존등기를 신청할 수 있는 자는 대장에 최초의

342) "등기능력 있는 물건 여부의 판단에 관한 업무처리지침"(대법원 등기예규 제1086호). 소위 형식적 심사주의이론으로 이러한 실무운영에 대한 설명이 가능한지 의문이다.

343) 부속건물 또는 증축건물의 소유권보존등기시 첨부하는 건축물대장에 관한 예규(등기예규 제902호). 등기선례 7-151 참고.

344) 실체법적으로 신축건물의 소유권 귀속에 관하여는 복잡한 법률문제가 있고 이에 관한 판례도 많이 있으나, 등기절차에서는 실체법적 논의와는 별개로 아래 4가지의 방법에 의하여만 소유권을 증명하도록 하고 있다.

345) "미등기 부동산의 소유권보존등기 신청인에 관한 업무처리지침"(등기예규 제1483호)을 중심으로 설명한다.

346) 판례는 건축물대장에 관하여 위 규정의 취지는 건축물대장으로 등기의 진정성을 확보하는 한편 건축물대장을 매개로 건축법상 사용승인을 받은 건물에 대해서만 등기라는 공시제도의 이용과 보호를 받을 수 있도록 함으로써 불법 또는 부실 건물의 탄생을 가능한 억제하고자 하는 것이라고 한다. 대법원 2011.11.10. 2009다93428 판결.

소유자로 등록되어 있는 자 또는 그 상속인, 그 밖의 포괄승계인(포괄적 수증자,[347] 법인이 합병된 경우 존속 또는 신설 법인, 법인이 분할된 경우 분할 후 법인 등)이어야 한다.[348] 대장상 소유권이전등록을 받은 소유명의인 또는 그 포괄승계인은 미등기 토지의 지적공부상 '국'으로부터 소유권이전등록을 받은 경우를 제외하고는 자기 명의로 직접 소유권보존등기를 신청할 수 없고, 대장상 최초의 소유자 명의로 소유권보존등기를 한 다음 자기 명의로 소유권이전등기를 신청하여야 한다. 최초의 소유자로 등록되어 있는 자를 소유자로 보아야 하고, 대장상 이전등록을 받은 자는 물권변동의 일반원칙에 따라 아직 소유권을 취득하지 않았기 때문이다.[349]

② 대장에 최초의 소유자로 복구된 자

대장 멸실 후 복구된 대장에 최초의 소유자로 기재(복구)된 자는 그 대장등본에 의하여 소유권보존등기를 신청할 수 있다. 다만, 1950. 12. 1. 법률 제165호로 제정된 구 지적법(1975. 12. 31. 법률 제2801호로 전문개정되기 전의 것)이 시행된 시기에 복구된 대장에 소유자로 기재(복구)된 자는 그 대장등본에 의한 소유권보존등기를 신청할 수 없다. 그 당시 법률에는 소유자의 복구에 관한 법적 근거가 없었기 때문이다.[350]

(2) 확정판결에 의하여 자기의 소유권을 증명하는 자(제2호)

먼저 판결의 상대방을 살펴보자. 여기서의 판결(판결과 동일한 효력이 있는 화해조서, 제소전화해조서, 인낙조서, 조정조서를 포함)은 소유권보존등기가 되어 있는 부동산에 대하여는 그 보존등기 명의인을, 소유권보존등기가 되어 있지 않은 부동산에 대하여는 다음에 해당하는 자를 상대방으로 한 것이어야 한다.

① 토지(임야)대장 또는 건축물대장상에 최초의 소유자로 등록되어 있는 자 또는 그 상속인, 그 밖의 포괄승계인(대장상 소유자 표시에 일부 오류가 있어 대장상 소

---

347) 대법원 2013.1.25. 2012마1206 결정.

348) 토지대장 등재 당시의 과오로 그 소유자의 성명, 주소 등의 일부누락 또는 착오가 있는 경우 그 소관청이 아닌 행정청이나 이웃사람 등이 작성한 신청인 또는 그 피상속인이 토지대장상 소유자로 등재된 사람과 동일하다는 취지의 확인서나 증명서를 첨부하는 것만으로는 여기에서의 요건을 갖추었다고 볼 수 없다. 대법원 1994.9.8. 94마1373 결정.

349) 대법원 1985.12.16. 85마798 결정; 대법원 2009.10.15. 2009다48633 판결.

350) 구 지적법(1975. 12. 31. 법률 제2801호로 개정되기 전의 것) 시행 당시에는 멸실된 임야대장의 복구에 관한 절차가 전혀 없었으므로 임야대장의 관할 행정청이 행정의 편의를 위하여 복구한 임야대장은 적법하게 복구된 것이라 할 수 없고 따라서 그 소유자란의 기재는 소유권의 귀속을 증명하는 자료가 될 수 없다(대법원 1996.7.30. 96다17127,17134 판결).

유자 표시를 정정등록한 경우의 정정등록된 소유명의인을 포함)

② 토지(임야)대장상의 소유자 표시란이 공란으로 되어 있거나 소유자표시에 일부 누락이 있어 대장상의 소유자를 특정할 수 없는 경우에는 국가[351]

③ 건축물대장의 소유자표시란이 공란이거나 소유자 표시에 일부 누락이 있어 대장상의 소유자를 확정할 수 없는 미등기 건물에 관하여는 대장 소관청인 시장·군수·구청장[352]

따라서 건물에 대하여 국가를 상대로 한 소유권확인판결이나[353] 건축허가명의인(또는 건축주)을 상대로 한 소유권확인판결은[354] 여기서의 판결에 해당하지 않는다.

④ 미등기토지의 지적공부상 "국"으로부터 소유권이전등록 받은 자

다음으로 **판결의 내용과 종류**를 살펴보자. 소유권을 증명하는 판결은 보존등기신청인의 소유임을 확정하는 내용이어야 한다. 그 판결은 소유권확인판결에 한하지 않으며, 형성판결이나 이행판결이라도 그 이유 중에서 보존등기신청인의 소유임을 확정하는 내용이면 이에 해당한다.[355]

---

351) 대법원 1994.12.2. 93다58738 판결; 대법원 2009.10.15. 2009다48633 판결; 대법원 2010.11.11. 2010다45944 판결; 대법원 2021.7.21. 2020다300893 판결. 이 판결들에 의하면 국가를 상대로 한 토지소유권확인청구는 그 토지가 미등기이고 토지대장이나 임야대장상 등록명의자가 없거나 등록명의자가 누구인지 알 수 없을 때와 그 밖에 국가가 등기 또는 등록명의자인 제3자의 소유를 부인하면서 계속 국가소유를 주장하는 등 특별한 사정이 있는 경우에 한하여 그 확인의 이익이 있다고 한다. 토지에 관하여 등기가 되어 있는 경우에는 등기부상 명의인의 기재가 실제와 일치하지 아니하더라도 인격의 동일성이 인정된다면 등기명의인의 표시경정등기가 가능하며, 국가를 상대로 실제 소유에 대하여 확인을 구할 이익이 없다(대법원 2016.10.27. 2015다230815 판결). 또한, 토지대장상 토지소유자의 채권자는 소유권보존등기의 신청을 위하여 토지소유자를 대위하여 국가를 상대로 소유권확인을 구할 이익이 있다(대법원 2019.5.16. 2018다242246 판결).

352) 등기선례 6-122, 9-191.

353) 건물의 경우 건축물대장의 비치·관리업무는 당해 지방자치단체의 고유사무로서 국가사무라고 할 수 없고 당해 건물의 소유권에 관하여 국가가 이를 특별히 다투고 있지도 아니하다면 국가는 그 소유권 귀속에 관한 직접 분쟁의 당사자가 아니어서 이를 확인해 주어야 할 지위에 있지 않으므로, 국가를 상대로 미등기 건물의 소유권확인을 구하는 것은 그 확인의 이익이 없어 부적법하다. 대법원 1995.5.12. 94다20464 판결; 대법원 1999.5.28. 99다2188 판결.

354) 대법원 2009.3.12. 2006다28454 판결: "건축허가서는 허가된 건물에 관한 실체적 권리의 득실변경의 공시방법이 아니며 그 추정력도 없으므로 건축허가서에 건축주로 기재된 자가 그 소유권을 취득하는 것은 아니며, 건축중인 건물의 소유자와 건축허가의 건축주가 반드시 일치하여야 하는 것도 아니다."

355) 대법원 1971.11.12. 71마657 결정; 대법원 1994.3.11. 93마57704 판결. 그 판결이 공시송달 절차에 의하여 선고되었다고 하여 달리 볼 것이 아니다(대법원 2006.9.8. 2006다17485 판결).

예를 들면, 당해 부동산이 보존등기 신청인의 소유임을 이유로 소유권보존등기의 말소를 명한 판결,[356] 토지대장상 공유인 미등기토지에 대한 공유물분할의 판결(다만 이 경우에는 공유물분할의 판결에 따라 토지의 분필절차를 먼저 거친 후에 보존등기를 신청하여야 한다) 등이 여기에 해당한다.

판례에 의하면 건축물대장이 생성되지 않은 건물에 대해서는 소유권확인판결을 받는다고 하더라도 그 판결은 여기에 해당하는 판결이라고 할 수 없어 이를 근거로 건물의 소유권보존등기를 신청할 수는 없다고 한다.[357] 또한, 지적공부에 등록되지 아니한 토지는 달리 특별한 사정이 없는 한 일응 토지로서 존재하지 아니하거나 특정할 수 없어 이러한 토지에 대한 소유권 확인청구는 확인의 이익이 없다고 한다.[358]

(3) 수용으로 인하여 소유권을 취득하였음을 증명하는 자(제3호)

수용은 원시취득이므로 수용으로 미등기 부동산의 소유권을 취득한 사업시행자는 재결서등본과 보상금의 지급을 증명하는 서면을 첨부하여 자기 명의로 소유권보존등기를 신청할 수 있다.

---

356) 대법원 2006.4.7. 2005도9858 판결(전)은 피고인이 토지의 소유자라고 허위의 주장을 하면서 소유권보존등기 명의자를 상대로 보존등기의 말소를 구하는 소송을 제기한 경우 그 소송에서 위 토지가 피고인의 소유임을 인정하여 보존등기 말소를 명하는 승소확정판결을 받는다면, 이에 터 잡아 언제든지 단독으로 상대방의 소유권보존등기를 말소시킨 후 자기 앞으로의 소유권보존등기를 신청하여 등기를 마칠 수 있게 되므로, 이는 법원을 기망하여 유리한 판결을 얻음으로써 '대상 토지의 소유권에 대한 방해를 제거하고 그 소유명의를 얻을 수 있는 지위'라는 재산상 이익을 취득한 것이고, 그 경우 기수시기는 위 판결이 확정된 때라고 한다.

357) 대법원 2011.11.10. 2009다93428 판결은 구 부동산등기법 제131조 제2호에서 판결 또는 그 밖의 시·구·읍·면의 장의 서면에 의하여 자기의 소유권을 증명하는 자가 소유권보존등기를 신청할 수 있다고 규정한 것은 건축물대장이 생성되어 있으나 다른 사람이 소유자로 등록되어 있는 경우 또는 건축물대장의 소유자 표시란이 공란으로 되어 있거나 소유자 표시에 일부 누락이 있어 소유자를 확정할 수 없는 등의 경우에 건물 소유자임을 주장하는 자가 판결이나 위 서면에 의하여 소유권을 증명하여 소유권보존등기를 신청할 수 있다는 취지이지, 아예 건축물대장이 생성되어 있지 않은 건물에 대하여 처음부터 판결 내지 위 서면에 의하여 소유권을 증명하여 소유권보존등기를 신청할 수 있다는 의미는 아니라고 한다. 결국 건축물대장이 생성되지 않은 건물에 대해서는 소유권확인판결을 받는다고 하더라도 그 판결은 위 규정에 해당하는 판결이라고 볼 수 없어 이를 근거로 건물의 소유권보존등기를 신청할 수 없다. 따라서 건축물대장이 생성되지 않은 건물에 대하여 소유권보존등기를 마칠 목적으로 제기한 소유권확인청구의 소는 확인의 이익이 없어 부적법하다. 이 판결은 등기법적 측면에서 여러 가지 검토할 점이 있다.

358) 대법원 1992.7.24. 92다2202 판결; 대법원 1996.7.30. 95다14794 판결.

(4) 특별자치도지사, 시장, 군수 또는 구청장(자치구의 구청장을 말한다)의 확인에 의하여 자기의 소유권을 증명하는 자(건물의 경우로 한정한다)(제4호)

이들 시장 등은 건축물대장의 생성권한이 있으므로 건물의 소유권을 증명할 수 있는 지위에 있다고 보기 때문이다.[359] 여기서 시, 구, 읍, 면의 장의 서면에 의하여 자기의 소유권을 증명한다고 함은 행정청이 사무를 처리하는 과정에서 발급한 증명서가 건물의 소유관계도 증명하는 증명력이 있는 경우에 이를 건물의 소유권증명자료로 인정하여 보존등기를 할 수 있도록 한다는 뜻일 따름이지 위 규정으로써 직접 국민에게 행정청에 대하여 소유권증명자료의 발급을 신청할 권리를 부여하거나 행정청으로 하여금 소유관계를 확인하여 소유권증명서의 발급 여부를 결정하여야 할 의무를 지우는 것은 아니다.[360] 소유권을 증명하는 확인서에 해당하기 위해서는 시장 등이 발급한 확인서에 ① 건물의 소재와 지번, 건물의 종류, 구조 및 면적 등 건물의 표시, ② 건물의 소유자의 성명이나 명칭과 주소나 사무소의 소재지 표시가 기재되어 있어야 한다.

판례는 사실조회회보, 건축허가서, 공사시방서, 도면, 착공신고서, 건물현황사진, 공정확인서, 현장조사서, 사실확인서 등은 여기의 서면이라고 할 수 없다고 한다.[361] 실무상 건축물 사용승인서(건축법 제22조 제2항에 의하여 교부받은 「건축법 시행규칙」 별지 제18호 서식)는 여기의 확인서에 해당하지 않으나, 시장 등이 발급한 사실확인서로서 건물의 소재와 지번, 건물의 종류, 구조, 면적 등 건물의 표시와 소유자의 표시 및 그 건물이 완성되어 존재한다는 사실이 기재되어 있고, 특히 집합건물의 경우에는 1동건물의 표시 및 1동의 건물을 이루는 모든 구분건물의 표시가 구체적으로 기재되어 있다면 여기의 확인서에 해당할 수 있다고 한다. 다만, 구체적인 경우에 그 해당 여부는 담당 등기관이 판단할 사항이다.

---

359) 과거 건축물대장제도가 정비되기 전에는 이 방법에 의하여 소유권보존등기를 하게 할 필요가 있었으나, 건축물대장제도가 정비된 현재에도 등기절차에서 이 방법에 의하여 소유권을 증명하게 하는 것에 대하여는 재검토가 필요해 보인다.

360) 대법원 1992.11.27. 92누4239 판결.

361) 대법원 1985.4.1. 85마105 결정; 대법원 1992.12.28. 92그32 결정.

Ⅲ. 절 차

1. 등기의 신청

가. 신 청 인

미등기부동산의 소유권보존등기는 등기신청 당시의 소유자가 신청하여야 한다. 소유자에 관하여는 앞에서 살펴보았다. 공유 부동산에 대하여는 공유자 전원이 신청할 수 있지만 공유자 각자가 단독으로 공유자 전원을 위하여 신청할 수 있다. 공유물의 보존행위에 해당하기 때문이다. 그러나 공유자 중 1인이 자기 지분만의 소유권보존등기를 신청할 수는 없다(규칙 제52조 제6호).

나. 신청정보와 첨부정보

(1) 소유권보존등기를 신청하는 경우에는 부동산의 표시에 관한 사항 및 신청인에 관한 사항 등 일반적인 신청정보(규칙 제43조)의 내용 외에 법 제65조 각호의 어느 하나에 따라 등기를 신청한다는 뜻을 신청정보의 내용으로 등기소에 제공하여야 한다. 그러나 등기원인과 그 연월일은 신청정보의 내용으로 등기소에 제공할 필요가 없다(규칙 제121조 제1항).

(2) 첨부정보로 소유권보존등기의 요건을 갖추었음을 증명하는 자료를 등기소에 제공하여야 한다. 그 증명방법에 관하여는 앞에서 설명하였다. 정리하면 다음과 같다.

등기할 수 있는 부동산임을 증명하기 위하여 토지의 표시를 증명하는 토지대장 정보나 임야대장 정보, 건물의 표시를 증명하는 건축물대장 정보나 그 밖의 정보를 첨부정보로 등기소에 제공하여야 한다(규칙 제121조 제2항). 토지에 대하여는 반드시 토지대장이나 임야대장을 제공하여야 하나, 건물에 관하여는 반드시 건축물대장에 한정하지 않는다. 그 이유는 앞에서 설명하였다. 건물의 소유권보존등기를 신청하는 경우에 그 대지 위에 여러 개의 건물이 있을 때에는 그 대지 위에 있는 건물의 소재도를 첨부정보로 등기소에 제공하여야 한다. 다만, 건물의 표시를 증명하는 정보로서 건축물대장 정보를 등기소에 제공한 경우에는 그러하지 아니하다(규칙 제121조 제3항). 건물의 특정을 위하여 필요하기 때문인데, 건축물대장이 작성되어 있는 경우에는 그 건물에 관한 도면을 건축물대장 소관청에서 보관하고 있기 때문에 등기소에 제공하지 않아도 된다.

대장에 최초 소유자로 등록되어 있는 자의 상속인 그 밖의 포괄승계인이 신청하는 경우에는 상속인 그 밖의 포괄승계인임을 증명하는 자료를 제출하여야 한다.

그 외에 일반적인 권리취득등기에서 필요한 자료를 제출하여야 한다. 즉, 등기명의인의 주소 및 주민등록번호(부동산등기용등록번호)를 증명하는 자료를 제출하여야 한다.

2. 등기의 실행

등기관이 소유권보존등기를 하는 경우에는 등기기록을 새로이 편성하고 그 등기기록의 표제부에 부동산의 표시에 관한 사항을 기록하여야 한다(법 제34조, 제40조 제1항). 그리고 갑구에는 권리자인 소유권보존등기명의인에 관한 사항을 기록하여야 한다(법 제48조). 그러나 등기원인과 그 연월일은 기록하지 아니한다(법 제64조).

[기록례]

【 표 제 부 】 (건물의 표시)				
표시번호	접 수	소재지번 및 건물번호	건 물 내 역	등기원인 및 기타사항
1	2019년3월 5일	서울특별시 은평구 진관동 3 [도로명주소] 서울특별시 은평구 진관1로 12	시멘트블럭조 시멘트기와지붕 단층주택 85㎡	

【 갑 구 】 (소유권에 관한 사항)				
순위번호	등기목적	접 수	등기원인	권 리 자 및 기 타 사 항
1	소유권보존	2019년3월5일 제3005호		소유자 김수연 800321－2012345 서울특별시 은평구 진관1로 12(진관동)

Ⅳ. 관련문제

1. 미등기 부동산에 대한 처분제한의 등기와 직권보존등기

등기관의 직권에 의한 소유권보존등기를 인정하는 특례가 있다. 본래 등기는 신청에 의함이 원칙이다. 따라서 미등기 부동산에 대하여 처분제한등기를 하고자 하는 자는 채권자대위에 의하여 먼저 소유권보존등기를 하고 이어서 가압류 등 처분제한등기가 이루어지도록 하여야 한다. 그런데 이렇게 할 경우 소유권보존등기 후 처분제한 등기가 이루어지기 전에 채무자가 해당 부동산을 처분하면 처분제한등기는 불가능하게 된다. 여기서 등기관이 미등기 부동산에 대하여 법원의 촉탁에 따라 소유권의 처분제한의 등기를 할 때에는 직권으로 소유권보존등기를 하고, 처분제한의 등기를 명하는 법원의 재판에 따라 소유권의 등기를 한다는 뜻을 기록하도록 하고 있다(법 제66조 제1항). 미등기 부동산에 대하여 처분제한등기를 하고자 하는 채권자의 집행의 편의를 위하여 둔 규정이다.

여기서의 처분제한등기에는 경매개시결정의 등기, 가압류등기, 처분금지가처분등기, 회생절차개시결정·파산선고(보전처분 포함)의 기입등기, 주택임차권등기 및 상가건물임차권등기가 포함된다.[362]

이 경우도 등기관의 직권에 의한다는 점을 제외하고는 일반적인 보존등기와 다르지 않다. 따라서 처분제한등기의 촉탁서에는 소유권보존등기의 요건을 증명하는 자료로서 부동산의 표시를 증명하는 자료와 소유명의인이 소유자임을 증명하는 자료를 첨부하여야 한다. 다만, 건물의 경우 소유권보존등기의 신청인에 관한 법 제65조를 적용하지 아니한다(법 제66조 제2항 본문). 따라서 미등기건물에 대한 처분제한등기를 촉탁하는 경우에는 채무자의 소유를 증명하는 정보를 등기소에 제공할 필요가 없다. 이것은 그 해당 부동산이 채무자의 소유임을 집행법원에서 심사하고 등기관은 심사하지 말라는 의미이다. 그러나 그 외에 ① 소유자의 주소 및 주민등록번호(부동산등기용등록번호)를 증명하는 정보와 ② 건물의 소재와 지번·구조·면적을 증명하는 정보는 첨부하여야 한다(다만, 구분건물의 일부 건물에 대한 처분제한의 등기촉탁의 경우에는 1동 건물의 전부에 대한 구조·면적을 증명하는 정보 및 1동 건물의 소재도, 각 층의 평면도와 구분한 건물의 평면도를 첨부정보로서 등기소에 제공하여야 한다. 건물의 표시를 증명하는 정보로서 건축물대장 정보를 등기소에 제공한 경우에는 도면을 제공할 필요가 없다).

이 경우 그 건물이 건축법상 사용승인을 받아야 할 건물임에도 사용승인을 받지 아니하였다면 그 사실을 표제부에 기록하여야 한다. 그 건물에 대하여 건축법상 사용승인이 이루어진 경우에는 그 건물 소유권의 등기명의인은 1개월 이내

362) "미등기 건물의 처분제한등기에 관한 업무처리지침"(등기예규 제1469호).

에 그 기록에 대한 말소등기를 신청하여야 한다(법 제66조 제3항).

[기록례]

【 갑 구 】 (소유권에 관한 사항)				
순위번호	등기목적	접 수	등 기 원 인	권 리 자 및 기 타 사 항
1	소유권보존			소유자 김태수 700123-1234567 대전광역시 서구 도안로 88(도안동) 가압류등기의 촉탁으로 인하여 2012년3월20일 등기
2	가압류	2012년3월20일 제3878호	2012년3월19일 서울중앙지방법원의 가압류결정(2012카단1200)	청구금액 금30,000,000원 채권자 구연모 641012-1012345 서울특별시 은평구 진관3로 23(진관동)

2. 집합건물의 소유권보존등기

1동의 건물에 속하는 구분건물 중 일부만에 관하여 소유권보존등기를 신청하는 경우에는 나머지 구분건물의 표시에 관한 등기를 동시에 신청하여야 한다. 이 경우 구분건물의 소유자는 1동에 속하는 다른 구분건물의 소유자를 대위하여 그 건물의 표시에 관한 등기를 신청할 수 있다(법 제46조).

집합건물의 소유권보존등기에 관하여는 각 구분건물과 1동의 건물과의 관계를 공시하기 위하여 각 구분건물의 소유권보존등기를 하는 경우에는 다른 구분건물의 표시에 관한 등기를 동시에 하도록 규정하고 있다. 자세한 내용은 제9절 집합건물등기 부분 참조.

3. 소유권보존등기의 특수한 경우

물리적으로 새로운 부동산이 생겨나지는 않았으나 소유권보존등기를 하는 경우가 있다. 「도시 및 주거환경정비법」에 의한 재개발·재건축사업에서 종전 건축물과 토지에 갈음하여 새로운 건축물과 토지가 축조·조성된 경우, 종전 토지에 관한 등기의 말소등기와 새로 축조된 건축시설과 조성된 대지에 대한 소유권보존등기를 하도록 하고 있다(도시 및 주거환경정비 등기규칙 제5조). 이 경우 건물은 새로이 지어졌으나 토지는 종전 토지에 대한 대지조성작업이 이루어졌을 뿐 새로운 토지가 생겨나지는 않았음에도 종전 토지에 대한 등기의 말소등기와 새로이 조성된 토지에 관한 소유권보존등기를 하고 있다. 집단적인 권리관계를 효율적으로 공시하기 위한 등기기술적인 조치로 보인다. 이와 같은 조치는 환지에 관한 등기에서 창설환지 또는 체비지나 보류지에 관하여,[363] 그리고 각종 토지개발사업에 따른 등기에서도 마찬가지로 이루어지고 있다.[364] 소유권보존 등기의 특수한 경우로 볼 수 있다. 실무서가 아닌 교과서의 성격상 이에 관한 자세한 설명은 생략한다. 토지개발사업에 따른 등기에 관하여는 제2절 제3관 표시에 관한 등기절차 참조.

제 2 관 소유권이전등기

Ⅰ. 서 설

현실에서 물권변동의 대표적인 모습으로 나타나는 등기가 소유권이전등기이다. 사법연감 통계에 의하면 2017년 전체 부동산등기신청 10,066,914건 중 27%인 2,753,486건으로 가장 많은 비중을 차지하는 등기유형이다.[365] 또한, 소유권이전등기는 등기절차 총론의 설명이 전형적으로 적용되는 대표적인 등기이다. 따라서 일반적인 설명은 총론을 참고하고 여기서는 소유권이전등기에 특유한 내용만 설명하고자 한다.

소유권이전등기에 관하여는 물권변동의 모습에 따라 여러 가지 방법으로 설명할 수 있다. 실무서에서는 보통 특정적 승계와 포괄적 승계로 나누어 설명한다. 여기서는 물권법 교과서의 설명방식에 따라 법률행위를 원인으로 하는 소유권이전등기와 법률행위에 의하지 않은 소유권이전등기로 나누어 살펴본다. 등기원인별로 볼 때 소유권이전등기 중 가장 많은 비중을 차지하는 등기원인은 매매이다.[366]

---

363) 농업생산기반정비등기규칙 제17조 및 "환지등기절차 등에 관한 업무처리지침"(등기예규 제1588호) 제7항 참조.

364) 토지개발 등기규칙 제3조.

365) 법원행정처, 2018 사법연감, 1066면.

366) 소유권이전등기 중 몇 가지 주요한 등기원인별 신청사건 건수는 다음과 같다.

Ⅱ. 법률행위를 원인으로 하는 소유권이전등기

1. 서 설

민법 제186조는 "부동산에 관한 법률행위로 인한 물권의 득실변경은 등기하여야 그 효력이 생긴다"고 규정한다. 여기서 "법률행위"는 무엇일까? 여기에 관하여는 여러 논의가 있으나, 민법학에서는 물권행위를 의미한다고 보는 견해가 일반적이다. 이 책에서는 이때의 법률행위를 채권행위로, 채권행위 없이 물권행위만 행하여지는 경우는 물권행위로 보기로 한다. 이 책에서는 부동산등기법을 부동산물권에 관한 실체법상의 법률행위를 공시하기 위한 입증절차와 방법에 관한 법으로 이해한다. 그런데 민법 제186조의 법률행위를 물권행위로 볼 경우 등기절차에서는 여러 곤란한 문제가 생긴다. 물권변동의 요건인 물권행위가 무엇인지, 언제 행하여지는지 민법학에서도 의견의 일치를 보지 못하고 있어서 등기절차에서 이를 입증하게 할 수가 없기 때문이다. 여기서는 이러한 입장에서 법률행위를 원인으로 하는 소유권이전등기에 관하여 살펴보고자 한다.

2. 요건: 법률행위의 증명

법률행위에 의한 소유권이전등기를 하기 위하여는 법률행위가 유효하게 성립하였음을 등기절차에서 입증하여야 한다. 여기서는 두 가지가 문제된다. 입증의 대상인 법률행위가 무엇인가 하는 점과 그 입증방법이다.

입증하여야 하는 법률행위가 무엇인가 하는 점에 관하여 이 책에서는 민법 제186조의 "법률행위"는 원칙적으로 채권행위이며, 따라서 등기원인도 채권행위이고 등기절차에서는 채권행위를 입증하게 하고 있음을 밝혔다. 그 입증방법은 등기신청시 등기소에 제공하여야 하는 등기원인을 증명하는 정보이다. 그 증명방법으로 등기를 신청하는 경우에는 "등기원인을 증명하는 정보"와 "등기원인에 대하여 제3자의 허가, 동의 또는 승낙이 필요한 경우에는 이를 증명하는 정보"를

구 분	매 매	상 속	협의분할	공유물분할	신 탁
2014년	1,779,068	19,490	126,734	28,067	27,043
2015년	2,070,687	20,829	132,299	32,864	54,481
2016년	1,961,471	21,219	134,749	33,487	59,736

등기소에 제출하게 하고 있다(규칙 제46조 제1항 제1호, 제2호). 이러한 방법에 의하여 물권변동에 관한 법률행위인 등기원인이 적법하고 유효하게 성립하고 효력을 발생함을 입증하게 하고 있다. 그리고 "신청정보와 등기원인을 증명하는 정보가 일치하지 아니한 경우"에는 신청을 각하하도록 규정하고 있다(법 제29조 제8호).

여기서 한 가지 덧붙일 사항은 등기원인증명정보에 대한 등기절차에서의 취급이다. 2011년 법 개정에 의하여 등기원인증명정보에 대한 등기절차에서의 처리가 달라졌다. 그에 따라 등기원인증명정보를 어떻게 해석하고 이해하여야 하는지에 대하여 새로운 접근이 필요하다. 이 책에서도 제1절 제2관에서 간략히 시도해 보았다. 각 등기원인별로 보다 구체적인 검토가 필요해 보이는데 아직 그러한 노력이 보이지 않는다.

그렇다면 우리 부동산등기절차에서 채권행위만을 입증하게 하고 있는가? 그렇지는 않다. 물권행위 내지 물권적 합의도 증명하게 하고 있다. 물권행위 내지 물권적 합의는 등기원인을 증명하는 정보가 아니라 다른 자료로서 입증하게 하고 있다. 이를 입증하게 하기 위하여 제출하여야 하는 자료는 등기필정보와 인감증명정보이다(규칙 제43조 제1항 제7호, 제60조).[367] 일반적으로 물권행위 내지 물권적 합의가 언제 있다고 보느냐에 관하여 여러 견해가 있으나, 등기신청에 필요한 자료들을 넘겨 주는 때에 있다고 보기 때문에 이들 자료들을 통하여 간접적인 방법으로 물권행위 내지 물권적 합의를 입증하게 하고 있다고 해석할 수 있다.

요컨대, 우리 등기실무의 입장은 등기원인을 채권행위로 보고 있다. 등기원인증명정보와 등기원인에 대한 제3자의 동의 등을 증명하는 정보에 의하여 등기원인인 채권행위를 입증하게 한다. 그리고 등기필정보와 인감증명정보를 통하여 물권적 합의 내지 물권행위를 입증하게 하고 있다고 볼 수 있다. 이 점에 대하여는 등기의 진정성 보장과 관련하여 제1절 제1관에서 살펴보았다.

3. 등기절차

등기의 신청에 관하여 신청인, 신청정보와 첨부정보의 제공 등 일반적인 사항은 제1절 중 등기의 신청에 관한 설명이 그대로 적용된다. 여기서는 그중 몇

367) 다만, 이들 정보는 모든 등기신청에서 제출하게 하고 있지는 않고 등기의 진정성 보장이 특히 요구되는 몇 가지 등기유형에 대하여 요구하고 있음은 제1절 제2관에서 설명하였다.

가지만 참고로 소개한다.

신청정보 중 등기원인과 그 연월일은 법률행위가 계약인 경우 그 계약이 성립한 일자를 기재한다. 계약을 원인으로 소유권이전등기를 신청할 때에는 일정한 사항이 기재된 계약서에 **관할 시장 등의 검인**을 받아 등기소에 제출하여야 한다(부동산등기 특별조치법 제3조 제1항).[368] 다만, 「부동산 거래신고 등에 관한 법률」에 의하여 신고필증을 발급받은 때에는 검인을 받은 것으로 본다(부동산 거래신고 등에 관한 법률 제3조 제5항).

매매를 원인으로 한 소유권이전등기신청의 경우에는 부동산매수자란에 매수인의 성명(법인은 명칭)·주민등록번호 및 주소가 기재되어 있는 인감증명서를 첨부하여야 한다. 이를 실무상 부동산 매도용 인감증명서라고 한다. 매매계약서상 잔금지급일 전에도 매매를 원인으로 한 소유권이전등기를 신청할 수 있다.[369]

유증을 원인으로 하는 소유권이전등기 신청절차에 관하여는 등기예규에서 실무적인 사항들을 잘 정리해서 규정하고 있다.[370] 이 예규에 의하면 유증으로 인한 소유권이전등기는 포괄유증이나 특정유증을 불문하고 수증자를 등기권리자, 유언집행자 또는 상속인을 등기의무자로 하여 공동으로 신청하여야 하고, 상속등기를 거치지 않고 유증자로부터 직접 수증자 명의로 등기를 신청하도록 하고 있다. 그리고 첨부정보로 유언집행자의 자격을 증명하는 서면 외에 등기원인을 증명하는 정보로 유증자의 사망을 증명하는 정보, 유언증서 및 검인조서 등에 관하여 자세히 규정하고 있다. 유언증서에 가정법원의 검인이 되어 있는 경우에도 등기관은 그 유언증서가 적법한 요건을 갖추지 아니한 경우에는 그 등기신청을 수리하여서는 아니된다. 검인기일에 출석한 상속인들이 "유언자의 자필이 아니고 날인도 유언자의 사용인이 아니라고 생각한다"는 등의 다툼 있는 사실이 기재되어 있는 검인조서를 첨부한 경우에는 유언 내용에 따른 등기신청에 이의가 없다는 그 상속인들의 진술서(인감증명서 첨부) 또는 그 상속인들을 상대로 한 유언유효확인의 소나 수증자 지위 확인의 소의 승소 확정판결문을 첨부하여야 한다.[371]

---

368) 검인에 관하여는 제1절 등기절차 총론에서 살펴보았다.
369) 2023.2.15. 부동산등기과-466 질의회답.
370) "유증을 받은 자의 소유권보존(이전)등기신청절차 등에 관한 사무처리지침"(등기예규 제1512호).
371) 대법원 2014.2.13. 2011다74277 판결은 다음과 같이 판시하고 있다.
유언집행자가 자필 유언증서상 유언자의 자서와 날인의 진정성을 다투는 상속인들에 대하여 또한 유증으로 인한 소유권이전등기신청이 상속인의 유류분을 침해하는 내용이더라도 등기관은 이를 수리하여야 한다.

부동산의 소유권을 포기한 경우 등기실무에서는 그 소유권을 포기한 자가 소유권을 취득하는 국가(민법 제252조 제2항)와 공동으로 소유권 포기를 원인으로 한 소유권이전등기를 신청하도록 하고 있다.[372] 멸실 직전의 위험한 건물을 포기함으로써 그 위험을 국가에 전가시키는 등의 행위를 방지하기 위한 실무상의 조치로 보인다.

협의이혼에 따른 **재산분할을 원인으로 하는 소유권이전등기신청**에는 이혼하였음을 증명하는 서면(예를 들어, 협의이혼사실이 기재된 혼인관계증명서 등)을 첨부하여야 한다.[373] 협의이혼을 전제로 한 재산분할협의는 당사자가 약정한 대로 협의이혼이 이루어진 경우에 한하여 그 효력이 발생하고, 당사자 일방이 제기한 이혼청구의 소에 의하여 재판상 이혼이 이루어진 경우에는 그 효력이 발생하지 않기 때문이다.[374] 그러므로 재산분할판결에 따른 등기신청에서는 이러한 증명서면을 첨부할 필요가 없다.

4. 관련문제

가. 부동산 거래신고와 거래가액의 등기

부동산거래의 당사자는 매매계약 등 「부동산 거래신고 등에 관한 법률」 제3조 제1항에 해당하는 계약[375]을 체결한 경우에는 그 실제 거래가격 등 일정한 사

'유언 내용에 따른 등기신청에 이의가 없다'는 진술을 구하는 소는, 등기관이 자필 유언증서상 유언자의 자서 및 날인의 진정성에 관하여 심사하는 데 필요한 증명자료를 소로써 구하는 것에 불과하고, '채무가 법률행위를 목적으로 한 때에 채무자의 의사표시에 갈음할 재판을 청구하는 경우'(민법 제389조 제2항)에 해당한다고 볼 수 없다. 또한, 유증을 원인으로 하는 소유권이전등기를 마치는 데 있어 필요하지 아니한 제3자의 승낙을 소구하는 것에 불과하여 권리보호의 이익이 없다. 따라서 위와 같은 소는 권리보호의 이익이 없어 부적법하다.

위 상속인들이 유언 내용에 따른 등기신청에 관하여 이의가 없다는 진술서의 작성을 거절하는 경우, 유언집행자는 그 상속인들을 상대로 유언효력확인의 소나 포괄적 수증자 지위 확인의 소 등을 제기하여 승소 확정판결을 받은 다음, 이를 규칙 제46조 제1항 제1호 및 제5호의 첨부정보로 제출하여 유증을 원인으로 하는 소유권이전등기를 신청할 수 있다.

372) "부동산의 소유권을 포기한 경우 등기절차에 관한 지침"(등기예규 제816호).

373) 등기선례 8－170.

374) 대법원 2003.8.19. 2001다14061 판결.

375) 여기의 계약에는 부동산의 매매계약, 「택지개발촉진법」, 「주택법」 등 대통령령으로 정하는 법률에 따른 부동산에 대한 공급계약, 부동산을 공급받는 자로 선정된 지위와 「도시 및 주거환경

항[376]을 거래계약의 체결일부터 30일 이내에[377] 그 권리의 대상인 부동산 등의 소재지를 관할하는 시장·군수 또는 구청장에게 공동으로 신고하여야 한다.[378] 개업공인중개사가 거래계약서를 작성·교부한 경우에는 해당 공인중개사가 신고를 하여야 한다. 신고를 받은 신고관청은 그 신고내용을 확인한 후 신고인에게 신고필증을 지체 없이 발급하여야 한다. 이 신고필증을 발급받은 때에는 「부동산등기 특별조치법」에 따른 검인을 받은 것으로 본다.

이러한 계약을 등기원인으로 하는 소유권이전등기를 신청하는 경우에는 거래가액을 신청정보의 내용으로 등기소에 제공하고, 신고관청으로부터 제공받은 거래계약신고필정보를 첨부정보로 등기소에 제공하여야 한다. 이 경우 거래 부동산이 2개 이상인 경우 또는 거래 부동산이 1개라 하더라도 여러 명의 매도인과 여러 명의 매수인 사이의 매매계약인 경우에는 **매매목록**도 첨부정보로 제공하여야 한다(규칙 제124조). 등기관이 이러한 계약을 등기원인으로 한 소유권이전등기를 하는 경우에는 이렇게 신고된 **거래가액을 기록**하여야 한다(법 제68조). 이때 등기기록 중 갑구의 권리자 및 기타사항란에 거래가액을 기록하되, 매매목록이 제공된 경우에는 그 매매목록의 번호를 기록한다(규칙 제125조).[379]

부동산의 실거래가를 공시하여 부동산투기를 억제하고자 하는 취지에서 마련된 제도이다.[380] 이 규정에 위반하여 신고를 하지 아니하거나 신고를 거짓으로 한 자에 대하여는 과태료의 제재가 있다(위 법률 제28조 제2항 및 제3항).

정비법」에 의하여 입주자로 선정된 지위의 매매계약이 포함된다.

376) 신고사항은 부동산 거래신고 등에 관한 법률 시행령 별표 1에서 정하고 있다.

377) 부동산 거래신고 등에 관한 법률의 개정으로 2020. 2. 21.부터 30일 이내로 단축되었다.

378) 실무상 상당히 복잡하고 번거롭다.

379) 거래가액 등기에 관한 업무처리지침(등기예규 제1804호).

380) 대법원 2013.1.24. 2012도12363 판결은 부동산등기부에 기재되는 거래가액은 당해 부동산의 권리의무관계에 중요한 의미를 갖는 사항에 해당하지 아니하므로 거래당사자가 거래가액을 시장 등에게 거짓으로 신고하여 신고필증을 받은 뒤 이를 기초로 사실과 다른 내용의 거래가액이 부동산등기부에 등재되도록 하였다면 해당 법률에 의한 과태료의 제재를 받게 됨은 별론으로 하고 형법상 공전자기록등불실기재죄 및 불실기재공전자기록등행사죄가 성립하지는 아니한다고 한다.

[기록례]

【 갑 구 】 (소유권에 관한 사항)				
순위번호	등기목적	접 수	등기원인	권리자 및 기타사항
3	소유권이전	2012년6월5일 제8000호	2012년6월4일 매매	소유자 김수연 800321-2012345 서울특별시 은평구 진관1로 23(진관동) 거래가액 금300,000,000원

【 갑 구 】 (소유권에 관한 사항)				
순위번호	등기목적	접 수	등기원인	권리자 및 기타사항
3	소유권이전	2012년6월5일 제8001호	2012년6월4일 매매	소유자 김태수 700123-1234567 대전광역시 서구 도안로 88(도안동) 매매목록 제2012-101호

매 매 목 록				
목록번호	2012-101			
거래가액	금500,000,000원			
일련번호	부 동 산 의 표 시	순위번호	예비란	
			등기원인	경정원인
1	[토지] 서울특별시 강남구 신사동 153	3	2012년6월4일 매매	
2	[건물] 서울특별시 강남구 신사동 153	3	2012년6월4일 매매	

나. 계약이 해제된 경우의 원상회복 방법

매매를 원인으로 한 소유권이전등기를 마친 뒤 그 매매계약을 해제(합의해제 포함)하였다면 그 원상회복의 방법으로 그 등기의 말소를 구할 수 있을 뿐만 아니라 계약해제를 원인으로 한 소유권이전등기를 할 수도 있다.[381)]

그밖에 명의신탁해지를 원인으로 하는 등기에 관하여는 제1절 중 실권리자명의 등기의무 항목에서 설명하였다.

381) "매매계약의 해제로 인한 소유권이전등기 말소"(등기예규 제331호); "등기상 이해관계 있는 제3자가 있는 경우의 매매계약 해제로 인한 소유권이전등기의 말소"(등기예규 제1343호).

판례에 의하면 해제권의 행사에 따라 부동산매매계약이 적법하게 해제된 경우 매도인이 원상회복의 방법으로 소유권이전등기의 방식을 취하였다고 하더라도 특별한 사정이 없는 이상 새로운 취득으로 볼 수 없어 취득세 과세대상이 되는 부동산 취득에 해당하지 않는다고 한다. 대법원 2020.1.30. 2018두32927 판결.

다. 부동산 거래의 현실과 소유권이전등기

부동산거래는 위험성이 내포된 일이다. 특히 우리나라에서는 부동산등기에 공신력이 인정되지 않으므로 등기를 믿고 부동산을 취득하더라도 보호를 받지 못할 수 있다. 부동산거래의 이러한 특성에 따라 미국에서는 권원보험이나 escrow제도도 생겨났다. 부동산거래의 위험성은 공신력 문제만이 아니다. 권리관계에는 문제가 없더라도 금전문제로 곤란을 겪을 수도 있다. 대부분의 사람들에게 있어서 부동산은 전 재산에 해당하는 만큼 자금융통의 문제도 충분한 검토가 필요하다. 그런데 우리나라 부동산거래의 현실을 보면 충분한 검토 없이 거래가 이루어지는 경향이 있다. 개개인에게 있어 부동산은 전 재산이라 할 수 있고 법률관계도 복잡한데 단순히 가격만 따지고 거래가 이루어지는 경우가 빈번하다. 그러다보니 부동산거래를 잘못하여 커다란 어려움을 겪는 경우가 종종 있다. 거래하고자 하는 부동산 자체에 하자는 없는지, 사법적인 권리관계는 물론 부동산에 대한 이용이나 개발에 관한 공법적 제한 등 법적인 문제 여부, 그리고 세금과 금융의 문제 등 검토하여야 할 요소들이 많음에도 일반적인 부동산 거래에서 이러한 점들에 대한 충분한 검토가 이루어지는지 의문이 든다. 아마도 부동산 거래에 따르는 법률관계를 분석해주는 시스템이 우리 사회에는 아직 없기 때문이 아닌가 생각된다. 부동산등기법을 공부하는 입장에서는 소유권이전등기에만 관심을 가질 것이 아니라 부동산거래라는 관점에서 시야를 넓게 볼 필요가 있다.

Ⅲ. 법률행위 외의 원인에 의한 소유권이전등기

1. 서 설

민법 제187조는 "상속, 공용징수, 판결, 경매 기타 법률의 규정에 의한 부동산에 관한 물권의 취득은 등기를 요하지 아니한다. 그러나 등기를 하지 아니하면 이를 처분하지 못한다."고 규정한다. 법률의 문언은 물권의 취득이라고 하고 있으나 널리 물권의 변동을 의미한다고 보아야 한다.

등기절차와 관련하여 법률의 규정에 의한 물권의 취득에 따른 등기는 그 등기원인의 입증방법과 신청방법에 특징이 있다. 법률행위에 의한 물권변동과 달리 당사자 사이에 작성된 문서만으로는 충분치 않고 그 입증방법을 공문서 등 엄격한 방법에 의하도록 하고 있다. 그 이유는 공동신청에 의할 수 없는 경우가 많기 때문에 법률행위에 의한 물권변동에서와는 달리 당사자의 공동신청에 의한 진정성 보장의 구조를 취할 수 없기 때문이다. 그 결과 첨부서면 등 입증자료에 의하여 진정성 보장이 담보되는 경우에는 단독신청의 구조를 취하고 있는 점도 특징이다.

법률의 규정에 의한 물권변동에는 소유권이전 외에도 소유권의 원시취득, 제한물권의 취득과 소멸이 있다. 그러나 대표적인 경우가 소유권이전이다. 여기서는 법률행위에 의하지 아니한 물권변동 중 소유권이전의 대표적인 원인 몇 가지에 관하여 살펴보고자 한다. 경매에 관하여는 제8절에서 살펴본다.

2. 상속을 원인으로 하는 소유권이전등기

가. 의 의

상속이란 사람이 사망한 경우에 그의 재산상의 지위가 다른 사람에게 포괄적으로 승계되는 것을 말한다. 상속은 사망으로 인하여 개시된다(민법 제997조). 상속인은 상속이 개시된 때로부터 피상속인의 재산에 관한 포괄적 권리의무를 승계한다(민법 제1005조 본문).

상속이 개시되면 상속재산은 일단 공동상속인이 공유하는 상태가 된다. 그러나 피상속인이 유언으로 상속재산의 분할방법을 정하거나 이를 정할 것을 제3자에게 위탁할 수 있고 상속개시의 날부터 5년을 초과하지 아니하는 기간 내에서 그 분할을 금지하지 않은 한 공동상속인은 언제든지 협의에 의하여 상속재산을 분할할 수 있다(민법 제1013조, 제1012조). 이것을 상속재산의 협의분할이라 한다. 앞에서 살펴본 통계에서 보듯이 현실적으로 법정상속보다는 협의분할에 의한 상속등기건수가 훨씬 더 많다.

유언에 따른 등기, 즉 유증을 원인으로 하는 등기에 관하여는 앞의 법률행위를 원인으로 한 소유권이전등기 부분에서 설명하였다.

나. 요건: 등기원인의 입증

(1) 법정상속분에 의한 상속의 경우

피상속인의 사망으로 상속이 개시되면 피상속인에 속하던 재산은 상속인에게 승계된다. 따라서 상속을 원인으로 하는 소유권이전등기를 하기 위하여는 ① 등기하려는 부동산이 피상속인에게 속한 사실, ② 피상속인이 사망한 사실과 그 일자, ③ 상속인이 누구인지와 그 상속분을 등기절차에서 입증하여야 한다. 신청인은 이러한 사실을 입증하는 자료를 등기원인증명정보로 등기소에 제출하여야 한다.

이러한 요건사실 중 ① **등기하려는 부동산이 피상속인에게 속한 부동산이라는 점**은 등기기록에 피상속인 명의의 등기가 되어 있는 사실로 입증되므로 신청인이 별도로 입증할 필요는 없다. 다만, 주민등록번호가 기재되어 있지 않은 등의 이유로 등기기록상 등기명의인과 피상속인이 동일인인지 여부가 명확하지 않은 경우가 종종 있다. 이때에는 그 동일성을 신청인이 입증하여야 하는데, 실무에서는 말소된 주민등록표초본 등을 제출하거나 그 사실을 확인하는데 상당하다고 인정되는 자의 보증서면과 그 인감증명 및 그밖에 보증인자격을 인정할 만한 서면을 첨부하는 등의 방법으로 그 동일성을 입증하는 경우가 있다.[382)]

다음으로, ② **피상속인이 사망한 사실과** ③ **그 상속인 및 상속분**을 신청인이 입증하여야 한다. 그 입증방법에 관하여 부동산등기법에 특별한 규정은 없으므로 상속의 일반원칙에 따른다. 이 사실은 기본적으로 가족관계등록에 관한 증명서(가족관계의 등록 등에 관한 법률 제15조)에 의하여 입증할 수 있다.

간략하게 살펴보면 다음과 같다. 피상속인의 사망사실과 그 일자는 피상속인의 기본증명서로 확인할 수 있다. 상속인이 누구인지는 피상속인의 가족관계증명서 및 친양자입양관계증명서로 입증할 수 있다.[383)] 등기실무에서는 혼인관계증명서나 입양관계증명서, 제적등본을 통하여 가족관계등록 전산화과정에서 누락된 상속인이 있는지를 확인할 필요성도 있어 이들 증명서를 추가로 제출하도록 하는 경우도 있다.[384)] 종전의 호적제도가 폐지되고 2008. 1. 1.부터 가족관계등록제도가 시행되면서 개인별 편제로 바뀌게 되어 제출하여야 하는 자료가 다소 복잡하게 되었다. 가족관계등록제도가 시행되기 전에 사망한 경우에는 피상속

382) 등기선례 4−351, 7−176.

383) 친양자 입양 전의 친족관계는 친양자 입양이 확정된 때에 종료하므로(민법 제908조의3 제2항 본문) 입양 전의 상속관계에는 영향을 미치지 않는다. 따라서 친양자 입양된 자가 있는지와 있다면 그 자가 상속인인지 여부를 피상속인의 사망시점과 친양자 입양시점을 비교하여 확인할 필요가 있기 때문에 친양자입양관계증명서를 제출하게 하고 있다.

384) 판례는 가족관계등록부로의 이기 범위에 한계가 있으므로, 2008. 1. 1. 이후 사망한 사람의 상속인 전원을 알기 위해서는 2008. 1. 1. 전 사망 등의 사유로 가족관계증명서로는 확인되지 않는 상속인이 있을 수 있기 때문에 가족관계증명서뿐만 아니라 제적등본까지 함께 확인하는 것이 원칙이라고 한다(대법원 2023.8.18. 2022그779 결정).

인의 사망사실 및 사망일자, 그리고 상속인을 제적등본에 의하여 확인하고, 각 상속인의 기본증명서를 통하여 상속인이 현재 생존하고 있음을 입증하여야 한다. 상속분은 민법의 규정에 의하여 산정한다. 상속분에 관하여는 여러 차례 민법이 개정되었는데, 피상속인의 사망 당시 시행중이던 민법의 규정에 따라 산정하여야 한다. 상속에 의한 물권변동이 일어나는 시기는 피상속인이 사망한 때이므로 상속등기를 하는 경우 피상속인이 사망한 시점을 기준으로 그 당시의 법을 적용하여 그에 따라 상속인의 범위와 상속분 등 상속으로 인한 법률관계를 확인하여야 한다. 따라서 구관습법으로부터 현행 민법에 이르기까지 여러 차례 개정된 상속 관련 법령을 잘 이해할 필요가 있다.

판례는 등기신청인이 산정한 상속분이 그 상속재산을 둘러싼 소송에서 받아들여져 판결로써 확정된 바 있다고 하더라도 상속등기신청에 대하여 등기관이 부동산등기법 소정의 서면에 의하여 심사를 함에 있어서는 그 확정판결의 기판력이 미칠 여지가 없으므로, 상속을 증명하는 서면과 법령에 의하여 인정되는 정당한 상속인의 범위 및 상속지분과 다른 내용으로 상속등기를 신청하였을 경우 신청내용이 확정된 판결의 내용과 동일하다고 하더라도 그 등기신청을 각하하여야 한다고 한다.[385]

(2) 상속재산 협의분할의 경우

피상속인의 사망으로 상속인들은 당연히 피상속인의 재산에 관한 권리의무를 승계하고(민법 제1005조), 상속재산은 그 공유로 된다(민법 제1006조). 상속인들 사이의 이러한 공동소유관계를 해소하고 상속재산을 각 상속인에게 귀속시키기 위한 분배절차가 상속재산의 분할이다. 피상속인이 유언으로 분할방법을 정하거나 이를 정할 것을 제3자에게 위탁할 수 있고 상속 개시의 날부터 5년을 초과하지 아니하는 기간 내의 분할을 금지할 수 있다(민법 제1012조). 그러한 유언이 없는 한 공동상속인은 언제든지 협의에 의하여 상속재산을 분할할 수 있고(민법 제1013조 제1항), 그 협의가 성립되지 아니한 때에는 가정법원에 분할심판을 청구할 수 있다(민법 제1013조 제2항, 제269조). 상속재산의 분할절차 중 실무상 가장 많이 이루어지는 절차가 협의분할이다. 여기서는 협의분할에 관하여 간략히 살펴본다.

---

385) 대법원 1990.10.29. 90마772 결정; 대법원 1995.1.20. 94마535 판결; 대법원 1995.2.22. 94마2116 결정.

상속재산의 분할협의가 있는 경우에는 그 사실을 등기절차에서 입증하여 그에 따른 등기를 신청할 수 있다. 이때에는 위에서 설명한 상속을 증명하는 자료 외에 상속재산 분할의 협의가 성립하였음을 증명하는 자료를 제출하여 그 사실을 입증하여야 한다. 실무상 가장 많이 이루어지는 방법은 상속재산 분할협의서를 제출하는 방법이다.[386] 분할협의에는 공동상속인 전원이 참여하여야 하고 일부 상속인만으로 한 분할협의는 무효이다.[387] 그러나 반드시 한 자리에서 이루어질 필요는 없고 순차적으로 이루어질 수도 있고,[388] 동일한 분할협의서(복사본이나 프린트 출력물 등)를 수통 작성하여 각각 날인하였더라도 결과적으로 공동상속인 전원이 분할협의에 참가하여 합의한 것으로 볼 수 있다면 그에 따른 소유권이전등기를 할 수 있다.[389] 그 입증방법에 관하여 부동산등기규칙은 협의분할에 의한 상속등기를 신청하는 경우 협의분할서에 상속인 전원의 인감을 날인하고 인감증명서를 제출하도록 하고 있다(제60조 제1항 제6호). 공동상속인 중에 친권자와 미성년자가 있는 경우 친권자가 미성년자를 대리하여 협의분할하는 행위는 민법 제921조의 이해상반행위에 해당하므로 특별대리인을 선임하여 그 특별대리인이 분할협의를 하여야 한다.[390]

(3) 그밖의 경우

일부 상속인이 상속을 포기하고 나머지 상속인들이 상속재산을 상속하는 등기를 신청하는 경우에는 상속포기신고를 수리하는 뜻의 심판정본을 첨부하여야 한다.[391]

공동상속인 중에 피상속인으로부터 자기의 상속분을 초과하여 증여를 받은 특별수익자(민법 제1008조)가 있는 경우, 특별수익자를 제외한 나머지 공동상속인들이 그들 명의로 상속등기를 신청함에 있어서는 특별수익자에게 상속분이 없음을 증명함에 족한 서면(판결 또는 위 특별수익자가 작성하고 그의 인감증명서를 첨부한

386) 상속재산분할협의서에는 검인을 받을 필요가 없다(2024.12.17. 부동산등기과－3816 질의회답).

387) 대법원 1995.4.7. 93다54736 판결. 따라서 공동상속인 중 일부의 행방을 알 수 없는 경우에는 그 행방불명된 상속인에 대한 실종선고를 받지 않는 한 협의분할을 할 수는 없다. 등기선례 5－275.

388) 대법원 2001.11.27. 2000두9731 판결; 대법원 2010.2.25. 2008다96963,96970 판결.

389) 등기선례 8－192.

390) 등기선례 3－31, 4－350.

391) 등기선례 7－200.

확인서)을 첨부하여야 한다.[392)]

피상속인의 재산의 유지 또는 증가에 특별히 기여한 자(피상속인을 특별히 부양한 자 포함)가 있을 경우에는 그 자의 기여분을 공동상속인의 협의로 정하거나 협의가 되지 아니하거나 협의할 수 없을 때에는 기여자가 가정법원에 상속재산의 분할 및 기여분의 심판청구를 하여 결정된 심판서에 따라 상속등기를 할 수 있다.[393)]

다. 등기절차

상속에 따른 등기는 등기권리자가 단독으로 신청한다(법 제23조 제3항). 등기의무자인 피상속인이 현존하지 않으므로 공동신청할 수 없을 뿐만 아니라 상속의 사실은 공적 장부에 의하여 입증할 수 있기 때문이다. 상속인이 여러 명인 경우 상속인 전원이 신청할 수도 있으나 그중의 1인이 상속인 전원을 위하여 신청할 수도 있다. 이때 등기신청서에는 공동상속인 전원을 등기권리자로 표시하여야 한다. 공동상속인 중 일부가 상속등기에 협력하지 않거나 행방불명되었다고 하여 나머지 상속인들의 상속지분만에 대한 일부 상속등기는 할 수 없다(규칙 제52조 제7호).

등기원인은 "상속"으로 기재하고, 협의분할에 의한 상속등기인 때에는 "협의분할에 의한 상속"이라고 기재한다. 그 원인일자는 피상속인의 사망일자를 기재한다. 협의분할에 의한 신청의 경우 실무상 분할협의가 이루어진 일자가 아니라 피상속인이 사망한 날을 등기원인일자로 기재하고 있다.[394)] 상속재산의 분할은 상속개시된 때에 소급하여 그 효력이 있기 때문이다(민법 제1015조).

등기원인을 증명하는 정보의 하나로 피상속인의 가족관계증명서를 제출하는 경우에는 일반증명서가 아니라 상세증명서를 제출하여야 한다. 모든 자녀에 관하여 기재하는 증명서는 상세증명서이기 때문이다.

공동상속인 중 일부가 행방불명되어 주민등록이 말소된 경우에는 말소된 주민등록표등본을 첨부하여 그 최후주소를 주소지로 하여 상속등기를 신청할 수 있고, 그 주민등록표등본도 제출할 수 없는 때에는 이를 소명하여 「가족관계의 등록 등에 관한 법률」에 의한 기본증명서상 등록기준지를 주소지로 하여 상속등

---

392) 등기선례 2-291.

393) 등기선례 7-172.

394) "상속등기와 그 경정등기에 관한 업무처리지침"(등기예규 제1675호).

기를 신청할 수 있다.[395)]

법정상속분에 의하여 상속등기를 마친 후 상속재산 분할협의를 하거나 재판에 의한 분할을 한 경우 권리를 취득하는 자가 등기권리자, 권리를 잃는 자가 등기의무자로 소유권의 경정등기를 신청하여야 한다. 이때 등기원인은 "협의분할" 또는 "심판분할"로 기재하고 그 등기원인일자는 협의가 성립한 날 또는 심판의 확정일을 기록한다.[396)] 협의분할에 의한 상속등기 후 재협의를 한 경우에도 마찬가지이다.[397)]

[기록례]

【 갑 구 】 (소유권에 관한 사항)				
순위 번호	등기목적	접 수	등 기 원 인	권 리 자 및 기 타 사 항
2	소유권이전	2012년3월3일 제2062호	2012년3월1일 ~~상속~~	~~공유자~~ ~~지분 2분의 1~~ ~~김예린 670313－2012345~~ ~~서울특별시 마포구 마포대로 25(공덕동)~~ ~~지분 2분의 1~~ ~~김예슬 700504－2023456~~ ~~서울특별시 종로구 율곡로1길 16(사간동)~~
2－1	2번소유권경정	2012년6월1일 제3305호	2012년5월27일 협의분할	등기원인 협의분할에 의한 상속 소유자 김예린 670313－2012345 서울특별시 마포구 마포대로 25(공덕동)

라. 관련문제

(1) 상속등기와 상속인에 의한 등기

상속에 의한 물권변동에 따른 등기를 실무상 상속등기라고 부른다. 상속등기는 상속인에 의한 등기와 구별하여야 한다. 우리 법은 등기원인이 발생한 후에 등기권리자 또는 등기의무자에 대하여 상속이 있는 경우에는 상속인이 그 등기원인에 따른 등기를 신청할 수 있도록 하고 있다(법 제27조). 이것을 상속인에 의한 등기라고 한다.[398)] 상속인에 의한 등기는 피상속인이 매매 등의 법률행위

395) "공동상속인 중 일부의 주소증명 첨부불능시 처리"(등기예규 제1218호).

396) 위 등기예규 제1675호.

397) 위 등기예규 제1675호는 상속등기 후 협의분할 또는 협의분할 해제 등에 따른 다양한 경우의 등기원인과 그 연월일에 관하여 규정하고 있다.

를 하고 등기를 신청하기 전에 사망한 경우에 상속인이 그에 따른 등기를 신청하는 경우를 말한다. 그러므로 매매 등의 법률행위가 등기원인이 된다. 반면에 상속등기는 상속을 원인으로 하는 물권변동에 따른 등기로서 상속 자체가 등기원인이다.

(2) 북한주민이 상속 . 유증 또는 상속재산반환청구권의 행사로 남한 내 부동산에 관한 권리를 취득한 경우

북한지역에 거주하는 주민이 상속·유증 또는 상속재산반환청구권의 행사로 남한 내 부동산에 관한 권리를 취득한 경우 그 관리에 관하여는 특례법이 제정되어 있다. 이 법에 의하면 그 권리에 관한 등기는 원칙적으로 법원이 선임한 재산관리인이 북한주민을 대리하여 신청하도록 하고 있다. 이 점에 관하여는 등기의 신청부분에서 설명하였다.

(3) 사망에 의한 법률관계의 정리

상속에 의하여 사망한 사람이 가진 재산의 포괄적 승계가 발생한다. 한 사람이 일생 동안 모은 전 재산에 대하여 법률상 당연히 권리의 변동이 일어난다. 그 사람이 생전에 맺은 법률관계를 정리하는 절차가 필요하고, 각종 행정절차도 밟아야 한다. 그런데 사람이 사망했을 때 그 사람이 가진 재산이 어떤 것이 있는지 상속인들 입장에서는 알기가 어렵다. 이때 행정기관에서 제공하는 "안심상속 원스톱 서비스"를 이용하면 도움이 된다. 상속준비를 위한 사망자의 금융거래, 토지, 자동차, 세금 등의 재산 확인을 개별기관을 일일이 방문하지 않고, 한 번의 통합신청으로 문자, 온라인, 우편 등으로 확인하는 서비스를 제공하고 있다. 상속인이 시·구청, 읍·면·동 주민센터를 방문하여 신청할 수 있다. 이렇게 하여 상속인이 가진 재산을 파악한 후에 그 승계절차를 밟아야 한다. 부동산에 대하여는 상속등기를 하고, 상속포기나 한정승인을 할지 여부도 결정하여야 한다.

부동산 및 예금 등 재산의 승계 외에도 일정한 기간 내에 사망자의 영업자 지위 승계신고를 하여야 하고, 사업자등록정정신고, 국민연금(유족연금, 반환일시금, 사망일시금) 및 보험 청구, 상속세 신고 납부, 신용카드나 휴대전화 등 사망자 명의의 계약 해지 등의 정리절차가 필요하다.

---

398) 상속인에 의한 등기에 관하여는 제1절 중 포괄승계인에 의한 등기신청 부분 참고.

3. 수용을 원인으로 하는 소유권이전등기

수용이란[399] 공익사업을 위하여 사업시행자가 보상을 하고 강제적으로 타인의 재산권을 취득하게 하는 절차를 말한다. 수용은 사업시행자의 공권력적 일방적 행위에 의하여 사인의 재산권을 취득하므로 엄격한 절차를 거친다. 그 절차에 관하여는 공익사업법에서 정하고 있는데, 사업인정, 토지조서·물건조서의 작성, 협의, 재결·화해의 단계를 거친다. 사업시행자는 수용의 개시일(토지수용위원회가 재결로써 결정한 수용을 시작하는 날)까지 관할 토지수용위원회가 재결한 보상금을 지급하여야 하며(같은 법 제40조 제1항), 사업시행자가 수용의 개시일까지 보상금을 지급 또는 공탁하지 않은 때에는 당해 토지수용위원회의 재결은 그 효력을 상실한다(같은 법 제42조 제1항). 사업시행자는 수용의 개시일에 토지나 물건의 소유권을 취득하며, 그 토지나 물건에 관한 다른 권리는 이와 동시에 소멸한다(공익사업법 제45조 제1항).

수용으로 인한 소유권이전등기는 등기권리자가 단독으로 신청할 수 있다(법 제99조 제1항). 강제적으로 소유권을 취득하므로 등기의무자의 협력을 기대할 수 없고 수용절차에서 등기의 진정성이 담보되기 때문이다. 이때 국가 또는 지방자치단체가 등기권리자인 경우에는 그 등기를 촉탁하여야 한다(법 제99조 제3항). 등기원인은 "토지수용"으로, 원인일자는 "수용의 개시일"을 각 기재한다. 토지수용위원회의 재결에 의하여 존속이 인정된 권리가 있는 때에는 이에 관한 사항을 신청정보의 내용으로 등기소에 제공하여야 한다(규칙 제156조 제1항). 신청서에는 일반적인 첨부서면 외에 등기원인을 증명하는 정보로 재결에 의한 수용일 때에는 토지수용위원회의 재결서등본을, 협의성립에 의한 수용일 때에는 토지수용위원회의 협의성립확인서 또는 협의성립의 공정증서와 그 수리증명서를 첨부하고, 보상을 증명하는 서면으로 보상금수령증 원본 또는 공탁서 원본을 첨부하여야 한다.[400]

수용에 의한 재산권의 취득은 원시취득이므로 이론상 종전 등기기록을 폐쇄

---

399) 공용징수라고도 하는데 통상은 수용이라는 말이 사용된다. 여기서는 수용이라는 용어를 사용한다.

400) "공익사업을 위한 토지 등의 취득 및 보상에 관한 법률에 의한 등기사무처리지침"(등기예규 제1388호) 참조.

하고 새로이 보존등기를 하여야 하나, 기존의 권리변동 과정을 그대로 공시하기 위하여 권리이전등기를 하도록 하고 있다. 수용으로 인한 소유권이전등기를 하는 경우 그 부동산의 등기기록 중 소유권, 소유권 외의 권리, 그 밖의 처분제한에 관한 등기가 있으면 그 등기를 직권으로 말소하여야 한다. 수용이 원시취득이기 때문이다. 다만, 그 부동산을 위하여 존재하는 지역권의 등기 또는 토지수용위원회의 재결로써 존속이 인정된 권리의 등기는 그러하지 아니하다(법 제99조 제4항). 이 등기를 직권으로 말소하였을 때에는 그 등기명의인에게 말소한 취지를 통지하여야 한다(규칙 제157조).

공익사업법에서는 수용 외에도 공공용지의 협의취득에 관하여 규정하고 있다. 협의취득은 소유자와의 협의에 의하여 토지 등의 소유권을 취득하는 절차로서, 등기신청은 수용과 달리 법률행위를 원인으로 하는 등기의 일반원칙에 따른다.

4. 판결에 의한 소유권이전과 등기

등기를 갖추지 않아도 물권변동의 효력이 생기는 판결, 즉 민법 제187조에서 말하는 판결은 형성판결을 의미하며, 이행판결이나 확인판결은 포함되지 않는다.[401] 이 점에서 등기의 신청인에 관한 규정인 부동산등기법 제23조 제4항의 판결과는 구별된다. 판결에 의한 등기를 단독으로 신청할 수 있도록 한 법 제23조 제4항의 판결은 원칙적으로 이행판결을 의미하나 예외적으로 공유물분할판결은 이행판결이 아님에도 단독신청을 인정하고 있다(법 제23조 제4항). 판결에 의하여 물권변동의 효력이 발생하는 시기는 그 판결이 확정된 때이다(민사소송법 제498조).

민사소송법 제220조에 의하면 재판상 화해, 청구의 포기·인낙을 변론조서·변론준비기일조서에 적은 때에는 그 조서는 확정판결과 같은 효력을 가진다. 그 조서의 내용이 법률관계의 형성에 관한 것이면 여기의 판결에 포함된다. 따라서 소유권이전의 약정을 내용으로 하는 화해조서나 소유권이전등기절차의 이행청구에 대하여 인낙한 것은 포함되지 않는다.[402]

---

401) 대법원 1963.4.18. 62다223 판결; 대법원 1970.6.30. 70다568 판결; 대법원 1982.10.12. 82다129 판결; 대법원 1998.7.28. 96다50025 판결.

402) 대법원 1965.8.17. 64다1721 판결; 대법원 1998.7.28. 96다50025 판결. 다만, 공유물분할의 소송절차 또는 조정절차에서 공유토지에 관한 현물분할의 협의가 이루어져 조정이 성립하였다고 하더라도 그 즉시 공유관계가 소멸하고 각 공유자에게 그 협의에 따른 새로운 법률관계가 창

판결에 의한 등기는 승소한 등기권리자 또는 등기의무자가 단독으로 신청할 수 있다(법 제23조 제4항). 이에 관하여는 제1절 제2관 등기의 신청 부분을 참조하기 바란다.

5. 그밖의 경우

가. 진정명의 회복

실체관계에 부합하지 않는 무효의 등기를 바로잡는 방법은 그 등기를 말소하는 것이나, 판례는 말소등기에 갈음하여 무효인 등기명의인으로부터 진정한 권리자에게 소유권이전등기를 하는 방법도 허용하고 있다. 즉, 자기 또는 피상속인 명의로 소유권을 표상하는 등기가 되어 있었거나 법률에 의하여 소유권을 취득한 자가 진정한 등기명의를 회복하기 위한 방법으로 현재의 등기명의인을 상대로 그 등기의 말소를 구하는 외에 '진정한 등기명의의 회복'을 원인으로 한 소유권이전등기절차의 이행을 직접 청구할 수 있다고 한다.[403)]

이 등기는 판결을 받아 그 판결에 의하여 신청할 수 있으나 판결에 의하지 아니하고 당사자가 공동으로 신청할 수도 있다. 그런데 등기예규에서는 판결에 의할 경우와 당사자의 공동신청에 의할 경우 그 요건을 달리하고 있다. 즉, 이미 자기 앞으로 소유권을 표상하는 등기가 되어 있었던 자에 대하여는 다르지 않으나, 법률의 규정에 의하여 소유권을 취득한 자에 대하여는 그 요건이 다르다. 판결에 의한 경우와 달리 공동으로 신청하는 경우에는 법률의 규정에 의하여 소유권을 취득한 자 중 '지적공부상 소유자로 등록되어 있던 자로서 소유권보존등기를 신청할 수 있는 자'만 현재의 등기명의인과 공동으로 진정명의회복을 등기원인으로 하여 소유권이전등기를 신청할 수 있도록 하고 있다.[404)] 그 이유는 등기절차에서의 입증의 문제 때문으로 생각된다. 당사자가 공동으로 신청하는 경우 법률에 의하여 소유권을 취득한 자인지 여부를 등기절차에서 심사할 수 있는 경

설되지 않고, 공유자들이 협의에 따라 토지의 분필절차를 마친 후 각 단독소유로 하기로 한 부분에 관하여 다른 공유자의 공유지분을 이전받아 등기를 마침으로써 비로소 소유권을 취득하게 된다고 한다. 대법원 2013.11.21. 2011두1917 판결(전).

403) 대법원 1990.11.27. 89다카12398 판결(전); 대법원 2001.9.20. 99다37894 판결(전); 대법원 2002.9.24. 2001다20103 판결; 대법원 2003.5.13. 2002다64148 판결.

404) "진정명의 회복을 등기원인으로 하는 소유권이전등기절차에 관한 예규"(등기예규 제1631호). 이 예규의 제1항과 제2항의 문구를 비교해보면 알 수 있다.

우가 '지적공부상 소유자로 등록되어 있던 자로서 소유권보존등기를 신청할 수 있는 자'가 신청하는 경우만이기 때문으로 보인다.

등기절차에서의 요건의 입증방법은 판결에 의한 경우에는 그 판결로 입증한다. 당사자의 공동신청에 의하는 경우에는 당사자의 확인서 등을 등기원인증명정보로 제공할 수 있을 것으로 보이나 등기실무에 의하면 신청할 수 있는 경우가 제한되므로 '지적공부상 소유자로 등록되어 있던 자로서 소유권보존등기를 신청할 수 있는 자'임을 입증하는 자료를 제출하여야 할 것이다. 등기의 성질상 등기원인일자는 기재하지 않는다.

나. 시효취득

다른 사람 소유의 부동산을 20년간 소유의 의사로 평온, 공연하게 점유한 자는 등기함으로써 그 소유권을 취득한다(민법 제245조 제1항).[405] 이 시효취득은 법률의 규정에 의한 물권변동이나, 민법 제187조의 예외로 등기하여야 소유권을 취득한다.

취득시효 완성에 의한 소유권취득은 원시취득이므로[406] 소유권보존등기를 하여야 한다고 보는 견해도 있으나, 등기실무에서 등기기록상 소유자를 등기의무자로 하고 시효취득자를 등기권리자로 하여 소유권이전등기를 하고 있다.

시효취득으로 인한 등기를 신청하는 경우에는 등기원인을 증명하는 정보로서 시효취득사실을 입증하여야 한다. 그 입증방법에 관하여 부동산등기법은 규정을 두고 있지 않다. 통상은 판결정본과 확정증명에 의하여 입증하게 되나, 이에 한정되지 않는다. 등기원인은 "시효취득"이며, 그 원인일자는 등기실무에서 시효기간의 기산일로 보고 있다. 취득시효로 인한 소유권취득의 효과는 점유를 개시한 때에 소급하기 때문이다(민법 제247조 제1항).

취득시효 완성 후 이에 따른 소유권이전등기를 마치기 전에 종전 소유자에 의하여 저당권 및 지상권설정등기가 이루어진 경우 이러한 등기는 일반 말소등기절차에 따라 공동신청에 의하거나 말소등기절차의 이행을 명하는 판결에 의하여 말소할 수 있다.[407]

---

405) 부동산 공시법을 공부하는 입장에서 부동산 시효취득에 대한 의문이 든다. 공시제도로서의 등기제도가 정비되고 일반인의 인식에 자리잡은 현재에도 타인의 명의로 등기된 부동산을 단순히 오랫동안 점유하였다고 권리를 취득하게 하는 것이 공시제도와 조화되는지 의문이다.

406) 대법원 1993.4.27. 93다5000 판결; 대법원 2004.9.24. 2004다31463 판결.

Ⅳ. 관련문제

1. 부동산의 특정 일부에 대한 소유권이전등기

1물1권주의에 의하여 부동산의 특정 일부에 대한 소유권이전등기를 할 수는 없다. 1필지 토지의 특정 일부를 매수한 경우에는 그 부분을 분할하여 소유권이전등기를 신청하여야 한다. 판례는 1필지 토지의 특정된 일부에 대하여 소유권이전등기절차의 이행을 명하는 판결을 받은 등기권리자는 그 판결에 따로 토지의 분할을 명하는 주문기재가 없더라도 그 판결에 의하여 등기의무자를 대위하여 그 특정된 일부에 대한 분필등기절차를 마친 후 소유권이전등기를 할 수 있다고 한다.[408] 이 경우 판결상의 특정부분과 분필 후의 토지가 동일하다는 것을 소명하여야 하는데, 그 소명방법으로 판결에 첨부된 도면과 분할 전후의 토지가 표시된 지적도등본 및 토지대장등본 등을 첨부하여야 한다.[409]

참고로, 관련 법령에 의하여 분할이 제한되는 경우가 있으므로 미리 확인할 필요가 있다.[410]

2. 부동산거래시 관련 비용

부동산 거래에서는 거래 관련 비용도 고려하여야 한다. 거래대금만 생각했다가는 큰 곤욕을 치를 수 있다. 거래 관련 비용으로는 부동산등기에 드는 비용으로 취득세, 국민주택채권 등이 있고, 그 외에 중개수수료, 이사비용 등도 고려하여야 한다. 또한, 양도소득세도 고려하여야 한다. 비용문제를 고려하지 않을 경우 의외의 부담이 될 수 있다. 부동산등기에 드는 비용에 관하여는 제1절 제2관 중 Ⅳ. 등기신청과 관련하여 부과된 의무 부분 참고.

---

407) 등기선례 2-435.

408) 대법원 1994.9.27. 94다25032 판결.

409) "1필지 토지의 특정일부에 대한 소유권이전등기절차를 이행하기로 한 화해조서에 의하여 분할된 토지와 그 화해조서상의 토지의 동일성 소명방법"(등기예규 제734호).

410) "1필지의 토지 중 일부를 특정하여 매매계약이 체결되었으나 그 부분의 면적이 건축법 제57조 제1항, 건축법 시행령 제80조에 따라 분할이 제한되는 경우에 해당한다면, 매도인으로서는 그 부분을 분할하여 소유권이전등기절차를 이행할 수 없다. 따라서 매도인이 매매계약에 따라 매수인에게 부담하는 소유권이전등기절차 이행의무는 이행이 불가능하다고 보아야 한다. 이는 교환계약에서도 마찬가지이다." 대법원 2017.8.29. 2016다212524 판결.

3. 부동산소유권 이전등기 등에 관한 특별조치법에 의한 등기

과거 역사적 혼란의 시기를 거치면서 부동산 소유관계 서류가 멸실되거나 관련 당사자들의 소재 불명 등으로 부동산에 관한 사실상의 권리관계와 등기부상의 권리가 일치되지 않는 경우가 있었다. 이로 인하여 재산권을 행사하지 못하는 사람들이 간편한 절차를 통하여 사실과 부합하는 등기를 할 수 있도록 한시법으로서 부동산소유권 이전등기 등에 관한 특별조치법이 몇 차례 제정되었다.[411] 이 법에서는 그 적용 대상지역 및 일정한 범위의 법률관계에 대하여 부동산을 사실상 양수한 사람 등이 대장소관청으로부터 발급받은 확인서를 첨부하여 소유권 이전등기 등을 신청할 수 있도록 특례를 정하고 있다.

제 3 관 공동소유에 관한 등기

Ⅰ. 서 설

하나의 물건을 2인 이상의 다수인이 공동으로 소유하는 것을 공동소유라 한다. 우리 민법은 공동소유의 형태로 공유·합유·총유를 규정하고 있다. 이 세 가지는 소유 주체의 인적 결합관계가 물권법에 반영된 모습이다.[412] 공유는 공동소유자 사이에 아무런 인적 결합관계가 없어 목적물에 대한 각 공유자의 지배권한은 서로 완전히 자유롭고 독립적이며, 목적물이 동일하기 때문에 그 행사에 제한을 받고 있을 뿐이다. 공유자들은 언제든지 공동소유관계를 소멸시킬 수 있다. 합유는 조합의 소유형태로 그 구성원은 서로 인적 결합관계를 가지고 있어 약하지만 단체를 이루고 있으나, 단체성이 약하고 구성원의 개성이 단체 속에 전면적으로 흡수되는 정도는 아니다. 구성원은 조합재산에 대하여 각각 지분을 가지고 있으나 지분의 양도는 제한되고 일정한 사유에 의하여 조합관계가 끝날 때까지는 분할을 청구하지 못한다. 총유는 다수인이 하나의 단체로서 결합하여 목적물의 관리·처분은 단체에 있고 그 구성원은 일정한 범위에서 각자 사용·수익하는

411) 1978년, 1993년, 2006년에 제정되었고, 가장 최근에는 2020년에 제정되었다.
412) 곽윤직·김재형, 물권법, 281면.

권능이 인정된다.

부동산등기법은 이들 세 가지 공동소유의 등기에 관하여 규정하고 있다. 여기서는 그 등기가 이루어지는 모습을 간략히 설명하고자 한다. 등기기록방법이 다소 생소하게 보일 수 있기 때문이다. 기록방법을 정확히 이해하고 있지 않으면 공유자가 많은 등기기록의 경우에는 그 등기의 내용을 파악하기가 어려울 수도 있기 때문이다.

Ⅱ. 공유등기

1. 공유지분등기

물건이 지분에 의하여 수인의 소유로 된 때에는 공유로 한다(민법 제262조). 공유의 법적 성질에 관하여는 일반적으로 1개의 소유권이 분량적으로 나누어져 수인에게 속한다고 설명한다. 여기서 각 공유자가 목적물에 대하여 가지는 소유의 비율을 지분이라 하며, 지분은 1개의 소유권의 분량적 일부분이다. 공유자는 그 지분을 처분할 수 있다(민법 제263조). 이때 다른 공유자의 동의는 필요하지 않다.

(1) 갑구 또는 을구에 권리에 관한 등기를 할 때 권리자가 2인 이상인 경우에는 권리자별 지분을 기록하여야 한다(법 제48조 제4항 전단). 따라서 등기를 신청할 때 등기할 권리자가 2인 이상일 경우에는 그 지분을 신청정보의 내용으로 등기소에 제공하여야 한다(규칙 제105조 제1항).

공유지분등기의 기록방법에 관하여는 종래 실무상 공유지분 이전등기의 기재방법이 통일되어 있지 않아 혼란이 있어 왔다.[413] 여기서 대법원 등기예규로 공유지분등기의 기재방법을 통일하여 시행하고 있다.[414] 등기예규에 의하면 등기의 목적란의 기록방법은 공유자의 지분 전부를 이전할 때에는 "갑지분 전부이전"으로 기록하고, 지분 일부를 이전할 때에는 "갑지분 ○분의 ○중 일부(○분의 ○) 이전"으로 기록하되 이전하는 지분은 부동산 전체에 대한 지분을 명시하여 괄호

413) 예를 들면, 과거에 실무상 공유지분 이전등기의 등기목적을 "갑 지분 2분의 1 중 3분의 1 이전"과 같이 기재하는 경우가 많았는데, 이 경우 그것이 "1/2×1/3"을 이전한다는 의미인지 아니면 "1/2－1/3"의 의미인지 명확하지 않았다.

414) "공유자의 지분을 이전하는 경우 등기의 목적 및 공유자 지분의 기재방법에 관한 예규"(등기예규 제1313호) 참조.

안에 기록하도록 하고 있다. 그리고 권리자 및 기타사항란에 공유자 지분을 기록할 때에는 "공유자 지분 ○분의 ○"과 같이 부동산 전체에 대한 지분을 기록한다.

[기록례]

【 갑 구 】 (소유권에 관한 사항)				
순위번호	등 기 목 적	접 수	등기원인	권 리 자 및 기 타 사 항
3	소유권이전	2012년8월10일 제910호	2012년8월9일 매매	공유자 지분 5분의 3 김태수 700123－1234567 대전광역시 서구 도안로 88 (도안동) 지분 5분의 2 김수연 800321－2012345 서울특별시 은평구 진관1로 12 (진관동) 거래가액 금170,000,000원
4	3번김태수지분5분의3 중일부(5분의2)이전	2012년12월5일 제3500호	2012년12월4일 매매	공유자 지분 5분의 2 김영남 600103－1012345 인천광역시 남구 경원대로 88 (주안동) 거래가액 금88,000,000원

【 갑 구 】 (소유권에 관한 사항)				
순위번호	등기목적	접 수	등기원인	권 리 자 및 기 타 사 항
2	소유권이전	2012년3월5일 제3500호	2012년3월3일 매매	소유자 구연모 641012－1012345 서울특별시 은평구 진관3로15(진관동) 거래가액 금70,000,000원
3	소유권일부이전	2015년7월8일 제7800호	2015년7월4일 매매	공유자 지분 4분의 1 김태수 700123－1234567 대전광역시 서구 도안로 88(도안동) 거래가액 금80,000,000원

(2) 공유 지분 등기가 이루어지는 모습을 보면 여러 사람 명의로의 소유권보존등기나 소유권이전등기가 하나의 순위번호로 이루어지기도 하고, 종전 소유자나 공유자가 그 지분을 이전하는 형태로 각각 다른 순위번호로 이루어지기도 한다. 어느 공유자가 각각 다른 순위번호로 공유지분을 여러 차례에 걸쳐 취득하고 그에 따른 등기를 한 후 그 지분 중 일부를 이전하는 경우, 어느 순위번호로 취득한 지분을 이전하는지를 기록하여야 한다. 예를 들어, "○번 ○○○지분 전부이

전"과 같이 기록하여야 한다. 실체법적 사고에만 익숙한 경우 지분이면 같은 지분이지 어느 순위번호로 취득한 지분인지를 특정한다는 것이 생소하게 보일 수 있으나 등기절차적으로는 특정이 필요하다. 이 점은 다음 기록례를 보면 알 수 있다. 아래 기록례에서 24번으로 김수연지분이전등기를 할 때 2번과 12번 중 어느 순위번호로 취득한 김수연 지분을 이전하는지를 특정하지 않으면 어떤 문제가 있는지를 생각해보기 바란다.

[기록례]

【 갑 구 】 (소유권에 관한 사항)				
순위번호	등기목적	접 수	등기원인	권리자 및 기타사항
2	소유권이전	2012년9월 5일 제17643호	2012년8월 4일 매매	공유자 지분 2분의 1 김수연 800321－2012345 서울특별시 은평구 진관1로 12(진관동) 지분 2분의 1 김미정 770809－2012345 서울특별시 서초구 서초대로 23(서초동) 거래가액 금150,000,000원
12	2번김미정지분 전부이전	2012년10월 7일 제19780호	2012년9월 6일 매매	공유자 지분 2분의 1 김수연 800321－2012345 서울특별시 은평구 진관1로 12(진관동) 거래가액 금75,000,000원
24	12번김수연지 분전부이전	2013년10월 7일 제19781호	2013년9월 6일 매매	공유자 지분 2분의 1 김태수 700123－1234567 대전광역시 서구 도안로88(도안동) 거래가액 금75,000,000원

【 을 구 】 (소유권 이외의 권리에 관한 사항)				
순위번호	등기목적	접 수	등기원인	권리자 및 기타사항
3	갑구2번김수 연지분전부저 당권설정	2012년9월25일 제18550호	2012년9월24일 설정계약	채권액 금6,000,000원 이자 연 6푼 채무자 김수연 서울특별시 은평구 진관1로 12(진관동) 저당권자 구연모 641012－1012345 서울특별시 은평구 진관3로 15(진관동)

(3) 어느 공유자의 지분 일부에 대하여 저당권, 가등기 또는 처분제한의 등기

를 한 후 그 공유자의 지분 일부에 대하여 이전등기를 하거나 다시 저당권, 가등기 또는 처분제한의 등기를 하는 경우, 그 등기의 목적인 지분이 이미 선순위로 이루어진 저당권, 가등기 또는 처분제한 등기의 목적인 부분인이 아닌지 여부를 명백히 하여야 한다.[415]

2. 공유와 등기의 신청

(1) 공유지분도 소유권의 일종으로서 공유자는 일반 소유권과 같이 다른 공유자의 동의를 받지 않고 자신의 지분을 자유로이 처분할 수 있고 그에 따른 등기를 신청할 수 있다. 그러나 공유지분이 가지는 성질상 등기신청에 일정한 특수성이 있다. 이에 관하여 살펴보기로 한다.

(2) 공유 부동산에 관한 소유권보존등기는 공유자 전원이 신청할 수 있지만 공유자 각자가 단독으로 공유자 전원을 위하여 신청할 수 있다(다만 등기필정보에 관하여 주의할 점이 있음은 해당 부분에서 설명하였다). **공유물의 보존행위**에 해당하기 때문이다. 그러나 공유자 중 1인이 자기 지분만의 소유권보존등기를 신청할 수는 없다(규칙 제52조 제6호).

마찬가지로 상속을 원인으로 하는 소유권이전등기는 상속인이 여러 명인 경우 상속인 전원이 신청할 수 있으나 그중의 1인이 상속인 전원을 위하여 신청할 수도 있다. 그러나 공동상속인 중 일부가 자기 상속지분만에 대한 상속등기를 신청할 수는 없다(규칙 제52조 제7호).

등기선례는 공유자 중 1인이 공유물의 보존행위로서 가등기명의인을 상대로 가등기말소를 명하는 확정판결을 받은 경우 그 공유자는 위 판결을 첨부하여 단독으로 가등기 말소신청을 할 수 있다고 한다.[416]

(3) 등기실무에서는 **공유자의 지분을 목적으로 하는 용익물권의 설정**은 허용하지 않고 있다.[417] 용익물권은 물권의 목적인 부동산 전부를 배타적으로 사용·수

---

415) "공유자의 지분 일부에 대한 저당권등기 등이 있는 경우의 등기사무처리지침"(등기예규 제1356호) 참조.

416) 등기선례 3-739, 9-346. 또한, 공동 지상권설정자인 일부 공유자는 공유물의 보존행위로서 지상권자와 공동으로 공유지분 전부에 대한 지상권설정등기의 말소신청을 할 수 있다(등기선례 9-170).

417) "공유지분에 대한 전세권설정등기"(등기예규 제1351호); 등기선례 3-636, 5-417, 6-305. 이 점에 관하여 비판적인 견해로는 김기정, "집합건물의 집행을 둘러싼 몇 가지 법률문제에 대한 고찰 — 집합건물의 특수한 법률관계 및 구분건물에 대하여만 설정된 전세권 및 저당권의 효력

익할 수 있는 권리이므로 지분에 용익물권을 설정하면 다른 공유자의 사용·수익권을 침해하게 되어 허용되지 않는다고 보기 때문이다. 이에 따라 대지권등기가 되어 있는 집합건물에 대하여는 전유부분과 그 대지권을 함께 전세권의 목적으로 할 수 없고 건물인 전유부분에 대하여만 전세권설정등기를 하고 그 등기에 건물만에 관한 등기라는 뜻을 부기하고 있다.[418]

(4) 또한, 수인의 공유자가 수인에게 지분의 전부 또는 일부를 이전하는 경우 등기신청방법에 관하여는 유의할 점이 있다. 등기의무자들의 각 지분 중 얼마의 지분이 등기권리자 중 1인에게 이전되는지를 기재하고 신청서를 등기권리자별로 작성하여 제출하거나, 또는 등기의무자 1인의 지분이 등기권리자들에게 각 얼마씩 이전되는지를 기재하고 등기의무자별로 신청서를 작성하여 제출하도록 하고 있다.[419]

[기록례: 등기권리자별로 신청한 경우]

【 갑 구 】	(소유권에 관한 사항)			
순위번호	등 기 목 적	접 수	등기원인	권 리 자 및 기 타 사 항
3	소유권이전	2012년8월 10일 제900호	2012년6월 2일 매매	공유자 지분 2분의 1 김태수 700123-1234567 대전광역시 서구 도안로 88(도안동) 지분 2분의 1 김수연 800321-2012345 서울특별시 은평구 진관1로 12(진관동) 거래가액 금170,000,000원
4	3번김태수지분2분의1 중 일부(4분의1), 3번김수연지분 2분의1 중 일부(4분의1)이전	2012년12월 5일 제3500호	2012년11월 4일 매매	공유자 지분 2분의 1 김영남 600103-1012345 인천광역시 남구 경원대로 88(주안동) 매매목록 제2012-105호
5	3번김태수지분전부, 3번김수연지분 전부 이전	2012년12월 5일 제3501호	2012년11월 4일 매매	공유자 지분 2분의 1 김미정 770809-2012345 서울특별시 서초구 서초로 23(서초동) 매매목록 제2012-105호

범위를 중심으로―", 사법논집 제27집, 40면 이하.

418) 등기선례 4-449, 5-418. 판례는 이 경우 전유부분과 대지사용권의 분리처분이 가능하도록 규약으로 정하는 등의 특별한 사정이 없는 한 그 전유부분의 소유자가 대지사용권을 취득함으로써 전유부분과 대지권이 동일소유자에게 귀속하게 되었다면 위 전세권의 효력은 그 대지권에까지 미친다고 한다. 다만, 대지사용권에 대한 전세권의 효력은 대지사용권이 성립함으로써 비로소 미치게 되는 것이라고 한다. 대법원 2002.6.14. 2001다68389 판결.

419) "수인의 공유자가 수인에게 지분의 전부 또는 일부를 이전하는 경우의 등기신청방법 등에 관한 예규"(등기예규 제1363호) 참조.

3. 공유물분할에 따른 등기

공유자는 공유물의 분할을 청구할 수 있다(민법 제268조 제1항 본문). 공유는 공유자 사이에 인적 결합관계가 없기 때문에 공유자는 언제든지 공유물의 분할을 청구하여 공유관계를 해소할 수 있다.[420] 그러나 5년 내의 기간으로 분할하지 아니할 것을 약정할 수 있다(민법 제268조 제1항 단서). 이 약정이 있을 때에는 그 약정에 관한 사항을 등기하여야 한다(법 제67조 제1항 후문).

분할의 방법에 있어 당사자 사이에 협의가 이루어지는 경우에는 그 방법을 임의로 선택할 수 있으나, 협의가 이루어지지 아니하여 재판에 의하여 공유물을 분할하는 경우에는 현물분할이 원칙이고 현물로 분할할 수 없거나 현물로 분할을 하게 되면 현저히 그 가액이 감손될 염려가 있는 때에 비로소 물건의 경매를 명할 수 있다.[421] 일부 공유자에 대하여는 현물분할을 하고 분할을 원하지 않는 나머지 공유자는 공유로 남게 하는 방법도 허용되고,[422] 공유물을 공유자 중의 1인의 단독소유 또는 여러 사람의 공유로 하고 다른 공유자에 대하여 가격을 배상시키는 전면적 가액보상에 의한 분할도 인정된다.[423]

공유물분할에 따른 등기절차는 다음과 같다. 분할은 지분의 교환 또는 매매의 실질을 가지므로 공유물분할을 원인으로 하여 공유지분 이전등기를 하게 된다. 그러나 공유지분 이전등기를 하기 전에 필요한 경우에는 분할되는 부분에 대하여 먼저 대장상 분필, 분할 또는 구분의 등기를 하여야 한다. 이어서 공유물분할을 원인으로 하는 공유지분이전등기를 한다. 분할의 모습에 따라 등기절차도 다르나 실무상 분필의 등기와 공유물분할을 원인으로 하는 지분이전등기의 두 단계를 거치는 경우가 많다. 공유물분할을 원인으로 하는 지분이전등기는 분할되는 모든 부동산에 대하여 동시에 신청하여야 하는 것은 아니고 각 부동산별로 독립하여 신청

---

420) 상호명의신탁관계 내지 구분소유적 공유관계에서 건물의 특정 부분을 구분소유하는 자는 그 부분에 대하여 신탁적으로 지분등기를 가지고 있는 자를 상대로 하여 그 특정 부분에 대한 명의신탁 해지를 원인으로 한 지분이전등기절차의 이행을 구할 수 있을 뿐 그 건물 전체에 대한 공유물분할을 구할 수는 없다(대법원 2010.5.27. 2006다84171 판결).

421) 대법원 1993.12.7. 93다27819 판결; 대법원 1997.9.9. 97다18219 판결; 대법원 2015.3.26. 2014다233428 판결.

422) 대법원 2010.2.25. 2009다79811 판결.

423) 대법원 2004.10.14. 2004다30583 판결.

할 수 있다.[424] 공유물분할판결에 의하여 공유물분할을 원인으로 하는 등기를 신청하는 경우, 당사자가 원고인지 피고인지 관계없이 등기권리자 또는 등기의무자가 단독으로 그 등기를 신청할 수 있고(법 제23조 제4항), 판결 주문에 등기신청절차의 이행을 명하는 기재가 없더라도 그 등기를 신청할 수 있다.[425]

분할은 지분의 교환 또는 매매의 실질을 가지므로 부동산의 공유지분 위에 담보물권이 설정된 후 공유물분할이 이루어진 경우 그 담보물권이 담보물권설정자가 취득한 부분에 당연히 집중되는 것은 아니다.[426][427] 실무상 이러한 경우 어느 공유자의 지분을 목적으로 하는 근저당권의 효력을 공유물분할 후 그 공유자가 취득한 부동산 전부에 미치게 하는 변경등기를 하고, 그 공유자가 권리를 취득하지 않는 다른 부동산에 대하여는 근저당권을 말소하는 등기를 하기도 한다.

실무상 많이 이루어지는 공유물분할의 모습에 따른 등기절차를 도표로 표시하면 다음과 같다. 공유물분할 후의 모습에 따른 등기를 구현하기 위하여는 여러 단계의 등기가 이루어짐을 알 수 있다.

---

424) "공유물분할에 인한 소유권이전등기를 함에 있어 그 중 1인 취득분만의 등기신청 가부"(등기예규 제514호). 그 결과 분할된 일부 부동산에 대하여는 공유물분할에 따른 등기가 이루어지고 다른 부동산에 대하여는 아직 공유물분할에 따른 등기가 이루어지지 않을 수도 있다.

425) 이 때 등기원인은 "공유물분할"로 하고 그 연월일은 판결확정일을 기재한다. "판결 등 집행권원에 의한 등기의 신청에 관한 업무처리지침"(등기예규 제1692호).

대법원 2020.8.20. 2018다241410,241427 판결은, 갑이 을을 상대로 제기한 공유물분할청구의 소에서 '1. 가. (가), (나) 부분 토지는 을의 소유로, (다) 부분 토지는 갑의 소유로 각 분할한다. 나. 갑은 을로부터 가액보상금을 지급받음과 동시에, 을에게 (가), (나) 부분 토지 중 갑의 지분에 관하여 공유물분할을 원인으로 한 소유권이전등기절차를 이행하라'고 한 원심판결의 주문 제1의 가항과 나항은 효과 면에서 서로 모순된다고 한다.

426) 대법원 1989.8.8. 88다카24868 판결. 따라서, 갑, 을의 공유인 부동산 중 갑의 지분 위에 설정된 근저당권 등 담보물권은 특단의 합의가 없는 한 공유물분할이 된 뒤에도 종전의 지분비율대로 공유물 전부 위에 그대로 존속하고 근저당권설정자인 갑 앞으로 분할된 부분에 당연히 집중되는 것은 아니므로, 갑과 담보권자 사이에 공유물분할로 갑의 단독소유로 된 토지부분 중 원래의 을 지분 부분을 근저당권의 목적물에 포함시키기로 합의하였다고 하여도 이런 합의가 을의 단독소유로 된 토지 부분 중 갑 지분 부분에 대한 피담보채권을 소멸시키기로 하는 합의까지 내포한 것이라고는 할 수 없다.

427) 한시법으로 제정된 「공유토지분할에 관한 특례법」에서는 그 법에 따른 공유토지분할에 관하여는 공유지분 위에 존속하는 소유권 이외의 권리가 그 공유자가 취득하는 부분 위에 집중하여 존속하도록 하고 있다.

공유등기		분필등기		공유물분할을 원인으로 하는 등기 및 관련 등기
서초동 123 대 300㎡ A(2/3)·B(1/3) 공유 A지분근저당권설정	⇨	서초동 123 대 200㎡ A(2/3)·B(1/3) 공유 A지분근저당권설정	⇨	A·B 공유 → B지분 A에게로 이전등기 A지분근저당권설정 → 소유권전부근저당권설정으로 변경등기
		서초동 123－3 대 100㎡ A(2/3)·B(1/3) 공유 A지분근저당권설정		A·B 공유 → A지분 B에게로 이전등기 A지분근저당권설정등기 → 말소

[기록례]

【 갑 구 】	(소유권에 관한 사항)			
순위번호	등기목적	접 수	등기원인	권리자 및 기타사항
2	소유권이전	2011년12월 4일 제7004호	2011년12월 3일 매매	공유자 지분 3분의 2 김태수 700123－1234567 대전광역시 서구 도안로 88(도안동) 지분 3분의 1 김영남 600103－1012345 인천광역시 남구 경원대로 88(주안동) 거래가액 140,000,000원
3	2번김영남지분 전부이전	2012년3월 5일 제3004호	2012년3월 4일 공유물분할	공유자 지분 3분의 1 김태수 700123－1234567 대전광역시 서구 도안로 88(도안동)

【 을 구 】	(소유권 이외의 권리에 관한 사항)			
순위번호	등기목적	접 수	등기원인	권리자 및 기타사항
1	~~갑구2번김태수지분전부근저당권설정~~	2012년2월5일 제1402호	2012년2월4일 설정계약	채권최고액 금50,000,000원 채무자 김수연 서울특별시 은평구 진관1로 12(진관동) 근저당권자 구연모 641012－1012345 서울특별시 은평구 진관3로 15(진관동)
1－1	1번근저당권변경	2012년4월2일 제5002호	2012년4월1일 변경계약	목적 소유권전부 근저당권설정

Ⅲ. 합유등기

합유는 법률의 규정 또는 계약에 의하여 수인이 조합체로서 물건을 소유하는 공동소유형태이다(민법 제271조 제1항 전단). 법률의 규정에 의하여 합유가 성립하는 경우로는 수탁자가 수인인 경우의 신탁재산(신탁법 제50조), 공동광업권자의 광업권(광업법 제17조 제5항, 제30조) 등이 있다. 계약에 의하여 성립하는 경우는 조합계약을 들 수 있다(민법 제704조).

등기할 권리가 합유인 때에는 그 뜻을 기록하여야 한다(법 제48조 제4항 후단). 따라서 등기를 신청할 때 등기할 권리가 합유일 경우에는 합유라는 뜻을 신청정보의 내용으로 등기소에 제공하여야 한다(규칙 제105조 제2항). 합유인 뜻을 기록하는 방법은 등기실무상 권리자들을 "합유자"로 기재하는 방법으로 하고 있다.

합유등기에 관한 자세한 내용은 등기예규에 잘 정리되어 있다.[428] 간략히 소개하면 다음과 같다.

합유에서도 합유자는 지분을 가진다. 그러나 등기실무상 각 합유자의 지분은 표시하지 아니하고 있다(위 등기예규 제1항).

합유자의 지분은 조합의 공동목적에 구속되기 때문에 자유로이 처분하지 못하고 합유자 전원의 동의가 필요하다(민법 제273조 제1항).[429] 합유자 중 일부가 나머지 합유자들 전원의 동의를 얻어 그의 합유지분을 처분하여 종전 합유자 중 일부가 교체되는 경우, 합유지분을 처분한 합유자와 취득한 합유자 및 잔존 합유자의 공동신청으로 "○년 ○월 ○일 합유자 변경"을 원인으로 합유명의인 변경등기를 하여야 한다. 합유자 중 일부가 사망한 경우 합유자 사이에 특별한 약정이 없는 한 사망한 합유자의 상속인은 민법 제719조에 의한 지분반환청구권을 가질 뿐 합유자로서의 지위를 승계하지는 않는다. 해당 부동산은 잔존 합유자의 합유로 귀속되므로 사망한 합유자의 지분에 관하여 그 상속인 앞으로 상속등기를 하지는 않고, 잔존 합유자가 사망한 합유자의 사망사실을 증명하는 서면을 첨부하여 해당 부동산을 잔존 합유자의 합유로 하는 합유명의인 변경등기를 신청하여야

428) "합유등기의 사무처리에 관한 예규"(등기예규 제911호).

429) 따라서 실무상 합유자 중 1인의 지분에 대한 강제집행, 가압류 등은 허용되지 않는다고 보고 있다. 등기선례 6-497, 7-243.

하고, 잔존 합유자가 1인인 경우에는 잔존합유자의 단독소유로 하는 변경등기를 신청하여야 한다(위 등기예규 제2항).

또한 실무상 공유자 전부 또는 일부가 그 소유관계를 합유로 변경하는 경우 변경계약을 원인으로 합유로의 변경등기를 하고(위 등기예규 제3항), 단독소유를 수인의 합유로 하는 경우 소유권이전등기를 하고 있다(위 등기예규 제4항).

[기록례]

【 갑 구 】 (소유권에 관한 사항)				
순위번호	등기목적	접 수	등 기 원 인	권 리 자 및 기 타 사 항
2	소유권이전	2012년2월 3일 제206호	2012년1월30일 매매	~~합유자~~ ~~홍길동 500102－1012345~~ ~~서울특별시 종로구 율곡로 16(원서동)~~ ~~김태수 700123－1234567~~ ~~대전광역시 서구 도안로 88(도안동)~~ ~~김미정 770809－2012345~~ ~~서울특별시 서초구 서초대로 24(서초동)~~ 거래가액 금270,000,000원
2－1	2번소유권변경	2012년3월 4일 제505호	2003년2월4일 합유자 홍길동 사망	합유자 김태수 700123－1234567 대전광역시 서구 도안로 88(도안동) 김미정 770809－2012345 서울특별시 서초구 서초대로 24(서초동)

Ⅳ. 총유등기

총유는 법인 아닌 사단의 사원이 집합체로서 물건을 소유하는 공동소유형태이다(민법 제275조 제1항). 총유의 법률관계는 사단의 정관 기타 규약에 의하여 정하고 그 정함이 없는 경우에는 민법 제276조와 제277조에 의한다(민법 제275조 제2항). 총유물의 관리 및 처분은 사원총회의 결의에 의하고, 각 사원은 정관 기타의 규약에 좇아 총유물을 사용·수익할 수 있다(민법 제276조).

종중, 문중, 그 밖에 대표자나 관리인이 있는 법인 아닌 사단이나 재단에 속하는 부동산의 등기에 관하여는 그 사단이나 재단을 등기권리자 또는 등기의무자로 하고, 그 사단이나 재단의 명의로 그 대표자나 관리인이 신청한다(법 제26조). 이 등기를 할 때에는 그 대표자나 관리인의 성명, 주소 및 주민등록번호를 함께 기록하여야 한다(법 제48조 제3항).

법인 아닌 사단의 등기에 관하여는 제1절 제2관 등기의 신청 부분을 참조하기 바란다.

제 4 절 용익권에 관한 등기

제 1 관 지상권등기

Ⅰ. 의 의

지상권은 타인의 토지에 건물 기타 공작물이나 수목을 소유하기 위하여 그 토지를 사용할 수 있는 물권이다(민법 제279조). 지상권등기가 이루어진 건수는 2014년 234,029건, 2015년 248,577건, 2016년 222,783건이고, 구분지상권등기는 2014년 8,820건, 2015년 11,774건, 2016년 13,261건 이루어졌다.

지상권등기는 본래의 목적을 위한 경우 외에 담보목적으로 이루어지는 경우도 있다. 이를 담보지상권이라고 한다. 금융기관이 대출금 채권의 담보를 위하여 토지에 저당권과 함께 지료 없는 지상권을 설정하는 경우이다. 이 경우 지상권은 저당권이 실행될 때까지 제3자가 용익권을 취득하거나 목적 토지의 담보가치를 하락시키는 침해행위를 하는 것을 배제함으로써 저당 부동산의 담보가치를 확보하는 데에 목적이 있다.[430] 판례는 그 유효성을 인정하고 있다.[431]

Ⅱ. 지상권설정등기

지상권은 보통의 경우 지상권설정계약과 등기에 의하여 성립한다. 그 밖에도 법률의 규정에 의하여 지상권을 설정한 것으로 보게 되는 경우도 있고(민법 제

430) 대법원 2018.3.15. 2015다69907 판결.

431) 대법원 2004.3.29. 2003마1753 결정; 대법원 2008.2.15. 2005다47205 판결. 대법원 2011.4.14. 2011다6342 판결은 이 경우 그 피담보채권이 변제 등으로 만족을 얻어 소멸한 경우는 물론이고 시효소멸한 경우에도 그 지상권은 피담보채권에 부종하여 소멸한다고 한다.

366조), 관습법에 의하여 법정지상권이 성립하는 경우도 있다.

지상권설정의 등기를 할 때에는 일반적인 기록사항 외에 다음의 사항을 기록하여야 한다. 다만, ③부터 ⑤는 등기원인에 그 약정이 있는 경우에만 기록한다(법 제69조).

① 지상권설정의 목적

지상권은 타인의 토지 위에 건물 그 밖의 공작물이나 수목을 소유하기 위한 것이고 그 목적에 따라 최단존속기간이 정하여지므로(민법 제280조 제1항) 그 목적을 명확히 기재하여야 한다. 따라서 건물의 소유를 목적으로 하는 경우에는 단순히 "건물의 소유"라고 기재하여서는 안 되고 "철근콘크리트 건물의 소유" 등과 같이 표시하여야 한다.

② 범 위

지상권설정의 범위가 토지의 일부인 경우에는 그 부분을 표시한 도면의 번호를 기록하여야 한다.

③ 존속기간

실무상 지상권의 존속기간을 민법 제280조 제1항의 기간보다 단축한 기간으로 신청서에 기재한 경우라도 그 기간은 위 최단존속기간까지 연장되므로 신청서 기재대로 수리하도록 하고 있다.[432] 또한, 그 존속기간을 불확정기간(예를 들어, 철탑존속기간)으로 정할 수도 있다. 판례는 존속기간을 영구로 약정할 수도 있다고 한다.[433]

④ 지료와 지급시기

⑤ 민법 제289조의2 제1항 후단의 약정

구분지상권의 경우에 지상권의 행사를 위하여 설정행위로 토지의 사용을 제한하는 약정을 하는 경우에는 그 약정을 등기한다.

---

432) "지상권설정등기의 존속기간에 관한 업무처리지침"(등기예규 제1425호). 등기관이 심사할 사항이 아니기 때문이다.

433) 민법상 지상권의 존속기간은 최단기만이 규정되어 있을 뿐 최장기에 관하여는 아무런 제한이 없으며, 존속기간이 영구인 지상권을 인정할 실제의 필요성도 있고, 이러한 지상권을 인정한다고 하더라도 지상권의 제한이 없는 토지의 소유권을 회복할 방법이 있을 뿐만 아니라, 특히 구분지상권의 경우에는 존속기간이 영구라고 할지라도 대지의 소유권을 전면적으로 제한하지 아니한다는 점 등에 비추어 보면, 지상권의 존속기간을 영구로 약정하는 것도 허용된다(대법원 2001.5.29. 99다66410 판결).

지상권설정의 등기를 신청하는 경우에는 위 등기사항을 신청정보의 내용으로 등기소에 제공하여야 하고, 등기원인을 증명하는 정보로 지상권설정계약 등을 제공하여야 한다. 지상권설정의 범위가 부동산의 일부인 경우에는 그 부분을 표시한 지적도를 첨부정보로 등기소에 제공하여야 하고(규칙 제126조),[434] 토지거래허가구역 안의 토지에 대하여 지상권을 설정하는 경우 지료의 약정이 있는 때에는 토지거래허가서를 첨부하여야 한다(부동산 거래신고 등에 관한 법률 제11조 제1항).

토지 위에 등기된 건물이 있더라도 그 토지에 대하여 지상권설정등기를 신청할 수 있다.[435]

[기록례]

【 을 구 】	(소유권 이외의 권리에 관한 사항)			
순위번호	등 기 목 적	접 수	등 기 원 인	권 리 자 및 기 타 사 항
1	구분지상권설정	2012년8월20일 제6001호	2012년8월13일 설정계약	목 적 철근콘크리트조 건물의 소유 범 위 토지 전부 존속기간 2012년8월19일부터 30년 지상권자 김태수 800123－1012345 대전광역시 서구 도안로 88(도안동)

Ⅲ. 구분지상권등기

1. 구분지상권설정등기

건물 기타의 공작물을 소유하기 위하여 타인 토지의 지하 또는 지상의 공간을 상하의 범위를 정하여 지상권의 목적으로 할 수 있는데(민법 제289조의2), 이것을 구분지상권이라 한다. 오늘날 도시의 인구집중으로 인한 토지의 입체적 이용의 필요성에서 토지의 특정 층만의 이용을 목적으로 하여 생겨난 제도이다. 예를 들어, 지하철, 고가도로, 송전선 등을 위하여 이용될 수 있다.

구분지상권등기도 일반 지상권등기와 동일하나 다음 몇 가지 차이가 있

434) 첨부하는 지적도는 지상권의 목적인 토지 부분을 특정할 수 있을 정도의 것이면 되고 반드시 측량성과에 따라 정밀하게 작성된 것일 필요는 없다. 등기선례 5－412.

435) 등기선례 3－573, 6－311.

다.[436] 구분지상권은 지하 또는 지상의 공간의 상하의 범위를 정하여 등기하여야 하고, 건물 그 밖의 공작물을 소유하기 위하여만 허용되고 수목 소유를 위하여는 설정하지 못한다. 여기서 상하의 범위는 평균 해면 또는 지상권을 설정하는 토지의 특정지점을 포함한 수평면을 기준으로 하여 이를 명백히 하여야 한다. 예를 들어, "평균 해면 위 100미터로부터 150미터 사이" 또는 "토지의 동남쪽 끝 지점을 포함한 수평면을 기준으로 하여 지하 20미터로부터 50미터 사이"와 같이 기재한다. 그러나 도면을 신청서에 첨부할 필요는 없다. 또한, 구분지상권은 제3자가 토지를 사용·수익할 권리를 가진 때에도 그 권리자 및 그 권리를 목적으로 하는 권리를 가진 자 전원의 승낙이 있으면 설정할 수 있다(민법 제289조의2 제2항). 여기서 "사용·수익할 권리"는 지상권·지역권·전세권·등기된 임차권과 같이 대항력 있는 권리를 말한다. 따라서 이들 등기와 이를 목적으로 하는 권리에 관한 등기가 있는 때에는 신청서에 이들의 승낙서를 첨부하여야 한다.

구분지상권자는 그 범위 내에서 토지를 사용할 권리가 있고 나머지 부분은 토지소유자가 사용권을 가진다. 그러나 설정행위에서 구분지상권의 행사를 위하여 토지소유자의 토지사용권을 제한하는 특약을 할 수 있고(민법 제289조의2 제1항 후단), 이 제한을 등기하면 소유자 외의 제3자에게도 대항할 수 있다(법 제69조 제5호).

2. 도시철도법 등에 의한 구분지상권등기

특별법에서 구분지상권등기에 관한 특례규정을 두고 있는 경우가 있다. 도시철도법에 의하면 도시철도건설자는 토지의 지하부분 사용이 필요한 경우 해당 부분에 대하여 구분지상권을 설정하거나 이전하여야 하고, 구분지상권을 설정하거나 이전하는 내용으로 수용 또는 사용의 재결을 받은 경우에는 단독으로 그 구분지상권의 설정등기 또는 이전등기를 신청할 수 있다(제12조). 이 규정은 처음에 도시철도법에서 두게 되었으나, 그 이후 도로법 제28조, 전기사업법 제89조의2, 농어촌정비법 제110조의3, 철도건설법 제12조의3, 「지역 개발 및 지원에 관한 법률」 제28조, 수도법 제60조의3에서도 같은 취지의 규정을 두고 있다. 그리고 「도시철도법 등에 의한 구분지상권 등기규칙」은 이들 규정에 따른 구분지상권등기

---

436) 구분지상권등기에 관하여는 "구분지상권에 관한 등기처리요령"(등기예규 제1040호) 참조.

의 특례를 규정하고 있다.

위 규정에 의한 등기의 신청에는 재결서와 보상 또는 공탁을 증명하는 정보를 첨부정보로 제공하여야 한다(위 규칙 제2조 제1항, 제3조 제1항). 위 규정에 의한 구분지상권설정등기를 하고자 하는 토지의 등기기록에 그 토지를 사용·수익하는 권리에 관한 등기 또는 그 권리를 목적으로 하는 권리에 관한 등기가 있는 경우에도 그 권리자들의 승낙을 받지 아니하고 구분지상권설정등기를 신청할 수 있다(위 규칙 제2조 제2항).

위 규정에 의한 구분지상권설정등기는, 그 등기보다 먼저 마친 강제경매개시결정의 등기, 담보물권의 설정등기, 압류등기 또는 가압류등기 등에 의하여 경매 또는 공매로 인한 소유권이전등기를 촉탁한 경우나 그 등기보다 먼저 가처분등기를 마친 가처분채권자가 가처분채무자를 등기의무자로 하여 소유권이전등기, 소유권이전등기말소등기, 소유권보존등기말소등기 또는 지상권·전세권·임차권설정등기를 신청한 경우, 또는 그 등기보다 먼저 마친 가등기에 의하여 소유권 이전의 본등기 또는 지상권·전세권·임차권설정의 본등기를 신청한 경우에도 말소할 수 없도록 하고 있다(위 규칙 제4조). 위 구분지상권이 지니는 공익목적을 고려하여 둔 규정으로 보인다.

위 특별법의 규정 중 사용재결에 의하여 구분지상권등기를 신청할 수 있도록 한 점에는 의문이 있다. 사용재결은 공법상 사용권의 설정을 내용으로 할 뿐 구분지상권과 같은 사권의 취득을 내용으로 하는 것이 아님에도 사용재결을 원인으로 구분지상권설정등기를 신청할 수 있게 한 것은 이론상 문제점이 있다.[437]

제 2 관 지역권등기

Ⅰ. 의　　의

지역권은 설정행위에서 정한 일정한 목적을 위하여 타인의 토지를 자기 토지의 편익에 이용하는 물권이다(민법 제291조). 지역권은 두 개의 토지를 전제로 한다. 그중 편익을 받는 토지를 요역지(要役地), 편익을 주는 토지를 승역지(承役

437) 이 점에 관하여 자세한 내용은 부동산등기실무[Ⅱ], 410면 참조.

地)라고 한다. 요역지는 1필의 토지이어야 하고 1필의 토지의 일부를 위하여는 지역권을 설정할 수 없다. 그러나 승역지는 1필의 토지 일부이어도 된다. 편익의 종류에는 제한이 없다. 주요한 내용으로는 인수(引水)와 통행을 들 수 있다. 그러나 편익을 받는 것은 토지이어야 하고 요역지 거주자의 개인적 이익을 위하여는 지역권을 설정할 수 없다. 지역권은 상린관계와 마찬가지로 다른 토지와의 이용을 조절하는 기능을 가진다. 그러나 상린관계는 법률상 당연히 발생하는 최소한의 조절이고 지역권은 당사자 사이의 계약에 의하여 상린관계에 의한 이용의 조절을 확대하는 기능을 가진다. 지역권의 등기는 실무에서 거의 활용되고 있지 않다.[438] 지역권설정등기의 건수를 보면 2014년 1,196건, 2015년 1,102건, 2016년 1,663건으로 아주 미미하다.

지역권은 요역지 위의 권리에 종된 권리이다. 따라서 지역권은 요역지와 분리하여 양도하거나 다른 권리의 목적으로 하지 못한다(민법 제292조 제2항). 또한, 요역지 소유권에 부종하여 이전하며 요역지가 다른 권리의 목적이 된 때에는 지역권도 그에 수반한다(민법 제292조 제1항 본문). 그러나 이러한 수반성은 약정으로 배제할 수 있고(민법 제292조 제1항 단서), 그 약정을 등기하면 제3자에게도 대항할 수 있다(법 제70조 제4호). 요역지와 승역지는 서로 인접해 있을 필요는 없으며 다른 등기소의 관할에 속하여도 무방하다.

Ⅱ. 지역권의 등기절차와 등기사항

지역권의 등기는 승역지와 요역지 두 개의 토지의 등기기록에 이루어진다.

(1) 지역권설정의 등기는 승역지에 한다. 따라서 지역권설정의 등기는 승역지를 관할하는 등기소에 신청하여야 한다. 지역권설정의 등기를 할 때에는 등기기록에 일반적인 등기사항 외에 다음의 사항을 기록하여야 한다. 다만, ④는 등기원인에 그 약정이 있는 경우에만 기록한다(법 제70조).

① 지역권설정의 목적

---

438) 이 점은 일본도 마찬가지이다. 그러나 미국의 물권법(Property law) 교과서에서는 지역권(Easements)에 관한 설명이 많고 판례도 많다. 우리나라도 물류센터 건립 등의 사업에서 지역권설정등기가 이루어지는 경우가 있다.

② 범위

③ 요역지

④ 민법 제292조 제1항 단서, 제297조 제1항 단서 또는 제298조의 약정

지역권의 요역지 소유권에의 부종성을 배제하는 약정(민법 제292조 제1항 단서), 용수지역권에서 승역지의 수량이 요역지 및 승역지의 수요에 부족한 경우의 공급에 관한 약정(민법 제297조 제1항 단서), 승역지 소유자가 자기의 비용으로 지역권의 행사를 위하여 공작물의 설치 또는 수선의 의무를 부담하기로 한 약정(민법 제298조)이 설정계약에 있다면 그 약정을 등기하여야 하고, 그 약정을 등기하면 제3자에게 대항할 수 있다.

⑤ 승역지의 일부에 지역권설정의 등기를 할 때에는 그 부분을 표시한 도면의 번호

지역권자는 등기사항이 아니다.

지역권설정의 등기를 신청하는 경우에는 위 등기사항을 신청정보의 내용으로 등기소에 제공하여야 하고, 지역권 설정의 범위가 승역지의 일부인 경우에는 그 부분을 표시한 지적도를 첨부정보로 등기소에 제공하여야 한다(규칙 제127조).

(2) 다음으로 요역지의 등기기록에 등기를 한다. 등기관이 승역지에 지역권설정의 등기를 하였을 때에는 직권으로 요역지의 등기기록에 순위번호, 등기목적, 승역지, 지역권설정의 목적, 범위 및 등기연월일을 기록하여야 한다(법 제71조 제1항). 등기관이 승역지에 지역권 변경 또는 말소의 등기를 하였을 때에는 직권으로 요역지의 등기기록에 변경 또는 말소의 등기를 하여야 한다(법 제71조 제4항).

[승역지 등기기록]

【 을 구 】 (소유권 이외의 권리에 관한 사항)				
순위번호	등기목적	접 수	등기원인	권리자 및 기타사항
1	지역권설정	2012년3월5일 제3005호	2012년3월4일 설정계약	목 적 통행 범 위 동측 50㎡ 요역지 경기도 고양군 원당면 신원리 5 도면 제2012－5호

[요역지 등기기록: 같은 등기소 관내인 경우]

【 을 구 】	(소유권 이외의 권리에 관한 사항)			
순위번호	등기목적	접 수	등 기 원 인	권 리 자 및 기 타 사 항
1	요역지지역권			승역지 경기도 고양군 원당면 신원리 6 목 적 통행 범 위 동측 50㎡ 2012년3월5일 등기

제 3 관 전세권등기

Ⅰ. 의 의

전세권은 전세금을 지급하고 타인의 부동산을 점유하여 그 부동산의 용도에 좇아 사용·수익하며, 전세권이 소멸하면 목적부동산으로부터 전세금의 우선변제를 받을 수 있는 물권이다(민법 제303조 제1항). 전세권은 우리나라에서 과거에 임대차계약의 일종으로 관행적으로 행하여져 오던 건물의 "전세"를 물권으로 성문화한 우리 민법 특유의 제도이다.

전세권은 용익물권인 동시에 담보물권적 성격을 아울러 갖는 특수한 물권이지만, 기본성격은 용익물권이며 담보물권적 성격은 전세권자의 전세금반환청구권을 확보해주기 위한 정책적 고려에서 나온 부수적인 것이다.

실무에서 임대차보증금반환채권 또는 공사대금채권을 담보하기 위하여 전세권을 설정하는 경우가 있다. 이를 채권담보전세권이라고 부르기도 한다. 판례는[439] 전세권설정계약의 당사자가 주로 채권담보 목적으로 전세권을 설정하고 설정과 동시에 목적물을 인도하지 않는다고 하더라도 장차 전세권자가 목적물을 사용·수익하는 것을 배제하지 않는다면, 전세권의 효력을 부인할 수는 없다고 한다. 그러나 전세권설정계약의 당사자가 전세권의 핵심인 사용·수익 권능을 배

439) 대법원 2005.5.26. 2003다12311 판결; 대법원 2021.12.30. 2018다40235,40242 판결. 임대인과 임차인이 임대차계약에 따른 임대차보증금반환채권을 담보할 목적으로 전세권을 설정하기 위하여 전세권설정계약을 체결한 경우, 위 전세권설정계약이 임대차계약과 양립할 수 없는 범위에서 통정허위표시에 해당하여 무효라고 한다(대법원 2008.3.13. 2006다29372 판결; 대법원 2021.12.30. 2018다268538 판결).

제하고 채권담보만을 위해 전세권을 설정하였다면 법률이 정하지 않은 새로운 내용의 전세권을 창설하는 것으로서 물권법정주의에 반하여 허용되지 않고 이러한 전세권설정등기는 무효라고 한다.

농경지는 전세권의 목적으로 하지 못하며(민법 제303조 제2항) 농지를 전세권설정의 목적으로 하는 등기를 신청한 때에는 사건이 등기할 것이 아닌 경우에 해당하여 각하한다(규칙 제52조 제4호).

Ⅱ. 전세권설정등기

전세권은 부동산소유자와 전세권을 취득하려는 자 사이의 설정계약과 등기에 의하여 성립한다. 전세권설정의 등기를 할 때에는 일반적인 등기사항 외에 다음의 사항을 기록하여야 한다.[440] 다만, ③부터 ⑤까지는 등기원인에 그 약정이 있는 경우에만 기록한다(법 제72조).

① 전세금

② 범위

전세권은 배타성이 있는 물권이므로 동일한 부동산 위에 중복하여 설정할 수 없으나, 이미 건물의 일부에 전세권이 설정된 경우에도 그 부분과 중복되지 않는 다른 부분에는 전세권을 설정할 수 있다. 전세권설정의 범위가 부동산의 일부인 경우에는 그 부분을 표시한 도면의 번호를 기록하여야 한다.

③ 존속기간

전세권의 존속기간은 10년을 넘지 못하고, 당사자의 약정기간이 10년을 넘는 때에는 10년으로 단축한다(민법 제312조 제1항). 건물에 대한 전세권의 존속기간을 1년 미만으로 정한 때에는 이를 1년으로 한다(민법 제312조 제2항).

판례는 전세권이 용익물권적인 성격과 담보물권적인 성격을 모두 갖추고 있는 점에 비추어 전세권 존속기간이 시작되기 전에 마친 전세권설정등기도 특별한 사정이 없는 한 유효한 것으로 추정된다고 한다.[441]

---

440) 등기선례는 법인이 전세권자인 경우 권리자에 관한 사항에 취급지점을 기록할 수는 없다고 한다(2023.9.14. 부동산등기과－2675 질의회답).

441) 대법원 2018.1.25. 2017마1093 결정.

④ 위약금 또는 배상금

⑤ 민법 제306조 단서의 약정

설정행위에서 전세권의 양도, 담보제공, 전전세 또는 임대를 금지한 때에는 그 약정을 등기할 수 있다.

여러 개의 부동산에 관한 권리를 목적으로 하는 전세권설정의 등기를 하는 경우에는 공동저당과 공동담보목록에 관한 규정이 준용된다(법 제72조 제2항, 제78조). 전세권은 담보물권의 성격도 가지기 때문이다. 따라서 다른 부동산에 관한 권리가 함께 전세권의 목적으로 제공된 뜻을 기록하여야 하고, 그 부동산이 5개 이상인 경우에는 공동전세목록을 작성하여야 한다.

전세권을 여러 명이 준공유하는 경우 전세권자별 지분을 기록하여야 한다.[442)]

전세권설정의 등기를 신청하는 경우에는 위 등기사항을 신청정보의 내용으로 등기소에 제공하여야 하고, 전세권설정의 범위가 부동산의 일부인 경우에는 그 부분을 표시한 지적도나 건물도면을 첨부정보로 등기소에 제공하여야 한다(규칙 제128조 제1항, 제2항). 등기원인을 증명하는 정보로는 보통 전세권설정계약서를 첨부한다.

[기록례]

【 을 구 】	(소유권 이외의 권리에 관한 사항)			
순위번호	등기목적	접 수	등기원인	권 리 자 및 기 타 사 항
1	전세권설정	2012년3월5일 제3005호	2012년3월4일 설정계약	전세금 금30,000,000원 범 위 건물 2층 전부 존속기간 2012년3월5일부터 2013년3월4일까지 전세권자 구연모 641012-1012345 서울특별시 은평구 진관3로 15(진관동)

Ⅲ. 전세권의 이전과 변경, 말소의 등기

1. 전세권 이전의 등기

전세권은 물권이므로 전세권자는 처분의 자유가 있다. 따라서 전세권자는

442) 등기선례 9-295. 이 지분의 기재가 누락되었다면 누락된 공동전세권자별 지분을 추가 기록하는 경정등기는 그 전세권의 존속기간이 만료된 경우라 하더라도 신청할 수 있다.

설정자의 동의 없이 전세권을 타인에게 양도 또는 담보로 제공할 수 있고 그 존속기간 내에서 그 목적물을 타인에게 전전세 또는 임대할 수 있다(민법 제306조 본문). 전세권의 처분은 자유이나 당사자가 설정행위로 금지할 수 있고(민법 제306조 단서), 이 처분금지의 특약은 등기하여야 제3자에 대하여 대항할 수 있다(법 제72조 제1항 제5호).

전세권 처분의 대표적인 예가 전세권의 양도이다. 전세권 양도에 따라 전세권이전등기를 한다. 이 등기는 양도인과 양수인이 공동으로 신청하여야 하며 전세권설정자의 동의는 필요하지 않다. 또한 전세권의 일부지분을 양도하고 이를 원인으로 전세권일부이전등기를 신청할 수 있다.[443] 이때에는 양도인과 양수인이 전세권을 준공유하게 된다.

소유권 외의 권리의 이전등기는 해당 권리에 관한 등기에 부기로 하여야 하므로(법 제52조 제2호) 전세권이전등기는 부기로 등기한다.[444]

전세금반환채권의 양도와 전세권이전등기의 문제에 대하여는 항을 바꾸어서 살펴본다.

2. 전세권 변경의 등기

전세권의 내용에 변경이 있는 경우에는 전세권 변경의 등기를 한다. 그 사유로는 전세금의 증감, 존속기간의 변경, 범위의 변경 등을 들 수 있다. 전세권 변경의 등기는 전세권의 목적물 자체의 동일성이 인정되는 범위에서 허용된다. 따라서 전세권의 범위를 "17층 북쪽 201.37㎡"에서 "3층 동쪽 484.54㎡"로 변경하는 것은 전세권의 동일성이 인정되지 아니하므로 전세권변경등기에 의할 수 없고, 별개의 전세권설정등기를 하여야 한다.[445]

전세권 변경의 등기에 관하여는 등기의 변경에 관한 일반이론이 적용되므로 구체적인 등기절차에 관하여는 설명을 생략한다.[446] 전세금을 증액 또는 감액하

443) 등기선례 6-320.

444) 전세금 증액의 변경등기가 주등기로 마쳐진 경우라도 그 전세권을 이전하는 등기는 전세권설정등기에 부기로 한다. 전세권변경등기 등의 기록방법에 관한 사무처리지침(등기예규 제1671호).

445) 등기선례 6-321.

446) 등기선례에 나타난 몇 가지를 소개한다. 전세권설정등기 후 목적부동산의 소유권이 제3자에게 이전된 경우, 그 존속기간을 단축하거나 연장하기 위한 전세권변경등기는 전세권자와 제3취득

는 변경등기 등의 기록방법에 관하여는 다소 혼란스러운 점이 있다. 자세한 내용은 등기예규에 잘 정리되어 있다.[447] 전세권의 존속기간 만료와 전세권의 변경등기에 관하여는 항을 바꾸어 살펴본다.

3. 전세권 말소의 등기

전세권이 소멸한 때에 말소의 등기를 한다. 말소등기에 관하여는 등기의 일반이론이 적용된다. 여기서는 몇 가지 유의할 점만 살펴본다.

전세권이 소멸하면 전세권자는 목적 부동산을 인도하고 전세권등기의 말소등기에 필요한 서류를 교부하여야 하고 전세권설정자는 전세금을 반환하여야 한다. 두 당사자의 의무는 동시이행관계에 있다(민법 제317조).

전세권이 성립한 후 전세목적물의 소유권이 이전된 경우 판례는 전세권은 전세권자와 목적물의 소유권을 취득한 신소유자 사이에서 계속 동일한 내용으로 존속하게 된다고 본다.[448] 이 경우 전세권을 이전받은 현재의 소유명의인이 전세권 말소등기의 등기의무자가 된다. 또한, 합병 후 존속하는 회사가 합병으로 인하여 소멸한 회사 명의로 있는 전세권등기의 말소등기를 신청하는 경우, 그 등기원인이 합병등기 후에 발생한 것인 때(예를 들어, 합병 후에 전세권설정계약을 해지하는 경우)에는 합병을 원인으로 한 전세권이전등기를 선행하고 전세권말소등기를 신청하여야 한다.[449]

Ⅳ. 관련문제

1. 전세금반환채권과 전세권등기

전세권과 분리하여 전세금반환채권을 양도할 수 있는가에 대하여 민법에서

자(소유자)가 공동으로 신청하여야 한다. 그 소유권을 이전받은 제3취득자가 전세권설정자의 지위까지 승계하였기 때문이다(등기선례 5-413). 또한, 4층 건물의 1층 전부에 관하여 A 명의의 전세권등기가 이루어지고 4층 전부에 관하여 B 명의의 전세권등기가 이루어진 상태에서 A 명의의 전세권 존속기간 연장의 변경등기를 할 경우 B는 등기상 이해관계 있는 제3자로 보아야 한다(등기선례 7-264).

447) 전세권변경등기 등의 기록방법에 관한 사무처리지침(등기예규 제1671호).

448) 대법원 2000.6.9. 99다15122 판결; 대법원 2006.5.11. 2006다6072 판결.

449) 등기선례 5-424. 그 이유는 포괄승계인에 의한 등기 부분에서 설명하였다.

논의가 있다. 판례는 전세권이 존속하는 동안은 전세금반환채권만을 분리하여 확정적으로 양도할 수 없으나,[450] 존속기간의 만료 등으로 본래의 용익물권적 권능이 소멸하고 담보물권적 권능만 남은 전세권에 대하여는 그 피담보채권인 전세금반환채권과 함께 제3자에게 양도할 수 있다고 한다.[451] 개정 부동산등기법은 판례의 태도를 입법화하여 전세금반환채권의 양도에 따른 전세권이전등기를 인정하고 있다.

전세금반환채권의 양도를 원인으로 하는 전세권이전등기는 전세권이 소멸한 경우에만 할 수 있다. 그러므로 전세금반환채권의 일부양도를 원인으로 한 전세권 일부이전등기의 신청은 전세권의 존속기간의 만료 전에는 할 수 없다. 다만, 전세권의 존속기간 만료 전이라도 해당 전세권이 소멸하였음을 증명하여 신청하는 경우에는 그러하지 아니하다(법 제73조). 전세금반환채권의 일부양도를 원인으로 한 전세권일부이전등기를 할 때에는 양도액을 기록한다(법 제73조 제1항). 그러므로 전세금반환채권의 일부양도를 원인으로 전세권의 일부이전등기를 신청하는 경우에는 양도액을 신청정보의 내용으로 등기소에 제공하여야 하고, 존속기간 만료 전에 이 등기를 신청하는 경우에는 전세권이 소멸하였음을 증명하는 정보를 첨부정보로 제공하여야 한다(규칙 제129조).[452]

2. 존속기간의 만료와 다른 등기의 신청

전세권의 존속기간과 등기절차에서의 처리에 관하여는 전세권의 성격과 건

---

450) 대법원 1997.11.25. 97다29790 판결; 대법원 2002.8.23. 2001다69122 판결; 대법원 2018.7.20. 2014다83937 판결. 2001다69122 판결에 의하면, 전세권은 전세금을 지급하고 타인의 부동산을 그 용도에 따라 사용·수익하는 권리로서 전세금의 지급이 없으면 전세권은 성립하지 아니하는 등으로 전세금은 전세권과 분리될 수 없는 요소일 뿐 아니라, 전세권에 있어서는 그 설정행위에서 금지하지 아니하는 한 전세권자는 전세권 자체를 처분하여 전세금으로 지출한 자본을 회수할 수 있도록 되어 있으므로 전세권이 존속하는 동안은 전세권을 존속시키기로 하면서 전세금반환채권만을 전세권과 분리하여 확정적으로 양도하는 것은 허용되지 않는다고 한다.

451) 대법원 2005.3.25. 2003다35659 판결. 이 경우에 민법 제450조 제2항 소정의 확정일자 있는 증서에 의한 채권양도절차를 거치지 않는 한 위 전세금반환채권의 압류·전부 채권자 등 제3자에게 위 전세보증금반환채권의 양도사실로써 대항할 수 없다. 전세기간 만료 이후 전세권양도계약 및 전세권이전의 부기등기가 이루어진 것만으로는 전세금반환채권의 양도에 관하여 확정일자 있는 통지나 승낙이 있었다고 볼 수 없어 이로써 제3자인 전세금반환채권의 압류·전부 채권자에게 대항할 수 없다.

452) "전세금반환채권의 일부양도에 따른 전세권 일부이전등기에 관한 업무처리지침"(등기예규 제1406호).

물전세권의 법정갱신 등을 둘러싼 실체법적 법률관계와 관련하여 상당히 혼란스러운 점이 있어 이해가 쉽지 않다.

(1) 판례는 전세권의 존속기간이 만료되면 전세권의 용익물권적 권능이 소멸하고 전세금반환채권이 전세권에 갈음하여 존속하는 것으로 보며,[453] 존속기간 만료 후에는 전세금반환채권을 담보하는 담보물권적 권능의 범위 내에서 전세금의 반환시까지 전세권설정등기의 효력이 존속한다고 한다.[454]

따라서 전세권이 존속기간의 만료로 소멸된 경우에도 당해 전세권설정등기는 전세금반환채권을 담보하는 범위 내에서는 유효하므로 전세권의 이전등기는 가능하다.[455] 그러나 존속기간 연장의 변경등기, 전세권에 대한 근저당권설정등기,[456] 전전세 등기 등 전세권의 처분에 따른 등기는 허용되지 않는다.[457]

(2) 건물전세권에 대하여는 법정갱신이 인정된다. 건물의 전세권설정자가 전세권의 존속기간 만료 전 6월부터 1월까지 사이에 전세권자에 대하여 갱신거절의 통지 또는 조건을 변경하지 아니하면 갱신하지 아니한다는 뜻의 통지를 하지 아니한 경우에는 그 기간이 만료된 때에 전전세권과 동일한 조건으로 다시 전세권을 설정한 것으로 본다. 이 경우 전세권의 존속기간은 정함이 없는 것으로 본다(민법 제312조 제4항).

전세권의 법정갱신은 법률의 규정에 의한 물권의 변동이므로 전세권 갱신에 관한 등기를 필요로 하지 아니하고, 전세권자는 등기 없이도 전세권설정자나 그

---

453) 대법원 2008.3.13. 2006다29372,29389 판결; 대법원 2008.12.24. 2008다65396 판결; 대법원 2014.10.27. 2013다91672 판결. 따라서 전세권을 목적으로 한 저당권이 설정된 경우, 전세권의 존속기간이 만료되면 전세권의 용익물권적 권능이 소멸하기 때문에 더 이상 전세권 자체에 대하여 저당권을 실행할 수 없게 되고, 저당권자는 저당권의 목적물인 전세권에 갈음하여 존속하는 것으로 볼 수 있는 전세금반환채권에 대하여 압류 및 추심명령 또는 전부명령을 받거나 제3자가 전세금반환채권에 대하여 실시한 강제집행절차에서 배당요구를 하는 등의 방법으로 물상대위권을 행사하여 전세금의 지급을 구하여야 한다.

454) 대법원 2015.11.17. 2014다10694 판결.

455) 등기선례 5-415, 7-263. 이 경우 전세권이전등기를 위하여 존속기간을 변경하는 등기를 필요로 하지 않는다. 마찬가지로 채권자가 전세금반환채권에 대하여 전부명령을 받아 집행법원이 전세금반환채권에 대한 압류 및 전부명령에 기하여 전세권이전등기 촉탁을 하였다면 그에 따른 전세권이전등기를 할 수 있다(등기선례 7-265). 또한, 이 경우 전세권설정등기 후에 이루어진 소유권에 대한 가압류채권자는 그 전세권이전등기에 관하여 이해관계 있는 제3자에 해당하지 않는다(등기선례 7-263).

456) 등기선례 6-322.

457) 부동산등기실무[Ⅱ], 434면.

목적물을 취득한 제3자에 대하여 갱신된 권리를 주장할 수 있다.[458] 따라서 존속기간이 만료된 때에도 그 전세권설정등기의 존속기간이나 전세금에 대한 변경등기, 전세권이전등기 등은 가능하다.[459] 그러나 등기를 하지 아니하면 이를 처분하지 못하므로 그 처분을 위하여는 존속기간에 대한 변경등기를 하여야 한다. 따라서 그 전세권에 대하여 전세권이전등기나[460] 전세권을 목적으로 한 저당권설정등기,[461] 전세금 또는 그 범위에 대한 변경등기[462] 등을 위하여는 먼저 전세권의 존속기간을 변경하는 등기를 하여야 한다.

(3) 한편, 건물 전세권이 법정갱신된 경우 법정갱신을 원인으로 하는 전세권변경등기를 한다. 등기선례에 의하면 건물 전세권의 법정갱신에 따른 등기절차는 다음과 같다.[463] 등기원인은 '법정갱신'으로, 그 연월일은 '등기된 존속기간 만료일의 다음날'로 하고 변경할 사항으로는 변경하고자 하는 전세권을 특정하여 그 등기사항 중 존속기간을 말소한다는 뜻을 제공하여야 한다. 이에 따른 등기를 할 때에는 존속기간을 기록하지 않고 종전의 존속기간을 말소하는 표시만을 한다. 다만, 등기상 이해관계 있는 제3자가 있으나 그의 승낙이 없어 주등기로 하는 경우에는 종전의 존속기간을 말소하는 표시를 하지 않으므로 변경할 사항이 없다는 뜻을 신청정보의 내용으로 등기소에 제공하여야 한다. 첨부정보로는 건물의 전세권설정자가 갱신거절의 통지 등을 하지 않아 법정갱신되었음을 소명하는 정보(예를 들어, 전세권설정자가 작성한 확인서)를 등기원인을 증명하는 정보로 제공하여야 한다.

3. 부동산의 일부에 대한 전세권과 경매

전세권자는 전세권의 목적물에 대하여 후순위권리자 기타 채권자보다 전세금의 우선변제를 받을 권리가 있고, 전세권설정자가 전세금의 반환을 지체한 때에는

---

458) 대법원 2010.3.25. 2009다35743 판결. 건물 전세권의 존속기간이 만료된 경우에도 그 전세권설정등기를 말소하지 않고는 후순위로 중복하여 전세권설정등기를 신청할 수 없다(등기선례 7−268).

459) 등기선례 5−416.

460) 등기선례 9−294.

461) 등기선례 9−293.

462) 등기선례 8−247 및 2022.3.28. 부동산등기과−844 질의회답.

463) 등기선례 9−294.

전세권 목적물의 경매를 청구할 수 있다. 판례는 건물의 일부에 대하여 전세권이 설정된 경우에 전세권자는 전세권의 목적이 아닌 나머지 건물부분에 대하여는 우선변제권은 별론으로 하고 경매신청권은 없으므로 전세권자는 전세권의 목적이 된 부분을 초과하여 건물 전부의 경매를 청구할 수 없다고 한다. 그 전세권의 목적이 된 부분이 구조상 또는 이용상 독립성이 없어 독립한 소유권의 객체로 분할할 수 없고 따라서 그 부분만의 경매신청이 불가능하여도 마찬가지라고 한다.[464)]

또한 건물의 일부를 목적으로 하는 전세권은 그 목적물인 건물부분에 한하여 그 효력을 미치므로 건물 중 일부를 목적으로 한 전세권이 매각으로 인하여 소멸하더라도 그 전세권보다 나중에 설정된 전세권이 건물의 다른 부분을 목적물로 하고 있었던 경우에는 그와 같은 사정만으로는 아직 존속기간이 남아 있는 후순위의 전세권까지 매각으로 인하여 함께 소멸한다고 볼 수 없다고 한다.[465)]

제 4 관 임차권에 관한 등기

Ⅰ. 서 설

임대차는 당사자 일방이 상대방에게 목적물을 사용·수익하게 할 것을 약정하고 상대방이 이에 대하여 차임을 지급할 것을 약정함으로써 성립하는 계약이다(민법 제618조). 임대차계약에 의하여 임차인은 임대인에게 임차물을 사용·수익하게 할 것을 요구할 수 있는 권리가 있다. 이것이 임차권이다. 임차권은 채권이다. 그런데 부동산의 임차인은 임차한 부동산을 기반으로 생활을 영위하므로 임차인의 주거생활의 안정을 보장하기 위하여 법에서 부동산임차인을 보호하는 규정을 두고 있다. 그 내용이 물권에 대하여 인정되는 것들이어서 이것을 가리켜 부동산임차권의 물권화라고 한다. 그 결과 임차권에 관하여는 민법과 주택임대차보호법, 상가건물 임대차보호법에서 규정을 두고 있다. 그래서 규정이 상당히 복잡하다. 그런 만큼 그 등기도 다소 혼란스러울 수 있어 정확한 이해가 필요하다. 등기 외에 주택임대차계약에 대하여는 신고의무도 있다.[466)]

464) 대법원 1992.3.10. 91마256,257 결정; 대법원 2001.7.2. 2001마212 결정.
465) 대법원 2000.2.25. 98다50869 판결.

임차권에 관한 등기는 크게 두 유형으로 나눌 수 있다. 하나는 당사자의 등기신청에 의한 경우이다. 여기에는 민법의 규정에 의한 경우, 주택임대차보호법에 의한 경우, 상가건물 임대차보호법에 따른 경우가 있다. 다른 하나는 임차권등기명령에 따른 법원의 촉탁에 의한 경우이다. 각 등기는 근거법령이 다르고 요건과 효과가 조금씩 차이가 있다. 임대차보호법에 의한 임대차에는 대항력 뿐만 아니라 우선변제권도 인정된다. 등기사항도 서로 다르나 등기목적의 기재에서 쉽게 구분할 수 있다. 등기실무상 민법 제621조에 의한 임차권등기는 등기목적을 "임차권설정"으로, 주택임대차보호법에 의한 임차권설정등기는 "주택임차권설정"으로, 상가건물 임대차보호법에 의한 임차권등기는 "상가건물임차권설정"으로 기재하는데, 임차권등기명령에 의한 임차권등기는 "주택임차권" 또는 "상가건물임차권"으로 등기목적을 기재하고 있다. 그 차이를 생각해 보기 바란다. 실무에서는 임차권에 관한 등기가 많이 이루어지고 있지 않으나 그 중 임차권등기명령에 의한 임차권등기가 가장 많은 비중을 차지한다.[467] 하나씩 살펴보기로 한다.

Ⅱ. 임차권설정등기

1. 민법 제621조에 의한 임차권설정등기

부동산임차인은 당사자간에 반대약정이 없으면 임대인에 대하여 그 임대차등기절차에 협력할 것을 청구할 수 있고, 부동산임대차를 등기한 때에는[468] 그때

466) 임대차계약당사자는 주택에 대하여 대통령령으로 정하는 금액을 초과하는 임대차 계약을 체결한 경우 그 보증금 또는 차임 등 국토교통부령으로 정하는 사항을 임대차 계약의 체결일부터 30일 이내에 주택 소재지를 관할하는 신고관청에 공동으로 신고하여야 한다(부동산 거래신고 등에 관한 법률 제6조의2 제1항 본문).

467) 임차권등기의 유형별 등기건수는 다음과 같다.

구 분	임차권설정	주택임차권설정	상가건물임차권설정	주택임차권	상가건물임차권
2014년	2,403	59	60	7,630	241
2015년	3,344	34	20	5,260	157
2016년	1,735	100	32	4,878	156

468) 임차인이 부동산에 대한 임대차계약을 체결하고 임차권을 피보전권리로 한 처분금지가처분등기를 집행(기입)한 후에 강제경매신청에 의한 경매 결과 제3자가 부동산을 경락받았다 하더라도 임차인이 임차권설정등기이행청구의 본안승소판결을 받아 그 판결이 확정되면 임차권설정등기를 하였는지의 여부에 관계없이 선행된 가처분등기와 위 확정판결에 기하여 그 경락인은

부터 제3자에 대하여 효력이 생긴다(민법 제621조).[469] 건물의 소유를 목적으로 한 토지임대차는 이를 등기하지 아니한 경우에도 임차인이 그 지상건물을 등기한 때에는 제3자에 대하여 임대차의 효력이 생긴다(민법 제622조 제1항).

임차권설정의 등기를 할 때에는 일반적인 등기사항 외에 다음 사항을 기록하여야 한다. 다만, ②부터 ⑤까지는 등기원인에 그 사항이 있는 경우에만 기록한다(법 제74조).

① 차임

② 차임지급시기

③ 존속기간.[470] 다만, 처분능력 또는 처분권한이 없는 임대인에 의한 민법 제619조의 단기임대차인 경우에는 그 뜻도 기록한다.

④ 임차보증금

⑤ 임차권의 양도 또는 임차물의 전대에 대한 임대인의 동의

⑥ 임차권설정 또는 임차물전대의 범위가 부동산의 일부인 때에는 그 부분을 표시한 도면의 번호

임차권은 부동산의 일부에 대하여 설정할 수 있으나 토지의 공중공간 또는 지하공간의 상하의 범위를 정하여 하는 구분임차권등기는 법령의 규정이 없으므로 할 수 없다.[471] 공유지분에 대한 임차권등기는 실무상 허용하지 않고 있다.[472]

등기의 신청은 임차인이 등기권리자, 임차권설정자(임대인)가 등기의무자로 신청한다.[473] 임차권설정자는 부동산 소유자인 경우가 일반적이지만 지상권자나

가처분권리자의 권리보전과 상용되지 아니하는 범위 내에서 그 권리를 취득하는 것으로 확정되고 임차인은 임대인의 지위를 포괄승계한 경락인에 대하여 임차보증금의 반환을 청구할 수 있다(대법원 1988.4.25. 87다카458 판결).

469) 제3자에 대하여 효력이 생긴다는 의미를 이해할 필요가 있다. 제3자에 대한 대항력이 생겨 임차인은 임차 부동산의 제3취득자에 대하여 임차권을 주장할 수 있고, 제3자가 부동산을 양수한 경우 임대인의 지위도 승계되어 종래의 임대차는 신소유자와 사이에 존속하는 것으로 본다. 다만, 별도의 규정이 없으면 우선변제권이 인정되지는 않으나 주택과 상가건물에 대하여는 우선변제권이 인정된다(주택임대차보호법 제3조의4 제1항, 상가건물 임대차보호법 제7조 제1항).

470) 종래 민법 제651조에서 존속기간을 20년으로 제한하였으나 2013. 12. 16. 위헌결정으로 삭제되었다. 대법원은 임대차기간을 영구로 정한 약정도 계약자유의 원칙에 의하여 허용된다고 한다(대법원 2023.6.1. 2023다209045 판결).

471) 등기선례 7－283, 7－284.

472) 등기선례 8－249.

473) 공유 부동산에 대한 임차권등기는 공유자 전원이 등기의무자로서 계약당사자가 되어 체결한 임대차계약서를 등기원인서류로 첨부하여 임차권등기를 신청하여야 한다. 지분의 과반수를 보

전세권자도 그 권리의 범위와 존속기간 내에서 임차권을 설정할 수 있다(민법 제282조, 제306조). 임차권설정의 등기를 신청하는 경우에는 위 등기사항을 신청정보의 내용으로 등기소에 제공하여야 한다(규칙 제130조 제1항). 등기원인을 증명하는 정보로는 임대차계약서를 제출하여야 한다.

[기록례]

【 을 구 】	(소유권 이외의 권리에 관한 사항)			
순위번호	등기목적	접 수	등 기 원 인	권 리 자 및 기 타 사 항
2	임차권설정	2012년3월5일 제3005호	2012년3월4일 설정계약	임차보증금 금20,000,000원 차 임 월 금500,000원 차임지급시기 매월 말일 존속기간 2012년3월5일부터 2013년3월3일까지 임차권자 구연모 641012－1012345 서울특별시 은평구 진관3로 15(진관동)

2. 주택임대차보호법에 의한 임차권설정등기

주거용 건물("주택"이라 한다)의 임대차에 관하여는 주택임대차보호법에서 특례를 규정하고 있다. 주택에 대하여 민법 제621조에 따른 임대차등기를 마치면 임차인은 대항력과 우선변제권을 취득한다.[474] 임차인이 임차권등기 이전에 이미 위 법에 의하여 대항력이나 우선변제권을 취득한 경우에는 그 대항력이나 우선변제권은 그대로 유지되며, 임차권등기 이후에는 대항요건을 상실하더라도 이미 취득한 대항력이나 우선변제권을 상실하지 아니한다(위 법 제3조의4 제1항, 제3조의3 제5항).

임차인이 대항력이나 우선변제권을 갖추고 민법 제621조 제1항에 따라 임대인의 협력을 얻어 임대차등기를 신청하는 경우에는 신청서에 임차권설정등기의 일반적인 등기사항 외에 ① 주민등록을 마친 날, ② 임차주택을 점유한 날, ③ 임대차계약증서상의 확정일자를 받은 날을 기재하여야 하며, 이를 증명할 수 있는 서면(임대차의 목적이 주택의 일부분인 경우에는 해당 부분의 도면을 포함한다)을 첨부하

유하는 공유자가 등기의무자로 임차권등기를 신청할 수는 없다. 등기선례 9－298.

474) 판례는 이러한 주택임차인의 우선변제권을 법정담보물권이라고 한다. 대법원 2003.9.5. 2001다66291 판결; 대법원 2005.5.13. 2003다50771 판결; 대법원 2007.6.21. 2004다26133 판결(전); 대법원 2017.1.12. 2014다32014 판결.

여야 한다(위 법 제3조의4 제2항).[475]

[기록례]

【 을 구 】	(소유권 이외의 권리에 관한 사항)			
순위번호	등기목적	접 수	등기원인	권 리 자 및 기 타 사 항
2	주택임차권설정	2012년3월12일 제100호	2012년3월2일 설정계약	임차보증금 금30,000,000원 차 임 월 금100,000원 차임지급시기 매월 말일 범 위 주택 2층 전부 존속기간 2012년3월5일부터 2014년3월5일까지 주민등록일자 2011년3월5일 점유개시일자 2011년3월5일 확정일자 2011년3월5일 임차권자 구연모 641012－1012345 서울특별시 은평구 진관3로 15(진관동)

3. 상가건물 임대차보호법에 의한 임차권설정등기

상가건물(사업자등록의 대상이 되는 건물을 말한다. 다만, 대통령령으로 정하는 보증금액을 초과하는 임대차에 대하여는 적용되지 않는다.)의 임대차에 관하여는 국민 경제생활의 안정을 보장하기 위하여 상가건물 임대차보호법에서 특례를 규정하고 있다.

상가건물에 대하여 임차인이 민법 제621조에 따른 임대차등기를 마치면 대항력과 우선변제권을 취득한다. 임차인이 임차권등기 이전에 이미 대항력이나 우선변제권을 취득한 경우에는 그 대항력이나 우선변제권은 그대로 유지되며, 임차권등기 이후에는 대항요건을 상실하더라도 이미 취득한 대항력이나 우선변제권을 상실하지 아니한다(위 법 제7조 제1항, 제6조 제5항).

임차인이 대항력이나 우선변제권을 갖추고 민법 제621조 제1항에 따라 임대인의 협력을 얻어 임대차등기를 신청하는 경우에는 신청서에 임차권설정등기의 일반적인 등기사항 외에 ① 사업자등록을 신청한 날, ② 임차건물을 점유한 날,

475) 위 사항 중 주민등록일자나 확정일자의 증명방법으로는 주민등록표등초본이나 확정일자를 받은 임대차계약서를 들 수 있다. 임차주택을 점유한 날의 증명방법은 명확하지 아니하나 임대인이 작성한 점유사실확인서를 한 예로 들 수 있다. "임차권등기에 관한 업무처리 지침"(등기예규 제1382호) 참조.

③ 임대차계약증서상의 확정일자를 받은 날을 기재하여야 하며, 이를 증명할 수 있는 서면(임대차의 목적이 건물의 일부분인 경우에는 그 부분의 도면을 포함한다)을 첨부하여야 한다(위 법 제7조 제2항).

Ⅲ. 임차권등기명령에 의한 임차권등기

임대차가 끝난 후 보증금을 반환받지 못한 임차인은 임차주택 또는 임차건물의 소재지를 관할하는 지방법원·지방법원지원 또는 시·군법원에 임차권등기명령을 신청할 수 있고,[476] 임차권등기명령의 집행에 따른 임차권등기를 마치면 임차인은 대항력과 우선변제권을 취득한다. 임차인이 임차권등기 이전에 이미 대항력이나 우선변제권을 취득한 경우에는 그 대항력이나 우선변제권은 그대로 유지되며, 임차권등기 이후에는 대항요건을 상실하더라도 이미 취득한 대항력이나 우선변제권을 상실하지 아니한다(주택임대차보호법 제3조의3 제1항, 상가건물 임대차보호법 제6조 제1항).

임차권등기명령은 임대인에게 그 결정이 송달된 때 또는 주택임차권등기가 된 때에 효력이 생긴다(임차권등기명령 절차에 관한 규칙 제4조 제3항). 법원사무관등은 임차권등기명령의 결정이 임대인에게 송달된 때에는 지체 없이 촉탁서에 결정 등본을 첨부하여 등기관에게 임차권등기의 기입을 촉탁하여야 한다.[477] 다만, 주택임차권등기명령의 경우에는 임대인에게 임차권등기명령의 결정을 송달하기 전에도 임차권등기의 기입을 촉탁할 수 있다(위 규칙 제5조).[478]

---

476) 임차권등기명령신청은 대법원 전자소송포털(https://ecfs.scourt.go.kr)에서 할 수 있다. 임차권등기명령은 임대차 종료를 요건으로 한다고 보아서 주택임대차에 대하여는 계약기간 만료 1개월 전 갱신거절의 의사를 표시하였거나 해지통고 후 3개월이 경과하였음을 소명하도록 하는 경우가 실무상 종종 있다. 신청인이 신청 당시에 이 점을 소명할 사항인지에 대하여는 의문인데, 실무상 임차권등기명령을 신청하고자 하는 경우에는 갱신거절의 의사표시를 하였음을 소명하는 자료를 미리 준비할 필요가 있어 보인다.

477) 따라서 임차권등기명령을 신청한 날부터 실제 임차권등기가 되기까지는 상당한 시일이 걸릴 수 있다. 이사가기 전에 이 기간까지 고려하여 미리 임차권등기명령신청을 하여야 한다.

478) 주택임대차계약 체결 후 임대인이 사망한 경우, 종래에는 임차인이 망 임대인의 상속인을 대위하여 상속등기를 한 후 그 상속인을 상대방으로 하여 임차권등기명령을 신청하여야 하였다. 그런데 최근 사회문제가 된 전세사기 피해자인 임차인의 부담 경감과 신속한 보증금 회수를 위하여 대법원에서는 선례를 제정하였다. 그리하여 집행법원이 망 임대인 소유 명의의 부동산에 관하여 상속관계를 표시하여(등기의무자를 '망 ○○○의 상속인 ○○○' 등으로 표시함) 임

위 촉탁에 의하여 임차권등기를 하는 경우 등기사항은 다음과 같다(위 규칙 제5조). 주택임차권등기는 등기목적을 "주택임차권"이라고 기재하고, 임대차계약을 체결한 날 및 임차보증금액, 임차주택을 점유하기 시작한 날, 주민등록을 마친 날, 임대차계약증서상의 확정일자를 받은 날을 기재한다. 상가건물임차권등기는 등기목적을 "상가건물임차권"이라고 기재하고, 임대차계약을 체결한 날, 임차보증금액, 임차건물을 점유하기 시작한 날, 사업자등록을 신청한 날, 임대차계약서상의 확정일자를 받은 날을 기재한다.

미등기 주택이나 상가건물에 대하여 임차권등기명령에 의한 등기촉탁이 있는 경우에는 등기관은 법 제66조에 의하여 직권으로 소유권보존등기를 한 후 주택임차권등기나 상가건물임차권등기를 하여야 한다.[479] 이를 위하여 임대인의 소유로 등기되지 아니한 주택 또는 건물에 대하여 임차권등기명령을 신청하는 경우에는 즉시 임대인의 명의로 소유권보존등기를 할 수 있음을 증명할 서면을 첨부하여야 한다(위 규칙 제3조 제2호).

[기록례]

【 을 구 】	(소유권 이외의 권리에 관한 사항)			
순위번호	등기목적	접 수	등 기 원 인	권 리 자 및 기 타 사 항
2	주택임차권	2012년3월12일 제100호	2012년3월8일 서울중앙지방법원의 임차권등기명령 (2012카기123)	임차보증금 (1) 금30,000,000원 (2) 금35,000,000원 차 임 월 금100,000원 범 위 주택 전부 임대차계약일자 (1) 2010년3월2일 (2) 변경 2012년3월1일 주민등록일자 2010년3월5일 점유개시일자 2010년3월6일 확정일자 (1) 2010년3월5일 (2)변경 2012년3월2일 임차권자 구연모 641012-1012345 서울특별시 은평구 진관3로 15(진관동)

차권등기의 기입을 촉탁하면 등기관은 상속등기가 마쳐지지 않았더라도 그 등기촉탁을 수리할 수 있도록 하였고(2023. 1. 5. 부동산등기과-62 직권선례), 임차인은 대위에 의한 상속등기절차를 선행하지 않더라도 사망한 임대인의 가족관계증명서 등 사망사실과 상속인 전원을 알 수 있는 상속을 증명하는 서면을 첨부하여 망 임대인의 상속인(들)을 피신청인('망 ○○○의 상속인 ○○○' 등으로 표시함)으로 하여 임차권등기명령을 신청할 수 있도록 하였다(2023. 1. 11. 송무선례 제202301-1호).

479) 위 등기예규 제1382호.

Ⅳ. 임차권의 이전 또는 임차물 전대의 등기

임차권을 그 동일성을 유지하면서 이전하는 계약이 임차권의 양도이며, 임차권 양도에 따라 임차권이전의 등기를 한다. 임차권의 양도가 있으면 본래의 임차인은 임대차관계에서 벗어나게 되고 양수인이 임차인으로서의 권리의무를 승계한다. 임차물의 전대는 임차인이 자신이 임대인이 되어 그의 임차물을 다시 제3자에게 사용·수익하게 하는 계약이다. 임차물의 전대가 있을 경우 임차인은 종전 계약상의 임차인의 지위를 유지하면서 동시에 제3자와의 새로운 임대차관계가 성립한다.

민법은 임대인의 동의 없이 임차권의 양도와 임차물의 전대를 하지 못하도록 하고 있다(민법 제621조 제1항). 임차권의 양도와 임차물의 전대는 양도인과 양수인, 또는 전대인과 전차인 사이의 계약만으로 유효하게 성립하고, 임대인 기타 제3자에 대한 관계에서 임차권을 유효하게 취득하려면 임대인의 동의가 필요하다.[480] 따라서 임대인의 동의가 없어도 양도나 전대는 유효하고 단지 임대인에게 대항할 수 없을 뿐이다.

임차권의 이전 또는 임차물 전대의 등기는 임차권의 양수인 또는 전차인이 등기권리자, 양도인 또는 전대인이 등기의무자로서 공동으로 신청하여야 한다. 이 경우 임대인의 동의의 약정등기가 되어 있지 않으면 임대인의 동의서를 첨부하여야 한다. 임차권의 이전 또는 임차물 전대의 등기는 임차권등기에 부기의 형식으로 한다.

주택임차권등기 및 상가건물임차권등기에 대하여는 임차권이전등기나 임차물전대등기를 할 수는 없다.[481] 이들 등기는 임대차가 끝난 후에 하는 등기이기 때문이다.

Ⅴ. 기 타

1. 임대차보호법상 임차권의 보호

주거용 건물, 즉 주택과 상가건물의 임차인을 보호하기 위하여 특별법이 제

480) 대법원 1985.2.8. 84다카188 판결; 대법원 1986.2.25. 85다카1812 판결.
481) 위 등기예규 제1382호.

정되어 있다. 주택임대차보호법과 상가건물 임대차보호법이다. 이들 특별법의 적용을 받는 임대차는 등기를 갖추지 않더라도 이들 법에서 규정하는 요건을 갖춘 경우에는 대항력 등이 인정된다. 부동산임차권의 물권화 경향의 한 예이다. 간략히 소개하면 다음과 같다.

주택임대차보호법에 의하면 주택임대차는 그 등기가 없는 경우에도 임차인이 주택의 인도와 주민등록을 마친 때에는 그 다음날부터 제3자에 대하여 효력이 생긴다(제3조 제1항 제1문). 대항력이 인정된다. 주택임차인이 대항력을 위한 요건을 갖추고 임대차계약증서에 확정일자를 받은 경우에는 민사집행법에 의한 경매나 국세징수법에 의한 공매를 할 때 임차주택의 환가대금에서 후순위권리자나 그 밖의 채권자보다 우선하여 보증금을 변제받을 권리가 있다(제3조의2 제2항). 부동산임차인에게 담보권에 유사한 권리를 인정한다. 소액임차인은 보증금 중 일정액을 다른 담보물권자보다 우선하여 변제받을 권리가 있다(제8조). 최우선변제권을 인정하고 있다. 임대차가 끝난 후 보증금을 반환받지 못한 임차인을 위하여 임대인의 협력 없이도 임차권등기를 할 수 있도록 임차권등기명령제도를 마련하고 있다(제3조의3). 그 외에도 존속기간을 보장하고(제4조), 차임의 증액이 제한된다(제7조).

상가건물 임대차에 대하여도 비슷한 보호를 하고 있다. 상가건물 임대차보호법에 의하면 상가건물 임대차는 그 등기가 없는 경우에도 임차인이 건물의 인도와 부가가치세법 제8조, 소득세법 제168조 또는 법인세법 제111조에 따른 사업자등록을 신청하면 그 다음날부터 제3자에 대하여 효력이 생긴다(제3조 제1항). 그 밖에 보증금의 우선변제권, 임차권등기명령제도, 존속기간의 보장, 차임의 증액 제한 등에 관하여 주택임대차와 유사한 보호를 하고 있다.

2. 소위 전세사기의 문제

부동산거래의 안전과 관련된 문제로서 주택임대차에 있어서 전세사기를 주의할 필요가 있다. 언론매체를 통하여 보도된 내용을 보면 그 수법은 다음과 같다. 임차인이 월세로 주택을 임차하고 그 주택에 거주하면서 집주인의 신분증을 위조하여 그 집주인 행세를 한다. 그리고는 그 집을 전세를 내놓아서 전세금(임대차보증금)을 받고는 도주한다고 한다. 어떤 경우에는 여러 사람에게 전세를 내놓고 여러 사람으로부터 전세금을 받아 도주하는 경우도 있다고 한다. 최근에는 전세금이 주택가격보다 높은 소위 깡통전세가 사회문제가 되기도 하였다. 임차인은 거의 전 재산이나 마찬가지인 거액의 임대차보증금을 돌려받을 수 없게 된다.

이러한 전세사기를 방지하고 부동산 임대차 거래의 안전을 위하여는 소유자 본인확인 꼭 필요하다. 이 문제를 보며 다음과 같은 생각이 든다. 흔히들 부동산 거래의 안전은 등기의 진정성만 보장되면 저절로 이루어지는 것으로 오해한다. 그러나 이러한 전세사기의 문제를 보면 부동산 거래의 안전은 부동산등기의 진정만으로 보장되는 것이 아님을 알 수 있다. 부동산거래라는 관점에서 등기 문제를 생각할 필요가 있다.[482)]

제 5 절 담보권에 관한 등기

제 1 관 저당권 및 근저당권등기

Ⅰ. 서 설

(1) 담보권으로서의 근저당권

담보권의 대명사가 근저당권이다. 통계청 조사에 의하면 2018년 3월 말 현재 우리나라 가구의 평균 부채는 7,531만원이고, 이 중 금융부채는 5,446만원(72.3%), 임대보증금 2,085만원(27.7%)을 차지한다. 금융부채 중 담보대출이 4,332만원(57.5%), 신용대출이 768만원(10.2%), 신용카드 관련 대출 58만원(0.8%)이 차지한다.[483)] 담보대출 수단으로 가장 많이 이용되어 온 것이 바로 근저당권이다. 저당권에는 보통의 저당권과 근저당권이 있다. 저당권은 채무자 또는 제3자가 점유를 이전하지 아니하고 채무의 담보로 제공한 부동산 기타 목적물에 대하여 채무의 변제가 없는 경우에 그 목적물로부터 우선변제를 받을 수 있는 담보물권이다(민

482) 저자는 이 책의 초판에서부터 전세사기의 문제에 주의할 필요가 있음과 부동산거래의 안전이라는 관점에서 생각할 점이 있음을 지적하였는데 2022년 이후 큰 사회문제가 되었다.

483) 통계청 홈페이지 보도자료 중 "2018년 가계금융·복지조사 결과" 참고.

법 제356조). 저당권 중 그 담보할 채무의 최고액만을 정하고 채무의 확정을 장래에 보류하여 설정하는 저당권이 근저당권이다(민법 제357조 제1항).[484] 등기실무에서는 저당권등기는 거의 이루어지지 않고 거의 전부가 근저당권등기를 하고 있다.[485] 이 책에서는 근저당권을 중심으로 설명하고 필요한 경우 저당권에 관하여도 살펴본다.

(2) 주택저당과 주택담보대출

주택담보대출에 대하여는 주의할 점이 있다. 미국의 서브프라임 모기지 사태 이후 주택담보대출의 급격한 증가로 금융당국에서는 가계부채가 증가를 우려하고 있다. 그리하여 종래의 담보 위주의 대출심사에서 요사이는 소득에 연계한 상환능력 심사가 이루어지고 있다. 그리하여 주택담보대출에 대하여는 총부채원리금상환비율(DSR, Debt Service Ratio), 주택가격 대비 대출비율(LTV, Loan to Value Ratio), 소득 대비 대출원리금 상환비율(DTI, Debt to Income Ratio) 등의 대출규제가 있다.

(3) 자산유동화와 주택연금(역모기지), 담보신탁

우리나라에서는 1997년 금융위기를 겪으면서 자산유동화제도가 도입되었다. 이 제도는 재산적 가치가 있는 자산을 증권화함으로써 그 유동성을 높이는 제도이다. 자산보유자는 특수목적기구에 자산을 양도하거나 신탁함으로써 자산보유자로부터 분리하고, 그 자산의 집단을 담보로 증권을 발행한다. 이렇게 하는 이유는 유동화증권을 자산보유자의 파산위험으로부터 차단하기 위하여서이다. 자산유동화는 물적 담보제도보다 한 단계 발전된 금융조달수단이라고 한다.[486]

---

484) 대법원 2002.5.24. 2002다7176 판결; 대법원 2017.10.31. 2015다65042 판결; 대법원 2021.12.16. 2021다255648 판결. 판례에 따라서는 이와 달리 근저당권을 당사자 사이의 계속적인 거래관계로부터 발생하는 불특정의 채권을 어느 시기에 계산하여 잔존하는 채무를 일정한 한도액 범위 내에서 담보하는 저당권이라고 정의하기도 한다(대법원 1999.5.14. 97다15777, 15784 판결). 그러나 특정채권을 담보하기 위하여 근저당권을 설정하는 경우가 실무상 다수이고 이를 유효하다고 보는 이상 본문과 같이 정의하는 것이 적절해 보인다.

485) 근저당권과 저당권의 등기건수는 다음과 같다.

구분	근저당권설정등기	저당권설정등기
2014년	3,706,676건	1,235건
2015년	4,203,738건	1,226건
2016년	3,693,797건	1,081건

486) 김재형, "근저당권부채권의 유동화에 관한 법적 문제 — 주택저당채권유동화회사법을 중심으로 —", 민법론Ⅰ, 468면 이하 참조.

또한, 이제는 우리 사회도 고령사회로 접어들면서 노후의 삶의 문제에 관심을 가지게 되었다. 노후생활자금 마련의 문제로 생겨난 제도가 주택연금이다. 집을 소유하고 있으나 소득이 부족한 고령자들이 집을 담보로 맡기고 자기 집에 살면서 평생 또는 일정기간 동안 매월 일정한 생활자금을 연금방식으로 받는 제도이다.[487] 저당권이 일시에 목돈을 대출받고 부동산으로 그 대출금에 담보를 설정하는 경우라면 주택연금은 부동산으로 담보를 설정하고 매달 일정금액씩 돈을 받는 경우이어서 역모기지라고도 한다.

최근에는 근저당권에 갈음하여 담보신탁을 이용하여 담보의 목적을 달성하는 경향도 있다. 담보신탁에 관하여는 뒤의 신탁에 관한 등기에서 살펴본다.

부동산등기를 공부하는 사람으로서는 담보권으로서의 근저당권에 관한 이러한 최근의 경향을 염두에 두고 이해할 필요가 있다.

Ⅱ. 근저당권설정등기

1. 요건: 근저당권설정계약

저당권 또는 근저당권[488]은 원칙적으로 당사자 사이의 근저당권설정의 합의와 등기에 의하여 성립한다. 따라서 근저당권설정등기의 등기원인은 근저당권설정계약이 된다. 그러므로 근저당권설정등기를 하기 위하여는 등기절차에서 등기원인을 증명하는 정보로 근저당권설정의 합의가 있음을 입증하여야 한다. 등기실무에서는 근저당권설정계약서를 제출하고 있다. 금융기관에서 대출을 받으면서 근저당권을 설정하는 경우 통상 금전소비대차계약서와 별개의 서면으로 근저당권설정계약서를 작성한다.

근저당권설정계약의 당사자는 근저당권을 설정하고자 하는 자(근저당권설정자)와 근저당권을 취득하는 자(근저당권자)이다. 근저당권설정자는 부동산 또는 권리의 소유자 또는 권리자가 된다. 근저당권설정자는 피담보채권의 채무자인 경우도 있고 제3자인 경우도 있다. 제3자가 다른 사람의 채무를 담보하기 위하여 근저당권을 설정한 경우 물상보증인이라 부른다. 근저당권은 채권담보를 위한 것이므로

---

487) 주택연금에 관하여는 한국주택금융공사 홈페이지(https://www.hf.go.kr) 참조.

488) 실무상 거의 대부분이 근저당권이므로 여기서는 설명의 편의상 저당권 또는 근저당권을 근저당권으로 표시한다. 특별히 저당권에 해당하는 설명에만 저당권이라고 표현한다.

피담보채권을 전제로 하여 성립한다. 이것을 근저당권의 부종성이라 한다. 근저당권의 부종성으로 인하여 근저당권자는 피담보채권의 채권자이어야 한다.[489] 채무자는 근저당권설정계약의 기재사항의 하나이고 근저당권등기의 등기사항의 하나이다. 그러나 채무자는 근저당권설정계약의 당사자는 아니므로 근저당권설정계약서에는 채무자의 표시가 있으면 되고 채무자의 날인은 필요하지 않다.[490]

근저당권설정계약에 기재되어야 하는 사항들은 다음과 같다. 부동산의 표시, 당사자의 표시, 채무자 외에 담보할 채권의 최고액을 정하여야 한다. 최고액은 근저당권의 가장 본질적인 요소이고 반드시 등기하여야 한다. 근저당권은 설정계약에서 정해진 피담보채권의 범위에 포함되는 채권을 최고액의 범위에서 담보하

---

489) 대법원 2021.4.29. 2017다294585, 294592 판결. 다만, 판례는 예외적으로 채권자 아닌 제3자 명의의 근저당권설정등기도 유효하다고 한다. 대법원 2001.3.15. 99다48948 판결(전); 대법원 2007.1.11. 2006다50055 판결; 대법원 2009.11.26. 2008다64478,64485,64492 판결; 대법원 2011.1.13. 2010다69940 판결.

대법원 2001.3.15. 99다48948 판결(전)의 요지는 다음과 같다. 근저당권은 채권담보를 위한 것이므로 원칙적으로 채권자와 근저당권자는 동일인이 되어야 하지만, 제3자를 근저당권 명의인으로 하는 근저당권을 설정하는 경우 그 점에 대하여 채권자와 채무자 및 제3자 사이에 합의가 있고, 채권양도, 제3자를 위한 계약, 불가분적 채권관계의 형성 등 방법으로 채권이 그 제3자에게 실질적으로 귀속되었다고 볼 수 있는 특별한 사정이 있는 경우에는 제3자 명의의 근저당권설정등기도 유효하다. 부동산을 매수한 자가 소유권이전등기를 마치지 아니한 상태에서 매도인인 소유자의 승낙 아래 매수 부동산을 다른 사람에게 담보로 제공하면서 당사자 사이의 합의로 편의상 매수인 대신 등기부상 소유자인 매도인을 채무자로 하여 마친 근저당권설정등기는 실제 채무자인 매수인의 근저당권자에 대한 채무를 담보하는 것으로서 유효하다. 그리고 위 두 가지의 형태가 결합된 근저당권이라 하여도 그 자체만으로는 부종성의 관점에서 근저당권이 무효라고 보아야 할 어떤 질적인 차이를 가져오지는 않는다.

또한, 매매잔대금 채무를 지고 있는 부동산 매수인이 매도인과 사이에 소유권이전등기를 마치지 아니한 상태에서 그 부동산을 담보로 하여 대출받는 돈으로 매매잔대금을 지급하기로 약정하는 한편, 매매잔대금의 지급을 위하여 당좌수표를 발행·교부하고 이를 담보하기 위하여 그 부동산에 제1 순위 근저당권을 설정하되, 그 구체적 방안으로서 채권자인 매도인과 채무자인 매수인 및 매도인이 지정하는 제3자 사이의 합의 아래 근저당권자를 제3자로, 채무자를 매도인으로 하기로 하고, 이를 위하여 매도인이 제3자로부터 매매잔대금 상당액을 차용하는 내용의 차용금증서를 작성·교부하였다면, 채무자인 매수인의 승낙 아래 매매잔대금 채권이 제3자에게 이전되었다고 보는 것이 당사자들의 진정한 의사에 부합하므로, 제3자 명의의 근저당권설정등기는 그 피담보채무가 엄연히 존재하고 있어 그 원인이 없거나 부종성에 반하는 무효의 등기라고 볼 수 없다.

490) 등기선례 6-32. 이 선례에 의하면, 근저당권설정등기의 등기원인인 근저당권설정계약의 당사자는 근저당권자와 근저당권설정자이므로 근저당권설정계약서에는 근저당권설정계약의 당사자인 근저당권자와 근저당권설정자 사이에 근저당권설정을 목적으로 하는 물권적 합의가 있었음이 나타나 있으면 되고, 채권최고액과 채무자의 표시 등은 기재되어 있어야 하지만 채무자의 인영이 반드시 날인되어 있어야만 하는 것은 아니라고 한다.

므로, 최고액은 목적물로부터 우선변제를 받을 수 있는 한도를 의미한다.[491] 이 최고액의 범위에서 원본, 이자, 위약금, 채무불이행으로 인한 손해배상 등을 담보한다(민법 제360조).[492] 또한, 설정계약에는 피담보채권의 범위를 결정하는 기준이 정하여져야 한다. 그 기준은 등기사항은 아니다. 근저당권은 보통저당권과 달리 설정 당시에 피담보채권이 현존할 필요는 없고 그 범위를 정하는 것으로 충분하다. 금융거래에서는 근저당권으로 담보하는 채권(피담보채권) 발생의 기초가 되는 기본계약(당좌대월계약, 어음거래계약 등)을 정하는 경우가 많으나 그 기본계약을 등기하지는 않는다. 실무에서는 이미 발생하였거나 발생할 채권을 특정하여 근저당권을 설정하는 경우도 많다.[493]

저당권설정계약서에는 부동산의 표시, 당사자의 표시, 채무자, 채권액 등 저당권설정등기의 등기사항이 기재되어 있어야 한다. 저당권에 의하여 담보되는 채권, 즉 피담보채권은 금전채권인 경우가 많으나 반드시 금전채권에 한정되지 않으며, 저당권을 실행할 때에 금전채권으로 되어 있으면 충분하다. 저당권등기에서 피담보채권은 등기할 사항이 아니나 채권액은 등기할 사항이다. 일정한 금액을 목적으로 하지 아니하는 채권을 담보하기 위한 저당권 설정의 등기를 할 때에는 그 채권의 평가액을 기록하여야 한다(법 제77조). 이것은 목적 부동산의 피담보채권의 담보가치의 금액을 명확히 하여 그 부동산에 이해관계를 가지게 되는 자에게 판단의 자료를 제공하기 위함이다.

2. 등기절차

근저당권 설정의 등기는 근저당권자가 등기권리자가 되고 소유자 등 근저당

---

491) 채권최고액이 가지는 의미에 대하여 유의할 점이 있다. 판례에 의하면 채권의 총액이 최고액을 초과하는 경우 근저당권자와 채무자 겸 근저당권설정자의 관계에서는 채권 전액의 변제가 있을 때까지 근저당권의 효력은 잔존채무에 여전히 미친다고 한다(대법원 2001.10.12. 2000다59081 판결; 대법원 2010.5.13. 2010다3681 판결; 대법원 2011.7.28. 2010다88507 판결). 반면, 근저당부동산의 제3취득자나 물상보증인은 피담보채무가 확정된 이후에 그 확정된 피담보채무를 채권최고액의 범위 내에서 변제하고 근저당권의 소멸을 청구할 수 있다고 한다(대법원 2001.11.9. 2001다47528 판결; 대법원 2002.5.24. 2002다7176 판결; 대법원 2006.4.28. 2005다74108 판결).

492) 다만, 판례는 저당권의 피담보채권 범위에 관한 민법 제360조 단서는 근저당권에 적용되지 않으므로 지연손해금은 채권최고액 한도에서 전액 담보된다고 한다(대법원 2009.12.10. 2008다72318 판결; 대법원 2021.10.14. 2021다240851 판결).

493) 근저당권의 피담보채권에 관하여는 김재형, 근저당권연구, 박영사, 2000 참조.

권설정자가 등기의무자가 되어 신청의 일반원칙에 따라 신청한다. 신청서에서는 법 제75조의 등기사항을 신청정보의 내용으로 등기소에 제공하여야 한다(규칙 제131조). 그 외에 등기신청의 일반원칙에 따라 등기필정보를 신청서에 기재하여야 한다. 그리고 소유권의 등기명의인이 등기의무자로서 근저당권설정등기를 신청하는 경우에는 그의 인감증명서를 제출하여야 한다(규칙 제60조 제1항 제1호).

소유권을 목적으로 하는 근저당권설정등기는 주등기의 방법으로, 지상권이나 전세권을 목적으로 하는 근저당권설정등기는 그 지상권이나 전세권의 등기에 부기로 하여야 한다(법 제52조 제3호).

저당권설정의 등기를 할 때에는 일반적인 등기사항 외에 다음의 사항을 기록하여야 한다. 다만, ③부터 ⑧까지는 등기원인에 그 약정이 있는 경우에만 기록한다(법 제75조 제1항).

① 채권액
② 채무자의 성명 또는 명칭과 주소 또는 사무소 소재지
③ 변제기
④ 이자 및 그 발생기·지급시기
⑤ 원본 또는 이자의 지급장소
⑥ 채무불이행으로 인한 손해배상에 관한 약정
⑦ 민법 제358조 단서의 약정
⑧ 채권의 조건

피담보채권은 등기사항이 아니다.

[기록례]

【 을 구 】 (소유권 이외의 권리에 관한 사항)				
순위번호	등기목적	접 수	등 기 원 인	권 리 자 및 기 타 사 항
1	저당권설정	2012년3월5일 제3005호	2012년3월4일 설정계약	채권액 금100,000,000원 변제기 2013년3월3일 이 자 연6푼 채무자 김미정 서울특별시 서초구 서초로 23(서초동) 저당권자 구연모 641012-1012345 서울특별시 은평구 진관3로 15(진관동)

저당권의 내용이 근저당권인 경우에는 일반적인 등기사항 외에 다음의 사항을 기록하여야 한다. 다만, ③ 및 ④는 등기원인에 그 약정이 있는 경우에만 기록한다(법 제75조 제2항).

① 채권의 최고액

근저당권의 채권자 또는 채무자가 수인일지라도 단일한 채권최고액만을 기록하여야 하고, 각 채권자 또는 채무자별로 채권최고액을 구분하여 기록할 수 없다.[494] 예를 들어, 채권최고액을 채무자 갑에 대하여 1억 원, 채무자 을에 대하여 2억 원으로 기재할 수 없다.

② 채무자의 성명 또는 명칭과 주소 또는 사무소 소재지

③ 민법 제358조 단서의 약정

④ 존속기간

근저당권의 기초가 되는 기본계약은 등기사항이 아니다.

[기록례]

【 을 구 】	(소유권 이외의 권리에 관한 사항)			
순위번호	등기목적	접 수	등기원인	권 리 자 및 기 타 사 항
1	근저당권설정	2012년3월15일 제3691호	2012년3월14일 설정계약	채권최고액 금60,000,000원 채무자 김미정 서울특별시 서초구 서초로 23(서초동) 근저당권자 구연모 641012－1012345 서울특별시 은평구 진관3로 15(진관동)

여러 채권자가 하나의 근저당권을 준공유하는 경우 등기실무에서는 각 근저당권자의 지분을 등기할 수 없다고 한다.[495] 이에 반하여 판례는 근저당권의 지분을 등기할 수 있다고 한다.[496] 다소 혼란스러워 정리가 필요해 보인다.

---

494) "근저당권에 관한 등기사무처리지침"(등기예규 제1656호).

495) 등기선례 8－251. 부동산등기실무[Ⅱ], 455면에서는 그 이유로 피담보채권이 확정되기 전까지는 각 근저당권자별로 채권액이 유동적이어서 지분개념을 상정할 수 없기 때문이라고 한다. 그러나 저당권의 경우에는 각각의 지분을 등기할 수 있다고 한다.

반면, 근저당권자가 여러 명인 근저당권설정등기와 함께 근저당권자 중 1인의 지분만에 대한 신탁재산처분에 의한 신탁등기는 가능하다고 한다(등기선례 2019.12.27. 부동산등기과－3180 질의회답).

Ⅲ. 근저당권의 변경, 이전, 말소등기

1. 변경등기

(1) 근저당권의 변경등기는 근저당권의 등기사항에 변경이 생긴 경우에 하는 등기이다. 근저당권을 설정한 후에 근저당권설정자와 근저당권자의 합의로 채무의 범위 또는 채무자를 추가하거나 교체하는 등으로 채무의 범위 등을 변경할 수 있다. 이와 같은 경우 변경된 채무 등이 근저당권에 의하여 담보된다.[497] 이 때 등기사항의 변경이 있다면 변경등기를 해야 하지만(민법 제186조), 등기사항에 속하지 않는 사항은 당사자의 합의만으로 변경의 효력이 발생한다.[498]

(2) 근저당권의 변경등기는 채권최고액의 변경, 채무자의 변경, 근저당권의 목적의 변경 등의 경우에 한다. 당사자는 근저당권 변경의 원인을 증명하는 자료[499]를 제출하여 변경등기를 신청할 수 있다. 몇 가지를 살펴보면 다음과 같다.

① 채권최고액의 변경

동일한 피담보채권을 담보하기 위하여 수 개의 부동산에 공동근저당권을 설정한 경우에 공동근저당권의 채권최고액을 각 부동산별로 분할하여 각각 별개의 근저당권등기가 되도록 하는 근저당권변경등기는 현행 부동산등기법상 인정되지 않는다.[500]

---

496) 대법원 2008.3.13. 2006다31887 판결은 "근저당권의 준공유자들이 각자의 공유지분을 미리 특정하여 근저당권설정등기를 마쳤다면 그들은 처음부터 그 지분의 비율로 근저당권을 준공유" 한다고 한다. 이 경우 경매법원으로서는 배당시점에서의 준공유자 각자의 채권액의 비율이 아니라 각자의 지분비율에 따라 안분하여 배당해야 한다고 한다. 그런데, 이 판결에서는 준공유자 중 일부가 먼저 변제받기로 약정할 수 있고 이와 같은 약정을 등기하게 되면 제3자에 대하여도 효력이 있다고 하는데, 일본과 달리 그러한 약정을 등기할 수 있도록 하는 규정을 두고 있지 않은 우리나라에서 과연 그러한 약정을 등기할 수 있는지는 의문이다.

497) 피담보채무가 확정되기 이전이라면 채무의 범위나 채무자를 변경할 수 있고, 채무의 범위나 채무자가 변경된 경우에는 당연히 변경 후의 범위에 속하는 채권이나 채무자에 대한 채권만이 당해 근저당권에 의하여 담보되고 변경 전의 범위에 속하는 채권이나 채무자에 대한 채권은 그 근저당권에 의하여 담보되는 채무의 범위에서 제외된다. 대법원 1993.3.12. 92다48567 판결; 대법원 1999.5.14. 97다15777, 15784 판결. 또한 피담보채무의 범위에 관하여 대법원 2000.12.26. 2000다56204 판결; 대법원 2002.11.26. 2001다73022 판결도 참조.

498) 대법원 2021.12.16. 2021다255648 판결; 대법원 2021.12.16. 2021다264161 판결.

499) 실무상은 통상 근저당권변경계약서를 제출하는데, 이론적으로 명확히 정리되지 않는 점이 있다.

500) 등기선례 8-253. 다만, 민간임대주택에 설정된 근저당권에 대하여는 세대별로 분리하는 변경등기를 할 수 있고, 이 경우 근저당권의 공동담보를 해제하고 채권최고액을 감액하는 근저당권변경등기를 하도록 하고 있다(민간임대주택에 관한 특별법 제49조 제3항 제1호). 이에 관하

② 채무자의 변경[501)]

근저당권의 피담보채권이 확정되기 전에 근저당권의 기초가 되는 기본계약상의 채무자의 지위를 제3자가 계약에 의하여 인수한 경우 "계약인수", "계약의 일부 인수", "중첩적 계약인수"를 등기원인으로 하여 채무자변경을 내용으로 하는 근저당권변경등기를 신청할 수 있다. 피담보채권이 확정된 후에 제3자가 그 피담보채무를 인수한 경우에는 채무인수로 인한 저당권변경등기에 준하여 "확정채무의 면책적 인수" 또는"확정채무의 중첩적 인수"를 등기원인으로 하여 채무자변경을 내용으로 하는 근저당권변경등기를 신청할 수 있다.[502)]

근저당권의 채무자가 사망한 후 공동상속인 중 1인만이 채무자가 되려는 경우에는 근저당권자 및 근저당권설정자 또는 소유자(제3취득자, 담보목적물의 상속인 등)가 근저당권변경계약정보를 첨부정보로 제공하여 "계약인수" 또는 "확정채무의 면책적 인수"를 등기원인으로 하는 채무자변경의 변경등기를 신청할 수 있다.[503)]

③ 근저당권의 목적 변경

공유자의 지분을 목적으로 하는 근저당권설정등기를 한 후 공유물분할에 따라 근저당권설정자의 단독 소유로 된 부동산 전부에 관하여 그 근저당권의 효력을 미치게 하기 위하여는 규칙 제112조 제1항에 의한 근저당권의 변경등기를 하여야 한다.[504)] 건물이 증축된 경우 기존 건물에 설정된 저당권의 효력을 증축 부분에 미치게 하는 취지의 저당권변경등기 가부에 관하여, 판례는 증축 부분이 기존 건물의 구성부분이거나 이에 부합된 것으로서 현존 건물과의 동일성이 인정되는지 여부에 따라 기존 건물의 저당권의 효력이 증축된 부분에도 미치는지 여부가 결정될 문제이므로 그러한 변경등기는 할 수 없고, 그러한 등기가 되어 있다고 하더라도 아무런 효력이 없다고 한다.[505)]

여는 등기선례(2022.8.31. 부동산등기과－2372 질의회답) 참조.

501) 앞의 등기예규 제1656호 제4조 참조.

502) 등기선례에 의하면 회사가 근저당권자이고 취급지점이 등기되어 있는 경우 그 취급지점이 변경된 때에는 먼저 근저당권자에 대한 등기명의인표시변경(취급지점변경)등기를 한 후에 채무자변경으로 인한 근저당권변경등기를 신청할 수 있다고 한다(등기선례 4－458, 4－468).

503) "근저당권에 관한 등기사무처리지침"(등기예규 제1656호). 종래에는 상속재산분할협의서를 첨부하여 "협의분할에 의한 상속"을 등기원인으로 하여 신청하도록 하고 있었으나(등기예규 제1471호), 2018. 11. 22. 등기예규를 개정하였다.

504) "공유물분할과 공유지분에 대한 저당권변경등기"(등기예규 제1347호). 이 점에 관하여는 공유물분할에 따른 등기 부분에서 살펴보았다.

④ 기 타

근저당권의 순위양도, 분할양도 등의 방법은 현행 민법상 인정되지 않으므로 그에 따른 등기를 신청할 수 없다.[506] 그리고 근저당권의 확정의 등기는 현행 부동산등기법상 인정되고 있지 않다.

(3) 근저당권의 변경등기는 근저당권자와 근저당권설정자가 공동으로 신청한다. 변경등기의 등기권리자와 등기의무자는 그 변경의 내용에 따라 달라진다. 채권최고액의 감액으로 인한 변경등기는 근저당권자가 등기의무자가 되고 근저당권설정자가 등기권리자가 되며, 채권최고액의 증액으로 인한 변경등기는 그 반대가 된다. 채무자변경으로 인한 근저당권변경등기 신청에서는 근저당권자가 등기권리자, 근저당권설정자가 등기의무자가 된다.

근저당권변경등기는 부기로 하여야 하나 등기상 이해관계 있는 제3자의 승낙이 없는 경우에는 주등기로 한다.[507]

[기록례]

【 을 구 】 (소유권 이외의 권리에 관한 사항)				
순위번호	등기목적	접 수	등기원인	권 리 자 및 기 타 사 항
2	근저당권설정	2012년3월15일 제3691호	2012년3월14일 설정계약	채권최고액 금60,000,000원 ~~채무자 김미정~~ ~~서울특별시 서초구 서초로 23(서초동)~~ 근저당권자 김태수 700123-1234567 대전광역시 서구 도안로 88(도안동)
2-1	2번근저당권변경	2012년10월5일 제8000호	2012년9월1일 확정채무의 면책적 인수	채무자 김수연 서울특별시 은평구 진관1로 12(진관동)

505) 대법원 1999.7.27. 98다32540 판결.

506) 이에 관하여는 김재형, "근저당권에 관한 개정방안", 민법론 I, 315면 이하 참조.

507) 피담보채무의 범위 또는 채무자를 변경할 때 이해관계인의 승낙을 받을 필요가 없다. 후순위근저당권자 등 이해관계인은 채권최고액에 해당하는 담보가치가 근저당권에 의하여 이미 파악되어 있는 것을 알고 이해관계를 맺었기 때문에 이러한 변경으로 예측하지 못한 손해를 입었다고 볼 수 없기 때문이다. 대법원 2021.12.16. 2021다255648 판결.

2. 이전등기

근저당권은 물권이므로 권리자는 자유로이 양도 등의 처분을 할 수 있다. 또한, 근저당권자에게 상속, 합병 등의 포괄승계가 있을 수 있다. 이때 근저당권 이전의 등기를 하게 된다.

먼저 **등기원인 및 이를 증명하는 정보**에 관하여 살펴보자. 근저당권의 경우 피담보채권이 확정되기 전에는 근저당권에 의하여 담보되어 있는 개별적 채권이 양도되거나 대위변제되더라도 근저당권은 이전되지 않는다.[508] 근저당권의 기초가 되는 기본계약상의 채권자의 지위가 전부 또는 일부 이전되면 근저당권도 그에 수반하여 같이 이전한다. 따라서 이때 "계약양도", "계약의 일부양도" 또는 "계약가입"을 등기원인으로 하여 근저당권이전등기를 신청할 수 있다. 피담보채권이 확정된 후에는 그 확정된 채권을 담보하므로 그 피담보채권이 양도 또는 대위변제되면 그에 따라 같이 이전된다. 이때 "확정채권 양도" 또는 "확정채권 대위변제" 등을 등기원인으로 하여 근저당권이전등기를 신청할 수 있다.[509] 등기원인을 증명하는 서면은 이론상 근저당권 확정 전후에 따라 계약양도계약서 또는 계약가입계약서, 확정채권양도계약서 등이 되어야 하지만 실무상 근저당권 이전계약서를 제출하고 있다.[510]

그밖에 저당권이 있는 채권에 관하여 전부명령이나 양도명령이 확정된 때 또는 매각명령에 따른 매각을 마친 때에는 법원사무관 등은 신청에 따라 등기관에게 채권을 취득한 채권자 또는 매수인 앞으로 저당권을 이전하는 등기를 촉탁하여야 한다(민사집행규칙 제167조 제1항).

또한, 「금융산업의 구조개선에 관한 법률」에 의한 금융위원회의 계약이전결정에 따라 부실금융기관 명의의 근저당권을 인수금융기관 명의로 하기 위하여 인수금융기관과 부실금융기관(관리인이 대표함)이 공동으로 근저당권이전등기를 신청하여야 한다.[511]

---

508) 대법원 1996.6.14. 95다53812 판결.

509) 앞의 등기예규 제1656호 제3조.

510) 부동산등기실무[Ⅱ], 475면. 복수의 근저당권자 중 1인이 확정채권 양도를 원인으로 근저당권 일부이전등기를 신청하는 경우 실무상 유의사항에 관하여는 등기선례 9－307 참조.

511) 금융위원회는 일정한 경우 부실금융기관에 대하여 계약이전의 결정 등 필요한 처분을 할 수

근저당권자에 대하여 상속, 합병 등의 포괄승계의 사유가 생긴 경우에는 포괄승계를 증명하는 자료를 첨부하여 일반원칙에 따라 근저당권이전등기를 신청한다.[512)]

등기신청의 당사자에 관하여는 등기신청의 일반원칙에 따른다. 근저당권자가 등기의무자, 근저당권의 전부 또는 일부의 이전을 받는 자가 등기권리자가 된다. 물상보증인이 설정한 근저당권을 처분하는 경우에도 그 당사자는 근저당권자와 그 양수인이므로 물상보증인의 동의는 필요하지 않다.[513)] 다만, 등기신청의 당사자와 등기원인증명정보의 당사자 사이에 다소 차이가 있어 주의를 요한다.[514)]

민법은 "저당권은 그 담보한 채권과 분리하여 타인에게 양도하거나 다른 채권의 담보로 하지 못한다"고 규정하고 있다(제361조). 따라서 저당권의 이전은 피담보채권과 같이 하여야 하나, 저당권이전등기를 신청함에 있어 피담보채권의 양도의 대항요건으로서 양도의 통지를 증명하는 서면이나 채무자의 승낙서는 첨부정보가 아니다.[515)] 다만, 저당권이 채권과 같이 이전한다는 뜻을 신청서에 기재

있다. 이 계약이전의 결정이 있는 경우 그 결정내용에 포함된 계약에 의한 부실금융기관의 권리와 의무는 계약이전의 결정이 있는 때 계약이전을 받는 금융기관이 승계한다. 다만, 계약이전의 대상이 되는 계약에 의한 채권을 피담보채권으로 하는 저당권이 있는 경우 그 저당권은 그 결정의 요지와 계약이전의 사실을 2개 이상의 일간신문에 공고한 때 인수금융기관이 취득한다(금융산업의 구조개선에 관한 법률 제14조, 제14조의2).

그 등기절차에 관한 자세한 내용은 "금융산업의 구조개선에 관한 법률에 의한 금융감독위원회의 계약이전결정에 따른 근저당권이전등기절차에 관한 예규"(등기예규 제1365호) 참조.

512) 상속인들이 수인 있는 경우 저당권에서는 지분을 기록하나 근저당권에서는 지분을 기록하지 않는 것이 등기실무인 점은 근저당권의 준공유 부분에서 설명하였다. 또한, 회사분할로 인한 이전등기에 있어서의 등기원인을 증명하는 서면에 관하여는 등기선례 9−305 참조.

513) 대법원 1994.9.27. 94다23975 판결; 대법원 2005.6.10. 2002다15412,15429 판결. 2002다15412, 15429 판결의 요지는 다음과 같다. 저당권은 피담보채권과 분리하여 양도하지 못하므로 저당권부 채권의 양도는 언제나 저당권의 양도와 채권양도가 결합되어 행해진다. 따라서 저당권부 채권의 양도는 민법 제186조의 부동산물권변동에 관한 규정과 민법 제449조 내지 제452조의 채권양도에 관한 규정에 의해 규율된다. 그러므로 저당권의 양도에 있어서도 물권변동의 일반원칙에 따라 저당권을 이전할 것을 목적으로 하는 물권적 합의와 등기가 있어야 저당권이 이전된다. 이때의 물권적 합의는 저당권을 양도·양수받는 당사자 사이에 있으면 족하고 그 외에 그 채무자나 물상보증인 사이에까지 있어야 하는 것은 아니다. 채무자에게 채권양도의 통지나 이에 대한 채무자의 승낙이 있으면 채권양도를 가지고 채무자에게 대항할 수 있게 된다.

514) 등기원인서면의 당사자에 관하여 등기선례(9−304)는 피담보채권이 확정되기 전 계약양도 등의 계약은 양도인, 양수인, 채무자의 3면 계약에 의하여야 하므로 원인서면인 근저당권이전계약서에 양도인, 양수인은 물론 채무자의 표시와 날인이 있어야 하나, 피담보채권이 확정된 후의 확정채권 양도는 양도인과 양수인의 계약에 의하여야 하므로 원인서면인 근저당권이전계약서에 채무자의 표시와 날인이 반드시 있어야 하는 것은 아니라고 한다.

하여야 한다(규칙 제137조 제1항).

근저당권의 이전등기는 부기로 하며(법 제52조 제2호), 근저당권의 이전등기를 할 때에는 종전 권리자의 표시에 관한 사항을 말소하는 표시를 기록하여야 한다. 다만, 이전되는 지분이 일부인 경우에는 그러하지 아니하다(규칙 제112조 제3항). 채권의 일부에 대한 양도 또는 대위변제로 인한 저당권 일부이전등기를 할 때에는 양도액 또는 변제액을 기록하여야 한다(법 제79조).

[기록례]

【 을 구 】 (소유권 이외의 권리에 관한 사항)				
순위번호	등기목적	접 수	등기원인	권 리 자 및 기 타 사 항
3	근저당권설정	2012년3월15일 제3691호	2012년3월14일 설정계약	채권최고액 금60,000,000원 채무자 김미정 서울특별시 서초구 서초로 23(서초동) ~~근저당권자 김대수 700123－1234567~~ ~~대전광역시 서구 도안로 88(도안동)~~
3－1	3번근저당권이전	2012년11월5일 제8000호	2012년9월1일 확정채권양도	근저당권자 김영남 600103－1012345 인천광역시 남구 경원대로 88(주안동)

3. 말소등기

근저당권이 소멸하는 때에 근저당권의 말소등기를 한다. 근저당권은 물권에 공통하는 소멸원인과 담보물권에 공통하는 소멸원인으로 소멸한다. 피담보채권이 소멸하면 저당권은 소멸하나, 근저당권은 소멸에 관한 부종성이 요구되지 않으므로 피담보채권이 증감 변동하여 일시적으로 소멸하더라도 근저당권은 소멸하지 않으며, 근저당권 설정의 기초가 되는 기본계약이 해지 등의 사유로 종료되어야 이를 원인으로 말소등기를 신청할 수 있다. 가장 많은 등기원인은 근저당권 설정계약의 해지이다.[516]

근저당권의 말소는 현재의 소유권의 등기명의인이 등기권리자가 되고 근저

515) 등기선례 5－104.

516) 판례는 근저당부동산의 제3취득자도 설정계약을 해지할 수 있다고 한다. 대법원 2002.5.24. 2002다7176 판결; 대법원 2006.4.28. 2005다74108 판결. 또한, 근저당권설정계약의 해지는 묵시적인 의사표시로도 할 수 있다고 한다.

당권의 등기명의인이 등기의무자가 되어 신청한다. 다만, 판례는 근저당권이 설정된 후 그 부동산의 소유권이 제3자에게 이전된 경우에는 근저당권설정자인 종전의 소유자도 근저당권설정계약의 당사자로서 근저당권자에게 근저당권설정등기의 말소를 구할 수 있다고 한다.[517] 근저당권이 이전된 후 근저당권설정등기의 말소를 청구할 때에는 주등기의 말소만을 구하면 되므로 근저당권의 양수인이 등기의무자가 된다.[518] 이때에는 부기등기의 말소를 따로 인정할 아무런 실익이 없다. 이때 등기신청서에 말소할 등기의 표시로는 주등기인 근저당권설정등기만 기재한다. 그러나 근저당권의 이전원인만이 무효로 되거나 취소 또는 해제된 경우, 즉 근저당권의 주등기 자체는 유효한 것을 전제로 이와는 별도로 근저당권이전의 부기등기에 한하여 무효사유가 있다는 이유로 부기등기만의 효력을 다투는 경우에는 그 부기등기의 말소를 구할 소의 이익이 있다.[519]

근저당권의 말소등기를 신청할 때의 첨부정보 중 인감증명서에 관하여 참고할 사항이 있다. 부동산등기규칙에 의하면 소유권 외의 권리의 등기명의인이 등기의무자로서 방문신청에 의하여 등기를 신청하는 경우에는 인감증명서는 첨부서면이 아니다. 이때는 등기필정보만으로 등기의 진정성을 보장하여 신청인의 부담을 덜어주려는 취지로 보인다. 등기필정보를 제공할 수 없을 때에만 등기의무

517) 대법원 1994.1.25. 93다16338 판결(전): "근저당권이 설정된 후에 그 부동산의 소유권이 제3자에게 이전된 경우에는 현재의 소유자가 자신의 소유권에 기하여 피담보채무의 소멸을 원인으로 그 근저당권설정등기의 말소를 청구할 수 있음은 물론이지만, 근저당권설정자인 종전의 소유자도 근저당권설정계약의 당사자로서 근저당권소멸에 따른 원상회복으로 근저당권자에게 근저당권설정등기의 말소를 구할 수 있는 계약상 권리가 있으므로 이러한 계약상 권리에 터잡아 근저당권자에게 피담보채무의 소멸을 이유로 하여 그 근저당권설정등기의 말소를 청구할 수 있다고 봄이 상당하고, 목적물의 소유권을 상실하였다는 이유만으로 그러한 권리를 행사할 수 없다고 볼 것은 아니다."

518) 대법원 2000.4.11. 2000다5640 판결: "근저당권 이전의 부기등기는 기존의 주등기인 근저당권설정등기에 종속되어 주등기와 일체를 이루는 것이어서, 피담보채무가 소멸된 경우 또는 근저당권설정등기가 당초 원인무효인 경우 주등기인 근저당권설정등기의 말소만 구하면 되고 그 부기등기는 별도로 말소를 구하지 않더라도 주등기의 말소에 따라 직권으로 말소되는 것이며, 근저당권 양도의 부기등기는 기존의 근저당권설정등기에 의한 권리의 승계를 등기부상 명시하는 것 뿐으로, 그 등기에 의하여 새로운 권리가 생기는 것이 아닌 만큼 근저당권설정등기의 말소등기청구는 양수인만을 상대로 하면 족하고 양도인은 그 말소등기청구에 있어서 피고 적격이 없으며, 근저당권의 이전이 전부명령 확정에 따라 이루어졌다고 하여 이와 달리 보아야 하는 것은 아니다." 같은 취지로는 대법원 1995.5.26. 95다7550 판결; 대법원 1997.10.16. 96다11747 판결(전); 대법원 1999.9.17. 97다54024 판결; 대법원 2003.4.11. 2003다5016 판결.

519) 대법원 2005.6.10. 2002다15412,15429 판결.

자의 인감증명서를 제출하도록 하고 있다(규칙 제60조 제1항 제3호). 근저당권 말소도 여기에 해당하므로 방문신청의 경우 인감증명서는 첨부서면이 아니고 등기의무자인 근저당권자의 등기필정보를 제공할 수 없을 경우에만 첨부서면이 된다.

말소등기와 다른 등기의 관계에 관하여 몇 가지 유의할 점이 있다. 등기실무에서는 근저당권 등 소유권 이외의 권리에 관한 등기의 말소를 신청하는 경우에 그 등기명의인의 표시에 변경 또는 경정의 사유가 있는 때라도 신청서에 그 변경 또는 경정을 증명하는 서면을 첨부함으로써 등기명의인의 표시변경 또는 경정의 등기를 생략할 수 있도록 하고 있다.[520] 또한, 상속, 합병 등 포괄승계와 말소등기의 관계에 관하여는 제1절의 포괄승계인에 의한 등기 부분을 참고 바란다.

Ⅳ. 공동저당

1. 의의와 성질

동일한 채권의 담보로 여러 개의 부동산에 설정된 저당권이 공동저당이다. 공동저당은 여러 개의 부동산을 묶어서 담보에 제공함으로써 어느 한 부동산의 멸실이나 훼손 등 담보가치의 하락으로 인한 위험을 분산할 수 있고 채무자로서도 더 많은 자금을 융통할 수 있어 실무에서 많이 이용된다.

공동저당에서는 여러 개의 부동산이 1개의 채권을 담보하는 점이 특징이지만, 여러 개의 부동산에 1개의 저당권이 있는 것이 아니라 각 부동산마다 1개의 저당권이 있고 이들 여러 저당권은 피담보채권을 공통으로 하기 때문에 서로 일정한 제한을 받고 있다고 본다. 이러한 성질에 따라 각 목적 부동산별로 성립요건을 갖추어야 하고, 성립시기나 그 순위가 다를 수 있다. 그러나 수 개의 부동산에 설정된 저당권이 동일한 채권을 담보하므로 채권자와 채무자, 채권의 발생원인, 채권액 등이 동일하여야 한다.[521] 따라서 공동저당을 이루는 여러 개의 저당

---

520) "근저당권말소등기와 근저당권자 표시변경등기 요부"(등기예규 제451호). 근저당권자의 취급지점 변경의 경우에도 마찬가지이다(등기선례 4-468).

521) 판례는 당사자 사이에 하나의 기본계약에서 발생하는 동일한 채권을 담보하기 위하여 여러 개의 부동산에 근저당권을 설정하면서 각각의 근저당권의 채권최고액을 합한 금액을 우선변제받기 위하여 공동근저당권의 형식이 아닌 개별 근저당권의 형식을 취한 경우, 이러한 근저당권은 공동근저당권이 아니라 피담보채권을 누적적으로 담보하는 누적적 근저당권이라고 한다. 대법원 2020.4.9. 2014다51756,51763 판결. 공동근저당권과 누적적 근저당권의 구별에 관하여는

권 중 일부만에 관하여 채무자를 변경하는 저당권변경등기는 허용되지 않으며,[522] 일부만에 관하여 저당권이전등기를 할 수도 없다.

2. 공동저당의 등기

가. 공동저당의 성립과 등기

어느 저당권이 공동저당인지 여부는 후순위권리자의 권리행사나 새로이 담보권을 취득하는 자에게 중요한 영향을 미친다. 그래서 부동산등기법은 여러 개의 부동산이 공동담보로 제공된 경우[523] 그 뜻을 등기하도록 하고 있다. 즉, 등기관이 동일한 채권에 관하여 여러 개의 부동산에 관한 권리를 목적으로 하는 저당권설정의 등기를 할 때에는 각 부동산의 등기기록에 그 부동산에 관한 권리가 다른 부동산에 관한 권리와 함께 저당권의 목적으로 제공된 뜻을 기록하여야 한다 (법 제78조 제1항).

그렇다면 공동저당의 등기가 공동저당권의 성립요건인가? 판례는 그렇지 않다고 한다. 판례에 의하면 공동저당이라는 뜻을 등기하도록 한 규정은 수개의 저당권이 피담보채권의 동일성에 의하여 서로 결속되어 있다는 취지를 공시함으로써 권리관계를 명확히 하기 위한 것일 뿐, 공동저당의 등기를 공동저당권의 성립요건이나 대항요건이라고 할 수 없다.[524] 따라서 근저당권설정자와 근저당권자 사이에서 동일한 기본계약에 기하여 발생한 채권을 중첩적으로 담보하기 위하여 수 개의 근저당권을 설정하기로 합의하고 이에 따라 수 개의 근저당권설정등기를 마친 때에는 공동근저당관계의 등기를 마쳤는지 여부와 관계없이 그 수 개의 근저당권 사이에는 각 채권최고액이 동일한 범위 내에서 공동근저당관계가 성립한다.

법률상 부동산으로 간주되는 입목, 공장재단, 광업재단 등은 부동산과 함께

임병석, "공동(근)저당권과 누적적 근저당권의 구별 기준 및 입법적 검토", 민사법학 제96호 (2021) 참조.

522) 등기선례 5-450.

523) A·B·C 공동소유 부동산의 A·B 공유지분에 대하여 근저당권설정등기가 마쳐진 후, 근저당권이 설정되지 아니한 C 공유지분에 대하여 추가근저당권설정등기신청을 할 수 있다(등기선례 3-588).

524) 대법원 2010.12.23. 2008다57746 판결. 이에 반하여 성립요건으로 보아야 한다는 견해로는 임병석, 앞의 논문, 108면.

공동저당의 목적물이 될 수 있으나, 등기된 선박, 광업권, 어업권 등은 부동산에 관한 규정이 준용되나 공시방법을 달리하고 있어 부동산과 함께 공동저당의 목적물이 될 수 없다.[525)]

나. 공동저당 등기의 모습

공동저당의 등기가 이루어지는 모습을 보면, 처음부터 동일한 채권에 관하여 여러 개의 부동산에 저당권설정의 등기를 하는 방법으로 공동저당등기를 하는 경우도 있고(창설적 공동저당), 1개 또는 여러 개의 부동산에 관한 권리를 목적으로 하는 저당권설정의 등기를 한 후 나중에 동일한 채권에 대하여 다른 1개 또는 여러 개의 부동산에 관하여 저당권설정의 등기를 하는 방법으로 공동저당의 등기가 이루어지기도 한다(추가적 공동저당). 이때 각 저당권설정의 등기에 다른 부동산에 관한 권리와 함께 저당권의 목적으로 제공된 뜻을 기록하여야 한다(법 제78조 제1항, 제3항).

다. 공동담보라는 뜻의 기록과 공동담보목록

공동담보라는 뜻의 기록은 각 부동산의 등기기록 중 해당 등기의 끝부분에 하여야 하고, 공동담보목록이 작성된 경우에는 각 부동산의 등기기록에 공동담보목록의 번호를 기록하며, 추가적 공동저당의 경우 종전에 등기한 부동산의 등기기록에는 해당 등기에 부기등기로 그 뜻을 기록하여야 한다(규칙 제135조). 이를 위하여 공동저당의 등기를 신청하는 경우에는 각 부동산에 관한 권리의 표시를 신청정보의 내용으로 등기소에 제공하여야 하고, 추가적 공동담보의 등기를 신청할 때에는 종전의 등기를 표시하는 사항으로 공동담보목록의 번호나 부동산의 소재지번을 신청서에 기재하여야 한다(규칙 제133조, 제134조). 담보로 제공되는 부동산이 5개 이상인 때에는 공동담보목록을 작성하여야 하고(공동담보목록은 전산시스템에 의하여 자동적으로 생성되며, 1년마다 그 번호를 새로 부여한다), 이 공동담보목록은 등기기록의 일부로 본다(법 제78조 제2항, 제3항).

여러 개의 부동산에 관한 권리가 저당권의 목적인 경우에 그 중 일부의 부동산에 관한 권리를 목적으로 한 저당권의 등기를 말소할 때에는 다른 부동산에 관

---

525) 등기선례 4-962. 판례도 동일한 채권의 담보로 부동산과 선박에 대하여 저당권이 설정된 경우, 차순위자의 대위에 관한 민법 제368조 제2항 후문의 규정을 적용 또는 유추적용할 수 없다고 한다. 대법원 2002.7.12. 2001다53264 판결.

한 권리에 대하여 공동담보라는 뜻의 등기에 그 말소의 뜻을 기록하고 소멸된 사항을 말소하는 표시를 하여야 한다(규칙 제136조 제1항). 일부의 부동산에 관한 권리의 표시에 대하여 변경의 등기를 한 경우에도 또한 같다. 이 등기를 할 때 공동담보목록이 있으면 그 목록에 하여야 한다.

공동담보의 등기는 실무상 많이 이루어지므로 기본적인 기록례 몇 가지를 소개한다.

[기록례]

【 을 구 】	(소유권 이외의 권리에 관한 사항)			
순위번호	등기목적	접 수	등기원인	권 리 자 및 기 타 사 항
1	근저당권설정	2012년3월15일 제3691호	2012년3월14일 설정계약	채권최고액 금60,000,000원 채무자 김수연 서울특별시 은평구 진관1로 12(진관동) 근저당권자 구연모 641012-1012345 서울특별시 은평구 진관3로 15(진관동) 공동담보 토지 서울특별시 성동구 행당동 223

[기록례: 공동담보목록이 작성된 공동근저당권]

【 을 구 】	(소유권 이외의 권리에 관한 사항)			
순위번호	등기목적	접 수	등기원인	권 리 자 및 기 타 사 항
1	근저당권설정	2012년3월15일 제3691호	2012년3월14일 설정계약	채권최고액 금60,000,000원 채무자 김수연 서울특별시 은평구 진관1로 12(진관동) 근저당권자 구연모 641012-1012345 서울특별시 은평구 진관3로 15(진관동) 공동담보목록 제2012-10호

공 동 담 보 목 록					
목록번호	2012-10				
일련번호	부동산에 관한 권리의 표시	관할등기소명	순위번호	기 타 사 항	
				생성원인	변경/소멸

1	[토지] 서울특별시 중구 충무로1가 5－3	서울중앙지방법원 중부등기소	1	2012년3월15일 제3691호 설정계약으로 인하여	
2	[토지] 서울특별시 양천구 목동 2－1	서울남부지방법원 강서등기소		2012년3월15일 제3691호 설정계약으로 인하여	
3	[토지] 서울특별시 양천구 목동 2－2	서울남부지방법원 강서등기소		2012년3월15일 제3691호 설정계약으로 인하여	
4	[토지] 서울특별시 관악구 봉천동 9	서울중앙지방법원 등기국		2012년3월15일 제3691호 설정계약으로 인하여	
5	[토지] 서울특별시 관악구 신림동 9	서울중앙지방법원 등기국		2012년3월15일 제3691호 설정계약으로 인하여	

[기록례: 담보물 추가한 경우]

【 을 구 】	(소유권 이외의 권리에 관한 사항)			
순위번호	등기목적	접 수	등기원인	권리자 및 기타사항
1	근저당권설정	2012년2월3일 제2345호	2012년2월1일 설정계약	채권최고액 금60,000,000원 채무자 김수연 서울특별시 은평구 진관1로 12(진관동) 근저당권자 구연모 641012－1012345 서울특별시 은평구 진관3로 15(진관동)
1－1	1번근저당권 담보추가			공동담보 토지 서울특별시 양천구 목동 1 2012년3월15일 부기

【 을 구 】	(소유권 이외의 권리에 관한 사항)			
순위번호	등기목적	접 수	등기원인	권리자 및 기타사항
1	근저당권설정	2012년3월15일 제3456호	2012년3월14일 추가설정계약	채권최고액 금60,000,000원 채무자 김수연 서울특별시 은평구 진관1로 12(진관동) 근저당권자 구연모 641012－1012345 서울특별시 은평구 진관3로 15(진관동) 공동담보 토지 서울특별시 관악구 봉천동 9의 담보물에 추가

3. 공동저당의 효력과 대위등기

공동저당에서 채권자는 어느 목적물로부터 채권의 전부나 일부의 만족을 얻을지를 자유롭게 정할 수 있다. 그러다 보면 각 부동산의 소유자나 후순위저당권자의 지위가 매우 불공평하게 될 수 있다. 여기서 민법은 채권자의 선택권과 우선변제권을 침해하지 않는 범위 내에서 각 부동산의 책임을 안분시킴으로써 소유자와 후순위저당권자 기타 채권자의 이해관계를 조절하고 있다. 그리하여 공동저당의 목적부동산 전부를 동시에 경매하여 그 경매대가를 동시에 배당하는 경우에는 각 부동산의 경매대가에 비례하여 그 채권의 분담을 정하고,[526] 일부 부동산이 먼저 경매되어 그 대가를 먼저 배당하는 경우에는 그 대가로부터 채권전부를 변제받을 수 있되[527] 경매한 부동산의 후순위저당권자는 만일 동시에 배당하였다면 다른 부동산이 부담하였을 금액의 한도에서 공동저당권자를 대위하여 그 저당권을 행사할 수 있도록 하였다(민법 제368조).

여기서 후순위저당권자의 대위에 의하여 공동저당권자가 가지고 있던 저당권이 후순위저당권자에게 이전된다. 이 저당권의 이전은 법률의 규정에 의한 물권변동으로서[528] 대위자는 등기 없이도 대위를 주장할 수 있다. 공동저당에 있어서의 대위관계에 관하여 간략히 살펴보면 다음과 같다.

공동저당에 제공된 채무자 소유의 부동산과 물상보증인 소유의 부동산 가운데 물상보증인 소유의 부동산이 먼저 경매되어 매각대금에서 선순위공동저당권자가 변제를 받은 때에는 물상보증인은 채무자에 대하여 구상권을 취득함과 동시에 변제자대위에 의하여 채무자 소유의 부동산에 대한 선순위공동저당권을 대위취득한다.

---

526) 공동저당권이 설정되어 있는 수개의 부동산 중 일부는 채무자 소유이고 일부는 물상보증인 소유인 경우 각 부동산의 경매대가를 동시에 배당하는 때에는 민법 제368조 제1항은 적용되지 아니하고 채무자 소유 부동산의 경매대가에서 공동저당권자에게 우선적으로 배당을 하고 부족분이 있는 경우에 한하여 물상보증인 소유 부동산의 경매대가에서 추가로 배당을 하여야 한다(물상보증인이 채무자를 위한 연대보증인인 경우에도 마찬가지이다). 대법원 2010.4.15. 2008다41475 판결; 대법원 2016.3.10. 2014다231965 판결.

527) 공동근저당권자가 스스로 저당권을 실행하거나 타인에 의하여 개시된 경매 등의 환가절차를 통하여 공동담보의 목적 부동산 중 일부에 대한 환가대금 등으로부터 다른 권리자에 우선하여 피담보채권의 일부에 대하여 배당받은 경우에 그와 같이 우선변제받은 금액에 관하여는 공동담보의 나머지 목적 부동산에 대한 경매 등의 환가절차에서 다시 공동근저당권자로서 우선변제권을 행사할 수 없다. 대법원 2017.12.21. 2013다16992 판결(전).

528) 대법원 2015.3.20. 2012다99341 판결.

물상보증인 소유의 부동산에 대한 후순위저당권자는 물상보증인이 대위취득한 채무자 소유의 부동산에 대한 선순위공동저당권에 대하여 물상대위를 할 수 있다.[529)]

종래 후순위저당권자의 대위에 관하여는 등기절차가 마련되어 있지 않아 그 등기를 할 수 있는지 여부에 관하여 논란이 있었다. 이에 2011년 개정 부동산등기법에서는 공동저당의 대위등기 규정을 신설하였다. 그 등기절차는 다음과 같다.[530)]

공동저당 대위등기는 선순위저당권자가 등기의무자로, 대위자인 후순위저당권자가 등기권리자로 되어 공동으로 신청하여야 하고, 일반적인 첨부정보 외에 집행법원에서 작성한 배당표 정보를 등기소에 제공하여야 한다(규칙 제138조). 이 등기는 대위등기의 목적이 된 저당권등기에 부기등기로 한다. 등기의 목적은 "○번 저당권 대위"로, 등기원인은 "민법 제368조 제2항에 의한 대위"로, 그 연월일은 선순위근저당권자에 대한 경매대가의 배당기일을 기재하고, 일반적인 등기사항 외에 매각부동산, 매각대금, 선순위 저당권자가 변제받은 금액, 그리고 매각 부동산 위에 존재하는 후순위저당권자의 피담보채권에 관한 내용을 기록하여야 한다(법 제80조 제1항).

[기록례]

【 을 구 】	(소유권 이외의 권리에 관한 사항)			
순위번호	등기목적	접 수	등기원인	권 리 자 및 기 타 사 항
1	근저당권설정	2012년3월11일 제174호	2012년3월10일 설정계약	채권최고액 금300,000,000원 채무자 김미정 서울특별시 서초구 서초로 23(서초동) 근저당권자 김수연 800321-2012345 서울특별시 은평구 진관1로 12(진관) 공동담보 토지 서울특별시 서초구 서초동 123
1-1	1번근저당권 대위	2012년9월2일 제3500호	2012년9월1일 민법 제368조제2항에 의한 대위	매각부동산 토지 서울 특별시 서초구 서초동 123 매각대금 금700,000,000원 변 제 액 금250,000,000원 채권최고액 금200,000,000원 채무자 김미정 서울특별시 서초구 서초로 23(서초동) 대위자 김태수 700123-1234567 대전광역시 서구 도안로 88(도안동)

529) 대법원 1994.5.10. 93다25417 판결; 대법원 2001.6.1. 2001다21854 판결; 대법원 2011.10.13. 2010다99132 판결; 대법원 2017.4.26. 2014다221777,221784 판결.

530) "공동저당 대위등기에 관한 업무처리지침"(등기예규 제1407호).

제 2 관 권리질권 및 채권담보권등기

저당권에 의하여 담보된 채권을 질권의 목적으로 한 때에는 저당권도 그 피담보채권과 함께 질권의 목적이 된다. 담보물권에는 부종성과 수반성이 있기 때문이다. 민법은 이 경우에 저당권등기에 질권의 부기등기를 하여야 질권의 효력이 저당권에 미친다고 규정하고 있다(민법 제348조).[531] 그리고 이 규정은 채권담보권에 관하여 준용된다(동산·채권 등의 담보에 관한 법률 제37조). 따라서 저당권으로 담보한 채권을 채권담보권의 목적으로 한 경우에 저당권등기에 채권담보권의 부기등기를 하여야 채권담보권의 효력이 저당권에 미친다.

저당권부채권에 대한 권리질권 또는 채권담보권의 등기절차는 다음과 같다.[532] 권리질권 또는 채권담보권의 등기는 저당권자가 등기의무자가 되고 권리질권자 또는 채권담보권자가 등기권리자가 되어 신청한다. 이 등기를 신청하는 경우에는 일반적인 신청정보 외에 질권 또는 담보권의 목적인 채권을 담보하는 저당권의 표시에 관한 사항과 아래의 등기사항을 신청정보의 내용으로 등기소에 제공하여야 한다(규칙 제132조). 등기원인을 증명하는 정보로는 권리질권 또는 채권담보권의 설정계약서를 제출한다. 권리질권 또는 채권담보권의 등기는 질권 또는 채권담보권의 목적인 채권을 담보하는 저당권등기에 부기로 하며, 일반적인 등기사항 외에 ① 채권액 또는 채권최고액, ② 채무자의 성명 또는 명칭과 주소

531) 저당권에 의하여 담보된 채권에 질권을 설정하였을 때 저당권의 부종성으로 인하여 등기 없이 성립하는 권리질권이 당연히 저당권에도 효력이 미친다고 한다면 공시의 원칙에 어긋나고 그 저당권에 의하여 담보된 채권을 양수하거나 압류한 사람, 저당부동산을 취득한 제3자 등에게 예측할 수 없는 질권의 부담을 줄 수 있어 거래의 안전을 해할 수 있다. 이에 따라 민법 제348조는 저당권설정등기에 질권의 부기등기를 한 때에만 질권의 효력이 저당권에 미치도록 한 것이다. 이는 민법 제186조에서 정하는 물권변동에 해당한다. 이러한 민법 제348조의 입법 취지에 비추어 보면, '담보가 없는 채권에 질권을 설정한 다음 그 채권을 담보하기 위해서 저당권을 설정한 경우'에도 '저당권으로 담보한 채권에 질권을 설정한 경우'와 달리 볼 이유가 없다. 또한 담보가 없는 채권에 질권을 설정한 다음 그 채권을 담보하기 위해 저당권을 설정한 경우에 당사자 간 약정 등 특별한 사정이 있는 때에는 저당권이 질권의 목적이 되지 않을 수 있으므로 질권의 효력이 저당권에 미치기 위해서는 질권의 부기등기를 하도록 함으로써 이를 공시할 필요가 있다. 따라서 담보가 없는 채권에 질권을 설정한 다음 그 채권을 담보하기 위해 저당권이 설정되었더라도 민법 제348조가 유추적용되어 저당권설정등기에 질권의 부기등기를 하지 않으면 질권의 효력이 저당권에 미친다고 볼 수 없다(대법원 2020.4.29. 2016다235411 판결).

532) 등기절차에 관한 실무적인 내용은 "저당권부채권에 대한 채권담보권의 부기등기에 관한 업무처리지침"(등기예규 제1462호) 참조.

또는 사무소 소재지, ③ 변제기와 이자의 약정이 있는 경우에는 그 내용을 기록하여야 한다(법 제76조).

[기록례: 근저당권부 권리질권 설정등기]

【 을 구 】	(소유권 이외의 권리에 관한 사항)			
순위번호	등기목적	접 수	등기원인	권 리 자 및 기 타 사 항
1	근저당권설정	2012년3월11일 제174호	2012년3월10일 설정계약	채권최고액 금30,000,000원 채무자 김수연 서울특별시 은평구 진관1로 12(진관동) 근저당권자 김태수 700123－1234567 대전광역시 서구 도안로 88(도안동)
1－1	1번근저당권부 질권	2012년9월2일 제3500호	2012년9월1일 설정계약	채권액 금20,000,000원 변제기 2013년8월30일 이 자 월2푼 채무자 김미정 서울특별시 서초구 서초로 23(서초동) 채권자 김영남 600103－1012345 인천광역시 남구 경원대로 88(주안동)

제 6 절 신탁에 관한 등기

Ⅰ. 신탁 일반론

1. 신탁의 의의

신탁이란 신탁을 설정하는 자(위탁자)와 신탁을 인수하는 자(수탁자) 사이의 신임관계에 기하여 위탁자가 수탁자에게 특정의 재산을 이전하거나 담보권의 설정 또는 그 밖의 처분을 하고 수탁자로 하여금 일정한 자(수익자)의 이익 또는 특정의 목적을 위하여 그 재산의 관리, 처분, 운용, 개발, 그 밖에 신탁목적의 달성을 위하여 필요한 행위를 하게 하는 법률관계이다(신탁법 제1조).

신탁은 여러 가지 목적을 위한 유용한 법적 수단이어서 그 활용도가 점점 늘어나고 있다.[533] 신탁이 이용되는 현황을 보면, 비영리 부동산신탁은 재개발이나

533) 신탁재산별 수탁고는 다음과 같다. 금융감독원 홈페이지. 단위: 조원.

재건축 등을 위하여 조합이 조합원들로부터 부동산을 수탁받는 경우가 많고, 영리 부동산신탁은 부동산신탁업자의 영업행위로 이루어진다.[534] 그 밖에 개별법률에서 신탁제도를 이용하도록 규정을 두는 경우도 있다.[535]

신탁의 법률관계에 관하여는 신탁법에서 규정하고 있다. 다만, 공익신탁에 관하여는 공익신탁법이 제정되어 있다. 신탁법은 1961년 제정된 이후 한 번도 개정되지 않고 있다가 2011. 7. 25. 전부개정되었다. 이에 따라 부동산등기법 중 신탁의 등기에 관한 부분도 2013. 5. 28. 대폭 개정되었다. 신탁은 영미법에서 발달한 제도로서 대륙법을 계수한 우리 민법의 다른 제도와 다른 특유한 면이 있다. 이 점은 등기절차에서도 마찬가지이어서 다른 등기와는 다른 특성을 보여준다. 이해하기가 쉽지 않을 수 있다. 여기서는 신탁에 관한 등기를 이해하기 위하여 필요한 범위에서 신탁의 법률관계를 부동산신탁을 중심으로 간략히 정리해 본다.

구 분		2013년말	2014년말	2015년말	2016년말	2017년말
금전신탁	불특정	13.6	14.1	14.8	15.6	16.2
	특 정	233.5	272.4	306.9	352.8	379.5
	(퇴직연금)	55.8	72.1	85.9	99.3	116.7
	소 계	247.2	286.5	321.7	368.4	395.7
재산신탁	금전채권	92.5	99.6	102.2	156.1	160.0
	부동산신탁	147.3	153.0	171.5	187.5	215.2
	(토지신탁)	28.0	31.1	38.3	47.1	56.0
	(관리신탁)	13.2	14.3	15.1	15.7	15.0
	(처분신탁)	12.1	7.6	7.6	7.3	6.2
	(담보신탁)	94.0	99.9	110.5	117.4	138.0
	유가증권	9.4	6.2	5.2	3.4	4.2
	소 계	249.3	258.8	278.9	347.0	379.4
기타	담보부사채등	0.3	0.3	0.6	0.1	0.1
총신탁계		496.7	545.6	601.2	715.6	775.2

534) 광장신탁법연구회, 주석신탁법, 2016, 576면. 영리신탁은 상법과 「자본시장과 금융투자업에 관한 법률」(이하 "자본시장법"이라 한다)의 적용도 받는다. 자본시장법 제11조에 의하면 그 법에 따른 금융투자업인가를 받지 아니하고는 금융투자업(신탁업도 그중의 하나이다)을 영위하지 못하도록 하고 있어, 등기실무에서는 신탁업의 인가를 받은 신탁회사 이외의 영리회사를 수탁자로 하는 신탁등기 신청은 수리하지 않고 있다. "신탁등기사무처리에 관한 예규"(등기예규 제1618호) 참조.

535) 예를 들어, 「건축물의 분양에 관한 법률」은 그 법의 적용을 받는 건축물을 착공신고 후에 선분양하고자 하는 경우에는 신탁업자와 신탁계약 및 대리사무계약을 체결하거나 금융기관 등으로부터 분양보증을 받도록 하고 있다(제4조 제1항). 수분양자들을 보호하기 위한 조치이다.

2. 부동산신탁의 종류

영리신탁으로 이루어지고 있는 부동산신탁의 종류로는 관리신탁, 처분신탁, 담보신탁, 토지신탁(개발신탁)으로 나눌 수 있다.[536] 가장 많은 비중을 차지하는 신탁은 담보신탁이다.

① **관리신탁:** 전문 부동산관리회사가 소유자를 대신하여 임대차 관리, 시설의 유지 및 관리, 세무관리 등 일체를 종합적으로 관리·운영하여 그 수익을 수익자에게 교부하거나 신탁부동산의 소유명의만을 관리하여 주는 신탁이다.

② **처분신탁:** 부동산의 처분을 목적으로 수탁자에게 소유권을 이전하고 수탁자가 그 부동산을 처분하여 수익자에게 정산하여 주는 신탁이다.

③ **토지신탁:** 신탁재산으로 토지 등을 수탁하고 신탁재산에 건물, 택지, 공장용지 등의 시설을 조성하여 처분이나 임대 등 부동산사업을 시행하고 그 성과를 수익자에게 교부해주는 신탁이다.[537]

④ **담보신탁:** 채무자가 위탁자가 되고 채권자가 수익자가 되어, 채무자 또는 제3자가 신탁부동산의 소유권을 수탁자에게 이전하고 수탁자는 담보의 목적을 위하여 신탁부동산을 관리하다가 채무가 이행되면 그 소유권을 위탁자에게 돌려주고 채무가 변제되지 아니하면 신탁부동산을 처분하여 채권자인 수익자에게 변제하는 방법에 의한 신탁이다. 실무에서는 채무자가 위탁자 겸 수익자가 되고 채권자를 우선수익자로 지정하는 경우가 일반적이다.[538] 담보신탁은 담보권신탁과

---

536) 광장신탁법연구회, 앞의 책, 576면 이하 참조.

537) 토지신탁은 사업비의 조달의무를 누가 부담하는지에 따라 자금의 조달책임을 위탁자가 부담하는 경우를 관리형 토지신탁, 수탁자가 부담하는 경우를 차입형 토지신탁으로 부르기도 한다.

538) 우선수익권은 우선수익자로 지정된 채권자가 채무자의 채무불이행 시에 신탁재산 처분을 요청하고 처분대금에서 자신의 채권을 위탁자인 채무자나 그 밖의 다른 채권자들에 우선하여 변제받을 수 있는 권리이다. 우선수익권은 수익급부의 순위가 다른 수익자에 앞선다는 점을 제외하면 그 법적 성질은 일반적인 수익권과 다르지 않다. 채권자는 담보신탁을 통하여 담보물권을 얻는 것이 아니라 신탁이라는 법적 형식을 통하여 도산 절연 및 담보적 기능이라는 경제적 효과를 달성하게 되는 것일 뿐이므로, 그 우선수익권은 우선 변제적 효과를 채권자에게 귀속시킬 수 있는 신탁계약상 권리이다(대법원 2018.4.12. 2016다223357 판결). 그리고 채무자가 아닌 위탁자가 타인의 채무를 담보하기 위하여 금전채권자를 우선수익자로 하는 부동산담보신탁을 설정한 경우에, 설령 경제적인 실질에 있어 위탁자가 부동산담보신탁을 통하여 신탁부동산의 처분대금을 타인의 채무의 담보로 제공한 것과 같이 볼 수 있다고 하더라도, 위탁자가 자기의 재산 그 자체를 타인의 채무의 담보로 제공한 물상보증인에 해당한다고 볼 수는 없다(대법원 2022.5.12. 2017다278187 판결).

구별하여야 한다. 담보신탁은 신탁의 목적이 담보이나 담보권신탁은 신탁재산이 담보권인 경우이다.

3. 신탁의 설정과 신탁관계인

위탁자와 수탁자 사이에서 신탁의 법률관계를 창설하는 행위를 신탁의 설정이라 한다. 신탁을 설정하기 위한 법률행위를 신탁행위라고 한다. 개정 신탁법은 신탁의 설정방법으로 ① 위탁자와 수탁자 간의 계약, ② 위탁자의 유언, ③ 위탁자의 선언을 규정하고 있다(신탁법 제3조 제1항). 신탁계약은 민법상 계약의 일반원칙에 따라 설정할 수 있고, 유언신탁은 유언이므로 민법상 규정된 유언의 방식을 따라야 한다. 신탁선언은 신탁의 목적, 신탁재산, 수익자 등을 특정하고 자신을 수탁자로 정하는 선언에 의하여 설정할 수 있으나(수익자가 없는 특정의 목적을 위한 목적신탁은 공익신탁을 제외하고는 이 방법으로 설정할 수 없다), 공익신탁을 제외하고는 공정증서를 작성하는 방법으로 하여야 하며, 신탁을 해지할 수 있는 권한을 유보할 수 없다(신탁법 제3조 제2항).

신탁의 설정에서 보듯이 신탁에는 여러 사람이 관여된다. 간략히 살펴보면 다음과 같다. 신탁재산에 대하여 관리 또는 처분 등을 하기 위하여 수탁자에게 신탁재산의 이전, 담보권의 설정 또는 그 밖의 처분을 하는 자를 위탁자라고 한다. 위탁자는 신탁행위의 당사자로서 스스로 재산을 신탁재산으로 출연함과 아울러, 신탁행위를 통하여 신탁의 목적 설정을 하게 된다.[539] 수탁자는 신탁재산을 이전받음과 아울러 신탁목적에 따라 신탁재산에 대하여 관리 또는 처분 등을 수행하는 자이다. 신탁관계에서 가장 중요한 역할을 수행하는 자이다. 수탁자는 행위능력자이어야 하며(신탁법 제11조) 제한능력자는 법정대리인의 동의가 있어도 수탁자가 될 수 없다. 수익자는 신탁의 이익을 향수하는 자이다. 수익자는 신탁행위의 당사자는 아니다. 수탁자가 사임하거나 해임되어 임무가 종료한 경우나 파산선고를 받은 경우 등에 있어서 신수탁자가 선임되지 아니하거나 다른 수탁자가 존재하지 아니할 때에 신탁재산의 관리 등을 위하여 법원에 의하여 선임된 자가 신탁재산관리인이다(신탁법 제17조, 제18조). 이에 반하여 신탁관리인은 수익자가 특정되어 있지 아니하거나 존재하지 아니한 경우에 수익자를 대신하여 수

539) 최동식, 신탁법, 2007, 159면.

익자의 이익을 보호하고 수탁자의 신탁사무처리를 감독할 사람을 말한다(신탁법 제67조).

4. 신탁의 법률관계의 공시

부동산의 신탁에 있어서 수탁자 앞으로 소유권이전등기를 마치게 되면 대내외적으로 소유권이 수탁자에게 완전히 이전되고, 수탁자는 신탁의 목적 범위 내에서 신탁계약에 정하여진 바에 따라 신탁재산을 관리하여야 하는 제한을 부담함에 불과하다.[540] 그러나 신탁재산은 형식적으로는 수탁자에게 귀속하여 수탁자 명의로 등기하지만 실질적으로는 수탁자의 고유재산과는 독립된 별개의 재산이다. 고유재산과 분리되는 독립성을 가진다. 이를 신탁재산의 독립성이라 한다. 그런데 제3자로서는 그 부동산이 수탁자의 고유재산인지 신탁재산인지 알 수 없으므로 거래의 안전을 위하여 이러한 사실을 공시할 필요가 있다. 여기에서 등기 또는 등록할 수 있는 재산권에 관하여는 신탁의 등기 또는 등록을 함으로써 그 재산이 신탁재산에 속한 것임을 제3자에게 대항할 수 있도록 하고 있다(신탁법 제4조 제1항).[541]

여기서 그 공시방법으로 신탁의 법률관계에 따라 해당 부동산에 관하여 신탁을 원인으로 수탁자 앞으로의 소유권이전등기 등을 함과 함께, 그 부동산이 신탁재산임을 표시하는 신탁등기를 하여야 한다(법 제82조 제1항). 그리고 신탁의 자세한 내용에 관하여는 별도의 신탁원부를 두어 거기에서 공시하고 있다(법 제81조 제1항). 따라서 신탁등기의 구체적인 내용을 알기 위하여는 신탁원부의 내용도 같이 살펴보아야 한다. 신탁원부는 등기기록의 일부로 본다(법 제81조 제3항). 종래 판례는 이러한 신탁원부에 대하여 대항력을 인정하여 신탁계약의 내용이 신탁등기의 일부로 인정되는 신탁원부에 기재된 경우에는 이로써 제3자에게 대항할 수 있다고 하였으나, 2011년 전부개정된 현행 신탁법 사안에서는 어떠한 재산에 신

540) 대법원 2002.4.12. 2000다70460 판결; 대법원 2003.8.19. 2001다47467 판결. 2000다70460 판결은 임대차의 목적이 된 주택을 담보목적으로 신탁한 경우에도 수탁자는 주택임대차보호법에 의하여 임대인의 지위를 승계한다고 한다.

541) 신탁이 성립하면 수익자는 직접 수탁자에 대하여 권리를 취득하나 제3자에 대하여는 등기 또는 등록을 한 경우에만 수익권을 주장할 수 있다. 그 수익권의 성질에 관하여 다수설은 수익자는 신탁재산에 대하여 어떠한 물권적 권리를 가지지 않으며 수탁자에 대하여 채권적 권리만을 가질 뿐이라고 한다. 이연갑, "신탁법상 수익자의 지위", 민사판례연구 [XXX], 2008, 909면.

탁의 등기를 하면 그 재산이 수탁자의 다른 재산과 독립하여 신탁재산을 구성한다는 것을 제3자에게 대항할 수 있다는 의미이며, 신탁계약의 내용이 신탁원부에 기재되어 등기기록의 일부로 보게 되더라도 이로써 제3자에게 대항할 수 없다고 한다.[542)]

부동산에 관한 신탁의 공시방법에 관하여 항을 나누어 구체적으로 보기로 한다.[543)]

Ⅱ. 신탁에 관한 여러 등기절차

1. 신탁등기의 의의

우선 신탁등기가 무엇인지부터 이해해야 한다. 오해하기 쉬운 부분이기 때문이다. 신탁의 기본구조를 보면 위탁자가 수탁자에게 특정의 재산을 이전하거나 담보권의 설정 또는 그 밖의 처분을 하는 행위를 하면서, 수탁자로 하여금 수익자의 이익 또는 특정한 목적을 위하여 그 재산의 관리, 처분, 운용, 개발, 그 밖에 신탁 목적의 달성을 위하여 필요한 행위를 하게 하는 구조로 이루어져 있다. 이 구조는 등기절차에서는 두 단계로 나타난다. 하나는 신탁행위를 원인으로 위탁자가 수탁자에게 신탁재산인 부동산의 소유권이전이나 담보권의 설정 또는 그 밖의 처분에 따른 등기를 하는 절차이고, 다른 하나는 동시에 그 재산이 신탁재산임과 그 신탁의 내용을 등기하는 절차이다. 두 번째의 등기, 즉 그 부동산이 신탁재산임과 그 신탁의 내용을 공시하는 등기가 신탁등기이다. 첫 번째의 등기, 즉 신탁행위를 원인으로 하는 처분의 등기가 신탁등기가 아님을 유의하여야 한다.

---

542) 대법원 2012.5.9. 2012다13590 판결; 대법원 2022.2.17. 2019다300095,300101 판결. 현행 신탁법에 관하여는 대법원 2025.2.13. 2022다233164 판결.

신탁원부의 대항력을 인정하는 판례에 대한 비판적인 견해로는 이계정 외 2인, "부동산 신탁등기 개선 방안에 관한 연구", 법원행정처 연구용역보고서, 2023, 190면 이하 참조.

543) 등기의 방법에 관하여는 "신탁등기사무처리에 관한 예규"(등기예규 제1799호)에 잘 정리되어 있다. 이하에서는 이 등기예규를 중심으로 설명하기로 한다.

2. 신탁등기의 신청과 등기절차

가. 신탁등기의 신청

(1) 신청인

신탁재산에 속하는 부동산의 신탁등기는 수탁자가 단독으로 신청한다(법 제23조 제7항). 신탁등기는 권리에 관한 등기이기는 하나 직접 권리의 이전·설정 등의 변동을 가져오는 등기가 아니고 어느 부동산이 신탁재산에 속한다는 사실을 공시하는 등기이므로 단독신청에 의하더라도 진정성이 담보될 수 있기 때문이다. 수익자나 위탁자는 수탁자를 대위하여 신탁등기를 신청할 수 있다(법 제82조 제2항).

(2) 신청의 방법

신탁등기의 신청은 해당 신탁으로 인한 권리의 이전 또는 보존이나 설정등기의 신청과 동시에 하여야 하고(법 제82조 제1항), 1건의 신청정보로 일괄하여 하여야 한다(규칙 제139조 제1항).

(3) 신청정보

신탁계약에 의한 경우에는 등기의 목적을 "소유권이전 및 신탁"으로, 등기원인을 "○년 ○일 ○일 신탁"으로 기재하고, 신탁법 제27조에 의하여 신탁재산에 속하게 된 경우에는 등기의 목적을 "소유권이전 및 신탁재산처분에 의한 신탁"으로 기재하며, 위탁자의 선언에 의한 경우에는 등기의 목적을 "신탁재산으로 된 뜻의 등기 및 신탁"으로 기재한다.

(4) 첨부정보

등기원인의 입증자료, 즉 등기원인을 증명하는 정보로는 해당 부동산에 대하여 신탁행위가 있었음을 증명하는 자료를 제공하여야 한다. 신탁계약에 의하여 소유권을 이전하는 경우에는 신탁계약서를 제공하여야 하고 그 계약서에는 검인을 받아야 한다. 위탁자의 유언에 의하여 신탁을 설정하는 경우에는 신탁에 관한 유언서를 제출하여야 한다. 위탁자의 선언에 따라 신탁등기를 신청하는 경우에는 공익신탁을 제외하고는 신탁설정에 관한 공정증서를 첨부정보로 등기소에 제공하여야 한다(규칙 제139조의2 제1항). 공익신탁법에 따른 공익신탁에 대하여 신탁등기를 신청하는 경우에는 법무부장관의 인가를 증명하는 정보를 첨부정보로 제공하여야 한다.

신탁등기를 신청하는 경우에는 신탁원부의 기록사항(법 제81조 제1항)을 첨부정보로 등기소에 제공하여야 한다(규칙 제139조 제3항).[544] 신탁원부를 작성하기 위하여서이다. 그 제공의 방법으로는 전자신청은 물론 방문신청을 하는 경우라도 이를 전자문서로 작성하여 전산정보처리조직을 이용하여 등기소에 송신하는 방법으로 하여야 하고, 신청인 또는 그 대리인의 공인인증서를 함께 송신하여야 한다(규칙 제139조 제4항 본문, 제5항). 다만, 이와 같은 전자제출을 강제하는 것이 적절하지 아니한 경우에는 서면으로 제출할 수 있도록 하고 있다(규칙 제139조 제4항 단서). 여러 개의 부동산에 관하여 1건의 신청정보로 일괄하여 신탁등기를 신청하는 경우에는 각 부동산별로 신탁원부 작성을 위한 정보를 제공하여야 한다.

일정한 경우에는 지방세 납세증명서를 첨부정보로 제공하여야 한다(지방세징수법 제5조, 지방세징수법 시행령 제2조, 제5조, 제6조).

나. 신탁등기의 등기절차

(1) 신탁등기의 방법

신탁등기는 해당 신탁으로 인한 권리의 이전 또는 보존이나 설정등기와 함께 1건의 신청정보로 일괄하여 신청하여야 하고, 이 신청에 따라 이들 등기와 함께 신탁등기를 할 때에는 하나의 순위번호를 사용하여야 한다(규칙 제139조 제7항). 신탁등기의 등기방법으로 현재 등기실무상 등기목적란부터 권리자 및 기타사항란까지에 횡선을 그어 거기에 신탁의 취지와 신탁원부의 번호를 기록하고 있다.[545] 위탁자의 선언에 의한 경우에는 신탁재산으로 된 뜻의 등기를 해당 신탁재산에 속하는 부동산에 관한 권리변경등기로 하고(법 제84조의2 제1호), 그 등기의 아래에 횡선을 그어 신탁의 취지와 신탁원부의 번호를 기록하고 있다.

---

544) 규칙에서는 신탁원부의 기록사항을 첨부정보로 등기소에 제공하도록 하고 있고, 법 제81조 제1항에서는 등기관이 신탁원부를 작성하도록 하고 있으나, 등기예규(제1723호 전산정보처리조직에 의하여 영구보존문서에 관한 등기사무를 처리하는 경우의 업무처리지침)에서는 신청인이 위 예규 별지 제1호 양식에 따라 신탁원부를 작성하도록 하고 있다. 법령에 맞게 예규의 표현을 정비할 필요가 있어 보인다.

실무에서는 위 별지 제1호 양식에 '별지 기재와 같음'이라고 기재하고 신탁계약서를 첨부하는 방식으로 신탁등기 신청이 이루어지고 있다. 그 결과 위 별지 제1호 양식이 마치 신탁원부 표지이고 신탁계약서가 신탁원부의 내용인 것처럼 운영되고 있다.

545) 종래에는 권리자 및 기타사항란에만 횡선을 그어 신탁등기를 하였으나, 2019. 5. 27. 등기예규 제1673호로 등기목적란부터 권리자 및 기타사항란까지 횡선을 그어 기록하도록 신탁등기의 등기기록례를 변경하였다. 일본에서의 등기기록방법을 따라서 변경하였다.

신탁행위에 의하여 신탁등기가 이루어지는 경우 그 등기명의인은[546] "수탁자"로 표시한다. 수탁자가 여러 명인 경우 신탁재산이 합유인 뜻을 기록하여야 한다(법 제84조). 그 기록의 방법으로 "수탁자(합유)"라고 표시한다.

[기록례: 신탁계약에 의한 신탁]

【 갑 구 】 (소유권에 관한 사항)				
순위번호	등기목적	접 수	등기원인	권 리 자 및 기 타 사 항
5	소유권이전	2019년7월5일 제3005호	2019년7월4일 신탁	수탁자 김태수 700123－1234567 대전광역시 서구 도안로 88(도안동)
	신탁			신탁원부 제2019－5호
5－1	신탁주의사항			이 부동산에 관하여 임대차 등의 법률행위를 하는 경우에는 등기사항증명서 뿐만 아니라 등기기록의 일부인 신탁원부를 통하여 신탁의 목적, 수익자, 신탁재산의 관리 및 처분에 관한 신탁조항 등을 확인할 필요가 있음 2025년 7월 1일 부기

[기록례: 위탁자의 선언에 의한 신탁]

【 갑 구 】 (소유권에 관한 사항)				
순위번호	등기목적	접 수	등기원인	권 리 자 및 기 타 사 항
2	소유권이전	2012년1월9일 제670호	2012년1월8일 매매	소유자 김수연 800321－2012345 서울특별시 은평구 진관1로 12(진관동) 거래가액 금200,000,000원
3	신탁재산으로 된 뜻의 등기	2019년7월5일 제3005호	2019년7월4일 신탁	수탁자 김수연 800321－2012345 서울특별시 은평구 진관1로 12(진관동)
	신탁			신탁원부 제2019－25호
3－1	신탁주의사항			이 부동산에 관하여 임대차 등의 법률행위를 하는 경우에는 등기사항증명서 뿐만 아니라 등기기록의 일부인 신탁원부를 통하여 신탁의 목적, 수익자, 신탁재산의 관리 및 처분에 관한 신탁조항 등을 확인할 필요가 있음 2025년 7월 1일 부기

546) 엄격하게 말하면 신탁등기의 등기명의인이 아니라 신탁을 원인으로 하는 처분의 등기의 등기명의인이다.

(2) 신탁원부의 작성

신탁등기는 등기기록에 신탁의 취지와 신탁원부의 번호를 기록하고, 신탁의 자세한 내용은 별도로 신탁원부를 만들어 기록하는 방법으로 하고 있다. 신탁조항의 내용이 장문인 경우가 많으므로 등기기록의 일람성을 위하여 이렇게 하고 있다. 그리하여 등기관이 신탁등기를 할 때에는 일정한 사항을 기록한 신탁원부를 작성하고, 등기기록에는 그 신탁원부의 번호 및 신탁재산에 속하는 부동산의 거래에 관한 주의사항을 기록하여야 한다(법 제81조 제1항).[547] 신탁원부에는 다음의 사항을 기록하여야 한다(법 제81조 제1항 각호).

① 위탁자, 수탁자 및 수익자의 성명 및 주소(법인인 경우에는 그 명칭 및 사무소 소재지)[548]

② 수익자를 지정하거나 변경할 수 있는 권한을 갖는 자를 정한 경우에는 그 자의 성명 및 주소(법인인 경우에는 그 명칭 및 사무소 소재지)

③ 수익자를 지정하거나 변경할 방법을 정한 경우에는 그 방법

④ 수익권의 발생 또는 소멸에 관한 조건이 있는 경우에는 그 조건

⑤ 신탁관리인이 선임된 경우에는 신탁관리인의 성명 및 주소(법인인 경우에는 그 명칭 및 사무소 소재지)

⑥ 수익자가 없는 특정의 목적을 위한 신탁인 경우에는 그 뜻

⑦ 신탁법 제3조 제5항에 따라 수탁자가 타인에게 신탁을 설정하는 경우에는 그 뜻

⑧ 신탁법 제59조 제1항에 따른 유언대용신탁인 경우에는 그 뜻

⑨ 신탁법 제60조에 따른 수익자연속신탁인 경우에는 그 뜻

⑩ 신탁법 제78조에 따른 수익증권발행신탁인 경우에는 그 뜻

⑪ 공익신탁법에 따른 공익신탁인 경우에는 그 뜻

⑫ 신탁법 제114조 제1항에 따른 유한책임신탁인 경우에는 그 뜻

⑬ 신탁의 목적

⑭ 신탁재산의 관리, 처분, 운용, 개발, 그 밖에 신탁 목적의 달성을 위하여

547) 신탁재산에 속하는 거래에서 신탁원부를 확인하지 아니하여 발생하는 피해를 방지하기 위하여 2024. 9. 20. 개정 부동산등기법에서 이러한 주의사항을 신탁등기에 기록하도록 하였다. 그 내용에 관하여는 규칙 제139조의4 제2항에서 규정하고 있다.

548) 실무상 부동산담보신탁계약에서 우선수익자를 지정하는 경우가 일반적임은 앞에서 설명하였다.

필요한 방법

⑮ 신탁종료의 사유

⑯ 그 밖의 신탁 조항

위 사항 중 ⑤, ⑥, ⑩, ⑪의 사항에 관하여 등기를 할 때에는 수익자의 성명 및 주소를 기재하지 아니할 수 있다(법 제81조 제2항).[549)]

신탁원부의 작성방법은 다음과 같다. 신청인이 신탁원부의 기재사항을 전자문서로 등기소에 송신한 경우에는 그 전자문서에 번호를 부여하고 신탁원부로 전산처리조직에 등록하며, 신탁원부의 기재사항을 서면으로 제출한 경우에는 그 서면을 전자적 이미지정보로 변환하여 그 이미지정보에 번호를 부여하고 신탁원부로 전산정보처리조직에 등록하여야 한다(규칙 제140조 제2항). 신탁원부에는 1년마다 그 번호를 새로 부여하여야 한다(규칙 제140조 제3항).

신탁원부는 등기기록의 일부로 본다(법 제81조 제3항).[550)]

등기예규에서 정하고 있는 신탁원부의 양식은 다음과 같다.[551)]

신 탁 원 부
위 탁 자 김 삼 남
수 탁 자 이 도 령
신청대리인 이 갑 돌 (인)

549) 투자신탁재산으로 부동산을 취득하는 경우에는 신탁원부에 수익자를 기록하지 아니할 수 있다(자본시장법 제94조 제5항).

참고로, 유언대용신탁에서 위탁자의 재산을 상속받는 사후수익자의 인적사항은 유언과 밀접한 내용으로서 비밀보호가 유지되어야 하므로 일반인에게 공개되지 않을 필요가 있다는 의견도 있다. 이계정 외 2인, 앞의 논문(부동산 신탁등기 개선 방안에 관한 연구), 180면 이하.

550) 등기사항증명서 발급신청할 때 신탁원부도 함께 신청하는 뜻의 표시가 있는 경우에만 등기사항증명서에 이를 포함하여 발급한다(규칙 제30조 제2항).

551) 앞의 등기예규 제1723호 별지 제1호 양식. 다만, 앞에서 설명하였듯이 실무에서는 이 양식을 표지처럼 사용하고 신탁계약서를 스캔하여 이 양식 뒤에 첨부하는 방식으로 신탁원부를 작성하고 있다. 이에 대하여 비판적인 견해로는 이계정 외 2인, 앞의 논문(부동산 신탁등기 개선 방안에 관한 연구), 197면 이하 참조.

1	위탁자의 성명 주소	
2	수탁자의 성명 주소	
3	수익자의 성명 주소	
4	신탁관리인의 성명 주소	
5	신탁조항	

다. 관련문제

(1) 신탁재산 처분 등에 의한 신탁등기

신탁재산의 관리, 처분, 운용, 개발, 멸실, 훼손, 그 밖의 사유로 수탁자가 얻은 재산은 신탁재산에 속한다(신탁법 제27조). 예를 들어, 위탁자가 수탁자에게 금전을 신탁하고 수탁자가 신탁계약에 따라 그 금전으로 부동산을 취득한 경우 그 부동산은 신탁재산에 속한다. 이 경우 그 부동산 취득에 따른 등기에서 그 부동산이 신탁재산임을 공시할 필요가 있다. 이때 해당 부동산에 대한 소유권이전등기의 신청과 함께 1건의 신청정보로 일괄하여 신탁등기를 신청하여야 하고,[552] 그 등기의 목적을 "소유권이전 및 신탁재산처분에 의한 신탁"으로 기재한다. 다만, 이때 소유권이전등기만 먼저 신청하여 소유권이전등기만 마쳐진 경우에는 수탁자는 그 후 단독으로 신탁등기만을 신청할 수 있고, 그 등기의 목적은 "신탁재산처분에 의한 신탁"으로 기재한다. 수익자나 위탁자도 수탁자를 대위하여 단독으로 이 신탁등기를 신청할 수 있다.

수탁자가 그 의무를 위반하여 신탁재산에 손해가 생기거나 신탁재산이 변경된 경우 등에 위탁자나 수익자 등은 신탁재산의 원상회복 등을 수탁자에게 청구

552) 등기선례에 의하면 근저당권자가 여러 명인 근저당권설정등기와 함께 그 근저당권자 중 1인의 지분만에 대한 신탁등기(신탁재산처분에 의한 신탁)도 가능하다. 다만, 이때에는 근저당권설정등기와 신탁등기를 1건의 신청정보로 신청할 수 없고 각각 별개의 신청정보로 신청하여야 한다. 2019.12.27. 부동산등기과−3180 질의회답 참조.

할 수 있다(신탁법 제43조). 이 경우 수탁자 명의로 회복·반환된 부동산에 대하여도 신탁재산임을 공시할 필요가 있다. 이때 그 반환·회복에 따른 소유권이전등기와 함께 신탁등기를 1건의 신청정보로 일괄하여 신청하여야 하고, 그 등기목적은 "소유권이전 및 신탁재산회복(반환)으로 인한 신탁"으로 기재한다. 소유권이전등기만 먼저 마쳐진 후라면 신탁등기만을 신청하고, 이때 등기목적은 "신탁재산회복(반환)으로 인한 신탁"으로 기재한다.

신탁재산의 처분 등에 따라 신탁재산에 속하는 부동산(신탁법 제27조)이나 신탁재산으로 회복 또는 반환되는 부동산(신탁법 제43조)에 대하여는 그 등기명의인은 "소유자"로 기록된다.

아래 등기기록례의 의미를 잘 생각해 보자.[553)]

[기록례: 신탁재산처분에 의한 신탁]

【 갑 구 】 (소유권에 관한 사항)				
순위번호	등기목적	접 수	등기원인	권 리 자 및 기 타 사 항
2	소유권이전	2011년11월9일 제8009호	2011년11월8일 매매	소유자 김태수 700123-1234567 대전광역시 서구 도안로 88(도안동) 거래가액 금50,000,000원
3	소유권이전	2019년7월5일 제3005호	2019년7월4일 매매	소유자 김영남 600103-1012345 인천광역시 남구 경원대로 88(주안동) 거래가액 금50,000,000원
	신탁재산처분에 의한 신탁			신탁원부 제2019-51호
3-1	신탁주의사항			(생략)

(2) 유언대용신탁

신탁이 재산의 승계를 위한 유용한 제도로 이용되는 분야가 유언대용신탁이다. 신탁을 통하여 위탁자는 자신의 사망 후의 재산의 승계를 설계할 수 있어 유

553) 실무에서 신탁재산처분에 의한 신탁과 그에 따른 등기기록례에 관하여 정확하게 이해하지 못하는 실무자들을 종종 보게 된다. 이 기록례는 금전을 신탁받은 수탁자 김영남이 신탁받은 금전으로 김태수로부터 부동산을 매수하고 그에 따른 소유권이전등기를 한 사례이다.

증에 비하여 많은 장점을 가지고 있다.[554] 위탁자가 생존하는 동안 자신이 수익권을 가지고 사망 시에는 제3자에게 수익권을 귀속시키는 형태로 유증과 동일한 효과를 얻을 수 있어 다양한 재산승계를 가능하게 한다는 점에서 주목받고 있다.

이와 같이 수익자로 될 자로 지정된 자가 위탁자의 사망 시에 수익권을 취득하거나 수익자가 위탁자의 사망 이후에 신탁재산에 기한 급부를 받는 신탁을 유언대용신탁이라 한다(신탁법 제59조). 신탁법상 원칙적으로 위탁자가 일방적으로 수익자를 변경할 수 없으나, 유언대용신탁에서는 이러한 원칙에 대한 예외를 인정하여 신탁계약상 위탁자가 수익자변경권을 유보하지 않은 때에도 신탁행위로 달리 정하지 않은 한 수익자를 변경할 수 있도록 하고 있다(신탁법 제59조).

유언대용신탁이 등기절차에서 문제되는 점은 수탁자의 이익향수금지에 관한 신탁법 제36조와의 관계이다. 이 규정에 의하면 수탁자는 공동수익자의 1인인 경우를 제외하고는 누구의 명의로도 신탁의 이익을 누리지 못한다. 유언대용신탁계약에서 위탁자의 사망 전의 수익자를 위탁자로, 위탁자의 사망 후의 유일한 수익자를 수탁자로 정한 경우 사후 타익신탁 부분은 무효이어서 그러한 유언대용신탁에 따른 등기신청은 허용될 수 없다는 것이 등기선례의 입장이다.[555]

(3) 재신탁에 따른 신탁등기

종래 등기실무에서는 명문의 규정이 없다는 이유로 재신탁에 따른 신탁등기

554) 최수정, 신탁법, 박영사, 2023, 537면 이하.

555) 이 부분은 등기선례의 입장이 다소 혼란스러워 이해가 어려울 수 있는데, 최종적인 등기선례의 입장은 이와 같다. 등기선례 9－339, 2019.11.13. 부동산등기과－2813 질의회답, 2024.4.23. 부동산등기과－1185 직권선례 참조.

그런데 등기관이 이를 간과하여 이러한 등기가 마쳐진 다음 위탁자가 사망한 경우 판례와 등기선례는 다음과 같이 처리하도록 하고 있다(대법원 2024.4.16. 2022다307294 판결 및 위 2024. 4. 23.자 등기선례). 이 경우 사후신탁 부분이 무효가 된다고 하더라도 곧바로 유언대용신탁 계약 전체를 무효라고 할 수는 없고, 나머지 부분인 생전 자익신탁 부분은 분리하기 불가능하거나 분리하더라도 생전 자익신탁 부분만으로 신탁을 유지하는 것이 위탁자의 의사에 명백히 반한다는 사정이 없는 이상 유효하다고 보아야 한다. 이 경우 위탁자가 사망하게 되면 신탁의 목적을 달성하게 되어 곧바로 신탁이 종료되고 신탁재산의 잔여재산 귀속에 관한 절차가 진행된다. 유언대용신탁에서 잔여재산의 귀속권리자를 정하고 있다면 그 사람에게 신탁재산이 귀속된다. 이 때 수탁자를 귀속권리자로 정하는 것도 허용되므로 수탁자를 귀속권리자로 정한 경우에는 수탁자가 등기권리자가 된다. 반면 귀속권리자를 정하지 않았다면 잔여재산은 수익자인 위탁자에게 귀속될 수밖에 없어 상속재산에 편입되고, 위탁자의 상속인이 등기권리자가 된다. 이 등기선례에 대한 비판적인 견해로는 오상민, "유언대용신탁에서 생전수익자를 위탁자로, 사후 유일한 수익자를 수탁자로 정한 신탁의 효력", 판례연구 제38집(1), 서울지방변호사회, 2024 참조.

를 할 수 없다고 보았으나 개정된 신탁법은 재신탁을 명문으로 인정하였다. 그리하여 수탁자는 신탁행위에서 달리 정한 바가 없으면 신탁 목적의 달성을 위하여 필요한 경우에는 수익자의 동의를 받아 타인에게 신탁재산에 대하여 신탁을 설정할 수 있다(신탁법 제3조 제5항). 재신탁을 설정하는 경우 해당 신탁재산에 속하는 부동산에 관한 권리이전등기에 대하여는 새로운 신탁의 수탁자를 등기권리자로 하고 원래의 신탁의 수탁자를 등기의무자로 하며, 해당 신탁재산에 속하는 부동산의 신탁등기는 새로운 신탁의 수탁자가 단독으로 신청한다(법 제23조 제8항). 이때에는 수익자의 동의가 있음을 증명하는 정보를 첨부정보로 등기소에 제공하여야 한다(규칙 제139조의2 제2항).

(4) 담보권신탁의 신탁등기

담보권신탁은 담보권을 신탁재산으로 하여 설정하는 신탁을 말하는데, 부동산등기와 관련하여서는 위탁자가 자기 또는 제3자 소유의 부동산에 채권자가 아닌 수탁자를 저당권자로 하여 설정한 저당권을 신탁재산으로 하고 채권자를 수익자로 지정한 신탁이다(법 제87조의2 제1항).

담보권신탁등기는 신탁을 원인으로 하는 근저당권설정등기와 함께 1건의 신청정보로 일괄하여 신청한다. 등기의 목적은 “(근)저당권 설정 및 신탁”으로 기재한다. 신탁재산인 저당권에 의하여 담보되는 피담보채권이 여럿이고 각 피담보채권별로 저당권의 등기사항(법 제75조)이 다른 경우에는 그 등기사항을 각 채권별로 구분하여 기록하여야 한다(법 제87조의2 제1항). 또한 담보권신탁에서는 담보권자(수탁자)와 채권자(수익자)가 분리되어 있으므로 부종성이 적용되지 않아 피담보채권이 양도되더라도 저당권의 이전등기는 할 필요가 없고 대신 수익자가 변경되므로 신탁원부에 수익자를 변경하는 신탁원부 기록의 변경등기를 하여야 한다(법 제87조의2 제2항). 마찬가지 이유로 채권이 양도되었다고 하여 저당권이 이전하지 않고 제3자가 대위변제하였다고 저당권에 대위할 수는 없으므로 신탁재산에 속하는 저당권의 이전등기를 하는 경우 채권일부의 양도 또는 대위변제로 인한 저당권 일부이전등기에 관한 규정(법 제79조)을 적용하지 아니한다(법 제87조의2 제3항).

[기록례: 담보권신탁등기]

【 을 구 】	(소유권 이외의 권리에 관한 사항)			
순위번호	등기목적	접 수	등기원인	권 리 자 및 기 타 사 항
1	근저당설정	2019년7월30일 제12345호	2019년7월27일 신탁	채권최고액 금250,000,000원 존속기간 1년 채무자 김우리 서울특별시 서초구 서초대로46길 6(서초동) 수탁자 대한부동산신탁 112601－8031111 서울특별시 강남구 테헤란로 15(삼성동)
	신탁			신탁원부 제2019－38호

(5) 유한책임신탁의 목적인 부동산에 대한 신탁등기

수탁자가 신탁재산에 속하는 채무에 대하여 신탁재산만으로 책임지는 신탁을 신탁행위로 설정할 수 있다(신탁법 제114조 제1항). 이를 유한책임신탁이라 한다. 이 경우 유한책임신탁의 등기를 하여야 그 효력이 발생한다(신탁법 제114조 후문).[556) 이를 위하여 등기소는 유한책임신탁등기부를 편성하여 관리한다(신탁법 제124조 제2항). 유한책임신탁의 등기에 관하여는 신탁법 제124조 이하에서 규정하고 있다.

유한책임신탁의 목적인 부동산에 대하여 신탁등기를 신청하는 경우에는 유한책임신탁등기가 되었음을 증명하는 정보를 첨부정보로 등기소에 제공하여야 한다(규칙 제139조의2 제3항). 유한책임신탁등기가 유한책임신탁의 효력발생요건이기 때문이다. 그 증명자료로 등기사항증명서를 제출할 수 있다. 신탁원부에는 유한책임신탁인 뜻을 기록하여야 한다(법 제81조 제1항 제12호).

3. 신탁등기의 변경

가. 신탁의 합병·분할

신탁의 합병은 여러 개의 신탁을 하나의 신탁으로 통합하는 제도이고(신탁법 제90조), 신탁의 분할은 신탁재산 중 일부를 분할하여 수탁자가 동일한 새로운 신탁의 신탁재산으로 하는 제도이다(신탁법 제94조 제1항). 신탁법은 수탁자가 동일한

556) 이와 관련하여 집합투자업자 및 신탁업자의 책임을 제한하고 있는 자본시장법 제80조 제2항의 적용을 부인하고 신탁형 집합투자기구의 집합투자업자 및 신탁업자에게 민법 제758조 제1항에 의한 공작물 점유자의 책임을 인정한 대법원 2024.2.15. 2019다208724 판결 참고. 이 판결은 집합투자기구의 거래관행에 비추어 볼 때 실무상 다소 이례적이다.

경우에만 신탁의 합병과 분할을 허용하고 있다. 공익신탁은 합병할 수 있으나(공익신탁법 제20조), 분할 또는 분할합병할 수 없다(공익신탁법 제21조).

신탁재산의 합병이나 분할이 있으면 어느 신탁재산에 속하는 부동산에 관한 권리가 다른 신탁재산에 귀속되는 것으로 변경된다. 따라서 이때에는 해당 부동산에 관한 신탁재산의 귀속의 변경을 공시하여야 하므로 신탁의 합병 또는 분할로 인하여 다른 신탁의 목적으로 된 뜻의 권리변경등기를 하여야 한다. 그리고 합병 또는 분할 전의 신탁등기를 말소하고 합병 또는 분할에 따른 새로운 신탁등기를 하여야 한다(규칙 제140조의3 제1항). 이 경우 권리변경등기와 신탁등기의 말소 및 새로운 신탁등기는 동시에 하여야 한다(법 제82조의2 제1항). 이 등기는 수탁자가 단독으로 신청할 수 있다(법 제84조의2 제3호).

이 등기를 신청하는 경우에는 신탁의 합병이나 분할이 유효하게 이루어졌음을 입증하는 자료를 첨부하여야 한다. 신탁의 합병 또는 분할등기를 신청하는 경우에는 위탁자와 수익자로부터 합병 또는 분할계획서의 승인을 받았음을 증명하는 정보[557](다만, 합병 또는 분할계획서의 승인에 관하여 신탁행위로 달리 정한 경우에는 그에 따른 것임을 증명하는 정보), 합병 또는 분할계획서의 공고 및 채권자보호절차를 거쳤음을 증명하는 정보를 첨부정보로 등기소에 제공하여야 한다(규칙 제140조의2). 공익신탁법에 따른 공익신탁 합병의 경우 법무부장관의 인가를 증명하는 정보를 첨부정보로 제공하여야 한다.

[기록례: 신탁의 분할]

【 갑 구 】 (소유권에 관한 사항)				
순위번호	등기목적	접 수	등기원인	권리자 및 기타사항
3	소유권이전	2012년3월5일 제3005호	2012년3월4일 신탁	수탁자 대한부동산신탁 112601－8031111 서울특별시 강남구 테헤란로 15(삼성동)
				~~신탁~~ ~~신탁원부 제2012－25호~~
4	신탁분할로 인하여 다른 신탁의 목적으로 된 뜻의 등기	2019년7월30일 제12345호	2019년7월27일 신탁분할	
	3번 신탁등기말소			
	신탁			신탁원부 제2019－45호
4－1	신탁주의사항			(생략)

557) 실무상 인감증명을 첨부하도록 하고 있다. 위 등기예규 제1673호 참조.

나. 수탁자의 변경

수탁자의 임무가 종료되고 새로운 수탁자가 선임되면 신탁재산에 속하는 부동산에 관하여 신수탁자 앞으로 권리이전등기를 하여야 한다. 이 등기는 종전 수탁자와 새로 선임된 수탁자가 공동으로 신청하여야 한다. 그러나 수탁자가 사망하거나 파산선고를 받거나 해임된 등의 사유로 수탁자의 임무가 종료된 경우에는 종전 수탁자와 공동신청을 하기 어려우므로 신수탁자가 단독으로 권리이전등기를 신청할 수 있도록 하였다(법 제83조).

수탁자가 여럿인 경우 신탁재산은 수탁자들의 합유로 하며 수탁자 중 1인의 임무가 종료하면 신탁재산은 당연히 다른 수탁자에게 귀속한다(신탁법 제50조 제1항, 제2항). 이 경우에는 임무가 종료된 수탁자가 등기의무자가 되고 나머지 다른 수탁자가 등기권리자가 되어 공동으로 권리변경등기(합유명의인 변경등기)를 신청한다. 그러나 수탁자의 사망, 해임 등의 사유로 임무가 종료된 경우에는 역시 공동신청을 기대하기 어려우므로 다른 수탁자가 단독으로 권리변경등기를 신청할 수 있다(법 제84조 제2항 전단). 이 경우 다른 수탁자가 여러 명일 때에는 그 전원이 공동으로 신청하여야 한다.

등기를 신청할 때에는 종전 수탁자의 임무 종료와 새로운 수탁자의 선임을 증명하는 정보를 첨부하여야 한다. 공익신탁에서 수탁자가 변경된 경우에는 법무부장관의 인가를 증명하는 정보를 첨부하여야 한다.

다. 위탁자의 지위 이전

종래 등기실무에서는 신탁법에 규정이 없다는 이유로 위탁자의 지위 이전에 따른 등기를 할 수 없다고 보았다. 개정 신탁법은 위탁자 지위 이전에 관한 규정을 신설하여, 위탁자의 지위는 신탁행위로 정한 방법에 따라 제3자에게 이전할 수 있고, 이전방법이 정하여지지 아니한 경우에는 수탁자와 수익자의 동의를 받아 이전할 수 있도록 하였다(신탁법 제10조 제1항, 제2항).[558]

위탁자 지위 이전이 있는 경우에는 수탁자는 신탁원부 기록의 변경등기를 신청하여야 하고, 이 경우 위탁자 지위 이전의 방법이 신탁행위로 정하여진 때에는

---

558) 지방세법은 취득세의 납세의무에 관하여 신탁재산의 위탁자 지위의 이전이 있는 경우 새로운 위탁자가 해당 신탁재산을 취득한 것으로 본다. 다만, 신탁재산에 대한 실질적인 소유권 변동이 있다고 보기 어려운 경우에는 그러하지 아니하다(제7조 제15항).

이를 증명하는 정보를, 신탁행위로 정하여지지 아니한 때에는 수탁자와 수익자의 동의가 있음을 증명하는 정보를 첨부하여야 한다(규칙 제139조의3 전단). 위탁자가 여럿일 때에는 다른 위탁자의 동의를 증명하는 정보도 첨부하여야 한다(규칙 제139조의3 후단).

라. 신탁원부 기록의 변경

신탁원부의 기록사항이 변경되었을 때 **수탁자**는 지체 없이 신탁원부 기록의 변경등기를 **신청**하여야 한다(법 제86조).[559] 이때에는 그 변경을 증명하는 정보를 첨부정보로 제공하여햐 한다.

법원은 수탁자 해임의 재판, 신탁관리인의 선임 또는 해임의 재판, 신탁 변경의 재판을 한 경우 지체 없이 신탁원부 기록의 변경등기를 등기소에 **촉탁**하여야 한다(법 제85조 제1항). 법무부장관은 수탁자를 직권으로 해임한 경우, 신탁관리인을 직권으로 선임하거나 해임한 경우, 신탁내용의 변경을 명한 경우에는 지체 없이 신탁원부 기록의 변경등기를 등기소에 촉탁하여야 한다(법 제85조 제2항). 등기관이 위 촉탁에 따라 수탁자 해임에 관한 신탁원부 기록의 변경등기를 하였을 때에는 직권으로 등기기록에 수탁자 해임의 뜻을 부기하여야 한다(법 제85조 제3항).

등기관이 신탁재산에 속하는 부동산에 관한 권리에 대하여 수탁자의 변경으로 인한 이전등기, 여러 명의 수탁자 중 1인의 임무 종료로 인한 변경등기, 수탁자인 등기명의인의 성명 및 주소(법인인 경우 그 명칭 및 사무소 소재지)에 관한 변경등기 또는 경정등기를 할 경우 **직권으로** 그 부동산에 관한 신탁원부 기록의 변경등기를 하여야 한다(법 제85조의2). 이러한 등기를 하게 되면 신탁원부의 기록사항에도 변경을 초래하게 되므로 해당 변경등기를 직권으로 하도록 하고 있다.

수탁자의 임무가 종료되거나 수탁자와 수익자 사이의 이해가 상반되어 수탁자가 신탁사무를 수행하는 것이 적절하지 아니한 경우 법원은 이해관계인의 청구에 의하여 신탁재산관리인의 선임이나 그 밖의 필요한 처분을 명할 수 있고(신탁법 제17조 제1항), 수탁자가 사망하거나 파산선고를 받은 경우 또는 법원의 허가를 받아 사임하거나 임무 위반으로 해임된 경우에 신수탁자가 선임되지 아니하

559) 등기선례(9-340)는 법원의 수익권 양도명령에 따라 위탁자의 수익권 전부가 채권자에게 양도된 경우 수탁자는 양도명령 결정정본을 첨부하여 수익자를 채권자로 변경하는 신탁원부 기록의 변경등기를 신청할 수 있는데, 수탁자가 이러한 등기를 신청하지 않는 경우에는 새로운 수익자인 채권자가 수탁자를 대위하여 신탁원부 기록의 변경등기를 신청할 수 있다고 한다.

거나 다른 수탁자가 존재하지 아니할 때에는 법원은 신탁재산을 보관하고 신탁사무 인계에 필요한 행위를 하여야 할 신탁재산관리인을 선임한다(신탁법 제18조 제1항). 법원이 신탁재산관리인을 선임하거나 사임결정 또는 해임결정을 한 경우에는 지체 없이 그 취지의 등기를 촉탁하여야 하고, 그 임무가 종료된 경우 그 말소를 촉탁하여야 한다(신탁법 제20조 제1항, 제2항). 신탁재산관리인은 신탁재산에 관한 대외적 행위를 할 권한을 가지므로 신탁재산에 관하여 거래하는 상대방을 보호하기 위하여 신탁재산관리인에 관한 사항을 등기하도록 하고 있다. 신탁재산관리인에 관한 등기는 신탁원부에 기록한다. 신탁재산관리인에 관한 등기에 대하여는 수탁자에 관한 규정을 신탁재산관리인에 관한 규정으로 보고 적용한다(법 제87조의3).

4. 신탁등기의 말소

신탁재산에 속한 권리가 신탁재산에 속하지 아니하게 된 경우에는 신탁등기를 말소하여야 한다. 신탁재산에 속한 권리가 이전, 변경 또는 소멸됨에 따라 신탁재산에 속하지 아니하게 되거나, 신탁종료로 인하여 신탁재산에 속한 권리가 이전 또는 소멸된 경우에는 신탁된 권리의 이전등기 등의 신청과 동시에 신탁등기의 말소등기를 함께 1건의 신청정보로 일괄하여 신청하여야 한다(법 제87조 제1항, 제2항, 규칙 제144조 제1항). 신탁등기의 말소등기는 수탁자가 단독으로 신청할 수 있고(법 제87조 제3항),[560] 수익자나 위탁자는 수탁자를 대위하여 신청할 수 있다(법 제87조 제4항, 제82조 제2항).

신탁재산이 수탁자의 고유재산으로 되는 경우에도 신탁등기를 말소하여야 한다. 이때에는 "수탁자의 고유재산으로 된 뜻의 등기 및 신탁등기의 말소등기"를 신청하여야 한다. 신탁재산을 수탁자의 고유재산으로 하기 위하여는 신탁법 제34조 제2항의 요건을 갖추어야 하므로 이 등기를 신청하는 경우에는 신탁행위로 허용하였거나, 수익자의 승인을 받았음을 증명하는 정보 또는 법원의 허가를

---

560) 등기선례(9-336)에 의하면 위탁자와 수탁자가 신탁계약을 중도해지할 경우에 우선수익자의 서면동의가 있어야 한다는 내용이 신탁원부에 기록되어 있다면 신탁해지를 원인으로 소유권이전등기 및 신탁등기의 말소등기를 신청할 때 신탁계약의 해지에 대한 우선수익자의 동의서와 그의 인감증명을 첨부하도록 하고 있다. 그런데 일선 등기소에서는 이러한 내용이 신탁원부에 기록되어 있지 않은 경우에도 우선수익자의 동의서를 요구하는 것으로 보인다.

받았음을 증명하는 정보와 수익자에게 통지한 사실을 증명하는 정보를 첨부하여야 한다. 신탁재산이 수탁자의 고유재산으로 된 뜻의 등기는 주등기로 하여야 한다(규칙 제143조).

권리의 이전 또는 말소등기나 수탁자의 고유재산으로 된 뜻의 등기와 함께 신탁등기의 말소등기를 할 때에는 하나의 순위번호를 사용하고, 종전의 신탁등기를 말소하는 표시를 하여야 한다(규칙 제144조 제2항).

Ⅲ. 신탁등기와 다른 등기의 관계

1. 서 설

신탁행위를 원인으로 수탁자에게로의 소유권이전등기가 이루어지면 대내외적으로 소유권이 수탁자에게 완전히 이전된다. 그러나 수탁자는 아무런 제한 없이 권리를 행사할 수 있지는 않고 신탁의 목적 범위 내에서 신탁계약에 정하여진 바에 따라 신탁재산을 관리하여야 하는 제한을 부담한다.561) 이러한 내용을 공시하기 위하여 신탁등기를 한다. 따라서 신탁등기는 일종의 처분제한을 공시하는 등기라고 볼 수 있다. 여기서는 신탁등기가 이루어진 경우 다른 등기와의 관계를 살펴보고자 한다.

2. 신탁목적에 반하는 등기의 신청

신탁등기가 이루어진 부동산에 대하여 수탁자를 등기의무자로 하는 등기의 신청이 있을 경우에는 그 등기신청이 신탁목적에 반하지 아니하는가를 심사하여 신탁목적에 반하는 등기신청은 수리하여서는 아니된다. 신탁의 목적은 신탁원부에 공시되므로 신탁원부의 내용을 확인하여야 한다.

3. 처분제한의 등기

신탁재산은 독립성이 있어 위탁자의 재산 및 수탁자의 고유재산으로부터 구별된다. 즉, 신탁재산은 위탁자의 재산권으로부터 분리될 뿐만 아니라 수탁자의 명의로 등기되어 있어도 수탁자의 고유재산으로부터 구별되어 관리되며, 그 독립

561) 대법원 2002.4.12. 2000다70460 판결.

성에 의하여 수탁자의 일반채권자의 공동담보로 되지는 않는다.[562] 이에 따라 신탁재산에 대하여는 강제집행, 담보권 실행 등을 위한 경매, 보전처분 또는 국세 등 체납처분을 할 수 없다. 다만. 신탁 전의 원인으로 발생한 권리 또는 신탁사무의 처리상 발생한 권리에 기한 경우에는 그러하지 아니하다(신탁법 제22조 제1항).[563]

이 규정을 등기절차에서는 다음과 같이 구현하고 있다. 이 규정에 따라 강제집행 등이 허용되는지 여부는 강제집행 등을 심사하는 집행법원이 판단하도록 하고 있다. 신탁 전의 원인으로 발생한 권리나 신탁사무의 처리상 발생한 권리에 기한 것인지 여부를 집행법원이 판단하여 강제집행 등의 결정을 하고 그에 따라 등기를 촉탁하면 등기절차에서는 등기의무자 등 등기절차적인 사항만을 심사하도록 하고 있다. 그리하여 수탁자를 등기의무자로 하는 처분제한의 등기, 강제경매등기, 임의경매등기 등의 촉탁은 수리하고, 위탁자를 등기의무자로 하는 이러한 등기의 촉탁은 수리하여서는 아니된다. 다만, 신탁 전에 설정된 담보물권에 기한 임의경매등기 또는 신탁 전의 가압류등기에 기한 강제경매등기의 촉탁에 대하여는 위탁자를 등기의무자로 한 경우에도 수리하여야 한다.[564]

4. 합필등기와 분필등기

신탁등기도 토지의 합필제한사유에 해당한다. 따라서 신탁등기가 마쳐진 토지에 대하여는 합필등기를 할 수 없다. 다만, 합필하려는 모든 토지에 있는 제81조 제1항 각호의 등기사항이 동일한 신탁등기가 있는 경우에는 합필등기를 할 수 있다(법 제37조 제1항 제3호). 여러 개의 부동산에 등기사항이 동일한 신탁등기가 각각 마쳐진 경우 해당 부동산을 합필하더라도 신탁의 목적에 반하거나 신탁관계인의 이익을 해할 염려가 없기 때문에 허용하고 있다. 그런데 등기실무에서는 주택법에 따라 주택건설사업계획의 승인을 얻어 공동주택을 건설하는 경우와 건축법에 따라 일정 세대 이상을 건설·공급하는 경우로서 입주자모집공고승인을 받은 경우에는 신탁목적이 동일하면 신탁토지 상호간의 합필등기를 허용하고 있

562) 대법원 2002.12.6. 2002마2754 결정.

563) 대법원 1987.5.12. 86다545,86다카2876 판결; 대법원 1996.10.15. 96다17424 판결; 대법원 2012.4.12. 2011두24491 판결.

564) 앞의 등기예규 제1726호 참조.

다.[565] 법령의 근거는 없으나, 현실적인 필요성에서 실무상 예외를 인정하는 것으로 보인다.

신탁등기가 마쳐진 토지가 분할되어 그에 따른 분필등기의 신청이 있는 경우 등기관이 분필된 토지에 대하여 분필 전 토지의 신탁원부와 같은 내용의 신탁원부를 작성한다.

제 7 절 가 등 기

Ⅰ. 서 설

가등기는 부동산 물권변동을 일어나게 할 청구권을 보전하기 위하여 인정되는 등기이다. 우리 민법처럼 의무부담행위로서의 채권행위와 처분행위로서의 물권행위를 엄격히 구별하는 법체계에서는 청구권의 발생과 물권의 변동 사이에 시간적 간격이 있게 된다.[566] 그래서 부동산 물권변동에 관한 채권자나 청구권자가 등기에 의하여 자신의 물권이 안전하게 확보될 때까지 그 채권 또는 청구권을 잠정적으로 보호할 필요가 있다. 그 방법으로 인정된 기술적인 수단이 가등기이다. 이 가등기에 의하여 부동산 물권변동을 목적으로 하는 청구권이 이미 존재하고 있음을 공시함으로써 청구권자를 보호하고 앞으로 물권을 취득하려는 사람에게 예고하는 역할을 한다.

이와 같이 가등기는 원래 청구권을 보전하기 위한 제도이나 채권담보의 목적으로 이루어지는 경우도 있다. 이 가등기를 담보가등기라고 한다. 담보가등기에 관하여는 항목을 나누어 살펴본다.

가등기라는 등기기술적 방법이 가등기 본래의 목적 외에 다른 절차에서 이용되는 경우도 있다. 등기관의 처분에 대한 이의절차에서이다. 등기관의 결정 또는 처분에 대하여 이의가 있는 경우에 관할 지방법원이 이의신청에 대하여 결정하기 전에 등기관에게 가등기를 명령할 수 있다(법 제106조). 이 제도는 관할 지방

565) 앞의 등기예규 제1726호 참조.
566) 곽윤직·김재형, 물권법, 150면.

법원이 이의에 대한 결정을 할 때까지는 상당한 시일이 소요될 수 있고 그 사이에 다른 등기가 마쳐지면 이의가 인용되더라도 구제되지 못하는 문제점을 해결하기 위한 취지에서 둔 제도이다. 해당 부분에서 살펴보기로 한다. 일본에서는 가처분등기와 관련하여 보전가등기제도가 있다. 부동산에 관한 소유권 이외의 권리의 보존, 설정 또는 변경에 관한 등기청구권을 보전하기 위한 처분금지가처분의 집행은 처분금지의 등기와 함께 가처분에 의한 가등기(보전가등기라 한다)를 하는 방법으로 하고 있다(일본 민사보전법 제53조 제2항). 등기의 순위를 확보하기 위한 기술적인 수단으로 마련된 제도이다.

Ⅱ. 가등기의 절차[567)]

1. 가등기의 요건

가등기의 요건에 관하여는 부동산등기법 제88조에서 정하고 있다. 가등기를 하기 위하여는 **보전할 청구권**이 존재하여야 한다. 그 청구권은 법 제3조의 어느 하나에 해당하는 권리의 설정, 이전, 변경 또는 소멸의 청구권이어야 한다. 예를 들어, 소유권이전청구권의 가등기, 근저당권설정청구권의 가등기, 지상권변경청구권의 가등기 등을 들 수 있다.

그 청구권에 관하여 가등기를 할 수 있는 요건은 다음과 같다.[568)]

① 법 제3조에서 정하는 권리의 설정, 이전, 변경 또는 소멸의 청구권을 보전하려는 경우

여기서 청구권을 보전한다는 것은 보호하여 안전하게 한다는 의미이다.[569)] 그 예로 매매계약을 체결하였으나 매수인이 잔금을 지급하지 못하는 등의 사정으로 즉시 소유권이전등기를 하지 않고 가등기를 하는 경우를 들 수 있다.[570)]

② 그 청구권이 시기부 또는 정지조건부일 경우나 그밖에 장래에 확정될 것

---

567) 가등기의 절차에 관한 실무적인 사항은 "가등기에 관한 업무처리지침"(등기예규 제1632호)에 잘 정리되어 있다.

568) 대부분의 문헌에서는 가등기의 요건을 3가지로 구분하여 설명하나, ②의 요건을 다시 2개로 나눌 수 있는지 의문이다. 여기서는 법문에 충실하게 전체적으로 2개로 나누었다.

569) 곽윤직·김재형, 물권법, 150면.

570) 매매를 등기원인으로 하여 가등기를 신청할 수 있다. 등기선례 5－573.

인 경우

매도인이 매수인에게 소유권이전등기를 마쳐주면서 매매계약이 해제되면 매수인이 매도인에게 소유권이전등기를 하여 주기로 약정하고 그 약정에 의하여 가등기를 하는 경우,[571] 농지의 소유 명의를 명의수탁자에게 신탁한 종중이 "지목변경 등으로 종중 명의로 소유권취득이 가능한 사실의 발생"을 정지조건으로 하여 명의신탁해지를 원인으로 조건부 가등기를 하는 경우,[572] 매매예약을 원인으로 가등기를 하는 경우[573] 등을 들 수 있다.[574]

이와 같이 가등기는 법 제3조의 어느 하나에 해당하는 권리의 설정, 이전, 변경 또는 소멸의 청구권, 즉 장래 권리변동을 발생하게 할 청구권을 보전하려는 때에 하므로 이와 같은 청구권이 아닌 **물권적 청구권**을 보전하기 위하여는 할 수 없다.[575] 물권적 청구권은 이미 물권변동이 발생한 다음에 그 물권에 기한 청구권이기 때문이다. 또한, 이들 권리의 설정, 이전, 변경 또는 소멸이 아닌 **소유권보존의 가등기**는 허용되지 않는다.[576]

가등기를 신청하기 위하여는 위 요건사실을 소명하는 자료를 등기원인을 증명하는 정보로 제출하여야 한다. 예를 들어, 소유권이전을 위한 가등기를 위하여는 매매계약서, 매매예약서, 지상권설정계약서 또는 예약서, 근저당권변경계약서 또는 예약서 등을 제출할 수 있다.

2. 가등기의 신청과 등기

가등기도 등기신청의 일반원칙에 따라 가등기권리자와 가등기의무자가 **공동으로 신청**할 수 있다. 그러나 가등기는 권리변동의 효력이 있는 등기가 아닌 잠정

571) 대법원 1982.11.23. 81다카1110 판결; 대법원 2007.6.28. 2007다25599 판결.

572) 등기선례 9-347.

573) 등기선례 7-366(증여예약을 원인으로 가등기), 9-348(배우자 명의로 명의신탁한 부동산에 대하여 명의신탁해지약정의 예약을 하고 가등기).

574) 등기예규는 유증을 원인으로 한 소유권이전등기청구권보전의 가등기는 유언자가 사망한 후인 경우에는 수리하고 유언자가 생존중인 경우에는 수리하여서는 아니 된다고 한다[유증을 받은 자의 소유권보존(이전)등기신청절차 등에 관한 사무처리지침(등기예규 제1512호)]. 또한 등기선례(6-437)는 사인증여로 인하여 발생한 소유권이전등기청구권을 보존하기 위하여 가등기를 신청할 수 있다고 한다.

575) 대법원 1982.11.23. 81다카1110 판결.

576) 위 등기예규(제1632호). 양승태, "가등기와 본등기의 관계", 재판자료 제43집 등기에 관한 제문제[상], 법원행정처, 1988, 658면.

적 예비적 성격의 등기인 점을 고려하여 간이한 절차로 신청할 수 있도록 단독신청의 특례도 인정하고 있다. 그리하여 가등기의무자의 승낙이 있거나 가등기를 명하는 법원의 가처분명령이 있을 때에는 **단독으로 가등기를 신청**할 수 있다(법 제89조).

가등기를 명하는 가처분명령은 가등기권리자가 가등기의무자의 협력을 얻지 못하여 가등기를 할 수 없는 경우에 부동산의 소재지를 관할하는 지방법원에 가등기 원인사실을 소명하여 신청할 수 있다(법 제90조).[577] 이를 가등기가처분이라 한다. 이 가처분은 부동산등기법에서 인정되는 특수한 보전처분으로 민사집행법상의 가처분과는 성질이 다르므로 민사집행법의 가처분에 관한 규정이 준용되지 않는다.[578]

그 절차는 다음과 같다.[579] 가등기가처분은 비송사건절차법에 의하여 심판한다. 신청인인 가등기권리자는 가등기원인을 구체적으로 주장하고 소명서류(예를 들어 매매계약서, 저당권설정계약서)를 첨부할 필요가 있다. 심리의 중점은 가등기원인의 존부에 관한 증거조사이지만 그 입증의 정도는 소명으로 족하다.[580] 재판의 형식은 결정으로 한다. 가처분을 한 법원이 가등기촉탁을 하지 않고 가등기권리자가 가등기가처분명령의 정본을 첨부하여 등기소에 신청하여야 한다. 가등기를 명하는 가처분명령에 대하여는 이의 등 민사집행법에 따른 불복을 할 수 없고 그 가처분명령에 의한 가등기를 말소하기 위하여는 가등기 말소의 소를 제기하여야 한다.[581] 신청을 각하한 결정에 대하여는 즉시항고를 할 수 있고, 이 즉시항고에 관하여는 비송사건절차법을 준용한다(법 제90조 제2항, 제3항).

가등기를 신청하는 경우에는 그 가등기로 보전하려고 하는 권리를 **신청정보**의 내용으로 등기소에 제공하여야 한다(규칙 제145조 제1항). 여러 사람이 가등기할 권리를 공유하고 있는 때에는 신청서에 각자의 지분을 기재하여야 한다. **첨부정**

577) 정현식, "가등기에 관련한 가처분 — 특히 본등기금지 가처분을 중심으로 —", 사법논집 제8집, 법원행정처, 1977, 308면 이하; 이현승, "가등기와 관련한 가처분", 재판자료 제46집 보전소송에 관한 제문제, 법원행정처, 1989, 44면 이하; 신언숙, 주해 부동산등기법, 육법사, 1988, 292면 이하 참조.

578) 대법원 1973.8.29. 73마657 결정; 대법원 1990.3.24. 90마155 결정.

579) 정현식, 앞의 논문, 309면 이하; 이현승, 앞의 논문, 44면 이하 참조.

580) 판례는 소명의 대용으로 보증이나 선서를 인정할 수도 있으므로 금원의 공탁을 명할 수 있다고 한다. 대법원 1990.3.24. 90마155 결정.

581) 대법원 1956.5.17. 4288민상523 판결.

보로서 등기원인을 증명하는 정보에 관하여는 앞의 항에서 설명하였다. 그 밖에는 등기신청의 일반원칙에 따른다.

소유권이전청구권가등기는 등기기록 갑구에, 소유권 외의 권리에 관한 청구권가등기는 을구에 기록한다. 종래 종이등기부로 등기할 때에는 나중에 본등기에 관한 사항을 기재하기 위하여 가등기 아래쪽에 여백을 두도록 하였으나, 전산화된 지금은 그럴 필요가 없게 되었다.

[기록례]

【 갑 구 】 (소유권에 관한 사항)				
순위번호	등 기 목 적	접 수	등기원인	권 리 자 및 기 타 사 항
2	소유권이전	2012년7월7일 제28415호	2012년7월6일 매매	소유자 김수연 800321-2012345 서울특별시 은평구 진관1로 12 (진관동) 거래가액 금85,000,000원
3	소유권이전청구권 가등기	2012년9월13일 제13972호	2012년9월7일 매매예약	가등기권자 구연모 641012-1012345 서울특별시 은평구 진관3로 15 (진관동)

3. 가등기된 권리의 처분과 등기[582)]

가. 가등기된 권리의 처분과 등기

(1) 가등기된 권리의 이전

가등기된 권리는 재산권이므로 처분할 수 있다. 그 대표적인 경우가 가등기된 청구권을 양도하는 경우이다. 가등기된 권리를 양도한 경우에 이를 등기기록상 공시할 수 있는지 여부에 관하여 과거의 판례는 부정하였으나,[583)] 그 후 판례를 변경하여 가등기된 권리의 이전등기가 가능하다고 보고 있다.[584)] 예를 들어,

582) 양승태, 앞의 논문, 665면 이하 참조.

583) 대법원 1972.6.2. 72마399 결정. 이 결정에 의하면 가등기는 후일 본 등기를 한 경우에 그 본등기의 효력을 소급시켜 가등기를 한 때에 본 등기를 한 것과 같은 순위를 확보케 하는 데 목적이 있을 뿐이고 가등기에 의하여 어떤 특별한 권리를 취득케 하지는 않으므로 가등기된 소유권이전등기청구권을 그 본등기 전에 양수하였다 하여 그 양수등기의 방법으로서 그 가등기에 부기등기를 할 수 없다고 한다.

584) 대법원 1998.11.19. 98다24105 판결(전). 이 판결에 의하면 "가등기는 원래 순위를 확보하는 데

A로부터 부동산을 매수한 B가 그의 소유권이전청구권을 가등기한 후에 그 청구권을 C에게 양도하였다면 소유권이전청구권의 이전등기를 할 수 있다.

가등기된 권리를 제3자에게 양도한 경우에 양도인과 양수인은 공동으로 그 가등기상 권리의 이전등기를 신청할 수 있고,[585] 그 이전등기는 가등기에 대한 부기등기의 형식으로 한다. 이 경우 등기기록은 다음과 같다.

[기록례: 가등기된 소유권이전청구권의 이전등기]

【 갑 구 】	(소유권에 관한 사항)			
순위번호	등기목적	접 수	등기원인	권리자 및 기타사항
3	소유권이전청구권 가등기	2012년3월10일 제3125호	2012년3월9일 매매예약	~~가등기권자 구연모 641012-1012345 서울특별시 은평구 진관3로 15 (진관동)~~
3-1	3번소유권이전청구권의이전	2012년4월20일 제15320호	2012년4월15일 매매	가등기권자 김태수 700123-1234567 대전광역시 서구 도안로 88(도안동)

(2) 가등기의 가등기 문제

그런데 가등기된 권리를 확정적으로 처분하지 아니하고 장래 처분하기로 예약한 경우 이를 등기기록상 공시할 수 있는가? 이때에는 가등기된 권리에 대하여 다시 가등기를 할 수 있다. 예를 들어, A로부터 부동산을 매수한 B가 그의 소유권이전청구권을 가등기한 후에 그 청구권을 C에게 양도하기로 예약을 하였다면 그 가등기에 대하여 다시 가등기를 할 수 있다. 이 경우 등기기록은 다음과 같다.

에 그 목적이 있으나, 순위 보전의 대상이 되는 물권변동의 청구권은 그 성질상 양도될 수 있는 재산권일 뿐만 아니라 가등기로 인하여 그 권리가 공시되어 결과적으로 공시방법까지 마련된 셈이므로, 이를 양도한 경우에는 양도인과 양수인의 공동신청으로 그 가등기상의 권리의 이전등기를 가등기에 대한 부기등기의 형식으로" 할 수 있다고 한다.

585) 판례에 의하면 부동산의 매매로 인한 소유권이전등기청구권은 특별한 사정이 없는 이상 그 권리의 성질상 양도가 제한되고 그 양도에 채무자의 승낙이나 동의를 요한다고 한다(대법원 2001.10.9. 2000다51216 판결; 대법원 2005.3.10. 2004다67653,67660 판결). 등기선례는 위 판례의 법리를 등기절차에 반영하여 매매로 인한 소유권이전등기청구권에 대한 양도담보를 원인으로 하는 가등기의 이전등기를 신청하는 경우에는 매도인인 소유명의인의 승낙이 있음을 증명하는 정보와 인감증명을 첨부정보로 제공하도록 하고 있다. 등기선례 9-351.

[기록례: 가등기된 소유권이전청구권의 이전청구권 가등기]

【 갑 구 】	(소유권에 관한 사항)			
순위번호	등기목적	접 수	등기원인	권리자 및 기타사항
3	소유권이전청구권 가등기	2012년3월10일 제3125호	2012년3월9일 매매예약	가등기권자 구연모 641012－1012345 서울특별시 은평구 진관3로 15(진관동)
3－1	3번소유권이전청구권의이전청구권 가등기	2012년4월20일 제15320호	2012년4월15일 매매예약	가등기권자 김영남 600103－1012345 인천광역시 남구 경원대로88(주안동)

물권법 교과서에서는 “가등기의 가등기”라는 이름으로 위의 사례 외에도 앞에서 살펴본 가등기된 권리의 이전등기 사례와 장차 소유권을 취득하면 저당권을 설정하기로 하는 사례도 든다. 예를 들어, A로부터 부동산을 매수한 B가 그의 소유권이전청구권을 가등기한 후, 장래 그 부동산의 소유권을 취득하게 되면 그 부동산위에 저당권을 설정해 주기로 하는 계약을 C와 체결한 경우 C는 저당권설정청구권을 취득하고 이 청구권을 보전하기 위하여 다시 가등기를 할 수 있다고 한다.

그러나 이 두 사례를 “가등기의 가등기”로 설명하는 것은 정확하지 못하며 이해의 혼란을 초래할 수 있다.

우선 가등기된 권리의 이전등기 사례를 보자. 이 사례에서 C는 그의 양수채권을 보전하기 위하여 가등기를 한 것이 아니라 그의 양수채권을 확정적으로 등기하였다. C의 등기는 가등기가 아니다. 그 양수한 채권이 가등기된 채권일 뿐이다. 다음으로 장차 소유권을 취득하면 저당권을 설정하기로 하는 사례를 살펴보자. C가 자신의 저당권설정청구권을 보전하기 위하여 가등기를 할 수는 없다. B의 가등기는 소유권이전청구권을 보전하기 위한 가등기로 갑구에 하는 반면, C의 가등기는 저당권설정청구권을 보전하기 위한 가등기로 을구에 한다. 갑구에 있는 B의 가등기에 부기로 등기하지 않는다. 그리고 을구에 가등기를 하려고 하여도 아직 그 부동산의 소유권을 취득하지 아니하고 가등기만 갖춘 B가 C를 위하여 저당권설정청구권을 보전하기 위한 가등기를 신청할 수도 없다. 그러므로 가등기를 기초로 다시 가등기를 하는 “가등기의 가등기”에 이 두 가지 사례를 포함시키는 것은 적절하지 않다. 결국 가등기의 가등기는 가등기된 권리를 장래 처분하기로 예약한 경우인 처음의 사례만이라고 보아야 한다.

나. 가등기된 권리의 처분제한과 등기

가등기된 권리도 재산적 가치가 있는 채권이고 양도할 수 있으므로 가등기된 권리에 대하여도 가압류[586] 또는 가처분,[587] 압류, 체납처분에 의한 압류가 가능하다. 그 처분제한을 등기에 의하여 공시할 수 있고, 그 공시는 가등기에 대한 부기등기의 방법으로 한다.

그러나 판례에 의하면 가등기에 의한 본등기를 금지하는 가처분은 가능하지 않으므로 등기할 사항이 아니라고 한다.[588]

4. 가등기의 말소

가등기의 말소도 등기신청의 일반원칙에 따라 등기권리자와 등기의무자가 공동으로 신청하나, 가등기의 신청과 마찬가지로 단독신청의 특례를 인정하고 있

586) 대법원 1978.12.18. 76마381 결정(전)은 부동산소유권 이전등기청구권에 대하여 가압류가 가능하다고 한다. 가압류된 청구권의 강제집행은 막바로 청구권 자체를 처분하여 그 대금으로 채권에 만족을 주는 식이 아니고 먼저 청구권의 내용을 실현시켜 놓고 그 다음에 실현된 목적의 부동산을 경매하여 채권자를 만족시키는 방법이다. 대법원 1999.12.9. 98마2934 결정 참조.

구체적으로는 가압류 후에 채무자의 제3채무자에 대한 부동산소유권 이전등기청구권을 압류하면서, 보관인을 선임하고 제3채무자로 하여금 채무자 명의의 소유권이전등기절차를 보관인에게 이행하라는 명령을 받은 후 보관인이 등기권리자인 채무자의 대리인으로 등기의무자인 제3채무자와 공동으로 가등기에 의한 본등기를 신청할 수 있다. 제3채무자가 공동신청에 협력하지 않으면 제3채무자를 피고로 보관인에게 채무자 명의의 소유권이전등기절차를 이행하라는 추심의 소를 제기하여 판결을 받아 단독으로 가등기에 의한 본등기를 신청할 수 있다. 부동산등기실무[Ⅲ], 65~66면.

또한, 판례는 가등기된 부동산소유권이전청구권에 대하여 가압류등기가 마쳐진 후 가등기에 의한 본등기와 이에 터잡아 제3자 명의의 소유권이전등기가 이루어진 경우, 제3자 명의의 소유권이전등기는 등기된 가압류채권자에 대한 관계에서는 무효이고 가압류채권자의 신청에 의한 부동산강제경매절차에서 부동산을 낙찰받은 낙찰인 명의의 소유권이전등기가 유효하다고 한다. 대법원 1998.8.21. 96다29564 판결.

587) 등기선례(8-286, 8-290)는 가등기상의 권리에 대한 처분금지가처분이 본등기상의 권리에 효력을 미치는 것으로 보고 있다. 같은 견해로는 양승태, 앞의 논문, 677면.

588) 대법원 1978.10.14. 78마282 결정; 대법원 1992.9.25. 92다21258 판결; 대법원 2007.2.22. 2004다59546 판결. 가등기에 터잡아 본등기를 하는 것은 그 가등기에 의하여 순위보전된 권리의 취득(권리의 증대 내지 부가)이지 가등기상의 권리 자체의 처분(권리의 감소 내지 소멸)이라고 볼 수 없으므로 가등기에 의한 본등기를 금지한다는 취지의 가처분은 부동산등기법상 등기할 사항에 해당하지 아니하고, 가등기상의 권리인 소유권이전등기청구권에 대하여 받은 처분금지가처분결정은 가등기에 의한 본등기절차의 이행을 금지한다고 볼 수 없다고 한다.

다. 가등기가 권리변동을 가져오지 않는 잠정적인 성격의 등기라는 점에서 간이한 절차로 말소할 수 있도록 하고 있다. 그리하여 가등기명의인은 단독으로 가등기의 말소를 신청할 수 있고, 가등기의무자 또는 가등기에 관하여 등기상 이해관계 있는 자는 가등기명의인의 승낙을 받아 단독으로 가등기의 말소를 신청할 수 있다(법 제93조).

가등기의 말소를 신청하는 경우 말소등기에 있어 일반적인 첨부정보를 제공하여야 한다. 참고로, 이때 등기필정보의 제공과 인감증명의 제출에 관하여는 법령의 규정이 명확히 정비되어 있지 않을 뿐만 아니라 실무에서는 법령의 규정과는 다르게 운영되고 있다.[589)]

가등기가처분명령에 의하여 이루어진 가등기도 통상의 가등기말소절차에 의하여 말소하여야 하며, 민사집행법에서 정하는 가처분이의의 방법으로 말소를 구할 수 없다.

가등기에 의한 본등기가 이루어진 후에는 가등기만을 말소할 수 없다.[590)]

가등기의 말소를 신청하는 경우에 가등기명의인의 표시에 변경 또는 경정의 사유가 있는 때라도 신청서에 그 변경 또는 경정을 증명하는 서면을 첨부함으로써 가등기명의인 표시의 변경 또는 경정의 등기를 생략할 수 있다. 가등기명의인이 사망한 후에 상속인이 가등기의 말소를 신청하는 경우에도 상속등기를 거칠 필요 없이 상속인임을 증명하는 서면과 인감증명서를 첨부하여 가등기의 말소를 신청할 수 있다.[591)]

Ⅲ. 가등기에 의한 본등기

1. 가등기의 효력과 등기절차

가등기에 의한 본등기를 한 경우 본등기의 순위는 가등기의 순위에 따른다(법 제91조). 이것을 본등기 순위보전의 효력이라 한다. 가등기에는 순위보전의 효

589) 자세한 내용은 실무적인 사항이라 생략한다. 여기서 언급하고자 하는 것은 첨부서면이 모든 경우에 법정되어 있지 않다는 점이다. 부동산등기실무[Ⅲ], 58~59면 참조.

590) 부동산등기실무[Ⅲ], 56면.

591) 등기원인이 발생한 후에 상속이 있는 경우에 상속인에 의한 등기를 인정하는 법 제27조를 실무에서는 이 경우에 넓게 해석하여 등기원인이 발생한 후에 상속이 있는 경우인지를 묻지 않고 상속인에 의한 말소등기를 허용하고 있다. "가등기에 관한 업무처리지침"(등기예규 제1632호) 참조.

력이 있어 가등기에 의하여 본등기를 하게 되면 그 본등기의 순위는 가등기의 순위에 의하게 되고 그 중간처분의 등기는 가등기에 저촉하는 범위에서 모두 효력을 잃거나 후순위로 된다. 그러나 이로 인하여 물권변동의 시기가 가등기를 한 때로 소급하지는 않는다.[592]

여기서는 이와 같은 가등기의 효력을 등기절차에서 구현하는 방법을 살펴본다. 구체적으로는 ① 가등기에 의하여 본등기를 하는 경우 그 등기절차와 ② 중간처분 등기의 말소절차에 관하여 살펴보고자 한다. 종래 이 두 문제에 관하여 견해의 대립이 있었고, 실무에서는 판례에 따라 처리하고 있었으나,[593] 2011년 개정된 부동산등기법에서는 이에 관하여 규정을 두었다.

참고로, 우리 판례는 본등기가 없는 한 가등기만으로는 아무런 실체법상의 효력을 갖지 아니한다고 한다.[594] 그러나 가등기 후 본등기 전의 중간처분 등기가 이루어진 후에도 가등기권리자가 가등기의무자에게 본등기절차에 협력을 청구할 수 있고 그에 따라 본등기를 하게 되면 유효하게 권리를 취득할 수 있으며, 가등기에 저촉되는 중간처분의 등기를 말소할 수 있다고 이론구성하려면 가등기인 상태에서도 가등기에 어떤 효력이 있다고 하여야 한다. 따라서 가등기에는 가등기된 청구권을 보전하는 효력이 있고, 가등기된 부동산이나 권리에 관하여 한 처분은 그 청구권을 침해하는 한도에서 효력이 없다고 하여야 한다. 이 효력을 청구권보전의 효력이라고 할 수 있다.[595]

---

592) 대법원 1981.5.26. 80다3117 판결; 대법원 1982.6.22. 81다1298,1299 판결; 대법원 1992.9.25. 92다21258 판결.

593) 대법원 1962.12.24. 4294민재항675 결정. 이 결정의 요지는 다음과 같다.
① 가등기 후에 제3자에게 소유권이전의 본등기가 된 경우에 가등기권리자는 본등기를 하지 아니하고는 가등기 이후의 본등기의 말소를 청구할 수 없다.
(반대의견 1) 가등기권리자는 본등기를 하기 위하여 가등기의무자에 대한 본등기청구와 동시에 가등기 후의 등기명의자인 제3자에게 그 말소를 청구할 수 있다.
(반대의견 2) 가등기권리자는 반드시 본등기의 청구와 동시에 등기부상 가등기로 인하여 보전되는 권리와 저촉되는 권리를 취득한 제3자에 대하여 그 등기의 말소청구를 하여야 한다.
② 위의 경우에 가등기권자는 가등기의무자인 전소유자를 상대로 본등기청구권을 행사할 것이고 제3자를 상대로 할 것이 아니다.
③ 가등기권자가 소유권이전의 본등기를 한 경우에는 등기관은 부동산등기법 175조 제1항, 55조 제2호(현행 제58조 제1항, 제29조 제2호)에 의하여 가등기 이후에 한 제3자의 본등기를 직권말소할 수 있다.
(반대의견) 등기관에 의한 가등기 후의 제3자의 등기명의 직권말소는 허용될 수 없다.

594) 대법원 2001.3.23. 2000다51285 판결. 따라서 중복된 소유권보존등기가 무효이더라도 가등기권리자는 그 말소를 청구할 권리가 없다고 한다.

2. 가등기에 의한 본등기절차

가. 등기의 신청

가등기에 의한 본등기도 등기신청의 일반원칙에 따른다. 따라서 원칙적으로 등기권리자와 등기의무자가 공동으로 신청한다(법 제23조 제1항). 등기의무자는 가등기를 할 때의 소유자이며, 가등기 후에 소유권이 제3자에게 이전된 경우에도 가등기의무자는 변동되지 않는다. 가등기가 이루어진 후 가등기의무자가 사망한 경우, 가등기의무자의 상속인은 상속등기를 할 필요 없이 상속을 증명하는 서면과 첨부정보를 제출하여 가등기권자와 공동으로 본등기를 신청할 수 있다. 가등기가 이루어진 후 가등기권자가 사망한 경우, 가등기권자의 상속인은 상속등기를 할 필요 없이 상속을 증명하는 서면을 첨부하여 가등기의무자와 공동으로 본등기를 신청할 수 있다. 가등기된 권리가 제3자에게 이전되어 가등기된 권리의 이전등기가 이루어진 경우 그 제3자가 본등기의 등기권리자가 된다.

예약을 원인으로 가등기가 되어 있는 경우 예약완결의 의사표시를 한 날이 본등기의 등기원인일자가 되며, 실무상 등기원인을 증명하는 정보로는 계약서를 제출하고 있다.[596] 판결에 의하여 본등기를 신청하는 경우 판결주문에 예약완결 일자가 있으면 그 일자가 등기원인일자가 되고, 그 일자가 기재되어 있지 않은 경우에는 실무상 그 확정판결의 선고연월일을 등기원인일자로 기재하고 등기원인은 확정판결로 기재하고 있다.[597] 등기필정보는 가등기의 등기필정보가 아닌 등기의무자의 권리에 관한 등기필정보를 신청정보의 내용으로 등기소에 제공하여야 한다.

나. 등기의 실행

가등기에 의한 본등기를 한 경우 본등기의 순위는 가등기의 순위에 따르므

---

595) 곽윤직·김재형, 물권법, 154면; 송덕수, 신민법강의, 536면.

596) 그러나 예약완결권을 행사할 필요 없이 가등기권자가 요구하면 언제든지 본등기를 하여 주기로 약정한 경우에는 별도로 계약서를 제출할 필요가 없다. 등기예규 제1632호 4항의 나.

597) 매매를 원인으로 한 가등기가 되어 있으나, 그 가등기의 원인일자와 판결주문에 나타난 원인일자가 다르다 하더라도 판결이유에 의하여 매매의 동일성이 인정된다면 그 판결에 의하여 가등기에 의한 본등기를 할 수 있고, 판결의 주문에 피고에게 소유권이전청구권가등기에 의한 본등기절차의 이행을 명하지 아니하고 매매로 인한 소유권이전등기절차의 이행을 명한 경우에도 판결이유에 의하여 피고의 소유권이전등기절차의 이행이 가등기에 의한 본등기절차의 이행임이 명백한 때에는 그 판결을 원인증서로 하여 본등기를 신청할 수 있다. 위 “가등기에 관한 업무처리지침” 참조.

로(법 제91조) 가등기의 순위번호를 사용하여 본등기를 한다(규칙 제146조). 그 방법으로 종래 종이등기부에서는 가등기할 때 미리 마련해둔 여백에 본등기의 등기사항을 기재하였으나, 전산화된 지금은 따로이 여백을 두지 않고 가등기의 순위번호란 옆으로 횡선을 그어 본등기의 등기사항을 기록한다.

[기록례]

【 갑 구 】 (소유권에 관한 사항)				
순위번호	등기목적	접 수	등기원인	권 리 자 및 기 타 사 항
3	소유권이전청구권 가등기	2012년9월3일 제13972호	2012년9월1일 매매예약	가등기권자 구연모 641012－1012345 서울특별시 은평구 진관3로 15(진관동)
	소유권이전	2014년3월2일 제3898호	2014년3월1일 매매	소유자 구연모 641012－1012345 서울특별시 은평구 진관3로 15(진관동) 거래가액 금85,000,000원

[기록례: 가등기된 권리의 이전등기 후 본등기를 하는 경우]

【 갑 구 】 (소유권에 관한 사항)				
순위번호	등기목적	접 수	등기원인	권 리 자 및 기 타 사 항
2	소유권이전청구권가등기	2012년1월7일 제123호	2012년1월5일 매매예약	가등기권자 지분 2분의 1 김태수 700123－1234567 대전광역시 서구 도안로88(도안동) 지분 2분의 1 ~~김영남 600103－1012345~~ ~~인천광역시 남구 경원대로 88(주안동)~~
	소유권이전	2012년10월21일 제51234호	2012년10월5일 매매	소유자 김태수 700123－1234567 대전광역시 서구 도안로88(도안동) 거래가액 금150,000,000원
2－1	2번소유권이전청구권 김영남지분전부이전	2012년9월4일 제51111호	2012년9월3일 매매	가등기권자 지분 2분의 1 김태수 700123－1234567 대전광역시 서구 도안로88(도안동)

다. 관련문제

(1) 가등기된 권리의 일부에 대한 본등기

가등기에 의한 본등기는 가등기된 권리 중 일부지분에 관하여도 할 수 있고, 하나의 가등기에 관하여 여러 사람의 가등기권리자가 있는 경우 그중 일부의 가등기권리자가 자기의 가등기 지분에 관하여만 본등기를 신청할 수 있다.[598]

(2) 다른 원인으로 소유권이전등기를 한 후 가등기에 의한 본등기 가부

소유권이전청구권가등기권자가 가등기에 의한 본등기를 하지 않고 다른 원인으로 소유권이전등기를 한 후에는 다시 그 가등기에 의한 본등기를 할 수 없다. 다만, 가등기 후 소유권이전등기 전에 제3자 앞으로 처분제한의 등기가 되어 있거나 중간처분의 등기가 된 경우에는 그러하지 아니하다. 판례는 이 점을 혼동의 법리가 아니라 가등기의무자의 의무이행의 법리로 설명하고 있다.[599] 이 경우에도 제한 없이 본등기를 허용한다면 실무상 소유권이전등기 후 그 소유자에 대하여 이루어진 처분제한 등의 등기를 이 절차를 이용하여 직권말소할 수 있는 등 부당한 결과가 발생할 수 있다.[600]

---

598) 판례는 종래 가등기권리자중 일부 사람이 일부 지분만에 관하여는 본등기할 수 없다고 하였으나(대법원 1984.6.12. 83다카2282 판결; 대법원 1987.5.26. 85다카2203 판결), 현재는 이를 인정하고 있다. 대법원 2002.7.9. 2001다43922,43939 판결; 대법원 2012.2.16. 2010다82530 판결(전).

599) 대법원 2007.2.22. 2004다59546 판결 참조. 이 판결의 내용은 다음과 같다. 채권은 채권과 채무가 동일한 주체에 귀속한 때에 한하여 혼동으로 소멸함이 원칙이고, 어느 물건에 관한 채권을 가지는 자가 그 물건의 소유자가 되었다는 사정만으로는 그 물건에 관한 채권이 혼동으로 소멸하지는 않는다. 따라서 매매계약에 따른 소유권이전등기청구권 보전을 위하여 가등기가 이루어진 경우, 가등기권자가 가등기설정자를 상속하거나 그의 가등기에 의한 본등기절차 이행의 의무를 인수하지 아니하는 이상, 가등기권자가 가등기에 의한 본등기절차에 의하지 아니하고 가등기설정자로부터 별도의 소유권이전등기를 받았다고 하여 혼동의 법리에 의하여 가등기권자의 본등기청구권이 소멸하지는 않는다(대법원 1995.12.26. 95다29888 판결).

이와 같이 가등기권자가 별도의 소유권이전등기를 받았다 하더라도, 가등기 이후 가등기된 목적물에 관하여 제3자 앞으로 처분제한의 등기가 되어 있거나 중간처분의 등기가 되어 있지 않고 가등기와 소유권이전등기의 등기원인도 실질상 동일하다면, 가등기의 원인이 된 가등기의무자의 소유권이전등기의무는 그 내용에 좇은 의무이행이 완료되었으므로 가등기에 의하여 보전될 소유권이전등기청구권은 소멸되었다고 보아야 하고, 가등기권자는 가등기의무자에 대하여 더 이상 본등기절차의 이행을 구할 수 없다(대법원 1988.9.27. 87다카1637 판결). 그리고 전득자가 양수인에 대한 소유권이전등기청구권을 보전하기 위하여 양수인의 양도인에 대한 가등기상의 권리인 소유권이전등기청구권에 대하여 받은 처분금지가처분결정은 가등기 이후에 이루어진 양수인 명의로의 소유권이전등기와의 관계에 있어 제3자의 처분제한등기에 해당하지 않는다(대법원 2007.2.22. 2004다59546 판결).

600) 자세한 내용은 부동산등기실무[Ⅲ], 75~76면 참조.

3. 가등기에 의하여 보전되는 권리를 침해하는 등기의 직권말소

가. 개 요

가등기에 의하여 본등기를 하면 가등기 이후에 된 등기는 가등기보다 후순위가 된다. 그 결과 가등기의 순위보전적 효력에 의하여 가등기에 저촉되는 범위에서 효력을 잃거나 후순위가 된다. 이때 효력을 상실하게 되는 중간처분등기는 말소하여야 한다. 그 말소절차에 관하여 종래에는 규정이 없었고, 판례에 따라 법 제58조(종래의 제175조)에 의하여 직권말소하고 있었다. 그리하여 등기관이 직권말소통지를 한 후 일정 기간을 기다려 직권으로 말소하였다.

그런데 이런 절차는 실무상 다음과 같은 문제가 있었다. 말소통지를 한 후 일정 기간을 기다려 직권말소를 하게 되어 효력이 없는 등기가 등기기록에 일정 기간 남아 있게 되는 문제점이 있었고,[601] 등기관의 실수로 간과하게 되면 직권말소의 대상이 되는 등기가 오랫동안 방치되는 경우가 종종 있어 공시의 혼란을 초래하였다.[602]

그리하여 2011년 개정법은 등기관이 본등기를 함과 동시에 효력이 상실되는 중간처분의 등기를 직권으로 말소하도록 하였다. 즉, 등기관은 가등기에 의하여 본등기를 하였을 때에는 대법원규칙으로 정하는 바에 따라 가등기 이후에 된 등기로서 가등기에 의하여 보전되는 권리를 침해하는 등기를 직권으로 말소하고, 그 사실을 말소된 권리의 등기명의인에게 통지하도록 하였다(법 제92조).

그러나 가등기보다 후순위등기가 모두 직권말소의 대상이 되지는 않는다. 가등기에 의하여 보전되는 권리를 침해하는 등기만이 말소의 대상이 된다. 여기서는 그 말소에 관하여 말소의 대상과 절차로 나누어 설명하고자 한다.

나. 직권말소의 대상

(1) 소유권이전청구권보전 가등기에 의하여 소유권이전의 본등기를 한 경우

등기관이 소유권이전등기청구권보전 가등기에 의하여 소유권이전의 본등기

601) 그 기간은 법규정상 1개월 이내의 기간으로 되어 있었는데 실무상 3주간의 기간을 정하여 통지하는 경우가 일반적이었다.

602) 다음과 같은 점에서 공시상 혼란이 있다. 가등기에 의한 본등기는 가등기의 순위번호를 사용하여 등기를 하는데 중간처분의 등기를 그대로 두게 되면 그 중간처분의 등기가 마치 본등기명의인에 대한 등기인 것처럼 오해할 수 있다는 점이다. 뒤에서 설명하는 체납처분으로 인한 압류등기의 기록례를 참고하기 바란다.

를 한 경우 가등기 후 본등기 전에 마쳐진 등기 중 다음의 등기를 제외하고는 모두 직권으로 말소한다(규칙 제147조 제1항). 다음의 등기는 가등기보다 우선하므로 가등기에 의하여 보전되는 권리를 침해하는 등기가 아니기 때문에 말소하지 아니한다.

① 해당 가등기상 권리를 목적으로 하는 가압류등기나 가처분등기

② 가등기 전에 마쳐진 가압류에 의한 강제경매개시결정등기

③ 가등기 전에 마쳐진 담보가등기, 전세권 및 저당권에 의한 임의경매개시결정등기

④ 가등기권자에게 대항할 수 있는 주택임차권등기, 주택임차권설정등기, 상가건물임차권등기, 상가건물임차권설정등기(이하 "주택임차권등기 등"이라 한다). 가등기권자에게 대항할 수 있는지 여부는 주민등록을 마친 날(상가건물의 경우에는 사업자등록을 신청한 날)과 주택(또는 상가건물)을 점유하기 시작한 날을 기준으로 판단하여야 한다.

그런데 부동산등기규칙은 체납처분으로 인한 압류등기에 대하여는 특별한 절차를 규정하고 있다. 즉, 소유권이전청구권보전의 가등기에 의하여 소유권이전의 본등기를 한 경우 그 가등기 후 본등기 전에 마쳐진 체납처분으로 인한 압류등기에 대하여는 직권말소대상통지를 한 후 이의신청이 있으면 대법원예규로 정하는 바에 따라 직권말소 여부를 결정하도록 하고 있다(규칙 제147조 제2항). 이 규정에 따라 대법원예규는 위 가등기가 담보가등기인지 여부, 가등기일자, 국세·지방세의 법정기일, 당해세 여부 등을 따져서 말소 여부를 결정하도록 하고 있다.[603] 그런데 등기기록만으로는 이러한 사항들을 알 수 없으므로 압류한 과세관청에 직권말소통지를 하고 과세관청에서 이러한 사항들에 관한 소명자료를 제출하여 이의신청을 하면 그 자료들을 보고 판단하게 하고 있다.

체납처분으로 인한 압류등기에 대하여 특별한 절차를 규정한 취지는 국세의 우선권과 가등기와의 관계에 관한 국세기본법 제35조 제4항(지방세기본법 제71조 제2항)의 규정 및 가등기에 의한 본등기와 체납처분으로 인한 압류등기의 직권말

603) "가등기에 관한 업무처리지침"(등기예규 제1632호)의 제5항 가. 중 2) 참조. 위 고려사항을 반영하고 국세 또는 지방세 우선에 관한 규정 개정의 경과규정까지 따져 기준을 정하여 내용이 상당히 복잡하다.

소 여부에 관한 대법원 전원합의체 결정[604]의 내용을 반영하려는 의도이다. 즉, 그 가등기가 청구권보전의 가등기인 경우에는 체납처분에 의한 압류등기도 말소의 대상이 되나, 담보가등기인 경우에는 국세기본법(지방세기본법)의 위 규정에 따라 우열을 가려서 말소 여부를 결정해야 한다는 취지이다.

그런데 이러한 규칙의 규정은 개정 부동산등기법에 위반된다는 문제가 있다. 개정법이 중간처분등기의 말소에 관하여 종래와 달리 처리하도록 규정을 신설하였음에도 체납처분에 의한 압류등기의 말소에 관하여는 개정법률의 내용과는 달리 법 개정 전의 종래의 판례 및 실무와 같이 처리하도록 하고 있다. 그리고 공시상의 혼란도 있다.[605] 법률이 개정되었음에도 법 개정 전의 판례의 입장을 그대로 규칙에 반영할 필요가 있는지도 의문이다. 좀더 깊은 검토가 필요해 보인다.[606]

---

604) 대법원 2010.3.18. 2006마571 결정(전). 이 결정의 요지는 다음과 같다. 소유권이전청구권보전의 가등기 이후에 국세·지방세의 체납으로 인한 압류등기가 마쳐지고 위 가등기에 의한 본등기가 이루어지는 경우, 체납처분권자가 당해 가등기가 담보가등기라는 점 및 그 국세 또는 지방세가 당해 재산에 관하여 부과된 조세라거나 그 국세 또는 지방세의 법정기일이 가등기일보다 앞선다는 점에 관하여 소명자료를 제출하여 담보 가등기인지 여부 및 국세 또는 지방세의 체납으로 인한 압류등기가 가등기에 우선하는지 여부에 관하여 이해관계인 사이에 실질적으로 다툼이 있으면, 가등기에 의한 본등기권자의 주장 여하에 불구하고 국세 또는 지방세 압류등기를 직권말소할 수 없고, 이와 같은 소명자료가 제출되지 아니한 경우에는 다른 중간등기들과 마찬가지로 국세 또는 지방세 압류등기를 직권말소하여야 한다.

605) 압류등기를 그대로 두게 되면 다음의 기록례와 같이 그 등기가 마치 본등기명의인에 대한 압류등기로 오해될 수 있다. 이 기록례에서 3번 압류등기는 누구에 대한 압류등기인지 생각해 보자.

【 갑 구 】	(소유권에 관한 사항)			
순위번호	등기목적	접 수	등기원인	권 리 자 및 기 타 사 항
2	소유권이전청구권가등기	2012년3월7일 제3125호	2012년3월5일 매매예약	가등기권자 김미정 770809-2012345 서울특별시 서초구 서초로 23(서초동)
	소유권이전	2012년5월5일 제5623호	2012년5월2일 매매	소유자 김미정 770809-2012345 서울특별시 서초구 서초로 23(서초동)
3	압류	2012년4월3일 제4578호	2012년4월29일 압류(세일 123)	권리자 서초구 1234
~~3-1~~	~~3번압류직권말소대상통지~~			~~2012년5월25일~~
4	3-1번직권말소대상통지말소			2012년6월20일 이의 인용결정으로 인하여

606) 등기관의 심사권이란 관점에서 위 판례를 검토한 문헌으로는 구연모, 부동산등기의 진정성 보

(2) 제한물권 및 임차권설정등기청구권보전 가등기에 의하여 본등기를 한 경우

등기관이 지상권, 전세권 또는 임차권의 설정등기청구권보전 가등기에 의하여 지상권, 전세권 또는 임차권 설정의 본등기를 한 경우 가등기 후 본등기 전에 마쳐진 다음의 등기(동일한 부분에 마쳐진 등기로 한정한다)는 직권으로 말소한다(규칙 제148조 제1항).

① 지상권설정등기

② 지역권설정등기

③ 전세권설정등기

④ 임차권설정등기

⑤ 주택임차권등기 등. 다만, 가등기권자에게 대항할 수 있는 임차인 명의의 등기는 그러하지 아니하다(이 경우 가등기에 의한 본등기의 신청을 하려면 먼저 대항력 있는 주택임차권등기 등을 말소하여야 한다).

지상권, 전세권 또는 임차권의 설정등기청구권보전 가등기에 의하여 지상권, 전세권 또는 임차권의 설정의 본등기를 한 경우 가등기 후 본등기 전에 마쳐진 다음의 등기는 직권말소의 대상이 되지 아니한다(규칙 제148조 제2항). 다음의 등기는 본등기와 양립할 수 있으므로 가등기에 의하여 보전되는 권리를 침해하는 등기가 아니기 때문이다.

① 소유권이전등기 및 소유권이전등기청구권보전 가등기

② 가압류 및 가처분 등 처분제한의 등기

③ 체납처분으로 인한 압류등기

④ 저당권설정등기

⑤ 가등기가 되어 있지 않은 부분에 대한 지상권, 지역권, 전세권 또는 임차권의 설정등기와 주택임차권등기 등

저당권설정등기청구권보전 가등기에 의하여 저당권설정의 본등기를 한 경우 가등기 후 본등기 전에 마쳐진 등기는 직권말소의 대상이 되지 아니한다(규칙 제148조 제3항). 이러한 등기는 효력이 상실되지 아니하고 후순위가 되기 때문이다.

장 연구, 161면 이하 참조.

다. 직권말소의 절차

가등기에 의한 본등기를 하였을 때에는 등기관은 가등기 이후에 된 등기로서 가등기에 의하여 보전되는 권리를 침해하는 등기를 직권으로 말소하여야 하고(이때에는 가등기에 의한 본등기로 인하여 그 등기를 말소한다는 뜻을 기록하여야 한다. 규칙 제149조),[607] 지체 없이 그 사실을 말소된 권리의 등기명의인에게 통지하여야 한다(법 제92조). 종래에는 등기관이 직권말소하겠다는 통지를 한 후 일정 기간을 기다려 말소하였으나, 현행법은 본등기를 함과 동시에 직권말소를 하고 말소된 권리의 등기명의인에게 통지하도록 하고 있다. 다만, 체납처분에 의한 압류등기에 대하여는 앞에서 살펴보았듯이 종전처럼 먼저 직권말소통지를 하고 이의신청이 있으면 제출된 소명자료에 의하여 말소 여부를 결정하도록 하고 있다.

[기록례]

【 갑 구 】 (소유권에 관한 사항)				
순위번호	등기목적	접 수	등기원인	권 리 자 및 기 타 사 항
2	소유권이전청구권가등기	2012년3월7일 제3125호	2012년3월5일 매매예약	가등기권자 김미정 770809-2012345 서울특별시 서초구 서초로 23(서초동)
	소유권이전	2012년5월7일 제5623호	2012년5월2일 매매	소유자 김미정 770809-2012345 서울특별시 서초구 서초로 23(서초동)
3	~~소유권이전~~	~~2012년4월25일~~ ~~제4321호~~	~~2012년4월3일~~ ~~매매~~	~~소유자 구연모 641012-1012345~~ ~~서울특별시 은평구 진관3로 15(진관동)~~ ~~거래가액 금85,000,000원~~
4	3번소유권이전등기말소			2번 가등기의 본등기로 인하여 2012년5월7일 등기

607) 가등기에 의한 본등기가 이루어짐으로써 직권말소된 가등기 이후의 등기는 그 가등기에 의한 본등기가 원인무효 등으로 말소되면 등기관이 다시 직권으로 회복하여야 한다(대법원 1989.10.27. 87다카425 판결; 대법원 1995.5.26. 95다6878 판결; 대법원 1997.10.24. 97다29097 판결. 등기선례 4-596). 따라서 그 회복등기를 소구할 이익이 없다(대법원 1983.3.8. 82다카1168 판결; 대법원 1995.5.26. 95다6878 판결).

【 을 구 】		(소유권 이외의 권리에 관한 사항)		
순위번호	등기목적	접 수	등기원인	권리자 및 기타사항
3	~~근저당권설정~~	~~2012년3월15일 제3691호~~	~~2012년3월14일 설정계약~~	~~채권최고액 금60,000,000원~~ ~~채무자 김수연~~ ~~서울특별시 은평구 진관1로 12(진관동)~~ ~~근저당권자 김태수 700123-1234567~~ ~~대전광역시 서구 도안로 88(도안동)~~
4	3번근저당권설정등기말소			갑구 2번 가등기의 본등기로 인하여 2012년5월7일 등기

Ⅳ. 담보가등기

(1) 의 의

담보가등기란 채권담보의 목적으로 마친 가등기를 말한다(가등기담보법 제2조 제3호). 채권 특히 금전채권을 담보할 목적으로 채무자 또는 제3자 소유의 부동산을 목적으로 하는 대물변제예약 또는 매매예약을 하고 채무불이행이 있는 경우에 장래 채권자가 가질 수 있는 소유권이전청구권을 보전하기 위하여 가등기를 하는 경우를 말한다.

담보가등기의 성질은 일종의 담보물권으로 특수한 저당권이라고 할 수 있다. 담보가등기에 관하여는 통상의 가등기와 구별하여 담보가등기임을 등기기록상 공시하도록 하고 있다. 그러나 판례는 담보가등기인지 여부는 당해 가등기의 등기기록상의 기재에 의하여 결정되는 것이 아니라 당해 가등기가 실제상 채권담보를 목적으로 한 것인지 여부에 의하여 결정된다고 한다.[608] 실제로 담보가등기가 이루어지는 경우는 많지 않다.[609]

가등기에 관한 앞의 설명이 담보가등기에도 해당되나 담보가등기는 「가등기담보 등에 관한 법률」의 적용을 받으므로 통상의 가등기와 달리 본등기를 하기 위하여는 가등기담보법에 따라 청산절차를 거쳐야 하는 등의 차이가 있다. 여기

608) 대법원 1998.10.7. 98마1333 결정.
609) 청구권가등기와 담보가등기가 이루어진 건수를 보면 다음과 같다.

서는 담보가등기에 특유한 점만 간략히 살펴보고자 한다.

(2) 담보가등기의 설정과 등기

담보가등기는 가등기담보계약에 따라 가등기를 함으로써 설정된다. 가등기담보계약은 채무를 담보하기 위한 채권담보계약으로서(가등기담보법 제2조 제1호), 채무불이행이 있을 때 채무자 또는 제3자에게 속하는 소유권이나 기타의 권리를 채권자에게 이전하기로 하는 대물변제예약이나 그 밖의 계약이다. 가등기담보계약에 따라 담보가등기를 신청할 때 등기의 목적은 본등기될 권리의 이전담보가등기로 기재하고(예를 들어, 소유권이전담보가등기, 저당권이전담보가등기 등), 등기의 원인은 대물반환예약 등 담보계약을 기재한다. 등기원인을 증명하는 정보로는 대물반환예약서 등의 담보계약서를 제출한다. 이에 따라 담보가등기에는 등기의 목적이 담보가등기임이 기록되고 등기원인도 담보계약으로 기록된다. 그러나 채권액 등 피담보채권에 관한 사항은 기록하지 않는다.

[기록례]

【 갑 구 】 (소유권에 관한 사항)				
순위번호	등기목적	접 수	등 기 원 인	권 리 자 및 기 타 사 항
2	소유권이전	2012년7월7일 제28415호	2012년7월6일 매매	소유자 김태수 700123－1234567 대전광역시 서구 도안로 88(도안동) 거래가액 금85,000,000원
3	소유권이전 담보가등기	2012년9월13일 제13972호	2012년9월7일 대물반환예약	가등기권자 구연모 641012－1012345 서울특별시 은평구 진관3로 15(진관동)

(3) 담보가등기에 의한 본등기와 중간등기의 직권말소

피담보채권의 변제기가 되어도 채무자가 채무를 이행하지 않으면 가등기담보권자는 피담보채권을 변제받기 위하여 가등기에 의하여 본등기를 함으로써 목적부동산의 소유권을 취득할 수 있다. 이것을 권리취득에 의한 가등기담보권의

구분	청구권가등기		담보가등기	
	신청 건수	부동산 개수	신청 건수	부동산 개수
2014년	25,774	51,589	760	1,483
2015년	25,309	51,549	660	1,333
2016년	23,945	48,797	701	1,281

실행이라고 한다. 그런데 가등기담보법은 가등기담보권자가 담보계약에 따른 담보권을 실행하여 본등기를 함으로써 소유권을 취득하는 절차에 관하여 담보권 실행의 통지, 청산, 소유권취득의 3단계를 거치도록 하고 있다.

우선 **담보권 실행의 통지**를 하여야 한다(가등기담보법 제3조). 이 통지는 피담보채권의 변제기 후에 채무자·물상보증인·담보가등기 후에 소유권을 취득한 제3자에게 하여야 한다. 통지사항은 청산금의 평가액이다. 구체적으로는 통지 당시의 목적부동산의 평가액과 민법 제360조에 규정된 채권액을 밝혀야 한다.[610] 부동산이 둘 이상인 경우에는 각 부동산의 소유권이전에 의하여 소멸시키려는 채권과 그 비용을 밝혀야 한다. 목적부동산의 가액이 채권액에 미달하여 청산금이 없다고 인정되는 경우에는 그 뜻을 통지하여야 한다. 통지의 방법에는 제한이 없으며 서면으로 하든 구두로 하든 상관없다. 그러나 등기신청서의 첨부정보로 통지서가 도달하였음을 증명하는 서면을 제출하여야 하므로 내용증명우편으로 보내는 것이 바람직하다.

다음으로 **청산**을 하여야 한다. 청산은 담보권 실행의 통지가 채무자 등에게 도달한 날부터 2개월(청산기간)이 지나서 하여야 한다. 채권자는 담보목적부동산의 가액에서 채권액을 뺀 금액(청산금)을 채무자 등에게 지급하여야 한다(가등기담보법 제4조 제1항 제1문). 이 경우 선순위담보권 등이 있을 때에는 그 채권액도 합산하여 공제해야 한다.

마지막으로 가등기담보권자는 담보가등기에 의하여 소유권이전의 본등기를 함으로써 목적부동산의 **소유권을 취득**한다. 가등기담보권자는 청산기간이 지난 후 청산금을 지급하거나 공탁하여야 본등기를 청구할 수 있고, 청산금이 없는 경우에는 청산기간이 경과한 후에 본등기를 청구할 수 있다(가등기담보법 제4조 제2항). 가등기담보법 제3조와 제4조를 위반하여 본등기가 이루어진 경우 그 본등기

610) 이 평가액은 채권자가 주관적으로 평가한 통지 당시의 목적부동산의 가액과 피담보채권액을 명시함으로써 청산금의 평가액을 채무자 등에게 통지하면 족하고, 채권자가 나름대로 평가한 청산금의 액수가 객관적인 청산금의 평가액에 미치지 못한다고 하더라도 담보권 실행의 통지로서의 효력이나 청산기간의 진행에는 아무런 영향이 없고, 다만 채무자 등은 정당하게 평가된 청산금을 지급받을 때까지 목적부동산의 소유권이전등기 및 인도채무의 이행을 거절하면서 피담보채무 전액을 채권자에게 지급하고 채권담보의 목적으로 마쳐진 가등기의 말소를 구할 수 있을 뿐이다. 대법원 1992.9.1. 92다10043,10050 판결; 대법원 1996.7.30. 96다6974,6981 판결; 대법원 2016.4.12. 2014다61630 판결.

는 무효이다. 담보가등기에 의한 본등기를 신청할 때에는 신청서에 일반적인 기재사항 외에 본등기할 담보가등기의 표시, 청산금 평가통지서가 채무자 등에게 도달한 날을 기재하여야 한다. 그리고 첨부정보로 청산금 평가통지서 또는 청산금이 없다는 통지서가 도달하였음을 증명하는 정보와 청산기간이 경과한 후에 청산금을 채무자에게 지급 또는 공탁하였음을 증명하는 정보(청산금이 없는 경우는 제외)를 등기소에 제공하여야 한다. 다만, 판결에 의하여 본등기를 신청하는 경우에는 그러하지 아니하다.[611] 담보가등기에 의한 본등기가 이루어지면 청구권보전의 가등기와 마찬가지로 중간처분의 등기를 직권말소한다. 다만, 중간처분의 등기가 압류등기일 경우에는 조세채권의 확보를 위하여 국세기본법이나 지방세기본법의 규정과의 관계에서 말소 여부와 그 절차를 다른 등기와는 달리 취급하고 있음은 앞에서 살펴보았다.

(4) 담보가등기의 효력

담보가등기는 일종의 담보물권으로서의 가등기담보권을 공시하는 역할을 하므로[612] 통상의 가등기와 달리 가등기인 상태로 우선변제적 효력이 있다. 가등기담보권으로 담보되는 채권의 범위는 저당권의 피담보채권에 관한 민법 제360조가 적용된다(가등기담보법 제3조 제2항 참조). 따라서 원본·이자·위약금·채무불이행으로 인한 손해배상 및 실행비용을 담보하고, 지연배상은 원본의 이행기를 경과한 후의 1년분에 한한다. 가등기담보권의 효력이 미치는 목적물의 범위는 설정계약에서 정하지 않으면 민법 제358조에 따라 그 부합물과 종물에도 미친다.

채권자는 가등기담보권을 제3자에게 양도할 수 있고, 담보가등기권리는 국세기본법·국세징수법·지방세기본법·지방세징수법 및 「채무자 회생 및 파산에 관한 법률」을 적용할 때에는 저당권으로 본다(가등기담보법 제17조 제3항).

가등기담보권자가 가등기담보권을 실행하여 우선변제를 받는 방법으로는 앞에서 살펴본 권리취득에 의한 실행 외에도 담보목적부동산의 경매를 청구할 수

611) "가등기에 관한 업무처리지침"(등기예규 제1632호).

612) 어떤 부동산에 관하여 채권담보를 위한 가등기가 이루어진 후에 매매에 의하여 그 소유권을 취득한 제3자가 채무원리금을 변제함으로써 피담보채무가 전부 소멸하였음에도 불구하고 등기부상 가등기가 그대로 남아있음을 이용하여 가등기 명의자가 가등기에 의한 소유권이전의 본등기를 하고 나아가 타인 명의로 가등기까지 하였다 하더라도 피담보채무의 소멸 후의 위 담보가등기는 원인무효이고 위 가등기에 의하여 이루어진 본등기도 원인무효이어서 위 제3자는 여전히 소유권자로서의 지위를 잃지 않는다(대법원 1997.10.24. 97다29097 판결).

있다(가등기담보법 제12조). 이 경우 경매에 관하여는 담보가등기권리를 저당권으로 본다.

가등기담보의 목적물이 다른 채권자에 의하여 담보권실행경매 또는 통상의 강제경매가 개시된 경우에 담보가등기권리자는 다른 채권자보다 자기 채권을 우선변제받을 권리가 있다. 이 경우 그 순위에 관하여 담보가등기권리를 저당권으로 보고, 그 담보가등기를 마친 때에 저당권의 설정등기가 행하여진 것으로 본다(가등기담보법 제13조). 그러나 압류등기 전에 이루어진 담보가등기권리가 매각에 의하여 소멸되면 그 채권자는 법원에 채권신고를 한 경우에만 매각대금을 배당받거나 변제금을 받을 수 있다(가등기담보법 제16조 제2항). 담보가등기를 마친 부동산에 대하여 경매가 이루어진 경우 담보가등기권리는 그 부동산의 매각에 의하여 소멸한다(가등기담보법 제15조). 담보가등기를 마친 부동산에 대하여 경매개시결정이 있는 경우에 그 경매의 신청이 청산금을 지급하기 전에 행하여진 경우(청산금이 없는 경우에는 청산기간이 지나기 전)에는 담보가등기권리자는 그 가등기에 따른 본등기를 청구할 수 없다(가등기담보법 제14조).

제 8 절 처분의 제한에 관한 등기

제 1 관 서 설

처분의 제한에 관한 등기는 권리자의 처분권능이 제한되는 경우에 하는 등기이다. 법 제3조는 권리에 대한 처분의 제한을 등기사항으로 규정하고 있다. 여기서 처분의 제한을 등기하기 위하여는 그 처분의 제한이 법률에 근거가 있어야 하고, 그러한 사항을 등기하도록 하는 규정이 있어야 한다.

부동산등기법은 여러 곳에서 처분제한의 등기에 관한 규정을 두고 있다. 미등기부동산의 처분제한의 등기와 직권에 의한 소유권보존등기(제66조), 공유물분할금지 약정의 등기(제67조 제1항 제2문), 전세권의 양도·담보제공 등의 금지에 관한 약정의 등기(제72조 제1항 제5호), 가처분에 관한 등기(제94조), 체납처분에 의한 압류등기(제96조) 등을 들 수 있다. 부동산등기법 외에도 여러 법률에서 권리에 대한 처분제한의 등기에 관하여 규정하고 있다. 각종 금지사항 내지 제한사항이 그 예이다. 예를 들어, 주택건설사업에 의하여 건설된 주택 및 대지에 대한 저당권 설정 등 처분행위의 금지(주택법 제40조 제3항), 임대주택에 대한 임대사업자의 담보물권이나 전세권 또는 임차권 설정의 금지(임대주택법 제18조 제1항), 주택담보노후연금보증을 받은 사람의 담보주택에 대한 담보물권 또는 전세권 설정의 제한(한국주택금융공사법 제43조의7 제1항) 등을 들 수 있다. 그 밖에도 처분의 제한이라고 직접 규정하지는 않았으나 신탁의 등기도 권리자의 처분이 신탁의 목적범위에 의하여 제한받으므로 처분의 제한에 해당한다고 볼 수 있다.

여기서는 처분의 제한에 관한 등기의 대표적인 경우로는 가압류·가처분, 경매, 체납처분의 등기에 관하여 살펴본다. 다른 사항은 해당 부분에서 설명하였다.

제 2 관 가압류 및 가처분에 관한 등기

Ⅰ. 개 관

가압류는 금전채권이나 금전으로 환산할 수 있는 채권에 대하여 그 집행을 보전할 목적으로 미리 채무자의 재산에 대한 처분권을 잠정적으로 빼앗는 제도이다(민사집행법 제276조 제1항). 가처분은 다툼의 대상이 되는 물건이나 권리의 현상이 바뀌면 당사자가 권리를 실행하지 못하거나 이를 실행하는 것이 매우 곤란할 염려가 있을 경우에 그에 대한 청구권의 장래 집행을 보전하기 위하여 그 현상을 동결시키는 제도, 또는 다툼이 있는 권리관계에 대하여 권리자에게 미칠 현저한 손해나 급박한 위험을 막기 위하여 임시의 지위를 정하는 제도이다(민사집행법 제300조). 전자를 다툼의 대상에 관한 가처분, 후자를 임시의 지위를 정하기 위한 가처분이라 한다. 부동산등기와 관련 있는 것은 주로 다툼의 대상에 관한 가처분이다.

가압류와 가처분은 강제집행의 보전을 목적으로 하는 임시적인 처분이므로 보전처분이라고 하며, 민사집행법 제4편 보전처분편에서 규정을 두고 있다. 가압류는 금전채권을 보전하기 위한 제도라는 점에서 가처분과 구별된다.

보전처분절차는 재판절차와 집행절차로 이루어진다. 보전처분의 재판은 결정으로 한다(민사집행법 제281조 제1항, 제301조). 보전처분은 실체법상 보전을 받아야 할 권리가 있고, 그 권리를 미리 보전하여야 할 필요성이 있어야 허용된다. 전자를 피보전권리, 후자를 보전의 필요성이라 한다. 보전처분은 그 요건인 피보전권리와 보전의 필요성에 관하여 증명이 아니라 소명으로 족하다. 부동산에 대한 보전처분의 집행은 그 재판에 관한 사항을 등기부에 기재하는 방법으로 한다(민사집행법 제293조 제1항, 제301조).

Ⅱ. 등기의 절차

1. 가압류·가처분 등기의 허용 여부

공유자의 지분은 자유로이 처분할 수 있으므로 권리의 일부인 공유지분에 대하여는 가압류·가처분이 가능하다. 그러나, 부동산의 특정 일부부분에 대하여는 가압류·가처분등기가 허용되지 아니한다. 1필지 토지의 특정 일부분에 관한 소유권이전등기청구권을 보전하기 위하여는 바로 분할등기가 될 수 있다는 등 특별한 사정이 없으면 그 1필지 토지 전부에 대한 처분금지가처분결정에 기한 등기촉탁에 의하여 그 1필지 토지 전부에 대한 처분금지가처분등기를 할 수밖에 없다.[613)]

가등기된 권리 자체의 처분을 금지하는 가처분은 등기할 수 있으나, 가등기에 의한 본등기를 금지하는 내용의 가처분은 가등기된 권리의 처분 제한에 해당하지 않으므로 허용되지 않음은 가등기 부분에서 설명하였다.

권리이전청구권에 대하여는 그 청구권이 등기된 때에(그 등기는 가등기로 한다) 한하여 부기등기의 방법에 의하여 가압류등기를 할 수 있다.[614)]

저당권이 있는 채권을 가압류할 경우 그 저당권등기에 가압류의 등기를 할 수 있다.[615)] 이 경우 채권자는 채권가압류사실을 등기부에 기입하여 줄 것을 법

---

613) 대법원 1975.5.27. 75다190 판결; "처분금지가처분등기에 관한 예규"(등기예규 제881호).

614) "등기이전청구권에 대한 가압류등기 촉탁"(등기예규 제1344호).

615) 근저당권이 있는 채권이 압류되는 경우 근저당권설정등기에 부기등기의 방법으로 그 피담보채권의 압류사실을 기입등기하는 목적은 근저당권의 피담보채권이 압류되면 담보물권의 수반성에 의하여 종된 권리인 근저당권에도 압류의 효력이 미치게 되어 피담보채권의 압류를 공시하기 위한 것이다(대법원 2004.5.28. 2003다70041 판결; 대법원 2009.12.24. 2009다72070 판결; 대법원 2011.4.28. 2010다107408 판결). 그러므로 근저당권의 피담보채권이 존재하지 않는다면 그 압류명령은 무효이다. 또한, 피담보채권을 압류하지 않고 근저당권만 압류하는 것은 효력이 없다. 법원실무제요 민사집행[Ⅳ], 287면.

원사무관 등에게 신청할 수 있고, 법원사무관 등은 부동산 소유자에게 가압류명령이 송달된 뒤에 위 등기를 촉탁하여야 한다(민사집행법 제228조, 제291조). 다만, 이때의 가압류등기는 가압류의 효력발생요건은 아니고 공시의 효력만이 있으므로 제3채무자에게 송달이 되지 않으면 가압류등기를 마쳐도 가압류의 효력이 발생하지 않는다.[616)]

전세권 자체에 대한 가압류도 허용되나, 전세권이 있는 채권으로서의 전세금반환청구권에 대하여는 전세권이 종료된 경우에 허용되고 전세권이 존속중인 경우에는 그 종료를 조건부 또는 기한부로 한 경우에 허용된다.

2. 등기의 촉탁과 실행

가. 등기의 촉탁

부동산에 대한 가압류·가처분은 그 재판에 관한 사항을 등기부에 기입하는 방법으로 집행한다(민사집행법 제293조, 제305조 제3항). 부동산에 대한 가압류·가처분의 등기는 법원사무관 등이 촉탁한다(민사집행법 제293조 제3항, 제305조 제3항).[617)] 촉탁서에는 등기원인을 증명하는 정보로 가압류 또는 가처분 결정 정본을 첨부하여야 한다.

미등기의 부동산에 대하여 가압류·가처분의 등기를 촉탁하는 경우에는 그 부동산이 채무자의 소유임을 증명하는 정보(건물에 대하여는 소유자의 표시를 증명하는 정보)와 부동산의 표시를 증명하는 정보를 첨부하면 등기관이 직권으로 소유권보존등기를 한 후 가압류·가처분의 등기를 한다(법 제66조). 자세한 내용은 소유권보존등기 항목에서 살펴보았다.

상속등기를 하지 아니한 부동산에 대하여 상속인을 상대로 한 가압류 또는 가처분의 결정이 있는 때에는 채권자는 그 등기촉탁 이전에 먼저 대위에 의하여 상속등기를 함으로써 등기의무자의 표시가 등기기록과 일치되도록 하여야 한다.[618)] 다만, 가처분권리자가 피상속인과의 원인행위에 의한 권리의 이전·설정의 등기청구권을 보전하기 위하여 상속인들을 상대로 처분금지가처분신청을 하여

---

616) 법원실무제요 민사집행[Ⅴ], 316면.

617) 실무적인 절차에 관하여는 "집행법원의 등기촉탁에 관한 업무처리지침"(재판예규 제1899호) 참조.

618) "채권자대위에 의한 등기절차에 관한 사무처리지침"(등기예규 제1432호).

집행법원이 이를 인용하고, 피상속인 소유 명의의 부동산에 관하여 상속관계를 표시하여(등기의무자를 '망 ○○○의 상속인 ○○○' 등으로 표시함) 가처분기입등기를 촉탁한 경우에는 상속등기를 거침이 없이 가처분기입등기를 할 수 있다.[619)]

나. 등기의 실행

소유권에 대한 가압류·가처분의 등기는 주등기로, 소유권 외의 권리와 가등기에 대하여는 부기로 등기한다. 이 등기는 등기기록 중 가압류 또는 가처분의 목적인 권리가 기록되어 있는 구에 한다. 그러나 가처분의 피보전권리가 소유권 외의 권리설정등기청구권으로서 소유명의인을 가처분채무자로 하는 경우에는 그 가처분등기를 등기기록 중 갑구에 한다(규칙 제151조 제2항).

등기사항으로는 일반적인 사항 외에 가압류의 등기에서는 청구금액을 기록하고,[620)] 가처분의 등기에서는 피보전권리와 금지사항을 기록한다(규칙 제151조 제1항).[621)] 또한, 법인이 등기권리자인 경우로서 촉탁서에 그 법인의 취급지점 등의 표시가 있는 때에는 그 지점도 등기기록에 기재한다.[622)] 채권자가 다수인 경우에는 그 채권자 모두를 등기기록에 채권자로 기록하도록 하고 있다.[623)]

---

619) 대법원 1995.2.28. 94다23999 판결.

620) 청구금액의 기재에 관하여는 법령의 근거는 없고, 등기예규에서 규정을 두고 있다. 이 청구금액은 민원인 편의와 관련 업무의 신속한 처리를 위하여 참고적으로 기재하도록 하고 있다. 따라서 착오로 청구금액을 잘못 기재하여 이를 경정하는 경우 가압류 후 다른 등기권리자가 있더라도 승낙서 또는 이에 대항할 수 있는 재판의 등본을 첨부할 필요는 없다고 한다. "가압류기입등기시 청구금액 기재에 관한 사무처리지침"(등기예규 제1023호).

621) 그러나 피보전권리인 등기청구권의 원인을 기재하지는 않는다. "처분금지가처분등기에 관한 예규"(등기예규 제881호). 피보전권리의 기재에 관하여도 종래 법령에 근거는 없이 등기예규에서 규정을 두고 있었다가 그 후에 규칙에 규정을 두게 되었다.

622) 이 역시 법령에 근거는 없고 등기예규에서 규정하고 있다. "법인이 저당권자 등인 경우의 취급지점 표시에 관한 업무처리지침"(등기예규 제1188호).

623) "채권자가 다수인 가압류·가처분등기 및 경매개시결정등기 또는 그 등기의 변경등기 촉탁이 있는 경우의 처리지침"(등기예규 제1358호). 등기기록의 일람성면에서 과연 이럴 필요가 있는지 의문이 든다. 등기기록의 분량이 불필요하게 많아지는 원인이 된다.

[기록례]

【 갑 구 】 (소유권에 관한 사항)				
순위번호	등기목적	접 수	등 기 원 인	권 리 자 및 기 타 사 항
6	가압류	2012년3월5일 제3017호	2012년3월4일 대전지방법원의 가압류결정 (2012카단1000)	청구금액 금10,000,000원 채권자 김영남 600103－1012345 인천광역시 남구 경원대로 88(주안동)

【 갑 구 】 (소유권에 관한 사항)				
순위번호	등기목적	접 수	등기원인	권 리 자 및 기 타 사 항
5	가처분	2012년3월26일 제3918호	2012년3월25일 대전지방법원의 가처분결정 (2012카합100)	피보전권리 소유권이전등기청구권 채권자 김태수 700123－1234567 대전광역시 서구 도안로 88(도안동) 금지사항 양도, 담보권설정 기타 일체의 처분행위의 금지

3. 가압류·가처분 등기의 말소

가압류·가처분 등기는 원칙적으로 법원의 촉탁에 의하여 말소하여야 하고, 당사자가 직접 그 말소의 등기를 등기소에 신청할 수는 없다. 예외적으로 가등기에 의한 본등기나 가처분권리자의 승소판결에 따른 등기 등 법원의 말소촉탁 외의 사유로 말소되기도 하는데, 이때에는 실무에서 집행법원에 그 뜻을 통지하도록 하고 있다.[624)]

Ⅲ. 가압류·가처분의 효력과 그에 저촉되는 등기의 처리

1. 가압류·가처분의 상대적 효력

가압류·가처분은 목적물에 대한 채무자의 처분행위를 금지하는 제도이므로 처분금지의 효력이 있다. 그런데 채무자가 이에 위반하여 처분행위를 하였을 때 그 처분행위의 효력은 어떻게 되는가? 그 처분행위가 절대적으로 무효가 되지는

624) "가압류등기 등이 말소된 경우의 집행법원에 통지"(등기예규 제1368호). 사건의 정리를 위하여서이다.

않고 가압류·가처분 채권자에 대하여서만 상대적으로 무효가 된다는 상대적 효력설이 통설과 판례이다. 따라서 처분행위의 당사자인 채무자와 제3자 사이에서는 그 행위는 유효하고 그 처분행위에 따른 등기도 허용된다.[625] 다만, 나중에 본안소송에서 가압류·가처분 채권자가 승소하는 등으로 피보전권리의 존재가 확정되는 경우에는 가압류채권자에게 이를 주장할 수 없거나[626] 가처분에 저촉되는 처분행위의 효력이 부정될 수 있다.

가처분결정을 받았다고 하더라도 그 가처분은 그 집행에 해당하는 등기가 마쳐짐으로써 비로소 가처분채무자 및 제3자에 대하여 구속력을 갖게 된다. 따라서 가처분등기가 이루어지기 전에 채무자가 그 가처분의 내용에 위반하여 처분행위를 하여 제3자 명의의 소유권이전등기가 마쳐진 경우 그 소유권이전등기는 완전히 유효하다.[627] 마찬가지로 가처분취소결정의 집행에 의하여 처분금지가처분등기가 말소된 경우 그 효력은 확정적이다. 따라서 처분금지가처분결정에 따른 가처분등기가 마쳐져 있던 상태에서 부동산을 양수하여 소유권이전등기를 마친 제3자라 하더라도 위와 같이 가처분등기가 말소된 이후에는 더 이상 처분금지효의 제한을 받지 않고 소유권취득의 효력으로 가처분채권자에게 대항할 수 있게 된다.[628] 이 경우 가처분채권자는 더 이상 처분금지가처분을 신청할 이익이 없게 된다.[629]

2. 가압류의 본집행으로의 이전

보전처분을 한 채권자가 집행권원을 얻어 강제집행을 할 수 있게 되면 본집행을 하게 된다. 이것을 본집행으로의 이전이라고 한다. 가압류는 강제경매개시

625) 대법원 1993.5.27. 92다20163 판결; 대법원 1999.7.9. 98다13754 판결.

626) 가압류의 상대적 효력의 인적 범위에 관하여는 해당 가압류채권자 뿐만 아니라 그 집행절차에 참가한 다른 모든 채권자들에 대한 관계에서도 그 효력을 주장할 수 없다는 절차상대효설과 채무자의 처분행위가 있기 전에 가압류·압류를 하거나 담보권을 설정하는 등 집행행위를 한 채권자들에 대하여서만 무효가 된다는 개별상대효설이 있다. 판례는 개별상대효설을 취하고 있다. 법원실무제요 민사집행[Ⅴ], 280면.

627) 대법원 1997.7.11. 97다15012 판결; 법원실무제요 민사집행[Ⅴ], 352면.

628) 가집행선고부 가처분결정의 취소판결에 의하여 가처분등기가 말소된 후 상소심에서 위 판결이 취소되었다고 하더라도 이미 가처분취소의 집행이 완료된 이상 가처분등기가 말소된 후에 이루어진 근저당권설정등기는 위 가처분에 위반됨을 이유로 말소신청을 할 수 없다(등기선례 5－599).

629) 대법원 2017.10.19. 2015마1383 결정.

결정을 함으로써 본압류로 이전한다. 가압류채권자는 이 경매절차에서 배당을 받음으로써 피보전채권을 실현하게 된다.

가압류가 본압류로 이행되어 강제집행이 이루어진 경우에는 가압류집행은 본집행에 포섭됨으로써 당초부터 본집행이 있었던 것과 같은 효력이 있게 된다. 따라서 부동산에 대한 가압류가 본압류로 이행되어 본집행의 효력이 유효하게 존속하는 한, 가압류집행의 효력을 다툴 수는 없고 오로지 본집행의 효력에 대하여만 다투어야 하고,[630] 가압류등기는 집행법원의 말소촉탁이 있는 경우라도 말소할 수 없다.[631]

가압류가 본집행으로 이전됨으로써 강제경매절차가 개시된 경우의 등기절차에 관하여는 경매에 관한 등기부분을 참조하기 바란다.

3. 가처분의 피보전권리의 실현과 그에 저촉되는 처분행위의 처리

가. 개　　설

부동산에 관하여 처분금지가처분의 등기가 마쳐진 후에 가처분채권자가 본안소송에서 승소판결을 받아 확정되면, 그 피보전권리의 범위 내에서[632] 그 가처분에 저촉되는 처분행위의 효력을 부정할 수 있다.[633] 이때 그 가처분에 저촉되는 처분행위로서 이루어진 등기를 어떻게 처리할까?

---

630) 대법원 2002.3.15. 2001마6620 결정; 대법원 2004.12.10. 2004다54725 판결.

631) 대법원 2012.5.10. 2012마180 결정. 등기선례(9－372)는 등기관이 이를 간과하고 집행법원의 촉탁에 의하여 그 가압류등기를 말소하였더라도 본집행이 취소·실효되지 않은 이상 본집행에 아무런 영향을 미치지 아니하므로 말소된 해당 가압류 이후의 가처분, 가압류, 소유권이전등기에 대하여 매각을 원인으로 한 말소등기의 촉탁이 있을 경우 이를 수리할 수 있다고 한다.

632) 판례에 의하면, 부동산의 전득자가 양수인인 채무자에 대한 소유권이전등기청구권을 보전하기 위하여 양수인을 대위하여 양도인(제3채무자)을 상대로 처분금지가처분결정을 받아 그 등기를 마친 경우, 그 이후에 양수인이 양도인으로부터 소유권이전등기를 넘겨받아 다른 등기를 하였다고 하더라도 그 각 등기는 위 가처분의 효력에 위배되지는 않는다고 한다. 그 피보전권리는 양수인의 양도인에 대한 소유권이전등기청구권이고 전득자의 양수인에 대한 소유권이전등기청구권까지 포함되는 것은 아니기 때문이다. 그러므로 양도인이 양수인에게 소유권이전등기를 하여 주는 것까지 금하는 것은 아니다(대법원 1989.5.9. 88다카6488 판결; 대법원 1991.4.12. 90다9407 판결; 대법원 1994.3.8. 93다42665 판결).

이와 관련하여 전득자의 권리보전방안에 대한 제안으로는 이계정, "대위에 의한 처분금지가처분의 효력과 전득자의 권리보전방안에 관한 연구", 법조 제556호(2003. 1.) 참조.

633) 대법원 2003.2.28. 2000다65802,65819 판결; 대법원 2009.9.24. 2009다32928 판결; 대법원 2022.6.30. 2018다276218 판결. 이때 그 처분행위가 가처분에 저촉되는 것인지 여부는 그 처분행위에 따른 등기와 가처분등기의 선후에 의하여 정하여진다고 한다.

종래 이에 관하여 실무에서 다소 혼란이 있어 등기예규에서 그 절차를 정비하여 시행하여 왔으나[634] 그 내용이 상당히 복잡하였다. 전부개정된 부동산등기법에서는 그 절차를 단순화하여 이에 관한 규정을 신설하였다. 그리하여 민사집행법 제305조 제3항에 따라 권리의 이전, 말소 또는 설정등기청구권을 보전하기 위한 처분금지가처분등기가 된 후 가처분채권자가 가처분채무자를 등기의무자로 하여 권리의 이전, 말소 또는 설정의 등기를 신청하는 경우에는, 대법원규칙으로 정하는 바에 따라 그 가처분등기 이후에 된 등기로서 가처분채권자의 권리를 침해하는 등기의 말소를 단독으로 신청할 수 있고(법 제94조 제1항),[635] 등기관이 이 신청에 따라 가처분등기 이후의 등기를 말소할 때에는 직권으로 그 가처분등기도 말소하도록 하였다(법 제94조 제2항). 한 마디로 정리하면 가처분에 저촉되는 등기는 가처분채권자가 단독으로 말소를 신청할 수 있고, 당해 가처분등기는 직권으로 말소하도록 하였다.

이에 따라 부동산등기규칙에서 그 구체적인 절차를 정하고, 실무적인 사항에 관하여는 등기예규에서 정하고 있다.[636] 이하에서는 규칙과 등기예규에 따라 그 내용을 간략히 살펴본다.[637] 절차를 단순하게 정비하였지만 이해하기에 다소 복잡하고 혼란스러울 수 있다.

---

634) "처분금지가처분권리자의 승소판결에 의한 소유권이전등기 또는 소유권말소등기에 따른 당해 가처분등기 및 그 가처분등기 이후의 제3자 명의의 등기의 말소절차에 관한 예규"(1997. 9. 11. 제정 등기예규 제882호); "소유권 이외의 권리의 설정등기청구권을 보전하기 위한 처분금지가처분등기에 관한 사무처리예규"(1997. 9. 11. 제정 등기예규 제883호) 참조.

635) 가처분채권자가 채무자를 상대로 본안의 승소판결을 받아 확정되면 가처분에 저촉되는 처분행위의 효력을 부정할 수 있다고 하여, 그러한 사정만으로 가처분 등기 후 가처분채무자로부터 소유권이전등기를 넘겨받은 제3자를 상대로 가처분채무자와 제3자 사이의 법률행위가 원인무효라는 사유를 들어 가처분채무자를 대위하여 제기한 소유권이전등기의 말소 청구가 소의 이익이 없어 부적법하다고 볼 수는 없다. 가처분채권자가 대위 행사하는 가처분채무자의 위 제3자에 대한 말소청구권은 가처분 자체의 효력과는 관련이 없을 뿐만 아니라, 가처분은 실체법상의 권리관계와 무관하게 효력이 상실될 수도 있어, 가처분채권자의 입장에서는 가처분의 효력을 원용하는 외에 별도로 가처분채무자를 대위하여 제3자 명의 등기의 말소를 구할 실익도 있기 때문이다. 대법원 2017.12.5. 2017다237339 판결.

636) 규칙과 등기예규는 피보전권리가 저당권 등 제한물권등기의 말소청구권인 경우에 관하여는 규정을 두고 있지 않으나, 일반원칙으로 돌아가 법 제94조 제1항의 규정에 따라 처리하여야 할 것이다.

637) "처분금지가처분채권자가 가처분채무자를 등기의무자로 하여 소유권이전등기 또는 소유권이전(보존)등기말소등기 신청 등을 하는 경우의 업무처리지침"(등기예규 제1412호) 및 "소유권 이외의 권리의 설정등기청구권을 보전하기 위한 처분금지가처분등기에 관한 사무처리예규"(등기예규 제1413호) 참조.

나. 피보전권리가 소유권의 이전등기청구권 또는 말소등기청구권인 경우

처분금지가처분채권자가 본안사건에서 승소하여 확정된 경우(이와 동일시할 수 있는 재판상 화해, 조정, 인낙을 포함한다) 그에 따른 등기절차는 소유권이전등기를 하는 경우와 소유권등기의 말소등기를 하는 경우를 나누어 살펴보아야 한다. 등기절차에서 차이가 있기 때문이다.

(1) 소유권이전등기를 하는 경우

소유권이전등기청구권을 보전하기 위한 가처분등기가 마쳐진 후 그 가처분채권자가 가처분채무자를 등기의무자로 하여 소유권이전등기를 신청하는 경우에는, 가처분등기 이후에 마쳐진 제3자 명의의 등기의 말소를 단독으로 신청할 수 있다(규칙 제152조 제1항 본문).

다만, 다음의 등기는 그러하지 아니하다(규칙 제152조 제1항 단서). 이러한 등기는 가처분채권자의 권리를 침해하는 등기가 아니므로 말소하지 아니하고 그대로 둔 채 가처분채권자의 소유권이전등기를 하여야 한다.

① 가처분등기 전에 마쳐진 가압류에 의한 강제경매개시결정등기

② 가처분등기 전에 마쳐진 담보가등기, 전세권 및 저당권에 의한 임의경매개시결정등기

③ 가처분채권자에게 대항할 수 있는 주택임차권등기·상가건물임차권등기 등

주의할 점은 가처분등기 후에 제3자 명의의 소유권이전등기가 이루어져 있을 때에는 반드시 그 소유권이전등기의 말소신청도 동시에 하여야 한다는 점이다. 그래서 그 등기를 말소하면서 가처분채권자의 소유권이전등기가 되도록 하여야 한다. 그 등기를 그대로 둔 채 소유권이전등기를 하면 그 제3자로부터 소유권을 이전받은 것으로 공시되어 혼란을 초래할 수 있고 등기의 연속성에도 어긋나기 때문이다. 만일 그 제3자의 소유권이전등기가 가처분등기에 우선하는 경우에는 가처분채권자의 등기신청 자체가 허용되지 않는다.

(2) 소유권등기의 말소등기를 하는 경우

소유권이전등기 또는 소유권보존등기의 말소등기청구권을 보전하기 위한 가처분등기가 마쳐진 후 그 가처분채권자가 가처분채무자를 등기의무자로 하여 소유권말소등기를 신청하는 경우에도 마찬가지로, 가처분등기 이후에 마쳐진 제3자 명의의 등기의 말소를 단독으로 신청할 수 있다(규칙 제152조 제1항 본문). 다만,

규칙 제152조 제1항 단서 각호(위 ① ② ③의 등기)의 권리자의 승낙이나 이에 대항할 수 있는 재판이 있음을 증명하는 정보를 첨부정보로 등기소에 제공하여야 한다(규칙 제152조 제2항). 공시의 원칙상 이러한 제3자 명의의 등기를 그대로 둔 채 소유권등기를 말소할 수는 없으므로 그 제3자의 승낙 등이 없다면 가처분채권자는 소유권말소등기 자체를 신청할 수 없다. 이 점에서 소유권이전등기를 하는 경우와 다르다.[638]

[기록례]

【 갑 구 】	(소유권에 관한 사항)			
순위번호	등 기 목 적	접 수	등 기 원 인	권 리 자 및 기 타 사 항
3	~~가처분~~	~~2012년1월6일 제3918호~~	~~2012년3월25일 대전지방법원의 가처분결정 (2012카합100)~~	~~피보전권리 소유권이전등기청구권~~ ~~채권자 김태수 700123-1234567~~ ~~대전광역시 서구 도안로 88(도안동)~~ ~~금지사항 양도, 담보권설정 기타 일체의 처분행위의 금지~~
~~4~~	~~소유권이전~~	~~2012년3월8일 제5751호~~	~~2012년1월9일 매매~~	~~소유자 김미정 770809-2012345~~ ~~서울특별시 서초구 서초로 23(서초동)~~ ~~거래가액 금150,000,000원~~
5	4번소유권이전등기말소	2012년7월7일 제9237호	가처분에 의한 실효	
6	3번가처분등기말소			가처분의 목적달성으로 인하여 2012년7월7일 등기
7	소유권이전	2012년7월7일 제9237호	2011년7월5일 매매	소유자 김태수 700123-1234567 대전광역시 서구 도안로 88(도안동) 거래가액 금200,000,000원

다. 피보전권리가 소유권 외의 권리의 설정등기청구권인 경우

(1) 소유권 외의 권리의 설정등기 방법

소유권 외의 권리의 설정등기청구권을 보전하기 위한 처분금지가처분에 의하여 그 권리의 설정등기를 할 때에는 그 등기가 가처분에 기초한 것이라는 뜻을

638) 규칙 제152조 제1항에서 소유권이전등기를 하는 경우와 소유권등기의 말소등기를 하는 경우를 같이 규정한 점은 혼란의 소지가 있다. 물론 제2항과 제1항을 같이 고려하면 이렇게 해석할 수 있으나, 일반인이 보아서 그렇게 이해하기는 어렵다고 생각된다.

기록하여야 한다(법 제95조). 그 방법으로 등기의 목적 아래에 "○년 ○월 ○일 접수 제○○○호 가처분에 기함"이라고 기록한다. 이렇게 하는 이유는 다음과 같다. 소유권 외의 권리의 설정등기청구권을 보전하기 위한 가처분은 소유권에 대한 처분제한이므로 갑구에 한다. 나중에 가처분의 피보전권리를 실현하여 소유권 외의 권리의 설정등기를 하는 경우 그 등기는 을구에 한다. 그런데 가처분등기 후 설정등기 사이에 을구에 다른 등기가 마쳐지는 경우, 이 등기가 가처분의 피보전권리와 양립할 수 없는 등기라면 말소의 대상이 되지만, 양립 가능한 등기라면 말소할 필요 없이 가처분의 피보전권리가 선순위임을 공시하면 가처분권리자의 권리실현이 된다. 여기서 가처분에 의하여 설정된 권리의 등기가 가처분 이후에 이루어진 등기보다 선순위임을 공시하기 위한 방법으로 그 등기가 가처분에 기초한 것임을 기록하도록 하였다.[639]

그러나 이러한 등기방법은 문제가 있다. 등기한 권리의 순위는 같은 구에서 한 등기 상호간에는 순위번호에 따르는데, 후순위번호로 등기하면서 그것이 선순위임을 공시하는 등기방법이 바람직한 방법인지는 의문이다.[640]

(2) 가처분등기 후에 마쳐진 제3자 명의 등기의 처리

가처분등기 후에 마쳐진 제3자 명의의 등기는 가처분채권자의 권리와 양립 가능한지 여부에 의하여 말소 여부가 결정된다. 그리하여 지상권, 전세권 또는 임차권의 설정등기청구권을 보전하기 위한 가처분등기가 마쳐진 후 그 가처분채권자가 가처분채무자를 등기의무자로 하여 지상권, 전세권 또는 임차권의 설정등기를 신청하는 경우에는, 그 가처분등기 이후에 마쳐진 제3자 명의의 지상권, 지역권, 전세권 또는 임차권의 설정등기(동일한 부분에 마쳐진 등기로 한정한다)의 말소를 단독으로 신청할 수 있다(규칙 제153조 제1항). 가처분채권자의 권리와 양립할 수 없기 때문이다. 다만, 가처분등기 후에 이루어진 등기가 가처분채권자에게 대

639) 판례에 의하면 이 경우 가처분의 피보전권리 실현을 위한 등기가 되면 가처분은 목적을 달성하여 효력을 잃고 그 가처분등기는 존치할 필요가 없게 된다. 이에 따라 가처분등기가 말소되더라도 여전히 가처분등기 후에 등기된 권리의 취득이나 처분의 제한으로 가처분채권자의 권리취득에 대항할 수 없다고 한다(대법원 2015.7.9. 2015다202360 판결; 대법원 2022.6.30. 2018다276218 판결).

640) 이 문제는 가처분은 갑구에 하는데 피보전권리 실현의 등기는 을구에 하게 되어서 발생하는 문제이다. 법 개정 당시 충분한 검토가 없이 종래의 등기예규의 내용을 그대로 입법에 반영하지 않았나 생각된다. 일본에서는 이 경우 갑구에 가처분등기를 하면서 동시에 을구에 보전가등기를 하는 방법으로 해결하고 있다(일본 민사보전법 제53조 제2항). 참고할 만한 제도이다.

항할 수 있는 주택임차권(설정)등기, 상가건물임차권(설정)등기인 경우에는 그러하지 아니하다.[641]

이에 반하여 저당권설정등기청구권을 보전하기 위한 가처분등기가 마쳐진 후 그 가처분채권자가 가처분채무자를 등기의무자로 하여 저당권설정등기를 신청하는 경우에는 그 가처분등기 이후에 마쳐진 제3자 명의의 등기라 하더라도 그 말소를 신청할 수 없다(규칙 제153조 제2항). 가처분채권자의 권리와 양립 가능하므로 가처분채권자의 권리를 침해하지 않기 때문이다. 다만, 가처분채권자의 저당권 취득과 저촉되는 범위에서는 가처분등기 후에 등기된 권리의 취득이나 처분의 제한으로 가처분채권자에게 대항할 수 없게 된다.[642] 이러한 법리는 소유권이전청구권가등기 청구채권을 보전하기 위한 처분금지가처분의 등기가 마쳐진 부동산에 관하여 그 피보전권리 실현을 위한 가등기와 그에 의한 소유권이전의 본등기가 마쳐진 때에도 마찬가지로 적용된다.[643]

[기록례]

【 갑 구 】 (소유권에 관한 사항)				
순위번호	등기목적	접 수	등기원인	권 리 자 및 기 타 사 항
3	~~가처분~~	~~2012년3월5일 제3165호~~	~~2012년3월4일 대전지방법원의 가처분결정 (2012가합1250)~~	~~피보전권리 근저당권설정등기청구권~~ ~~채권자 김태수 700123-1234567~~ ~~대전광역시 서구 도안로 88(도안동)~~ ~~금지사항 양도, 담보권설정 기타 일체의 처분행위의 금지~~
5	3번가처분 등기말소			가처분의 목적달성으로 인하여 2012년7월5일 등기

641) 오히려 이 경우에는 가처분에 의한 설정등기를 하기 위하여는 가처분채권자에게 대항할 수 있는 이러한 등기를 먼저 말소하여야 한다. 앞의 등기예규 제1413호 참조.

642) 대법원 2015.7.9. 2015다202360 판결; 대법원 2022.6.30. 2018다276218 판결.

643) 앞의 2018다276218 판결.

【 을 구 】 (소유권 이외의 권리에 관한 사항)				
순위번호	등기목적	접 수	등기원인	권 리 자 및 기 타 사 항
2	근저당권설정	2012년5월3일 제5233호	2012년5월1일 설정계약	채권최고액 금30,000,000원 채무자 김수연 서울특별시 은평구 진관1로 12(진관동) 근저당권자 김영남 600103-1012345 인천광역시 남구 경원대로 88(주안동)
4	근저당권설정 (2012년3월5일 접수 제3165호 가처분에 기함)	2012년7월5일 제7233호	2012년2월15일 설정계약	채권최고액 금50,000,000원 채무자 김수연 서울특별시 은평구 진관1로 12(진관동) 근저당권자 김태수 700123-1234567 대전광역시 서구 도안로 88(도안동)

라. 관련절차

(1) 당해 가처분등기의 말소

가처분채권자의 신청에 의하여 가처분등기 이후의 등기를 말소할 때에는 등기관은 직권으로 당해 가처분등기도 말소하여야 한다(법 제94조 제2항).

(2) 승소판결에 의하지 않고 공동으로 피보전권리 실현의 등기를 신청하는 경우

가처분채권자가 가처분에 기한 것이라는 소명자료를 첨부하여 가처분채무자와 공동으로 가처분의 피보전권리 실현의 등기를 신청하는 경우 가처분등기 이후 마쳐진 제3자 명의 등기 및 당해 가처분등기의 말소에 관하여도 위에서 설명한 승소판결에 의한 경우와 마찬가지로 처리한다.[644]

(3) 말소 사실의 통지

이상의 절차에 의하여 가처분등기 이후의 등기를 말소하였을 때에는 등기관은 지체 없이 그 사실을 말소된 권리의 등기명의인에게 통지하여야 한다(법 제94조 제3항). 또한, 이와 같이 집행법원의 말소촉탁 이외의 사유로 가압류등기, 가처분등기, 경매개시결정등기, 주택임차권등기, 상가건물임차권등기 및 당해 가처분등기를 말소하였을 때에는 실무상 그 뜻을 지체 없이 집행법원에 통지하도록 하고 있다.[645]

644) 앞의 등기예규 제1412호 및 등기예규 제1413호 참조.
645) "가압류등기 등이 말소된 경우의 집행법원에 통지"(등기예규 제1368호).

제 3 관 경매에 관한 등기

Ⅰ. 개 설

사법상 권리가 당사자 사이에서 임의로 실현되지 않는 경우 권리자는 그 강제적 실현을 국가에 청구할 수 있다. 사법상 권리의 실현을 위한 절차는 권리 또는 법률관계를 확정하는 판결절차와 그 확정된 권리를 강제적으로 실현하는 강제집행절차로 구분되어 있다. 그 강제집행에 관하여 정하고 있는 법이 민사집행법이다. 민사집행법은 강제집행절차만이 아니라 담보권실행 등을 위한 경매절차와 보전처분절차에 관하여도 규정하고 있다. 이 중 보전처분절차와 부동산등기에 관하여는 이미 살펴보았다. 여기서는 강제집행절차 및 담보권실행 등을 위한 경매절차와 관련하여 부동산등기에 관하여 살펴본다. 먼저 이들 절차 일반에 관하여 간략히 정리해보자.

강제집행 중 부동산등기와 관련하여 살펴볼 사항은 부동산에 대하여 금전채권을 강제적으로 실현하는 절차인 강제경매이다. 강제경매를 신청하기 위하여는 집행권원이 있어야 한다. 집행권원은 사법상의 이행청구권의 존재와 범위를 표시하고 그 청구권에 집행력을 인정한 공문서이다.

그리고 담보권실행 등을 위한 경매는 그 실행에 집행권원을 필요로 하지 않으므로 강제경매에 대응하여 임의경매라고 부른다. 담보권실행을 위한 경매는 집행권원이 요구되지 않고 담보권증명서류가 있으면 된다는 점과 담보로 제공된 특정물건에 대하여 이루어진다는 점에서 집행권원이 요구되고 채무자의 일반재산에 대하여 행하여지는 강제경매와 구별된다.[646]

담보권실행 등을 위한 경매절차 중 유치권에 의한 경매와 민법·상법 그 밖의 법률의 규정에 의한 경매를 형식적 경매라고 한다. 이 경매는 채권자가 자기 채권의 만족을 얻기 위하여 실행하는 강제경매나 담보권실행경매와 달리 재산의 보관이나 정리 등을 위하여 담보권실행 경매의 예에 의하여 그 목적물을 현금화할 뿐 채권의 만족을 얻기 위한 경매가 아니기 때문이다.[647]

---

646) 김홍엽, 민사집행법, 박영사, 2017, 7~8면; 전병서, 민사집행법, 박영사, 2024, 13면.

647) 유치권은 담보물권이고 경매를 신청할 권리를 갖지만 우선변제권이 없으므로 일반채권자와 동

부동산의 경매절차는 채권자가 집행권원 또는 담보권에 의하여 채무자 소유의 부동산 또는 담보목적 부동산을 압류하고, 현금화하여 그 매각대금으로부터 배당을 받음으로써 채권자의 금전채권을 실현하는 3단계로 이루어져 있다. ① 먼저 채권자의 신청에 의하여 경매개시결정을 하여 목적부동산을 압류한다. ② 이어서 매각기일 및 매각허가기일을 지정하여 매각을 실시한다. ③ 그리고 대금이 완납되면 배당절차를 실시한다. 민사집행법은 담보권실행을 위한 부동산 경매절차에도 부동산에 대한 강제경매에 관한 규정을 준용하도록 하고 있어(제268조) 부동산등기와 관련하여 강제경매절차와 임의경매절차는 큰 차이가 없으므로 여기서는 양자를 구별하지 않고 설명한다.

Ⅱ. 경매개시결정의 등기

채권자가 집행력 있는 집행권원의 정본 또는 담보권의 존재를 증명하는 서류를 첨부하여 부동산에 대하여 강제경매 또는 담보권실행경매를 신청하면 법원은 경매개시의 요건에 대하여 심사한다. 심리 결과 경매신청의 요건을 구비하였다고 인정하면 경매개시결정을 한다. 경매절차를 개시하는 결정에는 동시에 그 부동산의 압류를 명하여야 한다(민사집행법 제83조 제1항).[648] 이 압류는 채무자(담보권실행경매에서는 소유자)에게 그 결정이 송달된 때 또는 경매개시결정의 등기가 된 때에 효력이 생긴다(민사집행법 제83조 제4항, 제268조). 두 시기 중 먼저 도래하는 시기에 효력이 발생한다. 경매개시결정에 의한 압류에는 처분금지적 효력이 있다. 그러나 이 처분제한의 효력은 상대적 효력만 있어, 이 효력에 위반하는 채무자의 처분행위는 당사자 사이에서는 유효하고 압류채권자에 대하여는 효력이 없다.[649]

일한 순위로 배당받을 수 있어 유치권에 의한 경매는 형식적 경매절차에 따라 실시하도록 하고 있다(민사집행법 제274조).

648) 따라서 개시결정의 주문에는 “별지 기재 부동산에 대하여 경매절차를 개시하고 채권자를 위하여 이를 압류한다”라고 기재한다.

649) 이 상대적 무효와 관련하여 압류 후에 채무자가 한 처분행위는 압류채권자뿐만 아니라 집행절차에 참가한 모든 채권자와의 관계에서 무효라고 보는 절차상대효설과 압류채권자에 대하여만 대항할 수 없을 뿐이라는 개별상대효설이 있다. 판례와 실무는 개별상대효설의 입장에 있다. 따라서 압류 후 소유권 양도가 가능하고, 제3취득자는 압류채권자 외에 다른 채권자에 대하여는 유효하게 소유권을 주장할 수 있다. 김홍엽, 앞의 책, 151~152면.

법원이 경매개시결정을 하면 법원사무관 등은 즉시 그 사유를 등기기록에 기록하도록 등기관에게 촉탁하여야 한다(민사집행법 제94조 제1항). 실무상 경매개시결정등기의 촉탁은 전자촉탁의 방법으로 하고 있다. 등기권리자는 경매의 신청채권자가 된다. 실무에서는 등기촉탁서에 등기권리자가 가압류의 피보전채권자이거나 그 채권의 승계인이라는 취지의 기재가 있는 때에는 등기목적 아래에 "○번 가압류의 본압류로의 이행" 또는 "○번 가압류채권의 승계"라고 기록하여 당해 강제경매와 가압류와의 관계를 표시하도록 하고 있다.[650] 등기의무자는 부동산의 현재의 소유자가 되나, 강제경매에서 가압류등기 후에 제3자에게 소유권이 이전된 경우 가압류 당시의 소유명의인이 등기의무자가 된다.[651] 가압류 후 부동산을 취득한 제3자는 가압류채권자에게 대항할 수 없기 때문이다. 미등기부동산에 대한 경매개시결정의 등기에 관하여는 소유권보존등기편에서 설명하였다.

[기록례]

【 갑 구 】		(소유권에 관한 사항)		
순위번호	등기목적	접 수	등 기 원 인	권 리 자 및 기 타 사 항
7	강제경매개시결정	2012년3월28일 제978호	2012년3월27일 대전지방법원의 강제경매개시결정 (2012타경1000)	채권자 구언모 641012-1012345 서울특별시 은평구 진관3로 15 (진관동)

---

650) "가압류의 피보전채권자 또는 피보전채권의 승계인을 등기권리자로 하는 경매개시결정등기에 관한 업무처리지침"(등기예규 제1160호).

651) "가압류등기 후에 소유권이전등기가 된 경우 강제경매개시결정 등기촉탁서의 등기의무자 등"(등기예규 제1352호); 부동산등기실무[Ⅲ], 121면. 민사집행 실무에서는 이때 강제경매 개시결정에 채무자 외에 현재의 소유명의인도 함께 표시하고 있다. 임의경매에서 개시결정에 기재된 채무자로부터 제3자에게 소유권이 이전되었더라도 개시결정등기를 하고 등기사항증명서를 집행법원에 보내도록 하고 있다. "소유자 표시가 다른 임의경매신청등기촉탁에 의한 등기처리"(등기예규 제1342호).

가압류집행 후 가압류목적물의 소유권이 제3자에게 이전된 경우 가압류채권자는 집행권원을 얻어 제3취득자가 아닌 가압류채무자를 집행채무자로 하여 그 가압류를 본압류로 이전하는 강제집행을 실행할 수 있다. 이 경우 그 강제집행은 가압류의 처분금지적 효력이 미치는 객관적 범위인 가압류결정 당시의 청구금액 한도 안에서만 집행채무자인 가압류채무자의 책임재산에 대한 집행절차이고, 나머지 부분은 제3취득자의 재산에 대한 매각절차이다(대법원 2021.11.11. 2020다278170 판결).

【 갑 구 】 (소유권에 관한 사항)				
순위번호	등기목적	접 수	등 기 원 인	권 리 자 및 기 타 사 항
3	소유권이전	2011년7월1일 제1234호	2011년6월1일 매매	소유자 김태수 700123－1234567 대전광역시 서구 도안로 88(도안동)
4	가압류	2012년5월5일 제889호	2012년5월2일 대전지방법원의 가압류결정(2012카단234)	청구금액 금5,000,000원 채권자 구연모 641012－1012345 서울특별시 은평구 진관3로 15(진관동)
5	소유권이전	2012년5월9일 제1345호	2012년4월7일 매매	소유자 김수연 800321－2012345 서울특별시 은평구 진관1로 12(진관동) 거래가액 금300,000,000원
6	강제경매개시결정(4번가압류의 본압류로의 이행)	2012년7월3일 제2456호	2012년7월1일 대전지방법의 강제경매개시결정(2012타경455)	채권자 구연모 641012－1012345 서울특별시 은평구 진관3로 15(진관동)

등기관은 등기촉탁에 따라 경매개시결정등기를 한 후 등기사항증명서를 집행법원에 보내야 한다(민사집행법 제95조). 집행법원으로 하여금 등기가 오류 없이 되었는지와 개시결정 이후 변동사항을 확인하도록 하기 위함이다. 실무상 촉탁서에 기재된 등기사항증명서 발급일 이후 변동사항이 있는지 여부에 관한 정보를 전송함으로써 등기사항증명서의 송부에 갈음하고 있다.[652)]

또한, 등기를 마쳤을 때의 일반원칙에 따라 집행법원에 등기완료의 통지를 하여야 한다(법 제30조, 규칙 제53조 제1항 제5호).

Ⅲ. 매각에 따른 등기

1. 대금의 납부와 소유권의 취득

경매절차에서 목적 부동산이 매각되고 매수인이 매각대금을 다 낸 때에 매각의 목적인 권리를 취득한다(민사집행법 제135조). 경매에 의한 권리취득은 법률의 규정에 의한 부동산에 관한 물권의 취득이며(민법 제187조), 승계취득으로서[653)] 그

652) “경매개시결정등기 후의 등기사항증명서 송부에 갈음할 통지서”(등기예규 제1373호).
653) 대법원 1991.8.27. 91다3703 판결; 전병서, 앞의 책, 296면.

성질이 매매라고 보는 사법상 매매설이 통설과 판례이다.[654)]

2. 등기의 촉탁

가. 촉탁의 절차

매각대금이 지급되면 법원사무관 등은 매각허가결정의 등본을 붙여 다음의 등기를 촉탁하여야 한다(민사집행법 제144조 제1항).[655)]

① 매수인 앞으로 소유권을 이전하는 등기

② 매수인이 인수하지 아니한 부동산의 부담에 관한 기입을 말소하는 등기

③ 경매개시결정등기를 말소하는 등기

이 등기들은 등기목적이 서로 다르나 1건의 신청정보로 일괄하여 촉탁할 수 있다(법 제25조 단서, 규칙 제47조 제1항 제3호).

등기원인은 "강제경매(임의경매)로 인한 매각"으로, 등기원인 일자는 매각대금 지급일을 기재한다. 등기권리자는 매수인을 기재한다. 등기의무자는 소유권이전등기에 대하여는 압류의 효력 발생 당시의 소유명의인이다. 그러나 압류의 효력 발생 당시의 소유명의인의 등기가 매각으로 말소될 경우에는 그 자가 아니라 경매절차상 소유자로 인정된 자가 등기의무자이다. 부동산의 부담에 관한 등기의 말소에 대하여는 말소되는 등기의 명의자가 등기의무자가 되나 실무상 위의 등기를 일괄하여 촉탁하는 경우에 말소등기의 등기의무자 표시는 하지 않고 있다.

등기원인을 증명하는 정보로는 매각허가결정의 등본을 첨부한다.

매각에 따른 등기에 드는 비용은 매수인이 부담한다(민사집행법 제144조 제3항). 따라서 매수인은 각종 세금 등 비용을 납부하고 그 확인서와 등기촉탁서에 첨부하여야 할 첨부자료를 촉탁담당자에게 제출하여야 한다.

등기촉탁은 촉탁서를 관할등기소에 송부하는 방법으로 한다. 다만, 매각대금을 지급할 때까지 매수인과 부동산을 담보로 제공받으려고 하는 사람이 대법원 규칙으로 정하는 바에 따라 공동으로 신청한 경우에는, 등기신청의 대리를 업으로 할 수 있는 사람으로서 신청인이 지정하는 사람에게 촉탁서를 교부하여 등기

654) 대법원 1991.10.11. 91다21640 판결; 대법원 1993.5.25. 92다15574 판결; 김홍엽, 앞의 책, 4면.

655) 자세한 내용은 "집행법원의 소유권이전등기촉탁에 관한 업무처리지침"(재민 2015-3)(재판예규 제1762호) 참조.

소에 제출하도록 하는 방법으로 하여야 한다. 이 경우 신청인이 지정하는 사람은 지체 없이 그 촉탁서를 등기소에 제출하여야 한다(민사집행법 제144조 제2항). 경매로 취득하게 되는 부동산을 담보로 대출을 받아 매각대금을 지급하고자 하는 사람이 소유권이전등기와 동시에 담보권설정의 등기를 신청할 수 있게 하려는 배려로 보인다.

나. 촉탁의 대상인 등기

(1) 소유권이전등기

매수인이 사망한 경우 사망한 매수인이 아니라 그 상속인을 등기권리자로 하여 등기를 촉탁한다. 이 경우 등기촉탁서에는 등기권리자로"매수인 ○○○의 상속인 ○○○"라고 표시한다. 법인의 합병 등 일반승계가 있는 경우에도 같다.

목적 부동산의 소유자가 매수인이 된 경우 등기는 어떻게 할까? 우선 채무자는 매수인이 될 수 없으므로(민사집행규칙 제59조 제1호, 제194조) 채무자가 아닌 제3취득자만 매수인이 된다. 경매개시결정등기 전에 소유권이전등기를 받은 제3취득자가 매수인이 된 경우에는 자신이 현재 그 부동산의 소유자이므로 소유권이전등기의 촉탁은 하지 않고 경매개시결정등기 및 매수인이 인수하지 않는 부담기입의 말소촉탁만 하면 된다. 그러나 경매개시결정등기(국세체납처분에 의한 압류등기, 매각에 의하여 소멸되는 가압류등기도 같다) 후에 소유권이전등기를 받은 제3취득자가 매수인이 된 경우에는 압류의 효력에 의하여 그 소유권이전등기에 대하여도 말소촉탁을 하고 동시에 매각을 원인으로 한 소유권이전등기 촉탁을 하여야 한다.[656]

---

656) "제3취득자가 매수인이 된 경우의 소유권이전등기 촉탁에 관한 업무처리지침"(등기예규 제1378호). 공유부동산에 대한 경매개시결정등기가 이루어지고 경매절차에서 일부 공유자가 매수인이 된 경우에는 매수인의 지분을 제외한 나머지 지분에 대한 공유지분이전등기 촉탁을 한다.

[기록례: 경매개시결정 전의 제3취득자가 매수인이 된 경우]

【 갑 구 】 (소유권에 관한 사항)				
순위번호	등기목적	접 수	등 기 원 인	권 리 자 및 기 타 사 항
2	소유권이전	2012년1월7일 제389호	2012년1월4일 매매	소유자 김태수 700123-1234567 대전광역시 서구 도안로 88(도안동) 거래가액 금150,000,000원
~~3~~	~~임의경매개시결정~~	~~2012년8월8일~~ ~~제8378호~~	~~2012년8월7일~~ ~~대전지방법원의~~ ~~임의경매개시결정~~ ~~(2012타경300)~~	~~채권자 구연모 641012-1012345~~ ~~서울특별시 은평구 진관3로 15~~ ~~(진관동)~~
4	3번임의경매개시결정등기말소	2012년11월3일 제13137호	2012년11월1일 임의경매로 인한 매각	(매수인 2번소유자 김태수)

[기록례: 경매개시결정 후의 제3취득자가 매수인이 된 경우]

【 갑 구 】 (소유권에 관한 사항)				
순위번호	등기목적	접 수	등기원인	권 리 자 및 기 타 사 항
~~2~~	~~강제경매개시결정~~	~~2012년5월15일~~ ~~제8321호~~	~~2012년5월14일~~ ~~대전지방법원의~~ ~~강제경매개시결정~~ ~~(2012타경8288)~~	~~채권자 김영남 600103-1012345~~ ~~인천광역시 남구 경원대로 88~~ ~~(주안동)~~
~~3~~	~~소유권이전~~	~~2012년11월20일~~ ~~제25530호~~	~~2012년11월15일~~ ~~매매~~	~~소유자 김미정 770809-2012345~~ ~~서울특별시 서초구 서초로 88~~ ~~(서초동)~~ ~~거래가액 금85,000,000원~~
4	3번소유권말소	2012년12월30일 제28320호	2012년12월15일 강제경매로 인한 매각	
5	소유권이전	2012년12월30일 제28320호	2012년12월15일 강제경매로 인한 매각	소유자 김미정 770809-2012345 서울특별시 서초구 서초로 88 (서초동)
6	2번강제경매개시결정등기말소	2012년12월30일 제28320호	2012년12월15일 강제경매로 인한 매각	

(2) 매수인이 인수하지 아니한 부담에 관한 등기의 말소

경매절차에서 목적 부동산 위의 물적 부담은 매각에 의하여 어떻게 되는가? 민사집행법은 이에 관하여 압류채권자의 채권에 우선하는 채권에 관한 부담은 매각에 의하여 소멸하지 않고 매수인이 인수하도록 하고 있다(민사집행법 제91조). 그 외에는 매각에 의하여 소멸하므로 그 등기를 말소하여야 한다. 개별적으로 살펴보면 다음과 같다.

① 매각부동산 위의 모든 저당권은 매각으로 소멸된다(민사집행법 제91조 제2항). 그러므로 압류채권자보다 선순위라도 모두 말소의 대상이 된다. 가등기담보권도 마찬가지이다(가등기담보법 제15조). 여러 명의 공유자 지분에 대하여 근저당권등기가 이루어진 상태에서 그중 일부 공유자의 지분에 대하여만 강제경매 등으로 매각이 된 경우 그 근저당권등기에 대하여는 그 공유자의 지분만큼 일부말소의 의미의 변경등기(근저당권등기의 목적을 나머지 공유자의 지분으로 하는 변경등기)를 하여야 한다.[657]

② 지상권·지역권·전세권 및 등기된 임차권은 저당권·압류채권·가압류채권에 대항할 수 없는 경우에는 매각으로 소멸되고, 그 외에는 매수인이 인수하므로 소멸되지 않으나 전세권은 전세권자가 배당요구를 하면 매각으로 소멸된다(민사집행법 제91조 제3항, 제4항). 경매개시결정등기 후에 이루어진 이러한 권리의 등기는 매수인에게 대항할 수 없으나, 경매개시결정등기 전에 이루어진 이러한 등기라도 그보다 선순위로 소멸하는 저당권·압류채권·가압류채권이 있는 경우에는 매각으로 소멸되므로 말소의 대상이 된다. 주의할 점은 임차권등기는 등기의 순위가 아니라 주민등록을 마친 날과 주택의 점유일을 기준으로 대항 여부를 판단하여야 한다는 점이다.

③ 소유권이전등기의 말소 여부에 대하여는 앞에서 살펴보았다.

④ 그 밖에 가등기, 가처분등기는 경매개시결정등기 후에 이루어진 경우 매수인에게 대항할 수 없으나, 경매개시결정등기 전에 이루어졌더라도 그보다 선순위로 소멸하는 저당권·압류채권·가압류채권이 있는 경우에는 매각으로 소멸되므로 말소의 대상이 된다.

가압류채권자는 매각대금으로부터 배당을 받을 수 있으므로(민사집행법 제148

657) 등기선례 8-254.

조 제3호) 가압류등기는 경매개시결정등기 전에 이루어졌어도 매각에 의하여 소멸하게 된다. 종전 소유자를 채무자로 하는 가압류등기에 대하여는 주의할 점이 있다. 부동산에 대한 가압류등기 후 가압류목적물의 소유권이 제3자에게 이전되고 제3취득자의 채권자가 경매를 신청하여 매각된 경우, 가압류채권자는 가압류 목적물의 매각대금 중 가압류결정 당시의 청구금액을 한도로 배당을 받을 수 있고[658] 종전 소유자를 채무자로 한 가압류등기는 말소촉탁의 대상이 될 수 있다. 그러나 경우에 따라서는 집행법원이 종전 소유자를 채무자로 하는 가압류등기의 부담을 매수인이 인수하는 것을 전제로 매각절차를 진행시킬 수도 있으며, 이 경우에는 가압류의 효력이 소멸하지 아니하므로 집행법원의 말소촉탁이 될 수 없다. 따라서 종전 소유자를 채무자로 하는 가압류등기가 이루어진 부동산에 대하여 매각절차가 진행되었다는 사정만으로 가압류의 효력이 소멸하였다고 단정할 수 없고, 집행법원이 가압류등기의 부담을 매수인이 인수하는 것을 전제로 하여 매각절차를 진행하였는가 여부에 따라 가압류 효력의 소멸 여부를 판단하여야 한다.[659]

(3) 경매개시결정등기의 말소

경매개시결정등기의 말소등기도 촉탁하여야 한다.

다. 관련문제

매수인은 매각 대상 부동산의 종물 및 종된 권리도 취득한다. 실무에서 종종 문제되는 경우는 대지권등기가 되어 있지 않은 전유부분에 설정된 근저당권의 실행으로 전유부분이 매각된 경우 매수인이 그 대지사용권도 취득하는지 여부이다. 판례는 구분소유자의 대지사용권은 규약으로써 달리 정하는 등의 특별한 사정이 없는 한 전유부분과 종속적 일체불가분성이 인정되어 경매개시결정과 압류의 효력은 종물 또는 종된 권리인 대지사용권에도 미치므로 대지권등기가 마쳐지지 않았다 하더라도 전유부분에 관한 경매절차가 진행되어 그 경매절차에서 전유부분을 매수한 매수인은 전유부분과 함께 대지사용권을 취득한다고 한다.[660]

---

658) 대법원 2006.7.28. 2006다19986 판결.

659) 대법원 2007.4.13. 2005다8682 판결.

660) 대법원 2001.9.4. 2001다22604 판결; 대법원 2006.9.22. 2004다58611 판결; 대법원 2008.9.11. 2007다45777 판결; 대법원 2012.3.29. 2011다79210 판결; 대법원 2013.11.28. 2012다103325 판결.

그렇다면 그 대지사용권에 대한 등기는 어떻게 되는가? 여기서는 그 대지지분에 대한 소유권이전등기와 부담등기의 말소 여부가 문제된다. 이 경우는 경매개시결정등기는 전유부분에만 되어 있고 대지에는 경매개시결정의 등기가 없다는 절차법적 문제와 전유부분과 대지사용권의 처분의 일체성이라는 실체법적 문제가 교차하는 영역이어서 상당히 어려운 문제인데, 이에 관하여는 등기예규에서 잘 정리되어 있다.[661] 그 내용을 간략히 정리하면 다음과 같다. 매각허가결정에 대지에 대한 표시가 있는 경우에는 대지지분에 대하여도 경매에 의하여 매각된 것으로 보고 대지지분에 대하여는 경매개시결정등기가 되어 있지 않더라도 소유권이전등기와 부담기입의 말소등기를 하여야 하나, 대지지분의 공유지분권자가 촉탁서의 등기의무자와 다른 경우에는 대지지분에 대하여는 이들 등기를 할 수 없다. 경매절차 개시 후에 대지권등기가 이루어진 경우에는 경매법원으로부터 대지권까지 포함하여 이들 등기의 촉탁이 있으면 이들 등기를 할 수 있다. 반면에 매각허가결정에 전유부분만 표시되어 있고 대지에 대한 표시가 없는 경우에는 등기관으로서는 대지지분까지 매각되었는지 여부를 알 수 없으므로 대지지분에 대하여는 이들 등기를 할 수 없다. 이때에는 대지지분에 대한 소유권이전등기는 경매법원의 촉탁에 의할 수 없고 전유부분 취득을 원인으로 등기신청의 일반원칙에 따라 등기를 신청하여야 한다.

3. 등기 완료 후의 조치

등기관이 위 촉탁에 따라 소유권이전등기를 마쳤을 때에는 새로운 권리에 관한 등기를 마친 경우에 해당하므로 등기필정보를 작성하여서(법 제50조 제1항 본문) 촉탁한 집행법원 또는 등기권리자인 매수인에게 통지한다(규칙 제108조 제1항 단서). 구체적인 절차는 다음과 같다.[662]

집행법원으로부터 '등기필정보통지서 우편송부 신청'이 기재된 촉탁 사건이 접수되어 등기가 완료된 때에는 매수인에게 등기필정보통지서를 송부하여야 하며, 그 전에 매수인 또는 그 대리인이 등기소에 출석하여 등기필정보통지서의 교

661) "구분건물의 전유부분에 설정된 근저당권의 실행으로 매각된 경우 건물대지에 대한 소유권이전등기 등에 대한 사무처리지침"(등기예규 제1367호).

662) "관공서의 촉탁등기에 관한 예규"(등기예규 제1625호) 중 7. 매각으로 인한 소유권이전등기 등 촉탁의 특칙.

부를 신청한 경우 영수증에 서명 또는 날인하게 한 후 이를 교부하고 그 영수증은 집행법원에 송부하여야 한다.

등기필정보통지서 우편송부 신청을 하지 않은 경우 촉탁서 접수일로부터 5일간 등기필정보통지서를 보관하여야 하고, 그 기간 내에 매수인이 등기소에 출석하여 등기필정보통지서의 교부를 신청한 경우 앞의 절차에 의하여 교부하며, 위 기간이 지나면 집행법원에 등기필정보통지서를 송부하여야 한다.

제 4 관 체납처분에 관한 등기

Ⅰ. 체납처분에 의한 압류등기

체납처분이란 납세자가 조세를 납부기한까지 납부하지 않아 체납된 경우 그 납세자의 재산을 압류하고 환가하여 그 대금으로 체납조세에 충당하는 강제징수 절차이다. 체납처분도 경매절차와 마찬가지로 압류, 환가절차로서의 공매, 그 대금의 배분절차로 이루어진다. 여기서는 부동산등기와 관련하여 압류와 공매절차에 대하여 간략히 살펴본다.

납세자가 국세 또는 지방세를 지정된 기한까지 완납하지 않은 경우 납세자의 재산을 압류한다(국세징수법 제24조 제1항, 지방세징수법 제33조 제1항). 세무서장 또는 지방자치단체의 장은 부동산을 압류할 때에는 압류조서를 첨부하여 관할 등기소에 압류등기를 촉탁하여야 한다(국세징수법 제45조 제1항, 지방세징수법 제55조 제1항). 압류의 효력은 그 압류의 등기가 완료된 때에 발생한다(국세징수법 제47조 제1항, 지방세징수법 제57조 제1항).

관공서가 체납처분으로 인한 압류등기를 촉탁하는 경우에는 등기명의인 또는 상속인, 그 밖의 포괄승계인에 갈음하여 부동산의 표시, 등기명의인의 표시의 변경, 경정 또는 상속, 그 밖의 포괄승계로 인한 권리이전의 등기를 함께 촉탁할 수 있다(법 제96조). 압류등기를 촉탁하는 경우에 부동산의 표시나 등기명의인의 표시가 실제와 다르거나 상속등기가 이루어지지 않으면 등기촉탁이 각하될 수 있어 촉탁을 하는 관공서가 대위에 의하여 이러한 등기를 할 수 있도록 하였다.

등기실무에서는 체납처분에 의한 압류등기를 할 때 촉탁서에 등기권리자의 표시 중 처분청이 기재되어 있거나 압류부서의 문서번호가 기재되어 있으면 등기기록에도 이러한 사항을 기록하고 있다.

관공서가 압류를 해제하였을 때에는 압류 해제 조서를 첨부하여 압류등기의 말소를 촉탁하여야 한다.

Ⅱ. 공매에 따른 등기

1. 공매공고 등기

압류한 부동산은 공매에 의하여 환가한다. 세무서장 또는 지방자치단체의 장은 한국자산관리공사로 하여금 공매를 대행하게 할 수 있다(국세징수법 제61조 제5항, 지방세징수법 제71조 제5항). 공매는 입찰 또는 경매의 방법으로 하며, 공매를 하려면 일정한 사항을 공고하여야 한다(국세징수법 제67조, 지방세징수법 제78조). 공매공고를 한 압류재산이 등기를 필요로 하는 경우에는 공매공고를 한 즉시 그 사실을 등기기록에 기록하도록 관할 등기소에 촉탁하여야 한다(국세징수법 제67조의2, 지방세징수법 제79조).

공매공고 등기를 촉탁하는 때에는 공매를 집행하는 압류등기 또는 납세담보제공계약을 원인으로 한 저당권등기의 접수일자 및 접수번호와 공매공고일을 촉탁정보의 내용으로 등기소에 제공하여야 하며, 등기원인은 압류부동산인 경우에는 "공매공고"로, 납세담보로 제공된 부동산인 경우에는 "납세담보물의 공매공고"로, 그 연월일은 "공매공고일"로 표시한다.[663] 공매공고 등기를 촉탁하는 때에는 공매공고를 증명하는 정보를 첨부정보의 내용으로 등기소에 제공하여야 한다.

공매공고 등기는 공매를 집행하는 압류등기의 부기등기로 하며, 납세담보로 제공된 부동산에 대한 공매공고 등기는 갑구에 주등기로 실행한다.

663) "국세징수법에 따른 공매공고 등기 사무처리지침"(등기예규 제1500호).

[기록례]

【 갑 구 】 (소유권에 관한 사항)				
순위번호	등기목적	접 수	등 기 원 인	권 리 자 및 기 타 사 항
2	소유권이전	2011년11월30일 제55001호	2011년11월28일 매매	소유자 김미정 770809－2012345 서울특별시 서초구 서초대로 88(서초동) 거래가액 금120,000,000원
3	압류	2012년1월10일 제5678호	2012년1월6일 압류(소득 1010)	권리자 국 처분청 서초세무서
3－1	공매공고	2012년2월10일 제2051호	2012년2월7일 공매공고 (소득 123)	

2. 공매절차에서 매각된 경우의 등기

압류된 부동산이 공매절차에서 매각된 경우 매수인은 매각대금을 납부한 때에 그 부동산을 취득한다(국세징수법 제77조 제1항, 지방세징수법 제94조 제1항). 관공서가 공매처분을 한 경우에 등기권리자의 청구를 받으면 지체 없이 ① 공매처분으로 인한 권리이전의 등기, ② 공매처분으로 인하여 소멸한 권리등기의 말소, ③ 체납처분에 관한 압류등기의 말소를 등기소에 촉탁하여야 한다(법 제97조). 이 등기는 1건의 신청정보로 일괄하여 촉탁할 수 있다(규칙 제47조 제1항 제2호). 촉탁서에는 일반적인 첨부자료 외에 매수인이 제출한 등기청구서, 매각결정통지서 또는 그 등본이나 배분계산서 등본을 첨부하여야 한다(국세징수법 시행령 제77조, 지방세징수법 시행령 제89조). 그 등기절차에 관하여는 경매에 관한 등기에 준하여 처리한다.

제 9 절 집합건물등기

Ⅰ. 집합건물의 기초이론

1. 집합건물과 우리 생활

우리나라에서 집이라는 말을 들으면 떠올리는 단어는 아마도 아파트일 것이다. 우리 주위를 둘러보면 거대한 고층아파트단지에 둘러싸인 모습을 발견하고 놀라기도 한다. 통계청의 조사에 의하면 우리나라 사람들이 소득이 증가하거나 여유자금이 생겨 부동산에 투자하게 될 때 선호하는 운용방법은 아파트가 52.7%, 건물(상가, 오피스텔, 빌딩 등)이 19.7%, 토지(논밭, 임야, 대지 등)는 12.4%, 단독주택(다가구주택 포함)은 11.0% 등의 순이라고 한다.[664] 그만큼 집합건물은 우리의 생활 속에 밀접하게 자리잡고 있다. 이 점은 등기기록의 전체 개수로도 확인된다. 집합건물 등기기록이 전체 등기기록에서 차지하는 비중은 다음과 같다. 2024년 12월 기준 전국 등기소의 등기기록의 개수는 64,617,872개이며, 이 중 집합건물 전유부분 등기기록의 개수는 19,131,270개, 토지등기기록이 39,100,089개, 일반건물 등기기록이 6,386,513개이다.[665] 소유권보존등기가 이루어지는 부동산 개수에서도 일반건물보다 더 많다.[666]

집합건물 등기는 단지 개수가 많은 데 그치지 않고 다수의 사람들이 공동생활을 하는 집합건물의 특성상 수많은 사람들의 이해관계가 걸려있는 문제이다. 그리고 기술적인 성격이 강하고 복잡하여 어렵게 느껴지는 분야이다. 이해하기가 쉽지 않을 수 있다. 그래서 그런지 종래 집합건물 등기실무를 보면 실무자들이 정확하게 알지 못한 채 등기업무를 처리한 경향이 있었다고 생각된다. 기초부터 정확하게 이해할 필요가 있다.

2. 집합건물법의 제정

1960년대에 들어 도시에의 인구집중으로 인한 택지의 부족과 주택문제 해결을 위한 토지이용의 고도화 및 입체화의 필요성에서 대도시를 중심으로 아파트의 보급이 늘어나게 되었다.[667] 아파트의 출현이라는 새로운 사회현상에 대한 법

---

664) 통계청 홈페이지 보도자료 중 “2018년 가계금융·복지조사 결과” 참고. 부동산 투자의 주된 목적은 내 집 마련이 31.0%, 노후 대책이 23.5%, 가치 상승이 17,1%이다.

665) 법원 등기정보광장 사이트 참조.

666) 소유권보존등기 통계에 관하여는 소유권보존등기 부분을 참고하기 바란다.

667) 우리나라에서 아파트라는 주거현상의 도입은 자료상 1958년에 서울에서 3동의 아파트가 최초로 건립되어 152가구가 분양된 데서 시작되었다고 한다. 그리고 대한주택공사가 1962년에 서울마포아파트 450가구를 건립하여 분양하면서 일반인의 인식이 보편화되기 시작하였고, 1973. 12. 31. 기준 1,386동 57,741호가 건립되어 분양되었다고 한다. 김정현 외, “집합주택(아파트)의 소유, 관리에 관한 고찰(입법화와 관련한 문제점과 그 방향)”, 사법연구자료 제1집, 법원행정처, 1974, 226면 이하.

제도로 종래 민법 제215조만으로는 부족하게 되었다. 그리하여 1984년 「집합건물의 소유 및 관리에 관한 법률」이 제정되어 1985. 4. 10.부터 시행되고 아울러 부동산등기법이 개정됨으로써 집합건물 등기제도가 생겨나게 되었다. 이에 따라 구분소유권의 목적인 종래의 건물의 등기용지를 새로운 집합건물의 등기용지로 개제하는 작업이 이루어졌다.[668]

현재 집합건물의 법률관계에 관하여는 민법 제215조와 집합건물법에서 규정하고 있고, 집합건물의 등기제도에 관하여는 부동산등기법령에서 규정하고 있다. 부동산등기법에서는 집합건물등기에 관하여 별도의 항목을 구분하여 규정하고 있지 않으며 건물의 표시에 관한 등기의 하나로 관계되는 부분에서 규정을 두고 있다.[669] 그 외에 집합건물 등기의 세부적인 절차에 관하여는 부동산등기규칙과 대법원 등기예규에서 정하고 있다. 집합건물 등기제도에 대하여는 1984년 집합건물법이 제정되어 현재의 집합건물 등기제도가 생긴 이후 실지조사권 폐지, 대지사용권 이전등기 규정 신설 외에는 큰 변화 없이 이어져 오고 있다.

3. 집합건물에 관한 기본개념

먼저 기본개념부터 이해하자. 집합건물에 관하여는 집합건물법과 부동산등기법이 그 용어를 다르게 사용하고 있어 다소 혼란스러울 수 있다. 몇 가지 용어를 정리해보고자 한다. 1동의 건물 중 구조상 구분된 여러 개의 부분이 독립한 건물로 사용될 수 있을 때 그 각 부분을 각각 소유권의 목적으로 할 수 있고 이렇게 하여 구분소유권의 목적인 건물부분을 집합건물법은 "전유부분"이라 한다(집합건물법 제2조 제3호). 부동산등기법은 구분소유권의 목적이 되는 건물을 "구분건물"이라고 한다(법 제40조 제1항 제6호). 전유부분 외의 건물부분, 전유부분에 속하지 아니하는 건물의 부속물 및 규약 또는 공정증서로 공용부분으로 된 부속의 건물을 "공용부분"이라 한다(집합건물법 제2조 제4호).

---

668) 개제작업에 관하여는 집합건물의 등기에 관한 해설, 157면 이하 참조. 개제작업이 이루어지지 못하고 종전의 등기부형식으로 남아 있는 건물등기부의 정리에 관하여는 등기선례 9-131 참조.

669) 제40조(등기사항), 제46조(구분건물의 표시에 관한 등기), 제47조(규약상 공용부분의 등기와 규약폐지에 따른 등기), 제60조(대지사용권의 취득), 제61조(구분건물의 등기기록에 대지권등기가 되어 있는 경우).

전유부분이 속하는 1동의 건물이 있는 토지 및 규약에 의하여 건물의 대지로 된 토지를 "건물의 대지"라고 한다(집합건물법 제2조 제5호). 1동의 건물이 있는 토지를 법정대지라고 실무상 부른다. 통로, 주차장, 정원, 부속건물의 대지, 그 밖에 전유부분이 속하는 1동의 건물 및 그 건물이 있는 토지와 하나로 관리되거나 사용되는 토지는 규약 또는 공정증서로[670] 건물의 대지로 할 수 있는데(집합건물법 제4조 제1항, 제2항), 이를 규약상 대지라고 한다. 건물이 일부 멸실되거나 건물이 있는 토지의 일부가 분할되어 건물이 있는 토지가 건물이 있는 토지가 아닌 토지로 된 경우에 그 토지는 규약으로 건물의 대지로 정한 것으로 보는데(집합건물법 제4조), 이를 실무상 간주규약대지라고 부른다. 법에 의하여 규약상 대지로 간주되기 때문이다.

구분소유자가 전유부분을 소유하기 위하여 건물의 대지에 대하여 가지는 권리를 "**대지사용권**"이라 한다(집합건물법 제2조 제6호). 집합건물법이 대지사용권에 대한 정의규정을 두고 있는 이유는 전유부분과 처분의 일체성이 인정되는 대지사용권의 범위를 명확하게 하기 위하여서이다.[671]

이러한 대지사용권으로는 토지의 소유권, 지상권, 전세권 또는 임차권을 들 수 있다. 반드시 대지에 대한 소유권과 같은 물권에 한정되지 않고 등기가 되지 않는 채권적 토지사용권도 대지사용권이 될 수 있다.[672] 또한, 대지사용권의 성립을 위하여는 집합건물의 존재와 구분소유자가 전유부분 소유를 위하여 당해 대지를 사용할 수 있는 권리를 보유하는 것 이외에 다른 특별한 요건은 필요하지

670) 여러 사람이 아니라 한 사람이 구분건물 또는 구분점포의 전부를 소유하는 경우에는 규약을 정할 수 없으므로 공정증서로 규약에 상응하는 것을 정할 수 있도록 하였다(집합건물법 제4조 제2항, 제3조 제3항). 규약은 2인 이상을 전제로 하는 개념이기 때문이다.

671) 대법원 2015.10.29. 2014다6107 판결.

672) 대법원 2004.4.16. 2002다12512 판결; 대법원 2017.12.5. 2014다227492 판결; 대법원 2023.11.9. 2023다254816 판결.

판례에 의하면 집합건물의 건축자로부터 전유부분과 대지지분을 함께 분양의 형식으로 매수하여 그 대금을 모두 지급함으로써 소유권취득의 실질적 요건은 갖추었지만, 전유부분에 대한 소유권이전등기만 마치고 대지지분에 대하여는 아직 소유권이전등기를 마치지 못한 자는 매매계약의 효력으로써 전유부분의 소유를 위하여 건물의 대지를 점유·사용할 권리가 있는데, 매수인의 지위에서 가지는 이러한 점유·사용권도 대지사용권에 해당하며, 수분양자로부터 전유부분과 대지지분을 다시 매수하거나 양수받거나 전전 양수받은 자 역시 이러한 대지사용권을 취득한다고 한다. 대법원 2000.11.16. 98다45652,45669 판결(전); 대법원 2006.3.10. 2004다742 판결; 대법원 2006.3.27. 2004마978 결정; 대법원 2020.3.12. 2019다276086,276093 판결.

않다.[673)]

대지사용권으로서 건물과 분리하여 처분할 수 없는 것을 부동산등기법은 대지권이라고 한다(법 제40조 제3항). 대지권에 관하여는 뒤에서 자세히 살펴본다.

그런데 현실에서는 이와 같은 개념 외에도 다세대주택이나 다가구주택이라는 용어도 사용된다. 이 용어는 집합건물법이나 부동산등기법상의 용어는 아니고 건축법이나 주택법 등 건축 관련 행정법령에서 사용하는 용어이다.[674)]

4. 집합건물 구분소유의 성립요건

가. 객관적 물리적 요건

(1) 1동의 건물의 존재

1동의 건물에 대하여 구분소유가 성립하기 위하여는 먼저 객관적·물리적 측면에서 1동의 건물이 존재하여야 한다.

---

673) 대법원 2009.6.23. 2009다26145 판결; 대법원 2012.1.27. 2011다73090 판결; 대법원 2021.11.11. 2020다278170 판결. 2020다278170 판결은 부동산이 신탁된 경우 대지사용권의 성립 여부나 성립된 대지사용권의 법적 성질은 특별한 사정이 없는 한 대내외적으로 수탁자가 신탁 부동산의 소유자임을 전제로 판단하여야 한다고 한다.

674) 건축법 제2조 제2항은 건축물의 용도를 단독주택, 공동주택, 제1종근린생활시설, 제2종근린생활시설 등 28가지로 구분하고 세부 용도는 대통령령으로 정하도록 하고 있다. 이에 따라 건축법 시행령 제3조의5 별표 1은 용도별 건축물의 종류를 상세하게 규정하고 있다. 몇 가지만 보면 다음과 같다.
단독주택의 한 종류로 다가구주택이 있는데, 그것은 다음의 요건을 모두 갖춘 주택으로서 공동주택에 해당하지 아니하는 것을 말한다.
① 주택으로 쓰는 층수(지하층은 제외한다)가 3개 층 이하일 것. 다만, 1층의 전부 또는 일부를 필로티 구조로 하여 주차장으로 사용하고 나머지 부분을 주택 외의 용도로 쓰는 경우에는 해당 층을 주택의 층수에서 제외한다.
② 1개 동의 주택으로 쓰이는 바닥면적(부설 주차장 면적은 제외한다)의 합계가 660제곱미터 이하일 것
③ 19세대(대지 내 동별 세대수를 합한 세대를 말한다) 이하가 거주할 수 있을 것
공동주택에는 다음의 종류가 있다.
(1) 아파트: 주택으로 쓰는 층수가 5개 층 이상인 주택
(2) 연립주택: 주택으로 쓰는 1개 동의 바닥면적(2개 이상의 동을 지하주차장으로 연결하는 경우에는 각각의 동으로 본다) 합계가 660제곱미터를 초과하고, 층수가 4개 층 이하인 주택
(3) 다세대주택: 주택으로 쓰는 1개 동의 바닥면적 합계가 660제곱미터 이하이고, 층수가 4개 층 이하인 주택(2개 이상의 동을 지하주차장으로 연결하는 경우에는 각각의 동으로 본다)
(4) 기숙사: 학교 또는 공장 등의 학생 또는 종업원 등을 위하여 쓰는 것으로서 1개 동의 공동취사시설 이용 세대 수가 전체의 50퍼센트 이상인 것

(2) 전유부분의 구조상 및 이용상의 독립성

구분소유가 성립하기 위하여는 1동의 건물 중 구조상 구분된 여러 개의 부분이 독립한 건물로서 사용될 수 있어야 한다. 즉, 전유부분이 구조상 및 이용상 독립성을 갖춰야 한다. 다만, 상가건물의 구분점포에 대하여는 구조상 독립성 요건을 완화하고 있다. 그리하여 1동의 건물이 집합건물법이 정하는 방식으로[675] 여러 개의 건물부분으로 이용상 구분된 경우에 그 건물부분("구분점포"라 한다)을 각각 구분소유권의 목적으로 할 수 있다(집합건물법 제1조의2).[676]

그러나 현실에서는 집합건물법 제1조의 구분건물 또는 제1조의2에서 정하는 구분점포의 요건을 갖추지 못한 평면매장이 구분건물로 등기된 경우가 많다.[677] 이에 관하여 판례는, 이러한 건물이 건축물대장상 독립한 별개의 구분건물로 등재되고 등기기록에도 구분소유권의 목적으로 등기되어 있더라도 그러한 등기는 그 자체로 무효이며, 그 등기에 기한 근저당권설정등기 역시 무효이므로 그 등기에 기초하여 경매절차가 진행되어 이를 낙찰받았다고 하더라도 낙찰자는 소유권을 취득할 수 없다고 한다.[678] 그 이유는 구조상의 독립성은 주로 소유권의 목적

675) 그 방식은 다음의 요건을 갖추어야 한다.
1. 구분점포의 용도가 건축법 제2조 제2항 제7호의 판매시설 및 같은 항 제8호의 운수시설(집배송시설은 제외한다)일 것
2. 바닥면적의 합계가 1천 제곱미터 이상일 것이라는 요건이 있었으나 2020. 2. 4. 법 개정으로 삭제되었다.
3. 경계를 명확히 알아볼 수 있는 표지를 바닥에 견고하게 설치할 것
4. 구분점포별로 부여된 건물번호표지를 견고하게 붙일 것

676) 판례는 상가집합건물의 구분점포에 대한 매매는 원칙적으로 실제 이용현황과 관계없이 집합건축물대장 등 공부에 따라 구조, 위치, 면적이 확정된 구분점포를 매매의 대상으로 삼았다고 보아야 하나, 구분점포에 관한 집합건축물대장 등 공부상 호수와 구조, 위치 및 면적이 실제 이용현황과 일치하지 아니할 뿐만 아니라 그 복원조차 용이하지 아니하여 단지 공부가 위 상가건물에서 각 점포들이 차지하는 면적비율에 관한 공유지분을 표시하는 정도의 역할만을 하고 있는 등의 특별한 사정이 있는 경우에는 그 점포의 구조, 위치, 면적은 실제 이용현황에 의하여야 한다고 한다. 대법원 2021.6.24. 2021다220666 판결.

677) 판례는 1동의 건물의 일부분이 구분소유권의 객체로서 적합한 물리적 요건을 갖추지 못한 상태에서 구분소유권의 목적으로 등기되고 이에 기초하여 근저당권설정등기나 소유권이전등기 등이 순차로 마쳐진 다음 구분소유권의 객체가 될 수 있는 요건을 갖춘다면 위와 같은 등기는 모두 유효한 것으로 될 수 있다고 한다. 대법원 2016.1.28. 2013다59876 판결; 대법원 2023.8.31. 2021다246446 판결.

678) 대법원 1999.11.9. 99다46096 판결; 대법원 2008.9.11. 2008마696 결정; 대법원 2010.1.14. 2009마1449 결정. 이에 대하여 2008마696 사건의 원심판결(인천지법 2008.4.23. 2008라137 판결)은 대형 복합건물 내의 점포가 건물등기부 및 건축물대장에 첨부된 평면도나 배치도 등에 의하여 면적을 특정할 수 있다면 집합건물법상 구분소유권의 대상이 될 수 있는 요건을 갖추지 않았

이 되는 객체에 대한 물적 지배의 범위를 명확히 할 필요성 때문에 요구되므로 구조상의 구분에 의하여 구분소유권의 객체 범위를 확정할 수 없는 경우에는 그에 관한 구분소유권이 성립할 수 없기 때문이라고 한다.

집합건물 중 여러 개의 전유부분으로 통하는 복도, 계단, 그 밖에 구조상 구분소유자의 전원 또는 일부의 공용에 제공되는 건물부분은 공용부분으로서 구분소유권의 목적으로 할 수 없다.[679)]

이와 관련하여 구분건물들 사이의 격벽이 제거되는 등의 방법으로 각 구분건물이 건물로서의 독립성을 상실하는 경우의 법률관계가 문제되기도 한다.[680)]

나. 구분행위

구분소유가 성립하기 위하여는 건물이 객관적 물리적 요건을 갖춘 것만으로 충분하지 않다. 그 외에도 1동의 건물 중 물리적으로 구획된 건물부분을 각각 구

더라도 경매목적물로 삼을 수 있고, 채무자가 경매절차의 진행을 저지하기 위하여 그 점포들이 구조상으로나 이용상으로 독립성이 없어서 구분소유권의 객체가 될 수 없다고 주장하는 것은 신의칙상 용인될 수 없다고 한다.

대법원 2018.3.27. 2015다3471 판결은, 1동의 건물을 신축한 후 그 건물 중 구조상·이용상 독립성을 갖추지 못한 부분을 스스로 구분건물로 건축물대장에 등재하고 소유권보존등기를 마친 자가 구조상·이용상 독립성을 갖출 수 있음에도 불구하고 건물 부분에 관하여 자신과 매매계약을 체결하여 그에 따라 소유권이전등기를 마친 자 또는 자신과 근저당권설정계약을 체결하여 그에 따라 근저당권설정등기를 마친 자 등을 상대로 그러한 등기가 무효임을 주장하며 이에 대한 멸실등기절차의 이행이나 위와 같은 건물 부분의 인도를 청구하는 것은 신의성실의 원칙에 위반된다고 볼 여지가 있다고 한다. 이러한 법리는 위와 같은 근저당권에 기초한 임의경매절차에서 해당 건물 부분을 매수하여 구분건물로서 소유권이전등기를 마친 자를 상대로 등기의 멸실등기절차의 이행 또는 해당 건물 부분의 인도를 청구하는 경우에도 마찬가지로 적용된다고 한다.

679) 대법원 2016.5.27. 2015다77212 판결. 따라서 구분소유가 성립될 당시 객관적인 용도가 공용부분인 건물부분을 나중에 임의로 개조하는 등으로 이용 상황을 변경하거나 집합건축물대장에 전유부분으로 등록하고 소유권보존등기를 하였더라도 그로써 공용부분이 전유부분이 되어 어느 구분소유자의 전속적인 소유권의 객체가 되지는 않는다.

680) 이에 관한 판례의 입장은 다음과 같다. 구분건물들 사이의 격벽이 제거되는 등의 방법으로 각 구분건물이 건물로서의 독립성을 상실하여 일체화된 경우, 기존 구분건물에 대한 등기는 합동으로 인하여 생겨난 새로운 건물 중에서 위 구분건물이 차지하는 비율에 상응하는 공유지분 등기로서의 효력만 인정된다. 인접한 구분건물 사이에 설치된 경계벽이 일정한 사유로 제거됨으로써 각 구분건물이 구분건물로서의 구조상 및 이용상의 독립성을 상실하게 되었다고 하더라도, 각 구분건물의 위치와 면적 등을 특정할 수 있고 사회통념상 그것이 구분건물로서의 복원을 전제로 한 일시적인 것일 뿐만 아니라 그 복원이 용이한 것이라면, 아직도 그 등기는 구분건물을 표상하는 등기로서 유효하지만, 구조상의 구분에 의하여 구분소유권의 객체 범위를 확정할 수 없는 경우에는 구조상의 독립성이 있다고 할 수 없고 그 등기는 그 자체로 무효이다. 대법원 1999.6.2. 98마1438 결정; 대법원 2010.3.22. 2009마1385 결정; 대법원 2020.2.27. 2018다232898 판결; 대법원 2020.9.7. 2017다204810 판결; 대법원 2022.12.29. 2019마5500 결정.

분소유권의 객체로 하려는 구분행위가 있어야 한다.[681] 이 구분행위는 건물의 물리적 형질에 변경을 가함이 없이 법률관념상 건물의 특정 부분을 구분하여 별개의 소유권의 객체로 하려는 일종의 법률행위로서,[682] 그 시기나 방식에 특별한 제한이 있지 않고 처분권자의 구분의사가 객관적으로 외부에 표시되면 인정된다. 따라서 구분건물이 물리적으로 완성되기 전에도 건축허가 신청이나 분양계약 등을 통하여 장래 신축되는 건물을 구분건물로 하겠다는 구분의사가 객관적으로 표시되면 구분행위의 존재를 인정할 수 있고, 반드시 집합건축물대장에의 등록이나 구분건물로서 등기부에 등기가 되어야 하는 것은 아니다.[683] 구분소유가 성립하는 이상 구분행위에 상응하여 객관적·물리적으로 완성된 구분건물이 구분소유권의 객체가 되고, 구분건물에 관하여 집합건축물대장에 등록하거나 등기부에 등재하는 것은 구분소유권의 내용을 공시하는 사후적 절차일 뿐이다.[684][685]

---

681) 따라서 법률상 1개의 부동산으로 등기된 기존 건물이 증축되어 증축 부분이 구분소유의 객체가 될 수 있는 구조상 및 이용상의 독립성을 갖추었다고 하더라도 이로써 곧바로 그 증축 부분이 법률상 기존 건물과 별개인 구분건물로 되지는 않고, 구분건물이 되기 위하여는 증축 부분의 소유자의 구분소유의사가 객관적으로 표시된 구분행위가 있어야 한다. 대법원 1999.7.27. 98다32540 판결. 따라서 증축으로 인한 건물표시변경등기를 한 경우에는 증축 부분을 구분건물로 하지 않고 증축 후의 건물 전체를 1개의 건물로 하려는 의사였다고 봄이 상당하다고 한다.

682) 판례는 1동의 건물의 구분된 각 부분이 구조상 이용상 독립성을 가지는 경우 각 부분을 구분건물로 할지 1동 전체를 1개의 건물로 할지는 소유자의 의사에 의하여 자유롭게 결정할 수 있다고 한다(대법원 1999.7.27. 98다35020 판결; 대법원 2016.1.14. 2013다219142 판결). 건물이 물리적으로 완성되기 전에 분양계약 등을 통하여 장래 신축되는 건물을 구분건물로 하겠다는 구분의사를 표시함으로써 구분행위를 한 다음, 건물이 완성된 시점에서 분양계약을 전부 해지하고 1동의 건물 전체를 1개의 건물로 소유권보존등기를 마쳤다면 구분폐지행위를 한 것이고 구분소유권은 소멸한다고 한다.

683) 대법원 2013.1.17. 2010다71578 판결(전). 이 판결에 의하여 구분소유는 원칙적으로 집합건축물대장에 구분건물로 등록된 시점에서, 예외적으로 등기부에 구분건물의 표시에 관한 등기가 마쳐진 시점에 비로소 성립한다는 종래의 대법원 1999.9.17. 99다1345, 2006.11.9. 2004다67691 판결은 변경되었다. 이 판결에는 법률관계의 명확성과 안정성을 담보하기 위하여 구분행위에 등기에 준할 정도로 명료한 공시기능을 갖출 필요가 있다는 반대의견이 있다. 이 판결은 공정율 22%인 상태에서 구분소유의 성립을 인정하였다. 구분소유의 성립요건만이 아니라 공시제도의 역할 내지 중요성에 관하여도 많은 생각을 하게 하는 판결이다.

684) 대법원 2019.10.17. 2017다286485 판결. 따라서 공동주택 등에 관하여 구분소유가 성립하였으나 그 공동주택 등이 구분건물이 아닌 일반건물로 등기되어 있는 관계로 구분소유자들이 구분등기를 마치지 못하고 형식상 공유등기를 마쳤더라도 공유자가 아니라 구분소유자로 보아 도시 및 주거환경정비법에 따른 주택재건축정비사업조합의 설립에 필요한 소유자 동의 요건 충족 여부를 가려야 한다. 대법원 2019.11.15. 2019두46763 판결.

685) 판례는 일반건물로 등록·등기된 기존의 건물에 관하여 건축물대장의 전환등록절차나 구분건물로의 변경등기가 마쳐지지 아니한 상태에서 구분행위의 존재를 인정하는 데에는 매우 신중하여야 한다고 한다. 공시된 내용과 다른 법률관계를 인정할 경우 거래의 안전을 해칠 우려가

Ⅱ. 집합건물등기 개관

1. 집합건물 등기의 특성

집합건물에는 여러 가지 유형이 있다. 몇 가구의 다세대주택인 경우, 건설사에서 한 동을 건축한 경우, 수백 내지 수천 세대의 많은 동을 건설사에서 건축한 경우, 재건축이나 재개발에 의하여 아파트가 지어진 경우 등의 다양한 유형이 있다. 여기서는 이 모든 경우에 공통되는 특성을 살펴보기로 한다.

집합건물은 전유부분, 공용부분, 대지 3부분으로 이루어져 있다. 실체법적으로는 이 3부분의 권리관계 및 이용관계의 규율이 문제되며, 여기서 하나의 물건에 하나의 물권이 성립한다는 일물일권주의의 예외를 인정하여 1동의 건물의 일부인 전유부분을 독립된 물권의 객체로 인정하고 있다. 등기절차법상으로는 이들 3부분에 대하여 실체법적인 권리관계를 어떻게 간명하게 공시할 것인가 하는 점이 문제된다. 여기서 집합건물 등기의 특징을 저자 나름대로 다음과 같이 정리하여 보았다.

① 토지와 건물 공시의 일원화

집합건물 등기는 대지권등기제도를 이용하여 건물등기기록에 토지에 대한 권리관계까지 공시한다. 대지권등기를 하는 경우 토지와 건물이라는 두 개의 부동산에 관한 등기를 하나의 건물 등기기록에 등기하게 된다.[686] 여기서 토지와 건물의 등기가 일원화되어 있다고 할 수 있다.

② 전체와 개별부분의 관계의 공시

토지와 건물을 건물등기기록에 일원화하여 공시할 뿐만 아니라 건물에 대하여도 전체 건물과 각각의 전유부분 및 공용부분의 관계를 건물등기기록에 어떻게 공시할 것인가 하는 문제가 있다. 여기서 생겨난 대표적인 등기방법이 표시등기이다. 이에 관하여는 뒤에서 설명한다.

③ 기술적인 성격

집합건물등기는 이와 같이 집합건물의 복잡한 물리적 관계와 권리관계를 간명하게 공시하기 위한 필요성에서 상당히 기술적인 성격을 띠게 된다. 그 대표적

크기 때문이다. 대법원 2016.6.28. 2016다1854,1861 판결; 대법원 2021.11.11. 2017두57769 판결.

686) 곽윤직·김재형, 물권법, 73면.

인 예가 대지권등기제도이다. 대지권등기에 관하여는 뒤에서 자세히 살펴본다.

2. 집합건물 등기기록

가. 1동의 건물과 전유부분 등기

등기부를 편성할 때에는 1개의 건물에 대하여 1개의 등기기록을 둔다. 다만, 1동의 건물을 구분한 건물에 있어서는 1동의 건물에 속하는 전부에 대하여 1개의 등기기록을 사용한다(법 제15조 제1항). 이에 따라 집합건물의 등기기록은 1동의 건물의 표제부 아래 각 전유부분의 표제부를 두고 각 전유부분별로 갑구와 을구를 두고 있다. 그 결과 집합건물 등기기록의 표제부는 1동 건물의 표제부(1동의 건물의 표시란과 대지권의 목적인 토지의 표시란으로 구성된다)와 전유부분의 표제부(전유부분의 표시란과 대지권의 표시란으로 구성된다)로 이루어진 점이 다른 등기기록과 다르다. 구분건물에 대지권이 있는 경우에는 1동 건물의 등기기록의 표제부에 대지권의 목적인 토지의 표시에 관한 사항을 기록하고 전유부분의 등기기록의 표제부에는 대지권의 표시에 관한 사항을 기록한다. 집합건물 등기기록의 실제모습은 부록을 참고하기 바란다.

여기서 잠깐 구분건물의 부동산 표시 방법에 관하여 살펴보자. 등기를 신청하는 경우에는 부동산의 표시에 관한 사항을 신청정보의 내용으로 등기소에 제공하여야 한다. 대지권등기가 된 집합건물의 경우 건물과 대지를 하나의 등기기록에 공시하므로 그 부동산의 표시 방법이 문제된다. 이에 관하여 규칙은 다음과 같이 규정하고 있다(규칙 제43조 제1항). 1동 건물의 표시로서 소재지번·건물명칭 및 번호·구조·종류·면적을, 전유부분의 건물의 표시로서 건물번호·구조·면적을, 대지권이 있는 경우 그 권리의 표시를 기재한다. 다만, 1동의 건물의 구조·종류·면적은 건물의 표시에 관한 등기나 소유권보존등기를 신청하는 경우로 한정한다. 대지권등기가 되어 있지 않은 집합건물에 대하여는 건물과 토지를 별개의 부동산으로 표시하여야 한다.

실무에서는 대지권등기가 된 구분건물의 부동산의 표시를 통상 관행적으로 다음과 같이 하고 있다.[687]

687) 법원행정처, 집합건물의 등기에 관한 해설, 287면; 법원행정처, 부동산등기신청서 견본 및 작성안내, 2007(그 내용은 인터넷등기소에도 게시되어 있다) 참조. 이 기재례는 1동의 건물의 구

1동의 건물의 표시
　서울특별시 서초구 서초동 1234
　서울특별시 서초구 서초동 1235 서초아파트 101동
　[도로명주소] 서울특별시 서초구 서초대로 333길 11
전유부분의 건물의 표시
　건물의 번호 101－109
　구 조 철근콘크리트조
　면 적 1층 109호 84.7㎡
대지권의 표시
　토지의 표시
　　1. 서울특별시 서초구 서초동 1234 대 12,345㎡
　　2. 서울특별시 서초구 서초동 1235 대 21,543㎡
　대지권의 종류 소유권
　대지권의 비율 1,2: 5,000분의 10

나. 공용부분에 관한 등기

공용부분은 그 성질에 따라 구조상 공용부분과 규약상 공용부분으로 나눌 수 있다. 구조상 공용부분은 복도, 계단, 그 밖에 구조상 구분소유자 전원 또는 일부의 공용에 제공되는 건물부분을 말한다. 규약상 공용부분은 구분소유권의 목적으로 될 수 있는 요건을 갖춘 건물부분과 부속의 건물로서 규약으로써 공용부분으로 정한 부분이다.

구조상 공용부분은 그 자체로서 독립하여 등기의 대상이 되지 아니하고 1동의 건물의 표제부의 부동산표시란에 포함되어 공시된다. 이에 반하여 규약상 공용부분은 그 자체로서 독립하여 등기의 대상이 된다. 그러나 공용부분에 대한 공유자의 지분은 그가 가지는 전유부분의 처분에 따르고 공용부분에 관한 물권의 득실변경은 등기가 필요하지 아니하다(집합건물법 제13조 제1항, 제3항).[688] 이 점은 규약상 공용부분에 대하여도 마찬가지이다. 따라서 규약상 공용부분에 대하여는 권리관계를 등기할 필요는 없고, 규약상 공용부분이라는 뜻만을 등기하면 충분하다. 따라서 규약상 공용부분에 대하여는 공용부분이라는 취지를 등기하도록 하고(집합건물법 제3조 제4항), 등기관이 이 등기를 할 때에는 그 등기기록 중 표제부에

조·종류·면적이 제외된 것이어서 건물의 표시에 관한 등기와 소유권보존등기 외의 등기에서의 부동산표시례이다.

688) 집합건물의 공용부분은 시효취득에 의한 소유권취득의 대상이 될 수 없다. 대법원 2013.12.12. 2011다78200,78217 판결; 대법원 2019.10.17. 2016다32841,32858 판결.

공용부분이라는 뜻을 기록하고 각 구의 소유권과 그 밖의 권리에 관한 등기를 말소하도록 하고 있다(규칙 제104조 제3항).

규약상 공용부분이라는 뜻의 등기는 소유권의 등기명의인이 신청하여야 한다. 이 등기를 신청하는 경우에는 그 뜻을 정한 규약이나 공정증서를 첨부정보로 등기소에 제공하여야 한다(규칙 제104조 제1항). 이 경우 공용부분인 건물에 소유권 외의 권리에 관한 등기가 있을 때에는 그 권리의 등기명의인의 승낙이 있어야 한다(법 제47조 제1항). 실무상 공용부분의 등기가 이루어지는 예는 별로 없다.[689]

공용부분이라는 뜻을 정한 규약을 폐지한 경우에 공용부분의 취득자는 지체 없이 소유권보존등기를 신청하여야 한다(법 제47조 제2항).[690] 이 경우 규약의 폐지를 증명하는 정보를 첨부정보로 등기소에 제공하여야 한다(규칙 제104조 제4항). 등기관이 신청에 따라 소유권보존등기를 하였을 때에는 공용부분이라는 뜻의 등기를 말소하는 표시를 하여야 한다(규칙 제104조 제5항).

최근에는 한 단지에 여러 동의 건물이 존재하는 대규모 아파트 단지가 늘어나고 있어 단지공용부분에 대한 연구도 필요해 보인다.[691]

[기록례]

【 표 제 부 】	(전유부분의 건물의 표시)			
표시번호	접 수	건물번호	건물내역	등기원인 및 기타사항
1	2012년4월15일	제1층 제105호	철근콘크리트조 96㎡	도면 제2012-1호
2	2012년6월8일			2012년6월8일 규약설정 공용부분

689) 2014년 56건, 2015년 4건, 2016년 16건 등기가 이루어졌다.

690) 소유권보존등기를 하도록 한 이유는, 공용부분이라는 뜻의 등기를 할 때 소유권에 관한 등기를 말소하였기 때문에 소유권등기를 하여야 하는데, 이 경우에도 말소 이후 소유권 변동내역을 모두 등기할 필요 없이 규약 폐지에 따른 등기신청 당시의 소유자만을 소유자로 등기하도록 절차를 간소화하려는 취지이다.

691) 집합건물법은 1동의 건물의 법률관계를 주로 규율하고 있고 단지에 관하여는 제51조 및 제52조의 규정만을 두고 있다. 단지공용부분에 관하여 언급하고 있는 판례로는 대법원 2021.1.14. 2019다294947 판결(아파트 옥상 부분의 소유권 귀속이 문제된 사건), 대법원 2022.1.13. 2020다278156 판결(지하주차장의 이용이 문제된 사건) 참조. 단지공용부분에 관하여 언급하고 있는 등기선례로는 9-147 참조.

【 갑 구 】 (소유권에 관한 사항)				
순위번호	등기목적	접 수	등기원인	권리자 및 기타사항
~~1~~	~~소유권보존~~	~~(생략)~~		~~(생략)~~
~~2~~	~~소유권이전~~	~~(생략)~~	~~(생략)~~	~~(생략)~~
3	1번소유권,2번소유권말소			부동산등기규칙 제104조제3항의 규정에 의하여 2012년6월8일 등기

다. 토지등기

대지권등기가 된 경우에는 건물등기기록에 토지의 권리관계도 같이 공시되므로 대지권의 목적인 토지에 대하여는 그 토지에 대한 권리가 대지권이라는 뜻의 등기를 하고 그 이후에는 별도로 권리관계를 등기하지 않는다. 다만, 예외적으로 분리처분이 금지되지 않는 처분에 관한 등기는 대지권등기가 되어 있어도 토지등기기록에 등기되는 점은 뒤에서 설명한다.

대지권등기가 되지 않은 경우에는 여전히 토지등기기록에도 등기를 하게 된다. 집합건물임에도 대지권등기가 되지 않은 등기기록이 있다. 대지권은 있는데 토지에 대한 경지정리가 마쳐지지 않은 등의 여러 사정으로 아직 대지권등기를 하지 않은 경우도 있고, 대지권이 없는 구분건물이어서 대지권등기를 하지 않은 경우도 있다. 이때에는 건물등기와 별도로 토지등기기록에도 등기를 하여야 한다.

Ⅲ. 대지사용권과 대지권등기

1. 대지사용권과 전유부분의 분리처분금지

대지사용권의 개념에 관하여는 앞에서 설명하였다. 구분소유자의 대지사용권은 그가 가지는 전유부분의 처분에 따르고, 구분소유자는 규약 또는 공정증서로 달리 정하지 않는 한[692] 그가 가지는 전유부분과 분리하여 대지사용권을 처분

---

692) 판례는 여기서 구분소유자라 함은 일반적으로 구분소유권을 취득한 사람(등기부상 구분소유권자로 등기되어 있는 사람)을 지칭하는 것이나, 다만 수분양자로서 분양대금을 완납하였음에도 분양자 측의 사정으로 소유권이전등기를 마치지 못한 경우와 같은 특별한 사정이 있는 경우에는 이러한 수분양자도 구분소유자에 준하는 것으로 보아야 한다고 한다. 따라서 위와 같이 구분소유자에 준하는 수분양자가 있는 경우에는 규약으로써 전유부분과 대지사용권을 분리하여 처분할 수 있도록 정하여야 하고, 분양자 단독으로 작성한 공정증서로는 대지사용권의 분리처분이 허용되지 않는다고 한다. 대법원 2020.6.4. 2016다245142 판결.

할 수 없다(집합건물법 제20조 제1항, 제2항, 제4항). 이를 전유부분과 대지사용권의 일체성의 원칙 또는 분리처분금지의 원칙이라 한다. 분리처분을 금지하는 취지는 집합건물의 전유부분과 대지사용권이 분리되는 것을 최대한 억제하여 대지사용권이 없는 구분소유권의 발생을 방지함으로써 집합건물에 대한 법률관계의 안정과 합리적 규율을 도모하려는 데 있다.[693]

판례는 이와 같이 전유부분과 종속적 일체불가분성이 인정되는 대지사용권을 전유부분에 대한 종물 내지 종된 권리로 보고 있다.[694]

이 원칙에 위배하여 전유부분과 대지사용권을 각각 분리처분한 경우 그 효과는 다음과 같다.[695] ① 전유부분에 대한 처분은 유효하며, 전유부분만 처분하더라도 대지사용권이 함께 이전된다.[696] ② 대지사용권에 대한 처분은 무효가 된다.[697]

---

693) 대법원 2000.11.16. 98다45652,45669 판결(전); 대법원 2006.3.10. 2004다742 판결; 대법원 2013.1.17. 2010다71578 판결(전); 대법원 2020.3.12. 2019다276086,276093 판결.

판례에 의하면 집합건물 대지의 소유자는 대지사용권을 갖지 아니한 구분소유자에 대하여 전유부분의 철거를 구할 수 있고, 일부 전유부분만의 철거가 사실상 불가능하다고 하더라도 이는 집행개시의 장애요건에 불과할 뿐이어서 대지 소유자의 건물 철거 청구가 권리남용에 해당한다고 볼 수 없다고 한다(대법원 2021.7.8. 2017다204247 판결).

694) 대법원 1997.6.10. 97마814 결정; 대법원 2006.10.26. 2006다29020 판결; 대법원 2012.3.29. 2011다79210 판결; 대법원 2021.11.11. 2020다278170 판결. 이에 따라 전유부분에 대한 가압류결정의 효력은 종물 내지 종된 권리인 대지사용권에도 미친다고 한다.

695) 이창민, "'대지사용권 성립 전 대지에 관하여 설정된 저당권'과 '대지사용권의 분리처분금지'와의 관계", 대법원판례해설 제131호, 73면.

696) 전유부분에 대한 경매절차에서 이를 매수한 매수인은 전유부분과 함께 그 대지사용권을 취득한다는 판례로는 대법원 2000.11.16. 98다45652,45669 판결(전); 대법원 2006.9.22. 2004다58611 판결; 대법원 2008.9.11. 2007다45777 판결; 대법원 2013.11.28. 2012다103325 판결; 대법원 2020.3.12. 2019다276086,276093 판결; 대법원 2021.11.11. 2020다278170 판결.

또한, 전유부분만에 관하여 설정된 저당권의 효력은 대지사용권의 분리처분이 가능하도록 규약으로 정하였다는 등의 특별한 사정이 없는 한 그 전유부분의 소유자가 나중에 대지지분에 관한 등기를 마침으로써 전유부분과 대지권이 동일 소유자에게 귀속하게 되었다면 그 대지사용권에까지 미치고, 그 저당권에 터잡은 임의경매절차에서의 매수인은 대지지분도 함께 취득하게 되며, 이를 두고 법률상 원인 없이 이득을 얻은 것이라 할 수 없다고 한다. 대법원 2001.9.4. 2001다22604 판결.

수분양자에 대한 경매절차에서 전유부분을 매수한 매수인은 수분양자가 분양대금을 완납하지 못한 경우에도 대지사용권을 취득하고, 분양자에게 대지지분에 관한 소유권이전등기절차를 마쳐줄 것을 구할 수 있다. 대법원 2008.11.27. 2008다60742 판결; 대법원 2023.9.21. 2022다270613 판결.

697) 대법원 2020.3.12. 2019다276086,276093 판결. 이를 위반한 대지사용권의 처분은 법원의 강제경매절차에 의한 것이더라도 무효이다(대법원 2009.6.23. 2009다26145 판결; 대법원 2010.5.27. 2006다84171 판결). 또한, 대법원 2006.3.10. 2004다742 판결은 토지에 대한 소유권이전등기청구권에 대한 압류 및 가압류는 효력이 없다고 한다.

반면에, 구분소유자가 아닌 자가 집합건물 건축 전부터 전유부분의 소유와 무관하게 그 대지에 대하여 가지고 있던 권리는 위 규정에 의한 분리처분금지의 제한을 받지 않으며,[698] 구분소유가 성립하기 전에 대지에 근저당권이 설정된 경우 위 규정에 따른 전유부분과 대지사용권의 일체적 취급이 적용될 여지가 없다.[699]

2. 분리처분금지와 대지권등기

이 분리처분금지는 그 취지를 등기하지 아니하면 선의로 물권을 취득한 제3자에게 대항하지 못한다(집합건물법 제20조 제3항).[700] 전유부분과 대지사용권의 분리처분금지의 취지를 등기기록상 공시하기 위한 방법이 대지권등기이다. 대지권등기는 토지에 대한 권리관계를 건물등기기록에 일원화하여 공시하는 방법으로 '토지의 등기사항도 건물 등기기록에 같이 공시한다'는 내용을 표시하는 등기이다. 따라서 권리의 등기가 아니라 **건물의 표시등기**에 해당한다. 그 기재도 집합건물 등기기록의 표제부에 한다. 그러므로 대지권등기를 하여야 대지권이 성립하는 것도 아니고, 대지권등기에 의하여 권리변동이 일어나지도 않는다.[701] 그것은 처분의 일체성을 공시하고 등기기록을 간이하게 하기 위하여 고안된 등기절차상의 기술적인 수단일 뿐이다.

그렇다면 대지사용권과 대지권은 어떻게 다른가? 대지사용권에 관하여는 집합건물법에서 규정하고 있고(제2조 제6호), 대지권에 대하여는 부동산등기법에서

이와 관련하여 집합건물 분양자가 전유부분 소유권은 구분소유자들에게 모두 이전하면서도 대지는 일부 지분에 관하여만 소유권이전등기를 해주고 나머지 지분을 그 명의로 남겨두는 경우가 실무상 종종 있는데 그 법률관계에 관하여는 대법원 2013.11.14. 2013다33577 판결; 대법원 2013.12.26. 2011다93438 판결; 대법원 2017.11.14. 2015다214011 판결; 대법원 2018.12.28. 2018다219727 판결; 대법원 2020.6.4. 2016다245142 판결 참조.

698) 대법원 2010.5.27. 2010다6017 판결.

699) 대법원 2022.6.30. 2018다43128 판결. 이 판결은 대지에 관하여 근저당권이 설정된 후 그 대지 위에 집합건물이 신축되고 그 전유부분에 가등기가 이루어진 상태에서 대지 및 건물에 관한 강제경매절차에서 매각이 이루어지자 가등기에 의한 본등기를 한 사안이다. 대법원은 대지사용권 성립 전에 대지에 설정된 "근저당권이 확보한 담보가치의 보장을 위하여" 그 뒤에 전유부분에 이루어진 가등기의 효력이 대지에 미치지 않는다고 한다.

700) 여기서 '선의'라 함은 원칙적으로 집합건물의 대지로 되어 있는 사정을 모른 채 대지사용권의 목적이 되는 토지를 취득한 것을 의미하고, '분리처분금지 제약의 존재를 알지 못하는 것'이 아니다. 대법원 2009.6.23. 2009다26145 판결; 대법원 2018.12.28. 2018다219727 판결.

701) 실무에서 '대지권 설정'이라는 표현을 사용하는 경우가 있는데, 이런 점에서 보면 오해의 소지가 많은 표현이다.

규정하고 있다(법 제40조 제3항). 부동산등기법에서는 집합건물법 제2조 제6호의 대지사용권으로서 건물과 분리하여 처분할 수 없는 것을 대지권이라고 한다. 따라서 "대지사용권 + 분리처분금지 = 대지권"이라고 할 수 있다.

지금까지 설명한 내용을 기초로 대지권의 성립요건을 정리하면 다음과 같다.[702] ① 대지 위에 집합건물이 존재하여야 한다. ② 구분소유자가 해당 대지에 대하여 대지사용권을 가지고 있어야 한다. 다시 말하면, 구분소유자가 전유부분 소유를 위하여 당해 대지를 사용할 수 있는 권리를 보유하여야 한다. ③ 전유부분과 대지사용권에 처분의 일체성이 있어야 한다. 대지권등기는 대지권의 성립요건이 아니다.

대지권등기의 신청은 대지사용권을 가진 전유부분 건물의 소유권의 등기명의인이 한다(법 제41조 제1항, 제40조 제3항). 건물의 표시변경등기이기 때문이다. 그리고 이상에서 설명한 내용에 비추어 보면 원칙적으로 등기신청서에 별도로 등기원인을 증명하는 서면을 첨부할 것은 아니다.

3. 대지권등기의 내용

가. 대지권등기의 등기사항

대지권등기는 어느 하나의 등기사항을 일컫는 말이 아니다. 경우에 따라서는 대단히 복잡한 기재사항으로 이루어져 있다. 집합건물등기의 기술적 성격이 잘 드러나는 등기이다.

대지권등기의 원리를 간략히 설명하면 다음과 같다. 전유부분 소유자가 대지에 대하여 가지는 권리를 대지권으로 건물등기기록에 등기하여 건물등기기록만 보아서도 토지의 권리관계를 알 수 있도록 하고, 토지등기기록에는 해당 권리가 대지권이라는 뜻만을 기록하고 더 이상 등기를 하지 않는 구조로 되어 있다.

그 절차에 관하여 부동산등기법은 구분건물에 대지권이 있는 경우에는 등기관은 1동 건물의 등기기록의 표제부에 대지권의 목적인 토지의 표시에 관한 사항을 기록하고 전유부분의 등기기록의 표제부에는 대지권의 표시에 관한 사항을 기록하여야 하며, 대지권의 목적인 토지의 등기기록에 소유권, 지상권, 전세권 또는

---

702) 부동산등기실무[Ⅲ], 176면; 대법원 2009.6.23. 2009다26145 판결; 대법원 2012.1.27. 2011다73090 판결; 대법원 2015.10.29. 2014다6107 판결.

임차권이 대지권이라는 뜻을 기록하도록 규정하고 있다(법 제40조 제3항, 제4항). 대지권등기의 기록사항은 구체적으로 나누어보면 다음 4가지로 이루어져 있다.[703)]

(1) 대지권의 목적인 토지 및 대지권의 표시의 기록[건물 등기기록]

건물의 등기기록에 대지권의 등기를 할 때에는 기본적으로 다음 사항을 기록한다(규칙 제88조 제1항 본문).

1동의 건물의 표제부 중 대지권의 목적인 토지의 표시란에 표시번호, 대지권의 목적인 토지의 일련번호·소재지번·지목·면적과 등기연월일을 기록하고, 전유부분의 표제부 중 대지권의 표시란에 표시번호, 대지권의 목적인 토지의 일련번호, 대지권의 종류, 대지권의 비율, 등기원인 및 그 연월일과 등기연월일을 각각 기록하여야 한다.[704)]

(2) 대지권이라는 뜻의 기록[토지 등기기록]

등기관이 건물의 등기기록에 대지권등기를 하였을 때에는 직권으로 대지권의 목적인 토지의 등기기록에 소유권, 지상권, 전세권 또는 임차권이 대지권이라는 뜻을 기록하여야 한다(법 제40조 제4항, 규칙 제89조).

[기록례: 소유권에 대하여 대지권인 뜻을 기록한 경우]

【 갑 구 】 (소유권에 관한 사항)				
순위번호	등기목적	접 수	등기원인	권리자 및 기타사항
2	소유권이전	2012년4월15일 제5000호	2012년3월15일 매매	소유자 김태수 700123-1234567 대전광역시 서구 도안로 88(도안동) 거래가액 금900,000,000원
3	소유권대지권			건물의 표시 서울특별시 서초구 반포동 151외 1필지 서초아파트 제101동 2012년4월15일 등기

703) 이 부분은 저자가 나름대로 정리한 내용이다. 더 자세한 내용은 구연모, "집합건물 대지권등기의 기본원리와 실무상의 문제", 법조 통권 630호(2009. 3.) 참조.

704) 구체적인 모습에 관하여는 아래 (3)항의 기록례 참조.

[기록례: 공유지분에 대하여 대지권인 뜻을 기록한 경우]

【 갑 구 】	(소유권에 관한 사항)			
순위번호	등기목적	접수	등기원인	권리자 및 기타사항
3	소유권일부이전	2012년3월5일 제3500호	2012년3월4일 매매	공유자 지분 4분의 1 김태수 700123－1234567 대전광역시 서구 도안로 88(도안동) 거래가액 금80,000,000원
:	(생략)	(생략)	(생략)	(생략)
27	3번 김태수지분 전부 대지권			건물의 표시 서울특별시 서초구 반포동 151외 1필지 서초아파트 제101동 2012년4월20일 등기

(3) 토지의 등기기록에 별도의 등기가 있다는 뜻의 기록[건물 등기기록]

대지권의 목적인 토지의 등기기록에 대지권이라는 뜻의 등기를 한 경우로서 그 토지등기기록에 소유권보존등기나 소유권이전등기 외의 소유권에 관한 등기 또는 소유권 외의 권리에 관한 등기가 있을 때에는 등기관은 그 건물의 등기기록 중 전유부분 표제부에 토지등기기록에 별도의 등기가 있다는 뜻을 기록하여야 한다(규칙 제90조 제1항).

토지에 대한 권리관계를 건물등기기록에 일원화하여 공시한다는 대지권등기의 취지를 살려 대지권등기된 토지등기기록에 처분제한등기나 제한물권설정등기가 있을 때 그 뜻을 건물등기기록에 기재함으로써 토지등기기록을 확인하지 않고 건물등기기록만 보아도 토지의 권리관계를 확인할 수 있도록 한 제도이다.[705] 토지등기기록의 대지권인 권리에 이러한 등기가 없으면 이 기록은 하지 않는다.

토지 등기기록에 별도의 등기가 있다는 뜻의 기록의 전제가 된 등기가 말소되었을 때에는 그 뜻의 기록도 말소하여야 한다(규칙 제90조 제3항).

705) 대지권등기의 취지를 철저하게 관철하고 국민의 편의를 도모한다는 측면에서는 앞선 제도이다. 그러나 실무상 문제 또한 많다. 토지의 등기기록은 대단히 복잡하여 그 권리관계를 한눈에 알아볼 수 없는 경우가 대단히 많다. 그러다보니 토지 등기기록에 처분제한등기나 제한물권설정등기가 있어도 이것이 해당 전유부분의 대지권에 대한 것인지를 알기가 어렵다. 여기서 해당 전유부분에 별도등기가 있다는 취지의 기재를 누락하기 쉽다. 실제로 이 기재를 누락하여 국가배상책임이 인정된 경우가 종종 있다. 이 등기는 참고만 해야 하고 전적으로 이것만 믿어서는 안 된다. 중요한 사항은 직접 토지등기기록을 확인하여야 한다.

[기록례]

【표 제 부】 (1동의 건물의 표시)				
표시번호	접 수	소재지번, 건물명칭 및 번호	건물내역	등기원인 및 기타사항
1	2012년4월15일	서울특별시 서초구 반포동 151, 152 서초아파트 제101동 [도로명주소] 서울특별시 서초구 동광로 27길 21	철근콘크리트조 슬래브지붕 5층 아파트 1층 900㎡ 2층 900㎡ (이하 생략)	

(대지권의 목적인 토지의 표시)				
표시번호	소 재 지 번	지목	면적	등기원인 및 기타사항
1	1. 서울특별시 서초구 반포동 151 2. 서울특별시 서초구 반포동 152	대 대	1,000㎡ 1,500㎡	2012년4월25일 등기

【표 제 부】 (전유부분의 건물의 표시)				
표시번호	접 수	건물번호	건물내역	등기원인 및 기타사항
1	2012년4월25일	제2층 제201호	철근콘크리트조 84㎡	

(대지권의 표시)			
표시번호	대지권종류	대지권비율	등기원인 및 기타사항
1	1 소유권대지권 2 소유권대지권	1000분의 47 1500분의 60	2012년3월25일 대지권 2012년3월25일 대지권 2012년4월25일 등기
2			별도등기 있음 ~~1토지(갑구 5번 가압류등기, 을구 2번 근저당권설정등기)~~, 2토지(갑구 2번 가처분등기, 을구 3번 근저당권설정등기) 2012년4월25일 등기
3			2번 1토지에 관한 별도등기 말소 2012년9월10일 등기

(4) 건물만에 관한 것이라는 뜻의 기록[건물 등기기록]

대지권등기를 하는 경우에 건물에 관하여 소유권보존등기와 소유권이전등기 외의 소유권에 관한 등기 또는 소유권 외의 권리에 관한 등기가 있을 때에는 그 등기에 건물만에 관한 것이라는 뜻을 기록하여야 한다.[706] 다만, 그 등기가 저당

706) 대지권등기를 하기 전에 건물에 대하여 이러한 등기가 있는 경우 대지권등기를 하게 되면 그 등기가 건물과 토지 모두에 효력이 미치는 것으로 공시될 수 있기 때문이다. 따라서 이 경우에는

권에 관한 등기로서 대지권에 대한 등기와 등기원인, 그 연월일과 접수번호가 같은 것일 때에는 그러하지 아니하다(규칙 제92조).[707]

[기록례]

【 을 구 】	(소유권 이외의 권리에 관한 사항)			
순위번호	등기목적	접 수	등기원인	권리자 및 기타사항
3	임차권설정	2012년4월25일 제3005호	2012년4월24일 설정계약	(생략)
3-1				3번 등기는 건물만에 관한 것임 2012년4월25일 부기

나. 대지권의 비율

대지권등기를 하는 때에는 전유부분 표제부에 대지권의 비율을 기록한다. 대지권은 구분소유자가 전유부분을 소유하기 위하여 대지에 대하여 가지는 권리이므로 해당 전유부분 소유자가 대지에 대하여 가지는 대지지분이 대지권의 비율이 된다.[708] 대지권의 비율에 관하여 집합건물법은 "구분소유자가 둘 이상의 전유부분을 소유한 경우에" 각 전유부분의 처분에 따르는 대지사용권은 전유부분의 면적비율에 따르되,[709] 규약이나 공정증서로 달리 정할 수 있다는 규정을 두고 있다(집합건물법 제21조).

그런데 종래 등기실무에서 이 내용을 오해하여 등기가 잘못 이루어진 사례가

그 등기가 건물만에 관한 것이라는 뜻을 기록하도록 하고 있다. 물론 이때 토지 등기기록에도 같은 등기가 있다면 그대로 두어도 되지 않을까 생각할 수 있으나 대지권등기가 되기 전에 토지와 건물에 마쳐진 등기는 별개의 등기이기 때문에 이렇게 처리하는 것으로 보인다. 이때에는 별도등기가 있다는 뜻을 기록한다. 대단히 기술적인 처리방법이라 이해가 쉽지 않을 수 있다.

707) 저당권등기에 대하여는 토지와 건물에 같은 등기가 마쳐져 있을 때에는 별개의 등기라 하더라도 금전채권의 만족을 목적으로 하는 저당권등기의 특성을 고려하여 건물등기기록만으로 공시하도록 하고 있다. 그리하여 이 경우 대지권에 대한 저당권의 등기를 말소하고 그 말소한 취지를 기록하도록 하고 있다(규칙 제92조 제2항, 제3항). 그러면 건물등기기록에 있는 저당권등기가 대지에 대하여도 미치는 것으로 공시된다.

708) 실무상 대지면적을 분모로 하여 대지권의 비율을 기재하는 경우가 많다. 대지권의 비율은 분수적 비율이고 대지면적을 분모로 하여야 하는 것은 아님에도(등기선례 7-516) 이해의 편의를 위하여 그렇게 하는 듯하다. 대지면적을 분모로 하면 비율만 보아서도 전체 대지 중 전유부분 소유자가 가진 대지지분의 면적이 얼마인지를 별도로 계산하지 않고도 금방 알 수 있기 때문이다.

709) 전유부분 면적의 변동과 대지권 비율에 관하여는 등기선례 9-138, 9-146 참고.

많다. 실무에서는 위 규정을 잘못 이해하여 대지권의 비율은 '전유부분의 면적비율에 의하나 규약으로 달리 정할 수 있다'고 생각하고 업무를 처리하고 있었다.[710] 그 결과 대지의 공유지분비율을 전혀 고려하지 않고 전유부분의 면적비율대로 대지권의 비율을 등기하는 경우가 많았다. 대지권은 전유부분 소유자가 대지에 대하여 가지는 권리이고, 대지권등기는 그 전유부분의 소유자가 대지에 대하여 가지는 권리를 그대로 건물등기부에 공시하는 제도임에도 집합건물법의 위 규정을 잘못 이해하여 획일적으로 전유부분의 면적비율에 의한다고 오해하고 있었기 때문이다. 그러나 이 규정은 "구분소유자가 2개 이상의 전유부분을 소유한 때"에 관한 규정이다. 그 경우에 그 구분소유자가 대지에 대하여 가지는 대지사용권을 2개 이상의 전유부분에 어떻게 배분할 것인지에 관한 규정이다. 구분소유자가 2개 이상의 전유부분을 소유한 경우가 아니라면 구분소유자가 대지에 대하여 가지는 권리를 그대로 대지권으로 등기하면 되고, 전유부분의 면적비율에 의할 것이 아니다.[711]

이해를 돕기 위하여 몇 가지 사례를 들어본다. 토지와 건물을 A, B, C가 아래와 같이 소유하고 있을 경우 각 전유부분별 대지권의 비율은 어떻게 등기되어야 하는지 생각해 보자.[712]

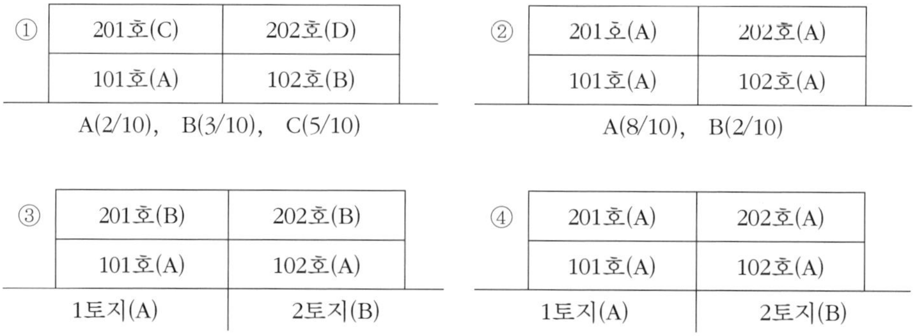

①

201호(C)	202호(D)
101호(A)	102호(B)

A(2/10), B(3/10), C(5/10)

②

201호(A)	202호(A)
101호(A)	102호(A)

A(8/10), B(2/10)

③

201호(B)	202호(B)
101호(A)	102호(A)
1토지(A)	2토지(B)

④

201호(A)	202호(A)
101호(A)	102호(A)
1토지(A)	2토지(B)

710) 실무상의 이런 문제점을 지적한 글이 구연모, 앞의 논문(집합건물 대지권등기의 기본원리와 실무상의 문제)이다. 대지권의 비율에 관한 자세한 설명은 이 논문을 참조 바란다.

711) 이 점은 규약으로 정할 수 있는 사항도 아니다. 등기선례 6-601.

712) ①번 사례에서 101호는 2/10, 102호는 3/10, 201호는 5/10이고, 202호는 대지권등기를 할 수 없다. ②번 사례에서 각 전유부분의 대지권의 비율은 모두 2/10이다. ③번 사례에서 101호와 102호는 각 1토지 지분 1/2이고, 201호와 202호는 각 2토지 지분 1/2이다. ④번 사례에서 각 전유부분의 대지권의 비율은 모두 1토지 지분 1/4이고, 2토지에 대한 지분은 대지권으로 등기할 수 없다. 구체적인 내용은 구연모, 앞의 논문(집합건물 대지권등기의 기본원리와 실무상의 문제) 참조.

4. 대지권의 변경 또는 소멸의 등기

대지권이 발생하거나 변경, 소멸한 경우 또는 대지권의 표시에 변경이 생긴 경우에는 그 건물 소유권의 등기명의인은 그 사실이 있는 때로부터 1개월 이내에 그 등기를 신청하여야 한다(법 제41조 제1항, 제40조 제3항). 대지권의 변경이 있는 경우로는 대지권이 없는 구분건물에 대지권이 새로이 발생하거나, 대지권의 목적인 토지가 추가된 경우, 대지권의 목적인 토지에 분필, 합필 등의 등기가 마쳐져 대지권의 표시에 변경이 생긴 경우 등을 들 수 있다. 이 경우 그에 관한 규약이나 공정증서 또는 이를 증명하는 정보를 첨부정보로 등기소에 제공하여야 한다(규칙 제86조 제2항).

대지권인 권리가 대지권이 아닌 것으로 변경되거나 대지권인 권리 자체가 소멸하여 대지권 소멸의 등기를 한 경우에는 대지권의 목적인 토지의 등기기록 중 해당 구에 그 뜻을 기록하고 대지권이라는 뜻의 등기를 말소하여야 한다(규칙 제91조 제3항). 대지권등기를 말소하게 되면 이제는 건물등기기록에 함께 공시하던 토지의 등기사항을 건물등기기록으로부터 토지등기기록에 옮겨 기록하여야 한다. 그 절차에 관하여는 규칙 제93조에서 규정하고 있다. 간략히 설명하면 다음과 같다.[713] 그 토지의 등기기록 중 해당 구에 대지권인 권리와 그 권리자를 표시하고 대지권이라는 뜻의 등기를 말소함에 따라 등기하였다는 뜻과 그 연월일을 기록하여야 하고(규칙 제93조 제1항), 대지권을 등기한 건물 등기기록에 대지권에 대한 등기로서의 효력이 있는 등기 중 대지권의 이전등기 외의 등기가 있을 때에는 그 등기를 그 건물의 등기기록으로부터 토지 등기기록 중 해당 구에 전사하여야 한다(규칙 제93조 제2항).[714]

713) 실무적으로는 대단히 복잡한 절차인데 교과서의 성격상 아주 간략히 설명하였다.

714) 이상의 절차는 대지권인 권리가 대지권이 아닌 것으로 변경된 경우의 절차이다. 이와 달리 대지권이 아닌 것을 대지권으로 한 등기를 경정하여 대지권 소멸의 등기를 한 경우의 절차는 조금 다르다. 이 절차는 규칙 제94조에서 규정하고 있다. 차이점은 건물의 등기기록에 등기된 사항 중 대지권의 이전등기로서의 효력이 있는 등기도 토지 등기기록에 전사한다는 점이다.

5. 대지권등기의 효과

가. 분리처분등기의 금지

대지권등기가 이루어지면 전유부분과 대지사용권의 분리처분금지의 취지가 등기되므로 그 이후로는 양자를 분리하여 처분하는 등기, 즉 토지 또는 건물의 어느 한쪽만에 관한 등기는 할 수 없다. 따라서 대지권이 등기된 구분건물의 등기기록에는 건물만에 관한 소유권이전등기 또는 저당권설정등기, 그 밖에 이와 관련이 있는 등기를 할 수 없다(법 제61조 제3항). 그리고 토지의 소유권이 대지권인 경우에 대지권이라는 뜻의 등기가 되어 있는 토지의 등기기록에는 소유권이전등기, 저당권설정등기, 그 밖에 이와 관련이 있는 등기를 할 수 없다. 이 규정은 대지권이 지상권, 전세권 또는 임차권인 경우에도 준용된다(법 제61조 제4항). 이 등기가 없어도 실체법상 원칙적으로 분리처분이 금지된다. 그러나 등기절차에서는 분리처분에 따른 등기신청이 되어도 수리할 수밖에 없다. 분리처분 가능 규약이 있으면 분리처분할 수 있는데, 대지권등기가 되기 전에는 분리처분이 되는지 안 되는지 등기절차에서는 알 수 없기 때문이다. 여기서 대지권등기는 등기절차적으로 분리처분금지의 취지를 공시하는 역할을 하게 된다.

그런데 분리처분이 금지된다고 하여 토지 또는 건물 어느 일방만에 대한 일체의 처분이 금지되지는 않는다. 우선, 성질상의 예외가 있다. 성질상 양자를 일체로 취급할 수 없는 경우에는 분리처분이 가능하다. 예를 들어, 전유부분만에 대한 임차권·전세권의 설정, 토지만에 대한 지상권·임차권·지역권의 설정,[715] 토지 또는 전유부분의 어느 한쪽에 설정된 저당권의 실행으로 인한 경매개시결정기입, 어느 한쪽의 권리관계에 관한 분쟁이 있는 경우 그에 관한 가처분 등은 가능하다. 또한, 개념상 예외가 있다. 여기서의 처분은 권리자의 의사표시에 의한 법률행위로서의 처분을 의미하므로 법률행위에 의하지 않은 권리변동에 따른 등기는 가능하다. 예를 들어, 수용, 시효취득은 가능하다.

분리처분금지의 예외사유에 해당하는 경우에 그 등기방법상 주의할 점이 있다. 대지권등기를 그대로 둔 채 등기할 수 있는 경우가 있고, 대지권등기를 말소한 후에 이러한 등기를 하여야 하는 경우가 있다. 그 처분이나 권리변동에 따라

715) 등기선례 7-280.

건물소유권과 대지권의 귀속주체가 달라지는 경우에는 대지권등기를 말소한 후에 이러한 등기를 하여야 하고, 달라지는 경우가 아닐 때에는 대지권등기를 그대로 둔 채 그러한 등기를 할 수 있다.

나. 건물등기의 효력

대지권을 등기한 후에 한 건물의 권리에 관한 등기는 대지권에 대하여 동일한 등기로서 효력이 있다. 다만, 그 등기에 건물만에 관한 것이라는 뜻의 부기가 되어 있을 때에는 그러하지 아니하다(법 제61조 제1항). 그런데 앞에서 설명하였듯이 대지권등기가 되어 있어도 예외적으로 토지의 등기기록에도 등기가 될 수 있으므로 이들 등기 사이의 우선순위를 명확히 할 필요가 있다. 여기서 부동산등기법은 대지권에 대한 등기로서의 효력이 있는 등기와 대지권의 목적인 토지의 등기기록 중 해당 구에 한 등기의 순서는 접수번호에 따르도록 하고 있다(법 제61조 제2항).

6. 관련문제

가. 전유부분 승계인의 대지권등기절차

집합건물을 신축하여 분양한 자가 대지에 대한 소유권을 취득하지 못하였거나 또는 소유권을 취득하였으나 지적정리 등의 사정으로 나중에 대지에 대한 등기를 해주기로 하고 전유부분에 대하여만 수분양자에게 소유권이전등기를 한 상태에서[716] 전유부분의 소유권이 전전이전되는 경우가 있다. 이 경우 전유부분의 양수인이 대지권등기를 하기 위하여는 대지사용권에 대하여도 전전이전등기를 하여야 한다. 그런데 현재의 전유부분 소유자가 중간자들을 모두 찾아서 이전등기를 하기란 매우 힘들다. 그리하여 구 부동산등기법시행규칙에서는 대지사용권의 사후취득이라는 제목 아래 이에 관한 특례규정을 두어 분양자가 현재의 전유부분 소유자를 위하여 그 전유부분에 대한 대지권등기를 단독으로 신청할 수 있도록 하였다.[717] 실무에서는 이 규정에 따라 많은 대지권등기가 이루어져 왔다.

---

716) 아파트와 같은 대규모 집합건물의 경우, 대지의 분·합필 및 환지절차의 지연, 각 세대당 지분비율의 결정의 지연 등으로 인하여 전유부분에 대한 소유권이전등기만 수분양자를 거쳐 양수인 앞으로 이루어지고, 대지지분에 대한 이전등기는 상당기간 지체되는 경우가 종종 생긴다. 이와 같이 소유권이전등기절차의 이행이 장기간 지연된 경우에 손해배상책임을 인정한 판결로는 대법원 2021.5.27. 2017다230963 판결 참조.

717) 구 부동산등기법시행규칙 제60조의2(대지사용권의 사후취득) "집합건물법 제1조의 규정에 의한 1동의 건물을 건축하여 분양한 자가 구분한 각 건물에 대한 소유권이전등기를 분양을 받은

그런데 위 규정에 의한 사후대지권등기는 실질은 소유권이전등기임에도 대지권등기라는 건물의 표시변경등기의 형식으로 이루어지는 문제점이 있었다. 그리하여 2006. 5. 10. 부동산등기법의 개정시 제57조의3을 신설하여 분양자가 현재의 구분소유자와 공동으로 대지사용권에 대한 이전등기를 신청할 수 있고 이 신청과 동시에 단독으로 대지권등기를 신청하도록 하였고, 이 규정은 현행 부동산등기법 제60조에서 그대로 유지되고 있다. 그 근거는 전유부분과 대지사용권의 처분의 일체성에 있다. 현재의 전유부분의 소유자는 전유부분에 대한 소유권이전등기를 마침으로서 대지지분에 대한 이전등기가 되기 전이라도 이미 대지사용권을 취득하게 되므로 굳이 중간자 명의의 지분이전등기를 거치게 할 필요가 없기 때문이다. 이에 따라 중간생략등기를 허용하는 결과가 된다.

이해의 편의를 위하여 예를 들어 설명한다. 아래 사례에서 분양자인 A가 전유부분에 대하여 수분양자인 B에게 소유권이전등기를 하였고, 그 후 전유부분이 전전이전되어 현재 D가 소유자인데, 대지에 대하여는 여전히 분양자인 A의 명의로 등기가 남아 있다. 이 상태에서 대지권등기를 위하여 A로부터 D에게로의 대지사용권 이전등기와 D의 대지권등기를 동시에 신청할 수 있다.

전유부분: A → B → C → D
대　　지: A
대지권 등기절차: A → D 및 D의 대지권 등기신청

이 경우 분양자와 전유부분을 전전양도받은 현재의 전유부분 소유자 사이에는 아무런 법률행위가 없기 때문에 등기원인을 무엇으로 할 것인가가 문제되는데, 실무에서는 "○○○○년 ○○월 ○○일(전유부분에 대한 소유권이전등기를 마친 날) 건물 ○동 ○호 전유부분 취득"으로 기재하도록 하고 있다.[718)]

자에게 경료하면서 그 건물의 대지사용권을 후일 취득하여 이전하기로 약정한 경우로서, 그 분양한 자가 그 대지사용권의 등기와 함께 법 제101조 제2항의 규정에 의한 대지권변경등기를 신청한 때에는 등기공무원은 그 1동의 건물에 대한 최초의 등기신청시에 그 분양한 자에게 대지사용권이 있었던 것으로 보고 법 제57조 및 제57조의2의 규정에 의한 등기를 하여야 한다."

718) 부동산등기실무[Ⅲ], 236면.

나. 전유부분에 설정된 저당권의 실행으로 매각된 경우 대지권등기절차

판례는 특별한 사정이 없는 한 대지권등기가 마쳐지지 않았다 하더라도 전유부분에 관한 경매절차에서 전유부분을 매수한 매수인은 전유부분과 함께 대지사용권을 취득하는데, 매매 등의 경우만이 아니라 이와 같이 대지권등기가 되지 아니한 상태에서 전유부분만에 대한 경매절차가 진행되어 제3자가 전유부분을 경락받은 경우에도 위 법 제60조의 규정이 적용된다고 한다.[719] 이 경우의 등기절차는 절차법적 문제와 실체법적 문제가 교차하는 상당히 어려운 부분인데, 이에 관하여는 앞의 경매에 관한 등기부분에서 살펴보았다.

Ⅳ. 집합건물에 관한 각종의 등기절차

앞에서 살펴본 집합건물 등기의 특성에서 집합건물의 등기절차는 다른 등기절차와 다른 점이 있다. 여기서는 일반적인 내용은 생략하고 유의할 점 몇 가지만 간략히 살펴본다.[720]

1. 소유권보존등기

가. 구조상 이용상 독립성 요건의 심사 여부

집합건물법은 구분건물의 요건으로 구조상 및 이용상의 독립성을 갖추도록 규정하고 있다(제1조). 종래 부동산등기법은 1동의 건물을 구분한 건물에 관한 등기신청이 있는 경우에 필요한 때에는 그 건물의 표시에 관한 사항을 조사할 수 있고 그 조사결과 구조상 이용상 독립성을 갖추지 아니한 때에는 등기신청을 각하하도록 규정하여(구 부동산등기법 제56조의2, 제55조 제13호), 구분건물로서의 요건에 대하여 조사할 수 있는 근거와 조사방법을 규정하였다. 그러나 이 규정에도 불구하고 구조상 이용상 독립성을 갖추지 않은 건물부분이 구분건물로서 등기되는 일이 지속적으로 발생하였다. 특히 상가의 평면매장에서 그랬다. 이에 집합건물법을 개정하여 상가건물의 구분소유에 대하여는 이용상의 독립성은 그대로 유

719) 대법원 2004.7.8. 2002다40210 판결; 대법원 2006.9.22. 2004다58611 판결. 이 판결들은 부동산등기법 개정 전의 부동산등기법시행규칙에 의한 대지권변경등기청구사건이나 그 법리는 개정 후의 대지사용권의 이전등기청구에 관하여도 동일하다.

720) 앞에서 언급하였듯이 기술적인 성격이 있어 이해하기가 다소 어려울 수 있다.

지하되 구조상의 독립성 요건을 완화하게 되었다(집합건물법 제1조의2). 그럼에도 불구하고 여전히 이 요건을 갖추지 못한 건물부분이 구분건물로 등기되는 일을 막지는 못하였다. 결국 구조상 이용상 독립성 요건에 대한 위 심사규정과 각하규정을 삭제하였다. 이제는 건축물대장상 집합건축물대장으로 등록되어 있으면 등기소에서는 구조상 이용상 독립성 여부에 관하여 별도로 심사하지 아니하고 집합건물로 등기하게 된다. 적어도 실무는 그렇게 운영되고 있다. 그러나 위 규정이 삭제되었다고 신청서 첨부서면상으로 명백히 구분건물로서의 요건을 갖추지 못한 것으로 보이는 경우에도 각하하지 못하고 구분건물로 등기하여야 하는지는 해석상 검토가 필요하다. 어려운 문제이다.

나. 구분건물의 표시등기

1동의 건물을 구분한 건물은 1동의 건물에 속하는 전부에 대하여 1개의 등기기록을 사용하여야 하므로(법 제15조 제1항) 1동의 건물에 속하는 구분건물 전부에 대하여 소유권보존등기를 동시에 신청하는 것이 바람직하다. 그러나 사정상 1동의 건물에 속하는 구분건물 중 일부만에 관하여 소유권보존등기를 신청하는 경우에는 나머지 구분건물의 표시에 관한 등기를 동시에 신청하여야 한다(법 제46조 제1항). 1동 전체와 그에 속하는 구분건물 상호간의 관계를 명확히 공시하기 위한 조치이다.

이때 다른 구분건물의 표시에 관한 등기신청은 그 소유자가 하여야 하나 현실적으로 이를 기대하기 어려울 수 있으므로 소유권보존등기를 신청하는 구분건물 소유자는 다른 구분건물의 소유자를 대위하여 다른 건물의 표시에 관한 등기를 신청할 수 있도록 하고 있다(법 제46조 제2항).[721]

구분건물 표시등기의 신청에 따라 해당 전유부분의 표제부를 개설한다. 해당 전유부분에는 소유권보존등기 없이 표제부 등기만 존재하게 된다.

다. 신청정보 및 첨부정보

신청정보의 내용 중 부동산의 표시에 관하여는, 1동의 건물의 표시로서 소재지번·건물명칭 및 번호·구조·종류·면적을, 전유부분의 건물의 표시로서 건물번

721) 구분건물이 아닌 건물로 등기된 건물에 접속하여 구분건물을 신축한 경우에 그 신축건물의 소유권보존등기를 신청할 때에는 구분건물이 아닌 건물을 구분건물로 변경하는 등기를 동시에 신청하여야 한다. 이 경우에도 해당 구분건물의 소유자는 다른 구분건물의 소유자를 대위하여 그 건물의 표시에 관한 등기를 신청할 수 있다. 법 제46조 제3항.

호·구조·면적을, 대지권이 있는 경우 그 권리의 표시에 관한 사항을 등기소에 제공하여야 한다. 다만, 1동의 건물의 구조·종류·면적은 건물의 표시에 관한 등기나 소유권보존등기를 신청하는 경우로 한정한다(규칙 제43조 제1항 제1호 다목).[722]

구분건물에 대한 소유권보존등기를 신청하는 경우에는 1동의 건물의 소재도, 각 층의 평면도와 전유부분의 평면도를 첨부정보로 등기소에 제공하여야 한다. 다만, 건물의 표시를 증명하는 정보로서 건축물대장 정보를 등기소에 제공한 경우에는 그러하지 아니하다(규칙 제121조 제4항).

2. 소유권이전등기

(1) 대지권의 목적인 토지의 일부를 수용하거나 협의취득하는 경우가 있다. 이때 그 토지에 대하여 대지권등기가 되어 있으므로 분리처분등기가 금지되어 토지에 대한 소유권이전등기를 할 수 없다. 이 경우 대지권등기를 말소한 후 해당 등기를 하여야 한다. 구체적인 등기절차는 다음과 같다.

먼저 1동의 건물이 소재하는 토지를 분할하여 그중 건물이 소재하는 토지가 아닌 부분에 대하여 수용하는 경우이다. 사업시행자는 구분소유자를 대위하여 분필등기를 하고, 분필등기를 한 토지에 대하여 건물의 표시변경등기(대지권말소등기)를 한 다음, 수용을 원인으로 한 소유권이전등기를 단독으로 신청할 수 있다.[723] 수용으로 인하여 법률상 그 토지에 대한 소유권이 사업시행자에게 이전되었기 때문에 등기를 그에 맞추어 정리하는 절차이다. 그런데 이때 수용이 아니라 협의취득을 한 경우에는 물권변동이 일어나지 않았기 때문에 분리처분가능규약을 제정하거나 간주규약을 폐지하여 그 서면을 첨부하여 대지권말소등기를 하여야 한다.[724]

(2) 대지 위에 구분소유권의 목적인 건물이 속하는 1동의 건물이 있을 때에는 그 대지의 공유자는 그 건물 사용에 필요한 범위의 대지에 대하여는 분할을 청구하지 못한다(집합건물법 제8조).[725] 그러나 그 건물의 사용에 필요한 범위 외의

722) 건물의 표시에 관한 등기와 소유권보존등기 외에는 1동의 건물의 구조·종류·면적을 신청서에 기재하지 않아도 된다. 그 표시례에 관하여는 Ⅱ. 집합건물등기 개관 중 2. 집합건물 등기기록 부분 참조.

723) 등기선례 5-337, 6-254.

724) 등기선례 5-337, 7-512, 8-304.

대지에 대하여는 공유물분할을 청구할 수 있다. 이 경우의 등기절차는 다음과 같다. 먼저 1동의 건물이 소재하는 토지부분과 그 외의 토지부분을 분할하여 분필등기를 하고, 분필된 토지에 대하여 분리처분가능규약을 첨부하여 대지권등기의 말소등기를 한 후, 공유물분할에 따른 지분이전등기를 할 수 있다.[726)]

(3) 대지사용권의 일부를 다른 구분소유자에게 이전하여 대지권의 비율을 변경하고자 하는 경우에는 어떻게 하여야 할까? 이 경우 구분소유자들이 대지사용권을 전유부분과 분리하여 처분할 수 있다는 규약을 첨부하여 대지권등기를 말소하고 대지사용권의 일부 지분을 양수인에게 이전하는 등기를 한 후, 대지권등기를 새로 신청하여야 한다. 대지권등기를 말소하지 않고 대지권의 비율을 변경하는 대지권변경등기를 할 수는 없다.[727)]

(4) 대지권의 목적인 토지의 일부에 대하여 시효취득을 원인으로 한 소유권이전등기절차이행을 명하는 승소의 확정판결을 받은 자는 그 일부에 대하여 전유부분의 소유자를 대위하여 분필등기와 대지권이 대지권이 아닌 것으로 되는 대지권변경등기(대지권등기의 말소)를 신청한 후 위 판결에 의한 소유권이전등기를 신청할 수 있다.[728)]

3. 근저당권설정등기

대지권등기가 되어 있는 구분건물에 대하여 저당권설정의 등기를 함에는 특별한 설명이 필요하지 않다. 대지권등기가 되어 있지 않은 집합건물에 대하여는

---

725) 그 입법 취지는 1동의 건물로서 개개의 구성부분이 독립한 구분소유권의 대상이 되는 집합건물의 존립 기초를 확보하려는 데 있다. 이 경우에 일반의 공유와 같이 공유지분권에 기한 공유물 분할을 인정한다면 그 집합건물의 대지사용관계는 파탄에 이르게 되므로 집합건물의 공동생활관계의 보호를 위하여 분할청구가 금지된다. 대법원 2004.10.14. 2004다30583 판결; 대법원 2007.12.27. 2005다66374,66381 판결; 대법원 2023.9.14. 2022다271753 판결.

726) 등기선례 2－660, 7－236, 7－238, 9－258, 9－260.

727) 등기선례 2－648, 2－650, 2－653, 6－608, 8－319. 구분건물의 증축과 대지권에 관하여는 등기선례 4－832 참조.

728) 등기선례 8－306. 반대로 집합건물의 구분소유자들이 대지 전체를 공동점유하여 그에 대한 점유취득시효가 완성된 경우 판례에 의하면 구분소유자들은 대지사용권으로 전유부분의 면적 비율에 따른 대지지분을 보유한다고 한다. 이 경우 특별한 사정이 없는 한 구분소유자들은 각 전유부분의 면적 비율에 따라 대지권으로 등기되어야 할 지분에서 부족한 지분에 관하여 등기명의인을 상대로 점유취득시효 완성을 원인으로 한 지분이전등기를 청구할 수 있다고 한다. 대법원 2017.1.25. 2012다72469 판결.

토지와 건물에 각각 저당권설정의 등기를 하여야 한다.

문제는 토지 또는 건물의 어느 한 쪽에만 저당권설정등기가 된 상태에서 대지권등기가 이루어지고 나서 그 저당권의 추가담보로 건물 또는 토지에 저당권설정의 등기를 하려는 경우 그 등기절차이다. 구체적으로는 대지에 저당권을 설정하고 그 위에 집합건물을 신축하여 대지권등기까지 마쳐진 상태에서 신축된 구분건물에 동일채권의 담보를 위하여 저당권을 추가로 설정하는 경우와, 구분건물에 먼저 저당권이 설정되고 새로 건물의 대지권의 목적이 된 토지에 관하여 동일채권의 담보를 위한 저당권을 추가설정하는 경우이다. 실무에서는 이 경우 구분건물과 대지권을 일체로 하여 그에 관한 추가저당권설정등기를 하도록 하고 있다.[729] 어느 경우에나 대지 또는 건물에 동일채권의 담보를 위한 저당권이 중복하여 등기되는 이론상 문제점이 있다. 그러나 대지권이 등기된 후에는 전유부분만이나 토지만에 관하여 저당권등기를 할 수 없기 때문에 토지와 건물을 일체로 하여 등기할 수밖에 없어 보인다.

4. 전세권설정등기

구분건물에 대지권등기가 이루어진 경우 그 전유부분과 대지권을 함께 전세권의 목적으로 하는 전세권설정등기를 할 수 없다.[730] 전유부분의 대지권은 공유지분인데 공유지분에는 전세권을 설정할 수 없으므로[731] 대지권에 대하여는 전세권설정등기를 할 수 없기 때문이다. 실무상 대지권등기가 된 구분건물에 전세권설정등기를 하는 경우에는 전유부분만에 관하여 전세권설정등기를 신청하고, 전세권등기에 건물만에 관한 취지의 부기등기를 하고 있다. 그러나 등기절차적으로 등기를 할 수 없는 것과 실체법적으로 그 전세권의 효력이 대지권에 미치는가의 문제는 별개이다. 판례는 구분건물의 전유부분만에 관한 것으로 등기되었더라도 전유부분과 대지사용권의 분리처분이 가능하도록 규약으로 정하는 등의 특별한 사정이 없는 한 그 전세권의 효력은 그 대지권에까지 미친다고 한다.[732]

---

729) 구체적인 내용은 "집합건물의 등기에 관한 업무처리지침"(등기예규 제1470호) 제4항 참조.

730) 등기선례 5-418.

731) 이 점에 관하여 비판적인 견해로는 김기정, "집합건물의 집행을 둘러싼 몇 가지 법률문제에 대한 고찰—집합건물의 특수한 법률관계 및 구분건물에 대하여만 설정된 전세권 및 저당권의 효력범위를 중심으로—", 사법논집 제27집, 40면 이하.

5. 표시에 관한 등기

건물의 구분은 어느 건물을 나누어 구분건물로 하는 것을 말한다. 구분건물을 구분할 수도 있고, 구분건물이 아닌 건물을 구분할 수도 있다. 구분건물이 아닌 건물을 구분하여 여러 개의 구분건물로 한 경우 구분 후의 각 구분건물에 대하여 새로이 등기기록을 개설하고 종전의 건물 등기기록을 폐쇄한다(규칙 제97조 제1항 내지 제3항). 이때 각 구분건물에 대지권이 있는 때에는 신청서에 그 권리의 표시를 기재하여야 한다(규칙 제43조 제1항 제1호 다목).

구분건물을 구분하여 여러 개의 구분건물로 한 경우 구분으로 인하여 새로 생겨난 구분건물에 관한 등기기록을 개설하고 종전의 구분건물 등기기록에서 등기사항을 옮겨 기록한다(규칙 제97조 제4항 내지 제6항). 대지권등기가 되어 있는 구분건물을 구분하는 경우 신청서에 대지권의 표시에 관한 사항을 기재하여야 한다.

대지권을 등기한 건물이 합병으로 인하여 구분건물이 아닌 것으로 된 경우에는 대지권인 권리가 대지권이 아닌 것으로 변경된 경우의 등기절차를 준용하고(규칙 제100조 제5항, 제93조), 1개의 구분건물로 된 경우에는 대지권의 비율을 합하여 표시한다.

구분건물이 아닌 건물이 건물구분 외의 사유로 구분건물로 된 경우나 구분건물이 건물합병 외의 사유로 구분건물이 아닌 건물로 된 경우에도 위의 절차에 준하여 처리한다(규칙 제101조).

대지권의 변경 또는 소멸의 등기도 구분건물의 표시에 관한 등기이나 이에 관하는 앞의 대지권등기 부분에서 설명하였다.

---

732) 대법원 2002.6.14. 2001다68389 판결; 대법원 2009.1.30. 2008다67217 판결. 2001다68389 판결의 요지는 다음과 같다. 집합건물이 되기 전의 상태에서 건물 일부만에 관하여 전세권이 설정되었다가 그 건물이 집합건물로 된 후 그 전세권이 구분건물의 전유부분만에 관한 전세권으로 이기된 경우, 전유부분과 대지사용권의 분리처분이 가능하도록 규약으로 정하는 등의 특별한 사정이 없는 한, 그 전유부분의 소유자가 대지사용권을 취득함으로써 전유부분과 대지권이 동일소유자에게 귀속하게 되었다면 위 전세권의 효력은 그 대지권에까지 미친다. 위 집합건물에 관하여 경매가 실행된 경우 대지권의 환가대금에 대한 배당순위에 있어서 위 전세권이 대지사용권이 성립하기 전의 토지에 관하여 이미 설정된 저당권보다 우선한다고 할 수는 없다. 대지사용권에 대한 전세권의 효력은 대지사용권이 성립함으로써 비로소 미치게 되므로 대지사용권이 성립하기 전에 그 토지에 관하여 이미 저당권을 가지고 있는 자의 권리를 해쳐서는 안 되기 때문이다.

6. 기타의 등기

그밖에 집합건물 등기와 관련하여 실무상 문제되는 몇 가지 사례를 소개하면 다음과 같다.

(1) 토지를 수탁자에게 신탁한 후 수탁자가 그 토지 위에 집합건물을 신축하여 토지와 건물을 함께 분양하는 것을 목적으로 하는 신탁계약을 체결하는 경우가 있다. 등기선례에 의하면 이러한 경우의 등기절차는 다음과 같다.

신탁계약을 원인으로 A 소유명의의 토지에 대하여 수탁자 B 앞으로 소유권이전등기 및 신탁등기를 마친 다음, 수탁자인 B가 그 토지 위에 구분건물을 신축하여 B 명의의 소유권보존등기와 신탁등기(신탁재산처분에 의한 신탁)를 마친 경우, **신탁된 토지**를 신탁된 건물의 대지권의 목적으로 하는 대지권의 등기를 할 수 있다.[733] 그리고 이때 구분건물에 대하여 분양계약을 원인으로 수분양자 앞으로 소유권을 이전하는 경우나 분양되지 아니한 구분건물에 대하여 신탁재산 귀속을 원인으로 위탁자 A 앞으로 소유권을 이전하는 경우, 구분건물에 대한 소유권이전등기 및 신탁말소등기를 1건의 신청정보로 일괄하여 신청하고, 동시에 별개의 신청정보로 토지에 대한 신탁등기의 말소등기(또는 일부말소 의미의 신탁변경등기)를 신청하여야 한다.[734]

(2) 대지권이 성립되기 전에 전유부분만에 대하여 또는 토지만에 대하여 가등기가 되고 그 후 대지권등기가 이루어진 경우, 대지권 말소등기(건물표시변경)를 한 후 전유부분 또는 토지에 대하여 가등기에 의한 본등기를 하여야 한다는 것이 등기선례의 입장이다.[735]

---

733) 등기선례 5-618, 8-276. 그러나 위탁자가 서로 다른 수탁부동산에 대하여는 대지권등기를 할 수 없다고 한다. 등기선례 8-307. 대법원 2021.11.11. 2020다278170 판결은 부동산이 신탁된 경우 대지사용권의 성립 여부나 성립된 대지사용권의 법적 성질은 특별한 사정이 없는 한 대내외적으로 수탁자가 신탁 부동산의 소유자임을 전제로 판단하여야 한다고 한다.

734) 등기선례 9-335, 9-344, 2022.5.4. 부동산등기과-1250 질의회답.

735) 등기선례 3-899, 6-441, 6-443.

제 5 장 등기관의 처분에 대한 이의

I. 서 설

부동산등기절차에서 등기사무를 처리하는 공무원은 등기관이다. 등기관은 등기절차에서 여러 결정 또는 처분을 한다. 이 등기관의 결정이나 처분에 대한 불복방법으로 마련된 구제수단이 등기관의 결정 또는 처분에 대한 이의이다. 그리하여 등기관의 결정 또는 처분에 대하여 이의가 있는 자는 관할 지방법원에 이의신청을 할 수 있다(법 제100조).

이 제도는 그 성질상 신속을 요하는 절차인 등기절차의 특성을 고려하여 법이 마련한 간이한 구제절차이다. 그러므로 이 절차에 의하여 불복할 수 있는 사항에 대하여 민사소송 또는 행정소송의 방법으로 그 시정을 구할 수는 없다.[1)]

이 제도는 우리 법이 마련하고 있는 간이한 구제절차이기는 하지만 종래 실무에서 많이 이용되고 있지는 않았다.[2)] 그 이유는 등기신청사건의 신청인은 등기신청이 신속하게 처리되기를 원하는데 재판절차에 의하면 다소 시간이 많이 소요된다는 인식이 있었고,[3)] 이의를 하려면 등기신청에 대하여 등기관이 각하결정을 하여야 하는데, 등기관이나 신청대리인이 각하결정을 그다지 선호하지 않는 경향이 있었기 때문으로 생각된다.[4)] 그러다보니 등기관의 처분에 대한 이의에

---

1) 대법원 1996.4.12. 95다33214 판결.

2) 2015. 3.부터 2017. 2.까지의 2년간 법원에 접수된 이의신청은 법인등기를 포함하여 모두 795건이다. 1년 평균 397건이다. 그나마도 이의신청사건의 많은 경우는 당사자의 동일성 여부 판단에 관한 것이어서 등기절차 자체에 관한 이의신청은 드물다. 이 건수를 부동산등기신청 접수건수와 비교해 보면 더 명확해진다. 부동산등기신청 접수건수는 2015년 12,995,552건, 2016년 10,956,306건이다. 각하 건수는 2015년 29,370건, 2016년 27,736건이다.

3) 앞의 2년간 접수된 이의사건의 1심 처리기간은 다음과 같다(분석 가능한 자료만 분석하였다).

기간	1월 이내	1월 이상 2월	2월 이상 4월	4월 이상 6월	6개월 이상
건수	218건	100건	198건	97건	113건

4) 그 대신 실무에서는 등기업무를 주관하는 대법원 부동산등기과에 질의를 하여 그 회신에 따라 처리하는 경향이 있었다. 부동산등기과에서 부동산등기 관련 질의에 대한 회신업무를 담당하고

관하여는 연구가 거의 이루어져 있지 않다.[5] 간략히 살펴본다.

Ⅱ. 이의신청의 요건

1. 이의신청의 대상

이의신청의 대상은 등기관의 결정 또는 처분이다(법 제100조). 결정은 등기절차에서 등기관이 하는 결정을 말하며, 처분은 그 밖의 등기관의 조치를 말한다. 부동산등기법은 등기신청에 대한 각하결정과 같이 주로 등기신청에 대한 등기관의 종국적인 판단을 결정의 형식으로 하도록 하고 있다. 그 밖에 직권에 의한 등기의 말소나 경정, 등기신청서나 부속서류의 열람, 등기사항증명서의 발급 등에 관하여는 별도로 결정의 형식을 요하지 않는데 이들은 모두 처분에 포함된다. 그러나 결정과 처분은 서로 엄격히 구분되는 별개의 개념이 아니라 처분이 더 넓은 개념으로 결정도 처분의 예라고 볼 수 있다. 적극적 처분만이 아니라 아무런 조치를 하지 않는 소극적 처분도 포함된다.

2. 이의신청을 할 수 있는 자

법 제100조는 등기관의 결정 또는 처분에 이의가 있는 자는 이의신청을 할 수 있다고 규정하고 있으나, 여기서 이의신청을 할 수 있는 자는 등기상 직접적인 이해관계를 가진 자에 한한다.[6] 이의신청이 등기절차의 특성을 고려한 간이한 구제절차인 점에서 그렇게 해석하여야 한다. 여기서 직접적인 이해관계를 가진 자란 등기관의 해당 처분에 의하여 불이익을 받은 자로서 이의가 인정되면 직접 이익을 받게 될 자를 말한다.[7]

구체적으로 보면, 등기신청의 각하결정에 대하여는 등기권리자 및 등기의무

있다. 제1장에서 언급하였듯이 그 질의회신 내용 중 선별하여 등기선례요지집으로 발간해 오고 있다. 그러나 정책담당자에 따라서는 법에 정해진 처리절차가 아니라고 부정적으로 보기도 한다.

5) 등기관의 처분에 대한 이의절차는 2017년 사법정책연구원의 연구주제로 선정되었다. 저자가 법원 재직중 자문 역할을 하였는데, 저자가 퇴직한 후 그 연구가 중단되었다가 2021년 연구보고서가 발간되었으나 저자가 자문한 내용과는 다른 내용이다.

6) 대법원 1987.3.18. 87마206 결정은 등기의 신청인도 아니고 다만 등기관의 처분으로 보존등기가 된 토지의 대장상 소유자로 등재되었던 자의 상속인들은 등기상 직접적인 이해관계가 있다고 볼 수 없다고 한다.

7) 부동산등기실무[Ⅲ], 677면.

자 등 등기신청인에 한하여 이의신청을 할 수 있고 제3자는 이의신청을 할 수 없다. 등기를 실행한 처분에 대하여는 등기신청인과 등기상 이해관계 있는 제3자가 그 처분에 대하여 이의신청을 할 수 있다.[8)]

3. 이의사유

이의사유에 관하여 법문에는 아무런 규정이 없으나 등기관의 결정 또는 처분이 부당하여야 한다. 부당하다는 것에는 하여야 할 처분을 하지 않는 소극적 부당과 하여서는 안 되는 처분을 하는 적극적 부당이 모두 포함된다. 이의사유는 부당하다는 사유면 족하고, 특별한 제한은 없다.[9)] 다만, 등기신청을 수리하여 등기를 실행한 경우에는 이의사유에 제한이 있다. 등기신청이 법 제29조 각 호에 해당되어 이를 각하하여야 함에도 등기관이 각하하지 아니하고 등기를 실행한 경우에는 그 등기가 법 제29조 제1호, 제2호에 해당하는 경우에 한하여 이의신청을 할 수 있고, 법 제29조 제3호 이하의 사유에 대하여는 이의신청의 방법으로 그 등기의 말소를 구할 수 없다. 이때에는 소송으로 그 등기의 효력을 다투어야

---

8) 부동산등기실무[Ⅲ], 678면; 사법연수원, 부동산등기법, 67면. "등기관의 처분에 대한 이의신청 절차 등에 관한 업무처리지침"(등기예규 제1411호)은 이의신청을 할 수 있는 자에 관하여 다음과 같이 예시하고 있다.
① 채권자의 대위신청에 의하여 이루어진 등기가 채무자의 신청에 의하여 말소된 경우 그 말소처분에 대하여 채권자는 등기상 이해관계인으로서 이의신청을 할 수 있다.
② 상속인이 아닌 자는 상속등기가 위법하다고 하여 이의신청을 할 수 없다.
③ 저당권설정자는 저당권의 양수인과 양도인 사이의 저당권이전의 부기등기에 대하여 이의신청을 할 수 없다.
④ 등기의 말소신청에 있어 법 제57조 소정의 이해관계 있는 제3자의 승낙서 등이 첨부되어 있지 아니하였다는 사유는 제3자의 이해에 관련되므로 말소등기의무자는 말소처분에 대하여 이의신청을 할 수 있는 등기상 이해관계인에 해당되지 아니한다(대법원 1979.5.22. 77마427 결정).

9) 2015. 3.부터 2017. 2.까지 접수된 이의신청사건 795건 중 결정문을 구할 수 있었던 397건(이유기재가 없는 71건을 제외)을 이의사유별로 분석한 결과는 다음과 같다(저자가 자문하였던 연구에서 분석한 결과이다).
가장 많은 사유는 당사자의 동일성 문제로 157건이다. 그중 상속등기사건에서 등기명의인과 피상속인의 동일인 여부에 관한 문제가 83건, 종중 명의 등기에 대하여 등기명의인인 종중과 등기신청인 종중의 동일성 여부에 관한 문제가 13건, 그 밖에 등기명의인과 신청인의 동일인 여부에 관한 문제가 61건이다.
다음으로 첨부서면에 관한 문제와 등기할 사항인지 여부 문제가 각각 40건이다. 그리고 신청권한 여부에 관한 문제가 20건, 등기원인에 관한 문제가 19건이다.
등기유형별로는 소유권이전등기에 관한 이의가 152건, 등기명의인 표시경정과 표시변경에 관한 이의가 각각 71건, 26건, 소유권보존등기에 관한 이의가 30건, 지상권설정등기에 관한 이의가 16건이다.

한다.[10] 이미 마쳐진 등기를 등기절차에서 말소할 수 있는 사유는 법 제29조 제1호와 제2호에 해당하는 경우만이기 때문이다.

부당의 판단시점은 처분시이다. 그러므로 처분 당시 등기관에게 제출되지 않았던 새로운 사실이나 새로운 증거방법을 근거로 이의신청을 할 수는 없다(법 제102조).[11]

Ⅲ. 이의신청사건의 절차

1. 이의신청

이의신청은 그 결정 또는 처분을 한 등기관이 속한 지방법원(이하 "관할 지방법원")에 한다(법 제100조). 종래 이의신청은 부동산 소재지 관할 지방법원에 하였으나 법 개정으로 관할의 특례규정이 신설됨에 따라 이의신청에 관한 관할규정을 정비하였다. 이의신청의 방법은 결정 또는 처분을 한 등기관이 속한 등기소에 이의신청서를 제출하거나 전산정보처리조직을 이용하여 이의신청정보를 보내는 방법으로 한다(법 제101조). 이의신청서에는 이의신청인의 성명과 주소, 이의신청의 대상인 등기관의 결정 또는 처분, 이의신청의 취지와 이유, 신청연월일, 관할 지방법원을 적고 신청인이 기명날인 또는 서명하여야 한다(규칙 제158조 제1항).[12] 전산정보처리조직을 이용하여 이의신청을 하는 경우에는 이러한 기재사항을 작성하고 이의신청인의 인증서 등을 함께 송신하여야 한다(규칙 제158조 제2항).

이의신청기간에는 제한이 없으므로 이의의 이익이 있는 한 언제라도 이의신청을 할 수 있다.[13]

이의에는 집행정지의 효력이 없다(법 제104조).

2. 등기관의 조치

등기관은 이의가 이유 있다고 인정하면 그에 해당하는 처분을 하여야 하고,

---

10) 대법원 1973.8.29. 73마669 결정; 대법원 1996.3.4. 95마1700 결정; 대법원 1996.4.12. 95다33214 판결; 대법원 2012.2.9. 2011마1892 결정; 대법원 2012.5.10. 2012마180 결정.

11) 대법원 1994.12.30. 94마2124 결정.

12) 이의신청서의 양식은 "등기관의 처분에 대한 이의신청절차 등에 관한 업무처리지침"(등기예규 제1812호) 별지 3 참조.

13) 위 등기예규 제1조 제4항.

이의가 이유 없다고 인정하면 이의신청일부터 3일 이내에 의견을 붙여 이의신청서 또는 이의신청정보를 전산정보처리조직을 이용하여 관할 지방법원에 보내야 한다(법 제103조 제1항, 제2항, 규칙 제159조 제2항). 등기신청을 수리하여 등기를 마친 후에 이의신청이 있는 경우에는 이의신청서 또는 이의신청정보를 전산정보처리조직을 이용하여 관할 지방법원에 보내고 등기상 이해관계 있는 자에게 이의신청 사실을 알려야 한다(법 제103조 제3항, 규칙 제159조 제3항). 다만, 이미 마쳐진 등기에 대하여 법 제29조 제1호 또는 제2호의 사유로 이의한 경우, 등기관이 그 이의가 이유 있다고 인정하면 법 제58조의 절차에 의하여 그 등기를 직권으로 말소하여야 하고(규칙 제159조 제1항), 그 이외의 사유로 이의한 경우에는 이의가 인정된다고 하더라도 등기관은 이의신청서를 관할 지방법원에 보내야 한다(규칙 제159조 제3항).

Ⅳ. 법원의 재판과 그에 따른 등기

1. 처분 전의 가등기 및 부기등기의 명령

관할 지방법원은 이의신청에 대하여 결정하기 전에 등기관에게 가등기 또는 이의가 있다는 뜻의 부기등기를 명령할 수 있다(법 제106조). 이의에 대한 결정에 이르기까지는 상당한 시일이 소요될 수 있는데, 이의에는 집행정지의 효력이 없어 그 사이 다른 등기가 이루어진다면 그 후에 이의가 받아들여진다 해도 그에 따른 등기를 할 수 없거나 새로운 이해관계인이 생겨 이의신청인에게 실질적인 구제가 되지 못할 수 있다. 이러한 문제점을 해결하기 위하여 둔 제도이다.[14)]

이 등기를 하게 되면 가등기에 의하여 순위를 미리 확보할 수 있고, 이의신청이 있다는 취지의 부기등기에 의하여 제3자에게 해당 등기가 말소될 수 있다는 경고를 함으로써 다른 이해관계인이 생기지 않도록 방지할 수 있게 된다.[15)]

---

14) 종래에는 등기 완료 후 해당 등기에 대하여 이의가 있는 때에는 등기관은 우선 그 등기에 대하여 이의가 있다는 취지를 부기한 후 등기상 이해관계인에게 통지하고 관할 법원으로 보내도록 하고 있었다(구 부동산등기법 제181조). 이로 인하여 등기권리자의 권리행사가 부당하게 제약될 수 있었다. 그리하여 2006. 5. 10. 개정된 부동산등기법에서는 관할 지방법원이 이의가 있다는 취지의 부기등기 여부를 실질적으로 판단하도록 하였다.

15) 법원의 명령에 의한 처분 전의 부기등기와 가등기 건수는 2014년부터 2016년까지 1건도 없다.

2. 이의에 대한 결정

관할 지방법원은 이의에 대하여 이유를 붙여 결정을 하여야 한다(법 제105조 제1항 제1문). 이 경우 이의가 이유 있다고 인정하면 등기관에게 그에 해당하는 처분을 명령하고 그 뜻을 이의신청인과 등기상 이해관계 있는 자에게 알려야 한다(법 제105조 제1항 제2문). 그에 해당하는 처분을 명령한다고 함은 단순히 등기관의 처분을 취소하거나 등기신청의 수리를 명령함이 아니고, 신청한 등기를 실행하도록 명령하거나 실행한 등기의 말소를 명령함을 말한다.[16]

이의가 이유 없다고 인정하면 이의신청을 기각한다. 이의신청을 기각하거나 각하하였을 때에는 그 결정등본을 등기관과 이의신청인에게 송달한다.

이의신청이 취하된 경우에는 취하서 부본을 등기관에게 송달한다.[17]

법원의 결정에 대하여는 비송사건절차법에 따라 항고할 수 있다(법 제105조 제2항).

3. 법원의 명령에 따른 등기

가. 등기절차

관할 지방법원이 이의신청 결정 전에 가등기 또는 이의가 있다는 뜻의 부기등기를 명령하거나 이의를 인용하여 일정한 등기를 명령한 경우 그에 따른 등기

---

16) 이에 관한 결정문 주문 기재는 통일되어 있지 않다. 일반적으로 가장 많은 주문은 다음과 같이 각하결정을 취소하고 등기의 실행을 명령하는 형식이다. 앞의 이의신청에 관한 결정문 397건에서 이의를 인용한 232건 중 200건이 이렇게 되어 있다.

> 1. 부산지방법원 2015. 6. 4. 접수 제12345호 등기명의인표시변경등기 신청사건에 관하여 위 법원 등기관이 2015. 6. 7.에 한 각하결정을 취소한다.
> 2. 위 등기관은 제1항 기재 등기신청을 수리하여 그 취지에 따른 등기를 실행하라.

다음으로 많은 주문은 각하결정을 취소하지 않고 막바로 일정한 등기의 실행을 명령하는 형식이다. 앞의 이의신청에 관한 결정문 중 30건이 이렇게 되어 있다.

> 수원지방법원 평택등기소 2015. 8. 7. 접수 제23456호 등기명의인표시변경등기 신청사건에 관하여 등기관은 그 취지에 따른 등기를 실행하라.

그런데 이러한 주문기재는 오해의 소지도 있을 수 있다. 등기관 처분에 대한 이의사건에 관하여 법원에서는 당해 이의사유에 관하여만 판단하므로 뒤에서 설명하듯이 다른 각하사유가 있으면 다시 각하할 수가 있는데, 주문을 보아서는 다른 각하사유 여부에도 불구하고 무조건 등기를 해야 하는 것으로 보이기 때문이다.

17) 위 등기예규 제5조.

절차는 다음과 같다.[18] 관할 지방법원의 등기명령의 결정정본을 등기촉탁에 준하여 접수번호를 부여하여 접수한다. 등기관이 관할 지방법원의 명령에 따라 등기를 할 때에는 명령을 한 지방법원, 명령의 연월일, 명령에 따라 등기를 한다는 뜻을 기록하여야 한다(법 제107조). 부기등기 기록명령에 의하여 등기를 하는 경우 등기원인을 "○년 ○월 ○일 ○○지방법원의 명령"으로 기록하고, 권리자 및 기타사항란에 이의신청인의 성명과 주소를 기록한다. 가등기 또는 이의신청 인용에 따른 등기를 하는 경우[19] 등기원인은 그 신청의 대상이 되는 등기의 등기원인이 되며, 권리자 및 기타사항란에 횡선을 긋고 "○년 ○월 ○일 ○○지방법원의 명령에 의하여 (가)등기"라고 기록한다.

이 가등기나 부기등기는 등기관이 관할 지방법원으로부터 이의신청에 대한 기각결정(각하, 취하를 포함)의 통지를 받았을 때에 말소한다(규칙 제162조). 등기관은 관할 지방법원으로부터 기각결정이나 취하의 통지를 받은 때에는 그 통지서를 접수하여 접수번호를 기재하고 해당 가등기나 부기등기를 말소하며, 등기상 이해관계인에게 그 취지를 통지한다.

[기록례]

【 갑 구 】 (소유권에 관한 사항)				
순위번호	등기목적	접 수	등기원인	권리자 및 기타사항
~~4~~	~~소유권이전~~	~~2011년5월25일~~ ~~제2030호~~	~~2011년5월20일~~ ~~매매~~	~~소유자 구연모 641012-1012345~~ ~~서울특별시 은평구 진관3로 15(진관동)~~ ~~거래가액 금155,000,000원~~
5	4번소유권이전등기말소			3번 가등기에 의한 본등기로 인하여 2012년4월10일 등기
5-1	4번소유권이전등기말소 이의	2012년4월17일 제7859호	2012년4월14일 대전지방법원의 명령	이의신청자 김태수 대전광역시 서구 도안로 88(도안동)

18) 위 등기예규 제6조.

19) 등기신청을 각하하면서 등기신청서의 첨부서류를 신청인에게 반환하였으면 다시 제출하도록 하여야 한다.

나. 기록명령에 따른 등기를 할 수 없는 경우

(1) 등기신청의 각하결정에 대한 이의절차에서 관할 지방법원이 그 등기의 기록명령을 하였더라도 그 등기를 실행함에 장애가 생기는 등 다음과 같은 사유가 있는 때에는 그 명령에 따른 등기를 할 수 없다(규칙 제161조 제1항). 이 경우에는 그 뜻을 관할 지방법원과 이의신청인에게 통지하여야 한다(규칙 제161조 제2항).

① 권리이전등기의 기록명령이 있었으나, 그 기록명령에 따른 등기 전에 제3자 명의로 권리이전등기가 되어 있는 경우. 이때에는 등기의무자가 달라지기 때문이다. 소유권이전등기신청에 대한 각하결정에 대하여 소유권이전등기를 하라는 기록명령이 있었으나 기록명령에 따른 등기 전에 제3자 명의의 근저당권설정등기가 되었더라도 기록명령에 따른 등기를 함에 장애가 되지는 않는다.

② 지상권, 지역권, 전세권 또는 임차권의 설정등기의 기록명령이 있었으나, 그 기록명령에 따른 등기 전에 동일한 부분에 지상권, 전세권 또는 임차권의 설정등기가 되어 있는 경우. 물권의 배타성에 의하여 허용되지 않기 때문이다.

③ 말소등기의 기록명령이 있었으나 그 기록명령에 따른 등기 전에 등기상 이해관계인이 발생한 경우. 기록명령에 따른 등기를 함에 장애가 되는 이해관계인이 발생하여야 한다.

④ 등기관이 기록명령에 따른 등기를 하기 위하여 신청인에게 첨부정보를 다시 등기소에 제공할 것을 명령하였으나 신청인이 이에 응하지 아니한 경우

(2) 기록명령이 있더라도 이의사유가 아닌 다른 각하사유가 있는 경우에는 다시 그 등기신청을 각하할 수 있다.

Ⅴ. 법원의 재판에 대한 불복

관할 지방법원의 결정에 대하여는 비송사건절차법에 따라 항고할 수 있다(법 제105조 제2항).

이의신청을 기각 또는 각하한 경우에는 이의신청인만 항고할 수 있다(비송사건절차법 제20조 제2항).

등기신청을 각하한 등기관의 결정에 대하여 이의신청을 한 결과 그 이의가 인용되어 이에 따라 등기가 이루어진 경우, 등기신청에 대한 등기관의 각하처분

은 이미 존재하지 아니하므로 등기관의 등기신청 각하처분의 당부를 판단한 법원의 결정에 대하여는 이를 다툴 항고의 이익은 없게 된다.[20] 이때에는 실행된 등기에 대하여 등기관의 처분에 대한 이의의 방법으로 말소를 구하거나 별개의 소송으로 등기의 효력을 다투어야 한다.

등기를 완료한 등기관의 처분에 대하여 이의를 인용하여 그 등기의 말소를 명한 경우, 해당 등기의 등기권리자와 등기의무자는 그 결정에 대하여 항고를 할 수 있으나, 말소할 등기를 기초로 하여 등기를 한 제3자는 말소명령에 대하여 항고할 이익이 없다. 이 경우에는 말소명령이 있다 하더라도 그 제3자의 승낙이나 그에 대항할 수 있는 재판이 없으면 말소를 할 수 없으므로 말소명령만으로는 그 제3자의 권리가 침해되지 않기 때문이다.

20) 대법원 1996.12.11. 96마1954 결정; 대법원 2008.12.15. 2007마1155 결정; 대법원 2011.4.12. 2011마45 결정.

제 6 장 등기의 효력

제 1 관 등기절차와 등기의 효력

죽음을 생각하면 삶이 달라진다. 이 점은 부동산등기에 대하여도 마찬가지이다. 지금까지 살펴본 절차에 따라 등기가 이루어진 경우 그 등기가 어떤 효력을 가지는지, 우리 생활에서 법적으로 어떤 의미를 가지는지를 생각하면 등기절차를 더 깊이 제대로 이해할 수 있다. 등기의 효력에 관하여는 물권법 교과서에서 자세히 다루고 있다. 등기가 유효하기 위하여 어떤 요건을 갖추어야 하는지, 그리고 유효요건을 갖춘 경우 등기에는 어떤 효력이 있는가 하는 점이다. 등기의 효력에 관하여 자세한 내용은 물권법 교과서에 미루고자 한다. 여기서는 등기절차적인 측면에 중점을 두어 등기절차를 이해하기 위하여 필요한 범위에서 등기의 효력을 살펴보고 몇 가지 문제되는 사항들에 대하여 생각해보고자 한다.

실체법적 사고에 익숙해져 있는 경우에는 등기절차의 원리를 생각하지 않고 실체법적 효력만으로 등기절차를 이해하려는 경향이 있다. 등기절차를 실체법에 부수적인 절차로 이해하는 사고이다. 그러나 민사소송에서도 처분권주의, 변론주의, 기판력, 불이익변경금지의 원칙 등의 절차의 논리에 따라 처리되고 있듯이 등기절차도 마찬가지이다. 등기절차도 하나의 법적 절차인 이상 절차의 논리와 원칙에 따라야 한다. 예를 들어보자. 혼동의 경우 소유자가 제한물권인 근저당권을 취득하게 되면 근저당권은 혼동으로 소멸한다. 제한물권이 혼동으로 소멸한 사실은 등기기록상으로 명백히 확인되므로 등기관이 막바로 말소절차를 밟아야 하는가? 아니라면 어떤 절차를 거쳐야 하는가? 물권의 포기는 어떤가? 부동산물권을 포기하면 그 등기절차는 어떻게 되는가? 소유권을 포기하면 포기한 자가 국가 명의로의 등기를 신청할 수 있는가? 제한물권을 포기한 자는 단독으로 말소등기를 신청할 수 있는가? 건물이 멸실된 경우의 등기절차는 또 어떤가? 멸실된 사실만 확인되면 누구든지 멸실등기를 신청할 수 있는가? 실체법적 효력만으로 답하기는 어렵다.

그렇다고 절차법이 실체법과 유리되어 있다는 의미는 아니다. 실체법상의 물권변동이론을 그대로 반영하도록 절차와 제도를 정비하여야 한다. 부동산물권변동에 관한 실체법적 법률관계를 등기기록에 정확하고 신속하게 반영할 수 있는 절차와 방법의 마련에 고민하여야 하는 일이 부동산등기법학의 역할의 하나이다. 지금까지는 형식적 심사주의라는 논리에 막혀 그런 노력을 학문적으로는 거의 하지 못하였다.[1)]

이런 점에서 이제는 등기의 효력과 절차를 밀접하게 관련지어 이해하여야 한다. 등기절차와 실체를 연결하는 기본이 되는 고리는 등기원인이다. 그 등기원인을 증명하는 정보를 통하여 등기절차는 실체와 연결되고 실체법적 효력 여부를 심사하게 된다. 그 위에 공동신청주의의 구조 아래 각종의 신청정보와 첨부정보의 정비 등의 방법을 통하여 정확하고 신속한 공시를 이루면서 동시에 등기의 효력을 확보하는 노력을 하여야 한다.[2)]

제 2 관 등기의 유효요건

1. 실체적 유효요건

법률행위에 의한 부동산물권변동은 법률행위와 등기라는 두 가지 요건이 필요하다. 이 두 요건은 서로 내용적으로 부합하여야 한다. 내용적으로 부합하지 않으면 등기가 되었다 하더라도 법률행위에 따른 물권변동은 발생하지 않는다. 그렇다면 이 실체적 유효요건은 등기절차에 어떻게 반영되어 있을까? 이것을 등기절차에서 확보하기 위하여 등기신청시에 등기원인을 증명하는 정보를 첨부하도록 하고(규칙 제46조 제1항 제1호), 그 내용과 등기신청서의 내용이 부합하지 않으면 등기신청을 각하하도록 하고 있다. 여기서 부동산등기법의 규정을 잘 이해할 필요가 있다. 부동산등기법은 이 경우의 각하사유로 “신청정보와 등기원인을 증명하는 정보가 일치하지 아니한 경우”라고 표현하고 있다(법 제29조 제8호). ‘법률

---

1) 그러나 실무에서는 이런 노력을 많이 기울여왔다.

2) 그러한 노력의 하나로 부동산등기에서는 등기절차 고유의 본인의사확인수단으로 등기필정보제도(종래의 등기필증)를 고안하였다.

행위와 등기신청의 내용이 일치하지 아니한 경우'라고 표현하지 않고 있다. 등기원인을 증명하는 정보를 통하여 실체법상의 법률행위와의 부합 여부를 심사하도록 하고 있음을 알 수 있다.

이 요건과 관련하여 실체관계에 부합하는 등기라는 이론이 판례에 의하여 인정되고 있다.[3] 등기절차에 어떤 하자가 있다고 하더라도 등기가 진실한 권리관계와 합치하면 그 등기는 유효한 등기로 볼 수 있다고 한다. 등기경제의 관점에서 인정된다고 볼 수 있다. 그 등기를 무효라고 하여 말소하여도 적법한 절차를 거쳐 다시 그 등기를 하게 되므로 불필요한 절차를 거치게 할 필요가 없기 때문이다. 아래에서 살펴보는 사안들이 그러한 사례로 논의되는 경우이다. 그렇다고 신청사건을 처리하는 단계에서 하자가 있는 등기신청을 수리해도 된다는 의미는 아님을 주의하여야 한다.[4] 등기신청에 하자가 있음에도 그 신청이 실체관계에 부합하는지를 신청단계에서 등기관이 알 수 있는 방법도 없다. 그것은 사후적인 평가일 뿐이다.

① 물권변동의 원인이나 과정이 다른 경우

종래 부동산거래에서 물권변동의 원인을 실제와 다르게 등기하거나 물권변동의 과정을 생략하여 등기하는 예가 종종 있어 왔다. 세금관계 등의 이유로 실제는 증여인데 매매를 등기원인으로 하여 소유권이전등기를 신청하는 경우가 그 예이다. 판례는 이러한 등기를 유효하다고 보고 있다.[5] 이와 같은 사유에 의한 부실등기는 등기절차에서 방지하기 어렵다. 그것은 등기원인증서를 공증한다고

---

3) 대법원 1985.4.9. 84다카130,84다카131 판결; 대법원 1992.2.28. 91다30149 판결; 대법원 1994.6.28. 93다55777 판결; 대법원 1995.12.26. 94다44675 판결; 대법원 1996.4.12. 95다2135 판결; 대법원 2007.1.11. 2006다50055 판결; 대법원 2015.5.21. 2012다952 판결(전); 대법원 2015.11.17. 2013다84995 판결.

4) 예를 들어, 사해행위 취소 및 원상회복으로 소유권이전등기의 말소를 명한 판결의 소송당사자가 아닌 다른 채권자가 위 판결에 의하여 채무자를 대위하여 마친 말소등기는 등기절차상의 흠에도 불구하고 실체관계에 부합하는 등기로서 유효하다. 그렇지만, 사해행위 취소의 효력은 채무자와 수익자의 법률관계에 영향을 미치지 아니하고, 사해행위 취소로 인한 원상회복 판결의 효력도 소송의 당사자인 채권자와 수익자 또는 전득자에게만 미칠 뿐 채무자나 다른 채권자에게 미치지 아니하므로, 어느 채권자가 수익자를 상대로 사해행위 취소 및 원상회복으로 소유권이전등기의 말소를 명하는 판결을 받았으나 말소등기를 마치지 아니한 상태라면 소송의 당사자가 아닌 다른 채권자는 위 판결에 의하여 채무자를 대위하여 말소등기를 신청할 수 없다(대법원 2015.11.17. 2013다84995 판결).

5) 대법원 1980.7.22. 80다791 판결.

하여도 마찬가지이다. 다만, 부동산의 소유권이전을 내용으로 하는 계약을 체결한 자가 그에 따른 등기를 신청함에 있어 등기신청서에 등기원인을 허위로 기재하여 신청하거나 소유권이전등기 외의 등기를 신청한 때에는 형사처벌(3년 이하의 징역이나 1억 원 이하의 벌금)의 제재가 있다(부동산등기 특별조치법 제8조 제2호, 제6조).

법률행위가 무효이거나 취소·해제된 경우에는 그 등기를 말소하여야 하는 것이 원칙이나 다시 이전등기를 하는 방법도 이용되고 있다. 판례도 이 경우 등기의 말소에 갈음하여 진정한 등기명의의 회복을 원인으로 하는 소유권이전등기도 허용된다고 한다.[6]

② 중간생략등기

물권변동의 과정을 생략하는 경우의 하나로 중간생략등기가 있다. 종래 세금을 면탈하거나 부동산투기의 수단으로 중간생략등기가 널리 이용되어 왔다. 부동산투기가 사회문제화되면서 중간생략등기를 방지하기 위한 조치로 소유권이전등기신청의무를 부과하고 계약서에 검인을 받게 할 뿐만 아니라 법령의 제한을 회피할 목적으로 이러한 규정에 위반한 때에는 형사처벌의 제재를 규정하게 되었다(부동산등기 특별조치법 제2조, 제3조, 제8조 제1호). 그러나 그 효력에 관하여 판례는 중간생략등기의 유효성을 인정한다. 그리고 중간생략등기에 관한 3자합의는 유효요건이 아니라고 한다. 당사자 사이에 적법한 원인행위가 성립되어 일단 중간생략등기가 이루어진 이상 중간생략등기에 관한 합의가 없었음을 이유로 그 무효를 주장하지도 못하고, 그 말소를 청구하지도 못한다고 한다.[7] 거래의 안전을 고려한 해석이다.

③ 무효등기의 유용

실체적 권리관계에 부합하지 않아 무효인 등기가 나중에 그 등기에 부합하는 실체적 권리관계를 구비하게 된 경우나, 처음에 유효한 등기가 나중에 실체관계가 없어져 무효로 되었으나 다시 처음의 등기와 비슷한 별개의 실체관계가 생긴 경우, 새로운 이해관계를 가진 제3자가 없는 한 그 등기를 유효라고 할 수 있다. 이를 무효등기의 유용이라고 한다. 이러한 유용의 합의를 하기 전에 새로운

6) 대법원 1990.11.27. 89다카12398 판결(전).

7) 대법원 1967.5.30. 67다588 판결; 대법원 1979.7.10. 79다847 판결; 대법원 1980.2.12. 79다2104 판결; 대법원 2005.9.29. 2003다40651 판결.

이해관계를 가진 제3자가 있는 경우에는 그 제3자에게 대항할 수 없다.[8] 그러나 멸실된 건물과 신축된 건물에 대하여는 무효등기의 유용에 관한 법리가 적용되지 않는다. 신축된 건물과 멸실된 건물이 구조나 위치 등 여러 가지 면에서 같다고 하더라도 두 건물은 동일 건물이라고 할 수 없으므로 신축건물의 물권변동에 관한 등기를 멸실건물의 등기기록에 하더라도 그 등기는 무효이다.[9]

④ 일부만 부합하는 경우

법률행위와 등기가 내용적으로 완전히 부합하지 않고 일부만 부합하는 경우에는, 등기된 양이 물권행위의 양보다 큰 경우에는 법률행위의 한도 내에서 효력이 생기고, 등기된 양이 적은 경우에는 법률행위의 일부무효에 관한 민법 제137조의 규정에 따라 판단하여야 한다.[10]

2. 절차적 유효요건

등기는 부동산등기법이 정하는 절차에 따라 적법하게 이루어져야 한다. 그런데 이미 이루어진 등기에 절차상의 흠이 있다면 그 효력은 어떻게 될까? 이때 등기의 효력 여부는 절차상의 흠보다는 그 등기가 실체적 권리관계에 부합하느냐에 따라 판단하여야 한다. 부동산등기법 제29조 제1호와 제2호를 위반한 등기는 등기관이 직권으로 말소할 사항으로 당연히 무효가 되나, 제3호 이하를 위반한 경우에는 당연히 무효가 되지는 않는다. 판례는 등기절차상의 흠이 있다 하더라도 실체적 권리관계에 부합하면 그 등기는 유효하다고 한다. 예를 들어, 위조문서에 의한 등기는 무효가 되나, 그것이 실체관계에 부합하거나 그 등기에 부합하는 법률행위가 있는 때에는 그러한 등기도 유효하다고 한다.[11]

등기가 적법하게 이루어진 후에 그 등기가 부적법하게 그 존재를 잃게 되었다면 그 등기의 실체법상의 효력은 어떻게 되는가? 예를 들어 등기가 원인 없이 부적법하게 말소된 경우 그 효력은 어떻게 되는가? 이 경우 그 물권의 효력에는 아무런 영향을 미치지 않으며 오히려 그 말소등기가 실체관계에 부합하지 않아

8) 대법원 2009.5.28. 2009다4787 판결. 판례의 입장에 관하여는 김병선, "무효등기유용의 효력", 민사법학 제106호(2024. 3.) 참조.
9) 대법원 1980.11.11. 80다441 판결; 대법원 1992.3.31. 91다39184 판결.
10) 곽윤직·김재형, 물권법, 112면. 대법원 1970.9.17. 70다1250 판결.
11) 대법원 1972.8.22. 72다1059 판결; 대법원 1982.12.14. 80다459 판결.

서 무효라고 보아야 한다.[12] 따라서 그 말소된 등기의 권리자는 권리를 잃지 않으며 그 말소된 등기의 회복등기를 할 수 있다. 등기기록에 등기된 사항을 새 등기기록에 옮겨 기록하는 과정에서 등기관의 잘못으로 빠지는 경우에도 마찬가지라고 보아야 한다. 종이등기부에 관하여 등기부의 전부 또는 일부가 멸실한 경우에 판례는 소유권은 등기부가 멸실되었다고 하여 소멸하지 않으나, 제한물권은 실체법상의 효력도 소멸한다고 한다.[13]

제3관 등기의 효력

I. 등기의 효력 일반

1. 물권변동의 효력

부동산에 관한 법률행위로 인한 물권의 득실변경은 등기하여야 그 효력이 생긴다(민법 제186조). 따라서 법률행위에 부합하는 등기가 있으면 그에 따라 부동산에 관한 물권변동의 효력이 생긴다. 이것이 등기의 효력 중에서 가장 중요한 효력이다.[14]

2. 대항적 효력

지상권, 지역권, 전세권, 저당권, 환매권과 부동산임차권 등에서 일정한 사항을 등기할 수 있도록 하고 있는데, 이들 사항은 등기하지 않으면 당사자 사이에서 채권적 효력을 가질 뿐이지만, 이들 사항이 등기된 때에는 제3자에 대하여도 주장할 수 있다. 그러한 사항으로 존속기간, 지료와 지급시기, 위약금 또는 배상

---

12) 대법원 1968.8.30. 68다1187 판결; 대법원 1982.9.14. 81다카923 판결.

13) 대법원 1968.2.20. 67다1797 판결; 대법원 1970.3.10. 70다15 판결.

14) 등기제도가 정비된 이제는 원칙적으로 등기기록상의 등기와는 다른 실체관계는 없다고 보아야 한다. 등기부의 기재가 곧 실체관계이다. 이런 점에서 대법원 2023.12.28. 2023다260972,260989 판결은 의미가 크다. 그 사안은 상호명의신탁을 해지하고 소유권이전등기를 해주는 내용으로 재판상 화해를 하였으나 그에 따른 등기는 하지 않은 경우이다. 1심과 2심은 이 사안에서 등기명의인이 등기부상 공유지분을 갖는다고 하여도 그 공유지분은 명의인이 아무런 권리를 가지지 않는 목적물에 관한 것이므로 그 효력이 없다고 판단하였으나, 대법원은 원심을 파기하면서 공유자들 사이에 상호명의신탁이 해지되었더라도 그에 따른 이전등기를 받지 않는 한 여전히 그 권리는 등기부상의 명의인이 해당 지분의 소유자라고 판시하였다.

금, 이자 및 그 발생기와 지급시기, 임차보증금, 채무불이행으로 인한 손해배상의 약정 등이 있다(법 제69조, 제70조, 제72조, 제75조).

집합건물등기에서 대지사용권과 전유부분의 분리처분금지의 취지도 등기하여야 선의로 물권을 취득한 제3자에 대하여 대항할 수 있다(집합건물법 제20조). 그 등기가 대지권등기이다.

3. 추 정 력

가. 의 의

어떤 등기가 있으면 그 등기가 공시하는 실체적 권리관계가 존재한다고 추정된다. 민법은 이에 관하여 규정을 두고 있지 않으나, 학설과 판례는 모두 이를 인정하고 있다. 부동산물권변동의 요건이라는 부동산등기의 기능에 비추어 볼 때 당연히 인정되어야 할 뿐만 아니라 현실적으로 보아서도 등기절차에서 실체적 권리관계를 공시하기 위한 여러 요건이 상당히 보장되고 있기 때문이다.

등기의 추정력은 부동산등기의 공신력을 인정하지 않음으로써 생기는 거래의 불안을 상당 정도 완화하는 중요한 역할을 한다.[15)]

나. 추정력의 내용과 범위

어떤 권리의 등기가 있으면 그 권리가 그 등기명의인에게 속한다고 추정된다. 그리고 그 등기에 의한 물권변동도 유효하게 성립하였다고 추정된다. 등기가 말소된 경우에는 그 권리가 실체법상 소멸되어 존재하지 않는다고 추정된다.

등기의 추정력은 권리에 관하여만이 아니고 등기원인 등 기타 등기기록사항에도 인정되는지 논의가 있으나, 판례는 이를 인정하고 있다. 그리하여 등기원인의 존재와 유효성에도 추정력이 미치고,[16)] 절차상으로도 유효요건을 구비하여

---

15) 김유신·정병호, "토지 경계 침범이 등기의 추정력을 복멸하는지 여부", 법조 제765호(2024. 6.), 493면.

16) 판례는 등기가 이루어진 이상 일응 그 절차 및 원인이 정당할 것이라는 추정을 받는다고 한다(대법원 2002.2.5. 2001다72029 판결; 대법원 2003.2.28. 2002다46256 판결; 대법원 2017.10.31. 2016다27825 판결).

부동산등기는 현재의 진실한 권리상태를 공시하면 그에 이른 과정이나 모습을 그대로 반영하지 아니하였어도 유효하므로, 등기명의자가 전 소유자로부터 부동산을 취득함에 있어 등기기록상 기록된 등기원인에 의하지 아니하고 다른 원인으로 적법하게 취득하였다고 하는 등 등기원인 행위의 모습이나 과정을 다소 다르게 주장한다고 하여 이러한 주장만 가지고 그 등기의 추정력이 깨어진다고 할 수는 없고, 이를 다투는 측에서 등기명의자의 소유권이전등기가 전 등기명의

적법하게 이루어졌다고 추정한다.[17] 나아가 그 등기를 하기 위하여 필요한 전제요건도 갖추어졌다고 추정한다.[18]

사망자 명의의 신청으로 이루어진 이전등기는 원인무효의 등기로서 등기의 추정력을 인정할 여지가 없으므로 등기의 유효를 주장하는 자가 현재의 실체관계와 부합함을 증명할 책임이 있다.[19]

등기의 추정력은 제3자에 대하여는 물론 권리변동의 당사자 사이에서도 인정된다. 그리하여 부동산에 관하여 소유권이전등기가 마쳐져 있는 경우에는 등기명의자는 제3자에 대하여서 뿐 아니라 전소유자에 대하여서도 적법한 등기원인에 의하여 소유권을 취득한 것으로 추정되므로 이를 다투는 측에서 무효사유를 주장, 입증하여야 한다.[20]

인의 의사에 반하여 이루어진 것으로서 무효라는 주장·입증을 하여야 한다(대법원 1993.5.11. 92다46059 판결; 대법원 1994.9.13. 94다10160 판결; 대법원 1996.2.27. 95다42980 판결; 대법원 2000.3.10. 99다65462 판결; 대법원 2005.9.29. 2003다40651 판결). 다만, 토지수용절차를 거친 사실이 없음에도 토지수용을 원인으로 소유권이전등기를 마친 토지개량조합이 토지수용 아닌 다른 원인으로 소유권을 양도받았다거나 다른 원인으로 소유권을 취득한 자로부터 다시 특정승계 또는 포괄승계하였을 수도 있다고만 주장하는 것은 등기원인행위의 태양이나 과정을 무한정하게 확대하여 추상적으로 주장하는 것이어서 등기의 추정력이 유지될 수 없다고 한다(대법원 2001.8.21. 2001다23195 판결).

17) 대법원 2002.2.5. 2001다72029 판결은, 전 등기명의인이 미성년자이고 당해 부동산을 친권자에게 증여하는 행위가 이해상반행위라 하더라도 친권자에게 이전등기가 이루어진 이상 그 이전등기에 관하여 필요한 절차를 적법하게 거친 것으로 추정된다고 한다. 반면, 대법원 2003.2.28. 2002다46256 판결은 등기절차가 적법하게 진행되지 아니한 것으로 볼만한 의심스러운 사정이 있음이 입증되는 경우에는 그 추정력은 깨어진다고 하면서, 등기의무자를 달리하는 별개의 부동산임에도 동일한 접수일과 접수번호로 마쳐진 소유권이전등기는 추정력이 깨어진다고 한다. 대법원 2008.3.27. 2007다91756 판결도 같은 취지이다.

18) 판례는 전등기명의인의 직접적인 처분행위가 아니라 제3자가 전등기명의인의 대리인으로 처분행위를 하였다고 하더라도 현소유명의인의 등기가 적법하게 이루어졌다고 추정되며, 위 등기가 원인무효임을 이유로 그 말소를 청구하는 전소유명의인이 그 반대사실 즉, 그 제3자에게 전소유명의인을 대리할 권한이 없었다든지, 또는 제3자가 전소유명의인의 등기서류를 위조하였다는 등의 무효사실에 대한 입증책임을 진다고 한다. 대법원 1992.4.24. 91다26379,26386 판결; 대법원 1995.5.9. 94다41010 판결; 대법원 2009.9.24. 2009다37831 판결.

19) 대법원 1983.8.23. 83다카597 판결; 대법원 2017.12.22. 2017다360,377 판결; 대법원 2018.11.29. 2018다200730 판결. 다만, 전 소유자가 사망한 후에 그 명의로 신청되어 마쳐진 소유권이전등기는 그 등기원인이 이미 존재하고 있으나 아직 등기신청을 하지 않고 있는 동안에 등기의무자에 대하여 상속이 개시된 경우에 피상속인이 살아 있다면 그가 신청하였을 등기를 상속인이 신청한 경우 또는 등기신청을 등기관이 접수한 후 등기를 완료하기 전에 본인이나 그 대리인이 사망한 경우와 같은 특별한 사정이 인정되는 경우에는 원인무효의 등기라고 할 수 없으므로 그 등기의 추정력을 부정할 수 없다. 대법원 1989.10.27. 88다카29986 판결; 대법원 1997.11.28. 95다51991 판결; 대법원 2008.4.10. 2007다82028 판결.

판례는 소유권보존등기에 관하여는 소유권이 진실하게 보존되어 있다는 사실에 관하여만 추정력이 있고 소유권보존 이외의 권리변동이 진실하다는 점에 관하여는 추정력이 없다고 한다.[21] 따라서 소유권보존등기 명의인이 원시취득자가 아니라는 점이 증명되면 보존등기의 추정력은 깨어진다.[22] 예를 들어, 소유권보존등기 명의인 이외의 자가 당해 토지를 사정받은 것으로 밝혀지면 소유권보존등기의 추정력은 깨어지며,[23] 신축된 건물의 소유권은 이를 건축한 사람이 원시취득하므로 건물소유권보존등기의 명의자가 이를 신축한 것이 아니라면 그 등기의 권리추정력은 깨어지고, 등기명의자가 스스로 적법하게 그 소유권을 취득한 사실을 입증하여야 한다.[24]

판례는 소유권이전청구권의 보전을 위한 가등기가 있다 하여 소유권이전등기를 청구할 어떤 법률관계가 있다고 추정되지는 않는다고 하여 가등기원인의 존부에 어떤 추정력을 인정할 수 없다고 한다.[25]

한시법으로 제정되었던 구 「부동산 소유권이전등기 등에 관한 특별조치법」 등 여러 특별조치법은 일반 등기절차와는 다른 간이한 절차에 의하여 등기를 할 수 있도록 하되, 보증서와 확인서 등의 엄격한 절차에 의하도록 하고 부정한 방법으로 그 절차를 밟은 경우 형사처벌의 제재를 규정하였다. 이러한 특별조치법에 의한 등기도 실체적 권리관계에 부합하는 등기로 추정된다. 판례는 그 추정의 번복을 구하는 당사자가 그 등기의 기초가 된 특별조치법 소정의 보증서나 확인서가 허위로 작성되거나 위조되었다든지 그 밖의 사유로 적법하게 등기된 것이

---

20) 대법원 1993.5.11. 92다46059 판결; 대법원 1997.6.24. 97다2993 판결; 대법원 1997.12.12. 97다40100 판결; 대법원 2000.3.10. 99다65462 판결; 대법원 2004.9.24. 2004다27273 판결; 대법원 2013.1.10. 2010다75044,75051 판결. 부동산등기는 그것이 형식적으로 존재하는 것 자체로부터 적법한 등기원인에 의하여 마쳐진 것으로 추정된다고 한다(대법원 2023.7.13. 2023다223591,223607 판결).

21) 대법원 1996.6.28. 96다16247 판결.

22) 대법원 1982.9.14. 82다카707 판결.

23) 토지조사부에 소유자로 등재되어 있는 자는 재결에 의하여 사정 내용이 변경되었다는 등 반증이 없는 이상 토지 소유자로 사정받아 그 사정이 확정된 것으로 추정되어 토지를 원시적으로 취득하게 되고, 소유권보존등기 추정력은 보존등기 명의인 이외의 자가 당해 토지를 사정받은 것으로 밝혀지면 깨진다(대법원 2011.5.13. 2009다94384,94391,94407 판결). 설령 국가가 이를 무주부동산으로 취급하여 국유재산법령의 절차를 거쳐 국유재산으로 등기를 마치더라도 국가에게 소유권이 귀속되지 않는다(대법원 2005.5.26. 2002다43417 판결).

24) 대법원 1996.7.30. 95다30734 판결.

25) 대법원 1979.5.22. 79다239 판결; 대법원 2018.11.29. 2018다200730 판결.

아니라는 것을 주장·입증하여야 하고 그와 같은 입증이 없는 한 그 등기의 추정력은 번복되지 아니한다고 한다.[26)]

판례는 집합건축물대장의 신규 또는 변경등록이 이루어지고 그에 따라 구분등기가 마쳐진 구분점포에 대하여 특별한 사정이 없는 한 등록 및 등기가 이루어질 당시 집합건물법에서 정한 구분소유권의 요건을 갖추고 있었다고 추정되고, 그와 다른 사실은 이를 다투는 측에서 주장·증명하여야 한다고 한다.[27)]

다. 추정력의 효과

(1) 입증책임의 경감과 전환

민사소송에서 추정은 어느 사실에서 추측하여 다른 사실을 인정하는 것을 말한다. 추정에는 사실상의 추정과 법률상의 추정이 있다. 사실상의 추정은 일반경험법칙을 적용하여 행하는 추정이고, 법률상의 추정은 우리의 경험칙을 법규정에 반영한 추정규정을 적용하여 추정하는 것을 말한다. 법규정에 의하여 일정한 사실이 추정되는 경우를 사실추정, 일정한 권리가 추정되는 경우를 권리추정이라 한다. 사실추정은 어떤 전제사실이 있으면 법규정에 의하여 다른 사실이 추정되고, 권리추정에서는 어떤 전제사실이 있으면 일정한 권리가 있거나 권리가 일정한 상태에 있다고 추정된다.[28)] 추정규정이 있는 경우 입증책임을 지는 당사자는 직접 요건사실을 입증할 수도 있지만 그보다 증명이 쉬운 전제사실을 입증하여 요건사실이 있는 것으로 추정받을 수 있다. 어느 부동산의 소유권을 주장하는 당사자는 자기가 그 부동산의 소유권자임을 직접 입증할 수도 있지만 그보다는 등기사항증명서를 통하여 자신이 소유명의인으로 등기되어 있다는 전제사실을 입증함으로써 소유자임을 추정받을 수 있다.

---

26) 대법원 1987.10.13. 86다카2928 판결(전); 대법원 2001.10.12. 99다39258 판결; 대법원 2004.3.26. 2003다60549 판결. 다만, 위 특별조치법에 따라 등기를 마친 자가 보증서나 확인서에 기재된 취득원인과 다른 취득원인에 따라 권리를 취득하였음을 주장하더라도, 특별조치법의 적용을 받을 수 없는 시점의 취득원인 일자를 내세우는 경우와 같이 그 주장 자체에서 특별조치법에 따른 등기를 마칠 수 없음이 명백하거나 그 주장하는 내용이 구체성이 전혀 없는 등의 특별한 사정이 없는 한 위의 사유만으로 특별조치법에 따라 마쳐진 등기의 추정력이 깨어진다고 볼 수는 없으며, 그 밖의 자료에 의하여 새로이 주장된 취득원인 사실에 관하여도 진실이 아님을 의심할 만큼 증명되어야 그 등기의 추정력이 깨어진다고 한다. 대법원 2000.10.27. 2000다33775 판결; 대법원 2001.11.22. 2000다71388,71395 판결(전); 대법원 2006.2.23. 2004다29835 판결.

27) 대법원 2022.12.29. 2019마5500 결정.

28) 호문혁, 민사소송법, 2010, 509~510면.

등기의 추정력에 관한 규정은 없지만 일반적으로 등기의 추정력을 법률상의 권리추정으로 보고 있다.[29] 따라서 그 추정의 효과를 깨뜨리기 위하여는 전제사실의 증명단계에서 그 전제사실에 대한 법관의 법적 확신을 흔들리게 하는 반증을 제출하거나, 추정규정의 적용단계에서 추정된 권리와 양립하지 않는 반대사실을 주장·입증하여 권리추정을 번복시켜야 한다.

(2) 추정력의 부수적 효과

추정력의 부수적 효과로서 등기의 내용을 신뢰하였다면 선의인 데 과실이 없었다고 추정되고,[30] 부동산물권을 취득하려는 자는 등기내용을 알고 있었다고, 즉 악의로 추정된다.

4. 순위확정적 효력

같은 부동산에 관하여 등기한 권리의 순위는 법률에 다른 규정이 없으면 등기한 순서에 따른다(법 제4조 제1항). 이것을 등기의 순위확정적 효력이라 한다. 등기의 순서는 등기기록 중 같은 구에서 한 등기 상호간에는 순위번호에 따르고, 다른 구에서 한 등기 상호간에는 접수번호에 따른다(법 제4조 제2항). 부기등기의 순위는 주등기의 순위에 따르되, 같은 주등기에 관한 부기등기 상호간의 순위는 그 등기 순서에 따른다(법 제5조).

---

29) 대법원 1992.10.27. 92다30047 판결. 자세한 내용은 전원열, 민사소송법 강의, 박영사, 2024, 393면 이하 참조.

30) 부동산을 매수하는 사람은 매도인에게 그 부동산을 처분할 권한이 있는지 여부를 알아보아야 하는 것이 원칙이고, 이를 알아보았더라면 무권리자임을 알 수 있었을 때에는 과실이 있다고 보아야 하나, 매도인이 등기기록상의 소유명의자와 동일인인 경우에는 그 등기기록이나 다른 사정에 의하여 매도인의 소유권을 의심할 수 있는 여지가 엿보인다면 몰라도 그렇지 않은 경우에는 등기기록의 기재가 유효한 것으로 믿고 매수한 사람에게 과실이 있다고 말할 수는 없다. 이러한 법리는 매수인이 지적공부 등의 관리주체인 국가나 지방자치단체라고 하여 달리 볼 것은 아니다. 대법원 2019.12.13. 2019다267464 판결. 반면, 등기기록의 기재 또는 다른 사정에 의하여 매도인의 처분권한에 대하여 의심할 만한 사정이 있거나 매도인과 매수인의 관계 등에 비추어 매수인이 매도인에게 처분권한이 있는지 여부를 조사하였더라면 별다른 사정이 없는 한 그 처분권한이 없음을 쉽게 알 수 있었을 것으로 보이는 경우에는, 매수인이 매도인 명의로 된 등기를 믿고 매수하였다 하여 그것만으로 과실이 없다고 할 수 없다. 대법원 2017.12.13. 2016다248424 판결. 그 밖에도 대법원 1992.6.23. 91다38266 판결; 대법원 1997.8.22. 97다2665 판결 등 참조.

Ⅱ. 부동산등기의 공신력 문제: 정적 안전인가 동적 안전인가?

이상은 우리 법에서 인정되는 부동산등기의 효력이다. 그 외에 입법례에 따라서 그 이상의 효력이 인정되기도 한다. 우선, 부동산등기의 내용을 신뢰하고 거래한 사람에 대하여는 그 신뢰를 보호하여 등기기록의 내용과 같은 실체적 법률관계가 존재하는 것으로 다루어지는가? 이 문제가 공신력의 문제이다. 예를 들어, A로부터 B에게 소유권이전등기가 되어 있어서 B를 소유자로 믿고 B로부터 부동산을 매수하였는데 실은 B가 서류를 위조하여 등기를 한 경우라면 그 사람은 그 부동산에 대한 소유권을 취득하는가? 다른 말로 하면 부동산의 선의취득이 인정되는가의 문제이다. 우리 민법은 동산에 관하여는 선의취득을 인정하고 있다. 즉, 평온, 공연하게 동산을 양수한 자가 선의이며 과실 없이 그 동산을 점유한 경우에는 양도인이 정당한 소유자가 아닌 때에도 즉시 그 동산의 소유권을 취득한다(민법 제249조). 그러나 부동산에 관하여는 선의취득을 인정하는 규정이 없어 공신력이 인정되지 않는다고 해석되고 있다.

우리 민법에서 공신력은 인정되지 않으나 개별규정에서 선의의 제3자 보호규정을 두고 있는 경우에는 제3자가 보호되는 효과가 있다. 예를 들어, A와 B 사이에 사기의 의사표시에 의한 법률행위가 있었다는 등의 법률행위의 무효 또는 취소로서 선의의 제3자에게 대항할 수 없는 경우(민법 제107조 제2항, 제108조 제2항, 제109조 제2항, 제110조 제2항)에는 제3자 C가 선의라면 C에 대한 관계에서 A와 B 사이의 법률행위는 유효하다고 다루어지므로 C는 권리를 취득하게 된다. 또한, 선의의 제3자 보호규정 외에도 법률에서 공신력을 인정하는 규정을 두고 있는 경우가 있다. 예를 들면 민사집행법 제267조는 담보권 실행 등을 위한 경매에서 매수인의 부동산 취득은 담보권 소멸로 영향을 받지 아니한다고 규정하고 있다.[31]

어느 제도를 채택하든 부실등기를 완벽히 방지할 수는 없다. 그것은 공신력을 인정하는 나라에서도 마찬가지이다. 현재 우리 등기제도에서 부실등기의 문제가 종래 소위 형식적 심사주의이론에서 말하듯 심각한 문제는 아니다. 특히 그것이 등기절차의 문제로 인하여 발생하는 비율은 극히 적다.[32] 그리고 공신력을 인

---

31) 판례는 민사집행법 제267조는 경매개시결정이 있은 뒤에 담보권이 소멸하였음에도 경매가 계속 진행되어 매각된 경우에만 적용된다고 본다. 대법원 2022.8.25. 2018다205209 판결(전).

정한다고 그 동안 없던 새로운 위험이 발생하지는 않는다.[33] 필요한 것은 공신력의 내용을 어떻게 구성하느냐의 문제이기도 하다. 여기서도 총론적 논의만이 아니라 각론적 논의도 필요하다. 공신력 인정의 문제는 이러한 부실등기의 위험을 진정한 권리자와 선의의 제3자 중 누구에게 귀속시킬 것인가의 문제이다.[34] 공신력을 인정하지 않으면 제3자가, 인정하면 진정한 권리자가 그 위험을 떠안는다. 공신력을 인정하지 않으면 진정한 권리자의 보호(정적 안전)를 우선시하는 입장이고, 공신력을 인정한다면 선의의 제3자보호(동적 안전)를 우선시하는 입장이다. 결국 그것은 부동산거래에 따르는 위험을 누구에게 부담시킬 것인가의 문제이다.

많은 외국의 입법례에서는 부동산등기의 공신력을 인정한다.[35] 이 문제는 특히 Torrens system을 채택하고 있는 나라에서 "Indefeasibility"의 문제로 많은 논의가 이루어지고 있다.[36] 일본에서도 민법 제94조 제2항 유추적용의 법리에 의하여 제3자 보호를 꾀하고 있다.

이 문제에 관한 우리나라에서의 일반적인 견해는 다음과 같다. 우리나라는 등기절차에서 형식적 심사주의를 취하여 부실등기가 발생할 위험이 매우 크므로 공신력을 인정하기 위한 전제조건으로는 등기원인서면의 공증이 필요하다는 것이다. 그러나 우리 등기절차가 형식적 심사주의를 취한다는 견해는 등기절차에 대한 대단히 형식적인 이해라는 것이 이 책의 입장이다. 부실등기는 등기원인서면의 공증제도를 도입한다고 하여 완전히 방지할 수 없다.[37] 등기원인서면의 공증이 아니라 등기제도에 대한 올바른 이해가 우선되어야 한다. 우리도 등기의 공신력 인정 문제를 좀 더 열린 마음으로 바라볼 때에 이르렀다는 주장도 제기되고 있다.[38] 우리나라에서도 연구가 필요한 부분이다.

---

32) 부실등기에 관한 실증적 분석으로는 안태근, "등기원인증서의 공증과 등기의 공신력", 법조 591호(2005. 12.), 92면 이하 참조.

33) 물론 새로운 제도 시행에 따르는 다소의 혼란은 있을 수 있다. 그것은 어느 제도나 마찬가지이다.

34) 권영준, "등기의 공신력 — 1957년, 그리고 2011년 —", 법조 661호(2011. 10.), 25면.

35) 등기의 공신력 인정에 관한 각국의 태도에 관하여는 권영준, 위의 논문, 35면 참조.

36) 이에 관하여는 David Grinlinton, Torrens in the Twenty-first Century, 2003; Douglas J. Whalan, The Torrens System in Australia, 1982; Elizabeth Cooke, The New Law of Land Registration, 2003 참조.

37) 공증제도의 도입이 공신력 인정의 논리필연적인 전제조건은 아니다. 권영준, 앞의 논문, 59면.

38) 권영준, 앞의 논문, 7면.

Ⅲ. 등기의 효력과 관련하여 몇 가지 생각할 점

앞에서 부동산등기의 효력에 관한 일반론을 살펴보았다. 여기서는 등기절차에서 등기의 효력이 어떤 의미를 가지는지를 생각해 보자. 이 점에 관하여는 등기의 효력과 등기절차를 서로 연계하여 생각하여야 한다는 점을 강조하고 싶다. 지금까지는 실체법과 절차법이 서로 유리되어 온 느낌이다. 민법을 공부하는 사람은 실체법적 사고만 하고 등기절차적인 면은 부수적인 것으로만 다루어 왔다. 등기절차법인 부동산등기법을 공부하는 사람은 신청을 어떻게 하고 등기방법은 어떻게 하는지에 관심을 가졌지 등기된 내용을 해석하고 어떤 효력을 가지는지에 관심을 갖지 않았다고 생각된다. 이래서는 실체법과 절차법이 유기적으로 연계될 수 없다. 실체법에서 등기의 효력을 논의할 때 절차적 고려도 함께 하여야 한다. 효력이 없는 등기가 이루어지지 않도록 절차를 정비하는 일은 이미 이루어진 등기에 대한 사후적 평가 못지 않게 중요하다. 마찬가지로 등기절차에서도 등기의 효력을 염두에 둔다면 등기사건을 처리하는 자세가 달라질 수 있다. 내가 처리하는 등기사건이 실제 어떤 효력을 가지고 어떤 문제가 생기는지를 안다면 말이다. 이러한 관점에서 몇 가지 구체적 사례를 가지고 생각해 보자.[39)]

(1) 등기명의인 표시경정등기에 관하여 생각해 보자. 등기명의인의 표시를 타인의 이름으로 경정한 대법원 1985. 11. 12. 85다81,85다카325 판결의 사례를 살펴본다.

사안이 복잡하나 논의에 필요한 범위에서 단순화시키면 다음과 같다. 원고 유굉리(劉宏利)는 이 사건 대지를 매수하여 그 지상에 건물을 지은 다음 자신의 명의로 대지에 관하여는 소유권이전등기를, 건물에 관하여는 소유권보존등기를 각 마쳤다. 그런데 원고의 친동생인 피고 유굉지(劉宏芝)가 유굉리와 유굉지가 동일인이라는 허위내용의 증명서를 첨부하여 등기명의인 표시경정의 등기를 신청하였고, 그에 따른 등기가 이루어졌다. 그 후 신등기용지로 이기되는 과정에서 부기등기로 이루어진 경정등기는 생략되고 소유권이전등기와 소유권보존등기가 피고 이름으로 이기되었다. 이에 원고는 위 경정등기가 원인무효라고 주장하면서

39) 이 점에 관하여는 저자도 많은 연구를 하지 않아 문제 제기 차원에서 간략히 언급하는 정도에 그친다. 이 책의 관련 부분에서 이미 언급한 문제들이기도 하다.

피고를 상대로 경정등기의 말소등기를 청구하였다가 항소심에서 소유권이전등기 및 소유권보존등기의 각 말소를 구하는 것으로 청구취지를 변경하였다.

이 사례에서 등기절차와 관련하여 생각해 볼 점은 다음과 같다.[40] 첫째, 이 사례에서 위 경정된 후의 등기의 명의인은 누구로 보아야 할까? 등기명의인의 인격의 동일성에는 변함이 없다는 경정등기의 본질에 비추어 표시가 어떻게 달라지더라도 그 명의인은 원고인 유굉리라고 보아야 하는가, 아니면 타인 이름으로 표시된 이상 그 타인인 피고 유굉지가 명의인이라고 보아야 하는가? 그렇다면 경정등기에 의하여 권리변동이 일어나는가? 둘째, 경정등기의 소급효에 비추어 피고 유굉지는 소유권이전등기와 소유권보존등기 당시부터 등기명의인이었던 것으로 되고, 원고 유굉리 명의의 등기는 위 등기 당시부터 소급하여 없었던 것으로 되는가? 그렇다면 위 부동산의 진실한 소유자는 원고인가 피고인가? 피고는 피고적격이 있는가? 셋째, 위 등기를 바로잡는 절차는 어떻게 되는가?

이 사건에서 원심법원은 경정 후의 등기명의인 표시가 타인의 이름과 동일하게 되었다 하더라도 실질적으로 종전과 동일한 명의인을 표시한다고 보고 별개의 인격인 피고를 상대로 그 말소를 구함은 당사자적격이 없는 자를 상대로 한 부적법한 소라고 판시하면서, 위 경정등기의 잘못은 다시 경정등기를 함으로써 바로잡을 수 있다고 하였다. 반면, 대법원은 등기의 외관을 중시하여 사실상 타인인 피고 이름으로 표시되어 있는 이상 피고가 등기명의인이라고 보고 소유권등기를 말소하라고 하였다.

등기명의인의 표시가 외관상 피고 이름과 같이 되었다고 하여도 그 표시만 달라졌을 뿐 실질적인 명의인은 여전히 원고이고, 따라서 원고가 여전히 소유자라고 보아야 할 것이다.[41] 이 판례는 그 결론이 의미가 있다기보다는 등기절차와

40) 양승태, "등기명의인의 표시를 타인 이름으로 경정한 명의인표시경정등기의 효력", 민사판례연구[Ⅸ], 14면 이하.

41) 양승태, 위의 논문, 22면 참조. 그러나 대법원 2015.5.21. 2012다952 판결(전)은 등기명의인의 동일성이 인정되는 범위를 벗어난 경정등기의 효력에 관하여 다음과 같이 판시하고 있다. "등기명의인의 경정등기는 명의인의 동일성이 인정되는 범위를 벗어나면 허용되지 아니한다. 그렇지만 등기명의인의 동일성 유무가 명백하지 아니하여 경정등기 신청이 받아들여진 결과 명의인의 동일성이 인정되지 않는 위법한 경정등기가 마쳐졌다 하더라도, 그것이 일단 마쳐져서 경정 후의 명의인의 권리관계를 표상하는 결과에 이르렀고 그 등기가 실체관계에도 부합하는 것이라면 등기는 유효하다. 이러한 경우에 경정등기의 효력은 소급하지 않고 경정 후 명의인의 권리취득을 공시할 뿐이므로, 경정 전의 등기 역시 원인무효의 등기가 아닌 이상 경정 전 당시의 등기명의

등기의 효력에 관하여 생각하게 해 주는 점이 있기에 소개하였다.

(2) 중간생략등기 문제도 등기절차와 관련하여 생각해 보자.

일반적으로 중간생략등기에 관하여는 두 가지가 논의된다. 하나는 유효성의 문제, 즉 중간생략등기가 이루어진 경우에 그것이 유효한가 하는 점이다. 판례는 중간생략등기의 유효성을 인정한다. 이 경우 3자 합의는 그 요건이 아니어서 중간생략등기가 적법한 원인에 의하여 이루어져 있을 때에는 3자 합의가 없었음을 이유로 그 무효를 주장하지 못한다고 한다. 다른 하나는 중간생략등기 청구권의 문제이다. 최종 양수인은 최초 양도인에 대하여 중간생략의 등기를 청구할 수 있느냐 하는 점이다. 판례는 관계 당사자들의 합의가 있으면 중간생략의 등기청구도 허용된다고 한다. 이상이 민법에서 논의되는 내용들이다.

여기서는 등기절차와 관련하여 중간생략등기의 문제를 생각해 보자.[42] 등기를 신청하는 경우 "등기원인과 그 연월일"을 신청정보의 내용으로 등기소에 제공하여야 하고(법 제24조 제2항, 규칙 제43조 제1항 제5호), "등기원인을 증명하는 정보"를 첨부정보로 등기소에 제공하여야 한다(법 제24조 제2항, 규칙 제46조 제1항 제1호). 그렇다면 중간생략등기청구를 허용할 경우 "등기원인과 그 연월일"은 어떻게 되고, "등기원인을 증명하는 정보"는 무엇이 되는가? 중간생략등기에서 최초 양도인과 중간자, 중간자와 최종 양수인 사이에 각각 법률행위가 존재하나 최초 양도인으로부터 최종 양수인 사이에는 직접 등기를 할 수 있는 원인이 되는 법률행위는 존재하지 않기 때문에 생기는 문제이다.[43] 중간생략등기청구를 인정하는 근거에 관하여 채권양도설, 처분권부여설, 물권적 기대권설, 제3자를 위한 계약설 등 여러 견해가 있으나, 이러한 견해들에 의한 이론구성도 등기원인을 염두에 둔 논의가 아니어서 그에 따른 논리가 등기원인이 되는지는 의문이다.

또한, 중간생략등기를 인정하기 위하여는 관계 당사자 전원의 합의가 있어

인의 권리관계를 표상하는 등기로서 유효하고, 경정 전에 실제로 존재하였던 경정 전 등기명의인의 권리관계가 소급적으로 소멸하거나 존재하지 않았던 것으로 되지도 아니한다."

42) 이 문제에 관하여는 구연모, "등기절차의 측면에서 본 중간생략등기", 등기의 이론과 실무에 관한 제문제Ⅴ, 한국등기법학회·대한법무사협회 법제연구소, 2018, 177면 이하 및 구연모, "등기청구권에 관한 연구", 동국대학교 석사학위논문, 53면 이하 참조.

43) 중간생략의 합의가 있음을 이유로 중간생략등기청구를 인용한 판결에서 등기원인과 그 일자를 살펴보면 다음과 같다. 대법원 1993.1.26. 92다39112 판결에서는 최초 양도인과 중간자 사이의 매매 및 그 일자를, 대법원 2002.6.14. 2000다69200 판결과 대법원 2008.10.23. 2007다83410 판결에서는 최종 양수인과 중간자 사이의 매매 및 그 일자를 등기원인과 그 일자로 인정하였다.

야 한다고 해석하는데, 이때 중간자의 동의 또는 중간생략의 등기에 관한 당사자 전원의 합의를 증명하는 서면을 제출하게 하여야 하는가? 중간자의 동의의 성격에 관하여 판례가 “이행의 편의상 최초의 매도인으로부터 최종의 매수인 앞으로 소유권이전등기를 경료하기로 한다는 당사자 사이의 합의에 불과할 뿐”이라거나,[44] “중간등기를 생략하여도 당사자간에 이의가 없겠고 또 그 등기의 효력에 영향을 미치지 않게 하겠다는 의미가 있을 뿐”이라고 하고 있다.[45] 그렇다면 중간자의 동의는 등기원인의 요건도 아니고 등기원인에 대한 제3자의 동의로서 필요한 것도 아니다.

이와 같이 판례나 학설은 중간생략등기청구를 인정하면서도 그 등기를 정당하게 하는 근거인 등기원인에 대하여는 전혀 논의하고 있지 않다. 이 문제도 실체법상의 법률관계에 측면에서만 생각하고 실체법과 등기절차법과의 연계를 고려하지 않는 우리의 현실을 보여주는 사례의 하나이다. 등기의 효력이라는 실체법적 문제를 생각할 때 등기절차의 측면도 고려할 필요가 있다.

(3) 집합건물 평면매장의 문제도 생각해보자.

집합건물의 평면매장의 문제도 마찬가지이다. 우리 현실에서 구조상 이용상의 독립성을 갖추지 못하거나 집합건물법 제1조의2에서 정하는 구분점포로서의 요건을 갖추지 못한 평면매장이 구분건물로 등기된 경우가 많다. 이 경우 그 등기에 근저당권이 설정되어 있을 경우 근저당권등기의 효력은 어떻게 되며 그 근저당권에 의한 경매절차의 효력은 어떻게 되느냐의 문제에 관하여는 논의가 많다. 우리 판례의 입장은 이러한 평면매장이 건축물대장상 독립한 구분건물로 등재되고 등기부상으로 구분소유권의 목적으로 등기되었더라도 그러한 등기는 무효이며, 그 등기에 기초한 근저당권설정등기 역시 무효이고, 그에 따라 경매절차가 진행되어 낙찰받았다고 하더라도 낙찰자는 소유권을 취득할 수 없다고 한다. 이 점 집합건물등기 부분에서 살펴보았다. 이와 같이 우리나라에서 논의는 등기의 효력에 집중되어 있다.

그러나 오히려 더 중요한 문제는 평면매장이 등기되어도 무효라면 그러한 등기가 발생하지 않도록 하는 절차적인 측면에서의 논의가 아닐까 싶다. 등기가

---

44) 대법원 1996.6.28. 96다3982 판결; 대법원 2005.4.29. 2003다66431 판결.

45) 대법원 1979.2.27. 78다2446 판결.

이루어진 후에 그 효력을 논의하는 것보다는 그러한 무효의 등기가 이루어지지 않도록 절차를 정비하는 일이 훨씬 경제적이다. 과연 그러한 논의가 얼마나 이루어지고 있는지는 의문이다. 지금도 우리 현실에서는 그러한 무효의 등기가 이루어지고 있다. 이것이 과연 실무자들만의 업무일까? 실무지침을 제정한다고 해결이 될 문제일까? 논의가 필요하다.

(4) 중복등기의 문제도 생각해 보자.

중복등기는 동일한 부동산에 관하여 2개 이상의 등기기록이 존재하는 경우로서, 그 등기의 효력에 관한 문제가 주로 논의되고 있다. 그 이유는 중복등기기록을 정리하기 위하여서이다. 효력이 없는 등기기록을 말소함으로써 중복등기를 해소하기 위하여서이다. 그에 관하여 절차법설, 실체법설, 절충설이 있다. 그리고 판례는 동일인 명의의 중복등기와 등기명의인을 달리하는 중복등기에 관하여 입장을 달리하고 있다.

문제는 중복등기의 정리에 관하여 법령에 규정이 이미 존재한다는 점이다. 토지의 중복등기의 정리에 관하여는 법 제21조 및 규칙 제33조 이하에서 규정을 두고 있다.[46] 법령에 의한 중복등기 정리는 판례 및 학설의 논의와는 조금 다르다. 여기서 중복등기의 효력을 논의함에 있어서는 우선 이 법령의 규정에서 출발하여야 한다. 그럼에도 중복등기의 효력에 관한 논의에서 이러한 법령의 규정에 관하여는 거의 소개가 이루어지고 있지 않아 보인다. 등기의 효력을 논의함에 있어 등기절차에 대한 고려도 아울러 필요하다. 자세한 내용은 중복등기 부분에서 살펴보았다.

(5) 여기서는 등기의 효력과 등기절차에 관하여 서로 연계가 필요한 몇 가지 예를 들어 보았다. 민법 교과서에서는 등기의 효력으로 권리에 관한 등기의 효력을 다룬다. 그러나 부동산등기법에서는 여기서 예를 든 문제 외에도 등기의 효력과 관련하여 공부와 현황이 상이한 경우 등 표시에 관한 등기의 문제라든가 제3자의 승낙 없이 이루어진 말소등기의 효력 문제 등 좀 더 넓은 범위를 다룰 필요가 있어 보인다. 여기서는 자세한 논의는 생략하고 문제 제기 수준의 지적만 하였다. 앞으로 연구가 필요한 분야이다.

---

46) 중복등기의 정리에 관한 규정은 1993. 3. 3. 구 부동산등기법시행규칙 개정에 의하여 그 제115조 이하에서 규정을 신설하였다. 그러다가 부동산등기법에 근거가 없이 규칙에만 규정을 두고 있다는 문제가 있어 2006. 5. 10. 법 제15조의2를 신설하여 법률에 근거규정을 마련하였다.

제 7 장 사회변화와 부동산등기제도

제 1 관 사회변화와 부동산등기의 역할

제1장에서 우리는 부동산등기법을 왜 배워야 하는지를 살펴보았다. 부동산은 우리 생활에서 중요한 부분을 차지하는 재산이고, 부동산등기는 그 재산권의 유지에 일정한 역할을 수행하기 때문이라고 하였다. 부동산등기의 역할은 부동산 물권의 존재와 내용을 공시한다는 소극적인 측면만이 아니라 부동산 거래 전체적인 관점에서 이해하여야 한다는 점도 설명하였다.

부동산은 고대국가로부터 현재에 이르기까지 국가가 성립하기 위한 기초이다. 고대국가의 가장 기본적 물적 토대가 토지제도와 조세제도이었고, 그것은 현대에서도 변함이 없다. 그리고 근대로부터 개인의 재산권으로서의 의미도 가지게 되었다. 그런 만큼 국가정책의 영향을 크게 받지 않을 수 없다. 부동산등기제도도 그런 맥락에서의 이해가 필요하다. 부동산등기제도를 부동산에 관한 물권이라는 사권의 공시에만 초점을 맞추어 이해하기에는 부동산이 국가 전체적으로 차지하는 중요성이 크다. 등기제도가 도입된 초창기에 비하여 우리 사회는 전혀 다른 모습으로 발전하였다. 이제 등기제도의 역할은 단순히 당사자 사이에서 사법적 거래관계의 영역에 머무르지 않는다. 국가의 부동산정책 속에서 등기제도를 바라보아야 한다. 시대의 변화가 부동산등기에 대하여 더 많은 것을 요구한다. 더구나 앞으로의 미래사회는 인공지능으로 상징되는 제4차 산업혁명이 우리를 기다리고 있다. 여기서 부동산등기의 미래모습은 무엇이고, 우리는 어떻게 대비하여야 하는지에 관한 질문을 하여야 한다.

이 장에서는 이러한 부동산등기의 역할이 사회변화에 따라 어떻게 작용하여 왔고 어떻게 기능하고 있는지를 살펴보고자 한다. 부동산등기제도가 사회제도의 하나인 만큼 사회의 변화와 소통하면서 변화에 맞추어 나아갈 필요가 있다. 사회의 변화 속에서 부동산등기제도가 수행하여야 하는 역할이 무엇인지 고민이 필요하다. 그 고민 위에 부동산등기제도가 나아가야 할 방향을 제시할 수 있다. 이러한 고민은 부동산등기절차 자체만을 보아서는 안 되고, 토지이용 및 개발법제, 금융시스템 등과도 연계하여 전체적으로 이해하여야 하는 부분이다. 이제는 부동산의 이용과 거래라는 관점에서 등기제도를 보아야 한다.

제 2 관 부동산 등기제도 발전의 역사

부동산등기제도의 바람직한 모습을 그려보고 앞으로의 발전방향을 생각하기 위하여는 등기제도가 발전해온 역사를 살펴볼 필요가 있다.[1)]

현재의 우리 부동산등기제도는 일본의 지배 아래 일본의 등기법령이 시행되면서부터 시작되었다. 그 후 1960년 1월 1일부터 우리 민법과 부동산등기법이 시행되면서 우리의 부동산등기제도가 확립되었다. 그러나 그것도 일본의 등기제도에 기초하였다. 일본의 등기제도는 유럽의 근대적 등기제도, 그중에서도 독일의 등기제도를 받아들여 이루어졌다. 결국 우리 등기제도는 유럽대륙의 영향을 받았다고 할 수 있다. 그러므로 독일의 등기제도의 발전과정부터 간략히 살펴보기로 한다.[2)]

(1) 독일에서의 부동산물권 공시제도의 발전

서양의 고대에도 부동산거래의 공시제도가 존재하였다. 로마에서의 부동산 소유권양도방법에는 악취행위(握取行爲, mancipatio), 법정양도(法廷讓渡, in iure cessio), 인도(引渡, traditio)의 세 가지가 있었다. 앞의 두 가지는 엄격한 의식적 절차를 요구하는 요식행위였으나, 로마가 세계제국으로 성장하면서 상업경제가 발달하고

---

1) "한 페이지의 역사는 한 권의 논리만큼 가치가 있다(A page of history is worth a volume of logic)." New York Trust Co. v. Eisner사건에서 Holmes 대법관이 한 표현이다. 256 U.S. 345, 349(1921). 오랜 역사를 가진 물권법에서 Holmes 대법관의 이 표현은 의미가 크다.

2) 여기서는 우리나라 등기제도 발전에 영향을 미친 독일, 일본의 제도를 중심으로 우리 등기제도 발전의 역사를 간략히 살펴본다. 여기서 소개하는 내용은 구연모, 부동산등기의 진정성 보장 연구, 21면 이하를 정리한 내용이다. 그 밖에도 미국, 영국, 오스트레일리아의 등기제도는 우리와는 다른 모습으로 발전해 왔다. 여기서는 설명을 생략한다. 미국의 등기제도에 관하여는 구연모, "미국의 등기제도 — 부동산 및 법인 등기 —", 등기의 이론과 실무에 관한 제문제 V, 한국등기법학회·대한법무사협회 법제연구소, 2018, 729면 이하 참조.

등기제도 발전에 관하여 자세한 내용은 곽윤직, 부동산등기법, 박영사, 1998, 5면 이하를 참조 바란다.

대규모 교역이 활발하게 이루어짐에 따라 이러한 요식행위를 따르기가 어려워졌다. 그리하여 악취행위나 법정양도는 거의 사라지고, 인도만이 보편적이고 유일한 양도의 방법이 되었다. 그 후 거래가 빈번해지고 거래의 신속성이 요청되면서 열쇠의 교부로 인도를 대신하는 등 인도의 관념화를 낳게 되었다.

오늘날과 같은 등기부의 기원은 중세 독일의 도시장부에서 비롯된다. 그 최초의 예는 1135년 독일의 쾰른(Köln)시에서 부동산에 관한 담보서류(Schreinpfand)를 상자로 된 용기(Schrein)에 보관함으로써 시작되었다. 13세기에는 여러 도시에서 부동산에 관한 권리변동과정의 내용을 도시장부에 기입함으로써 등기제도가 발전하고 널리 이용되었다. 그 편성에서도 처음에는 시간적 순서에 따라 보관하다가 나중에는 토지를 분할하고 그 분할된 부분마다 용지를 개설하여 소유권이전만이 아니라 지대, 질권 등 그 밖의 권리에 관하여도 기재하게 되어 물적 편성주의(物的 編成主義, System der Realfolien)를 취하게 된다. 이러한 방식이 다른 도시로 퍼져가면서 등기는 이미 발생한 권리변동의 단순한 증명수단이 아니라 권리변동의 요건의 하나로 되었다. 이와 같이 근대적인 등기제도는 중세도시에서 부동산의 점유를 이전하지 않고 담보화할 수 있는 저당제도의 필요성에서부터 형성되었다.

독일에서 중세 이래 각 도시에서 발전하던 독일 고유법상의 등기제도는 로마법의 계수에 의하여 큰 영향을 받아 그 보급이 방해받게 된다. 로마법에 의하면 부동산과 동산은 모두 인도에 의하여 이전하였기 때문이다. 그러나 로마법의 계수에 의한 부동산거래의 안전 및 부동산 신용창조의 장애를 극복하기 위하여 18세기 후반에 여러 가지의 방안들이 주 입법에서 나타나기 시작하였다. 그중 가장 널리 보급된 것이 담보권등기부제도(擔保權登記簿制度, Pfandbuchsystem)이었다. 이것은 물적 신용의 안전성을 높이고 저당권과 그에 관한 거래를 보호하기 위하여 담보권의 설정은 담보권등기부에 토지를 등기하도록 한 제도이었다. 그러나 이 제도에서 소유권의 이전은 로마법에서와 마찬가지로 인도에 의하였으며, 소유자의 등기는 소유권이전에 필요한 조건은 아니었고 저당권 설정시 소유권을 명확히 하기 위하여 필요한 요건이었을 뿐이었다. 그 결과 부동산 소유권은 인도에 의한 자연적 소유권(natürliches Eigentum)과 등기에 의한 시민적 소유권(bürgerliches Eigentum)으로 이원화되었고, 동일한 토지에 대하여 서로 다른 소유자가 존재하게 되는 경우도 있었다.

이러한 결함을 극복하기 위하여 1872년에 프로이센 소유권취득법이 생겨나게 되었다.[3] 이 법에서는 로마법의 인도주의를 배제하고 순수한 독일법으로 복귀하여 소유권은 담보권의 설정을 위해서만이 아니라 그 자체를 위해서도 등기부에 기입하도록 하였다. 그리하여 등기가 권리변동의 요건이 되었고, 토지에 관한 모든 법률관계가 등기부에 기재되었다. 이를 토지등기부제도(土地登記簿制度, Grundbuchsystem)라고 한다. 현재의 독일 민법과 부동산등기법은 이 소유권취득법을 기초로 하여 제정되었다.

이와 같이 독일의 부동산 등기제도의 발전에서 등기제도는 처음에는 아무런 실체법적 의의도 가지지 아니하고 권리관계를 증명하는 수단으로 이용되었다가 점차 등기에 물권변동을 생기게 하는 효력이 인정되었다.

(2) 일본에서의 부동산물권 공시제도의 발전

일본에서는 明治維新 이전의 에도시대(江戶時代)에는 공납징수권을 확보하기 위하여 토지의 현황과 소유자를 파악할 필요가 있어 名主加判制度를 시행하였다. 明治維新 후 조세제도의 개혁으로 세금징수의 필요에 의하여 토지의 거래를 地券에 의하도록 하는 地券制度가 시행되었다. 그러다가 1886년(明治 19년) 법률 제1호로 구 登記法이 제정되면서 근대적인 등기제도가 도입되었다. 구 등기법은 당시에는 아직 민법전이 제정되지 않아 실체적인 규정이 상당히 포함되어 있었다.

구 등기법의 제정 후 구 등기법의 법률 자체의 불비, 그에 대한 국민의 불만 등의 사정이 있었고, 1896년(明治 29년) 일본 민법전의 제정에 의하여 물권의 내용과 그 변동의 요건이 명확히 규정됨에 따라 이들을 반영하여 不動産登記法이 1899년(明治 32년) 제정되었다. 이것이 일본의 현행 부동산등기법이다. 부동산등기법 제정 이후 행정조직 개편에 따라 1949년 등기사무관장기관이 행정관청인 法務省으로 이관되었고, 1960년에는 대장과 등기부가 일원화되었다. 그리고 1985년부터 추진된 등기업무의 전산화에 따라 2004년 부동산등기법이 전부개정되어 현재에 이르고 있다.

---

3) Gesetz über den Eigentumserwerb und die dingliche Belastung der Grundstücke, Bergwerke und selbständigen Gerechtigkeiten vom 5. Mai 1872.

(3) 우리나라에서의 등기제도의 발전[4)]

우리나라에서도 예전부터 조세징수 등 국가적 목적과 권리관계의 안정을 위하여 부동산거래의 공증제도가 마련되어 있었다. 조선개국 이후 1893년(고종 30년)까지의 약 500년간에는 입안제도(立案制度)가, 그 이후 1905년(광무 9년)까지의 약 12년간은 지계가계제도(地契家契制度)가, 그리고 그 이후 한일합방까지의 약 5년간은 증명제도(證明制度)가 마련되었다. 그러나 우리나라에서 근대적 등기제도가 시행된 것은 1912년 일제에 의하여 일본의 부동산등기법이 의용되면서부터라고 할 수 있다.[5)]

1960년 1월 1일 부동산등기법이 제정되었으나, 부동산 물권변동에 있어서 의사주의가 아닌 형식주의(성립요건주의)를 채택한 점을 제외하고는 부동산등기제도 자체는 종래와 다른 큰 변화가 없었다. 그 이후, 등기사무처리의 기계화를 위한 등기부 카드화 및 허무인 명의 등기를 방지하기 위한 등기권리자의 주민등록번호 병기(1983. 12. 31. 개정), 경제발전과 인구의 도시집중으로 인하여 급격히 증가하게 된 공동주택을 위한 집합건물 등기용지 창설(1984. 4. 10. 개정), 개인 외의 등기권리자에 대한 부동산등기용등록번호 부여와 등기권리자의 성명 또는 명칭에의 병기(1986. 12. 23. 개정) 등의 변화가 있었다.

근대적 등기제도가 우리나라에 도입된 이래 등기업무에 가장 큰 영향을 미친 변화로는 등기업무의 전산화를 들 수 있다. 등기업무의 전산화는 1993. 11. 등기특별회계법이 제정된 이후, 1994. 1. 부동산등기업무전산화 종합계획서가 작성되는 등의 준비과정을 거쳐, 1998. 10. 7. 7개 시범운영대상 등기소에서 전산대민서비스를 개시하면서 시행되었고, 2002. 9. 당시의 전국 212개 등기소의 종이등기부에 대한 전산화를 완료하였다.[6)]

종이등기부가 모두 전산화된 이후 이를 기반으로 등기업무 처리의 효율성을 높이기 위하여 2003. 9. 등기업무 2차 전산화 사업을 추진하였다. 그 내용은 인터넷을 통한 온라인 등기업무 처리의 실현으로서, 온라인을 통하여 등기신청사건을

4) 자세한 내용은 곽윤직, 부동산등기법, 신정수정판, 1998, 42면 이하 참조.

5) 1912. 3. 18. 조선부동산등기령(朝鮮不動産登記令)을 공포하여 부동산등기에 관하여는 위 영에서 특별한 규정이 있는 경우를 제외하고는 일본의 부동산등기법에 의하도록 하였다.

6) 2002. 9. 현재 전산화한 종이등기부의 개수는 45,585,484개이다. 등기업무전산화에 관한 자세한 내용은 법원행정처, 등기업무 전산화 백서(1994~2004), 2004 참고.

접수하고 등기사항의 열람과 증명서 발급 업무를 처리하며 유관기관과의 정보연계를 추진하는 것이었다.

등기전산화사업으로 말미암아 인적 자원과 물적 시설의 운영에 변화가 초래되었다. 이로 인하여 국민의 편익증진은 물론, 부동산등기업무에서도 단순반복적인 수작업업무를 제거하여 업무처리절차의 효율성을 높이게 되었고, 과거 수작업으로 처리되던 방식에서 발생할 수 있는 오류 및 오기 등 부실등기의 발생을 방지함으로써 공시의 정확성을 높일 수 있게 되었다.

전산화사업으로 인한 업무환경의 변화에 따라 부동산등기법의 전부개정이 이어져, 부동산등기법 전부개정법률이 2011. 4. 12. 법률 제10580호로 공포되었고, 공포 후 6개월이 경과한 2011. 10. 13.부터 시행되고 있다.

제 3 관 국가의 부동산정책과 부동산등기

Ⅰ. 서 설

부동산등기는 본래 사권을 공시하여 거래의 안전을 보호하기 위하여 발달한 제도이다. 그런데 재산권의 사회성이 강조되면서 부동산등기가 수행하는 사회적 역할이 증대하였다. 국가의 각종 부동산정책이 부동산등기제도와 영향을 주고받을 수밖에 없게 되었다. 부동산거래와 이용은 국가 정책의 영향을 크게 받게 되었다. 최근에는 부동산 정책의 실효성을 높이기 위하여 부동산등기와 연계하려는 경향이 많이 나타나고 있다. 그런 만큼 부동산등기가 사법적 영역에 머물지 않고 공법적 영역에서도 영향을 주고받게 되었다. 이것은 우리 사회에서 그만큼 부동산등기의 역할이 중시되고 있다는 의미이기도 하다. 이러한 변화의 흐름 속에 종래 부동산등기법 교과서에서처럼 등기절차와 첨부서면에만 관심을 가져서는 부동산등기제도를 제대로 이해할 수 없다. 이러한 관점에서 몇 가지 생각해 보기로 한다.

Ⅱ. 부동산 거래의 관리와 부동산등기

1. 부동산 투기와 세금의 탈루 방지

우리나라에서는 오래전부터 부동산 투기와 부동산거래에 따른 세금의 탈루가 사회적으로 문제되었다. 여기서 이러한 행위를 방지하고 부동산 거래의 정상화와 부동산 가격의 안정을 도모하는 일이 사회현안으로 대두되어 왔다. 한 가지 예로, 실제의 거래가액보다 낮은 가액의 매매계약서를 작성하는 소위 “down 계약서” 관행이 아직도 우리 사회에서 고위공직자 인사청문회에서 여전히 지적되고 있다.

그리하여 중간생략등기를 금지하고 계약서에 검인을 요구하는 「부동산등기 특별조치법」이 1990. 8. 1. 제정되었고, 부동산에 관한 물권을 실체적 권리관계와 일치하도록 실권리자 명의로 등기하게 하기 위하여 「부동산 실권리자명의 등기에 관한 법률」이 1995. 3. 30. 제정되었다. 이러한 부동산정책은 부동산등기제도에도 불가피하게 여러 영향을 미치고 있다.

「부동산등기 특별조치법」은 부동산거래에 대한 실체적 권리관계에 부합하는 등기를 신청하도록 하기 위하여 부동산의 소유권이전을 내용으로 하는 계약을 체결한 자에게 소유권이전등기 또는 소유권보존등기의 신청의무를 부과하고(제2조), 등기권리자가 정당한 사유 없이 이 등기신청을 게을리하면 과태료를 부과하고, 탈세나 투기 등을 목적으로 하는 경우에는 형사처벌하도록 하고 있다(제8조, 제11조). 또한, 계약서 등에는 검인을 받아 등기신청시에 제출하도록 하고 있다(제3조).

「부동산 실권리자명의 등기에 관한 법률」은 명의신탁약정을 무효로 하고(제4조) 실명등기의무를 위반한 자에 대하여 과징금과 형사벌을 부과하고 있다(제5조, 제7조).

2. 부동산 거래신고제와 거래가액 등기제도

우리나라에서는 오래전부터 부동산투기를 방지하기 위하여 토지거래허가제를 실시하고 있다. 그리하여 국토교통부장관 또는 시도지사는 토지의 투기적인 거래가 성행하거나 지가가 급격히 상승하는 지역과 그러한 우려가 있는 지역에 대하여 일정한 기간을 정하여 토지거래계약에 관한 허가구역으로 지정할 수 있고(부동산 거래신고 등에 관한 법률 제10조), 토지거래허가구역에 있는 토지에 관하여 대가를 받고 소유권·지상권을 이전하거나 설정하는 계약(예약을 포함)을 체결하려는 당사자는 시장 등의 허가를 받아야 한다. 허가를 받지 않고 체결한 토지거래계약은 그 효력이 발생하지 아니한다(같은 법률 제11조). 따라서 토지거래허가 대상 토지에 대하여 허가대상 거래에 해당하는 경우에는 토지거래허가서를 등기신청서에 첨부하여야 한다.[7] 한때는 부동산양도신고제도도 시행되었다. 매매 또는 교환, 법인에의 현물출자, 경매 등에 해당하는 사유로 부동산의 소유권을 이전하는 때에는 당해 부동산의 거래내용을 납세지 관할 세무서장에게 신고하고, 그에 따른 등기를 신청할 때에 부동산양도신고확인서를 첨부하도록 하고 있었다(구 소득세법 제165조. 이 규정은 2001. 12. 31. 소득세법 개정에 의하여 삭제되었다).

최근에는 부동산거래 신고제와 거래가액등기제도도 도입되었다. 부동산의 매매계약 등 일정한 계약을 체결한 경우 당사자는 신고관청에 그 내용을 신고하여야 하고(부동산 거래신고 등에 관한 법률 제3조 제1항), 그 계약을 등기원인으로 하는 소유권이전등기를 신청하는 경우에는 거래가액을 신청정보의 내용으로 등기소에 제공하고 거래계약신고필증정보를 첨부정보의 내용으로 제공하여야 하며(규칙 제124조 제2항), 그에 따라 그 신고한 거래가액을 등기하도록 하고 있다(법 제68조). 부동산거래의 가격정보를 공시하여 부동산투기를 억제하고자 하는 제도이다. 토지거래허가제가 허가구역으로 지정된 토지에 관하여 적용되는 반면, 부동산거래신고제는 모든 부동산에 대하여 적용된다. 이를 위하여 부동산 거래관리시스템을 구축하였다.[8] 여기서 신고된 가격의 적정성을 가격적정성진단모형을 적용하여 자동검증하고 부적정한 거래정보를 과세당국과 공유함으로써 부동산거래의 투명성을 높이고 과세기준을 실거래가격으로 일원화할 수 있는 기반을 마련하고 있다. 실제로 이 제도 시행 이후 대부분 실거래가격에 따른 등기가 이루어지고 있다고 보여진다.

이와 관련하여 부동산 가격공시제도에 대하여 간략히 정리해보자. 부동산의 가격을 정하는 일은 여러 경우에 필요하다. 우선, 개인 사이에 부동산 거래를 위

7) 이에 관하여는 제4장 제1절에서 설명하였다.
8) https://rtms.molit.go.kr

하여 필요하다. 부동산을 매매하는 경우는 물론 담보로 설정하는 경우에도 담보 가치의 산정을 위하여 부동산의 가격을 정할 필요가 있다. 국가로서도 세금부과를 위하여 가격 산정이 필요하다. 양도소득세 등 국세는 물론이고 재산세·취득세 등 지방세 부과에도 필요하다. 그 밖에도 공익사업을 위한 각종 보상을 위하여, 소송에서도 필요하다. 종래 부동산의 가격에 관하여는 필요한 각각의 경우에 다양한 형태의 가격평가제도를 두고 있었다. 그 결과 부동산의 가격은 그때그때 다르게 평가되어 이에 관한 불신을 초래하였고 낭비적인 요소도 많았다. 그리하여 부동산의 가격 공시제도를 개선하려는 노력이 계속되어 왔다. 그에 따라 「부동산 가격공시에 관한 법률」도 제정되어 있다. 그러나 부동산의 가격은 정해진 것이 없다. 아파트는 지역에 따라 어느 정도 일정하게 형성되어 있으나 특히 땅값은 천차만별이다. 같은 지역이라도 입지나 조망, 크기 등에 따라 가격이 달라진다. 쉽지 않은 문제이다.

부동산의 공시가격을 확인하는 방법은 여러 가지가 있다. 거래가액이 등기된 경우에는 그 거래가액을 확인하는 방법도 그 하나이다. 국토교통부의 "실거래가 공개시스템"에서는 부동산 거래신고를 통해 수집된 실거래자료를 공개하고 있다.[9] 한국토지주택공사에서 운영하는 부동산정보 포털서비스(SEE:REAL)에서도 조회가 가능하다.[10] 국토교통부와 한국부동산원에서 운영하는 "부동산 공시가격 알리미"서비스도 있다.[11] 국민은행에서 운영하는 KB부동산에서도 부동산의 시세 조회가 가능하다.[12] "한국부동산원 부동산통계정보"에서는 부동산 가격 동향정보를 제공하고 있다.[13] 그 밖에도 뒤에서 살펴보는 각종 부동산정보 사이트에서도 조회가 가능하다.

3. 분양권 전매 제한 및 수분양자의 보호

우리나라는 건물의 분양에서 선분양이라는 독특한 관행을 가지고 있다. 건물이 지어지기도 전에 심지어는 건물의 부지도 마련되기 전에 앞으로 지어질 건

9) http://rt.molit.go.kr
10) https://seereal.lh.or.kr
11) https://www.realtyprice.kr:447
12) https://onland.kbstar.com
13) https://www.r-one.co.kr

물을 다수인에게 매도하는 선분양 관행이 일반화되어 있다. 여기서 건축이 불투명한 상태에서 분양이 이루어거나, 허위나 과장광고 또는 분양대금의 유용 등으로 인하여 분양받은 사람들이 피해를 보는 사례가 종종 발생하여 왔다. 그러다보니 분양받은 많은 사람들의 보호가 중요한 문제의 하나로 대두되었다. 그래서 분양받은 사람들을 보호하기 위하여 분양받은 사람이 그 등기를 할 수 있을 때까지 분양대상 부동산의 처분을 금지하는 "금지사항 부기등기"라는 독특한 제도가 생겨나게 되었다(주택법 제61조 제3항). 최근에는 「건축물의 분양에 관한 법률」이 제정되어 건축물의 분양시기와 분양대금의 납입 등을 규제하고 있다(2004년).

4. 온라인에 의한 부동산거래 관리시스템 구축과 부동산등기

세계 최고 수준의 정보화인프라를 갖춘 우리나라에서 등기만이 아니라 정부의 여러 부처에서 각 분야별로 온라인에 의한 부동산 거래관리를 추구하고 있다. 전자정부사업의 하나이나, 각 부처별로 중복되는 면도 있다. 한국이 전자정보화에 유리한 여건의 하나는 주민등록번호라는 효율적인 제도가 있다는 점이 아닐까 생각된다. 몇 가지 소개하면 다음과 같다.

한국토지주택공사에서 운영하는 부동산정보 포털서비스 "SEE:REAL"에서는 부동산에 관한 다양한 정보를 제공하고 있다.[14] 국토교통부에서 운영하는 "부동산 거래관리시스템"에서 부동산거래신고를 할 수 있다.[15] 여기서는 신고된 거래가격이 적정한지 여부를 평가하고 거래정보를 분석하여 정책에 활용하며, "실거래가 공개시스템"에서 부동산 거래신고를 통해 수집된 실거래자료를 공개하고 있다.[16] 국토교통부에서 운영하는 "부동산거래 전자계약시스템"에서는 부동산거래를 할 때 종이로 작성하던 거래계약서를 컴퓨터, 스마트폰 등 전자기기를 사용하여 작성할 수 있으며, 이 경우 실거래가 신고 및 확정일자가 자동으로 부여되도록 구현되어 있다.[17] 행정안전부에서 운영하는 "지방세 납부시스템"을 이용하여 취득세와 등록면허세를 납부할 수 있다.[18] 다만, 서울특별시 지방세에 대하여

14) https://seereal.lh.or.kr
15) https://rtms.molit.go.kr
16) http://rt.molit.go.kr
17) https://irts.molit.go.kr
18) https://www.wetax.go.kr

는 별도의 시스템을 운영하고 있다.[19] 기획재정부에서 운영하는 "전자수입인지납부서비스"시스템에서 수입인지를 구매할 수 있다.[20] "정부민원포털"에서는 각종 민원서비스를 제공하고 있는데,[21] 부동산 관련 각종 민원신청과 열람 발급이 가능하다. "부동산 종합증명서 열람·발급시스템"도 있다.[22]

이렇게 구축된 전자시스템을 서로 연계하는 사업도 적극적으로 추진하고 있다. 부동산등기에 관하여도 "부동산 안전거래 통합지원 시스템" 사업이 있어 부동산등기에 관한 시스템을 서로 연계하여 정보를 활용할 수 있도록 추진하고 있다. 그 결과 등기신청시 첨부하여야 하는 자료 중 이들 시스템상으로 서로 연계가 가능한 첨부정보에 대하여는 등기신청인이 첨부정보를 첨부하지 않도록 하고 있다.

이러한 전산시스템을 활용하여 일반 국민들에 대한 서비스도 개발하고 있다. 부동산등기와 관련된 것을 예로 들면 "안심상속 One-stop 서비스"[23]와 "조상땅찾기"[24] 서비스를 들 수 있다.

Ⅲ. 토지의 이용·개발과 부동산등기

부동산등기는 부동산 거래의 안전을 위한 제도라는 성격상 부동산 거래와 관련된 내용이 많다. 그런데 부동산에 관하여는 토지의 이용 및 개발과 관련하여 각종 공법적인 제한이 있다. 이들을 공법적인 사항이라 하여 부동산등기절차에서 도외시한다면 부동산등기절차를 전체적이고 올바로 이해할 수 없다. 각종 이용과 개발은 소유권의 내용인 이용 및 처분과 관련이 있기 때문이다. 우리 생활 속에 살아있는 부동산등기를 이해하기 위하여는 이용과 개발에 관한 이해도 필요하고

19) https://etax.seoul.go.kr
20) https://www.e-revenuestamp.or.kr
21) http://www.minwon.go.kr
22) https://kras.go.kr:444
23) 사망자의 금융거래, 토지, 자동차, 세금, 연금 등의 재산 확인을 개별기관을 일일이 방문하지 않고 한 번의 통합신청으로 결과를 확인하는 서비스이다. 사망자의 주소지 또는 등록기준지 시·군·구청, 읍·면·동 주민센터를 방문하여 신청할 수 있다.
24) 조상의 토지 소유 내역을 조회하여 주는 서비스이다. 이미 사망한 조상들 중에 토지를 소유하고 있으나, 그 후손들이 알지 못하여 관리·처분하지 못하는 땅이 있는지 여부를 조회하는 서비스이다.

부동산등기와의 연관도 검토하여야 한다. 간략하게나마 살펴보고자 한다.

(1) 토지는 모든 국민의 생활과 생산활동의 기반이지만 한정된 자원이어서 개별토지의 이용을 전적으로 소유자에게 맡겨 두면 토지의 이용이 무질서하게 되므로 그 이용과 개발에는 규제가 불가피하다. 여기서 「국토의 계획 및 이용에 관한 법률」 등 각종 법령에서 토지의 이용과 개발을 규제하고 있다.

그 내용을 간략히 살펴보면 다음과 같다. 우선 전국의 토지를 특성에 맞게 이용하기 위하여 그 이용실태 및 특성, 장래의 토지이용방향 등을 고려하여 ① 도시지역 ② 관리지역 ③ 농림지역 ④ 자연환경보전지역의 4개 용도지역으로 구분하고(국토의 계획 및 이용에 관한 법률 제6조), 도시지역은 다시 주거지역·상업지역·공업지역·녹지지역으로, 관리지역은 다시 보전관리지역·생산관리지역·계획관리지역으로 구분하여 지정한다(같은 법 제36조 제1항). 용도지역을 기본으로 하여 다시 용도지구 및 용도구역을 지정하게 된다. 용도지역 안에서는 그 지정목적에 따라 토지의 이용 및 건축물의 용도, 건폐율, 높이 등이 제한된다.

수도권정비계획법은 수도권을 과밀억제권역·성장관리권역·자연보전권역의 3개 권역으로 구분하고, 권역의 지정목적에 따라 권역별로 행위제한을 가하고 있다(수도권정비계획법 제6조 내지 제9조).

이러한 지역·지구는 토지거래허가, 외국인의 토지취득에 대한 허가 등의 경우에 부동산등기절차와 관련되어 있다. 지역·지구의 지정내용과 행위제한은 토지이용계획확인서를 발급받아 확인할 수 있고, 온라인에서는 국토교통부와 한국국토정보공사에서 운영하는 국가공간정보포털에서 확인할 수 있다.[25] 한국토지주택공사에서 운영하는 부동산정보 포털서비스 “SEE:REAL”에서도 확인할 수 있다.[26]

(2) 토지정리사업, 도시개발과 부동산등기에 관하여 생각해보자.

환지나 공용환권에 따른 등기가 오래전부터 많이 이루어져 왔다. 또한, 토지의 개발과 도시개발에 따라 재건축과 재개발이 이루어지고 있다. 이와 관련하여 환지등기, 재건축 및 재개발 등기 등이 많이 이루어지고 있다. 이러한 토지정리

25) http://www.nsdi.go.kr 국가·공공·민간에서 생산한 공간정보를 한 곳에서 손쉽게 활용할 수 있도록 구축한 시스템이다.

26) https://seereal.lh.or.kr

및 도시개발에 따른 등기와 관련하여서는 종래의 등기절차만으로는 해결되지 않는 문제들이 산재해 있다. 그러나 이러한 등기에 대하여는 실무서에서 언급하고 있을 뿐 교과서 수준에서는 다루어지지 않고 있다. 이에 관한 이론적 연구도 많지 않아 보인다. 최근에 대규모 토지개발사업에 따른 등기절차 마련의 필요성에서 「토지개발 등기규칙」이 제정되어 있으나, 과연 그에 관한 이론적 연구가 있었는지는 의문이다.

이러한 토지정리사업이나 도시개발사업은 행정법에서 일부 다루고 있을 뿐 등기절차와 관련된 연구는 드물다. 주로 행정절차적인 측면에서의 접근이 이루어지고 있으나, 이러한 사업의 결과는 부동산의 권리관계에도 영향을 미치므로 권리관계의 측면에서의 연구도 필요하다.

제 4 관 부동산등기의 과제와 미래

Ⅰ. 부동산등기의 과제

(1) 부동산등기제도의 이상은 실체법상의 권리관계의 신속·정확한 공시이다. 따라서 등기의 진정성 보장은 가장 중요한 과제이다. 이것이 이루어질 때 인정되는 것이 등기의 공신력이다. 부동산등기제도는 이러한 이상을 실현하기 위한 노력을 하여야 한다. 여기서 전제되어야 할 것이 실체법과 절차법의 유기적 연계이다.[27] 등기의 진정성 보장은 위조된 서면에 의한 허위의 등기 방지라는 소극적 차원에 머물러서는 안 된다. 실체법상의 권리관계를 정확하고 신속하게 공시하기 위한 절차를 어떻게 구현할 것인가 하는 적극적인 차원으로 나아가야 한다. 그러자면 종래 형식적 심사주의이론을 극복하고 부동산등기법을 실체법상의 권리관계를 공시제도에 반영하기 위한 절차와 방법에 관한 법으로 이해하여야 한다. 그것이 절차법으로서의 부동산등기법의 역할이다.

그렇다면 부동산등기제도에 있어서 실체법과 절차법의 관계는 어떤 모습이어야 할까? 이것은 "부동산등기제도의 독자의 존재원리는 무엇인가?" "부동산등

27) 이러한 차원에서 등기법학을 구축하고 있는 저서로서는 幾代通 교수의 부동산등기법 교과서와 山野目章夫 교수의 부동산등기법 교과서를 들 수 있다.

기의 바람직한 모습은 무엇인가?" 하는 질문과 연결된다. 지금까지 우리나라에서는 절차법인 부동산등기법은 실체법에 종속하거나 봉사하여야 하는 부수적이고 종된 제도로 보는 경향이 강하였다. 등기제도가 정비되기 이전에는 이런 생각이 설득력이 있을 수 있다. 그러나 이제는 등기제도가 어느 정도 정비되어 가고 있고 부동산 물권변동에 관하여 등기를 하여야 한다는 일반인의 인식도 자리 잡아 가고 있으므로 이제는 공시를 수반하지 않는 물권변동을 제한하고 공시와 물권변동을 서로 밀접하게 연계하도록 해석하고 제도를 설계할 필요가 있다. 등기제도 발전의 역사에서 볼 때 부동산등기제도는 실체법상의 권리의 실현은 물론 실체법이론에 영향을 미치는 제도로 기능하여 왔다.[28] 부동산등기법을 공부함에 있어 이제는 시야를 좀 더 넓게 가질 필요가 있다. 이것이 부동산등기에 주어진 가장 기본적인 과제가 아닌가 생각된다. 이 책은 부동산등기의 역할이란 관점에서 부동산등기제도에 대한 새로운 접근이 필요함을 주장하고 그러한 관점에서 쓰여졌다.

(2) 종래 부동산등기와 관련하여 제기되어 온 과제들로는 토지와 건물의 일원화 문제, 지적과 부동산등기의 일원화문제, 공신력 인정 여부 문제 등을 들 수 있다. 그런데 이러한 문제들에 대하여 그 동안 논의가 많이 이루어져 왔으나, 총론적 논의에만 머무를 뿐 각론적인 논의는 별로 없어 보인다. 총론적인 논의도 필요하지만 그에서 나아가 구체적 사례에서 어떤 문제가 있고 어떻게 처리되는지 살펴보는 일도 이제는 필요하다고 생각된다.

최근 부동산등기제도에 관하여는 많은 연구가 이루어지지 않고 있다. 그러다 보니 시대의 변화에 따라 실무적인 제도개선만 이루어져 왔을 뿐[29] 이론적인 발전은 이루어지지 않고 있는 실정이다. 부동산등기법학은 오랫동안 제자리걸음을 하고 있다는 생각이 든다. 우리 생활 속에 살아있는 부동산등기를 이해하기 위하여는 시대의 흐름과 소통할 필요가 있다. 그렇게 하여 부동산등기 연구를 한

28) 이 점에 관하여 부동산등기는 "권원의 등기제도가 아니라 등기에 의한 권원제도(not a system of registration of title but a system of title by registration)"라는 유명한 표현이 있다. 또한, "부동산등기는 부동산소유권의 본질을 점진적으로 변화시켜 왔다(land registration has gradually changed the nature of ownership of land)"고 하는 견해도 있다. 제1장 제1절 참조.

29) 실무적인 제도 개선은 주로 담당 공무원에 의하여 이루어져 왔다. 저자도 오랫동안 공무원으로 근무하였는데, 공무원은 업무특성상 전체적인 내용보다는 세분화된 업무 중 자기 업무에 대하여만 관심이 있다는 한계가 있다.

단계 심화시킬 필요가 있다. 부동산등기와 관련하여 최근에 와서 문제가 되고 있거나 등장하는 사회현상에 관하여 부동산등기를 공부하는 사람들도 관심을 가질 필요가 있다. 그리고 부동산과 관련된 여러 제도와의 관계 설정도 과제의 하나이다. 지적제도를 예를 들어 살펴보자. 지적의 목적이 세지적에서 법지적을 거쳐 다목적지적으로 변해오고, 공간정보라는 개념이 등장한 이때에 부동산등기는 과연 이러한 환경변화 속에서 어떻게 자리매김할지 고민이 필요하다. 이러한 관점에서 보면 부동산등기의 역할에 걸맞은 자리매김은 지난 100여 년간 별다른 변화가 없었다. 지적제도와 크게 대비된다. 우리 시대가 요구하는 부동산등기의 역할에 맞는 부동산등기제도의 위상을 찾아나가는 노력이 필요하다.

이와 관련하여 저자가 다시 한번 지적하고 싶은 점은 부동산등기제도에 대한 이론적인 연구의 부족이다. 실무에서의 제도개선 노력은 많지만 학문적인 기초연구는 많이 부족해 보인다.[30] 기초적이고 이론적인 연구가 부족하다 보니 많은 사람들이 실무적인 지식이 부동산등기의 전부인 것처럼 오해하고 있다. 이 책에서는 새로운 시각에서의 부동산등기법 교과서의 모습을 시도해 보았다. 부동산등기법을 공부하면서 황무지에 서 있는 느낌이 든다.

Ⅱ. 부동산등기의 미래

부동산등기의 미래모습은 어떨까? 미래학자들의 예측처럼 기술적으로는 인공지능과 블록체인 기술이 도입되는 등 4차산업혁명시대를 맞이할 것이다. 부동산등기의 미래에 대한 고민이 필요하다. 부동산등기의 중요성이 점점 증대되고 있는 시대의 변화에 대응하여 부동산등기는 어떤 역할을 수행하여야 하고 등기기록이나 등기제도는 어떤 모습이어야 하는지에 대한 연구가 필요하다.[31] 이때

30) 부동산등기의 연구에 관하여 아쉬운 점 중의 하나가 통계자료의 부족이다. 사법연감에서 각종 통계자료를 제공하지만 일부만이고 그것도 행정감독의 필요성에서 산출하는 자료일 뿐이다. 이 책에서 인용한 통계도 저자가 개인적으로 가지고 있던 통계자료가 대부분이다. 다행히 최근에 대법원에서는 "등기정보광장시스템"을 구축하여 통계정보를 비롯한 각종 등기관련 정보를 제공하기 시작하였다(제3장 제4절 참고).

31) 참고로, 대법원은 등기의 선진화를 구현하기 위하여 미래 등기시스템 구축을 추진하고 있다. 지금까지의 등기업무 전산화의 기반 위에서 국민이 신뢰하는 등기를 구현하고 국민에 대한 서비스를 혁신하며 등기업무의 효율을 높이기 위한 것이다. 실무적인 내용이지만 거기에서 가까운 미래의 등기모습을 그려볼 수 있다. 간략히 소개하면 다음과 같다.

유의할 점은 등기절차나 제도를 지금처럼 그 자체로서만 생각해서는 안 된다는 점이다. 실체법과 연계하여 생각하여야 하고 다른 제도와의 관련 속에서 자리매김하여야 한다. 그리하여 복잡하고 다양한 유형의 권리관계를 어떻게 공시할 것인가에 대한 고민이 필요하다. 그럼으로써 부동산등기가 사회의 가치 창출에 기여하여야 한다. 그리고 앞으로는 부동산이 소유개념이 아니라 이용개념으로 변화하지 않을까 생각된다.[32] 이러한 변화에 대응하여 부동산등기는 어떤 모습으로 나아가야 하는지에 대한 고민도 필요하다. 미래모습을 예측하고 대비하는 일도 우리의 과제이다.

---

① 전자광역등기시스템

현재 추진중인 등기소 광역화를 기반으로 전자광역등기시스템을 구축할 예정이다. 그 내용은 관할의 광역화와 등기소의 편제 개편을 통하여 등기소 역할을 구분하는 것이다. 등기소를 광역화된 관할 내 컨트롤 타워 역할을 하는 거점등기소와 국민과의 접점 역할을 하는 지역등기소로 구분한다. 이를 통하여 전국 등기소 어디에서나 등기를 신청할 수 있는 지역무관서비스를 제공할 예정이다.

② 인공지능 사건 처리

등기관 개인의 경험과 역량에 의존하는 현재의 조사방식에서 벗어나 지능형 자동조사 기능을 도입함으로써 사건처리의 효율화 및 질적 향상을 이루고자 한다. 구체적으로는 시스템이 자동적으로 처리할 수 있는 일반적이고 전형적인 사건과 등기관의 심층조사가 필요한 사건으로 구분하고, 전자에 대하여는 시스템 자동조사로 등기업무 처리의 정확성과 효율성을 높이고, 후자의 난해하고 복잡한 등기사건에 대하여는 심층조사로 등기의 부실을 방지하도록 할 계획이다.

③ 등기 big data 활용시스템

방대한 등기정보를 활용하여 국민이나 기업, 다른 기관의 수요에 부합하도록 다양한 가치창출형 등기정보를 제공하고자 한다. 이를 통하여 민간부문에서 필요로 하는 정보를 제공함으로써 민간의 산업발전에 기여하고, 정부의 정책 수립 및 업무처리에 기여할 수 있다.

④ 국민이 신뢰하는 편리한 안심등기 구현

등기신뢰도 관련 정보를 축적하고 분석하여 등기신청사건 진행단계별로 등기의 신뢰를 강화할 수 있는 제도를 확립할 예정이다. 또한, 국민의 편의성을 높이기 위하여 모바일 서비스를 확대하고, 일반 국민이 쉽게 이해하고 활용할 수 있는 미래형 등기부 도입도 추진할 예정이다. 이를 통하여 향후 공신력 도입을 검토할 때 그 기초자료로 활용할 수 있게 된다.

32) 일본에서는 이러한 현상이 나타나고 있다. 부동산의 관리문제와 의무가 부담스러워 소유권등기를 자기 명의로 하지 않는 경향이 문제로 지적되고 있다. 부동산이 不動産이 아니라 負動産이라고 불리기도 한다.

부 록

[부록 1] 등기신청서(소유권이전등기)

즉시접수	당일접수
	√
제출자	윤●●
총	2 건

전자표준양식(e-Form)번호: **2850-2011-0022640-1**

소유권이전등기신청(매매)

접수	(부)제31212호 2011-03-08 17:44 접수(E) 의정부지방법원 고양지원 고양등기소 조사 1계	처리인	접수	기입	교합	각종통지

본 신청서 상의 정보와 ... 로 저장된 정보는 동일함을 확인합니다. 작성완료일시 : 2011-03-07 11:30:08

*본 신청서는 최초 작성 후 3개월까지만 등기소에 제출 가능합니다. 최초작성일시 : 2011-03-07 11:24:28

부동산의 표시(거래신고일련번호/거래가액)
1. 토지 고유번호[1164-1996-745■■] 경기도 고양시 일산동구 설문동■■ 전 342㎡ 거래신고일련번호: 41285-2011-4-0001506 거 래 가 액 : 금 60,750,000원 2. 토지 고유번호[1164-1996-745■■] 경기도 고양시 일산동구 설문동 ■■ 전 248㎡ 거래신고일련번호: 41285-2011-4-0001508 거 래 가 액 : 금 44,250,000원 이상

등기원인과 그 연월일	2011년 03월 04일 매매
등기의 목적	소유권이전
이전할 지분	

구분	성 명	주민등록번호	주 소	지분(개인별)
의무자	윤●●	501223 - ■■■■■■■	등기부상주소:고양시 일산구 구산동 ■■ **현주소:경기도 고양시 일산서구 구산동 ■■**	1/1
권리자	윤●●	700123 - ■■■■■■■	경기도 고양시 일산동구 설문동 ■■	1/1

시가표준액 및 국민주택채권매입금액				
부동산 표시	부동산별 시가표준액		부동산별 국민주택채권매입금액	
1. 토지	금	60,534,000 원	금	2,120,000 원
2. 토지	금	50,096,000 원	금	1,000,000 원
국민주택채권매입총액			금3,120,000원	
국민주택채권발행번호			1103-10-8820-3502 / 1103-10-8820-0470	
등록면허세 (취득세, 등록세)	금 3,318,900 원		지방교육세	금 221,260 원
			농어촌특별세	금 221,260 원
세 액 합 계			금	3,761,420 원
등 기 신 청 수 수 료			금	20,000 원

고양시 OCR

취 득 세 영수필확인서 (등기소 보관용) 일산동구 285

납세번호	과세기관	검	회계	과목	세목	년도	월	기분	읍면동	과세번호	검
	285	0	30	10	150	2011	03	3	600	00584	78

납 세 자: 윤■■ 주민등록번호: ■■■■■■- *******

주 소: 경기도 고양시일산동구 설문동 ■■■ (■통■반)

과세원인: 유상취득(농지)

과세대상: 토지 설문동 ■■■번지외 1필지 590.0000㎡ 매매

세 목	납 부 세 액
취 득 세	3318900
농어촌 특별세	221260
지 방 교 육 세	221260
세 액 합 계	3761420

신고납부기한	: 2011.05.03
주택시가표준액	0
건물시가표준액	0
토지시가표준액	110,630,000

위의 금액을 영수하였음을 통지합니다.

2011년 03월 08일

수납인

:대장 1통

수필확인서 1통

래계약신고필증 1통

전화 : 031-924

블레스빌딩 80■

의정부지방법원 고양지원 고양등기소 귀중

첩부란 -

련번호를 기재하여야 합니다.

결제시에는 제외합니다.

5000 대법원등기수입증지

[부록 2] 등기필정보

등기필정보 및 등기완료통지

접수번호 : 9578 대리인 : 법무사 홍길동

권 리 자	: 김갑동
(주민)등록번호	: 451111-*******
주 소	: 서울특별시 서초구 서초동 123-4
부동산고유번호	: 1102-2006-002634
부 동 산 소 재	: [토지] 서울특별시 서초구 서초동 362-24
접 수 일 자	: 2011년 9월 14일 **접 수 번 호** : 9578
등 기 목 적	: 소유권이전
등기원인및일자	: 2011년 9월 10일 매매

부착기준선 ┌

일련번호 : WTDI-UPRV-P6H1
비밀번호(기재순서:순번-비밀번호)

01-7952	11-7072	21-2009	31-8842	41-3168
02-5790	12-7320	22-5102	32-1924	42-7064
03-1568	13-9724	23-1903	33-1690	43-4443
04-8861	14-8752	24-5554	34-3155	44-6994
05-1205	15-8608	25-7023	35-9695	45-2263
06-8893	16-5164	26-3856	36-6031	46-2140
07-5311	17-1538	27-2339	37-8569	47-3151
08-3481	18-3188	28-8119	38-9800	48-5318
09-7450	19-7312	29-1505	39-6977	49-1314
10-1176	20-1396	30-3488	40-6557	50-6459

2011년 9월 28일

서울중앙지방법원 등기국
등기관

※ **등기필정보 사용방법 및 주의사항**

◈ 보안스티커 안에는 다음 번 등기신청시에 필요한 일련번호와 50개의 비밀번호가 기재되어 있습니다.

◈ 등기신청시 보안스티커를 떼어내고 일련번호와 비밀번호 1개를 임의로 선택하여 해당 순번과 함께 신청서에 기재하면 종래의 등기필증을 첨부한 것과 동일한 효력이 있으며, 등기필정보 및 등기완료 통지서면 자체를 첨부하는 것이 아님에 유의하시기 바랍니다.

◈ 따라서 등기신청시 등기필정보 및 등기완료통지서면을 거래상대방이나 대리인에게 줄 필요가 없고, 대리인에게 위임한 경우에는 일련번호와 비밀번호 50개 중 1개와 해당 순번만 알려주시면 됩니다.

◈ 만일 등기필정보의 비밀번호 등을 다른 사람이 안 경우에는 종래의 등기필증을 분실한 것과 마찬가지의 위험이 발생하므로 관리에 철저를 기하시기 바랍니다.

☞ **등기필정보 및 등기완료통지서는 종래의 등기필증을 대신하여 발행된 것으로 분실시 재발급되지 아니하니 보관에 각별히 유의하시기 바랍니다.**

[부록 3] 확인서면(등기의무자가 자연인인 경우)

<table>
<tr><th colspan="5">확 인 서 면</th></tr>
<tr><td colspan="5">등기할 부동산의 표시</td></tr>
<tr><td rowspan="3">등 기
의 무 자</td><td>성 명</td><td colspan="2"></td><td>등기의 목적</td></tr>
<tr><td>주 소</td><td colspan="2"></td><td rowspan="2"></td></tr>
<tr><td>주민등록번호</td><td colspan="2"></td></tr>
<tr><td>본인확인
정 보</td><td colspan="4">주민등록증, 외국인등록증, 국내거소신고증, 여권, 운전면허증, 기타( )</td></tr>
<tr><td>특기사항</td><td colspan="4"></td></tr>
<tr><td rowspan="2">필적기재</td><td colspan="3">본인은 위 등기의무자와 동일인임을 확인합니다</td><td>성 명</td></tr>
<tr><td colspan="3"></td><td></td></tr>
<tr><td>우 무 인</td><td colspan="4"></td></tr>
<tr><td colspan="5">위 본인확인정보에 따라 등기의무자등 본인임을 확인하고 「부동산등기규칙」 제111조제3항의 규정에 따라 이 서면을 작성하였습니다.

년 월 일

변호사 · 법무사 (인)</td></tr>
</table>

[부록 4] 등기사항전부증명서(말소사항 포함) — 토지

등기사항전부증명서(말소사항 포함)
- 토지 -

고유번호 1143-1996-123456

[토지] 서울특별시 관악구 신림동 1234-21

【 표 제 부 】 (토지의 표시)

표시번호	접 수	소 재 지 번	지 목	면 적	등기원인 및 기타사항
1 (전 1)	1978년7월8일	서울특별시 관악구 신림동 1234-21	대	162㎡	
					부동산등기법 제177조의 6 제1항의 규정에 의하여 1999년 08월 16일 전산이기

【 갑 구 】 (소유권에 관한 사항)

순위번호	등 기 목 적	접 수	등 기 원 인	권리자 및 기타사항
1 (전 3)	소유권이전	1984년11월26일 제47706호	1984년11월26일 매매	소유자 구상본 361210-******* ~~서울 관악구 신림동 1234-21~~
				부동산등기법 제177조의 6 제1항의 규정에 의하여 1999년 08월 16일 전산이기
1-1	1번등기명의인표시변경		2011년10월31일 도로명주소	구상본의 주소 서울특별시 관악구 남부순환로123길 12(신림동) 2013년11월19일 부기
2	소유권이전	2017년6월5일 제100789호	2017년1월18일 협의분할에 의한 상속	소유자 김영순 420405-******* 서울특별시 관악구 남부순환로 123길 12 (신림동)

【 을 구 】 (소유권 이외의 권리에 관한 사항)

순위번호	등 기 목 적	접 수	등 기 원 인	권리자 및 기타사항
~~1~~	~~근저당권설정~~	~~2002년12월23일~~ ~~제73119호~~	~~2002년12월23일~~ ~~설정계약~~	~~채권최고액 금13,000,000원~~ ~~채무자 김철수~~ ~~서울 관악구 신림동 321 신림빌라 101호~~

문서 하단의 바코드를 스캐너로 확인하거나, **인터넷등기소(http://www.iros.go.kr)의 발급확인 메뉴**에서 **발급확인번호**를 입력하여 **위·변조 여부를 확인할 수 있습니다. 발급확인번호**를 통한 확인은 발행일부터 3개월까지 5회에 한하여 가능합니다.

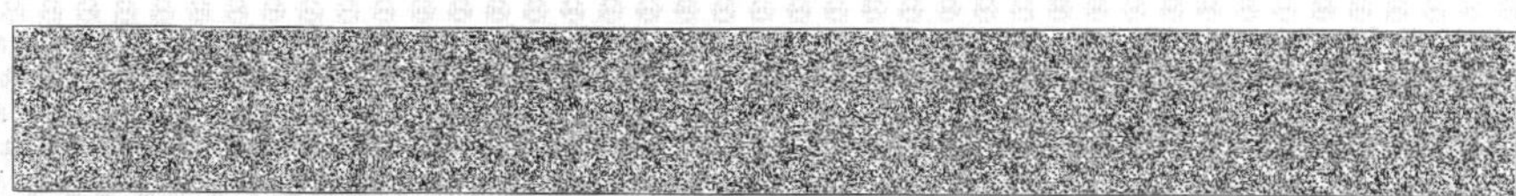

발행번호 11420111003199091010960091SLK0833525DKM19728T71122 **발급확인번호** ALOA-ZNYR-3973 **발행일** 2019/09/09

1/2

[토지] 서울특별시 관악구 신림동 1234-21

순위번호	등 기 목 적	접 수	등 기 원 인	권리자 및 기타사항
				~~근저당권자 안양지구축산업협동조합 134137-0000472 안양시 만안구 안양동 847-11 (철산지점)~~ ~~공동담보 건물 서울특별시 관악구 신림동 1234-21~~
2	1번근저당권설정등기말소	2005년12월29일 제59596호	2005년12월28일 해지	

-- 이 하 여 백 --

관할등기소 서울중앙지방법원 등기국 / 발행등기소 서울중앙지방법원 등기국
수수료 1,000원 영수함

이 증명서는 등기기록의 내용과 틀림없음을 증명합니다.
서기 2019년 9월 9일

법원행정처 등기정보중앙관리소 전산운영책임관

* 실선으로 그어진 부분은 말소사항을 표시함. * 기록사항 없는 갑구, 을구는 '기록사항 없음' 으로 표시함.

문서 하단의 바코드를 스캐너로 확인하거나, 인터넷등기소(http://www.iros.go.kr)의 발급확인 메뉴에서 발급확인번호를 입력하여 위·변조 여부를 확인할 수 있습니다. 발급확인번호를 통한 확인은 발행일부터 3개월까지 5회에 한하여 가능합니다.

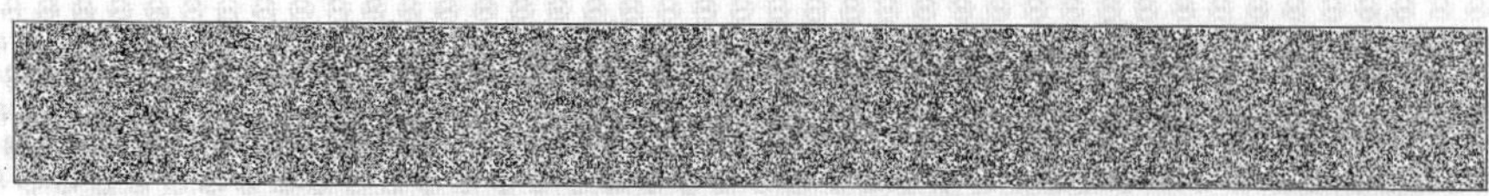

발행번호 11420111003199091010960091SLK0833525DKM29728T71122 발급확인번호 ALOA-ZNYR-3973 발행일 2019/09/09

2/2

[부록 5] 등기사항전부증명서(현재 유효사항) — 건물

등기사항전부증명서(현재 유효사항)
- 건물 -

고유번호 1143-1996-123456

[건물] 서울특별시 관악구 신림동 1234-21

【 표 제 부 】 (건물의 표시)

표시번호	접 수	소재지번 및 건물번호	건 물 내 역	등기원인 및 기타사항
2		서울특별시 관악구 신림동 1234-21 [도로명주소] 서울특별시 관악구 남부순환로123길 12	벽돌조 슬래브지붕 위기와지붕 2층주택 1층 79.35㎡ 2층 79.35㎡ 지하1층 16.92㎡ (지하는 지하실)	도로명주소 2012년6월22일 등기

【 갑 구 】 (소유권에 관한 사항)

순위번호	등 기 목 적	접 수	등 기 원 인	권리자 및 기타사항
2	소유권이전	2017년6월5일 제100789호	2017년1월18일 협의분할에 의한 상속	소유자 김영순 420405-******* 서울특별시 관악구 남부순환로123길 12 (신림동)

【 을 구 】 (소유권 이외의 권리에 관한 사항)

기록사항 없음

-- 이 하 여 백 --

관할등기소 서울중앙지방법원 등기국 / 발행등기소 서울중앙지방법원 등기국
수수료 1,000원 영수함

이 증명서는 등기기록의 내용과 틀림없음을 증명합니다.
서기 2019년 9월 11일

법원행정처 등기정보중앙관리소 전산운영책임관 [등기정보중앙관리소전산운영책임관인]

* 실선으로 그어진 부분은 말소사항을 표시함. * 기록사항 없는 갑구, 을구는 '기록사항 없음' 으로 표시함.

문서 하단의 바코드를 스캐너로 확인하거나, **인터넷등기소(http://www.iros.go.kr)의 발급확인 메뉴**에서 **발급확인번호**를 입력하여 **위·변조 여부를 확인할 수 있습니다. 발급확인번호**를 통한 확인은 발행일부터 3개월까지 5회에 한하여 가능합니다.

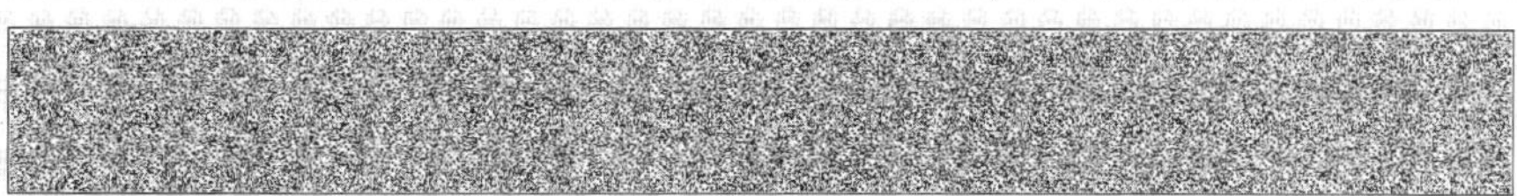

발행번호 1142011100319909101096211 1SLK0332513DKM10313TP1121 **발급확인번호 ALOB-AGCU-2039** **발행일** 2019/09/11

1/1

[부록 6] 등기사항전부증명서(말소사항 포함) — 집합건물

등기사항전부증명서(말소사항 포함)
- 집합건물 -

고유번호 1146-1996-123456

[집합건물] 서울특별시 강남구 개포동 189 개포주공아파트 제123동 제1층 제103호

【 표 제 부 】 (1동의 건물의 표시)				
표시번호	접 수	소재지번,건물명칭 및 번호	건 물 내 역	등기원인 및 기타사항
1 (전 1)	1983년2월7일	서울특별시 강남구 개포동 189 개포주공아파트 제123동	철근콩크리트조 슬래브지붕 5층 아파트 제123동 1층 503.88㎡ 2층 503.88㎡ 3층 503.88㎡ 4층 503.88㎡ 5층 503.88㎡	
				부동산등기법시행규칙부칙 제3조 제1항의 규정에 의하여 1999년 01월 12일 전산이기

【 표 제 부 】 (전유부분의 건물의 표시)				
표시번호	접 수	건 물 번 호	건 물 내 역	등기원인 및 기타사항
1 (전 1)	1983년2월7일	제1층 제103호	철근콩크리트조 41.99㎡	
				부동산등기법시행규칙부칙 제3조 제1항의 규정에 의하여 1999년 01월 12일 전산이기

【 갑 구 】 (소유권에 관한 사항)				
순위번호	등 기 목 적	접 수	등 기 원 인	권리자 및 기타사항
1 (전 4)	소유권이전	1992년6월2일 제57903호	1992년5월2일 매매	소유자 김영남 600103-******* ~~서울 강동구 명일동123 주공아파트 123동 1234호~~

문서 하단의 바코드를 스캐너로 확인하거나, 인터넷등기소(http://www.iros.go.kr)의 발급확인 메뉴에서 발급확인번호를 입력하여 위·변조 여부를 확인할 수 있습니다. 발급확인번호를 통한 확인은 발행일부터 3개월까지 5회에 한하여 가능합니다.

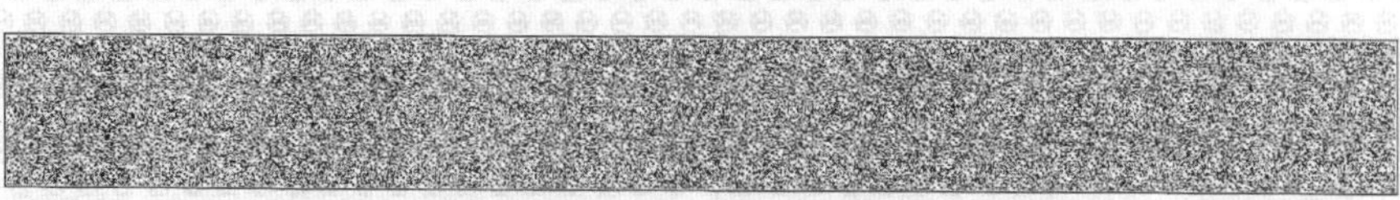

발행번호 11420111006199091010961091SLK0702522DKM18337T71122 발급확인번호 ALOA-ZNXN-2838 발행일 2019/09/09

1/3

[집합건물] 서울특별시 강남구 개포동 189 개포주공아파트 제123동 제1층 제103호

순위번호	등 기 목 적	접 수	등 기 원 인	권리자 및 기타사항
				부동산등기법시행규칙부칙 제3조 제1항의 규정에 의하여 1999년 01월 12일 전산이기
1-1	1번등기명의인표시변경	2003년10월23일 제108913호	2000년3월2일 전거	~~김영남의 주소 서울 영등포구 여의도동 21-2 여의도아파트 1동 23호~~
1-2	1번등기명의인표시변경	2017년12월15일 제239161호	2003년11월24일 전거	김영남의 주소 서울특별시 강남구 선릉로69길 19, 123동 912호(역삼동, 역삼래미안)
2	소유권이전	2017년12월15일 제239205호	2017년7월12일 신탁	수탁자 개포주공4단지아파트주택재건축정비사업조합 110171-0075348 서울특별시 강남구 삼성로 14 (개포동,주공아파트)
	신탁			신탁원부 제2017-22358호

【 을 구 】 (소유권 이외의 권리에 관한 사항)

순위번호	등 기 목 적	접 수	등 기 원 인	권리자 및 기타사항
~~1~~ ~~(전 1)~~	~~근저당권설정~~	~~1983년4월22일~~ ~~제62851호~~	~~1983년1월22일~~ ~~설정계약~~	~~채권최고액 금팔백만~~ ~~채무자 김철수~~ ~~서울특별시 강남구 개포동 주공아파트 123동 1234호~~ ~~근저당권자 대한주택공사~~ ~~서울특별시 강남구 논현동 254~~
~~1-1~~ ~~(전 1-1)~~	~~1번근저당권변경~~	~~1992년1월16일~~ ~~제3646호~~	~~1992년1월14일~~ ~~면책적~~ ~~채무인수~~	~~채무자 김마정~~ ~~서울 종로구 북창동 123~~
~~1-2~~ ~~(전 1-2)~~	~~1번근저당권담보추가~~			~~공동담보 동소동번지 토지~~ ~~1992년1월16일 부기~~
				부동산등기법시행규칙부칙 제3조 제1항의 규정에 의하여 1번 내지 1-2번 등기를 1999년 01월 12일 전산이기
2	1번근저당권설정등기말소	2003년10월23일 제108912호	2003년10월21일 해지	

발행번호 11420111006199091010961091SLK0702522DKM28337T71122 **발급확인번호 ALOA-ZNXN-2838** **발행일** 2019/09/09

2/3

[집합건물] 서울특별시 강남구 개포동 189 개포주공아파트 제123동 제1층 제103호

순위번호	등 기 목 적	접 수	등 기 원 인	권리자 및 기타사항
3	근저당권설정	2003년10월23일 제108914호	2003년10월23일 설정계약	채권최고액 금180,000,000원 채무자 김영남 서울 영등포구 여의도동 21-2 여의아파트 1동 23호 근저당권자 주식회사하나은행 110111-0015671 서울 중구 을지로1가 101-1 (경희의료원지점) 공동담보 토지 서울특별시 강남구 개포동 189 김영남 지분전부
3-1	3번등기명의인표시변경		2011년10월31일 도로명주소	주식회사하나은행의 주소 서울특별시 중구 을지로 35(을지로1가) 2013년11월20일 부기
3-2	3번근저당권이전	2016년2월16일 제30634호	2015년9월1일 회사합병	근저당권자 주식회사하나은행 110111-0672538 서울특별시 중구 을지로 66 (을지로2가)
4	3번근저당권설정등기말소	2016년2월16일 제30635호	2016년2월15일 해지	
5	근저당권설정	2017년12월15일 제239182호	2017년7월12일 설정계약	채권최고액 금538,800,000원 채무자 김영남 서울특별시 강남구 선릉로69길 19, 123동 912호 (역삼동, 역삼래미안) 근저당권자 주식회사하나은행 110111-0672538 서울특별시 중구 을지로 35(을지로1가) (일원동지점) 공동담보 토지 서울특별시 강남구 개포동 189 김영남지분전부

-- 이 하 여 백 --

관할등기소 서울중앙지방법원 등기국 / 발행등기소 서울중앙지방법원 등기국
수수료 1,000원 영수함

이 증명서는 등기기록의 내용과 틀림없음을 증명합니다.
서기 2019년 9월 9일

법원행정처 등기정보중앙관리소 전산운영책임관

* 실선으로 그어진 부분은 말소사항을 표시함. * 기록사항 없는 갑구, 을구는 '기록사항 없음' 으로 표시함.

문서 하단의 바코드를 스캐너로 확인하거나, **인터넷등기소(http://www.iros.go.kr)의 발급확인 메뉴에서 발급확인번호를 입력하여 위·변조 여부를 확인할 수 있습니다. 발급확인번호를** 통한 확인은 발행일부터 3개월까지 5회에 한하여 가능합니다.

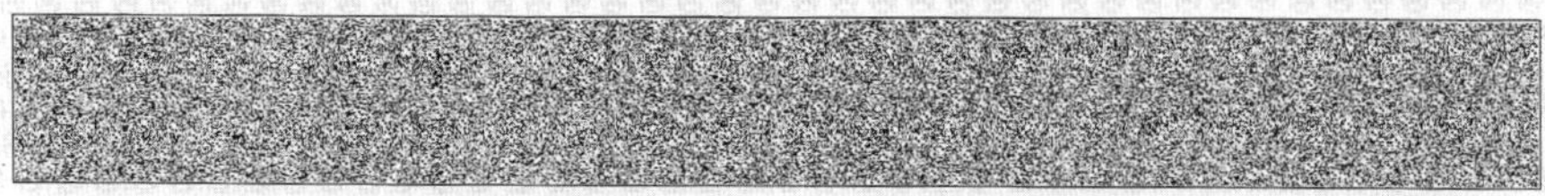

발행번호 1142011100619909101096109 1SLK0702522DKM38337T71122 **발급확인번호 ALOA-ZNXN-2838** **발행일** 2019/09/09

3/3

[부록 7] 등기사항전부증명서(현재 유효사항) — 집합건물

등기사항전부증명서(현재 유효사항)
- 집합건물 -

고유번호 1146-2005-123456

[집합건물] 서울특별시 강남구 역삼동 757외 2필지 역삼래미안 제123동 제9층 제905호

【 표 제 부 】 (1동의 건물의 표시)

표시번호	접 수	소재지번,건물명칭 및 번호	건 물 내 역	등기원인 및 기타사항
2		서울특별시 강남구 역삼동 757, 764, 805-56 역삼래미안 제123동 [도로명주소] 서울특별시 강남구 선릉로69길 19	철근콘크리트조 (철근)콘크리트지붕 22층 아파트 지하2층 83.335㎡ 지하1층 83.335㎡ 1층 337.684㎡ 2층 395.018㎡ 3층 395.018㎡ 4층 395.018㎡ 5층 391.112㎡ 6층 391.112㎡ 7층 391.112㎡ 8층 391.112㎡ 9층 391.112㎡ 10층 391.112㎡ 11층 391.112㎡ 12층 391.112㎡ 13층 391.112㎡ 14층 391.112㎡ 15층 391.112㎡ 16층 391.112㎡ 17층 391.112㎡ 18층 321.887㎡ 19층 257.876㎡ 20층 257.876㎡ 21층 257.876㎡ 22층 157.610㎡ 옥탑1층 60.410㎡(연면적제외) 옥탑2층 60.410㎡(연면적제외) 부속건물 지하1층 주민공동시설,문고 315.212㎡	도로명주소 2013년5월28일 등기

문서 하단의 바코드를 스캐너로 확인하거나, **인터넷등기소(http://www.iros.go.kr)의 발급확인 메뉴**에서 **발급확인번호**를 입력하여 **위·변조 여부를 확인할 수 있습니다. 발급확인번호**를 통한 확인은 발행일부터 3개월까지 5회에 한하여 가능합니다.

발행번호 11420111006209091010050091SLK0085518DKM15924T71121 **발급확인번호** ALOA-ZNVO-5599 **발행일** 2019/09/09

1/3

[집합건물] 서울특별시 강남구 역삼동 757외 2필지 역삼래미안 제123동 제9층 제905호

(대지권의 목적인 토지의 표시)				
표시번호	소 재 지 번	지 목	면 적	등기원인 및 기타사항
1	1. 서울특별시 강남구 역삼동 757 2. 서울특별시 강남구 역삼동 764 3. 서울특별시 강남구 역삼동 805-56	대 대 대	25757.2㎡ 7555.6㎡ 798.6㎡	2005년12월6일

【 표 제 부 】 (전유부분의 건물의 표시)

표시번호	접 수	건 물 번 호	건 물 내 역	등기원인 및 기타사항
1	2005년12월6일	제9층 제905호	철근콘크리트조 59.73㎡	도면편철장 2장 444장

(대지권의 표시)

표시번호	대지권종류	대지권비율	등기원인 및 기타사항
1	1, 2, 3 소유권대지권	35925.5분의 30.534	2005년10월26일 대지권 2005년12월6일
2			별도등기 있음 2토지(을구 1047번 지상권 설정등기) 2005년12월6일

【 갑 구 】 (소유권에 관한 사항)

순위번호	등 기 목 적	접 수	등 기 원 인	권리자 및 기타사항
4	소유권이전	2018년11월6일 제203528호	2018년9월9일 매매	소유자 김태수 700123-******* 서울특별시 강남구 선릉로69길 19, 123동 912호 (역삼동, 역삼래미안) 거래가액 금900,000,000원

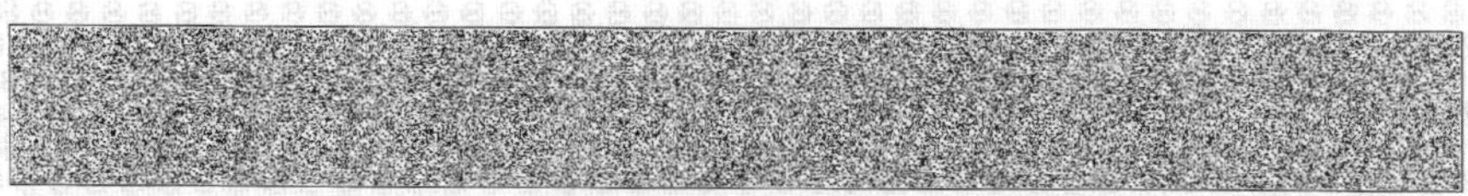

발행번호 11420111006209091010050091SLK0085518DKM25924T71121 발급확인번호 ALOA-ZNVO-5599 발행일 2019/09/09

2/3

[집합건물] 서울특별시 강남구 역삼동 757외 2필지 역삼래미안 제123동 제9층 제905호

【 을 구 】 (소유권 이외의 권리에 관한 사항)
기록사항 없음

-- 이 하 여 백 --

관할등기소 서울중앙지방법원 등기국 / 발행등기소 서울중앙지방법원 등기국
수수료 1,000원 영수함

이 증명서는 등기기록의 내용과 틀림없음을 증명합니다.
서기 2019년 9월 9일

법원행정처 등기정보중앙관리소 전산운영책임관

* 실선으로 그어진 부분은 말소사항을 표시함. * 기록사항 없는 갑구, 을구는 '기록사항 없음' 으로 표시함.

문서 하단의 바코드를 스캐너로 확인하거나, **인터넷등기소(http://www.iros.go.kr)의 발급확인 메뉴**에서 **발급확인번호**를 입력하여 **위·변조 여부를 확인할 수 있습니다. 발급확인번호**를 통한 확인은 발행일부터 3개월까지 5회에 한하여 가능합니다.

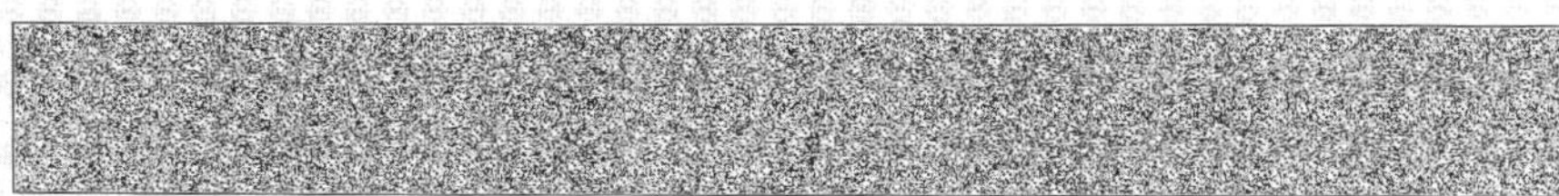

발행번호 11420111006209091010050091SLK0085518DKM35924T71121 **발급확인번호** ALOA-ZNVO-5599 **발행일** 2019/09/09

3/3

[부록 8] 등기사항일부증명서(현재 소유현황)

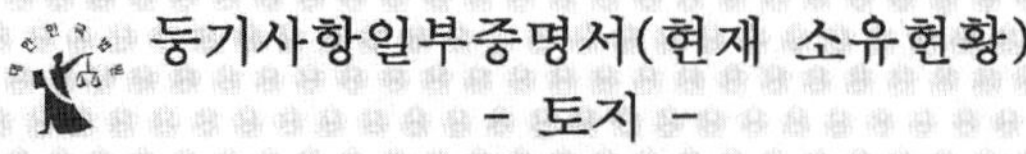

등기사항일부증명서(현재 소유현황) - 토지 -

고유번호 1143-1996-123456

[토지] 서울특별시 관악구 신림동 1234-21

【 표 제 부 】 (토지의 표시)

표시번호	접 수	소 재 지 번	지 목	면 적	등기원인 및 기타사항
1 (전 1)	1978년7월8일	서울특별시 관악구 신림동 1234-21	대	162㎡	

【 명 의 인 】

등기명의인	(주민)등록번호	최종지분	주 소	순위번호
김영순 (소유자)	420405-*******	단독소유	서울특별시 관악구 남부순환로123길 12 (신림동)	2

-- 이 하 여 백 --

관할등기소 서울중앙지방법원 등기국 / 발행등기소 서울중앙지방법원 등기국
수수료 1,200원 영수함

[참 고 사 항]
가. 등기기록에서 유효한 지분을 가진 소유자 혹은 공유자 현황을 표시합니다.
나. 최종지분은 등기명의인이 가진 최종지분이며, 2개 이상의 순위번호에 지분을 가진 경우 그 지분을 합산하였습니다.
다. 순위번호는 등기명의인이 지분을 가진 등기 순위번호입니다.
라. 신청사항과 관련이 없는 소유권(갑구)과 소유권 이외의 권리(을구)사항은 표시되지 않았습니다.
마. 지분이 통분되어 공시된 경우는 전체의 지분을 통분하여 공시한 것입니다.

이 증명서(현재 소유현황)는 등기기록의 내용과 틀림없음을 증명합니다.
서기 2019년 9월 10일

법원행정처 등기정보중앙관리소 전산운영책임관

* 실선으로 그어진 부분은 말소사항을 표시함. * 기록사항 없는 갑구, 을구는 '기록사항 없음' 으로 표시함.

문서 하단의 바코드를 스캐너로 확인하거나, **인터넷등기소(http://www.iros.go.kr)의 발급확인 메뉴에서 발급확인번호를** 입력하여 **위·변조 여부를 확인할 수 있습니다. 발급확인번호를** 통한 확인은 발행일부터 3개월까지 5회에 한하여 가능합니다.

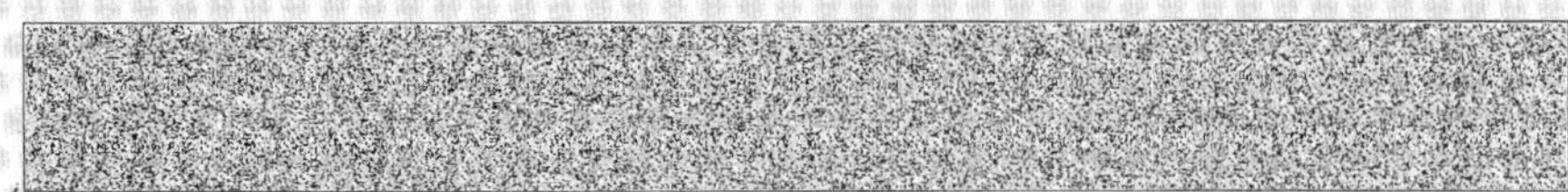

발행번호 11420111003199091010960101SLK0833512DKA19723052211 발급확인번호 ALOA-ZXJD-3976 발행일 2019/09/10

1/1

[부록 9] 종이등기부 보존 서고

[부록 10] 부책식 종이등기부(세로기재식)

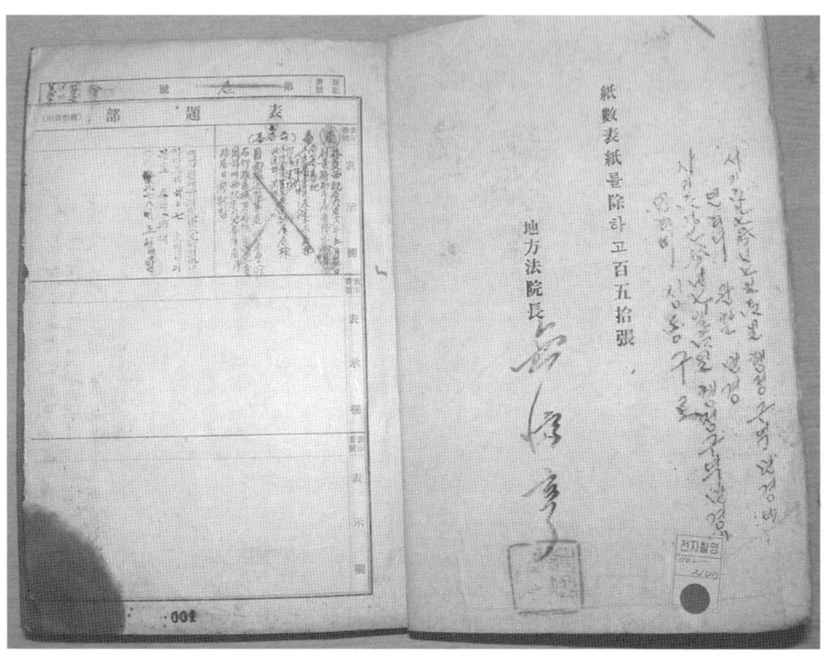

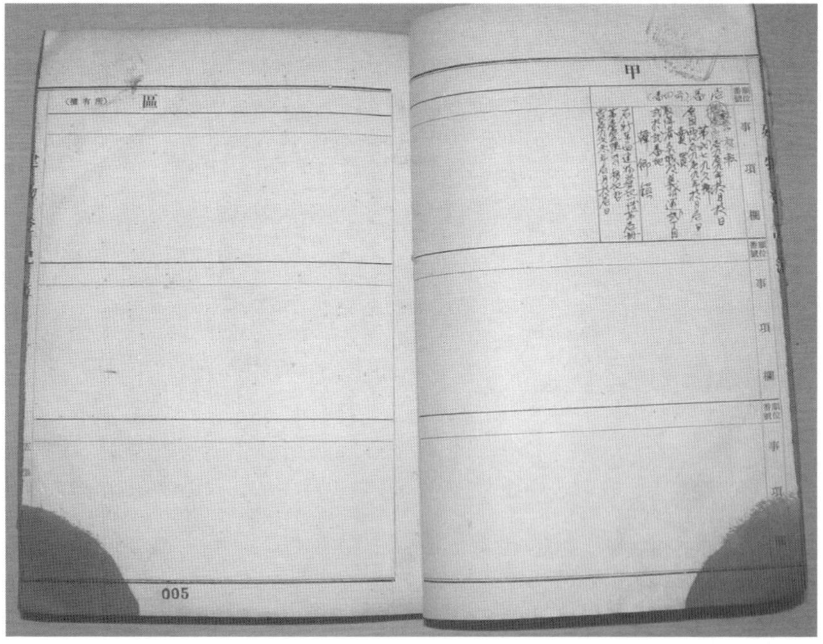

[부록 11] 부책식 종이등기부(가로기재식)

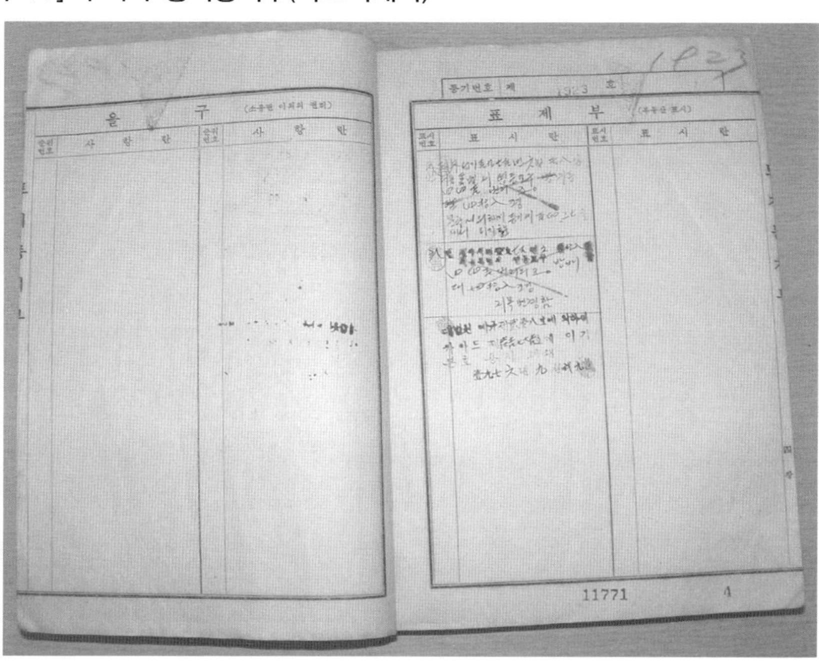

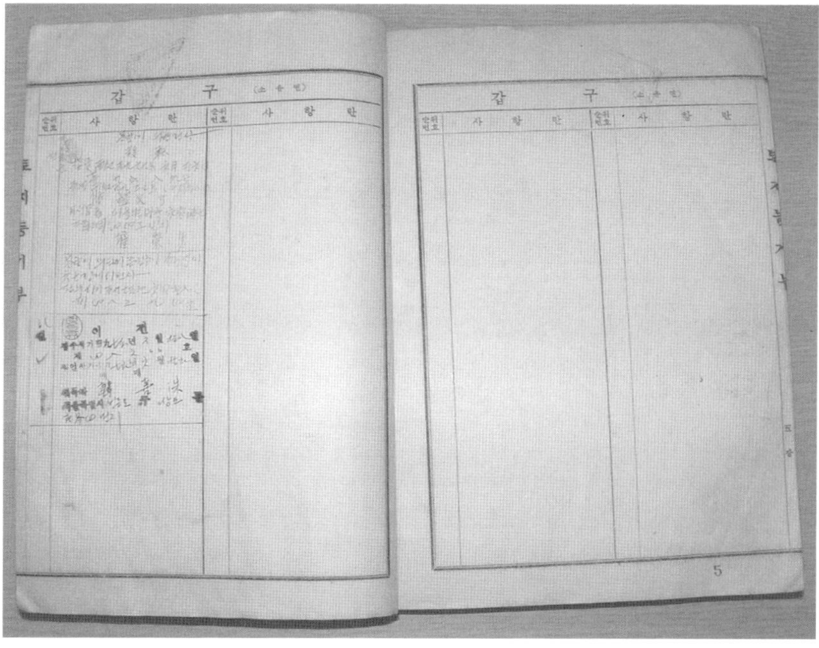

[부록 12] 바인더식 종이등기부

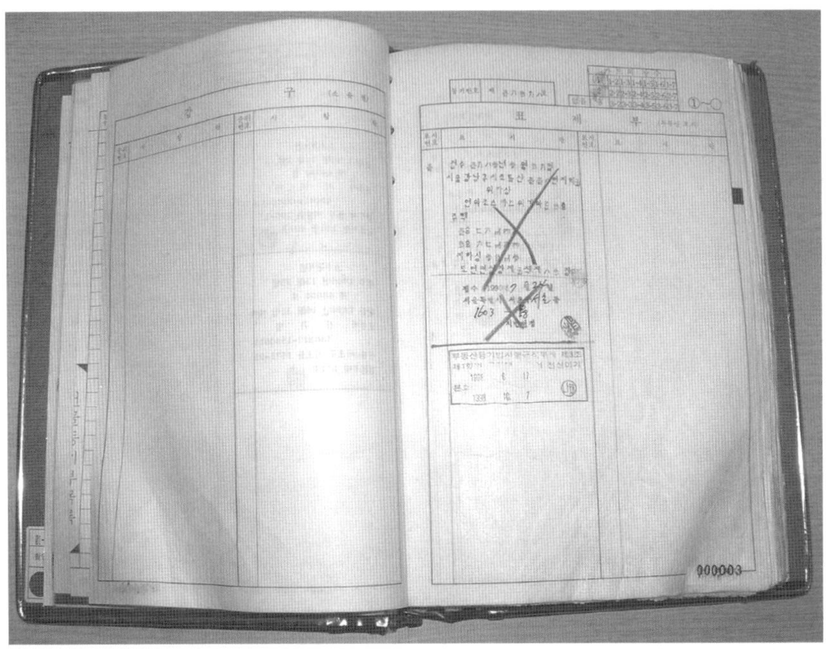

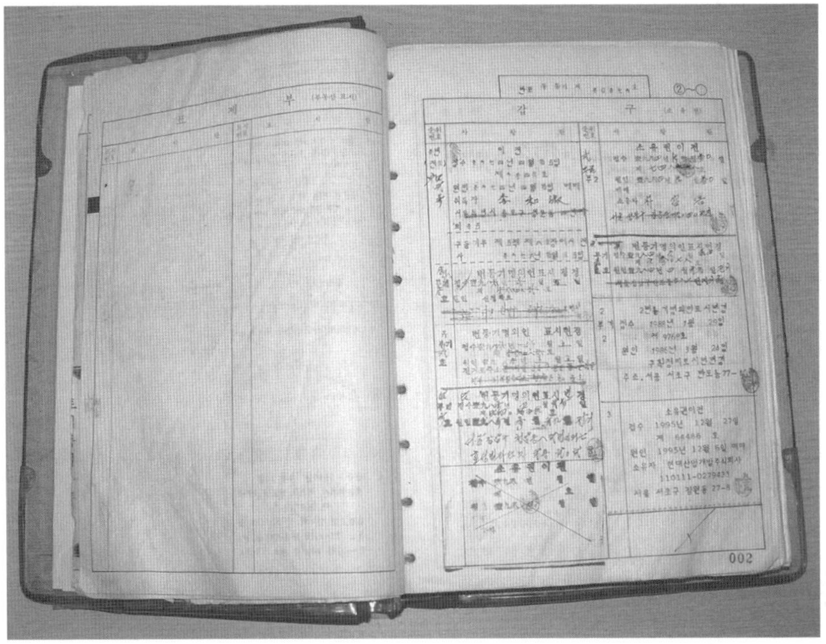

판례색인

대법원 1961. 11. 23. 4293민상623,624 판결 …… 15
대법원 1962. 12. 24. 4294민재항675 결정 …… 341
대법원 1963. 4. 18. 62다223 판결 …… 249
대법원 1965. 2. 16. 64다1630 판결 …… 68
대법원 1965. 5. 18. 65다114 판결 …… 105
대법원 1965. 8. 17. 64다1721 판결 …… 249
대법원 1966. 7. 25. 66마108 결정 …… 134
대법원 1967. 5. 30. 67다588 판결 …… 424
대법원 1968. 2. 20. 67다1797 판결 …… 426
대법원 1968. 8. 30. 68다1187 판결 …… 426
대법원 1969. 3. 18. 68다1617 판결 …… 192
대법원 1970. 2. 10. 69다2013 판결 …… 75
대법원 1970. 3. 10. 70다15 판결 …… 426
대법원 1970. 6. 30. 70다568 판결 …… 249
대법원 1970. 9. 17. 70다1250 판결 …… 425
대법원 1971. 11. 12. 71마657 결정 …… 226
대법원 1972. 6. 2. 72마399 결정 …… 336
대법원 1972. 8. 22. 72다1059 판결 …… 425
대법원 1973. 8. 29. 73마657 결정 …… 335
대법원 1973. 8. 29. 73마669 결정 …… 415
대법원 1974. 6. 11. 73다1975 판결 …… 105
대법원 1975. 4. 22. 74다2188 판결(전) …… 167
대법원 1975. 5. 27. 75다190 판결 …… 356
대법원 1976. 6. 27. 77다2138 판결 …… 66
대법원 1976. 11. 6. 76다148 판결(전) …… 68, 71
대법원 1976. 11. 23. 76다342 판결 …… 68

대법원 1978. 6. 27. 78다544 판결 ········ 198
대법원 1978. 10. 14. 78마282 결정 ········ 339
대법원 1978. 12. 18. 76마381 결정(전) ········ 339
대법원 1979. 2. 27. 78다2446 판결 ········ 437
대법원 1979. 5. 22. 77마427 결정 ········ 414
대법원 1979. 5. 22. 79다239 판결 ········ 429
대법원 1979. 7. 10. 79다847 판결 ········ 424
대법원 1980. 2. 12. 79다2104 판결 ········ 424
대법원 1980. 7. 22. 79다1575 판결 ········ 192
대법원 1980. 7. 22. 80다791 판결 ········ 423
대법원 1980. 10. 14. 80다1385 판결 ········ 164
대법원 1980. 11. 11. 80다441 판결 ········ 425
대법원 1980. 12. 9. 80다1389 판결 ········ 42
대법원 1981. 1. 13. 78다1916 판결 ········ 69
대법원 1981. 5. 26. 80다3117 판결 ········ 341
대법원 1981. 8. 25. 80다3259 판결 ········ 35
대법원 1981. 10. 24. 80다3265 판결 ········ 35
대법원 1981. 11. 16. 80마592 결정 ········ 173
대법원 1982. 1. 26. 81다2329,2330 판결 ········ 191
대법원 1982. 6. 8. 81다611 판결 ········ 14, 35
대법원 1982. 6. 22. 81다1298,1299 판결 ········ 341
대법원 1982. 9. 13. 81다카923 판결 ········ 189
대법원 1982. 9. 14. 81다카923 판결 ········ 426
대법원 1982. 9. 14. 82다카707 판결 ········ 429
대법원 1982. 10. 12. 82다129 판결 ········ 249
대법원 1982. 11. 23. 81다카1110 판결 ········ 334
대법원 1982. 12. 14. 80다459 판결 ········ 425
대법원 1982. 12. 14. 80다1872,1873 판결 ········ 182
대법원 1983. 2. 22. 82다529 판결 ········ 192
대법원 1983. 3. 8. 82다카1168 판결 ········ 192, 349
대법원 1983. 8. 23. 83다카597 판결 ········ 428
대법원 1983. 12. 13. 83다카743 판결 ········ 35
대법원 1984. 2. 28. 83다카994 판결 ········ 195

대법원 1984. 3. 27. 83다카1135 판결 ········ 212
대법원 1984. 6. 12. 83다카2282 판결 ········ 344
대법원 1984. 12. 1. 84마591 결정 ········ 106
대법원 1985. 2. 8. 84다카188 판결 ········ 286
대법원 1985. 4. 9. 84다카130,84다카131 판결 ········ 423
대법원 1985. 11. 12. 85다81,85다카325 판결 ········ 66, 168, 434
대법원 1985. 12. 16. 85마798 결정 ········ 225
대법원 1986. 2. 25. 85다카1812 판결 ········ 286
대법원 1986. 7. 22. 85다카1222 판결 ········ 198
대법원 1986. 10. 14. 84다카490 판결 ········ 196
대법원 1987. 3. 18. 87마206 결정 ········ 413
대법원 1987. 5. 12. 86다545,86다카2876 판결 ········ 331
대법원 1987. 5. 26. 85다카2203 판결 ········ 192, 344
대법원 1987. 5. 26. 86다카2518 판결 ········ 222
대법원 1987. 5. 26. 86도2293 판결 ········ 94
대법원 1987. 6. 23. 85다카2239 판결 ········ 77
대법원 1987. 9. 22. 87다카1164 판결 ········ 134
대법원 1987. 10. 13. 86다카2928 판결(전) ········ 430
대법원 1987. 10. 13. 87다카1093 판결 ········ 71, 212
대법원 1987. 12. 22. 87다카1097 판결 ········ 42
대법원 1988. 4. 25. 87다카458 판결 ········ 281
대법원 1988. 9. 6. 87다카1777 판결 ········ 42
대법원 1988. 9. 27. 87다카1637 판결 ········ 344
대법원 1988. 10. 11. 87다카2136 판결 ········ 182
대법원 1989. 1. 31. 87다카2358 판결 ········ 167
대법원 1989. 3. 28. 87다카2470 판결 ········ 134, 144
대법원 1989. 5. 9. 88다카6488 판결 ········ 361
대법원 1989. 5. 29. 87마820 결정 ········ 143
대법원 1989. 8. 8. 88다카24868 판결 ········ 260
대법원 1989. 10. 27. 87다카425 판결 ········ 349
대법원 1989. 10. 27. 88다카29986 판결 ········ 77, 428
대법원 1989. 11. 28. 89다카2735 판결 ········ 174
대법원 1990. 1. 12. 89다카14363 판결 ········ 93

대법원 1990. 3. 9. 89다카3288 판결 ······ 174, 198
대법원 1990. 3. 24. 90마155 결정 ······ 335
대법원 1990. 5. 8. 90다684,90다카3307 판결 ······ 188
대법원 1990. 5. 8. 90다카1097 판결 ······ 65
대법원 1990. 6. 26. 89다카5673 판결 ······ 189, 191
대법원 1990. 10. 29. 90마772 결정 ······ 134, 243
대법원 1990. 11. 27. 87다카2961,87다453 판결(전) ······ 35
대법원 1990. 11. 27. 89다카12398 판결(전) ······ 69, 250, 424
대법원 1990. 12. 7. 90다카25208 판결 ······ 71, 201
대법원 1991. 3. 22. 91다3185 판결 ······ 197
대법원 1991. 3. 27. 90다8657 판결 ······ 66
대법원 1991. 4. 9. 90다12649 판결 ······ 197
대법원 1991. 4. 9. 90다15433 판결 ······ 205
대법원 1991. 4. 12. 90다9407 판결 ······ 361
대법원 1991. 6. 28. 91다12615,12622 판결 ······ 93
대법원 1991. 7. 23. 91다14574 판결 ······ 13
대법원 1991. 8. 27. 91다3703 판결 ······ 371
대법원 1991. 10. 11. 91다1264 판결 ······ 196
대법원 1991. 10. 11. 91다21640 판결 ······ 372
대법원 1992. 2. 28. 91다30149 판결 ······ 423
대법원 1992. 2. 28. 91다34967 판결 ······ 170
대법원 1992. 3. 10. 91마256,257 결정 ······ 279
대법원 1992. 3. 31. 91다39184 판결 ······ 425
대법원 1992. 4. 24. 91다26379,26386 판결 ······ 428
대법원 1992. 6. 23. 91다38266 판결 ······ 431
대법원 1992. 7. 28. 92다10173,10180 판결 ······ 178
대법원 1992. 9. 1. 92다10043,10050 판결 ······ 352
대법원 1992. 9. 25. 92다21258 판결 ······ 339, 341
대법원 1992. 10. 27. 92다16522 판결 ······ 65
대법원 1992. 10. 27. 92다30047 판결 ······ 431
대법원 1992. 11. 13. 92다39167 판결 ······ 168, 177
대법원 1992. 11. 27. 92누4239 판결 ······ 228
대법원 1993. 1. 26. 92다39112 판결 ······ 436

대법원 1993. 3. 9. 92다39877 판결 …… 189, 190
대법원 1993. 3. 12. 92다48567 판결 …… 295
대법원 1993. 4. 27. 93다5000 판결 …… 251
대법원 1993. 5. 11. 92다46059 판결 …… 428, 429
대법원 1993. 5. 25. 92다15574 판결 …… 372
대법원 1993. 5. 27. 92다20163 판결 …… 360
대법원 1993. 6. 25. 92다56674 판결 …… 205
대법원 1993. 7. 27. 92다50072 판결 …… 195
대법원 1993. 10. 8. 92다44503 판결 …… 197
대법원 1993. 11. 10. 93마929 결정 …… 219
대법원 1993. 11. 23. 93다41792,41808 판결 …… 197
대법원 1993. 12. 7. 93다27819 판결 …… 259
대법원 1994. 1. 14. 93다46469 판결 …… 144
대법원 1994. 1. 25. 93다16338 판결(전) …… 182, 301
대법원 1994. 3. 8. 93다42665 판결 …… 361
대법원 1994. 3. 11. 93마57704 판결 …… 226
대법원 1994. 5. 10. 93다25417 판결 …… 308
대법원 1994. 6. 28. 93다55777 판결 …… 423
대법원 1994. 9. 8. 94마1373 결정 …… 225
대법원 1994. 9. 13. 94다10160 판결 …… 428
대법원 1994. 9. 27. 94다23975 판결 …… 299
대법원 1994. 9. 27. 94다25032 판결 …… 252
대법원 1994. 12. 2. 93다58738 판결 …… 226
대법원 1994. 12. 22. 94다12005 판결 …… 106
대법원 1994. 12. 23. 93다37441 판결 …… 42
대법원 1994. 12. 30. 94마2124 결정 …… 415
대법원 1995. 1. 20. 94마535 결정 …… 134, 243
대법원 1995. 2. 22. 94마2116 결정 …… 243
대법원 1995. 2. 28. 94다23999 판결 …… 85, 358
대법원 1995. 4. 7. 93다54736 판결 …… 244
대법원 1995. 4. 14. 94다57879 판결 …… 196
대법원 1995. 5. 9. 94다38403 판결 …… 171
대법원 1995. 5. 9. 94다41010 판결 …… 428

대법원 1995. 5. 12. 94다20464 판결 ········ 226
대법원 1995. 5. 12. 95다9471 판결 ········ 145
대법원 1995. 5. 26. 95다6878 판결 ········ 349
대법원 1995. 5. 26. 95다7550 판결 ········ 301
대법원 1995. 6. 16. 94다4615 판결 ········ 14, 201
대법원 1995. 9. 29. 95다22849,22856 판결 ········ 198
대법원 1995. 10. 12. 95다11252 판결 ········ 197
대법원 1995. 12. 26. 94다44675 판결 ········ 423
대법원 1995. 12. 26. 95다29888 판결 ········ 344
대법원 1996. 2. 27. 95다42980 판결 ········ 428
대법원 1996. 3. 4. 95마1700 결정 ········ 152, 187, 415
대법원 1996. 3. 8. 95다34866 판결 ········ 70
대법원 1996. 4. 9. 95다48780 판결 ········ 205
대법원 1996. 4. 12. 95다2135 판결 ········ 169, 423
대법원 1996. 4. 12. 95다33214 판결 ········ 167, 173, 186, 412, 415
대법원 1996. 5. 31. 94다27205 판결 ········ 192, 193
대법원 1996. 6. 11. 96도233 판결 ········ 99
대법원 1996. 6. 14. 95다53812 판결 ········ 298
대법원 1996. 6. 28. 96다3982 판결 ········ 437
대법원 1996. 6. 28. 96다16247 판결 ········ 222, 429
대법원 1996. 7. 30. 95다30734 판결 ········ 429
대법원 1996. 7. 30. 96다6974,6981 판결 ········ 352
대법원 1996. 7. 30. 96다17127,17134 판결 ········ 225
대법원 1996. 8. 20. 94다58988 판결 ········ 181
대법원 1996. 9. 19. 95마457 결정 ········ 168
대법원 1996. 10. 15. 96다17424 판결 ········ 331
대법원 1996. 10. 17. 96다12511(전) ········ 35
대법원 1996. 12. 11. 96마1954 결정 ········ 420
대법원 1997. 2. 14. 95다13951 판결 ········ 193
대법원 1997. 2. 25. 96다51561 판결 ········ 167
대법원 1997. 5. 1. 97마384 결정 ········ 130
대법원 1997. 6. 10. 97마814 결정 ········ 393
대법원 1997. 6. 24. 97다2993 판결 ········ 212, 429

대법원 1997. 6. 27. 97다3378 판결 ··· 196
대법원 1997. 7. 8. 96다36517 판결 ··· 15, 197
대법원 1997. 7. 11. 97다15012 판결 ··· 360
대법원 1997. 8. 22. 97다2665 판결 ··· 431
대법원 1997. 9. 9. 95다47664 판결 ··· 201
대법원 1997. 9. 9. 97다18219 판결 ··· 259
대법원 1997. 9. 30. 95다39526 판결 ··· 191, 192
대법원 1997. 10. 16. 96다11747 판결(전) ··· 301
대법원 1997. 10. 24. 97다29097 판결 ··· 349, 353
대법원 1997. 11. 25. 97다29790 판결 ··· 276
대법원 1997. 11. 28. 95다51991 판결 ··· 428
대법원 1997. 12. 12. 97다40100 판결 ··· 429
대법원 1998. 2. 24. 96누5612 판결 ··· 200
대법원 1998. 2. 27. 97다49251 판결 ··· 115
대법원 1998. 4. 9. 98마40 결정 ··· 170
대법원 1998. 6. 26. 97다42823 판결 ··· 196
대법원 1998. 6. 26. 98다13914 판결 ··· 205
대법원 1998. 7. 14. 97다34693 판결 ··· 35
대법원 1998. 7. 28. 96다50025 판결 ··· 249
대법원 1998. 8. 21. 96다29564 판결 ··· 339
대법원 1998. 10. 2. 98다27197 판결 ··· 189
대법원 1998. 10. 7. 98마1333 결정 ··· 350
대법원 1998. 11. 19. 98다24105 판결(전) ··· 336
대법원 1998. 11. 27. 97다41103 판결 ··· 181
대법원 1998. 12. 11. 97다9970 판결 ··· 106
대법원 1999. 1. 26. 98다1027 판결 ··· 130
대법원 1999. 2. 26. 98다50999 판결 ··· 99
대법원 1999. 3. 18. 98다32175 판결(전) ··· 71
대법원 1999. 5. 14. 97다15777, 15784 판결 ··· 289, 295
대법원 1999. 5. 28. 99다2188 판결 ··· 226
대법원 1999. 6. 2. 98마1438 결정 ··· 386
대법원 1999. 6. 11. 98다60903 판결 ··· 168
대법원 1999. 6. 17. 98다40459 판결(전) ··· 105

대법원 1999. 7. 9. 98다13754 판결 ········· 360
대법원 1999. 7. 27. 98다32540 판결 ········· 297, 387
대법원 1999. 7. 27. 98다35020 판결 ········· 387
대법원 1999. 9. 17. 97다54024 판결 ········· 301
대법원 1999. 9. 17. 98다63018 판결 ········· 189
대법원 1999. 9. 17. 99다1345, 2006. 11. 9. 2004다67691 판결 ········· 387
대법원 1999. 9. 21. 99다29084 판결 ········· 35
대법원 1999. 11. 9. 99다46096 판결 ········· 385
대법원 1999. 12. 9. 98마2934 결정 ········· 339
대법원 2000. 1. 28. 99다41985 판결 ········· 93
대법원 2000. 2. 25. 98다50869 판결 ········· 279
대법원 2000. 3. 10. 99다40975 판결 ········· 167
대법원 2000. 3. 10. 99다65462 판결 ········· 428, 429
대법원 2000. 3. 24. 99다27149 판결 ········· 193
대법원 2000. 4. 11. 2000다5640 판결 ········· 182, 301
대법원 2000. 4. 25. 2000다6858 판결 ········· 93
대법원 2000. 5. 12. 99다69983 판결 ········· 168, 177
대법원 2000. 9. 29. 2000다29240 판결 ········· 152
대법원 2000. 10. 27. 2000다33775 판결 ········· 430
대법원 2000. 11. 16. 98다45652,45669 판결(전) ········· 383, 393
대법원 2000. 12. 26. 2000다56204 판결 ········· 295
대법원 2001. 1. 16. 2000다49473 판결 ········· 192
대법원 2001. 1. 16. 2000다51872 판결 ········· 14
대법원 2001. 2. 15. 99다66915 판결(전) ········· 36
대법원 2001. 2. 23. 2000다63974 판결 ········· 189
대법원 2001. 3. 9. 2001다1478 판결 ········· 93
대법원 2001. 3. 15. 99다48948 판결(전) ········· 291
대법원 2001. 3. 23. 2000다51285 판결 ········· 167, 198, 341
대법원 2001. 4. 10. 2001다12256 판결 ········· 205
대법원 2001. 5. 29. 99다66410 판결 ········· 265
대법원 2001. 6. 1. 2001다21854 판결 ········· 308
대법원 2001. 7. 2. 2001마212 결정 ········· 279
대법원 2001. 8. 21. 2001다23195 판결 ········· 428

대법원 2001. 9. 4. 2001다22604 판결 ························ 376, 393
대법원 2001. 9. 20. 99다37894 판결(전) ························ 69, 250
대법원 2001. 10. 9. 2000다51216 판결 ························ 71, 337
대법원 2001. 10. 12. 99다39258 판결 ························ 430
대법원 2001. 10. 12. 2000다59081 판결 ························ 292
대법원 2001. 11. 9. 2001다37699 판결 ························ 14
대법원 2001. 11. 9. 2001다47528 판결 ························ 292
대법원 2001. 11. 22. 2000다71388,71395 판결(전) ························ 430
대법원 2001. 11. 27. 2000두9731 판결 ························ 244
대법원 2002. 2. 5. 2001다72029 판결 ························ 427, 428
대법원 2002. 2. 26. 2000다16350 판결 ························ 14
대법원 2002. 2. 26. 2000도2168 판결 ························ 131
대법원 2002. 2. 27. 2000마7937 결정 ························ 191
대법원 2002. 3. 15. 2001마6620 결정 ························ 361
대법원 2002. 4. 12. 2000다70460 판결 ························ 314, 330
대법원 2002. 4. 12. 2001다84367 판결 ························ 193
대법원 2002. 4. 26. 2000다38480 판결 ························ 178
대법원 2002. 5. 24. 2002다7176 판결 ························ 289, 292, 300
대법원 2002. 6. 14. 2000다69200 판결 ························ 436
대법원 2002. 6. 14. 2001다68389 판결 ························ 258, 410
대법원 2002. 7. 9. 2001다43922,43939 판결 ························ 344
대법원 2002. 7. 12. 2001다16913 판결 ························ 35
대법원 2002. 7. 12. 2001다53264 판결 ························ 304
대법원 2002. 8. 23. 2001다69122 판결 ························ 276
대법원 2002. 9. 24. 2001다20103 판결 ························ 212, 250
대법원 2002. 10. 22. 2000다59678 판결 ························ 189
대법원 2002. 11. 26. 2001다73022 판결 ························ 295
대법원 2002. 12. 6. 2002마2754 결정 ························ 331
대법원 2003. 1. 24. 2002다65189 판결 ························ 205
대법원 2003. 2. 28. 2000다65802,65819 판결 ························ 361
대법원 2003. 2. 28. 2002다46256 판결 ························ 427, 428
대법원 2003. 4. 11. 2003다5016 판결 ························ 301
대법원 2003. 5. 13. 2002다64148 판결 ························ 69, 250

대법원 2003. 5. 30. 2002다21592,21608 판결 ··· 14
대법원 2003. 6. 13. 2002다68683 판결 ··· 344
대법원 2003. 8. 19. 2001다47467 판결 ··· 314
대법원 2003. 9. 5. 2001다66291 판결 ··· 282
대법원 2003. 10. 24. 2003다13260 판결 ··· 164
대법원 2003. 12. 12. 2003다44615,44622 판결 ··· 195
대법원 2004. 2. 27. 2003다35567 판결 ··· 192
대법원 2004. 3. 26. 2003다60549 판결 ··· 430
대법원 2004. 3. 29. 2003마1753 결정 ··· 264
대법원 2004. 4. 16. 2002다12512 판결 ··· 383
대법원 2004. 4. 22. 2003두9015 판결(전) ··· 204
대법원 2004. 5. 28. 2003다70041 판결 ··· 180, 356
대법원 2004. 7. 8. 2002다40210 판결 ··· 66, 405
대법원 2004. 9. 24. 2004다27273 판결 ··· 429
대법원 2004. 9. 24. 2004다31463 판결 ··· 251
대법원 2004. 10. 14. 2004다30583 판결 ··· 259, 408
대법원 2004. 12. 10. 2004다54725 판결 ··· 361
대법원 2005. 2. 25. 2003다13048 판결 ··· 133, 138, 144
대법원 2005. 3. 10. 2004다67653,67660 판결 ··· 71, 337
대법원 2005. 3. 25. 2003다35659 판결 ··· 276
대법원 2005. 4. 29. 2003다66431 판결 ··· 437
대법원 2005. 5. 13. 2003다50771 판결 ··· 282
대법원 2005. 5. 26. 2002다43417 판결 ··· 429
대법원 2005. 6. 10. 2002다15412,15429 판결 ··· 177, 299, 301
대법원 2005. 9. 28. 2004다50044 판결 ··· 65, 106
대법원 2005. 9. 29. 2003다40651 판결 ··· 424, 428
대법원 2005. 12. 23. 2004다1691 판결 ··· 197
대법원 2006. 1. 27. 2005다59871 판결 ··· 115
대법원 2006. 2. 23. 2004다29835 판결 ··· 430
대법원 2006. 3. 10. 2004다742 판결 ··· 383, 393
대법원 2006. 3. 10. 2005도9402 판결 ··· 99
대법원 2006. 3. 27. 2004마978 결정 ··· 383
대법원 2006. 4. 7. 2005도9858 판결(전) ··· 227

대법원 2006. 4. 28. 2005다74108 판결 ········· 292, 300
대법원 2006. 7. 28. 2006다19986 판결 ········· 376
대법원 2006. 9. 8. 2006다17485 판결 ········· 226
대법원 2006. 9. 22. 2004다50235 판결 ········· 181
대법원 2006. 9. 22. 2004다58611 판결 ········· 376, 393, 405
대법원 2006. 9. 22. 2006다24971 판결 ········· 196
대법원 2006. 10. 26. 2006다29020 판결 ········· 393
대법원 2007. 1. 11. 2006다50055 판결 ········· 291, 423
대법원 2007. 2. 22. 2004다59546 판결 ········· 339, 344
대법원 2007. 4. 13. 2005다8682 판결 ········· 376
대법원 2007. 4. 27. 2005다45753 판결 ········· 178, 180
대법원 2007. 5. 31. 2006두8235 판결 ········· 115
대법원 2007. 6. 14. 2005다5140 판결 ········· 130
대법원 2007. 6. 14. 2007다4295 판결 ········· 95, 133, 145
대법원 2007. 6. 14. 2007다17284 판결 ········· 130
대법원 2007. 6. 21. 2004다26133 판결(전) ········· 282
대법원 2007. 6. 28. 2007다25599 판결 ········· 334
대법원 2007. 7. 26. 2007다19006,19013 판결 ········· 198
대법원 2007. 10. 25. 2007다46138 판결 ········· 222
대법원 2007. 12. 27. 2005다66374,66381 판결 ········· 408
대법원 2007. 12. 28. 2006다21675 판결 ········· 138
대법원 2008. 2. 15. 2005다47205 판결 ········· 264
대법원 2008. 3. 13. 2006다29372 판결 ········· 271, 277
대법원 2008. 3. 13. 2006다31887 판결 ········· 295
대법원 2008. 3. 27. 2006마920 결정 ········· 134
대법원 2008. 3. 27. 2007다91756 판결 ········· 428
대법원 2008. 4. 10. 2007다82028 판결 ········· 428
대법원 2008. 4. 24. 2007다90883 판결 ········· 93
대법원 2008. 7. 11. 2008마615 결정 ········· 188
대법원 2008. 7. 24. 2008다25510 판결 ········· 178, 179
대법원 2008. 9. 11. 2007다45777 판결 ········· 376, 393
대법원 2008. 9. 11. 2008다38035 판결 ········· 109
대법원 2008. 9. 11. 2008마696 결정 ········· 385

대법원 2008. 10. 9. 2007다87979 판결 ······ 145
대법원 2008. 10. 23. 2007다83410 판결 ······ 436
대법원 2008. 11. 27. 2008다60742 판결 ······ 393
대법원 2008. 12. 11. 2008다1895 판결 ······ 168
대법원 2008. 12. 15. 2007마1154 결정 ······ 134
대법원 2008. 12. 15. 2007마1155 결정 ······ 420
대법원 2008. 12. 24. 2008다65396 판결 ······ 277
대법원 2009. 1. 30. 2008다67217 판결 ······ 410
대법원 2009. 2. 12. 2007두17359 판결 ······ 200
대법원 2009. 3. 12. 2006다28454 판결 ······ 226
대법원 2009. 4. 16. 2007도6703 판결(전) ······ 115
대법원 2009. 5. 28. 2009다4787 판결 ······ 425
대법원 2009. 6. 23. 2009다26145 판결 ······ 384, 393, 394, 395
대법원 2009. 9. 24. 2009다32928 판결 ······ 361
대법원 2009. 9. 24. 2009다37831 판결 ······ 428
대법원 2009. 10. 15. 2006다43903 판결 ······ 193
대법원 2009. 10. 15. 2009다48633 판결 ······ 225, 226
대법원 2009. 11. 26. 2008다64478,64485,64492 판결 ······ 291
대법원 2009. 12. 10. 2008다72318 판결 ······ 292
대법원 2009. 12. 24. 2009다72070 판결 ······ 356
대법원 2010. 1. 14. 2009다66150 판결 ······ 219
대법원 2010. 1. 14. 2009마1449 결정 ······ 385
대법원 2010. 2. 11. 2008다16899 판결 ······ 130
대법원 2010. 2. 11. 2009다68408 판결 ······ 189
대법원 2010. 2. 25. 2008다96963,96970 판결 ······ 244
대법원 2010. 2. 25. 2009다79811 판결 ······ 259
대법원 2010. 3. 18. 2006마571 결정(전) ······ 134, 347
대법원 2010. 3. 22. 2009마1385 결정 ······ 386
대법원 2010. 3. 25. 2009다35743 판결 ······ 278
대법원 2010. 4. 15. 2008다41475 판결 ······ 307
대법원 2010. 5. 13. 2010다3681 판결 ······ 292
대법원 2010. 5. 27. 2006다84171 판결 ······ 259, 393
대법원 2010. 5. 27. 2009다12603 판결 ······ 95

대법원 2010. 5. 27. 2010다6017 판결 ······ 394
대법원 2010. 7. 22. 2010다21702 판결 ······ 83
대법원 2010. 11. 11. 2010다45944 판결 ······ 226
대법원 2010. 12. 23. 2008다57746 판결 ······ 303
대법원 2011. 1. 13. 2010다69940 판결 ······ 291
대법원 2011. 4. 12. 2011마45 결정 ······ 420
대법원 2011. 4. 14. 2011다6342 판결 ······ 264
대법원 2011. 4. 28. 2010다107408 판결 ······ 356
대법원 2011. 5. 13. 2009다94384,94391,94407 판결 ······ 429
대법원 2011. 6. 2. 2011마224 결정 ······ 134
대법원 2011. 7. 14. 2010다107064 판결 ······ 35
대법원 2011. 7. 28. 2010다88507 판결 ······ 292
대법원 2011. 9. 29. 2010다5892 판결 ······ 107, 145
대법원 2011. 10. 13. 2010다99132 판결 ······ 308
대법원 2011. 11. 10. 2009다93428 판결 ······ 202, 224, 227
대법원 2011. 11. 10. 2010다75648 판결 ······ 212
대법원 2012. 1. 27. 2011다73090 판결 ······ 384, 395
대법원 2012. 2. 9. 2011마1892 결정 ······ 152, 415
대법원 2012. 2. 16. 2010다82530 판결(전) ······ 344
대법원 2012. 3. 29. 2011다79210 판결 ······ 376, 393
대법원 2012. 4. 12. 2011두24491 판결 ······ 331
대법원 2012. 5. 9. 2012다13590 판결 ······ 315
대법원 2012. 5. 10. 2012마180 결정 ······ 152, 361, 415
대법원 2012. 9. 13. 2012다47098 판결 ······ 94, 95
대법원 2012. 11. 29. 2010다68060 판결 ······ 115
대법원 2013. 1. 10. 2010다75044,75051 판결 ······ 429
대법원 2013. 1. 17. 2010다71578 판결(전) ······ 387, 393
대법원 2013. 1. 24. 2012도12363 판결 ······ 238
대법원 2013. 1. 25. 2012마1206 결정 ······ 225
대법원 2013. 3. 14. 2012다112350 판결 ······ 189, 190
대법원 2013. 6. 27. 2012다118549 판결 ······ 164, 165
대법원 2013. 7. 11. 2013다18011 판결 ······ 191
대법원 2013. 7. 12. 2012두28582 판결 ······ 208

대법원 2013. 11. 14. 2013다33577 판결 ······ 394
대법원 2013. 11. 21. 2011두1917 판결(전) ······ 250
대법원 2013. 11. 28. 2012다103325 판결 ······ 376, 393
대법원 2013. 12. 12. 2011다78200,78217 판결 ······ 390
대법원 2013. 12. 26. 2011다93438 판결 ······ 394
대법원 2014. 2. 13. 2011다74277 판결 ······ 236
대법원 2014. 5. 29. 2012다22167 판결 ······ 165
대법원 2014. 8. 20. 2014다206044 판결 ······ 109
대법원 2014. 10. 27. 2013다91672 판결 ······ 277
대법원 2015. 3. 12. 2013도10544 판결 ······ 115
대법원 2015. 3. 20. 2012다99341 판결 ······ 307
대법원 2015. 3. 26. 2014다13082 판결 ······ 174
대법원 2015. 3. 26. 2014다233428 판결 ······ 259
대법원 2015. 5. 21. 2012다952 판결(전) ······ 169, 423, 435
대법원 2015. 7. 9. 2015다202360 판결 ······ 365, 366
대법원 2015. 10. 29. 2014다6107 판결 ······ 383, 395
대법원 2015. 11. 17. 2013다84995 판결 ······ 118, 423
대법원 2015. 11. 17. 2014다10694 판결 ······ 277
대법원 2015. 12. 10. 2014다87878 판결 ······ 170
대법원 2016. 1. 14. 2013다219142 판결 ······ 387
대법원 2016. 1. 28. 2011다41239 판결 ······ 42, 190
대법원 2016. 1. 28. 2013다59876 판결 ······ 385
대법원 2016. 1. 28. 2015도17297 판결 ······ 144
대법원 2016. 3. 10. 2014다231965 판결 ······ 307
대법원 2016. 4. 12. 2014다61630 판결 ······ 352
대법원 2016. 5. 24. 2012다87898 판결 ······ 14, 175
대법원 2016. 5. 27. 2015다77212 판결 ······ 386
대법원 2016. 6. 28. 2016다1793 판결 ······ 14, 196, 197
대법원 2016. 6. 28. 2016다1854,1861 판결 ······ 388
대법원 2016. 10. 27. 2015다230815 판결 ······ 226
대법원 2017. 1. 12. 2014다32014 판결 ······ 282
대법원 2017. 1. 25. 2012다72469 판결 ······ 408
대법원 2017. 1. 25. 2016마5579 결정 ······ 170

대법원 2017. 2. 21. 2016다225353 판결 ······ 212
대법원 2017. 4. 26. 2014다221777,221784 판결 ······ 308
대법원 2017. 8. 18. 2016다6309 판결 ······ 173
대법원 2017. 8. 29. 2016다212524 판결 ······ 208, 252
대법원 2017. 9. 12. 2015다242849 판결 ······ 42, 177
대법원 2017. 10. 12. 2016다9643 판결 ······ 208
대법원 2017. 10. 19. 2015마1383 결정 ······ 360
대법원 2017. 10. 31. 2015다65042 판결 ······ 289
대법원 2017. 10. 31. 2016다27825 판결 ······ 427
대법원 2017. 11. 14. 2015다214011 판결 ······ 394
대법원 2017. 12. 5. 2014다227492 판결 ······ 383
대법원 2017. 12. 5. 2017다237339 판결 ······ 362
대법원 2017. 12. 13. 2016다248424 판결 ······ 431
대법원 2017. 12. 21. 2013다16992 판결(전) ······ 307
대법원 2017. 12. 22. 2015다73753 판결 ······ 120
대법원 2017. 12. 22. 2017다360,377 판결 ······ 428
대법원 2017. 12. 28. 2017그100 결정 ······ 120
대법원 2018. 1. 25. 2017마1093 결정 ······ 272
대법원 2018. 3. 15. 2015다69907 판결 ······ 264
대법원 2018. 3. 27. 2015다3471 판결 ······ 386
대법원 2018. 4. 12. 2016다223357 판결 ······ 312
대법원 2018. 4. 24. 2015다22113 판결 ······ 217
대법원 2018. 6. 28. 2015두47737 판결 ······ 208
대법원 2018. 7. 20. 2014다83937 판결 ······ 276
대법원 2018. 11. 29. 2018다200730 판결 ······ 428, 429
대법원 2018. 12. 28. 2018다219727 판결 ······ 394
대법원 2019. 5. 16. 2015다253573 판결 ······ 193
대법원 2019. 5. 16. 2018다242246 판결 ······ 226
대법원 2019. 5. 30. 2015다47105 판결 ······ 188
대법원 2019. 10. 17. 2016다32841,32858 판결 ······ 390
대법원 2019. 10. 17. 2017다286485 판결 ······ 197, 387
대법원 2019. 11. 15. 2019두46763 판결 ······ 387
대법원 2019. 12. 13. 2019다267464 판결 ······ 431

대법원 2020. 1. 7. 2017마6419 결정 ···· 136
대법원 2020. 1. 30. 2018두32927 판결 ···· 239
대법원 2020. 2. 27. 2018다232898 판결 ···· 386
대법원 2020. 2. 27. 2019도9293 판결 ···· 137
대법원 2020. 3. 12. 2019다276086,276093 판결 ···· 383, 393
대법원 2020. 3. 16. 2020그507 결정 ···· 208
대법원 2020. 4. 9. 2014다51756,51763 판결 ···· 302
대법원 2020. 4. 29. 2016다235411 판결 ···· 309
대법원 2020. 6. 4. 2016다245142 판결 ···· 392, 394
대법원 2020. 7. 23. 2019두31839 판결 ···· 204
대법원 2020. 8. 20. 2018다241410,241427 판결 ···· 260
대법원 2020. 8. 20. 2019두63485 판결 ···· 131
대법원 2020. 9. 7. 2017다204810 판결 ···· 386
대법원 2020. 10. 15. 2017두47403 판결 ···· 123
대법원 2021. 1. 14. 2019다294947 판결 ···· 391
대법원 2021. 2. 25. 2018도19043 판결 ···· 55
대법원 2021. 4. 29. 2017다294585, 294592 판결 ···· 291
대법원 2021. 5. 7. 2020다299214 판결 ···· 168
대법원 2021. 5. 27. 2017다230963 판결 ···· 403
대법원 2021. 6. 24. 2021다220666 판결 ···· 385
대법원 2021. 7. 8. 2017다204247 판결 ···· 393
대법원 2021. 7. 21. 2019다266751 판결 ···· 130
대법원 2021. 7. 21. 2020다300893 판결 ···· 226
대법원 2021. 8. 19. 2018다207830 판결 ···· 197
대법원 2021. 10. 14. 2021다240851 판결 ···· 292
대법원 2021. 11. 11. 2017두57769 판결 ···· 388
대법원 2021. 11. 11. 2020다278170 판결 ···· 370, 384, 393, 411
대법원 2021. 12. 16. 2021다255648 판결 ···· 289, 295, 297
대법원 2021. 12. 16. 2021다264161 판결 ···· 295
대법원 2021. 12. 30. 2018다268538 판결 ···· 271
대법원 2022. 1. 13. 2020다278156 판결 ···· 391
대법원 2022. 2. 17. 2019다300095,300101 판결 ···· 315
대법원 2022. 5. 12. 2017다278187 판결 ···· 312

대법원 2022. 6. 30. 2018다43128 판결 ………… 394
대법원 2022. 6. 30. 2018다276218 판결 ………… 361, 365, 366
대법원 2022. 8. 25. 2018다205209 판결(전) ………… 432
대법원 2022. 9. 16. 2022다237173 판결 ………… 198
대법원 2022. 12. 29. 2019마5500 결정 ………… 386
대법원 2023. 6. 1. 2023다209045 판결 ………… 281
대법원 2023. 6. 15. 2022다303766 판결 ………… 205
대법원 2023. 7. 13. 2023다223591,223607 판결 ………… 429
대법원 2023. 8. 18. 2022그779 결정 ………… 242
대법원 2023. 8. 31. 2021다246446 판결 ………… 385
대법원 2023. 9. 14. 2022다271753 판결 ………… 408
대법원 2023. 9. 21. 2022다270613 판결 ………… 393
대법원 2023. 9. 21. 2022두31143 판결 ………… 204
대법원 2023. 11. 9. 2023다254816 판결 ………… 383
대법원 2023. 12. 28. 2023다260972,260989 판결 ………… 426
대법원 2024. 2. 15. 2019다208724 판결 ………… 325
대법원 2024. 3. 12. 2023두50349 판결 ………… 208
대법원 2024. 4. 16. 2022다307294 판결 ………… 323
대법원 2025. 2. 13. 2022다233164 판결 ………… 315

사항색인

[ㄱ]
가등기 332, 416
가등기가처분명령 335
가등기에 의한 본등기 340
가등기의 가등기 336
가등기의 말소 339
가등기의 신청 334
가등기의 요건 333
가등기의 효력 340
가압류 355
가압류등기 376
가처분 355
각하 150
간주규약대지 383
강제경매 368
개방형 축사 16
개인정보 보호법 47
거래가액 등기제도 445
거래가액의 등기 237
건물 14
건물만에 관한 것이라는 뜻 398, 403
건물의 개수 15
건물의 분할 218
건물의 합병 219
건축물 14, 223
건축물대장 200
검인 103
경매개시결정 369
경매에 관한 등기 368
계약해제 239
공동담보목록 304
공동소유 253
공동신청 65
공동신청주의 71
공동저당 302
공동저당의 대위등기 307
공매공고 등기 379
공신력 61, 432
공용부분 382, 390
공유등기 254
공유물분할 259, 408
공유물분할판결 118
공유지분등기 254
공익법인 105
과징금 130
관리신탁 312
관할의 전속 25
관할의 지정 22, 24
구분건물 15, 382
구분소유 384
구분점포 385
구분지상권등기 266

구분행위 16, 386
구조상 공용부분 390
국민주택채권 124
권리의 등기 11
권리의 보존 17
권리의 설정 17
권리질권 309
규약상 공용부분 390
규약상 대지 383
근저당권 288
금지사항 부기등기 19, 448

[ㄴ]
농지 114
농지취득자격증명 114

[ㄷ]
다가구주택 384
다세대주택 384
단독신청 66, 182
담보가등기 350
담보가등기의 효력 353
담보권신탁 324
담보권실행 등을 위한 경매 368
담보권 실행의 통지 352
담보신탁 312
담보지상권 264
당사자 75
대리인 76
대위신청 78
대지권 384
대지권등기 392
대지권등기의 효과 402
대지권의 변경 401
대지권의 비율 399
대지사용권 383, 392
대지사용권에 대한 이전등기 404
대지사용권의 사후취득 403
대항적 효력 426
도시개발사업 451
동시신청 96
등기관 27
등기관의 주의의무 143
등기권리자 66, 72
등기기록 29
등기기록의 구성 31
등기기록의 일부 32
등기기록의 폐쇄 41
등기능력 12
등기당사자능력 75
등기당사자적격 76
등기명의인 161
등기명의인 표시경정등기 434
등기명의인표시의 변경 161
등기부 7, 29
등기부등초본 48
등기부부본자료 43
등기부와 대장의 일원화 203
등기부의 부속서류 32
등기부의 전산화 32
등기사항 12
등기사항 법정주의 11
등기사항의 공시 제한 57
등기사항증명서 48
등기사항증명서의 종류 49
등기상 이해관계 있는 제3자 65, 112,

170, 178, 191
등기선례요지집 7
등기소 21
등기소 광역화 22, 34
등기소의 관할 21
등기수취청구권 67
등기신청 양식 27
등기신청권 64
등기신청능력 76
등기신청서 96
등기신청수수료 125
등기신청의 취하 126
등기용지 29
등기원인 62, 98
등기원인을 증명하는 정보 97
등기원인증명정보 97
등기원인증서의 공증 61
등기원인증서의 반환 158
등기의 경정 163
등기의 동일성 166
등기의 말소 175
등기의무자 66, 72
등기의 변경 159
등기의 신청 75
등기의 유효요건 422
등기의 종류 10
등기의 촉탁 82
등기의 추정력 427
등기의 회복 188
등기의 효력 426
등기인수청구권 68
등기정보중앙관리소 43
등기청구권 64
등기청구권의 행사 70
등기특별회계법 32
등기필정보 93, 142, 154
등기필증 94, 142
등록면허세 122
등록전환 199

[ㅁ]

매각에 따른 등기 371
매도증서 98
매매 236
면적의 단위 204
멸실된 등기의 회복 195
멸실의 등기 220
멸실회복 36
명의신탁 129
무인발급기 52
무효등기의 유용 424
물권변동이론 61
물권적 합의 62
물권행위 62, 100
물적 편성주의 30

[ㅂ]

방문신청 87
법률행위 234
법원의 명령에 따른 등기 417
법인 아닌 사단 또는 재단 80
법인의 등기신청 81
법정갱신 277
법정대지 383
별도의 등기가 있다는 뜻 397
보전가등기 333

보전의 필요성 356
보전처분 355
보정 145
본인서명사실확인서 112
본인확인 87
부기등기 10, 20, 147, 170, 301, 416
부동산 12, 223
부동산 가격공시제도 446
부동산 거래관리시스템 446
부동산 거래신고 237
부동산 거래신고제 445
부동산 거래의 관리 445
부동산거래 전자계약시스템 448
부동산등기기록례집 8
부동산등기용등록번호 109
부동산등기의 진정성 보장 61
부동산 매도용 인감증명서 236
부동산양도신고제도 446
부동산의 가격 46
부동산의 일부 13, 278
부동산의 특정 일부 252
부동산의 표시 17
부동산종합공부 47
부동산 투기 445
부실등기 61
부전지 53, 149
부책식 등기부 29
북한주민 86, 247
분리처분금지 392, 402
분양 448
분양권 전매 제한 447
분필 207
분할 207

[ㅅ]
사실의 등기 11
사용승인 231
사용자등록 89
상대적 효력 359, 369
상속 241
상속인에 의한 등기 246
상속재산 협의분할 243, 244
색출장 29
선분양관행 20
소유권 포기 237
소유권보존등기 221, 391, 405, 429
소유권이전등기 233
수수료 52, 56
수용 248, 407
수익자 313
수탁자 313
수탁자의 변경 327
순위번호 147
승낙의무 180
승역지 268
시효취득 251
신청인 75
신청정보 91
신청주의 71
신탁 310
신탁관리인 313
신탁등기 74, 315
신탁원부 317, 328
신탁의 분할 325
신탁의 합병 325
신탁재산관리인 313
신탁재산의 독립성 314

신탁행위 313
실거래가 공개시스템 448
실체관계에 부합하는 등기 423
심사의 대상 137
심사의 자료 140
쌍방대리 77

[ㅇ]
아파트 381
안심상속 One-stop 서비스 449
압류 369
열람 54
예비등기 11
외국인 120
외국인 등의 토지취득 107
요역지 268
용도지역 450
원본 환부 116
위탁자 313
위탁자 지위 이전 327
유증 236
유한책임신탁 325
이의사유 414
이의신청 415
이의신청의 대상 413
이중계약서 98
e－Form신청 88
이해관계 56, 413
이행강제금 130
인감증명 111
인지세 126
인터넷등기소 25
1건1신청주의 95
일괄신청 95
1동 건물의 표제부 389
1동의 건물 30
일물일권주의 13, 215, 252
1부동산 1등기기록주의 30
일부말소 171
임야대장 199
임의경매 368
임차권 279
임차권등기명령 284

[ㅈ]
자격자대리인 76
자산유동화 289
재건축과 재개발 450
재산관리인 86
재신탁 323
재외국민 120
재정보정 28
저당권설정등기청구권 366
전산운영책임관 43
전세권등기 271
전세권의 양도 274
전세금반환채권 275
전세사기 287
전유부분 382
전유부분의 표제부 389
전자본인서명사실확인서 112
전자신청 88
전자확정일자 27
절차법 3
접수의 시기 132
정보공개 47, 56

제1차 전산화 33
제2차 전산화 33
조상땅찾기 449
존속기간 265, 272, 276
종국등기 11
종이등기부 32, 50
주등기 10, 147
주민등록번호 109, 161
주소를 증명하는 정보 109
주택건설사업 19, 331
주택담보대출 289
주택법 19
주택연금 289
주택재건축사업 82
중간생략등기 85, 404, 424, 436
중복등기 438
중복등기기록 34
중복등기의 효력 35
지목 204
지배인 81
지분 254
지상권등기 264
지역권등기 268
지적공부 199
직권말소 345
직권보존등기 230
진정명의 회복 250
진정명의회복 69
집합건물등기 380
집합건축물대장 406
집행권원 117
집행문 119

[ㅊ]
채권담보권등기 309
채권자대위 78
채권행위 234
처분신탁 312
처분의 제한 354
처분제한의 등기 230, 354
첨부정보 91
청산 352
체납처분에 관한 등기 378
체납처분에 의한 압류등기 378
체납처분으로 인한 압류등기 346
총유등기 263
추가저당권설정등기 409
추정력 427
출석주의 87
취득세 122

[ㅌ]
토지 13
토지개발사업 217
토지거래계약허가 104
토지대장 199
토지신탁 312
토지이용계획확인서 46
토지정리사업 451
특약사항 18

[ㅍ]
평면매장 385, 405
포괄승계 74
포괄승계인 84
표시에 관한 등기 196

표제부 203
피보전권리 356, 361
필지 13

[ㅎ]
하천 13
학교법인 105
합동(合棟) 219
합병 212
합유등기 262
합체(合體) 219
합필 212
합필의 제한 215
행정정보 공동이용 59, 115
허무인 명의 등기 188
협의취득 249
형식적 경매 368
형식적 심사주의 62, 133
확인정보 95
확정일자 21
환지 450

저자 약력

구 연 모

서울대학교 법과대학 졸업
법학박사(서울대학교)
서울중앙지방법원 등기과장
법원행정처 사법등기국 사무관·서기관·부동산등기과장·사법등기심의관
법원공무원교육원 교수(부동산등기실무 담당)
법원행정처 인사운영심의관, 법원도서관 사무국장, 법원공무원교육원장
미국 University of Iowa의 Visiting Scholar
법원행정고시·9급공채·법무사시험 시험위원
서울회생법원 전임회생위원, 법무법인(유) 세종 전문위원
現 법무사, 중앙행정심판위원회 비상임위원

저서 및 논문

부동산등기의 진정성 보장 연구(서울대학교 법학연구소 법학연구총서)
부동산등기실무[Ⅰ][Ⅱ][Ⅲ](법원행정처)(집필위원)
등기청구권에 관한 연구
집합건물 대지권등기의 기본원리와 실무상의 문제
미국의 등기제도
등기절차의 측면에서 본 중간생략등기
新解 韓国不動産登記法(民事法研究会)(이 책의 일본어판)

제3판
부동산등기법

초판발행 2020년 3월 30일
제3판발행 2026년 1월 20일

지은이 구연모
펴낸이 안종만·안상준

기획/편집 이승현
표지디자인 BEN STORY
제 작 고철민·김원표

펴낸곳 (주)박영사
서울특별시 금천구 가산디지털2로 53, 210호(가산동, 한라시그마밸리)
등록 1959. 3. 11. 제300-1959-1호(倫)
전 화 02)733-6771
f a x 02)736-4818
e-mail pys@pybook.co.kr
homepage www.pybook.co.kr
ISBN 979-11-303-9887-7 93360

정 가 33,000원